NH농협
직무상식

NH농협
직무상식

개정 3판 1쇄 발행 2024년 01월 03일
개정 4판 1쇄 발행 2025년 06월 02일

편 저 자 | 취업상식연구소
발 행 처 | (주)서원각
등록번호 | 1999-1A-107호
주 소 | 경기도 고양시 일산서구 덕산로 88-45(가좌동)
대표번호 | 031-923-2051
팩 스 | 031-923-3815
교재문의 | 카카오톡 플러스 친구 [서원각]
홈페이지 | goseowon.com

▷ ISBN과 가격은 표지 뒷면에 있습니다.
▷ 파본은 구입하신 곳에서 교환해드립니다.

PREFACE

농협은 은행업, 보험업, 무역업, 농산물 유통업, 가공업, 교육지도사업, 영농자재업 등 다양한 사업을 전개하고 있습니다. 본인의 적성에 맞는 분야를 선택하여 능력을 발휘할 수 있다는 점이 매력적이며 연고지 및 희망지에서 지역사회발전을 위해 일할 수 있고, 공익 지향적 사업을 추구하므로 일에 대한 가치와 보람을 느낄 수 있다는 장점이 있습니다. 또한 비교적 안정적인 직장이라는 인식에 취업준비생들에게 큰 매력을 느끼게 해줍니다.

광범위한 필기시험 준비에 적지 않은 부담을 느낄 것으로 생각됩니다. 본서는 농협은행/농협중앙회/농협계열사 필기시험과 면접을 준비하는 수험생 여러분의 부담을 덜기 위해 기획하게 되었습니다.

각개전투를 벌이는 수험생 여러분의 노고를 조금이나마 덜고자 농협상식을 비롯한 주요·빈출 농업·농촌, 디지털·IT, 금융·경제·보험, 유통·물류 용어 1,080개를 기출키워드 기반으로 취합하여 한 권에 꼼꼼하게 담았습니다.

- 농협 상식과 농업·농촌 10대 이슈를 한눈에 확인할 수 있도록 정리하여 수록하였습니다.
- 각 과목별 반드시 알아야 할 주요 상식과 빈출 상식을 수록하였습니다.
- 필기·면접·논술 기출 및 상식Plus·관련 기사를 수록하였습니다.
- 최근 농협 기출시험 키워드를 토대로 일부 복원하여 모의고사를 수록하였습니다.

자신이 노력했던 땀과 열정을 결과로 보상받기 위해서는 끝까지 노력하여야만 합니다. 마지막까지 자신을 믿고, 노력하는 수험생 여러분을 위해 힘이 되는 교재가 되길 바랍니다.

STRUCTURE

농협 상식

농협의 미션 및 비전, 핵심가치, 등을 비롯한 전반적인 정보를 담았습니다. 필기시험뿐만 아니라 면접에도 활용할 수 있도록 꼼꼼히 살펴보세요.

농협의 10대 이슈

농협이 주목하는 10대 이슈를 정리하였습니다. 논술과 면접에 중요하게 다뤄지는 주제이므로 꼭 짚고 넘어가세요.

직무 상식

농업·농촌 상식은 물론, 디지털·IT와 금융·경제·보험, 유통·물류의 주요 상식까지 수록하여 직무상식을 보다 확실하게 대비할 수 있도록 구성하였습니다. 상식 PLUS의 자료를 통해 심화 학습해보세요. 키워드별로 중요표시를 확인해보세요. ■■■ 은 꼭 알아야 할, ■■■ 알아두면 좋은, ■■■ 기억하면 좋은 용어입니다.

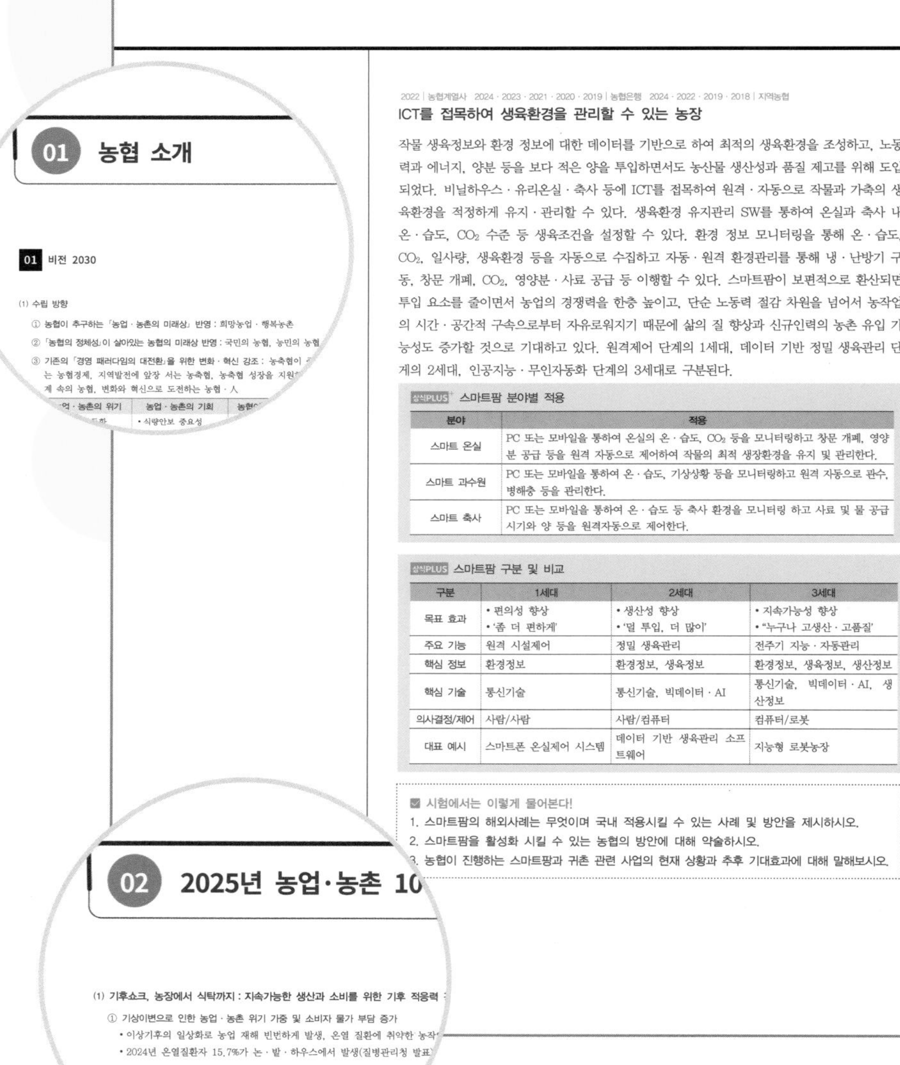

01 농협 소개

01 비전 2030

(1) 수립 방향

① 농협이 추구하는 「농업 · 농촌의 미래상」 반영 : 희망농업 · 행복농촌

② 「농협의 정체성」이 살아있는 농협의 미래상 반영 : 국민의 농협, 농민의 농협

③ 기존의 「경영 패러다임의 대전환」을 위한 변화 · 혁신 강조 : 농축협이

는 농협경제, 지역발전에 앞장 서는 농축협, 농축협 성장을 지원

계 속의 농협, 변화와 혁신으로 도전하는 농협 · 人

2022 | 농협계열사 2024 · 2023 · 2021 · 2020 · 2019 | 농협은행 2024 · 2022 · 2019 · 2018 | 지역농협

ICT를 접목하여 생육환경을 관리할 수 있는 농장

작물 생육정보와 환경 정보에 대한 데이터를 기반으로 하여 최적의 생육환경을 조성하고, 노동력과 에너지, 양분 등을 보다 적은 양을 투입하면서도 농산물 생산성과 품질 제고를 위해 도입되었다. 비닐하우스 · 유리온실 · 축사 등에 ICT를 접목하여 원격 · 자동으로 작물과 가축의 생육환경을 적정하게 유지 · 관리할 수 있다. 생육환경 유지관리 SW를 통하여 온실과 축사 내 온 · 습도, CO_2 수준 등 생육조건을 설정할 수 있다. 환경 정보 모니터링을 통해 온 · 습도, CO_2, 일사량, 생육환경 등을 자동으로 수집하고 자동 · 원격 환경관리를 통해 냉 · 난방기 구동, 창문 개폐, CO_2, 영양분 · 사료 공급 등 이행할 수 있다. 스마트팜이 보편적으로 환산되면 투입 요소를 줄이면서 농업의 경쟁력을 한층 높이고, 단순 노동력 절감 차원을 넘어서 농작업의 시간 · 공간적 구속으로부터 자유로워지기 때문에 삶의 질 향상과 신규인력의 농촌 유입 가능성도 증가할 것으로 기대하고 있다. 원격제어 단계의 1세대, 데이터 기반 정밀 생육관리 단계의 2세대, 인공지능 · 무인자동화 단계의 3세대로 구분된다.

상식PLUS⁺ 스마트팜 분야별 적용

분야	적용
스마트 온실	PC 또는 모바일을 통하여 온실의 온 · 습도, CO_2 등을 모니터링하고 창문 개폐, 영양분 공급 등을 원격 자동으로 제어하여 작물의 최적 생장환경을 유지 및 관리한다.
스마트 과수원	PC 또는 모바일을 통하여 온 · 습도, 기상상황 등을 모니터링하고 원격 자동으로 관수, 병해충 등을 관리한다.
스마트 축사	PC 또는 모바일을 통하여 온 · 습도 등 축사 환경을 모니터링 하고 사료 및 물 공급 시기와 양 등을 원격자동으로 제어한다.

상식PLUS 스마트팜 구분 및 비교

구분	1세대	2세대	3세대
목표 효과	• 편의성 향상 • '좀 더 편하게'	• 생산성 향상 • '덜 투입, 더 많이'	• 지속가능성 향상 • "누구나 고생산 · 고품질'
주요 기능	원격 시설제어	정밀 생육관리	전주기 지능 · 자동관리
핵심 정보	환경정보	환경정보, 생육정보	환경정보, 생육정보, 생산정보
핵심 기술	통신기술	통신기술, 빅데이터 · AI	통신기술, 빅데이터 · AI, 생산정보
의사결정/제어	사람/사람	사람/컴퓨터	컴퓨터/로봇
대표 예시	스마트폰 온실제어 시스템	데이터 기반 생육관리 소프트웨어	지능형 로봇농장

☑ 시험에서는 이렇게 물어본다!

1. 스마트팜의 해외사례는 무엇이며 국내 적용시킬 수 있는 사례 및 방안을 제시하시오.
2. 스마트팜을 활성화 시킬 수 있는 농협의 방안에 대해 약술하시오.
3. 농협이 진행하는 스마트팜과 귀촌 관련 사업의 현재 상황과 추후 기대효과에 대해 말해보시오.

02 2025년 농업·농촌 10

(1) 기후쇼크, 농장에서 식탁까지 : 지속가능한 생산과 소비를 위한 기후 적응력

① 기상이변으로 인한 농업 · 농촌 위기 가중 및 소비자 물가 부담 증가

• 이상기후의 일상화로 농업 재해 빈번하게 발생, 온열 질환에 취약한

• 2024년 온열질환자 15.7%가 논 · 밭 · 하우스에서 발생(질병관리청 발표)

② 기상이변으로 인한 농산물 물가 상승으로 소비자 부담 증가

• 2024년 상반기 사과, 2024년 하반기 채소류 중심으로 소비자 가격

• 고물가 충격 완화에 대한 소비자 요구 확산

③ 정부의 기후변화 대응 및 물가안정 정책 추진

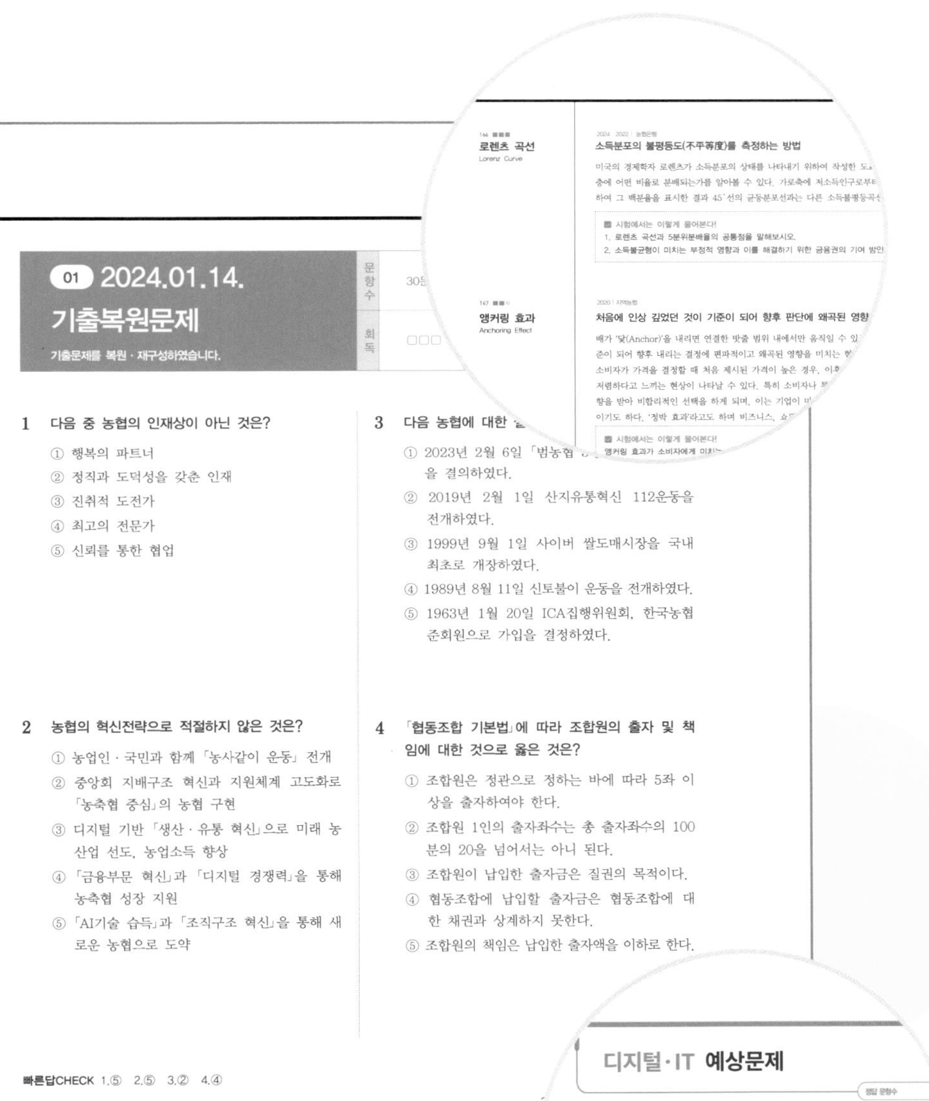

01 2024.01.14.

기출복원문제

기출문제를 복원 · 재구성하였습니다.

문항수 30

회독 □□□

1 다음 중 농협의 인재상이 아닌 것은?

① 행복의 파트너
② 정직과 도덕성을 갖춘 인재
③ 진취적 도전가
④ 최고의 전문가
⑤ 신뢰를 통한 협업

2 농협의 혁신전략으로 적절하지 않은 것은?

① 농업인 · 국민과 함께 「농사같이 운동」 전개
② 중앙회 지배구조 혁신과 지원체계 고도화로 「농축협 중심」의 농협 구현
③ 디지털 기반 「생산 · 유통 혁신」으로 미래 농산업 선도, 농업소득 향상
④ 「금융부문 혁신」과 「디지털 경쟁력」을 통해 농축협 성장 지원
⑤ 「AI기술 습득」과 「조직구조 혁신」을 통해 새로운 농협으로 도약

3 다음 농협에 대한

① 2023년 2월 6일 「범농협
을 결의하였다.
② 2019년 2월 1일 산지유통혁신 112운동을 전개하였다.
③ 1999년 9월 1일 사이버 쌀도매시장을 국내 최초로 개장하였다.
④ 1989년 8월 11일 신토불이 운동을 전개하였다.
⑤ 1963년 1월 20일 ICA집행위원회, 한국농협 준회원으로 가입을 결정하였다.

4 「협동조합 기본법」에 따라 조합원의 출자 및 책임에 대한 것으로 옳은 것은?

① 조합원은 정관으로 정하는 바에 따라 5좌 이상을 출자하여야 한다.
② 조합원 1인의 출자좌수는 총 출자좌수의 100분의 20을 넘어서는 아니 된다.
③ 조합원이 납입한 출자금은 질권의 목적이다.
④ 협동조합에 납입할 출자금은 협동조합에 대한 채권과 상계하지 못한다.
⑤ 조합원의 책임은 납입한 출자액을 이하로 한다.

빠른답CHECK 1.⑤ 2.⑤ 3.② 4.④

로렌츠 곡선
Lorenz Curve

소득분포의 불평등도(不平等度)를 측정하는 방법

미국의 경제학자 로렌츠가 소득분포의 상태를 나타내기 위하여 작성한 도
층에 어떤 비율로 분배되는가를 알아볼 수 있다. 가로축에 저소득인구로부터
하여 그 백분율을 표시한 결과 45°선의 균등분포선과는 다른 소득불평등곡선

시험에서는 이렇게 물어본다!
1. 로렌츠 곡선과 5분위분배율의 공통점을 말해보시오.
2. 소득불균형이 미치는 부정적 영향과 이를 해결하기 위한 금융권의 기여 방안

앵커링 효과
Anchoring Effect

처음에 인상 깊었던 것이 기준이 되어 향후 판단에 왜곡된 영향

시험에서는 이렇게 물어본다!
앵커링 효과가 소비자에게 미치는

디지털 · IT 예상문제

1 컴퓨터를 유지하고 있는 두 가지 구성요소는?

① 시스템, 정보
② 시스템, 자료
③ 기억 장치, 제어장치
④ 하드웨어, 소프트웨어
⑤ 기억 장치, 소프트웨어

3 조합 논리회로에 대한 설명으로 옳

기출복원 모의고사

필기시험 기출 키워드로 기출문제를 복원·재구성하였습니다. 실제 시험 난이도와 자주 보이는 키워드를 확인하여 실전처럼 준비해보세요.

시험에서는 이렇게 물어본다!

실제로 출제된 기출 필기·면접·논술문제를 수록하였습니다. 질문에 대한 답을 직접 말하고 쓰면서 내 것으로 만들어보세요.

상식 예상문제

각 과목마다 기출 유형과 비슷한 난도의 예상문제를 수록하였습니다. 학습한 이론을 토대로 실전에 대비해보세요.

CONTENTS

1 기출복원문제

2 농협상식

3 직무상식

4 정답 및 해설

PART

01

기출 복원문제

출제 경향 분석

● 직무상식평가

일반적으로 협동조합 문제는 매년 출제된다. 협동조합 기본법, 목적 등 물어보는 문항은 정해져 있으므로 협동조합에 대한 명확한 개념이해가 매우 중요하다. 농업 · 농촌과 관련된 문제는 작년부터 난도가 높아지고 있다. 쉽게 접하기 어려운 비료, 농사법, 과수병 등이 문제에 출제되어 당혹감을 주기 때문에 농업 · 농촌과 관련된 최근 이슈에 대해서 확인하고 그 이슈에 관련한 상세한 학습이 필요하다. 또한 농협의 인재상, 비전, 역사 등 기업 정보도 매년 출제되고 있으니 지나치지 말고 꼭 알아두어야 한다. 농협 직무상식평가는 생소한 어휘가 빈번하게 출제되기 때문에 이에 맞게 다방면으로 상식용어를 습득하여 학습하는 것이 매우 중요하다.

● 금융 · 경제 · 보험

경제와 금융은 용어에 대한 심도 있는 문제로 출제된다. 경제학 전공수준으로 출제되기에 간단하게 알고 있다면 문제를 푸는 데 어려울 수 있으므로 금융 상식에 대한 공부가 중요하다.

● 디지털 / IT

디지털 상식이나 IT 상식은 최신 기사를 자주 접하다 보면 볼 수 있는 용어가 대부분 나오는 편이다. 최근 이슈와 관련된 용어, 금융권에서 자주 사용하게 되는 기술 등을 파악하여 두는 것이 필요하다.

● 농업 · 농촌 / 유통 · 물류

농업 · 농촌과 관련된 문제는 자세히 공부하지 않으면 풀 수 없는 문제가 다수 출제된다. 농업 · 농촌과 관련해서는 많은 키워드를 알아두는 것이 좋고 농협에서 제공하는 자료를 분석하면서 학습하는 것이 도움이 된다. 유통 · 물류는 난도가 높지 않으나, 광범위하여 농산물 유통과 관련된 기본적인 개념을 익히는 것이 필요하다.

01 2024.01.14. 기출복원문제 기출문제를 복원 · 재구성하였습니다.	문항수	30문항	시험시간	25분	점수	점
	회독	□□□	소요시간	(　　)분		

1 다음 중 농협의 인재상이 아닌 것은?

① 행복의 파트너
② 정직과 도덕성을 갖춘 인재
③ 진취적 도전가
④ 최고의 전문가
⑤ 신뢰를 통한 협업

2 농협의 혁신전략으로 적절하지 않은 것은?

① 농업인 · 국민과 함께 「농사같이 운동」 전개
② 중앙회 지배구조 혁신과 지원체계 고도화로 「농축협 중심」의 농협 구현
③ 디지털 기반 「생산 · 유통 혁신」으로 미래 농산업 선도, 농업소득 향상
④ 「금융부문 혁신」과 「디지털 경쟁력」을 통해 농축협 성장 지원
⑤ 「AI기술 습득」과 「조직구조 혁신」을 통해 새로운 농협으로 도약

3 다음 농협에 대한 설명으로 옳지 않은 것은?

① 2023년 2월 6일 「범농협 3행 3무 실천운동」을 결의하였다.
② 2019년 2월 1일 산지유통혁신 112운동을 전개하였다.
③ 1999년 9월 1일 사이버 쌀도매시장을 국내 최초로 개장하였다.
④ 1989년 8월 11일 신토불이 운동을 전개하였다.
⑤ 1963년 1월 20일 ICA집행위원회, 한국농협 준회원으로 가입을 결정하였다.

4 「협동조합 기본법」에 따라 조합원의 출자 및 책임에 대한 것으로 옳은 것은?

① 조합원은 정관으로 정하는 바에 따라 5좌 이상을 출자하여야 한다.
② 조합원 1인의 출자좌수는 총 출자좌수의 100분의 20을 넘어서는 아니 된다.
③ 조합원이 납입한 출자금은 질권의 목적이다.
④ 협동조합에 납입할 출자금은 협동조합에 대한 채권과 상계하지 못한다.
⑤ 조합원의 책임은 납입한 출자액을 이하로 한다.

빠른답CHECK 1.⑤ 2.⑤ 3.② 4.④

5 「협동조합 기본법」의 기본원칙에 해당하는 것이 아닌 것은?

① 협동조합은 그 업무 수행 시 조합원을 위하여 최대한 봉사하여야 한다.
② 협동조합연합회는 그 업무 수행 시 회원을 위하여 최대한 봉사하여야 한다.
③ 협동조합은 자발적으로 결성하여 공동으로 소유하고 민주적으로 운영되어야 한다.
④ 협동조합은 투기를 목적으로 하는 행위를 하여서는 아니 된다.
⑤ 협동조합은 일부 조합원등의 이익만을 목적으로 하는 업무와 사업을 할 수 있다.

6 우루과이 라운드에 대한 설명으로 옳지 않은 것은?

① 우루과이 라운드는 GATT 체제하에서 시작된 무역 협상이다.
② 농산물과 서비스 분야에 대한 무역 자유화를 논의하였다.
③ 우루과이 라운드는 1994년에 종료되었다.
④ 협상의 결과로 세계무역기구(WTO)가 설립되었다.
⑤ 우루과이 라운드는 환경 보호와 관련된 규제를 강화하였다.

7 도덕적 해이를 예방하는 방법으로 적절하지 않은 것은?

① 책임과 권한을 명확히 구분한다.
② 성과에 따른 보상 제도를 마련한다.
③ 감독과 감시 체계를 강화한다.
④ 보상 체계를 단순화하여 모든 직원에게 동일한 보상을 제공한다.
⑤ 직원들에게 윤리 교육을 시행한다.

8 경제활동인구에 해당하지 않는 사람은?

① 정년퇴직 후 연금을 받으며 생활하는 사람
② 직장을 구하고 있는 실업자
③ 회사에서 일하는 직장인
④ 자영업을 하는 소상공인
⑤ 아르바이트를 하는 대학생

빠른답CHECK 5.⑤ 6.⑤ 7.④ 8.①

9 체계적 위험과 비체계적 위험에 대한 설명으로 적절하지 않은 것은?

① 체계적 위험은 시장 전반에 영향을 미치기 때문에 분산투자를 통해 줄일 수 없다.
② 비체계적 위험은 특정 기업이나 산업에만 영향을 미치기 때문에 분산투자를 통해 줄일 수 있다.
③ 체계적 위험은 금리 변화, 환율 변동과 같은 요인에서 발생한다.
④ 비체계적 위험은 정치적 불안정이나 경제 전반의 변화와 같은 요인에서 발생한다.
⑤ 비체계적 위험은 주식 포트폴리오를 다양화함으로써 감소시킬 수 있다.

10 보통주의 특징이 아닌 것은?

① 주주에게 의결권이 부여된다.
② 배당이 우선주보다 우선적으로 지급된다.
③ 회사의 이익에 따라 배당금이 변동될 수 있다.
④ 회사 청산 시 잔여 자산 배분에서 우선주보다 후순위이다.
⑤ 보통주는 회사 경영에 참여할 수 있는 권리를 제공한다.

11 다음 채권에 대한 설명으로 틀린 것은?

① 국채는 정부가 발행하는 채권이다.
② 단기채는 만기가 1년 이하인 채권이다.
③ 사모채는 특정 투자자들을 대상으로 발행되는 채권이다.
④ 이표채는 이자를 한 번만 지급하고, 만기 시 원금과 함께 상환한다.
⑤ 액면발행채는 발행 시 액면가로 발행되는 채권이다.

12 J커브의 특징으로 옳지 않은 것은?

① 초기에는 무역수지가 악화되지만 시간이 지나면 개선된다.
② J커브는 환율 상승 후 무역수지 변화 패턴을 설명한다.
③ 무역수지는 환율 변동에 즉각적으로 반응하여 개선된다.
④ 환율 상승 초기에는 수입 가격이 상승해 무역수지가 악화될 수 있다.
⑤ 시간이 지나면서 수출이 증가하고 수입이 감소하여 무역수지가 개선된다.

빠른답CHECK 9.④ 10.② 11.④ 12.③

13 립진스키 정리에 대한 설명으로 옳은 것은?

① 한 국가의 기술 수준이 높아질수록 모든 상품의 생산량이 증가한다.
② 특정 생산 요소가 증가하면, 그 요소를 많이 사용하는 상품의 생산량이 감소한다.
③ 특정 생산 요소가 증가하면, 그 요소를 적게 사용하는 상품의 생산량이 증가한다.
④ 특정 생산 요소가 증가하면, 그 요소를 많이 사용하는 상품의 생산량이 증가한다.
⑤ 두 상품의 생산량은 생산 요소의 변동에 상관없이 일정하게 유지된다.

14 CDS의 특징으로 옳지 않은 것은?

① 채무 불이행에 대비한 보험 역할을 한다.
② 채권 발행자의 신용위험을 피하기 위한 파생상품이다.
③ 채권자가 채무 불이행 위험을 회피하는 유일한 방법이다.
④ 매입자는 채권 발행자가 파산할 경우 손실 보상을 받을 수 있다.
⑤ 시장에서 채권의 신용위험을 측정하는 지표로 사용된다.

15 먼델 – 플레밍 모델(Mundell–Fleming Model)의 특징으로 옳은 것은?

① 개방 경제에서 자본 이동이 불가능한 상황을 가정한다.
② 고정 환율 제도에서는 통화정책이 매우 효과적이다.
③ 유동 환율 제도에서는 재정정책이 매우 효과적이다.
④ 고정 환율 제도에서는 재정정책이 유효하게 작용한다.
⑤ 유동 환율 제도에서는 자본 이동에 제한이 있다.

16 콜옵션의 특징으로 옳지 않은 것은?

① 콜옵션은 특정 자산을 미래의 일정 시점에 미리 정해진 가격으로 매수할 수 있는 권리이다.
② 콜옵션은 옵션 보유자가 자산을 매도할 수 있는 권리를 제공한다.
③ 콜옵션의 구매자는 자산 가격이 상승할 경우 이익을 얻는다.
④ 콜옵션은 기초 자산의 시장 가격이 옵션 행사 가격보다 높을 때 가치가 있다.
⑤ 콜옵션 보유자는 기초 자산을 사야 할 의무는 없다.

빠른답CHECK 13.④ 14.③ 15.④ 16.②

17 독점시장의 특징으로 옳지 않은 것은?

① 시장에서 유일한 공급자가 모든 수요를 충족한다.
② 상품이나 서비스의 가격을 자유롭게 결정할 수 없다.
③ 다른 기업이 시장에 진입하는 것을 어렵게 만드는 장벽이 있다.
④ 제공되는 상품이나 서비스는 대체재가 없다.
⑤ 독점자는 생산량을 늘려도 다른 기업이 제공하는 것과 경쟁하지 않는다.

18 다음 중 공공재에 해당하는 것은?

① 공원　② 영화관
③ 공영 주차장　④ 유료 도로
⑤ 콘서트 티켓

19 웹 프로그래밍 언어에 대한 설명으로 옳지 않은 것은?

① HTML은 웹 페이지의 구조를 정의하는 언어로, 스타일링과 레이아웃을 제어할 수 있다.
② CSS는 웹 페이지의 시각적 스타일을 지정하는 언어로, 레이아웃과 색상 등을 제어할 수 있다.
③ JavaScript는 웹 페이지에 동적 기능을 추가하는 언어로, 사용자와의 상호작용을 가능하게 한다.
④ PHP는 서버 측에서 실행되는 스크립트 언어로, 데이터베이스와의 상호작용을 지원한다.
⑤ Python은 웹 서버와 함께 사용될 수 있는 언어로, 데이터 처리와 분석을 위한 다양한 라이브러리를 제공한다.

20 그래픽 파일 형식에 대한 설명으로 옳지 않은 것은?

① JPEG는 손실 압축 방식을 사용하여 사진과 같은 고해상도 이미지를 저장하는 데 적합하다.
② PNG는 투명한 배경을 지원하며, 손실 압축 방식을 사용한다.
③ GIF는 애니메이션을 지원하며, 256색 이하의 이미지를 저장하는 데 적합하다.
④ SVG는 벡터 그래픽 형식으로, 확대해도 화질이 유지된다.
⑤ BMP는 압축되지 않은 이미지 파일 형식으로, 일반적으로 파일 크기가 크다.

21 다음 중 지니계수에 대한 설명으로 옳지 않은 것은?

① 이탈리아의 통계학자 코라도 지니가 1912년 발표한 논문에서 처음 소개되었다.
② 빈부격차와 계층 간 소득의 불균형 정도를 나타내는 수치로, 소득이 어느 정도 균등하게 분배되는지를 알려준다.
③ 지니계수는 0부터 1까지의 수치로 표현되는데, 0에 가까울수록 평등하고 1에 근접할수록 불평등하다.
④ 지니계수가 0.3인 나라 A와 B가 있다고 할 경우, 두 나라는 같은 수준의 소득을 가지고 있다고 할 수 있다.
⑤ 국가 내 시간에 따른 소득 분배의 변화상을 파악할 수 있다.

빠른답CHECK 17.② 18.① 19.① 20.② 21.④

22 **다음 중 지도학습에 대한 설명으로 옳은 것은?**

① 예측 성능이 낮다.
② 문제 해결 방식이 명확하지 않다.
③ 데이터 레이블링에 적은 시간과 비용이 소요된다.
④ 레이블된 데이터가 많으면 성능이 저하된다.
⑤ 활용 사례로 이메일의 스팸 필터링 기능이 있다.

23 **다음 중 레온티에프 역설에 대한 설명으로 옳지 않은 것은?**

① 경제학자인 바실리 레온티에프의 이름을 합성한 용어이다.
② 헥셔-올린 정리에 의한 전통적 무역이론으로 예상할 수 있는 결과이다.
③ 자본이 가장 풍부한 국가는 노동집약적인 재화를 수출하고, 자본집약적인 재화를 수입한다.
④ 레온티에프표는 일반적으로 1년간을 산정하여 표의 세로에는 투입량을 표시하고, 가로에는 산출량을 표시한다.
⑤ 레온티에프는 자본을 물적 자본에 국한해, 인적 자본을 자본투입량에 포함하지 않았다는 점이 지적되기도 한다.

24 **다음 중 적대적 인수합병의 방어행위로 그 성격이 다른 것은?**

① 투자자 관리(IR)
② 교차 임기제
③ 황금낙하산
④ 록업
⑤ 포이즌필

25 **다음 중 에지(Edge) 컴퓨팅에 대한 설명으로 옳지 않은 것은?**

① 중앙의 클라우드 서버가 아닌, 정보가 생성되는 단말기 혹은 근처 서버에서 데이터를 처리하는 기술이다.
② 에지(Edge)가 가장자리를 의미하는 만큼 데이터가 생성되는 가까운 곳, 사용자와 가까운 곳에서 데이터가 처리되는 것이 특징이다.
③ 중앙의 클라우드까지 데이터를 보내고, 처리한 데이터를 다시 받는 과정이 없어 데이터 처리 속도가 빨라진다.
④ 데이터 처리 속도가 빨라져 신속한 판단을 내려야 하는 상황에서 유리하며, 중앙으로 데이터를 전송하는 과정이 생략되기 때문에 데이터를 전송하고 저장하는 비용이 증가한다.
⑤ 데이터를 클라우드에 전달하지 않고 에지에서 처리하면 데이터 유출의 위험 또한 적어진다.

26 **다음 [A1:D1] 영역을 선택하고 채우기 핸들을 이용하여 아래로 드래그를 할 때, 동일한 데이터로 채워지는 것은?**

> 수행 중에 다른 트랜잭션이 끼어들어 변경 중인 데이터 값을 훼손하는 일이 없어야 한다.

① 원자성
② 일관성
③ 고립성
④ 지속성
⑤ 통일성

빠른답CHECK 22.⑤ 23.② 24.④ 25.④ 26.③

27 다음 중 빅데이터의 특징인 5V에 해당하지 않는 것은?

① 용량(Volume)
② 속도(Velocity)
③ 다양성(Variety)
④ 정확성(Veracity)
⑤ 가시성(Visibility)

28 협동조합의 유형이 바르게 짝지어진 것을 모두 고르시오.

> ㉠ 소비자협동조합 : 주로 조합원이 직접 사용하거나 혹은 그들에게 재판매하기 위한 재화나 서비스를 구매하기 위하여 조직된 최종소비자 조합으로 영국의 로치데일 협동조합이 대표적이다.
> ㉡ 사회적협동조합 : 생산자와 소비자의 직거래를 통해 중간마진을 없앤 것이 특징으로, 직접 생산자를 찾아 공급량과 가격을 사전에 결정하여 판매가격이 비교적 안정적이다.
> ㉢ 신세대협동조합 : 1970년 이후 미국에서 일어난 새로운 형태의 협동조합으로 1인 1표의 의결권 대신, 사업 이용 규모에 비례한 의결권을 부여하거나 출자증권의 부분적인 거래를 허용한다.

① ㉠
② ㉡
③ ㉢
④ ㉠㉡
⑤ ㉠㉢

29 다음 중 엑셀에서 사용하는 Ctrl 관련 단축키의 기능으로 옳은 것은?

	단축키	기능
①	Ctrl+F2	인쇄 미리보기
②	Ctrl+F3	창 닫기
③	Ctrl+F4	이름 정의
④	Ctrl+F5	창 이동
⑤	Ctrl+F6	창 복원

30 다음 중 차등의결권에 대한 설명으로 옳지 않은 것은?

① 경영진이나 최대 주주가 보유한 지분율보다 더 많은 의결권을 가진다.
② '1주당 1의결권' 원칙의 예외를 인정하고 있어 '복수의결권'이라고도 한다.
③ 우호적 M&A로부터 경영권을 방어하려는 목적으로 주로 활용된다.
④ 경영권 승계에서 대주주의 지배권 강화 수단으로 악용될 수 있다.
⑤ 무능한 경영자를 교체하기 어렵다는 단점이 있다.

빠른답CHECK 27.⑤ 28.⑤ 29.① 30.③

02 2023.01.08. 기출복원문제

기출문제를 복원 · 재구성하였습니다.

문항수	30문항	시험시간	25분	점수	점
회독	□□□	소요시간	(　　)분		

1 다음 시트에서 회사에 지원자들의 지원부서와 학과별로 점수의 합계를 구하고자 할 때 [B16] 셀에 입력하는 수식은?

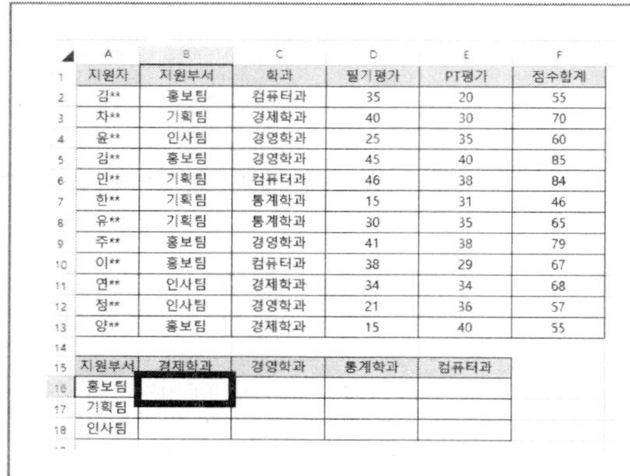

	A	B	C	D	E	F
1	지원자	지원부서	학과	필기평가	PT평가	점수합계
2	김**	홍보팀	컴퓨터과	35	20	55
3	차**	기획팀	경제학과	40	30	70
4	윤**	인사팀	경영학과	25	35	60
5	김**	홍보팀	경영학과	45	40	85
6	민**	기획팀	컴퓨터과	46	38	84
7	한**	기획팀	통계학과	15	31	46
8	유**	기획팀	통계학과	30	35	65
9	주**	홍보팀	경영학과	41	38	79
10	이**	홍보팀	컴퓨터과	38	29	67
11	연**	인사팀	경제학과	34	34	68
12	정**	인사팀	경영학과	21	36	57
13	양**	홍보팀	경제학과	15	40	55
14						
15	지원부서	경제학과	경영학과	통계학과	컴퓨터과	
16	홍보팀					
17	기획팀					
18	인사팀					

① {=SUMIFS($A$16, $B$16)}

② {=SUMIFS($E$2:$E$13, $B$2:$B$13, $A$16, $C$2:$C$13, $B$15)}

③ {=SUM(($B$2:$B$13=A16)*($C$2:$C$13=B15)*$F$2:$F$13)}

④ {=SUM((B2:B13=A16)*(C2:C13=B15)*F2:F13)}

⑤ {=SUM(($B$2:$B$13=A$16)*($C$2:$B$13=$B15)*$F$2:$F$13)}

2 다음 아래 시트에서 [A9] 셀에서 수식 OFFSET(B3,2,−1)를 입력한 경우 결과 값은?

	A	B	C	D	E
1	직급	학과	연차	성명	주소
2	사원	경제학과	1	최**	서울
3	대리	외교학과	5	허**	경기
4	과장	경영학과	8	윤**	인천
5	부장	경영학과	15	박**	고양
6	부사장	경제학과	17	김**	서울
7					
8					
9					

① 외교학과　　② 5

③ 경기　　④ 최**

⑤ 부장

3 다음 [A1:D1] 영역을 선택하고 채우기 핸들을 이용하여 아래로 드래그를 할 때, 동일한 데이터로 채워지는 것은?

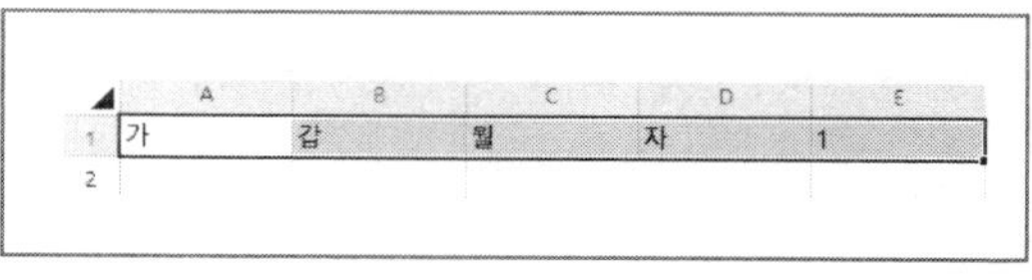

	A	B	C	D	E
1	가	갑	월	자	1
2					

① 가　　② 갑

③ 월　　④ 자

⑤ 1

빠른답CHECK 1.③ 2.⑤ 3.①

4 다음 지원자의 수험번호[B2:B5]를 통해 성별 [D2:D5]을 표시하고자 한다. 수험번호에서 M은 '남'이고, F는 '여'에 해당하는 경우 [D2]에 들어가는 수식으로 적절한 것은?

	A	B	C	D
1	지원자	합계 점수	수험번호	성별
2	한유미	70	F0001	
3	김준석	65	M0002	
4	고정혁	95	M0003	
5	정주연	80	F0004	
6				
7	코드	성별		
8	M	남		
9	F	여		

① =IFERROR(IF(SEARCH(C2, "M"), "남"), "여")

② =VLOOKUP(MID(C2, 4, 1), $A$2:$B$5, 2, FALSE)

③ =INDEX(C2:C5,A8:B9)

④ =INDEX($A$2:$B$5, 2)

⑤ =IF(MID(C2, 1, 1)="M", "남", "여")

5 다음 엑셀 함수에 대한 정의로 옳지 않은 것은?

① SUM : 인수들의 합을 구한다.

② ROUND : 수를 지정한 자릿수로 반올림을 한다.

③ IFERROR : 논리검사를 수행하여 식의 true와 false에 해당하는 값을 반환한다.

④ DCOUNT : 지정한 조건에 맞는 데이터베이스 필드에서 숫자를 포함한 셀의 수를 구한다.

⑤ COUNT : 범위에 숫자가 포함된 셀의 개수를 구한다.

6 다음에서 [C4] 셀에 원금과 예금이율이 곱해진 수식을 입력한 뒤에 나머지 모든 셀을 [자동 채우기] 기능으로 채우고자 할 때 [C4] 셀에 입력해야 하는 수식은?

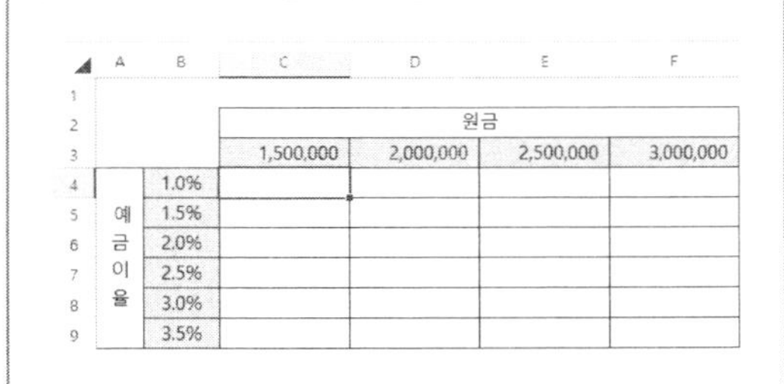

	A	B	C	D	E	F
1						
2			원금			
3			1,500,000	2,000,000	2,500,000	3,000,000
4		1.0%				
5	예	1.5%				
6	금	2.0%				
7	이	2.5%				
8	율	3.0%				
9		3.5%				

① =C3:F9

② =C3*B4

③ =$C3*B$4

④ =C$3*$B4

⑤ =$C$3*$B$4

7 다음에서 각 기업의 평가점수의 평균 이상이 되는 평균점수를 true와 false로 구하는 고급 필터의 조건은?

	A	B
1	기업	평가점수
2	A회사	60
3	B회사	70
4	C회사	80
5	D회사	90
6	E회사	55
7	F회사	40
8	G회사	95

① =AVERAGE($B$2:$B$8)

② =$B2 > AVERAGE($B$2:$B$8)

③ =LARGE(B2:B8,1)

④ =INDEX(B2:B8,1) < $B2

⑤ =SMALL(B2:B8, AVERAGE({1;2;3;4;5}))

빠른답CHECK 4.⑤ 5.③ 6.④ 7.②

8 다음 워크시트 [C1] 셀에 '=A1+B1+C1'을 입력하는 경우 나타나는 것은?

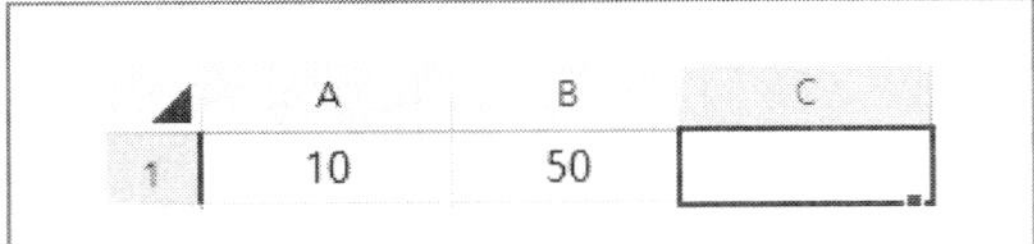

	A	B	C
1	10	50	

① #REF!

② #NUM!

③ #SPILL!

④ 순환 참조 경고 메시지

⑤ 60

9 다음 워크시트를 확인하여 '전진수' 사원의 입사일자를 [B11] 셀에 나타나게 하기 위한 함수는?

	A	B
1	사원명	입사일자
2	김찬성	2002.12.10
3	진미령	2005.11.5
4	김태호	2015.1.23
5	전진수	2020.3.5
6	차승미	2001.4.5
7	민호연	2009.11.5
8		
9		
10	이름	입사일자
11	전진수	

① =VLOOKUP(A2:B7,A11,2,1)

② =VLOOKUP(A11,A2:B7,2,0)

③ =HLOOKUP(A11,A2:B7,2,1)

④ =HLOOKUP(A2:B7,A11,2,1)

⑤ =XLOOKUP(A11,A2:B7,A2,A5,A2)

10 다음 워크시트에서 [A1:E8] 영역에서 B열과 D열만 아래와 같이 배경색을 설정하려고 한다. 수식을 사용하여 서식을 지정할 셀을 결정하기 위한 조건부 서식의 규칙으로 옳은 것은?

	A	B	C	D	E
1	지원자	국어	영어	한국사	경제학
2	김필영	75	89	75	55
3	이진수	85	50	89	95
4	정성오	80	95	88	85
5	김연주	99	75	95	75
6	진효리	89	88	87	95
7	주성현	75	80	85	88
8	연미정	90	95	80	80

① =MOD(COLUMN(A$1),2)=0

② =MOD(COLUMN($A1),2)=0

③ =MOD(COLUMNS($A1),2)=1

④ =MOD(COLUMNS($A1),1)=1

⑤ =MOD(COLUMNS($A$1),1)=1

11 다음 함수식의 결과로 옳은 것은?

① =COUNT(1, "참", TRUE, "1") → 1

② =COUNTA(5, "거짓", TRUE, "5") → 2

③ =POWER(10,3) → 15

④ =ROUND(151.5, −2) → 215.14

⑤ =COLUMN(C5) → 3

빠른답CHECK 8.④ 9.② 10.① 11.⑤

12 다음 워크시트에서 [C2:C6]은 품목별 공장에서 출고한 날짜이다. 제품별 출시일은 공장 출고일로부터 1개월 이후이다. [C9] 항목에 수식으로 적절한 것은?

	A	B	C
1	코드	품목명	공장 출고일
2	20200115	새우과자	2022-11-05
3	20180506	초코과자	2020-05-05
4	20051215	나쵸	2019-11-06
5	20050101	초콜렛	2015-11-07
6	20220505	젤리	2021-01-01
7			
8		품목명	출시일
9		새우과자	2022-12-31

① =EOMONTH(C2, 1)

② =EOMONTH(C2, −1)

③ =EOMONTH(C2:C6, 1)

④ =EOMONTH(C$2, 2)

⑤ =EOMONTH($C2:$C6, 1)

13 전 과목 점수 평균이 75점을 초과하는 경우 합격을 하는 기업이 있다. 다음 시트와 같이 [F3:F6]의 값이 나오기 위해서 [F3] 셀에 들어가야 하는 수식은?

	A	B	C	D	E	F
1						
2	이름	국어	영어	한국사	평균	합/불
3	민기영	95	75	45	71.7	불합격
4	고주연	99	65	95	86.3	합격
5	길호영	80	50	80	70.0	불합격
6	김혜련	88	97	54	79.7	합격

① =AVERAGE(B3:D3)

② =COUNTIF(E3:E6, E3>75)

③ =ROUNDDOWN(E3, 1)

④ =SUMIF(B3:D3, E3, B3:D6)

⑤ =IF(E3>75, "합격", "불합격")

14 다음 워크시트에서 이름을 개인정보보호를 위해 두 번째 자리에서부터 **로 표시하려고 할 때, [D2]에 사용되는 함수수식은?

	A	B	C	D
1	이름	지역	입사일	정보보호
2	김연수	서울	2020-05-05	
3	최갑순	고양	2015-10-10	
4	정만오	파주	2010-11-01	
5	한정길	인천	2021-12-03	

① =REPLACE(A1, 1, 2, "**")

② =REPLACE(A2, 2, 2, "**")

③ =REPLACE(A2:A5, 2, "**")

④ =REPLACE($A$2:A5, 1, "**")

⑤ =REPLACE(A2, 1, 1, "**")

15 다음 워크시트 [C7] 셀에 =SUM(C2:C5) 수식을 등록한 경우 결과 값으로 옳은 것은?

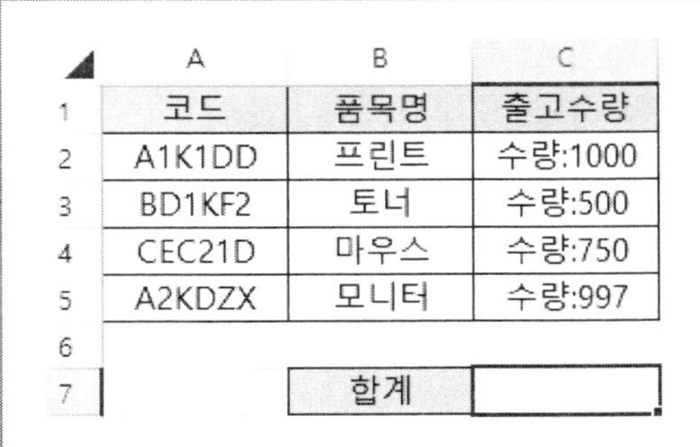

	A	B	C
1	코드	품목명	출고수량
2	A1K1DD	프린트	수량:1000
3	BD1KF2	토너	수량:500
4	CEC21D	마우스	수량:750
5	A2KDZX	모니터	수량:997
6			
7		합계	

① #NAME? ② #N/A

③ #DIV/0! ④ 0

⑤ #BLOCKED

빠른답CHECK 12.① 13.⑤ 14.② 15.④

16 다음은 농협의 인재상이다. 빈칸에 들어갈 내용을 바르게 짝지은 것은?

> 매사에 혁신적인 자세로 모든 업무를 투명하고 ㉠ ＿＿＿＿＿ 처리하여 농업인과 고객, 임직원 등 모든 이해관계자로부터 믿음과 ㉡ ＿＿＿＿＿을/를 받는 인재

① ㉠ 신속하게 ㉡ 사랑
② ㉠ 신속하게 ㉡ 신뢰
③ ㉠ 정직하게 ㉡ 사랑
④ ㉠ 정직하게 ㉡ 신뢰
⑤ ㉠ 정직하게 ㉡ 인정

17 다음 중 농협의 핵심가치에 해당하지 않는 것은?

① 국민에게 사랑받는 농협
② 농업인을 위한 농협
③ 지역 농축협과 함께하는 농협
④ 경쟁력 있는 글로벌 농협
⑤ 언제나 변화하는 혁신적인 농협

18 다음 중 윤리경영이 필요한 궁극적인 이유는?

① 사회적 책임 수행 요구
② 지속적인 기업경영을 영위
③ 국제적인 윤리경영 노력 강화
④ 기업신뢰도 및 국가신인도 향상
⑤ 가치를 추구하는 주주 고객 등장

19 「협동조합기본법」에 대한 설명으로 옳지 않은 것은?

① 자주적 · 자립적 · 자치적인 협동조합 활동을 촉진하고, 사회통합과 국민경제의 균형 있는 발전에 기여함을 목적으로 한다.
② 협동조합이란 재화 또는 용역의 구매 · 생산 · 판매 · 제공 등을 협동으로 영위함으로써 조합원의 권익을 향상하고 지역 사회에 공헌하고자 하는 사업조직을 말한다.
③ 협동조합 등 및 협동조합연합회 등은 투기를 목적으로 하는 행위와 일부 조합원등의 이익만을 목적으로 하는 업무와 사업을 하여서는 아니 된다.
④ 행정안전부장관은 협동조합 등 및 협동조합연합회 등의 설립 · 운영에 필요한 경영 · 기술 · 세무 · 노무 · 회계 등의 분야에 대한 전문적인 자문 및 정보 제공 등의 지원을 할 수 있다.
⑤ 협동조합 등 및 협동조합연합회 등은 공직선거에서 특정 정당을 지지 · 반대하는 행위 또는 특정인을 당선되도록 하거나 당선되지 아니하도록 하는 행위를 하여서는 아니 된다.

빠른답CHECK 16.④ 17.⑤ 18.② 19.④

20 다음은 「농업협동조합법」의 목적이다. 빈칸에 들어갈 내용을 바르게 짝지은 것은?

> 이 법은 농업인의 ㉠ ________ 협동조직을 바탕으로 농업인의 경제적 · 사회적 · 문화적 지위를 향상시키고, 농업의 ㉡ ________ 강화를 통하여 농업인의 삶의 질을 높이며, 국민경제의 균형 있는 발전에 이바지함을 목적으로 한다.

① ㉠ 자주적인 ㉡ 생산력
② ㉠ 자주적인 ㉡ 경쟁력
③ ㉠ 민주적인 ㉡ 생산력
④ ㉠ 민주적인 ㉡ 경쟁력
⑤ ㉠ 자율적인 ㉢ 생산력

21 다음 중 국제협동조합연맹(ICA)에 대한 설명으로 옳지 않은 것은?

① 세계 각국의 협동조합을 대표하는 세계 최대의 비정부기구이다.
② 1895년 제1회 ICA 대회가 영국 런던에서 개최되며 발족되었다.
③ 각국 협동조합 간 상호우호, 유대강화 및 협력증진을 목적으로 한다.
④ ICA 본부는 2011년 스위스 제네바에서 벨기에 브뤼셀로 이전하였다.
⑤ 농협은 1970년 준회원 자격으로 ICA에 가입한 이후 1972년 정회원 자격을 획득하였다.

22 예금자보호제도에 대한 설명으로 옳지 않은 것은?

① 예금 지급 불능 사태를 방지한다.
② 「예금자보호법」에 근거를 둔다.
③ 주관부처는 예금보험공사이다.
④ 새마을금고는 「예금자보호법」에 따른 보호대상금융기관에 속한다.
⑤ 보호한도금액은 계좌당 원금과 이자를 합한다.

23 디플레이션에 대한 설명으로 옳은 것은?

① 경제 전반적으로 상품과 서비스의 가격이 단기적으로 하락하는 현상을 말한다.
② 물가수준이 하락하는 상황으로 인플레이션율이 0% 이상이면 디플레이션이다.
③ 디플레이션하에서는 주가와 부동산 가격이 모두 하락한다.
④ 디플레이션하에서는 돈의 가치가 떨어진다.
⑤ 디스인플레이션 또는 디프레션이라고도 한다.

24 ETF에 대한 설명으로 옳지 않은 것은?

① 상장지수펀드라고도 한다.
② 거래소에서 주식처럼 거래할 수 있다.
③ 펀드투자와 주식투자의 장점을 모두 가지고 있다.
④ 연계되는 지수는 국내 시장지수에 한정된다.
⑤ 개별 주식 종목보다 가격 변동성이 대체로 적다.

빠른답CHECK 20.② 21.⑤ 22.⑤ 23.③ 24.④

25 甲국은 숙련노동자가 비숙련노동자에 비해 풍부한 반면, 乙국은 비숙련노동자가 숙련노동자에 비해 풍부하다. 폐쇄경제를 유지하던 두 나라가 무역을 개시한다고 할 때, 헥셔-올린 모형에 따라 아래와 같은 무역형태가 두 국가의 노동시장에 미칠 영향에 대한 설명으로 옳은 것은? (단, 두 나라 모두 임금은 숙련노동자가 비숙련노동자에 비해 높다.)

> 甲국은 乙국에 숙련노동집약적인 재화를 수출하고, 乙국으로부터 비숙련노동집약적인 재화를 수입한다.

① 甲국의 숙련노동자와 비숙련노동자의 임금격차가 커진다.

② 乙국의 숙련노동자와 비숙련노동자의 임금격차가 커진다.

③ 甲국 비숙련노동자의 숙련노동자로의 전환인센티브가 감소한다.

④ 乙국 비숙련노동자의 숙련노동자로의 전환인센티브가 증가한다.

⑤ 무역을 개시하더라도 두 국가의 노동시장에는 별다른 영향을 미치지 않는다.

26 다음은 실물적 경기 변동에 대한 정의이다. 빈칸에 들어갈 용어로 적절한 것은?

> ________의 변화와 같은 실물적 충격으로 발생하는 경기 변동

① 기술 수준

② 수요 충격

③ 재정 정책

④ 기업의 기대

⑤ 불완전한 정보량

27 국제수지에 대한 설명으로 옳지 않은 것은?

① 일정 기간 동안 한 나라와 다른 나라 사이에서 이루어진 경제적 거래를 체계적으로 집계한 것이다.

② 본원 소득 수지는 송금, 기부금, 정부 간 무상 원조 등 외국과 대가 없이 주고받은 거래의 차이를 말한다.

③ 경상수지가 흑자인 경우, 국내 기업의 생산이 증가하여 고용이 증대되고, 국민 소득이 증가한다.

④ 외국으로부터 벌어들인 외환이 외국에 지급한 외환보다 클 경우, 국제수지는 흑자이다.

⑤ 경상수지에는 상품 수지, 서비스 수지, 본원 소득 수지, 이전 소득 수지가 포함된다.

빠른답CHECK 25.① 26.① 27.②

28 클라우드 컴퓨팅에 대한 설명으로 옳지 않은 것은?

① 필요할 때 필요한 만큼 확장할 수 없어 유연성이 떨어진다.

② 클라우드 컴퓨팅을 구현하기 위해서는 가상화 기술과 분산처리 기술이 핵심적이다.

③ 하드웨어나 소프트웨어 등의 자원을 사용한 만큼만 지불하기 때문에 비용 측면에서 경제적이다.

④ 일부 서비스에 장애가 생기더라도 나머지 서버를 통해 계속해서 서비스의 연속성을 유지할 수 있다.

⑤ IT 자산의 가치가 소유에서 서비스에 대한 사용으로 패러다임이 전환하고 있다는 것을 의미한다고 볼 수 있다.

29 P2P(Peer to Peer) 대출에 대한 설명으로 옳지 않은 것은?

① 보통 역경매 방식의 금리가 적용되고, 가장 낮은 금리를 제공하는 채권자의 금리가 책정되거나, 중개 회사가 채무자의 신용등급에 따라서 책정하기도 한다.

② 채권자들은 예금이나 적금과 같은 은행 상품에 투자하는 것보다 높은 수익율을 낼 수 있고 채무자들은 보다 낮은 이율로 대출을 할 수 있다.

③ P2P 대출 회사는 채권자와 채무자의 연결을 중계하는 수수료와 채무자의 신용등급을 확인하는 서비스로 이익을 낸다.

④ 대출 서비스를 온라인으로 하기 때문에, 전통적인 금융기관 대비 간접비와 운영비가 적은 장점이 있다.

⑤ 채권자의 투자금액은 정부로부터 보호받을 수 있다.

30 다음 중 채권에 대한 설명으로 옳지 않은 것은?

① 일정 기간 후 원금상환 및 이자지급조건이 발행 시 확정되어 있지 않은 차용증서를 말한다.

② 정부 · 공공법인 · 특수법인 및 기업이 불특정 대중으로부터 장기자금을 일시에 대량으로 조달하기 위해 발행한다.

③ 채권은 발행 주체에 따라 국공채, 금융채, 회사채로 구분된다.

④ 발행자의 신용이 우량하거나 담보가 있으면 채권금리는 하락한다.

⑤ 채권금리 상승은 발행 주체의 이자비용이 늘어나는 것을 뜻한다.

빠른답CHECK 28.① 29.⑤ 30.①

03 2022.10.30. 기출복원문제

기출문제를 복원 · 재구성하였습니다.

문항수	30문항	시험시간	25분	점수	점
회독	□□□	소요시간	( )분		

1 청약이 초과되었을 경우 주관사가 증권발행사로부터 추가로 공모주식을 취득할 수 있는 콜옵션은?

① 그린슈
② 테이퍼링
③ IPO
④ PMI
⑤ LOI

2 사람의 습관과 행동 데이터를 수집하여 분석하고 이를 예측해 특정 행동을 유도하는 인터넷은?

① ICT
② IoT
③ IoB
④ OTA
⑤ KLUE

3 사물인터넷에 대한 설명으로 옳은 것은?

① 연결될 수 있는 사물은 극히 제한적이다.
② 사람과 직접적으로 연관되므로 윤리적 · 사회적 논쟁을 야기할 수 있다.
③ 센서나 통신기능을 통하여 데이터를 수집하고 분석한 정보를 전달한다.
④ 사용자의 건강 정보를 실시간으로 확인할 수 있는 서비스를 제공한다.
⑤ 소비자의 데이터를 모아서 실시간 구매 과정을 파악할 수 있다.

4 다음 기사를 읽고 ㉠에 들어갈 말로 옳은 것은?

> ㅇㅇ은행이 (㉠)으로 구현한 인공지능(AI) 은행원을 채용할 계획이라고 밝혔다. AI은행원은 현재 근무 중인 MZ세대 직원들의 얼굴을 합성하였으며 목소리와 입모양이 맞도록 장시간의 학습을 통해 제작됐다. 디지털휴먼 AI은행원은 신규직원 채용 일정에 맞춰 인사발령을 받고 정식 사원처럼 사번도 부여받는다. 또한, 입사동기들과 함께 3개월의 연수 및 수습 과정을 거쳐 임용장을 교부받는다. 이들은 사내 홍보모델 및 SNS로 고객과 소통하는 업무를 할 예정이며 차후 고객을 대상으로 상품설명서를 읽어주는 등 업무 영역이 확대될 것으로 보인다.

① 머신러닝
② 메타버스
③ 딥러닝
④ API
⑤ 챗봇

빠른답CHECK 1.① 2.③ 3.③ 4.③

5 블록체인의 유형에 대한 설명으로 옳은 것은?

> 누구나 계정을 만들고 참여가 가능하며 익명성을 보장하는 장점을 가진다. 하지만 악의적으로 임의의 계정을 많이 생성하거나 합의 알고리즘에 영향을 주는 시빌 공격이 일어날 수 있다.

① 퍼블릭 블록체인
② 프라이빗 블록체인
③ 허가형 블록체인
④ 비허가형 블록체인
⑤ 서비스형 블록체인

6 아마존이 사용한 추천 소프트웨어로 이용자들의 소비형태 기록을 분석하여 이를 기반으로 상품을 제안하는 기술은?

① 알고리즘
② 협업필터링
③ 모델링
④ 클러스터링
⑤ 프로파일링

7 근로자가 이직하거나 퇴직할 경우 받은 퇴직급여를 향후에 연금화가 가능하도록 하는 퇴직연금제도는?

① DB(Defined Benefit) : 확정급여형 퇴직금
② DC(Defined Contribution) : 확정기여형 퇴직금
③ CB(Convertible Bond) : 전환사채
④ IRP(Individual Retirement Pension) : 개인형 퇴직연금
⑤ MFN(Most Favored Nation Treatment) : 최혜국 대우

8 농협의 교육지원부문 사업으로 옳은 것은?

① 축산지도사업
② 서민금융 활성화 사업
③ 산지유통혁신 사업
④ 영농자재 공급사업
⑤ 농업인의 복지증진 사업

9 농업 · 농촌운동의 순서가 바르게 연결된 것은?

> ㉠ 식사랑농사랑운동
> ㉡ 새농민운동
> ㉢ 농도불이운동
> ㉣ 신토불이운동
> ㉤ 함께 하는 마을 만들기
> ㉥ 국민과 함께하는 도농상생 활성화
> ㉦ 농촌사랑운동

① ㉠ – ㉢ – ㉡ – ㉦ – ㉥ – ㉣ – ㉤
② ㉡ – ㉣ – ㉢ – ㉦ – ㉠ – ㉤ – ㉥
③ ㉡ – ㉣ – ㉦ – ㉠ – ㉤ – ㉢ – ㉥
④ ㉢ – ㉣ – ㉠ – ㉡ – ㉤ – ㉥ – ㉦
⑤ ㉢ – ㉤ – ㉠ – ㉡ – ㉣ – ㉦ – ㉥

빠른답CHECK 5.④ 6.② 7.④ 8.⑤ 9.②

10 **스마트팜에 대한 설명으로 옳은 것을 모두 고르면?**

> ㉠ 시간과 공간의 제약 없이 원격으로 작물의 생육환경을 관측하고 관리하는 방식이다.
> ㉡ PC나 모바일로 온·습도나 기상상황을 모니터링하고 원격으로 관수나 병해충 관리를 할 수 있다.
> ㉢ 농장의 환경을 관리하는 기능은 포함되지 않는다.
> ㉣ 동물의 세포를 채취하여 배양한 뒤에 배양육을 만들어내는 기술이 있다.
> ㉤ 생육환경 유지관리 소프트웨어를 통해 O2 수준을 유지·관리할 수 있다.

① ㉠
② ㉠㉡
③ ㉢㉤
④ ㉡㉣㉤
⑤ ㉠㉡㉢㉣㉤

11 **UAM에 대한 설명으로 옳지 않은 것은?**

① 교통체증 완화와 대기오염을 줄이기 위한 것 중에 하나이다.
② 5세대 이동통신 단독모드(SA) 기술을 이용하여 관제시스템망에 적용할 수 있다.
③ 항공택시나 드론택시가 한 종류이다.
④ eVTOL이 핵심적인 구성요소 중에 하나이다.
⑤ 수소 전기차와 같은 친환경 모빌리티를 의미한다.

12 **다음 보험의 특징으로 옳지 않은 것은?**

① 보험계약은 당사자 일방이 약정한 보험료를 지급하고 재산 또는 생명이나 신체에 불확정한 사고가 발생할 경우에 상대방이 일정한 보험금이나 그 밖의 급여를 지급할 것을 약정함으로써 효력이 생긴다.
② 보험자가 규정에 의한 기간내에 낙부의 통지를 해태한 때에는 승낙한 것으로 본다.
③ 보험자가 보험약관 교부 및 설명의무를 위반한 경우 보험계약자는 보험계약이 성립한 날부터 3개월 이내에 계약을 취소할 수 있다.
④ 보험증권을 멸실 또는 현저하게 훼손한 때에는 보험계약자는 보험자에 대하여 증권의 재교부를 청구할 수 없다.
⑤ 보험계약은 그 계약전의 어느 시기를 소급하여 보험기간의 시기로 할 수 있다.

13 **수탁자의 의무사항이 아닌 것은?**

① 수탁자의 선관의무
② 신탁행위로 정한 방법이 없으면 주식, 파생상품 등 자산을 매입하여 관리
③ 이익에 반하는 행위 금지
④ 수탁자의 이익향수 금지
⑤ 신탁에서 정하는 의무위반에 대한 책임을 부담

빠른답CHECK 10.② 11.⑤ 12.④ 13.②

14 금융소비자보호법에 대한 설명으로 옳은 것은?

① 부동산 프로젝트 금융의 경우 해당 사업 차주인 법인에 대해 시공사가 연대보증을 할 수 없다.

② 금소법 시행 이전 체결한 대출 계약에 연대보증이 있는 경우 금소법 위반에 해당한다.

③ 자동차보험 갱신여부 확인절차는 권유로 볼 수 없다.

④ 불특정 다수로 볼 수 있을 정도로 연령이나 특정 소득계층을 기준으로 포괄 분류된 소비자군에 대해 동일한 정보를 알리는 행위는 광고에 해당하지 않는다.

⑤ 선불 · 직불 결제는 금융상품에 해당하지 않는다.

15 다음 비료 성분에 대한 설명으로 옳지 않은 것은?

① 질소의 역할은 광합성에 관여하는 엽록소의 구성요소이다.

② 인산이 과다한 경우 토양의 염류농도가 높아져서 식수 오염원이 될 수 있다.

③ 칼리는 뿌리에서 흡수가 용이하여 사질토양에서는 분시하는 것이 좋다.

④ 칼슘은 비료에서 가장 중요한 열할을 하여 망간의 활성화를 돕는다.

⑤ 붕소과다 증상이 나타나면 붕소 시용을 중단하여야 한다.

16 「협동조합 기본법」에 대한 설명으로 옳지 않은 것은?

① 용역의 구매 · 생산 · 판매 · 제공 등을 협동으로 영위함으로써 조합원의 권익을 향상하고 지역 사회에 공헌하고자 하는 사업조직을 협동조합연합회라고 한다.

② 협동조합은 업무 수행 시 조합원을 위하여 최대한 봉사하여야 한다.

③ 협동조합은 자발적으로 결성하여 공동으로 소유하고 민주적으로 운영되어야 한다.

④ 협동조합은 투기를 목적으로 하는 행위와 일부 조합원의 이익만을 목적으로 하는 업무와 사업을 하여서는 아니 된다.

⑤ 협동조합은 조합원의 권익 증진을 위하여 교육 · 훈련 및 정보 제공 등의 활동을 적극적으로 수행하여야 한다.

17 농협의 역사에 대한 설명으로 옳은 것은?

① 1950년대에 새농촌 새농협운동을 전개했다.

② 1960년대에 쌀수입 개방 반대 서명운동을 전개를 선언했다.

③ 1990년대에 국제협동조합연맹(ICA) 서울총회를 개최했다.

④ 우수농산물 생산을 위한 흙 살리기 운동을 2000년대에 선포했다.

⑤ 1980년대에 신토불이 운동을 전개했다.

빠른답CHECK 14.⑤ 15.④ 16.① 17.⑤

18 다음 용어 설명으로 적절한 것은?

① 가청주파수 이외의 부분을 삭제하여 남은 정보를 재합성한 오디오 데이터 압축기술은 MPEG이다.

② 표현색상이 적고 압축률이 떨어지지만 빠르게 이미지를 압축하여 전송하는 목적으로 개발된 것은 JPEG이다.

③ PC에서 문서나 유틸리티 데이터를 손실이 나타나지 않도록 압축하거나 압축을 푸는 것은 ZIP파일이다.

④ 본래 이미지 용량을 삭제하지 않고 파일만 압축한 형식은 FLAC이다.

⑤ 동영상을 압축하는 파일형식은 EPS에 해당한다.

19 다음 용어 설명이 적절하지 않은 것은?

① PHP : 동적 웹페이지 제공이 주목적인 프로그래밍 언어이다.

② HTML : 태그 종류가 무한하다.

③ XML : 구조화된 문서를 전송이 가능하게 설계되었다.

④ SGML : 국제표준화기구(ISO)에서 규정한 문서처리표준이다.

⑤ UML : 객체 지향 분석 모델링 언어에 해당한다.

20 한국은행 역할로 옳지 않은 것은?

① 우리나라 화폐를 발행한다.

② 개인을 상대로 예금을 받고 대출을 한다.

③ 통화신용정책을 수립한다.

④ 국고금을 수납하고 지급한다.

⑤ 외화자산을 보유 · 운용한다.

21 청년 우대형 주택청약종합저축에 대한 설명으로 옳은 것은?

① 가입한 날로부터 50만 원 이상의 금액을 자유롭게 납입할 수 있다.

② 가입한 날로부터 입주자로 선정될 때까지가 가입기간에 해당한다.

③ 1개월 이상 무주택자 세대주가 가입대상이다.

④ 무주택자 세대원임을 입증하여야 가입이 가능하다.

⑤ 납입잔액이 1,000만 원에 도달할 때까지는 회차당 50만 원을 초과하여 납입이 가능하다.

22 다음 전염병의 특징으로 옳지 않은 것은?

① 구제역 : Picornaviridae Aphthovirus 작은 RNA 바이러스가 병인체로 세계동물보건기구(OIE)에서 지정한 중요 가축 전염병에 해당한다.

② 광견병 : 모든 온혈동물에서 발생하며 감염동물로부터 교상(물리거나 할퀸 상처)을 통해 전파되는 인수공통감염병이다.

③ 럼피스킨병 : 침파리, 모기 등 흡혈곤충(감염축)에 옮기는 바이러스성 질병으로 제2종 가축전염병에 해당한다.

④ 조류인플루엔자 : 조류의 급성 전염병으로 닭, 칠면조, 오리 등 가금류에서 피해가 심하게 나타난다.

⑤ 아프리카돼지열병 : 사람이나 다른 동물은 감염되지 않고 돼지과(Suidae)에 속하는 동물에만 감염되고 현재 세계적으로 사용가능한 백신이나 치료제가 없다.

빠른답CHECK 18.③ 19.② 20.② 21.② 22.③

23 농업진흥지역 지정기준이 아닌 것은?

① 생산성이 낮은 농지로 생산기반투자의 효율이 높은 지역에 설정한다.
② 진흥구역 지정기준은 농지집단화도의 기준과 토지생산성 기준으로 구분한다.
③ 기준 이하의 소규모 농지집단지역이라도 인접농지와 종합하여 집단화도를 측정한다.
④ 농지개량사업으로 토양개량이 가능한 지역은 기준 이하라도 진흥구역에 포함한다.
⑤ 평야지는 영농유형이 수도작 위주로 대형농기계 투입이 가능하므로 집단화 규모 10ha 이상인 지역은 농지집단화도로 지정한다.

24 농작물 재해보험에 대한 설명으로 옳지 않은 것은?

① 농업재해보험은 손해평가사가 담당하여 손해평가를 수행한다.
② 시 · 군 단위 행정구역을 기준으로 보험요율을 산출한다.
③ 자기부담비율이 적용된다.
④ 영농활동 중에 발생하는 소액사고는 보장에서 제외된다.
⑤ 재해가 발생하더라도 손해평가 시기는 작물의 수확기이다.

25 다음에서 유가증권 일종에 해당하는 것을 모두 고른 것은?

보기
㉠ 어음
㉡ 가상화폐
㉢ 상품권
㉣ 현금영수증
㉤ 수표

① ㉠
② ㉡㉢
③ ㉠㉢㉤
④ ㉠㉡㉣㉤
⑤ ㉠㉡㉢㉣㉤

26 다음에서 설명하고 있는 것은?

보기
• 정보통신기술을 활용한 생산방식에 해당한다.
• 최소 자원을 투입하여 최대 생산량을 만들기 위함이다.
• 환경보호와 함께 농작업의 효율성을 증대시킨다.

① 정밀농업
② 치유농업
③ 도시농업
④ 사회적 농업
⑤ 유기농업

빠른답CHECK 23.① 24.① 25.③ 26.①

27 BIS의 기능으로 옳지 않은 것은?

① 세계무역 안정을 위해 가맹국 생산자원 개발 기여
② 지급결제제도 관련 공동 조사·연구 실시 및 정책 개발
③ 중앙은행 간 지급결제분야 협력 증진
④ 세계 중앙은행 간 정보교환 촉진
⑤ 「금융시장인프라에 관한 원칙」 등 지급결제 분야의 국제기준 제정

28 금융위기가 발생하기 전에 하는 금융안정 정책수단은?

① 자발적으로 채무조정을 유도한다.
② 금융시스템 안정성에 대한 모니터링과 평가를 진행한다.
③ 긴급유동성을 지원한다.
④ 금융 및 기업에서 구조조정을 진행한다.
⑤ 통화정책과 재정정책을 진행한다.

29 다음 용어 설명으로 옳지 않은 것은?

① 펌뱅킹 : 기업과 금융기관이 통신회선을 연결하여 온라인을 통해서 은행업무를 보는 금융 자동화시스템이다.
② ATM : 현금자동입출기로 현금, 수표 등의 예·출금의 기능을 하는 무인단말기에 해당한다.
③ 모바일 뱅킹 : 이동통신기기를 통해 금융기관에 연결하여 사용하는 금융서비스이다.
④ 오픈뱅킹 : 비대면으로 금융거래를 진행할 수 있는 금융서비스에 해당한다.
⑤ 텔레뱅킹 : 전화상으로 24시간동안 은행거래를 할 수 있는 금융서비스이다.

30 디지털 혁신을 위해서 농협에서 추진하고 있는 주요 혁신과제가 아닌 것은?

① 농업 경쟁력 강화를 위한 농협 경제사업 모델을 내실화 한다.
② 범농협 디지털 전환을 촉진한다.
③ 농협형 스마트농업 모델을 구축한다.
④ 빅데이터 기반으로 농협 유통의 새로운 모델을 개발한다.
⑤ 디지털 플랫폼을 기반으로 스마트 금융을 확산시킨다.

빠른답CHECK 27.① 28.② 29.④ 30.①

04 2021.11.28.
기출복원문제

기출문제를 복원 · 재구성하였습니다.

문항수	30문항	시험시간	25분	점수	점
회독	□□□	소요시간	(　　)분		

1 농협의 경제 부문 사업으로 옳지 않은 것은?

① 규모화 · 전문화를 통한 농산물 산지유통 혁신
② 미래 농업 · 농촌을 이끌 영농인력 육성
③ 혁신적 물류체계 구축으로 농산물 도매유통 선도
④ 소비자 유통망 활성화로 농산물 판매기반 강화
⑤ 가축분뇨 자원화로 친환경 축산 실천

2 농협의 ICA 집행위원회 가입연도로 옳은 것은?

① 1997년
② 1983년
③ 1975년
④ 1970년
⑤ 1963년

3 협동조합에 대한 설명으로 옳지 않은 것은?

① 협동조합은 용역의 구매 · 생산 · 판매 · 제공 등을 협동으로 영위함으로써 조합원의 권익을 향상하고 지역 사회에 공헌하고자 하는 사업조직을 의미한다.
② 협동조합 중에서 지역주민의 권익과 복리 증진과 관련한 사업을 수행하는 것은 사회적 협동조합을 의미한다.
③ 국가 및 공공단체에서는 협동조합 사업에 협조는 가능하지만 자금 지원을 하는 것은 금지된다.
④ 협동조합의 설립목적은 조합원의 복리 증진과 상부상조를 목적으로 한다.
⑤ 협동조합은 조합원의 권익 증진을 위하여 교육 · 훈련 및 정보 제공 등의 활동을 적극적으로 수행하여야 한다.

4 「협동조합 기본법」에 따른 기본원칙으로 적절하지 않은 것은?

① 특정 정당을 지지할 수 있다.
② 자발적으로 결성할 수 있다.
③ 공동으로 소유해야 한다.
④ 업무를 수행할 때 조합원을 위해 봉사해야 한다.
⑤ 일부 조합원의 이익을 목적으로 하는 사업을 해서는 안 된다.

빠른답CHECK 1.② 2.⑤ 3.③ 4.①

5 협동조합 조합원에 대한 설명으로 옳은 것은?

① 협동조합에 납입할 출자금은 채권과 상계한다.
② 지분환급청구권은 소멸되지 않고 영구적이다.
③ 1인당 출자좌수는 제한 없이 출자할 수 있다.
④ 출자액수와 관계없이 1인당 1개의 의결권과 선거권을 가진다.
⑤ 조합원이 납입한 출자금은 질권의 목적이다.

6 농민운동과 관련한 설명으로 옳지 않은 것은?

① 신토불이운동, 농도불이운동, 농촌사랑운동 순서로 가치확산운동이 전개되었다.
② '식사랑 농사랑 운동'은 우루과이라운드(UR) 협상으로 농축산물 수입 개방을 저지하기 위해서 전개되었다.
③ '신풍운동'의 목표는 농협의 이미지를 쇄신하고 농협운영을 활성화하는 것이다.
④ '새마을운동'은 근면 · 자조 · 협동을 기반으로 농민의 자조와 협동으로 새마을지도자를 양성하고자 했다.
⑤ 도농협동을 위해서 도시민과 농업인이 함께 발전하는 것을 목표로 '또 하나의 마을만들기 운동'이 전개되었다.

7 헌법 제121조에 따라 농지는 농업인만이 가지고 있을 수 있다는 원칙에 사용되는 용어로, 농업인에게는 땅을 주어야한다는 의미의 고사성어는?

① 육지행선(陸地行船)
② 계무소출(計無所出)
③ 신토불이(身土不二)
④ 경자유전(耕者有田)
⑤ 양금택목(良禽擇木)

8 머신러닝, 인공지능, 클라우드 등의 첨단기술을 활용해서 금융규제에 대응하고 금융법규를 준수하는 업무자동화를 효율적으로 대응하기 위한 기술은?

① 인슈어테크
② 핀테크
③ 섭테크
④ 레그테크
⑤ 블랙테크

9 IC칩에 저장된 상품 정보를 무선 주파수를 이용하여 태그나 리더기 등으로 수십 미터 거리에도 정보를 보내면 비접촉식으로 판독해서 데이터를 식별하는 기술을 의미하는 용어는?

① NFC
② 페어링
③ RFID
④ 지그비
⑤ 블루투스

빠른답CHECK 5.④ 6.② 7.④ 8.④ 9.③

10 4G와 차별되는 5G의 핵심기술로 고사양 물리적 네트워크를 가상화 기술로 분할해서 다양한 서비스를 제공하는 기술을 의미하는 용어는?

① 네트워크 슬라이싱
② 웹 어셈블리
③ 양자암호통신
④ DNS
⑤ MIME

11 모바일 신분증에 대한 설명으로 옳지 않은 것은?

① 개인 스마트폰에 신분증을 저장하고 사용하는 것이다.
② 블록체인 기반의 분산 DID 기술을 적용한다.
③ 온라인과 오프라인에서 구분 없이 서비스를 사용할 수 있다.
④ IC 운전면허증은 실물 운전면허증보다 제한적인 효력을 가진다.
⑤ 신원확인자는 검증앱을 통해 모바일 신분증의 진위여부가 확인이 가능하다.

12 이용자의 행동을 분석하여 맞춤정보를 제공하면서 클릭과 구매율을 높이는 광고 전략으로 아마존에서 사용하는 추천 알고리즘 기술을 의미하는 용어는?

① 아마존 웹서비스
② 아마존 레코그니션
③ AI 머신비전
④ 사물인터넷
⑤ 협업필터링

13 다양한 서비스를 지원하는 것으로, 하나의 애플리케이션으로 문자, 쇼핑, 송금, 투자 등의 서비스를 이용할 수 있는 것을 의미하는 용어는?

① 네이티브 앱
② 수퍼앱
③ 하이브리드 앱
④ 웹 앱
⑤ 반응형 웹

14 다양한 증강현실의 모든 기술을 혼합 활용하여 확장된 현실을 창조하는 것으로 디바이스 없이 가상체험이 가능한 기술을 의미하는 용어는?

① XR
② MR
③ AR
④ VR
⑤ 홀로그램

15 전자상거래에서 신용카드 지불정보를 안전하게 처리하기 위해 사용되는 프로토콜에서 쓰이지 않는 기술은?

① 전자봉투
② 공개키 암호
③ 전자서명
④ 전자화폐
⑤ 해시함수

빠른답CHECK 10.① 11.④ 12.⑤ 13.② 14.① 15.④

16 다음 〈보기〉에서 경기불황을 극복하기 위해 정부가 고려할 수 있는 정책을 모두 고른 것은?

보기

㉠ 법인세율 인상
㉡ 국책사업의 확장
㉢ 지급준비율 인하
㉣ 통화안정증권 매각

① ㉠㉡ ② ㉡㉢
③ ㉢㉣ ④ ㉠㉢
⑤ ㉡㉣

17 IPO를 할 때 공모물량보다 초과한 양의 청약이 있을 경우 공모주식을 차입하여 초과 배정하는 것을 의미하는 용어는?

① 공개매수
② 랩어카운트
③ 공매도
④ 그린슈
⑤ 매수옵션

18 주식시장에서 지분을 대량으로 매각거래를 체결시켜주는 제도로 정해놓은 가격과 물량을 특정한 주체에게 일정 지분을 일괄 매각하는 방식을 의미하는 용어는?

① 유상증자 ② 오버행
③ 데이트레이딩 ④ 데드크로스
⑤ 블록세일

19 다음 중 재무 건전성이 가장 취약한 기업은?

구분	영업이익	당기순이익	이자비용
A기업	100	40	50
B기업	200	90	160
C기업	300	120	200
D기업	200	100	75
E기업	100	50	250

① A기업 ② B기업
③ C기업 ④ D기업
⑤ E기업

20 다음 중 선물의 개념에 관한 설명으로 옳지 않은 것은?

① 선물은 현재 외환, 채권, 주식 등을 기초자산으로 하는 금융선물만 존재한다.
② 선물만기일은 현물이 인도되어 선물계약의무가 이행되는 날이다.
③ 선물가격은 기초자산의 현물가격에 연동해서 변화한다.
④ 현금결재방식은 선물가격과 선물만기일의 현물가격과의 차이만큼 정산하는 방식이다.
⑤ 선물계약은 만기 이전에 반대매매를 통해 거래가 종료되는 것이 일반적이다.

빠른답CHECK 16.② 17.④ 18.⑤ 19.⑤ 20.①

21 그림과 같이 환율이 변화할 때 나타날 수 있는 반응으로 적절한 것을 모두 고른 것은?

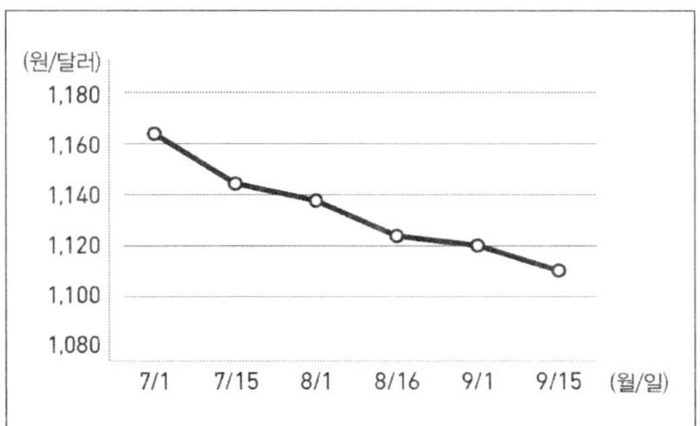

보기

㉠ 국민들 사이에서 해외여행이 늘어날 것이다.
㉡ 물가안정에는 도움이 될 것이다.
㉢ 수출률이 떨어지면서 기업 내에서 연말 보너스가 줄어들 것이다.
㉢ 국민들 사이에서 수입품 소비가 줄고 있는 것을 나타내는 것이다.

① ㉠㉡
② ㉡㉢
③ ㉢㉣
④ ㉠㉡㉢
⑤ ㉡㉢㉣

22 철호는 라면과 우동을 파는 포장마차를 개업하였지만 불경기로 인하여 우동의 판매량은 줄었다. 라면의 판매량은 크게 늘어난 경우 라면과 우동의 관계에 대한 설명으로 옳지 않은 것은?

① 라면은 열등재에 해당한다.
② 우동과 라면은 대체관계라고 볼 수 있다.
③ 라면의 가격을 올릴 경우 우동의 수요가 증가하게 된다.
④ 우동은 열등재에 해당한다.
⑤ 라면은 기펜재가 될 가능성이 높다.

23 아래 재화는 국내가격이 국제가격보다 상대적으로 높아 국제가격으로 거래가 이루어질 경우 자국의 생산량의 감소로 인한 경제적 손실을 막기 위하여 관세를 부과하고 있다. 그렇지만 현재 관세부과로 인하여 총잉여의 일부가 감소하였다. 관세를 철폐하고 자유무역을 할 경우 관세부과 후 가격수준에서 발생했던 총잉여 감소분이 다시 증가하게 되는데 그 크기는? (단, 유통비용 및 추가적인 부대비용은 없다고 가정한다.)

보기

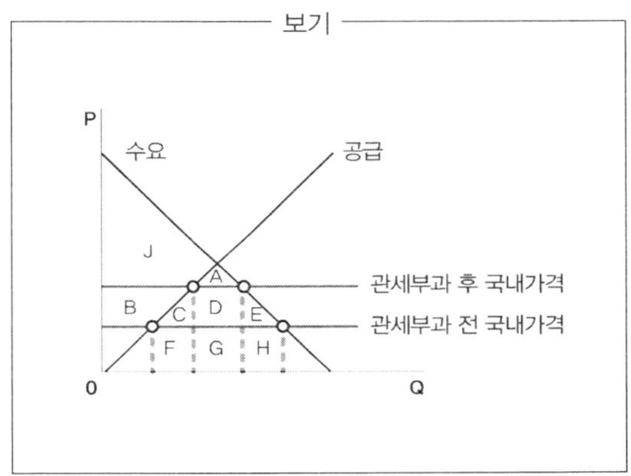

① B + C + D + E
② C + D + E
③ B + E
④ C + E
⑤ F + H

빠른답CHECK 21.④ 22.④ 23.④

24 소비자물가가 전년동기대비 3.6%가 올라 3년 2개월 만에 가장 높은 상승률을 기록하는 등 가파른 상승세를 지속하는 상황이며 또한 곡물 등 원자재 가격의 상승으로 수입물가 상승률도 15.6%에 달하고 있다. 다음 중 이에 대한 추론이 적절한 것은?

① 수입물가 상승은 경상수지 흑자 요인으로 작용한다.
② 지난해 초 정기예금을 든 사람들이 유리하다.
③ 부동산을 가지고 있는 사람들이 불리하다.
④ 고정금리보다 변동금리로 대출 받은 사람들이 불리하다.
⑤ 금융자산을 보유하고 있는 사람이 유리하다.

25 다음 중 CAPM의 가정인 완전시장의 요건에 해당하지 않는 것은?

① 세금 및 거래비용이 없다.
② 자산은 무한 분할이 가능하다.
③ 모든 투자자는 가격순응자이다.
④ 필요한 정보는 아무런 대가 없이 누구나 얻을 수 있다.
⑤ 다수의 투자자가 존재한다.

26 다음 자료에서 국내 외환 시장의 변동 후 균형점으로 가장 적절한 것은?

외환 시장 동향 분석 보고서

1. 외환 수급 상황의 변동 요인

〈요인 1〉 유학생 부모의 해외 송금 및 내국인의 해외여행 증가

〈요인 2〉 외국인의 국내 주식 매수 증가

2. 국내 외환 시장 분석

〈요인 1〉로 인해 발생하는 달러화 수급 변동 폭이 〈요인 2〉로 인해 발생하는 달러화 수급 변동 폭보다 작다.

보기

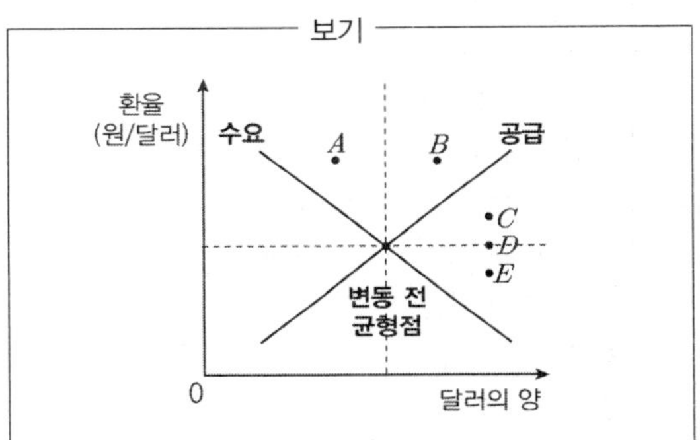

① A
② B
③ C
④ D
⑤ E

빠른답CHECK 24.④ 25.⑤ 26.⑤

27 다음은 화폐의 시간가치를 나타내는 기본 공식이다. 이 공식과 관련된 아래의 설명 중 옳은 것을 모두 고른 것은?

$$FV = PV \times (1+i)^n$$

- FV(Future Value) : 미래가치,
- PV(Present Value) : 현재가치
- i(interest) : 이자율, n : 기간 또는 복리횟수

보기

㉠ 투자기간이 길수록, 복리횟수가 많을수록 동일한 현재가치를 위한 미래가치의 크기가 크다.
㉡ 연 복리 이자율 6%로 8천9백만 원을 투자하면 2년 후 1억 원이 된다.
㉢ 위 공식을 활용하면 현재 자신이 가진 돈으로 미래 특정시점에 목표한 금액을 갖기 위해 어느 정도 수익률의 상품에 투자해야 하는 지를 판단할 수 있다.
㉣ 연 복리 이자율이 5%일 경우, 위 공식에 따르면 지금 현재의 100만 원이 10년 후의 200만 원보다 가치가 높다.
㉤ ㉠에 반기 복리 이자율 3%을 적용하여도 2년 후 동일하게 1억 원을 얻을 수 있다.

① ㉠㉡㉤
② ㉡㉢㉣
③ ㉠㉡㉢
④ ㉢㉣㉤
⑤ ㉠㉣㉤

28 영국의 경제학자인 알프리드 마셜은 애덤 스미스나 칼 마르크스와 달리 재화의 시장가격이 무엇에 의해서 결정된다고 주장하였는가?

① 생산비용
② 소비자가 느끼는 사용가치
③ 생산비용과 사용가치
④ 재화에 투입된 노동의 가치
⑤ 재화에 투입된 노동과 자본의 가치

29 어느 상품의 수요곡선은 $P=6-2Q$, 공급곡선은 $P=3+Q$와 같다고 한다. 다음 중 균형가격과 소비자잉여의 크기를 올바르게 계산한 것은?

① 균형가격 = 5, 소비자잉여 = 0.5
② 균형가격 = 4, 소비자잉여 = 1
③ 균형가격 = 4, 소비자잉여 = 0.5
④ 균형가격 = 3, 소비자잉여 = 1
⑤ 균형가격 = 1, 소비자잉여 = 4

30 폭설로 도로가 막혀 교통이 두절되고 농촌 비닐하우스가 무너져 농작물 피해가 발생하였다. 우하향하는 총수요곡선과 우상향하는 총공급곡선을 이용하여 이러한 자연재해가 단기적으로 경제에 미치는 영향은 무엇인가?

① 물가수준은 상승하고 실질 GDP는 감소한다.
② 물가수준은 하락하고 실질 GDP는 감소한다.
③ 물가수준은 상승하고 실질 GDP는 증가한다.
④ 물가수준은 하락하고 실질 GDP는 증가한다.
⑤ 물가수준과 실질 GDP 모두 불변이다.

빠른답CHECK 27.③ 28.③ 29.② 30.①

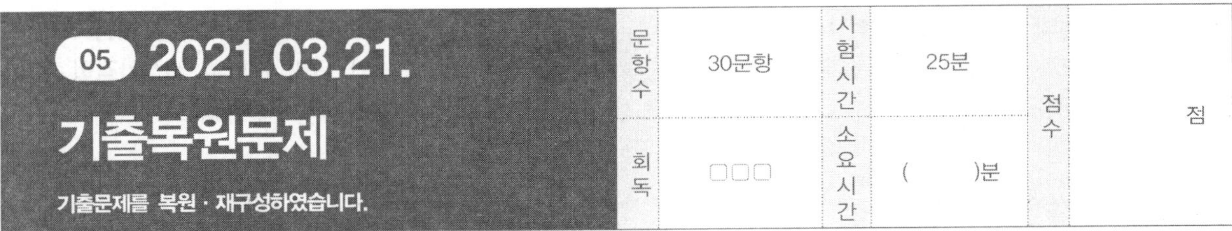

05 2021.03.21. 기출복원문제

기출문제를 복원 · 재구성하였습니다.

문항수	30문항	시험시간	25분	점수	점
회독	□□□	소요시간	(　　)분		

1 지역 특산물의 연결로 옳지 않은 것은?

① 여주－밤고구마
② 상주－미나리
③ 제주－브로콜리
④ 안동－마
⑤ 정선－황기

2 유럽의 협동조합에 대한 설명으로 옳은 것은?

① 19세기 중반에 유럽에서 시작된 협동조합운동은 20세기 중반까지 대중적으로 확산되었다.
② 이탈리아의 최초 협동조합은 몬드라곤 협동조합이다.
③ 세계 최초의 협동조합법인 산업공제조합법은 협동조합 사업에 규제가 적었다.
④ 1895년 프랑스에서 ICA 제1회 국제대회가 열렸다.
⑤ 독일에서는 생산조합이 제일 먼저 발생하고 발전하였다.

3 협동조합 7대 원칙 중 옳지 않은 것은?

① 조합원의 동의에 따라 지역사회 발전에 기여한다.
② 국내 · 국외 협동조합 간에 서로 협동한다.
③ 조합원의 정치 참여는 가능하다.
④ 조합원은 협동조합에 경제적 참여가 가능하다.
⑤ 조합원마다 동등한 투표권을 가진다.

4 이표채가 아닌 것은?

① T － Note
② T － Bill
③ T － Bond
④ 변동금리채
⑤ 물가연동채권

빠른답CHECK 1.④　2.①　3.③　4.②

5 **예금자보호가 적용되지 않는 금융상품은?**

① ISA
② IRP
③ 은행채
④ 표지어음
⑤ 외화통지예금

6 **저량(Stock)의 변수를 모두 고른 것은?**

보기

㉠ 부동산 투자
㉡ 근로자 임금
㉢ 이자비용
㉣ 통화량
㉤ 기업자산
㉥ 기업 간 거래량

① ㉡
② ㉢㉣
③ ㉣㉤
④ ㉤㉥
⑤ ㉠㉢

7 **주식시장 이상현상을 의미하지 않는 것은?**

① 다른 달에 비해서 1월에 주가 상승률이 높다.
② PER가 높은 기업이 PER가 낮은 기업보다 수익률이 높다.
③ 6 ~ 7월 초여름에 주식 상승률이 좋다.
④ 투자자들이 관심을 갖지 않는 기업의 수익률은 높게 나타난다.
⑤ 매월 초기 · 중기 · 말기에 수익률 차이가 있다.

8 **자산유동화증권(ABS)로 옳지 않은 것은?**

① CBO(Collateralized Bond Obligation)
② CLO(Collateralized Loan Obligation)
③ MBS(Mortgage Backed Securities)
④ CDS(Credit Default Swap)
⑤ CMBS(Commercial Mortgage Backed Security)

빠른답CHECK 5.③ 6.③ 7.② 8.④

9 적대적 M&A 방어 수단으로 옳지 않은 것은?

① 공개매수

② 황금낙하산

③ 포괄적 주식 교환

④ 자사주 취득

⑤ 포이즌 필

10 기축통화의 특징으로 옳지 않은 것은?

① 환율을 평가할 때 지표가 되는 통화이다.

② 국제무역에서 결제할 때 사용되는 통화이다.

③ 대외준비자산으로 보유하는 통화이다.

④ 신뢰성을 가지고 있는 통화이다.

⑤ 자유로운 교환이 제한되는 통화이다.

11 물가지수에 대한 설명으로 옳지 않은 것은?

① 신축주택가격은 소비자물가지수에 포함된다.

② 수입품은 소비자물가지수에 포함된다.

③ 파셰가격지수는 GDP디플레이터와 성질이 같다.

④ 소비자물가지수는 라스파이레스 방식으로 작성한다.

⑤ GDP디플레이터에는 주택임대료가 포함된다.

12 크림전쟁에서 나이팅게일이 월별 사망자를 표현하기 위해 원 형태로 만든 도표는?

① 보로노이 다이어그램

② 트리 다이어그램

③ 벤 다이어그램

④ 블록 다이어그램

⑤ 로즈 다이어그램

빠른답CHECK 9.① 10.⑤ 11.① 12.⑤

13 인공지능 기술을 이용해 영상 합성물을 만드는 기술이다. 얼굴 사진으로 학습한 후 더욱 정교하게 영상을 만들어 내는 이 기술은 무엇인가?

① VR
② 딥 러닝
③ 딥페이크
④ 머신러닝
⑤ 빅데이터

14 5G에 대한 설명으로 옳은 것은?

① 국제전기통신연합(ITU)에서 IMT – 2000이라 칭한다.
② Peak Date Rate가 100Mbps 정도 된다.
③ 표준기술 빔포밍 기술이 5G에서는 사용되지 않는다.
④ 3GPP는 5G 무선접속기술 E-UTRA을 채택하였다.
⑤ eMBB, URLLC, mMTC가 대표적인 특징이다.

15 공동인증서에 관련한 설명으로 옳지 않은 것은?

① 민간업체에서 인증서를 발급할 수 있다.
② 인터넷 거래에서 법적으로 본인 확인이 가능하다.
③ 금융거래에 이용이 가능하다.
④ 금융인증서가 있다면 발급이 불가능하다.
⑤ 정부 민원업무에 사용이 가능하다.

16 에지 컴퓨팅에 대한 설명으로 옳은 것은?

① 중앙 집중 서버에서 방대한 데이터를 실시간으로 처리한다.
② 포그 컴퓨팅 기술과 대조된다.
③ 사물인터넷(IoT) 보급으로 개발되었다.
④ 클라우드 컴퓨팅보다 데이터 부하량이 높다.
⑤ Dos 공격에 취약하다는 단점이 있다.

빠른답CHECK 13.③ 14.⑤ 15.④ 16.③

17 FIDO에 대한 설명으로 적절하지 않은 것은?

① 지문, 홍채, 얼굴인식 등을 활용한 신속한 온라인 인증을 의미한다.
② 인증 프로토콜과 인증수단을 합쳐서 편리성을 높였다.
③ UAF, U2F 2가지 프로토콜을 표준으로 사용하고 있다.
④ 금융 분야에서 FIDO를 기반으로 본인인증 서비스를 제공한다.
⑤ FIDO 2.0은 모바일 환경에서만 인증이 가능하다.

18 PF(Project Financing)에 대한 설명으로 옳지 않은 것은?

① 사업의 수익성에 투자하는 방법이다.
② 대규모 자금이 들어가는 프로젝트에 주로 이용된다.
③ 사업주의 신용도가 중요하다.
④ 프로젝트의 수익으로 대출금을 상환한다.
⑤ 프로젝트가 실패하더라도 모회사에 상환을 요청하지 않는다.

19 온라인 플랫폼에서 프로젝트 성사를 위해 대중에게 자금을 조달받는 것을 의미하는 용어는?

① 소셜펀딩
② 뉴스펀딩
③ 크라우드펀딩
④ 퀀텀펀드
⑤ 퍼네이션(Funation)

20 이메일, ERP, CRM 등 다양한 응용 프로그램을 서비스 형태로 제공하는 클라우드 서비스는?

① IaaS(Infrastructure as a Service)
② NaaS(Network as a Service)
③ PaaS(Platform as a Service)
④ SaaS(Software as a Service)
⑤ DaaS(Desktop as a Service)

빠른답CHECK 16.③ 17.② 18.③ 19.③ 20.④

21 등량곡선에 대한 설명으로 옳지 않은 것은?

① 원점으로부터 멀리 위치한 등량곡선일수록 높은 산출량을 나타낸다.

② 생산요소 간의 대체성이 낮을수록 등량곡선의 형태는 직선에 가깝다.

③ 등량곡선의 기울기를 한계기술대체율이라 한다.

④ 한계기술대체율 체감의 법칙이 적용되지 않을 경우에는 등량곡선이 원점에 대하여 볼록하지 않을 수도 있다.

⑤ 등량곡선은 서로 교차하지 않는다.

22 생산과정에서 공해와 같은 외부불경제가 발생한다. 완전경쟁기업이 산출량을 결정할 때 해당 비용을 고려하지 않는다면 균형산출량 수준에서는 다음 중 어떤 관계가 성립되는가?(단, P : 제품가격, PMC : 사적 한계비용, SMC : 사회적 한계비용이다.)

① P = PMC = SMC

② P = PMC < SMC

③ P = PMC > SMC

④ P = SMC > PMC

⑤ PMC = SMC

23 지대와 전용수입에 대한 설명으로 옳지 않은 것은?

① 경제적 지대란 생산요소가 실제로 얻고 있는 수입과 전용수입과의 차액이다.

② 준지대는 내구자본설비의 용역에 대해 지불되는 일종의 지대이다.

③ 완전경쟁 하에서 생산요소의 공급탄력성이 무한히 클 경우에는 요소소득의 전액이 지대이다.

④ 준지대는 총수입에서 가변요소에 대한 보수를 치른 후 남게 되는 고정요소에 대한 보수이다.

⑤ 경제적 지대는 공급량이 제한될 경우에 발생한다.

24 인플레이션율이 4%로 예상되었으나, 실제로는 6%로 상승한 경우 이득을 얻는 경제주체는?

① 국채에 투자한 국민연금

② 2년간의 임금계약이 만료되지 않은 노동조합 소속의 근로자

③ 채권자

④ 정부

⑤ 연금의 수혜자

빠른답CHECK 21.② 22.② 23.③ 24.④

25 **A국은 석유를 전액 수입하고 있다. 갑자기 중동 지역에 큰 전쟁이 일어날 전망이 제기되면서 석유가격이 크게 상승하였다. 〈보기〉는 A국 정부가 가계생활의 안정을 위해 가격 상승분의 일부를 유류세 인하로 보전해주는 정책을 시행 할 경우 나타날 수 있는 결과다. 다음 중 A국 석유시장과 유류세 인하의 효과에 대하여 바르게 설명한 것만을 고르면?**

보기

㉠ A국의 석유 공급곡선은 비탄력적이다.
㉡ 유류세 인하는 석유의 시장가격을 떨어뜨릴 것이다.
㉢ 유류세 인하의 혜택은 공급자가 전부 가져갈 것이다.
㉣ 유류세 인하로 석유 수요곡선이 원점에서 멀어진다.
㉤ A국의 석유 공급곡선은 X축에 대하여 수평이다.

① ㉠㉡
② ㉠㉣
③ ㉡㉢
④ ㉡㉣
⑤ ㉡㉢㉤

26 **〈보기〉에서 제시하는 상황의 해결방법으로 적절한 것은?**

보기

A마을에 개울이 흐르고 있는데 개울의 상류부근에는 염색공장이 있고, 하류부근에는 채소가게가 있다. 염색공장에서 1t의 염색물을 처리하면 염색공장은 5억 원의 수익을 얻는 반면, 염색물에서 나온 구정물을 개울에 버리면 채소가게는 1t당 5억 5천만 원의 피해를 입는다. 어느날 채소가게주인이 염색공장 사장에게 함께 문제해결을 해보자고 제안한 후 구청에 갔다.

① 염색공장의 영업허가권을 취소시킨다.
② 염색공장사장이 개울에 버릴 수 있는 폐수량을 구청에서 정해준다.
③ 염색공장사장은 현재와 같이 업무를 처리하고 채소가게에서 발생하는 손실을 모두 배상한다.
④ 구청에서 개울의 관리권을 양쪽의 어느 누구에게 부여하고 당사자들이 해결하도록 한다.
⑤ 개울의 사용권은 채소가게에게 부여한다.

빠른답CHECK 25.① 26.④

27 수요의 가격탄력성에 관한 설명으로 옳지 않은 것은?

① 대체재의 수가 많을수록 그 재화는 일반적으로 탄력적이다.
② 사치품은 탄력적이고 생활필수품은 비탄력적인 것이 일반적이다.
③ 재화의 사용 용도가 다양할수록 비탄력적이다.
④ 수요의 탄력성을 측정하는 기간이 길수록 탄력적이다.
⑤ 수요의 가격탄력성은 가격 변화율에 대한 수요량 변화율의 상대적 크기로 나타낸다.

28 애로우의 불가능성 정리에서 투표의 불완전성을 설명하는 조건으로 적절하지 않은 것은?

① 선호도가 A〈B 이고 B〈C라면 A〈C가 되어야 한다.
② 사회적 선호도는 강력한 지도자의 선택에 따라야 한다.
③ 선택지와 무관한 대상의 존재에 영향을 받지 않아야 한다.
④ 사회구성원이 80%가 선택하는 것을 사회에서도 선택해야 한다.
⑤ 선호도에 대한 제한이 없고 선택의 자유가 있어야 한다.

29 칼도어의 경제성장이론에서 정형화된 사실들로 옳지 않은 것은?

① 노동의 소득비율은 일정 비율로 증가한다.
② 1인당 자본량이 일정 비율로 증가한다.
③ 자본의 소득분배율이 일정 수준을 유지한다.
④ 실질이자율이 일정하게 유지된다.
⑤ 국가별 경제 성장률은 일정하다.

30 다음 〈보기〉를 읽고 (　　) 안에 들어갈 말로 옳은 것은?

보기

> 은행은 고객의 예금이 들어오면 일정 비율의 지급준비금만을 남기고 나머지는 대출에 사용을 한다. 이 대출금이 다시 은행에 예금으로 돌아오면 그 금액의 일정 부분을 지급준비금만 남기고 대출로 사용이 된다. 이와 같이 은행이 대출과 예금을 통해서 최초 예금액의 몇 배 이상으로 예금통화를 창출하는 현상을 (　　)이/라고 한다.

① 그렉시트
② 신용창조
③ 시뇨리지
④ 사모발행
⑤ 최종대부자

빠른답CHECK 27.③ 28.② 29.⑤ 30.②

PART

02

농협상식

01 농협 소개

01 비전 2030

(1) 수립 방향

① **농협이 추구하는 「농업 · 농촌의 미래상」 반영 :** 희망농업 · 행복농촌

② **「농협의 정체성」이 살아있는 농협의 미래상 반영 :** 국민의 농협, 농민의 농협, 농축협 중심의 농협, 글로벌 농협

③ **기존의 「경영 패러다임의 대전환」을 위한 변화 · 혁신 강조 :** 농축협이 중심에 서는 중앙회, 농산업을 선도하는 농협경제, 지역발전에 앞장 서는 농축협, 농축협 성장을 지원하는 농협 금융, 국민의 자랑이 되는 세계 속의 농협, 변화와 혁신으로 도전하는 농협 · 人

농업 · 농촌의 위기	농업 · 농촌의 기회	농협이 안고 있는 문제	농협에 대한 새로운 기대
• 농업성장 둔화 • 농업소득 감소 • 미래영농세대 부족 • 농촌활력 저하 • 지역소멸위기	• 식량안보 중요성 • 농업농촌 인식전환 • 애그테크 확산 • 정책 지원 증가 • 귀농 · 귀촌 증가	• 조합원 고령화 · 이질화 • 농축협 양극화 • 정체성 약화 • 중앙회 중심 사업리드 • 관료적 조직문화	• 사업/서비스 확대 요구 • K-food 확산 • 글로벌 협동조합 위상 제고 • 협동조합 간 협동 • 국제 경쟁력 확보

(2) 4대 핵심가치

① **국민에게 사랑받는 농협 :** 지역사회와 국가경제 발전에 공헌하여 온 국민에게 신뢰받고 사랑받는 농협 구현

② **농업인을 위한 농협 :** 농업인의 행복과 발전을 위해 노력하고, 농업인의 경제적 · 사회적 · 문화적 지위 향상 추구

③ **지역 농축협과 함께 하는 농협 :** 협동조합의 원칙과 정신에 의거, 협동과 상생으로 지역 농축협이 중심에 서는 농협 구현

④ **경쟁력 있는 글로벌 농협 :** 미래 지속가능한 성장을 위하여 국내를 벗어나 세계 속에서도 경쟁력을 갖춘 농협으로 도약

(3) 비전 : 변화와 혁신을 통한 새로운 대한민국 농협

(4) 슬로건 : 희망농업, 행복농촌 농협이 만들어 갑니다.

(5) 혁신 전략

① 농업인 · 국민과 함께 「농사같이(農四價値) 운동」 전개

㉠ 농사같이(農四價値) : 농민존중(국민들로부터 인정받고 존경받는 농업인), 농업성장(농업에 대한 본질을 농업; Agriculture에서 농산업; agribusiness으로 전환), 농촌재생(살기 좋은 농촌, 찾고 싶은 농촌, 활력 넘치는 농촌으로 전환), 농협혁신(농업인과 농축협이 중심이 되는 농협, 농업인의 눈높이에 맞는 농협)

㉡ 60년 농협 · 농촌 운동의 전통과 정신 계승

㉢ 농업변화 · 혁신의 대전환을 위한 성장동력 내재화

② 중앙회 지배구조 혁신과 지원체계 고도화로 「농축협 중심」의 농협 구현

㉠ 농축협의 눈높이에 맞춘 중앙회 지배구조 혁신

㉡ 농축협 지원확대와 지원체계 고도화로 지속성장 기반 확보

㉢ 산지유통 중점 지원으로 농축협 경제사업 활성화

③ 디지털 기반 「생산 · 유통 혁신」으로 미래 농산업 선도, 농업소득 향상

㉠ 금융－경제 시너지로 애그테크 기반 미래 농산업 선도

㉡ 스마트 영농 정착과 농자재 가격안정으로 농업소득 향상

㉢ 유통혁신을 통한 농축산물 수급안정과 디지털 인프라 확충

④ 「금융부문 혁신」과 「디지털 경쟁력」을 통해 농축협 성장 지원

㉠ 상호금융특별회계의 안정적인 수익창출로 농축협 경영지원 강화

㉡ 상호금융 정체성 강화 및 제1금융권 수준의 사업경쟁력 확보

㉢ 디지털 기반 초일류 금융그룹으로 도약하여 농축협 수익센터 역할 강화

⑤ 「미래 경영」과 「조직문화 혁신」을 통해 새로운 농협으로 도약

㉠ 미래전략실 설치로 농축협－중앙회 성장과 혁신을 주도

㉡ 범농협 위기대응체제 구축 및 디지털 전환

㉢ 미래 인재 육성 및 조직문화 혁신으로 경쟁력과 전문성 확보

시험에 이렇게 나온다! 60년 농협 · 농촌운동의 전통과 정신을 계승한 「농사같이(農四價値) 운동」의 네 가지 농업가치 기반으로 옳지 않은 것은?

① 농민존중
② 농촌재생
③ 농민개몽
④ 농협혁신
⑤ 농업성장

A. ③

(6) 엠블럼 의미

① 'ㄴ'과 'ㅎ'이 결합하여 '농'의 완성 : 농업 · 농촌의 새롭고 당당한 미래상의 중심에 「새로운 대한민국 농협」이 있음을 부각

② 변화와 혁신을 담은 수레 : 새수레에 변화와 혁신의 황금빛 불꽃을 담아 희망농업, 행복농촌을 만들겠다는 의미

02 계열사 현황

분야	내용
중앙회 교육지원 계열사(4개사)	농협정보시스템, 농협자산관리, 농협네트웍스 – 농협파트너스
농협경제 계열사 (16개사)	• 유통 : 농협하나로 유통, 농협유통 • 제조 : 남해화학–엔이에스머티리얼즈, 농협케미컬, 농우바이오, 농협에코아그로 • 식품/서비스 : 농협양곡, 농협홍삼, 농협식품, 농협물류, NH농협무역 • 축산 : 농협사료–농협TMR, 농협목우촌
농협금융 계열사 (12개사)	• 은행 : NH농협은행 • 보험 : NH농협생명, NH농협손해보험 • 증권 : NH투자증권 – NH선물, NH헤지자산운용 • 기타 : NH–Amundi 자산운용, NH농협캐피탈, NH저축은행, NH농협리츠운용, NH벤처투자

03 농협이 하는 일

(1) 교육지원부문

① 농업인의 권익을 대변하고 농업 발전과 농가 소득 증대를 통해 농업인의 삶의 질 향상에 기여

② '또 하나의 마을 만들기 운동' 등 농업농촌에 활력을 불어넣고 농업인과 도시민이 동반자 관계로 함께 성장하고 발전에 기여

③ 추진사업 : 교육지원사업(농 · 축협 육성 · 발전 지도 · 영농 및 회원 육성 · 지도, 농업인 복지증진, 농촌사랑 · 또 하나의 마을 만들기 운동, 농정활동 및 교육사업 · 사업공헌 및 국제협력 활동 등)

(2) 경제부문

① 농업인이 영농활동에 안정적으로 전념할 수 있도록 생산 · 유통 · 가공 · 소비에 이르기까지 다양한 경제사업 지원

② 농축산물 판로확대, 농축산물 유통구조 개선을 통한 농가소득 증대 및 영농비용 절감을 위한 사업에 주력

③ 추진 사업

분야	내용
농업경제사업	영농자재(비료, 농약, 농기계, 면세유 등) 공급, 산지유통혁신, 도매사업, 소비지 유통 활성화, 안전한 농식품 공급 및 판매
축산경제사업	축산물 생산, 도축, 가공, 유통, 판매 사업, 축산 지도(컨설팅 등), 지원 및 개량 사업, 축산 기자재(사료 등) 공급 및 판매

(3) 금융부문

① 농협 본연의 활동에 필요한 자금과 수익 확보, 차별화된 농업금융 서비스 제공 목적

② 시중 은행 업무 외에도 NH카드, NH보험, 외국환 등의 다양한 금융 서비스 제공

③ 추진 사업

분야	내용
상호금융사업	농촌지역 농업금융 서비스 및 조합원 편익 제공, 서민금융 활성화
농협금융지주	종합금융그룹(은행, 보험, 증권, 선물 등)

04 농협의 역사

(1) 「농업 · 농촌 · 농협운동」 추진 경과

① 1964 ~ 1965년 : 농협 체질개선 운동

② 1965 ~ 1978년 : 새농민 운동

③ 1978 ~ 1978년 : 신풍 운동

④ 1980 ~ 1987년 : 농협 경영 개선 운동

⑤ 1988 ~ 1992년 : 새농협운동

⑥ 1989 ~ 1994년 : 身土不二 운동

⑦ 1995 ~ 2002년 : 農都不二 운동

⑧ 2003 ~ 2004년 : 농촌사랑 운동

⑨ 2004 ~ 2012년 : 새농촌 새농협 生운동

⑩ 2012 ~ 2015년 : 食사랑 農사랑 운동

⑪ 2016 ~ 2018년 : 함께하는 마을 만들기

⑫ 2018 ~ 2023년 : 깨끗하고 아름다운 농촌마을 가꾸기

⑬ 2020 ~ 현재 : 국민과 함께하는 도농상 활성화

(2) 종합농협 이전(1907 ~ 1958년)

① 1907년 : 광주지방 금융조합설립

② 1919년 : 조선경제협회 설립(지방금융연합회 승계)

③ 1927년 : 조선 농회령 공포 및 선 농회 설립

④ 1928년 : 조선금융조합협회 설립(조선경제협회 승계)

⑤ 1933년 : 조선금융조합연합회 설립(조선금융조합협회 승계)

⑥ 1935년 : 조선금융조합연합회 하부조직 식산계 설치

⑦ 1956년 : 금융조직 · 연합회 · 식산계 업무 인수, ㈜농업은행 설립

⑧ 1957년 : 농업협동조합법, 농업은행법 제정(조선농회 업무 · 재산 인수), 농업은행법 제정

⑨ 1958년 : 농협중앙회 창립총회 개최, 농업은행 업무 개시

(3) 종합농협 출범(1961 ~ 1986년)

① 1961년 : 농협중앙회와 농업은행 통합, 종합농협 형태 농업협동조합 창립(전국단위 중앙회 - 시군조합 - 이동조합의 3단계)

② 1962년 : 농협대학교 개교

③ 1964년 : 농협신문 창간(농민신문 전신)

④ 1965년 : 자립 · 과학 · 협동을 다짐하는 새농민운동 전개

⑤ 1969년 : 조합에 상호금융제도를 도입해 농촌지역 고리채(高利債)해소

⑥ 1972년 : 농신보 업무 실시

⑦ 1981년 : 농협중앙회에서 축산부문 분리, 농협 계통조직 2단계 개편(시군조합 폐지, 조합 - 중앙회 2단계)

⑧ 1984년 : 연금공제 · 화재공제 실시, 신용카드 업무 개시

⑨ 1986년 : 면세유 공급 개시

시험에 이렇게 나온다! 다음 중 농업 · 농촌 · 농협운동 추진 경과가 바르게 나열된 것은?

㉠ 새농민 운동	㉡ 食사랑 農사랑 운동
㉢ 농촌사랑운동	㉣ 身土不二 운동
㉤ 깨끗하고 아름다운 농촌마을 가꾸기	

① ㉠㉡㉢㉣㉤ ② ㉠㉣㉢㉡㉤
③ ㉡㉢㉠㉣㉤ ④ ㉡㉣㉢㉠㉤
⑤ ㉣㉠㉡㉢㉤

A. ②

(4) 농협의 민주화와 통합농협시대(1988 ~ 2010년)

① 1988년 : 민주 농협법 개정, 조합장 및 중앙회장 직선제 도입

② 1989년 : 우리농산물애용운동 전개

③ 1990년 : 농식품 수출전담 자회사 ㈜협동무역(現NH무역) 설립

④ 1994년 : 사업부제 실시

⑤ 1995년 : ㈜농협유통 · 농협사료 설립

⑥ 1998년 : 양재동 하나로클럽 개장, ㈜남해화학 인수 완료

⑦ 2000년 : 통합 농협중앙회 출범(농 · 축 · 인삼협중앙회 통합)

⑧ 2004년 : 새농촌새농협운동 추진 선포, 농협재단 · 농촌사랑운동 전개 및 범국민운동본부 출범

⑨ 2006년 : 농촌사랑지도자연수원 · NH투자증권 · 농협목우촌 · 농협경제연구소 출범

⑩ 2007년 : 한국 농협, 국제협동조합연맹(ICA)의 세계 4대 협동조합기관 선정

⑪ 2010년 : 국제협동조합기구(ICAO) 개최, 도농 상생자금 5,000억 지원

(5) 사업전문화 새농협 출범(2011~ 현재)

① 2011년 : 사업구조개편을 위한 농협법 개정창립 50주년 기념, 농협장학관 개관, 식사랑농사랑운동 전개

② 2012년 : 경제사업 활성화를 위한 사업 분할(중앙회 · 경제지주 · 금융지주)전개

③ 2013년 : 국제협동조합연맹(ICA) 이사국 재선임국제협동조합농업기구(ICAO) 회장 기관

④ 2015년 : 농협하나로유통 · 농협양곡 설립

⑤ 2016년 : 농협이념중앙교육원 개원농협미래농업지원센터 개원

⑥ 2018년 : 깨끗하고 아름다운농촌마을 가꾸기 운동 전개

⑦ 2020년 : 비전2025 "함께하는 100년 농협" 선포

⑧ 2021년 : 창립 60주년 농협, 혁신으로 새로운 100년을 향해

⑨ 2022년 : 탄소Zero 챌린지 적금」 출시로 ESG 동참, 농산업혁신기업 육성

⑩ 현재 : 「범농협 3행3무 실천운동」 결의, 「61천 그루 나무심기」, 금융기관 최초로 「112 신고자동화 시스템 구축」, 제28회 농업인의 날, 새로운 미래비전 「함께하는 100년 농촌」 선포

05 농협의 파란 농부

(1) 의미

① 청년(젊은) 농부

② 알을 깨고 나온(破卵, 고정관념과 틀을 깬) 농부

③ 농업의 블루오션을 창출하는 농부

④ 농업에 파란을 일으키는 농부

(2) 내용

① 우리 농업의 미래를 선도한 청년 농업인 육성

② 국내 및 해외 주요 농업선진지에 대한 연수비 지원

③ 기수별 연수책자 제작 및 연수결과 보고회 실시(팜파티)

④ 농업관련 종합컨설팅 및 선도 창업농과의 멘토링

⑤ 농업관련 실습 및 교육과정 참여 추천 등

⑥ 자치회 결성 및 활동 지원

06 NH 커뮤니케이션 브랜드 및 캐릭터

(1) NH 커뮤니케이션 브랜드

① Nature&Human(Nature Green) : 순수한 자연을 세상에 널리 전하는 농협의 건강한 이미지를 표현, 농협 전통의 친군하고 깨끗한 이미지 계승

② New Happiness(Human Blue) : 농협의 앞서나가는 젊은 에너지와 전문적인 이미지를 표현, 젊은 농협의 현대적이고 세련된 새로운 이미지 창조

③ New Hope(Heart Yellow) : 풍요로운 생활의 중심, 근원이 되는 농협의 이미지를 계승

※ 2030 엠블럼 그래픽 모티브는 인간과 자연을 위한 새로운 물결 상생, 화합, 조화 및 변화, 혁신, 새로운 바람 상징

(2) 캐릭터 아리(ARI)

① 농업의 근원인 씨앗을 모티브로 쌀알, 밀알, 콩알에서 '알'을 따와서 명칭

② 통합 농협으로 새출발하는 농협의 미래지향적인 기업 이미지는 캐릭터를 통해 발현

③ 우리의 전통 음율 '아리랑'을 연상케 하여 '흥, 어깨춤' 등 동적인 이미지

④ 곡식을 담는 '항아리', '풍요 및 결실'의 의미

07 농협의 인재상

(1) 시너지 창출가

항상 열린 마음으로 계통 간, 구성원 간에 존경과 협력을 다하여 조직 전체의 성과가 극대화될 수 있도록 시너지 제고를 위해 노력하는 인재

(2) 행복의 파트너

프로다운 서비스 정신을 바탕으로 농업인과 고객을 가족처럼 여기고 최상의 행복 가치를 위해 최선을 다하는 인재

(3) 최고의 전문가

꾸준히 자기계발을 통해 자아를 성장시키고, 유통 · 금융 등 맡은 분야에서 최고의 전문가가 되기 위해 지속적으로 노력하는 인재

(4) 정직과 도덕성을 갖춘 인재

매사에 혁신적인 자세로 모든 업무를 투명하고 정직하게 처리하여 농업인과 고객, 임직원 등 모든 이해관계자로부터 믿음과 신뢰를 받는 인재

(5) 진취적 도전가

미래지향적 도전의식과 창의성을 바탕으로 새로운 사업과 성장동력을 찾기 위해 끊임없이 변화와 혁신을 추구하는 역동적이고 열정적인 인재

시험에 이렇게 나온다! NH 커뮤니케이션 브랜드 색상으로 옳은 것은?

① Orange
② Yellow
③ Purple
④ Red
⑤ White

A. ②

시험에 이렇게 나온다! 농협비전 2030 엠블럼에 대한 설명으로 옳은 것은?

① 농업에 파란을 일으키는 농부 의미
② 곡식을 담는 항아리, 풍요의 결실 의미
③ 농업의 근원인 씨앗이 모티브
④ 변화와 혁신을 담은 수레 의미
⑤ 진취적인 도전가 의미

A. ④

2025년 농업·농촌 10대 이슈

(1) 기후쇼크, 농장에서 식탁까지 : 지속가능한 생산과 소비를 위한 기후 적응력 강화

① 기상이변으로 인한 농업 · 농촌 위기 가중 및 소비자 물가 부담 증가
- 이상기후의 일상화로 농업 재해 빈번하게 발생, 온열 질환에 취약한 농작업 환경
- 2024년 온열질환자 15.7%가 논 · 밭 · 하우스에서 발생(질병관리청 발표)

② 기상이변으로 인한 농산물 물가 상승으로 소비자 부담 증가
- 2024년 상반기 사과, 2024년 하반기 채소류 중심으로 소비자 가격 급증
- 고물가 충격 완화에 대한 소비자 요구 확산

③ 정부의 기후변화 대응 및 물가안정 정책 추진
- 심화되는 기후위기 피해 증가로 「제3차 국가 기후위기 적응 강화대책(2023 ~ 2025)」 발표(2023. 6.)
- 물가안정을 위한 할당관세 활용 정책 기조 확대

[자료1] 농업 분야의 지속가능한 농수산 환경 조성 추진 과제

구분	내용
농업생산 · 기상정보 고도화 및 기후재난 예방	• 작물 · 축산 생산성 변화 진단 · 예측 강화 • 기상재해 사전 대비 경보 강화 • 병해충 모니터링, 예측 · 방제 강화 • 기후 · 기상 종합 정보 제공
재해대응 생산기반 적응력 제고	• 수자원 개발을 통한 가뭄 피해 최소화 • 농업생산기반 시설 개선으로 홍수 피해 대비 • 수질 · 토양 관리 강화
기후적응형 기술 · 품종 개발 및 보급 확대	• 스마트농업 확산 • 극한기상 피해 경감 기술 개발 · 보급 확대 • 기후적응형 작품 품종 육성 • 기후적응형 농업기술 보급 확산
기후 대응체계 개편 및 식량 안보 제고	• 농식품 기후 변화대응센터 건립 • 농산물 비축 확대 및 해외 공급망 구축 • 농작물 재해 보험 및 복구대책 개선

④ 향후 전망

- 농업인 피해 경감과 농산물 물가안정 동시 달성 요구 증대
- 농업 온실가스 감축 목표 달성을 위한 기술 · 재정 지원 확충 필요

(2) 한국형 농업인 소득 · 경영 안전망 : 농업수입안정보험 활성화를 위한 논의 본격화

① 농가 경영상태 지속적인 악화로 인한 농업소득 불확실성 확대

- 자연재해, 영농자재 및 인건비 상승, 농산물 가격변동성 심화 등으로 인한 지속적인 영농 여건 악화
- 지속적인 농업소득 비중 감소세

[자료2] 농업소득 비중

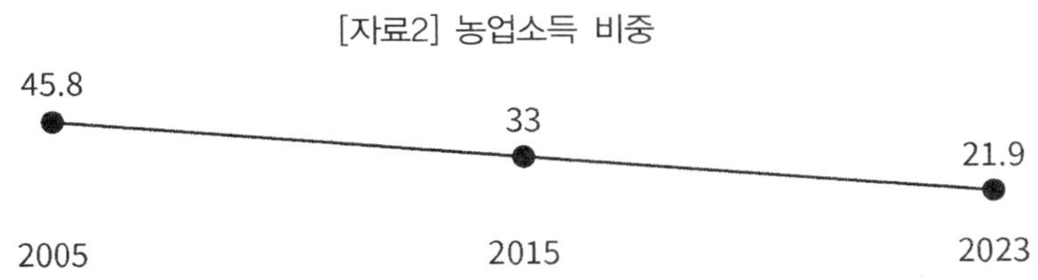

② 농가소득 및 경영안정을 위한 정책 강화

- 「한국형 농업인 소득 · 경영 안전망 구축 방안」 발표
- 지난 10여 년 동안 시범 사업을 거친 농업수입안정보험 본사업으로 전환(2025년)
- 중장기적으로 채소가격안정제 등 기존 수급 정책들과 통합 · 연계할 예정

③ 향후 전망

- 농업소득 증대를 위한 정책 확대 및 범농협 사업 활성화
- 농업수입안정보험에 대한 쟁점사항 논의 본격화

(3) 농촌 사회서비스 사막화 : 지역소멸 대응 농촌 사회서비스 확충

① 지역소멸 위기 및 낮은 삶의 질

- 농촌 1,404개 읍면의 농촌소멸위험지수 중 726개 면(약 52%)가 농촌소멸 위험 · 고위험 지역에 해당
- 열악한 수준의 사회서비스 영역

② 식품사막, 의료사막 등 사각지대 확대

- 식료품 소매점 접근성 악화
- 의료인력 부족으로 인한 의료시스템 붕괴

③ 향후 전망

- '가가호호 농촌 이동장터', '농촌아이돌봄지원사업', '농번기돌봄지원사업', '농촌왕진버스' 등 농촌 사회 서비스 확충을 위한 맞춤형 대책 강화
- 「제5차 삶의 질 기본계획(2025 ~ 2029)」 정책 마련으로 농촌주민의 삶의 질 향상 기대

⑷ 쌀 수급 균형 : 쌀 산업 구조개혁 본격 시동

① 쌀 재배면적 및 생산량 감소세

- 논 타작물 재배지원 사업 등으로 지속적인 감소

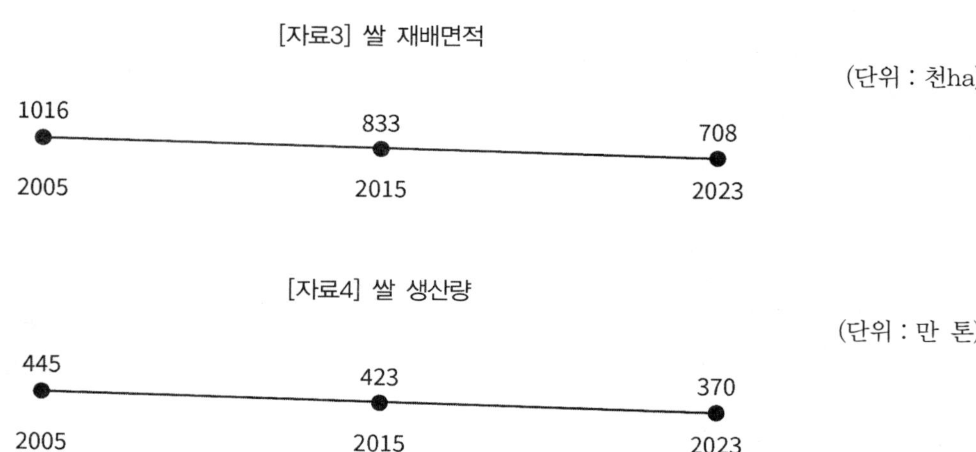

② 구조적 공급과잉 현상

- 육류 · 우유류 소비 증가, 밀가루 수요 확대 등 식품소비 패턴의 변화로 인해 쌀 수요 하락 예상
- 1인당 쌀 소비 추이량 지속적인 감소

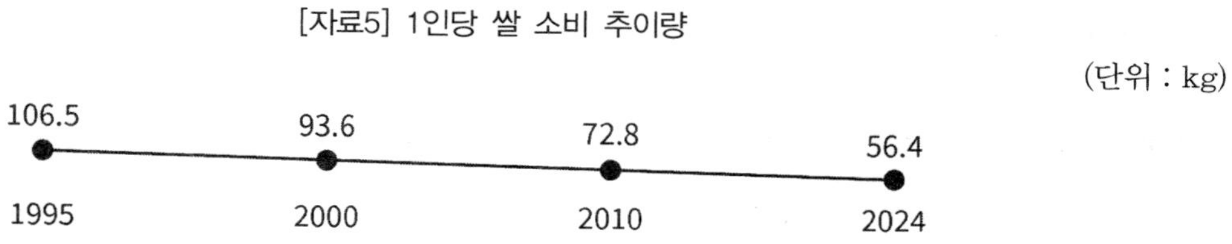

- 2013 ~ 2022년 동안 쌀 생산량은 연평균 1.2%, 소비량은 1.7% 감소
- 쌀 생산 감소폭보다 소비 감소폭이 더 크게 나타나면서 쌀 수급 불균형 및 쌀값 하락 등 구조적 공급과잉 현상 발생

③ 향후 전망

- 벼 재배면적 조정제 시행으로 쌀 가격 상승 견인 및 벼 재배농가 소득 증대 기여
- 쌀 가공식품 산업 활성화 및 K-Food 수출 확대 본격화
- 정부 및 농업인 단체 중심으로 쌀밥 효능 홍보, 아침밥먹기 캠페인 등 확대를 통해 쌀 소비 확대를 위한 범국민적 활동 활성화

(5) 식량안보 대응 강화 : 글로벌 식량위기 상시화, 법제화 통한 식량안보 강화 논의 확산

① 기후변화 · 국제정세로 인한 글로벌 공급망 불안정 심화

- 이상기후 및 국물수출국 제한조치, 전쟁과 분쟁, 무역갈등 등으로 인한 글로벌 식량위기 문제
- 국제 원자재 가격 상승

② 글로벌 주요국(美 · 中 · 日), 법제화를 통한 식량안보 강화에 초점

③ 향후전망

- 글로벌 공급망 재편 움직임 가속화, 식량안보 중요성 확대
- 식량안보 보장을 위한 제도화 논의 확산

(6) 농산물 도매시장 혁신 : 도매시장 공적 기능 강화 및 참여자 간 경쟁 촉진

① 농산물 도매시장 유통구조 개선 필요성 대두

② 정부의「농산물 유통구조 개선방안」발표

- 2024년 4월부터 범부처 합동으로 농수산물 출하유통 실태 및 농산물 시장의 불공정 행위 점검 결과를 바탕으로「농산물 유통구조 개선방안」발표
- 유통비용 10% 이상 절감 목표 및 4대 전략, 10대 중점 추진과제 구성

[자료6]「농산물 유통구조 개선방안」주요 내용

4대 전략	10대 중점 추진과제
공영도매시장 공공성 · 효율성 제고	• 도매시장 내 경쟁 확대 • 도매법인 공공성 강화 • 도매가격 변동성 완화
온라인 도매시장 활성화	• 판매자 · 구매자 확대를 통한 경쟁 촉진 • 경쟁력 있는 판매자 · 구매자 주체 육성 • 법조직 등 인프라 구축
산지 유통 규모화 · 효율화	• 산지의 유통 · 수급 관리 역량 강화 • 물류기기 시장 경쟁 확대
소비자 유통 환경 개선	• 유통비용 절감을 위한 新 소비 문화 정착 • 유통업체 간 경쟁 활성화

③ 향후 전망

- 공영도매시장의 유통구조 개선을 위한 제도 마련 및 개선 전개
- 온라인도매시장 활성화를 위한 규제완화 및 지원강화

(7) 공동영농을 통한 영농효율화 : 공동영농으로 농업의 구조적 전환 가속화

① 농업의 구조적 한계를 해결하기 위한 공동영농의 필요성 제기
- 농지 규모화 · 기계화로 노동력 절감, 농지 이용률 제고
- 유휴농지 통합적 활용으로 효율성 제고 및 참여 농가의 농가 소득 증대

② 지자체 · 지역농협 중심으로 공동영농 시범사업 추진

③ 향후 전망
- 경영 주체 · 방식 등 구조적 전환 가속화
- 공동영농의 안정적인 정착과 활성화를 위한 제도 구축 논의 확대

(8) 첨단기술로 진화하는 농식품 산업지형 : 스마트농업 · 푸드테크 등 관련 법률 시행에 따른 기대와 우려

① 첨단기술 기반 농식품 산업의 제도적 기반 마련

② 스마트농업 · 푸드테크 등 첨단 농산업 가속화로 경쟁력 강화 추진
- 2024년 3월 「스마트농산업 발전방안」 발표
- 2027년까지 스마트 온실 보급률 30% 이상 확대, 스마트농업 전문기업 100개 이상, 유니콘 기업 30개 육성 · 발굴 목표
- 푸드테크 전용펀드 310억 원 조성(2023 ~ 2024년), 푸드테크 연구지원센터 구축 지원(2024 ~ 2026년)

③ 향후 전망
- 스마트농업 육성지구 지정, R&D와 표준화 사업, 전문인력 양성, 중 · 장기 투자계획 등 수립
- 수직농장 중심으로 스마트팜 확산, 관련 산업 육성
- 데이터 · 인공지능 기반 신기술 개발 및 창업 활성화 기대
- 기술 격차에 따른 농업인 내부 불균형 야기 및 첨단 기술도입으로 인한 전통 농업과의 갈등 발생 우려

(9) 트럼프 2.0 시대, 거세지는 통상파고 : 더 강해지는 '아메리카 퍼스트'로 통상 불확실성 최고조

① 美, 트럼프 1기에 이어 강력한 보호무역 장벽 구축, 불공정 무역관행 강력 대응, 외국 생산자에 대한 관세 인상 예상

② 관세 · 방위비 등으로 동맹국을 포함한 무역상대국들이 미국에 더 나은 시장접근을 허용하도록 압박

③ 향후 전망

- 농산물 수입압박 및 수출둔화 등 농업통상 난기류 예상
- 중국과의 경제관계 재설정 및 對세계와의 균형 잡힌 무역정책 추구
- 국내 농업의 농업경영 및 농산물 수급에 리스크 발생 가능성 전망

(10) K-Food, 글로벌 영토 확장 : 외연을 확대하며 세계 시장으로 비약적 성장

① K-콘텐츠의 인기에 힘입어 지속적인 K-Food 수출 규모 확대

- 2023년 K-Food(농식품) 수출액 90억 2천만 달러 기록
- 스마트팜, 농기자재, 펫푸드, 동물용의약품 등 2023년 121억 4천만 달러 기록

② K-Food 수출 확대 및 식품산업 외연확장을 위한 「K-Food+ 수출 혁신 전략」 발표

- 2027년까지 230억 달러 수출 목표 제시
- 수출 지역 편중 해소를 위해 내실화 전략, 신시장 수출 비중 확대, K-Food 박람회 개최, 할랄인증 상호 인정 협약국 9개국 확대 등 추진
- 해외 안테나숍 사업 25개국 28개소 확대 운영

③ 향후 전망

- 현지 인프라, 원재료 수급 고려, 시장 세분화, 브랜드 고유성 확보, 콜드체인 시스템, 마케팅 강화 등의 개선으로 신선식품 수출 확대 전망
- 수출 여건 악화에 따라 이슈별 대응 전략 마련 및 맞춤형 지원 등 정부의 지원 강화 및 다각화

PART

03

직무상식

01. 농업 · 농촌
02. 디지털 · IT
03. 금융 · 경제 · 보험
04. 유통 · 물류

CHAPTER

01 농업·농촌

✤ 농업 · 농촌 직무상식 필기시험 분석

연도별 출제키워드	2024년 협동조합 기본원칙, 협동조합원, 우루과이라운드, ICA, 스마트팜 2023년 협동조합, 정밀농업, 조류 인플루엔자, 구제역, 광견병, 비료, 농업보호구역, 농작물 재해보험, 자연재해, 럼피스킨병, 치유농업, HACCP 2022년 협동조합, 협동조합 이사회, 광합성, 스마트팜, 농업진흥지역, PLS, 농민운동, 광견병, 공익직불제 2021년 협동조합, 농민운동, 농협 비전, 공익직불제, ICA가입연도
이것만은 알고가자	협동조합, 농민운동, 국제협동조합연맹(ICA), 탄소중립, 공익직불제, 농지법, 식량안보, 스마트농업, 스마트팜, 스마트 축사, 애그테크, 애그플레이션, 푸드테크, 6차 산업, 가축전염병, 조류 인플루엔자, 아프리카돼지열병, 럼피스킨병, 양곡관리법, 과수화상병
최근 출제경향	직무상식 전체 문항에서 많은 문항수가 나오지는 않지만 매년 1 ~ 3문항 출제된다. 최근에는 난도가 상승하고 있는 추세로 농업 · 농촌에 대한 최신 이슈에 관심이 없으면 틀리는 경우가 많다. 특히, 익숙하지 않은 농업 관련 용어가 출제되어 당혹감을 주는 파트이다. 농협의 핵심과제나 최근에 시행되는 정책과 연관 지어서 많이 나오며, 면접을 비롯한 논술시험에서 빠지지 않고 농업과 디지털을 연관하여 물어보므로 최대한 다양한 용어를 알고 있는 것이 필요하다.
2025년 예상리포트	협동조합은 매년 출제되는 키워드이므로 확실하게 알고 있는 것이 중요하다. 농업 · 농촌 관련 사업, 최근 유행하고 있는 가축전염병 등이 출제되기도 한다. 농업 직불제, 글로벌 통상규범 강화, 녹색성장, 청년농, 애그테크, 고향사랑기부제, 지방소멸대응 등과 관련한 문항이 출제될 수 있으므로 알아두고 있는 것이 중요하다.

1

소비자협동조합

消費者協同組合

최종 소비자들의 협동조합

소비자들이 공동으로 재화와 서비스를 구매 혹은 이용하기 위해 「소비자생활협동조합법」에 따라 설립된 조직이다. 이때 소비자는 최종 소비자를 의미한다.

상식PLUS⁺ 설립인가 등〈소비자생활협동조합법 제21조〉

㉠ 조합을 설립하려면 30인 이상의 조합원 자격을 가진 자가 발기인(發起人)이 되어 정관을 작성하고 창립총회의 의결을 거친 후 사업구역을 관할하는 특별시장 · 광역시장 · 도지사 또는 특별자치도지사의 인가를 받아야 한다. 이 경우 조합의 사업구역이 2 이상의 시 · 도에 걸쳐있는 경우에는 주된 사무소의 소재지를 관할하는 시 · 도지사의 인가를 받아야 한다.

㉡ 창립총회의 의사는 창립총회 개의 전까지 발기인에게 설립동의서를 제출한 자 과반수의 출석과 출석자 3분의 2 이상의 찬성으로 의결한다.

㉢ 시 · 도지사는 ㉠에 따라 조합의 설립을 인가한 때에는 즉시 공정거래위원회에 그 사실을 통보하여야 한다.

㉣ 조합의 설립에 필요한 설립동의자의 최소인원, 총출자금액 및 1인당 출자금액의 하한, 그 밖에 인가의 기준 · 절차 등에 관하여 필요한 사항은 대통령령으로 정한다.

2

국제 협동조합 연맹

ICA : International Cooperative Alliance

2024 · 2021 · 2019 | 농협은행 2024 | 농협계열사 2015 | 지역농협

협동조합 및 조합원의 이익증진을 위한 국제적인 협동조합 연합체

협동조합의 원리 및 방법을 연구, 세계 각국에 협동조합 사업을 보급하기 위해 설립되었다. 가맹조합 사이에 우호관계를 유지하고 조합운동 및 소비자 이익을 옹호하려는 데 의의를 두고 1895년에 협동조합의 국제 연합체로 발족되었다. 총회는 2년마다 개최되며 위원회에서는 ICA를 전반적으로 감독하고 예산을 설정하는 등의 결정권을 지니고 있다. 우리나라는 신용협동조합, 새마을금고, 농업협동조합, 산림조합, 수산업협동조합이 회원으로 가입되어 있다. 농업협동조합은 1963년 1월 20일 ICA 집행위원회에 준회원 자격으로 가입하고, 1972년 12월 15일 ICA 제25차 바르샤바 회의에서 정회원으로 승격되었다. 2001년에는 서울총회를 개최하였다.

상식PLUS⁺ 국제협동조합 농업기구(ICAO : International Cooperative Agricultural Organization)

국제협동조합연맹(ICA) 산하의 농업분과기구이다. 1951년에 창설되어 현재 전 세계 35개국 40개 회원기관으로 이루어져있다. 1998년부터 한국 농협중앙회에서 의장기관을 맡고 있다. 2019년 서울총회가 개최되었다.

☑ 시험에서는 이렇게 물어본다!

농협이 ICA에 준회원 자격으로 가입한 연도는?

3 ■■■

협동조합

2024 · 2023 · 2022 · 2021 · 2020 | 농협계열사 2024 · 2023 · 2022 · 2021 | 농협은행 2024 · 2023 · 2022 · 2019 · 2018 | 지역농협

재화 또는 용역의 구매 · 생산 · 판매 · 제공 등을 협동으로 영위하여 조합원의 권익을 향상시키고 지역사회에 공헌하는 사업조직

협동조합은 재화 또는 용역의 구매 · 생산 · 판매 · 제공 등을 협동으로 영위함으로써 조합원의 권익을 향상하고 지역사회에 공헌하는 사업조직이다. 국제협동조합연맹(ICA)에서는 '공동으로 소유되고 민주적으로 운영되는 사업체를 통하여 경제적 · 사회적 · 문화적 필요와 욕구를 충족시키고자 하는 사람들이 자발적으로 결성한 자율적인 조직'으로 정의한다. 미국 농무성(USDA)에서는 '이용자가 소유하고 이용자가 통제하며 이용규모를 기준으로 이익을 배분하는 사업체'로 정의한다. 공동 목적을 가진 5인 이상의 조합원이 사업의 종류나 제한 없이 조직을 만들 수 있다. 출자규모와 무관하게 조합원은 1인 1표제를 가지며, 조합원은 출자자산에 한정해서 유한책임을 가진다. 전체 배당액의 100분의 50 이상의 협동조합 이용 실적에 따라 조합원은 배당받을 수 있다. 규모의 경제를 실현하고 도매상, 수집상, 가공업자, 소매업자들과 거래 교섭력을 높이는 데 그 목적이 있다. 농업협동조합은 조합원에게 개별 농가에서 할 수 없는 가공사업을 수행하여 부가가치를 높여 주고 농자재 공동구매를 통해 농가 생산비 절감에 기여한다. 매년 7월 첫째 주 토요일은 협동조합의 날로, 협동조합에 대한 이해를 증진시키고 협동조합의 활동을 장려하기 위하여 ICA가 1923년에 제정하였다.

상식PLUS 협동조합의 7원칙

㉠ **자발적이고 개방적인 조합원 제도** : 협동조합은 자발적이며, 모든 사람들에게 성(性)적 · 사회적 · 인종적 · 정치적 · 종교적 차별 없이 열려있는 조직

㉡ **조합원에 의한 민주적 관리**
- 조합원들은 정책수립과 의사결정에 활발하게 참여하고 선출된 임원들은 조합원에게 책임을 갖고 봉사
- 조합원마다 동등한 투표권(1인 1표)을 가지며, 협동조합연합회도 민주적인 방식으로 조직 · 운영

㉢ **조합원의 경제적 참여**
- 협동조합의 자본은 공정하게 조성되고 민주적으로 통제
- 자본금의 일부는 조합의 공동재산이며, 출자배당이 있는 경우에 조합원은 출자액에 따라 제한된 배당금을 받음
- 잉여금은 협동조합의 발전을 위해 일부는 유보금으로 적립, 사업이용 실적에 비례한 편익 제공, 여타 협동조합 활동 지원 등에 배분

㉣ **자율과 독립** : 협동조합이 다른 조직과 약정을 맺거나 외부에서 자본을 조달할 때 조합원에 의한 민주적 관리가 보장되고, 협동조합의 자율성이 유지되어야 함

㉤ **교육, 훈련 및 정보 제공**
- 조합원, 선출된 임원, 경영자, 직원들에게 교육과 훈련을 제공
- 젊은 세대와 여론 지도층에게 협동의 본질과 장점에 대한 정보를 제공

㉥ **협동조합 간의 협동** : 국내외에서 공동으로 협력 사업을 전개함으로써 협동조합 운동의 힘을 강화시키고, 조합원에게 효과적으로 봉사

㉦ **지역사회에 대한 기여** : 조합원의 동의를 토대로 조합이 속한 지역사회의 지속가능한 발전을 위해 노력

상식PLUS 유럽의 협동조합

산업혁명 이후 자본주의가 발달하면서 1795년경에 영국에서 소비자협동조합이 시작되었다. 영국에 이어서 1789년경에 프랑스와 이탈리아에서는 노동자생산협동조합, 1850 ~ 1870년경에 독일의 농업지역에서 신용협동조합이 만들어졌다. 세계최초협동조합법률은 사업공제조합법이다. 영국 북서부지역의 협동조합이 우애조합법(1834)에 등록하고 산업공제조합법으로 1852년에 개정되었다. 유럽에서 협동조합이 전국적인 조직을 결성하였다. 이후에는 국제적인 조직으로 국제협동조합연맹(ICA)을 구성하였고, 1895년에 제1회 창립총회를 영국 런던에서 개최하였다.

☑ 시험에서는 이렇게 물어본다!

1. 유럽 협동조합이 최초로 생겨난 국가는?
2. ICA 협동조합의 7대 원칙은?

4 ■■■

농민농업 · 농촌운동

2022 · 2021 | 농협계열사 2021 · 2020 · 2019 · 2018 · 2017 | 농협은행

농민의 권익을 위하여 전개하는 사회경제운동

동학농민운동에서 많은 농민이 학살되면서 1897년 광무농민운동이 시작되어 1904년부터는 의병농민운동이 전환되어 진행되었다. 1902년 산미증식계획으로 소작농민이 어려움이 심화되면서 1919년 흑교농장에서 소작쟁이가 일어났다. 1920년대 후반에는 자작농이나 자소작농의 중심으로 협동조합운동이 일어났다. 협동조합운동사, 협동조합운동, 농민공생조합이 있는데, 농민운동과 농민운동단체의 조직은 다양한 변천을 보이면서 활발하게 추진되었다. 광복 이후에는 전국농민총연맹으로 최대의 농민조직이 출범하였다. 6 · 25전쟁으로 농민운동의 활성화가 줄어들었다가 1985년 농민조직인 농업협동조합이 정부에 의해 다시 조직되었다.

상식PLUS+ 한국의 농업 · 농촌운동 흐름

㉠ 새농민운동(1965 ~ 1978) : 농민 스스로 농촌사랑의 선구자 역할을 하는 것이다.
㉡ 신토불이운동(1989 ~ 1994) : '우리 것이 좋은 것'이라는 의미로 우리나라 농산물의 소비 촉진을 위한 운동이다. 쌀시장개방반대 서명운동을 펼쳤다.
㉢ 농도불이운동(1995 ~ 2002) : 농촌과 도시는 서로 하나라는 것으로 농산물 판매를 증진하기 위한 것이었다.
㉣ 농촌사랑운동(2003 ~ 2004) : 농업 · 농촌의 문제해결방안을 모색하기 위한 것으로 1사1촌 자매결연을 시행했다.
㉤ 식사랑농사랑운동(2012 ~ 2015) : 식생활 식문화운동이다.
㉥ 함께하는 마을 만들기(2016 ~ 2018) : 도농교류 활성화를 위한 것이다.
㉦ 깨끗하고 아름다운 농촌마을 만들기(2018 ~ 2023) : 농업의 공익적 가치 확산을 위해 진행되었다.
㉧ 국민과 함께 하는 도농상 활성화(2020 ~ 현재) : 농촌 봉사활동을 전개하면서 국민과 함께 도농상생 활성화를 목표로 한다.

☑ 시험에서는 이렇게 물어본다!

1. 우리나라 농업 · 농촌 운동의 발생 순서는?
2. 1사 1촌 자매결연을 시행한 농민운동은?

5 ■■■

농촌사랑 범국민운동본부

농업인의 복지증진 및 삶의 질 향상을 위해 설립된 기구

도농교류 활성화 및 노동상생을 위해 2005년에 설립되었다. 1사1촌 자매결연, 도농상생 홍보사업, 농촌사회공헌인증제, 농촌사랑의료지원 등의 사업을 추진하고 있다.

6 ■■■

식사랑 농사랑 운동

2022 | 농협은행

식(食)에 대한 중요성을 인지하고 국민의 건강을 증진시키려는 운동

우리 농산물을 기반으로 올바른 식생활을 유도하고 농업·농촌 가치에 대한 인식을 제고하기 위해 2011년부터 2015년까지 진행되었던 농협의 범국민운동이다. 농업의 중요성을 일깨우고 국민 식탁의 건강성을 회복하는 의미가 내포되어 있다.

상식PLUS⁺ 바른 밥상, 밝은 100세 캠페인
농림축산식품부가 주도하는 식사랑 농사랑 운동의 일환으로, 잘못된 식생활로 건강을 잃어가는 국민들에게 우리 농산물 중심의 바른 식생활로 100세까지 건강을 유지하도록 하는 국민 캠페인이다.

☑ 시험에서는 이렇게 물어본다!
식사랑 농사랑 운동이 시행된 시기는?

7 ■■■

1사1촌
一事一村

2022 · 2021 · 2020 | 농협은행

기업과 마을 간 상생 사업으로 농촌과 도시의 교류 활성화를 위한 사업

한 개의 기업 혹은 단체 등이 한 개의 농촌마을과 자매결연을 맺어 다양한 프로그램 개발·운영을 통해 기업과 마을 간 상생을 도모하는 사회공헌 사업이다.

☑ 시험에서는 이렇게 물어본다!
기업과 마을이 결연을 맺어 다양한 교류활동을 하는 것은?

8 ■■■

랜선 농촌관광

비대면으로 이루어지는 농촌관광

컴퓨터나 스마트폰 등 랜선으로도 직접 농가를 방문한 것처럼 농촌체험을 제공하는 것을 말한다. 캐나다 온타리오주 더프린지역에서는 다양한 농장을 소개하는 영상을 찍고 SNS를 통한 실시간 방송으로 농촌관광을 추진하였다. 시청자들과 실시간 질의응답을 하며 소통을 통해 여러 체험을 선보이고 있다.

9

농어촌 빈집정비 사업

방치되어 있는 농촌 주택을 철거 및 정비하는 사업

인구 감소로 인해 방치되어 있는 빈집을 재사용할 수 있도록 정비하는 사업을 말한다. 방치된 농촌 주택이 증가하면서 농어촌이 황폐해지고 있음에 따라 지자체에서는 실거주 여부를 확인한 후 3년 이상 방치된 주택은 매입하여 철거 및 정비한다.

관련기사 '농어촌 빈집정비법' 잇단 발의, '빈집세' 부과로 방치 막아야…

농어촌 빈집 정비와 활용을 촉진하기 위한 특별법안이 잇달아 발의되고 있다. 현장에서는 특별법 제정이 필요하다고 보며, 소유자의 자발적 정비와 철거를 유도할 추가적인 대책도 마련해야 한다고 지적한다. 중장기적으로는 '빈집세' 도입이 대안으로 거론된다.

10

농촌 태양광 사업

農村 太陽光 事業

빈 공간에 태양광 패널을 설치하는 사업

태양광 등 신재생 에너지 보급 확대와 농가 소득 증대를 목적으로 2030년을 목표 연도로 하여 추진하고 있다. 소금을 생산하지 않는 염전부지나 곡식 저장 창고, 축사의 지붕 등 휴경농지, 유휴지를 활용한다.

상식PLUS+ 영농형 태양광 사업

농경활동이 가능한 논과 밭 위에 태양광 발전소를 설치하여 농경재배와 에너지 생산을 동시에 가능하도록 하는 사업이다.

11

농촌에서 살아보기

2021 | 농협은행

귀농 · 귀촌을 희망하는 도시민에게 농촌에서 최장 6개월간 거주하며 일자리와 생활을 체험하면서 지역주민과 교류하는 기회를 제공하는 사업

농림축산식품부에서 시행하고 있는 프로그램으로 운영마을에 입주한 도시민들이 마을에서 제공하는 숙소에서 쉬면서 영농기술을 배우며 일자리 체험을 하는 것이다. 유형은 귀농형, 귀촌형, 프로젝트 참여형으로 나뉜다. 귀농형은 지역 주요 작물 재배기술, 농기계 사용법 등 영농 전반에 대한 체험활동을 지원한다. 귀촌형은 농촌이해, 주민교류, 지역탐색 등 농촌생활 전반을 지원한다. 프로젝트 참여형은 청년들에게 다양한 농촌 일자리, 활동 등을 경험할 수 있도록 단기 프로젝트를 기획, 참여기회 제공한다.

☑ 시험에서는 이렇게 물어본다!

〈농촌에서 살아보기〉 프로그램을 시행하는 기관은?

12

겸업농가
兼業農家

농업에 종사하면서 농업 외의 다른 직업을 겸하는 것

농업을 주업으로 하는 경우에는 제1종 겸업농가라고 한다. 농업 외의 다른 직업이 주업이 되면 제2종 겸업농가로 구별한다.

13

계약재배
契約栽培

계약에 의해 재배하는 방식

생산물을 일정한 조건으로 인수하는 계약을 맺고 행하는 재배방식이다. 주로 담배 재배, 식품회사나 소비자 단체 등과 제휴하여 행해지고 있다.

14

럼피스킨병
LSD : lumpy skin disease

2023 | 농협은행

소과 동물에게 주로 발생하는 질병

「가축전염병 예방법」에 의해 제1종 가축전염병에 해당하는 전염병으로 주로 소에게 나타나는 급·만성 바이러스성 질병이다. 소에게서 전신성 피부병 증상이 나타나면서 유량이 감소하고 체중이 감소하며, 가죽 손상, 불임 등의 심각한 생산성 저하를 유발한다. 전신에 울퉁불퉁한 혹덩어리가 보인다면 의심해야 한다. 잠복기간은 주로 4 ~ 14일 정도이며 최대 28일까지다. 사람에게는 감염되지 않는 가축질병이다.

☑ 시험에서는 이렇게 물어본다!
럼피스킨병의 증상은?

15

소해면상뇌증
BSE: Bovine Spongiform Encephalopathy

전염성해면상뇌증(TSE : Transmi ssible Spongiform Encephalopathy)의 일종으로 소에게 발생하는 만성 신경성 질병

광우병이라고도 한다. 변형 프리온 단백질 감염으로 신경세포의 공포변성과 중추신경조직의 해면상 변화가 특징이다. 긴 잠복기와 불안, 보행장애, 기립불능, 전신마비 등 임상증상을 보이다가 결국은 폐사되는 치명적인 만성 진행성 질병이다.

16

구황작물
救荒作物

기후의 영향을 적게 받는 작물

비황작물(備荒作物)이라고도 하며 비교적 척박한 토지에서도 수확을 얻을 수 있다. 가뭄, 장마 등 천재지변이나 흉년이 들었을 때 기근을 극복할 수 있는 작물로 고구마, 감자, 옥수수, 메밀 등이 있다.

17

농산물 가격 지지제도

農産物價格支持制度

농산물 가격이 대폭 하락되었을 때 생산자의 피해를 막기 위하여 정부가 농산물 실제 가격을 보장하는 제도

정부의 잉여농산물 매입이나 가격 하락분 지불 등으로 인한 농산물이 공급과잉 혹은 소비 부진으로 대폭 하락하였을 경우에 생산자 손해를 방지하는 제도이다.

18

광견병

rabies

2023 · 2022 | 농협은행 2022 | 지역농협

광견병 바이러스를 가진 동물에게 사람이 물리면서 생기는 질병

바이러스가 원인이 되어 급성 뇌척수염의 형태의 질병을 발생시킨다. 초기에는 일반적인 몸살 증상이 발생하다가 이후에 동물에게 물린 부위가 저리는 증상이 나타난다. 이후에 흥분, 불안, 우울 등이 나타나고 물을 두려워하는 증상을 보인다.

☑ 시험에서는 이렇게 물어본다!
광견병의 바이러스를 가진 동물에게 물렸을 때 초기 증상은?

19

부저병

꿀벌 유충에 부저병 병원균이 침투하여 유충벌이 썩게 되는 질병

제3종 가축전염병에 해당하는 것으로 유충벌의 질병 중에 가장 치명적인 질병 중에 하나이다. 유럽부저병, 미국부저병, 파라부저병, 색브루드 44종이 있다. 오염된 꿀을 재사용하거나, 오염된 기구 등을 사용하는 경우 양봉장 전체에 옮겨지게 된다. 병증이 나타나면 병원균이 무엇인가에 따라 다르지만 죽은 유충이 황백색으로 되면서 액화하거나 악취를 풍긴다.

20

구제역

口蹄疫

2023 | 농협은행 2023 · 2022 | 지역농협

우제류 가축의 급성전염병

우제류(발굽이 두 개인) 동물의 입과 발굽 주변에 물집이 생기고 치사율이 최대 55%에 달하는 제1종 가축 전염병이다. 바이러스 감염으로 발생하며 전염성이 매우 강해 공기와 호흡기로 감염된다. 때문에 무리에서 한 마리라도 감염이 되면 나머지 가축에게도 급속히 퍼진다. 특히 돼지가 뱉는 공기에 바이러스 입자가 많다. 소는 구제역 바이러스에 가장 취약하지만 염소는 강한 편이다.

☑ 시험에서는 이렇게 물어본다!
구제역에 가장 취약한 동물은?

21

가축전염병

2023 · 2022 | 농협은행 2022 | 지역농협

가축에게 발생하는 전염병

「가축전염병 예방법」 제2조(정의)에 따라 가축전염병은 제1종에서 제3종까지 구분할 수 있다.

① 제1종 가축전염병 : 우역(牛疫), 우폐역(牛肺疫), 구제역(口蹄疫), 가성우역(假性牛疫), 블루텅병, 리프트계곡열, 럼피스킨병, 양두(羊痘), 수포성구내염(水疱性口內炎), 아프리카마역(馬疫), 아프리카돼지열병, 돼지열병, 돼지수포병(水疱病), 뉴캣슬병, 고병원성 조류(鳥類) 인플루엔자 및 그 밖에 이에 준하는 질병으로서 농림축산식품부령으로 정하는 가축의 전염성 질병

② 제2종 가축전염병 : 탄저(炭疽), 기종저(氣腫疽), 브루셀라병, 결핵병(結核病), 요네병, 소해면상뇌증(海綿狀腦症), 큐열, 돼지오제스키병, 돼지일본뇌염, 돼지테센병, 스크래피(양해면상뇌증), 비저(鼻疽), 말전염성빈혈, 말바이러스성동맥염(動脈炎), 구역, 말전염성자궁염(傳染性子宮炎), 동부말뇌염(腦炎), 서부말뇌염, 베네수엘라말뇌염, 추백리(雛白痢 : 병아리흰설사병), 가금(家禽)티푸스, 가금콜레라, 광견병(狂犬病), 사슴만성소모성질병(慢性消耗性疾病) 및 그 밖에 이에 준하는 질병으로서 농림축산식품부령으로 정하는 가축의 전염성 질병

③ 제3종 가축전염병 : 소유행열, 소아카바네병, 닭마이코플라스마병, 저병원성 조류인플루엔자, 부저병 및 그 밖에 이에 준하는 질병으로서 농림축산식품부령으로 정하는 가축의 전염성 질병

> ☑ 시험에서는 이렇게 물어본다!
> 광견병의 바이러스를 가진 동물에게 물렸을 때 초기 증상은?

22

국립농산물품질관리원

National Agricultural Products Quality Management Service

농산물 품질 향상과 공정거래를 위한 농림축산식품부 소속하의 기관

1998년에 농산물 검사 및 가공, 저장, 조제와 검사에 필요한 시험조사와 연구를 위한 목적으로 설립되었다. 농업인에게 안정적인 소득을 지원하고 국민에게는 안전한 농식품을 공급하는 임무를 가지고 있으며 안전성 관리, 농산물 인증, 품질검사, 원산지 관리 등의 업무를 담당하고 있다.

23

공익직불제 신고 포상금 제도

농업과 농촌의 공익기능 증진과 농업인 등의 소득 안정을 도모하기 위한 제도

농업 활동을 통하여 환경 보전, 농촌 유지, 식품 안전 등을 도모하기 위해 「농업 · 농촌 공익기능 증진 직접지불제도 운영에 관한 법률」, 「공익직접지불금 위반 신고포상금 지급요령」에 따라 공익직접지불금을 부정수급한 자를 주무관청에 신고하는 제도이다.

24 ■■■
공익직불제
公益直拂制

2022 · 2021 | 농협은행 2023 · 2020 | 지역농협

농업활동을 통해 식품안전, 환경보전, 농촌유지 등 공익을 창출하도록 농업인에게 보조금을 지원하는 제도

쌀 중심의 농정 패러다임을 전환하고 작물간의 형평성 제고와 중 · 소규모 농가에 대한 소득안정기능을 강화하여 농가 간에 형평성을 제고하고, 생태 · 환경 관련 의무를 강화하기 위해서 추진되었다. 「농업농촌공익직불법」에 따라 공익직불제는 기본형 공익직불제와 선택형 공익직불제로 구분된다. 기본형 공익직불제는 소농직불금과 면적직불금으로 구성되고, 선택형 공익직불제는 친환경농업직불제도, 친환경안전축산물직불제도, 경관보전직불제도, 전략작물직불제도로 구분된다. 공익직불제 도입 기대효과로는 환경 · 생태보호, 공동체의 활성화 활동 등이 있다.

☑ 시험에서는 이렇게 물어본다!
공익직불제의 주된 목적은?

25 ■■■
농지연금
農地年金

고령 농업인의 안정적인 노후생활을 보장하기 위해 소유 농지를 담보로 생활자금을 매월 연금처럼 지급하는 제도

한미 FTA 등의 농산물시장 개방 확대에 따라 상대적으로 경쟁력이 낮은 고령 농업인에 대한 복지 대책 중 하나이다. 「한국농어촌 공사 및 농지관리기금법」에 따라 만 60세 이상의 영농경력 5년 이상 되는 농업인에게 제공되는 연금으로 종신까지 매월 지급하는 종신형, 일정 기간 동안 지급하는 기간형, 가입초기 10년 동안은 정액형보다 많이 받고 11년째부터 적게 받는 전후후박형, 대출한도액의 30%까지 인출 가능한 수시인출형, 지급기간 만료 후에 담보농지를 공사에 매도할 것을 약정하고 수령 받는 경영이양형과 은퇴직불형이 있다.

26 ■■■
농민공익수당
農民公益手當

농업 · 농촌의 공익적 가치를 지원하기 위한 사업

각 지자체에서 농업과 농촌의 공익적 가치를 인정 · 지원하고 도시와의 소득격차를 줄여 농촌의 인구 감소 방지 및 농어민의 고충을 해결하기 위해 지급하는 수당이다. 농업인을 위한 정책이라는 점에서 공익직불금과 동일하지만 공익직불금은 정부에서 지급하는 지원금이다. 농민공익수당은 각 지자체에서 지급하는 지원금이기 때문에 지급 조건이나 금액, 방식은 지자체별로 상이하다.

27 ■■■

농작물 재해보험
農作物災害保險

2023 · 2022 | 농협은행 2022 | 지역농협

가입대상이 되는 품목이 재해로 손해를 입어서 발생하는 위험을 보장하기 위한 보험계약

가입 대상이 되는 농산품목에 자연재해, 조수해, 화재, 병충해 등의 보장하는 재해로 위험을 보장하기 위한 보험에 해당한다. 「농작물재해보험법」에 따라 2001년부터 시행하였다. 농림축산식품부에서 주관하며 NH농협손해보험에서 판매하고 있다. 농가는 20%가량 부담하며 나머지는 정부와 지자체에서 지원한다.

☑ 시험에서는 이렇게 물어본다!
농작물 재해보험의 성격은?

28 ■■■

농지은행
農地銀行

농지 신탁, 임대 매매 등을 관리하는 기관

효율적인 농지 이용과 농업 구조 개선을 위한 농지관리 사업으로 한국농촌공사가 운영하고 있다. 2005년부터 도입되었으며 이농 및 탈농하는 농가와 고령 농가, 경영 규모를 줄이고자 하는 농가의 농지 등을 매매, 임대, 교환 · 분합 등의 관리를 담당하고 있다.

29 ■■■

미곡종합처리장
RPC : Rice Processing Complex

산물상태의 미곡을 공동으로 처리하는 시설

1991년부터 농어촌 구조개선사업의 일환으로 추진되어 전국에 세워졌다. 반입부터 선별 · 계량 · 품질검사 등의 과정을 거쳐 제품 출하 및 판매에 이르기까지 전 과정을 처리하는 시설로, 노동력 부족을 해소하고 비용을 절감할 수 있다.

30 ■■■

애그테크
AgTech

2023 | 농협계열사

농업에 첨단기술을 적용하는 것

농업(Agriculture)과 기술(Technology)의 합성어이다. 인공지능(AI)과 사물인터넷(IoT), 빅데이터, 머신러닝, 드론, 로봇 등의 첨단기술을 농업 전 과정에 적용하는 것으로, 현재는 방제나 비료 살포용 드론, 자율주행 농기계 등이 사용되고 있다.

☑ 시험에서는 이렇게 물어본다!
비료 살표용 드론, 자율주행 농기계 등 농업과 첨단기술을 접목한 기술은?

31

농약허용물질목록 관리제도

PLS : Positive List System

2022 | 지역농협

농약 잔류 허용기준을 설정하여 기준 내에서 사용할 수 있도록 하는 제도

농산물을 재배하는 과정에서 사용하는 다양한 농약 중 농산물에 잔류하는 농약의 양에 대한 허용기준을 설정하고 농약이 농산물에 남아있지 않도록 하는 것이다. 잔류 기준 내에서의 사용이 허가된 농약 외에 목록에 포함되지 않는 농약은 잔류 허용기준을 0.01mg/kg로 설정하여 사실상 사용을 금지한다.

상식PLUS⁺ 농약의 종류

㉠ 사용 목적에 따른 분류
- 해로운 균 · 벌레 · 잡초 · 박멸하는 약품 : 살균제, 제초제, 살충제
- 농작물이 잘 자라게 하는 약품 : 생장조절제, 전착제

㉡ 농약 제제의 형태에 따른 분류
- 물에 희석하여 사용하는 제제 : 액제, 유제, 액상수화제, 수화제, 입상수화제, 수용제 등
- 물에 희석하지 않고 직접 사용하는 제제 : 분제, 저비산분제, 종자처리수화제, 미립제, 입제, 대립제, 직접살포정제

㉢ 독성에 따른 분류 : 맹독성, 고독성(적색), 보통독성(황색), 저독성(청색)
※ 포장지에 색띠로 표시해 농업인이 좀 더 쉽게 저독성 농약을 사용하도록 함

☑ 시험에서는 이렇게 물어본다!
농약허용물질 목록관리 제도의 농약 잔류 허용 기준은?

32

경영회생지원 농지매입 사업

경영위기에 처한 농지를 매입하여 경영이 정상화를 돕는 사업

한국농어촌공사가 주관한다. 자연재해나 부채 등으로 경영위기에 처한 농가의 농지를 농지은행이 매입하고, 매각대금으로 부채를 상환하도록 하여 경영 정상화에 이르도록 지원하는 사업을 말한다.

33

청년농업인 영농정착 지원사업

청년 농업인을 건실한 농업경영체로의 성장을 유도하기 위한 사업

젊고 유능한 인재의 농업 분야 진출을 촉진하는 선순환 체계를 구축하여 농가 경영주의 고령화 추세 완화 등 농업 인력 구조를 개선하는 사업이다. 영농 창업 자금, 기술 · 경영 교육과 컨설팅 또한 영농 초기 소득이 불안정한 청년후계농에게는 영농 정착 지원금을 지급하여 농업경영체로의 성장을 돕는 것이 목적이다.

34

자연재해

2023 | 농협은행

피할 수 없는 자연현상으로 발생하는 피해

① 자연재해

자연재해	정의
태풍피해	기상청 태풍주의보 이상 발령할 때 발령지역의 바람과 비로 인하여 발생하는 피해
우박피해	적란운과 봉우리적운 속에서 성장하는 얼음알갱이나 얼음덩이가 내려 발생하는 피해
동상해	서리 또는 기온의 하강으로 인하여 농작물 등이 얼어서 발생하는 피해
호우피해	평균적인 강우량 이상의 많은 양의 비로 인하여 발생하는 피해
강풍피해	강한 바람 또는 돌풍으로 인하여 발생하는 피해
한해(가뭄피해)	장기간의 지속적인 강우 부족에 의한 토양수분 부족으로 인하여 발생하는 피해
냉해	농작물의 성장 기간 중 작물의 생육에 지장을 초래할 정도의 찬기온으로 인하여 발생하는 피해
조해(潮害)	태풍이나 비바람 등의 자연현상으로 인하여 연안지대의 경지에 바닷물이 들어와서 발생하는 피해
설해	눈으로 인하여 발생하는 피해
폭염(暴炎)	매우 심한 더위로 인하여 발생하는 피해
기타 자연재해	상기 자연재해에 준하는 자연현상으로 인하여 발생하는 피해

② 조수해(鳥獸害) : 새나 짐승으로 인하여 발생하는 피해

③ 화재 : 화재로 인하여 발생하는 피해

④ 병충해 : 병 또는 해충으로 인하여 발생하는 피해

☑ 시험에서는 이렇게 물어본다!
통상해와 냉해의 차이는?

35

축산물 이력추적제

Beef traceability

소 · 돼지 · 닭 · 오리 · 계란의 거래단계별 정보를 기록 · 관리하는 제도

도축부터 판매에 이르기까지의 정보를 기록하고 관리하여 위생과 안전의 문제를 사전에 방지하고, 문제가 발생할 경우 그 이력을 추적하여 신속하게 대처하기 위한 제도이다. 축산 농가의 생산, 이동, 출하에 대한 거래내역을 기록 · 관리함으로써 방역의 효율성과 투명성을 높여 원산지 허위표시 등 둔갑 판매 방지 및 소비자 안심 구매를 도모할 수 있다.

36

귀농인의 집

귀농 · 귀촌 희망자에게 제공하는 임시거처

귀농 · 귀촌을 희망하는 도시민에게 안정적인 정착을 지원하기 위해 조성한 사업이다. 거주지나 영농기반 등을 마련할 때까지 거주하거나, 일정 기간 동안 영농기술을 배우고 농촌체험 후 귀농할 수 있게 머물 수 있도록 임시거처를 제공하며, 신청기간과 방법, 선정기준은 지자체별로 상이하다. 농기계 사용법이나 농촌문화 이해교육 등의 다양한 프로그램도 지자체에 따라 다르게 진행된다.

37

치유농업
治癒農業

2023 | 농협계열사

농업 활동을 통해 건강을 도모하는 행위

농업과 농촌자원 혹은 관련된 활동 및 산출물을 활용하여 심리 · 사회 · 인지 · 신체적 건강을 도모하는 사업 및 활동을 의미한다. 국외에서도 치유농업, 사회적 농업, 녹색치유농업, 건강을 위한 농업 등 다양한 용어를 사용하고 있으며 본질적으로는 치유를 제공하기 위한 농업의 활용을 의미한다. 치유농업의 범위는 식물뿐만 아니라 가축 기르기, 산림과 농촌문화자원을 이용하는 경우까지 모두 포함하며 목적은 보다 건강하고 행복한 삶을 추구하는 사람들과 의료 · 사회적으로 치료가 필요한 사람들을 치유하는 것이다. 일반 농사처럼 농사 자체가 목적이 아니라 건강회복을 위한 목적으로 체계화된 프로그램을 통하여 농사일을 치유의 수단으로 이용한다.

상식PLUS+ 치유농업의 핵심가치

㉠ 자신과 다른 삶에 대한 긍정적 변화 희망
㉡ 농산업의 다각화와 다기능적인 농장 기업체의 발전
㉢ 폭넓은 농촌지역 사회 개발 추진
㉣ 사람들에게 용이한 선택 중심의 서비스 구현

상식PLUS+ 치유 대상

㉠ 일반 대상 : 유아, 초등학생, 중 · 고등학생, 성인, 노인
㉡ 도움이 필요한 대상 : 문제행동 청소년, 신체적 환자, 사회심리적 환자, 알코올 의존증 · 약물 중독자, 장애인, 수감자, 실업자, 소외계층, 다문화가정

☑ 시험에서는 이렇게 물어본다!
치유농업의 핵심가치는?

38

국가식량계획

생존의 필수요소인 '먹거리'의 식량안보 차원에서 안정적으로 식량을 공급하고 환경 · 건강 · 안전 등을 위한 국가의 식량계획

지속가능한 식량 생산 – 소비 시스템을 구축하기 위한 비전으로 진행된다. 3대 전략으로 국민 먹거리의 안정적 공급체계를 구축, 환경과 조화를 이루는 먹거리 생산 · 소비, 먹거리 접근성 보장이다. 공급체계를 안정적으로 구축하여 주요 곡물 수입에 차질에 대응력을 강화하고 공급기반 확보와 지역 푸드플랜을 수립한다. 또한 기후변화에 대응하여 탄소중립을 실천하며 친환경 생산 · 소비를 한다. 마지막으로 먹거리 통합지원, 건강 · 영양개선, 농식품 안전관리를 강화한다.

39

식량안보

Food Security

2012 | 농협중앙회

국가가 기근을 대비하여 일정한 양의 식량을 항상 확보하고 유지하는 것

인구 증가, 재난, 재해, 전쟁 등 특수한 상황에서도 국민들이 일정한 수준의 식량을 소비할 수 있도록 적정 식량을 유지하는 것을 말한다. 팬데믹, 전쟁 등으로 인해 주요 식량수출국들이 식량 비축을 위해 수출을 중단하여 심각한 문제로 대두되었다. 전 세계 국가들은 식량안보를 위해 다양한 노력을 하고 있으나, 아프리카 대륙의 대부분 국가들은 식량안보 위험에 노출되어 있다. 우리나라의 경우, 쌀을 제외한 나머지 곡물 대부분이 수입에 의존하고 있어 식량안보가 취약한 국가 중 하나로 인식되고 있다.

상식PLUS+ 한국식량안보연구재단

한국식량안보의 문제점과 개선방안 등에 대한 연구를 통하여 안정적인 식량수급을 도모할 목적으로 2010년에 설립된 농림축산식품부 소관의 재단법인이다.

관련기사 식량안보 중요성 부각

현재 우리나라의 식량자급률은 2020년 기준 45.8%로 OECD 최저수준이다. 식량자급률을 높이기 위해서 농수산물 가격 안정, 농촌 소멸 문제, 인력난, 농지법 개선 등 개선해야 할 다양한 문제가 있다. 기후위기로 식량자급률을 높이고 국민들의 먹거리 기본권을 보장에 대한 중요성에 대한 요구가 높아졌다. 기후위기로 발생하는 재해에 대한 정책의 필요성이 대두되고, 식량주권을 위해 국가의 안보로 농업을 보호하고 육성해야 한다는 주장이 높아지고 있다.

☑ 시험에서는 이렇게 물어본다!

우리나라의 안정적인 식량수급을 도모할 목적으로 설립된 단체는?

40 ■■■
식량자급률
食糧自給率

국가 식량 총소비량 가운데 국내 생산 공급의 정도를 나타내는 지표

식량 총소비량 중 국내에서 생산·조달되는 정도를 나타내는 비율이다. 사료용 곡물을 제외한 주식용을 대상으로 한다.

상식PLUS⁺ 식량자급률 계산식

$$\text{식량자급률} = \frac{\text{국내생산량}}{\text{국내생산량} + \text{순수입량}} \times 100(\%)$$

41 ■■■
여성농업인 특수건강검진

여성 농민에게 자주 발생하는 항목 위주로 건강검진을 진행하는 사업

여성농업인들이 적기에 적절한 치료를 받도록 농림축산식품부가 주관하는 사업이다. 여성농업인의 근골격계나 심혈관계, 골절·손상 위험도, 농약 중독, 폐기능 검사 및 사후관리·예방교육을 통해 농작업성 질환예방 및 조기발견으로 여성농업인 유병률이 감소하는 것을 목표로 한다. 검진 사업지역으로 선정된 150개 시·군·구에 거주하는 51 ~ 70세 여성농업인을 대상으로 한다. 검진은 2년 주기로 지원하며 비용은 국가가 90%, 검진 관리비는 국비에서 100% 부담한다.

42 ■■■
에어로팜
Aerofarms

2018 | 지역농협

스마트팜에서 진화된 시스템을 개발한 회사

에어로팜 시스템은 작물을 재배하는 재배대(Layer)를 층층이 쌓아올려 좁은 공간에서도 많은 양의 농작물을 생산할 수 있도록 하는 것이다. 미국 뉴저지주 뉴어크에 위치한 미국의 식물공장(외부환경의 영향이 미치지 않는 곳에서 농산물을 생산하는 시설) 에어로팜이 고안해 낸 방법으로, 햇빛 대신에 특수 발광다이오드(LED)를 사용하고 식물의 뿌리를 물에 담그거나 흙에 심지 않고 플라스틱을 재활용 한 특수 제작된 천(Cloth Medium)에 작물을 키운다. 천 사이로 내려온 뿌리에 물과 양분을 분무기로 뿌려준다. 이와 같은 방식 때문에 일명 '분무식 재배 시스템'이라고도 불린다. 기존 방식에 비교하여 최대 95%가량의 물을 절약할 수 있으며 일반 재배 방법에 비하여 75%의 높은 수확량을 자랑한다. 초기 비용과 뿌리 공기노출에 의한 관리, 노즐 보수, 정전 대비 방안 미흡 등의 시스템 단점도 있지만, 장소의 제약이 없어 도심에서도 재배가 가능하고 계절이나 기후 등 자연 조건에 구애 받지 않으며 농약을 사용할 필요가 없다는 장점이 있어 각광받고 있다.

☑ 시험에서는 이렇게 물어본다!
에어로팜의 방식에 대해 약술하시오.

43 ■■■
스마트팜
Smart Farm

2022 | 농협계열사 2024 · 2023 · 2021 · 2020 · 2019 | 농협은행 2024 · 2022 · 2019 · 2018 | 지역농협

ICT를 접목하여 생육환경을 관리할 수 있는 농장

작물 생육정보와 환경 정보에 대한 데이터를 기반으로 하여 최적의 생육환경을 조성하고, 노동력과 에너지, 양분 등을 보다 적은 양을 투입하면서도 농산물 생산성과 품질 제고를 위해 도입되었다. 비닐하우스 · 유리온실 · 축사 등에 ICT를 접목하여 원격 · 자동으로 작물과 가축의 생육환경을 적정하게 유지 · 관리할 수 있다. 생육환경 유지관리 SW를 통하여 온실과 축사 내 온 · 습도, CO_2 수준 등 생육조건을 설정할 수 있다. 환경 정보 모니터링을 통해 온 · 습도, CO_2, 일사량, 생육환경 등을 자동으로 수집하고 자동 · 원격 환경관리를 통해 냉 · 난방기 구동, 창문 개폐, CO_2, 영양분 · 사료 공급 등 이행할 수 있다. 스마트팜이 보편적으로 환산되면 투입 요소를 줄이면서 농업의 경쟁력을 한층 높이고, 단순 노동력 절감 차원을 넘어서 농작업의 시간 · 공간적 구속으로부터 자유로워지기 때문에 삶의 질 향상과 신규인력의 농촌 유입 가능성도 증가할 것으로 기대하고 있다. 원격제어 단계의 1세대, 데이터 기반 정밀 생육관리 단계의 2세대, 인공지능 · 무인자동화 단계의 3세대로 구분된다.

상식PLUS⁺ 스마트팜 분야별 적용

분야	적용
스마트 온실	PC 또는 모바일을 통하여 온실의 온 · 습도, CO_2 등을 모니터링하고 창문 개폐, 영양분 공급 등을 원격 자동으로 제어하여 작물의 최적 생장환경을 유지 및 관리한다.
스마트 과수원	PC 또는 모바일을 통하여 온 · 습도, 기상상황 등을 모니터링하고 원격 자동으로 관수, 병해충 등을 관리한다.
스마트 축사	PC 또는 모바일을 통하여 온 · 습도 등 축사 환경을 모니터링 하고 사료 및 물 공급 시기와 양 등을 원격자동으로 제어한다.

상식PLUS 스마트팜 구분 및 비교

구분	1세대	2세대	3세대
목표 효과	• 편의성 향상 • '좀 더 편하게'	• 생산성 향상 • '덜 투입, 더 많이'	• 지속가능성 향상 • "누구나 고생산 · 고품질'
주요 기능	원격 시설제어	정밀 생육관리	전주기 지능 · 자동관리
핵심 정보	환경정보	환경정보, 생육정보	환경정보, 생육정보, 생산정보
핵심 기술	통신기술	통신기술, 빅데이터 · AI	통신기술, 빅데이터 · AI, 생산정보
의사결정/제어	사람/사람	사람/컴퓨터	컴퓨터/로봇
대표 예시	스마트폰 온실제어 시스템	데이터 기반 생육관리 소프트웨어	지능형 로봇농장

☑ 시험에서는 이렇게 물어본다!

1. 스마트팜의 해외사례는 무엇이며 국내 적용시킬 수 있는 사례 및 방안을 제시하시오.
2. 스마트팜을 활성화 시킬 수 있는 농협의 방안에 대해 약술하시오.
3. 농협이 진행하는 스마트팡과 귀촌 관련 사업의 현재 상황과 추후 기대효과에 대해 말해보시오.

44

스마트팜 혁신밸리

Smart Farm 革新Valley 造成事業

청년농 육성과 기술혁신 추구를 목적으로 하는 혁신밸리 조성사업

지능형농장 혁신 단지를 의미한다. 지능형농장 확산을 위해 전국 4개 지역(전북 김제, 전남 고흥, 경북 상주, 경남 밀양)에 설치·운영 중인 거점 단지에 해당한다. 지능형농장 청년농 육성, 임대형 농장, 지능형농업 기술기업 제품 실증 등을 위해 운영하고 있다. 교육 신청 자격은 만 18세 이상부터 39세 이하의 청년으로 전공과 관계없이 지능형농장 영농기술을 배우고자 희망하는 청년이면 누구나 지원이 가능하고, 농식품부가 교육비 전액을 지원한다. 교육은 지능형농장 농업기초, 정보통신기술(ICT), 데이터 분석 등의 기초이론교육 2개월과 보육센터 실습장 또는 지능형농장 선도 농가 등을 활용한 교육형실습 과정 6개월에 이어, 자기 주도하에 작물의 전 생육기간 동안 영농 경영을 경험해 볼 수 있는 경영형 실습 과정 12개월로 진행된다. 교육 수료생에게는 교육 수행실적 우수자에게는 혁신단지 임대농장(3년) 우선 입주 자격이 부여되며, 지능형농장 종합자금 신청 자격과 청년후계농 선발 시 가점 부여, 농림수산업자 신용보증기금(농신보) 우대 보증 등도 받을 수 있다.

상식PLUS+ 스마트팜 혁신밸리 핵심시설

㉠ **청년창업보육센터** : 이론·실습 교육을 통해 청년농의 스마트팜 취·창업을 가능하게 하는 보육과정이다.

㉡ **임대형 스마트팜** : 초기 설비비용에 따르는 위험을 줄이고자 마련한 방안으로 청년보육과정 수료자 중에서 선발하여 적정 임대료만으로도 창업할 수 있도록 지원한다.

㉢ **실증구역** : 스마트팜 기자재 개발 기업이 제품을 테스트할 수 있는 구역으로 스마트팜 기술 및 홍보·전시 체험장으로 활용할 수 있다.

관련기사 김제시, 임대형 스마트팜 입주 청년농 모집

전국 최초 스마트팜 혁신밸리를 자랑하는 전북 김제시가 임대형 스마트팜 입주 청년농을 선발 모집한다. 청년농을 모집하는 '김제 스마트팜 혁신밸리'는 대한민국 최초로 지난 2018년 사업 대상자 공모에 선정, 2019년부터 3년간 총 1,041억 원의 사업비를 투입해 전체 부지 21.3ha(시설 8.8ha)의 규모로 청년창업보육센터, 임대형 스마트팜, 실증단지, 빅데이터센터로 준공됐다. 임대형 스마트팜의 기본 신청 대상은 선발공모 연도 기준 만 18세 이상 만 40세 미만의 대한민국 국적 소지자만 가능하다. 1순위 선발요건은 '스마트팜 청년창업 보육사업 당해연도 수료(예정)생'이며, 2순위는 독립경영 예정자 또는 시설농업 경험이 없는 독립경영 3년 이하의 청년농업인이 해당된다. 이번 선발 규모는 총 4팀으로 8 ~ 11명의 임대팜 입주자를 선발하며, 임대 기간 최대 3년 · 임대료는 공유재산 경작용 대부료(약 35만 원/년/인)를 기준으로 한다. 선발 방법은 필기(30%), 서류(30%), 면접(40%) 합산해 고득점 팀 순으로 선발하며, 필기시험은 4개 혁신밸리에서 동시에 진행, 서류평가·면접 평가를 거쳐 최종 임대팜 신규 입주자를 확정 발표한다.

45

NH OCTO

스마트팜 도입을 희망하는 농업인에게 제공하는 농협의 전 생애주기 통합지원 플랫폼

농협형 스마트팜으로 서비스철학 Open, Collaboration, Total, Operation의 앞글자를 따온 것이다. 농사준비를 위한 교육 및 컨설팅, 농사시작 전에 시설 구축과 금융지원, 생산자 조직화와 판로지원, 영농정보제공과 신기술 도입에 도움을 주는 농협형 스마트팜 체계이다.

상식PLUS⁺ 농협의 농업 플랫폼

㉠ NH오늘농사 : 병해충 예방법, 농촌 용어 등의 영농정보, 다양한 교육서비스, 조합원이 사용할 수 있는 커뮤니티 등을 제공하는 농협의 농업인을 위한 애플리케이션이다.

㉡ N-Hub : 농협중앙회가 제공하는 농업 빅데이터 플랫폼으로, 농업에 필요한 데이터를 한 곳에서 확인할 수 있다.

46

스마트팜 다부처 패키지 혁신기술 개발사업

스마트팜 산업의 글로벌 경쟁력 제고를 위해 기술개발을 지원하는 사업

농업의 지속가능성과 스마트팜 산업의 글로벌 경쟁력 제조를 위한 2세대 스마트팜의 현장실증 · 고도화 및 차세대 스마트팜 융합 · 원천기술 개발을 집중 지원하는 사업이다. 과학기술정보통신부, 농림축산식품부, 농촌진흥청 세 개의 부처가 공동으로 기획하였다. 2027년까지 글로벌 Top 3에 드는 스마트팜 원천기술 확보 및 K-Farm 모델의 글로벌 시장 진출을 확대하는 것을 목표로 한다.

상식PLUS⁺ 내역 사업

내역 사업명	내용
스마트팜 실증고도화 연구 사업	2세대 스마트팜 모델의 지역, 생산규모, 품목 등의 특성을 고려하여 실제 농업현장에서 활용할 수 있도록 최적화하기 위한 실증 · 고도화 R&D 지원
차세대융합 · 원천기술 연구 사업	국내 농업현장 적용 및 글로벌 시장에서의 우월성을 확보하기 위한 차세대 스마트팜 핵심 융합 · 원천기술 개발

47

팜스테이
Farm Stay

2022 · 2021 | 농협은행 2020 · 2019 · 2016 | 지역농협 2021 | 농협계열사

농촌 · 문화 · 관광이 결합된 농촌체험 여행

도시민들이 농가에서 숙식하며 농사나 생활, 문화체험 및 관광, 마을 축제 등을 즐길 수 있도록 농협이 주관하는 농촌체험 브랜드이다. 농업인들의 농외소득 창출과 더불어, 계절별 다양한 프로그램을 즐기며 농업 · 농촌에 대한 도시민들의 이해를 도모하고자 추진하고 있다.

☑ 시험에서는 이렇게 물어본다!

팜스테이의 목적은?

48

스마트 축사

Smart 畜舍

ICT를 융 · 복합한 축사

축사에 ICT를 융 · 복합하여 축사의 환경과 가축을 원격 · 자동으로 관리하여 노동력을 절감하고 생산성이 향상시킨다. 스마트 축사의 세부내역은 다음과 같다.

구분	적용	설명
돈사 환경관리	내부환경관리장비	온도, 습도, CO_2, 조도, 암모니아, 이산화탄소, 누전(정전)감지 등
	외부환경관리장비	온도, 습도, 풍향, 강우, 일사, 풍속 등
제어 장비	임신사	발정체크기, 모돈급이기, 사료빈, 음수관리기 등
	분만사	보온등, 모돈급이기, 사료빈, 음수관리기 등
	자돈사	보온등, 사료믹스기, 사료빈, 음수관리기 등
	비육사	돈선별기, 사료믹스기, 사료빈, 음수관리기 등
영상장비		CCTV(웹카메라), DVR 등
생산경영 관리시스템		PC, 모니터 등

49

스마트 경로당

최첨단 기술을 활용해 건강관리 서비스, 여가복지 프로그램을 제공하는 경로당

과학기술정보통신부와 한국지능정보사회진흥원에서 노인복지정책과 연계하여 ICT를 기반으로 노인 친화형 영상회의 솔루션 설치, 복지관과 다수의 경로당을 온라인으로 실시간 연결해 여가 · 건강관리 · 교육 프로그램 등을 제공하는 사업이다. 지자체마다 조금씩 상이하지만, 스마트 건강관리 키오스크 및 IoT 데이터 측정 의료기기 도입 · 설치, IoT로 측정한 데이터를 토대로 맞춤형 건강 정보 및 노인 운동정보, 보건소 등을 통한 건강상담, 무인 키오스크 · 태블릿 등 스마트 기기를 활용한 운동 · 게임 · 웃음치료 · 생활지원 서비스 등을 제공한다. 스마트 경로당 사업 활성화로 노인복지와 건강 증진, 삶의 질 향상, 여가활동 증진, 디지털 격차 완화 효과를 기대하고 있다.

관련기사 "함께 하니 즐거워요" 스마트 경로당 인기

경남 의령군은 과학기술정보통신부 스마트 빌리지 공모사업에 선정돼 읍면 37곳 경로당을 스마트경로당으로 구축했다. 군은 화상교육 프로그램이 농촌 지역 특성상 거리가 멀어 복지관 등 문화시설 방문에 어려움을 겪는 노인들에게 새로운 활력소로 자리매김 할 것으로 기대한다. 한편 상동마을 경로당에서 군수와 37곳 경로당 어르신 500여 명이 화상으로 참석한 가운데 스튜디오에서 진행되는 강사의 건강체조 프로그램에 맞춰 신나는 율동과 안무를 배우는 시간을 가졌다.

50

식물생장 조절제

Plant Growth Regulator

생체 내에 합성되어 형태 · 생리적 변화를 일으키는 화학물질

식물체 내에서 합성되어 체내 이동하며 각종 생리작용을 조절하는 미량 물질을 식물 호르몬이라고 한다. 옥신, 사이토키닌, 생장억제제, 지베렐린, 에틸렌 등의 식물 호르몬에 의하여 식물의 생장이 조절된다. 식물생장 조절제는 식물의 생육을 촉진 또는 억제하거나 이상 생육을 인위적으로 유발시키는 화학물질이다. 사용할 때는 목적과 선택, 농도, 처리 시기 및 방법, 부작용에 유의하며 식물의 상태와 환경, 효능 등을 고려해야 한다.

51

나무 의사

2019 | 지역농협

수목 상태를 정확하게 진단하고 올바른 치료를 하는 국가전문자격

수목의 피해를 진단 · 처방하고 예방하거나 치료하기 위한 활동을 하는 사람으로서, 「산림보호법」에 따른 자격증을 수여받은 사람이다. 아파트나 공원 등 생활권 수목 관리를 주로 비전문가가 시행하면서 생겨나는 여러 문제의 해결과 수목진료의 전문성을 강화하고 올바른 치료 방법을 제시하기 위하여 2019년부터 시행되었다. 한국임업진흥원에서 시행하며 나무 의사 양성기관에서 약 150시간 교육 이수 후 1 · 2차 자격시험에 합격해야 한다. 수목치료기술자는 나무 의사의 진단과 처방에 따라 업무를 수행한다는 점에서 나무 의사와 구분할 수 있다.

상식PLUS+ 나무 의사 응시 자격 요건

㉠ 문화재수리기술자(식물보호), 산림 · 조경 기술사, 식물보호 산업기사, 조경 · 산림 산업기사 자격 취득

㉡ 관련 학과 석사 및 박사 학위 취득

㉢ 관련 실무 경력 5년 이상

☑ 시험에서는 이렇게 물어본다!

수목치료기술자와 나무의사의 차이는?

52

정부관리양곡

정부가 민간으로부터 매입하거나 외국으로부터 수입하는 등의 방법으로 취득하여 관리하는 양곡

「양곡관리법」에 따라 매년 정부관리양곡의 수급계획을 수립하여 양곡을 관리한다. 수급계획에는 수급관리를 위한 기본목표 및 추진방향, 수요량 및 공급량, 공공비축양곡의 운용에 관한 사항 등의 사항을 수립하는 것이다. 정부에서는 정부관리양곡을 국가기관용, 가공용, 공공용, 일반판매용 등 대통령령으로 정하는 용도에 대하여는 그 대금을 받기 전에도 양곡을 매수인에게 인도(引渡)할 수 있다. 또한 농림축산식품부령으로 정하는 바에 따라 1년 이내의 기간을 정하여 정부관리양곡의 매입자격을 제한할 수 있다.

53

양곡관리제도
糧穀管理制度

양곡 관리를 통해 수급조정 및 적정가격을 유지하기 위한 제도

매년 수확기에 정부가 생산농가로부터 양곡 일부를 매입하여 가격하락을 방지하고 시중 가격이 상승할 때 소비자에게 판매함으로써 양곡의 수급과 가격안정을 도모하기 위한 제도이다. 매입한 양곡은 군량미나 구호양곡으로도 사용된다. 정부관리 양곡은 양곡관리제도의 일부이다.

상식PLUS⁺ 양곡관리사

국내산 쌀 품질을 높이고 정부 비축미의 효율적 관리를 위해 양곡 전문가를 평가 · 인증하는 민간전문자격으로 2019년에 신설되었다. (사)대한곡물협회가 주관하여 관리 · 운영하고 농림축산식품부는 관련 교육과정 운영, 정부양곡 관리에 활용, 민간 활용방안 모색 등을 통하여 자격제도의 정착 및 활성화를 지원하고 있다.

관련기사 AI 탑재 '쌀 수급 예측 시스템' 구축

농림축산식품부는 연내 인공지능(AI)을 탑재한 고도화된 '쌀 수급 예측 시스템' 을 구축하여 산재한 쌀 통계를 통합관리해 예측 정확도를 높일 계획이다. 그동안 정부의 쌀 수급 예측이 부정확하다는 지적은 꾸준히 제기되었다. 농식품부는 양공정책을 설계할 때 통계청 · 농촌진흥청 · 미곡종합처리장 등 7 ~ 8개 기관이 생산하는 통계를 수동으로 수집 · 분석해왔다. 그러나 정보의 수집 방식과 대상 · 시기 등이 모두 제각각인 탓에 이를 바탕으로 수립한 정부 정책에 대한 신뢰도가 낮을 뿐만 아니라 효과도 떨어졌다. 특히 지난 쌀 수급 안정대책에 생산량 · 소비량 수치가 제대로 반영되지 않으면서 당시 쌀값의 반등 효과가 크지 않았는데, 농식품부는 이런 문제를 인식하고 2023년부터 쌀 수급 예측 시스템 고도화를 추진해왔다. 통계청 · 농진청 · 기상청 · 농협 등으로부터 수집한 생산 · 소비 관련 정보와 농가, RPC, 임 · 도정 공장을 대상으로 조사한 입 · 출고 물량과 재고 물량을 사용하기 위해 RPC와 임 · 도정 공장의 물량 측정 방식도 개편해 정확도를 높일 방침이다. 아울러 AI 머신러닝 기법을 적용해 통계의 정확성과 쌀 수급 예측력을 향상시킨다는 계획이다. 농식품부는 쌀 수급 예측 시스템 구축이 완료되면 정확한 통계에 기반한 사전적 조치를 추진해 양곡정책의 재정부담을 낮추고 신뢰도를 높일 수 있을 것으로 보고 있다.

54

공공비축양곡

양곡 부족으로 인한 수급불안과 천재지변 등의 비상시에 대비하기 위하여 정부가 민간으로부터 시장가격에 매입하여 비축하는 미곡과 대통령령으로 정하는 양곡

「양곡관리법」에 따라 농림축산식품부 장관은 국민식량을 안정적으로 확보하기 위하여 공공비축양곡을 비축 및 운용하여야 한다. 공공비축양곡을 비축 · 운용할 때 「세계무역기구 설립을 위한 마라케쉬협정」에 따른 국내보조 감축약속 면제 기준을 충족하여야 하며 매입 · 판매가격은 매입 · 판매지역의 당시 시장가격으로 한다.

55 ■■■

이중곡가제

Double Rice Price 制

정부가 주곡을 고가에 사들여 저가로 파는 제도

식량부족문제를 해결하고 곡가 안정과 농민의 생산 의욕을 고취하기 위하여 1960년대에 시행되었다. 식량증산과 농가소득증대 등의 정책 목표를 달성하였지만 시장에 방출하는 차액을 국가가 부담하면서 국가의 재정부담이 누적되어 재정 적자 누증이 되었다. 우루과이라운드 농업협정이 체결되면서 농산물 수입시장이 개방되면서 제도를 점차 축소하였고 자유시장기능에 맡기며 폐지하였다.

56 ■■■

양곡증권

糧穀證券

양곡 가격안정과 수급조정을 위해 발행하는 증권

적정가격 유지 및 원활한 수급을 위해 기획재정부 장관이 발행하는 증권이다. 쌀, 보리수매, 양곡증권 이자지급 그리고 수매보관 관련비용 등에 사용한다. 종류는 현재 상환기간 기준으로 1년, 5년짜리 두 종류가 있으며, 이자율은 기획재정부 장관이 발행 당시 보증사채의 금리수준을 고려한다.

상식PLUS⁺ 양곡증권정리기금(糧穀證券整理基金)

부채의 정리 및 양곡증권의 관리 등에 관한 사업을 수행하기 위하여 설치된 기금을 말한다. 이 기금의 운용 및 관리는 농림축산식품부 장관이 한다.

57 ■■■

가루쌀

쌀을 빻아서 만든 분질미

농림축산식품부는 밥쌀 소비 감소, 쌀 가공식품 시장 확대 등 식품 소비 변화에 맞춰 적극행정으로 가루쌀 육성 정책을 적극 추진하고 있다. 밀가루로 만든 가공식품에 익숙한 청장년층과 유아·아동 세대가 쉽게 접근할 수 있는 식품 원재료이다. 멥쌀과 밀의 중간의 성질을 가지고 있는 쌀 품종을 개발하여 만든 것이다. 건식으로 제분을 하기 때문에 가공비용이 절감되고 글루텐 성분이 포함되어 있지 않아서 밀가루보다 소화가 더 잘 된다.

관련기사 가루쌀과 함께 도약하는 농업과 식품

식량주권 강화를 달성하기 위한 핵심 수단으로 가루쌀을 활성화 하고 있다. 가루쌀은 가루를 내기에 적합한 쌀의 종류로서 변화하는 식품 소비문화에 맞춰 면, 빵 등 우리 국민이 즐기는 먹거리로 다양하게 활용할 수 있는 새로운 국산 식품 원료이다. 식품업계의 새로운 가루쌀 제품개발을 지원하여 가루쌀로 만든 라면, 칼국수, 식빵, 과자, 튀김가루 등의 시제품 개발과 소비자 평가가 진행될 예정이다.

58
약용작물
Medicinal Plant

약으로 쓰이거나 약의 원료가 되는 식물

약재로 사용하고 있거나 각종 질병 치료에 이용 가능하고 규명된 식물로 수요에 따라 의약용과 생약용으로도 분류할 수 있다.

상식PLUS+ 우리나라 주요 재배 종

구분	내용
뿌리	감초, 강황, 고본, 도라지(길경), 단삼, 일당귀, 당삼, 땅두릅(독활), 갯기름나물(식방풍), 백지, 사삼, 시호, 양유, 우슬, 작약, 현삼, 황금, 황기
지하경	대황, 맥문동, 백출, 백수오, 하수오, 산약, 석창포, 위유, 황정, 강황, 지모, 지황, 천궁, 천마, 택사, 향부자
수피	두충, 오가피
근피	목단피
전초	형개, 홍화, 삼백초, 어성초, 자소엽, 익모초, 한인진
종자 · 과실	결명자, 구기자, 복분자, 산수유, 오미자, 의이인, 치자

59
원산지표시제
原産地表示制

2019 | 지역농협

농수산물 및 가공품의 원산지 표시를 의무화하는 제도

농수산물과 그 가공품에 대해 적정하고 합리적인 원산지 표시를 하도록 하여 소비자의 알권리를 보장하고 공정한 거래를 유도함으로써 생산자와 소비자를 보호하기 위한 제도이다. 원산지 표시 대상품목을 취급하는 모든 농수산물 수입업자와 판매업자, 가공업자들은 반드시 이행해야 한다. 국산 농수산물은 국산 또는 생산지 시 · 군명을 표기하며 수입 농수산물은 생산된 국가명을 표기하고, 가공품일 경우 원료 농수산물을 생산한 국가명과 배합비율을 표기하도록 한다.

☑ 시험에서는 이렇게 물어본다!
원산지 표시 위반의 근절을 없애기 위해 농협이 할 수 있는 방안을 서술하시오.

60
친환경 농산물 인증제도

안전한 친환경 농산물을 전문인증기관이 인증하는 제도

소비자에게 안전성이 확보된 친환경 농산물을 전문기관이 엄격한 기준으로 선별 · 검사하여 국립농산물 품질관리원이 그 안전성을 인증해주는 제도이다.

61
소비기한
消費期限

소비의 최종시한

소비자가 식품을 섭취해도 건강이나 안전상에 이상이 없을 것으로 판단되는 소비 최종시한으로 이는 유통기한보다 길다.

62

팜 파티플래너
Farm Party Planner

농산물을 활용하는 행사를 기획하고 연출하는 직업

팜 파티는 소비자를 초청하여 농산물을 주제로 하는 먹거리, 즐길 거리 등 지역에서 생산되는 농산물을 활용하여 문화콘텐츠를 제공하는 농가 기획형 행사이다. 이러한 팜 파티를 기획하고 연출하며 농산물 정보 제공과 판매 전략 등을 수립하는 사람들을 팜 파티플래너라고 한다. 2009년 해남군에서 최초로 실시하였으며 2014년에 농촌진흥청 시범사업을 운영하였다. 이후 민간자격 발급 기관 및 농업기술센터 자격증 교육이 운영되며, 팜 파티 실시 농가가 확대되었다.

63

유통기한
流通期限

2018 | 농협은행

식품 유통이 유효한 기간

생산된 식품이 소비자에게 유통될 수 있는 기간을 말한다. 「식품위생법」에 따른 자체 실험을 통하여 각 제품의 유통기간을 정하고 승인을 받는다.

☑ 시험에서는 이렇게 물어본다!
유통기한과 소비기한의 차이에 대해 약술하시오.

64

애그플레이션
Agflation

곡물 가격이 상승하면서 물가가 덩달아 상승하는 현상

'농업(Agriculture)'과 '인플레이션(Inflation)'의 합성어로, 곡물 가격이 상승하면서 일반 물가도 함께 오르는 현상을 말하며 영국의 경제 주간지 「이코노미스트」에서 처음 사용하였다. 곡물 가격 상승 요인으로는 기상이변으로 인한 공급 감소와 육류 소비가 증가함에 따른 사료용 곡물 수요 증가, 유가 급등으로 인한 생산 및 유통비용 증가 등을 꼽을 수 있다. 최근 전 세계적으로 국제 곡물 가격이 상승세를 이어가며 애그플레이션 우려가 커지고 있다.

65

푸드테크
Food Tech

식품산업과 ICT를 접목한 기술

식품 생산과정에 인공지능(AI), 사물인터넷(IoT), 빅데이터, 로봇 등을 접목시켜 식품의 생산성은 높이고 비용은 절감하는 기술이다. 소비자의 식품 소비 관련한 정보를 분석하여 맞춤형 상품이나 서비스를 제공하기도 하며 세포배양기술을 통해 기존 식품을 대체하기도 한다. 또한 환경조건을 인위적으로 조성하여 식물재배가 가능한 식물공장도 이같은 사례이다.

66

플랜테이션
Plantation

2017 | 지역농협

열대 · 아열대기후지역에서 대규모로 단일 경작하는 농업 방식

선진국이나 다국적 기업의 자본과 기술, 열대 · 아열대기후지역 원주민의 값싼 노동력이 결합되어 특정 작물을 대규모로 경작하는 농업 방식이다. 플랜테이션으로 경작되는 대표적인 작물은 커피, 카카오, 사탕수수, 담배, 차 등이 있으며 지역의 기후 등 요건에 따라 재배되는 작물은 달라진다. 현대의 플랜테이션은 많은 기계화가 도입되고 있으며 생산성을 높이기 위한 기술발전이 이루어지고 있다. 그러나 결국 수출을 위한 재배이므로 자국 식량작물 재배가 감소되어 식량부족 문제, 환경문제, 경제적 종속과 노동력 착취 등과 같은 인권 문제가 발생하고 있다.

☑ 시험에서는 이렇게 물어본다!
플랜테이션 한계는?

67

농업인 법률구조사업
農業人 法律救助 事業

농업인의 법률적 피해에 대한 구조를 도모하는 무료 법률 복지사업

1995년부터 추진되고 있는 농협과 대한법률구조공단이 공동으로 진행하는 농업인 무료 법률복지사업이다. 변호와 상담, 강연 · 운동, 중계활동을 통하여 농업인의 영농과 생활과정에서 발생하는 법률적 억울함을 해소하고 농업인의 경제 · 사회적 지위향상을 도모한다. 농업인은 대한법률구조공단에게 직접 신청하거나 농협을 통해 대리 신청할 수 있다.

68

엘리트 귀농

고학력자나 대기업 출신의 귀농자

이전에는 은퇴 후 귀농하는 세대가 대부분이었으나 최근에는 자발적으로 귀농을 계획하는 전문직 종사자, 고학력자, 대기업 출신이 많아졌다. 농사뿐만 아니라 지역 프로그램도 기획하여 마을 홍보에 앞장서고 있다.

69

이앙법
移秧法

못자리에서 키운 모를 본답(本畓)으로 옮겨 심는 재배 방법

벼농사에서 사용되는 이앙법은 고려시대 말부터 시행되었으나 임진왜란 이후 전국적으로 보급되었다. 모를 못자리에서 어느 정도까지 키운 다음 본답(本畓)으로 옮겨 심기 때문에 직접 농지에 파종하여 재배하는 직파재배보다 생산력이 증가한다. 그렇기 때문에 조선 후기에 벼 재배법으로 자리를 잡았으며 오늘날까지도 대부분의 수전농업에서 시행하고 있다.

70

경지정리

Land Consolidation

농업 노동의 생산성 증대를 위해 시행하는 토지개량사업

농지를 효율적으로 이용하고 수확량을 늘리기 위하여 배수 관계 설비 개량과 농지를 반듯하고 널찍하게 개선하는 사업이다. 구획정리 · 관리배수시설 · 객토, 농로 · 암거시설(暗渠施設)의 설치 등을 시행한다.

71

직파재배

直播栽培

농경지에 직접 씨를 뿌려 재배하는 방법

이앙법과 반대로 못자리에서 키우지 않고 직접 파종하여 재배하는 방법이다. 묘상관리나 이식 노력 등이 따로 필요하지 않지만 병충해나 한해, 냉해, 상해 등으로부터 어린 모를 보호하기 어렵고 잡초 방제에 많은 노력이 필요하다. 최근 직파재배의 특수한 점을 드론 등의 기계로 활용하면서 직파재배가 재현되고 있다.

72

절대농지

絕對農地

2021 | 농협은행

농업진흥구역으로 지정되어 있는 농지

공공투자에 의해 조성된 농지, 농업기반이 정비된 농지, 집단화된 농지로써 농림축산식품부 장관이 지정하는 농지를 의미한다. 법률에 의해 비농업용으로 전용되는 것이 규제되어 있다.

☑ 시험에서는 이렇게 물어본다!

절대농지의 목적은?

73

입도선매

立稻先賣

수확 전의 벼를 먼저 파는 행위

미작농가가 벼를 논에서 거두지 않은 채로 판매하는 것을 말한다. 본래 자금이 부족하거나 부채를 진 농민이 현금을 구하기 위하여 논에서 자라고 있는 벼를 먼저 판매하는 행위를 가리켰으나 오늘날에는 의미가 확대되어 완제품이 생산되기 전에 미리 예측하고 판매하는 행위를 가리킨다.

74

농지집단화

農地集團化

분산되어 있는 농지를 한 곳으로 모으는 것

쌀 산업의 지속가능성 및 경쟁력을 높이기 위해 각 농가가 소유하고 있는 분산 농지를 한 곳으로 모아 농지를 집단 · 규모화하는 것을 말한다.

75

시장접근물량

TRQ : Tariff Rate Quotas

정부가 허용한 일정 물량에 대해서만 낮은 관세를 부과하는 물량

수출국들에게 낮은 세율로 일정량의 시장접근 기회를 보장함과 더불어 비관세 장벽을 관세화하는 과정에서 야기되는 과도한 수입증가로 인한 부정적 영향을 줄이기 위한 제도이다. 농산물의 경우 저율관세 할당이 증가하면 그만큼 저율의 관세가 부과된 수입 농산물이 증가한다. 우루과이라운드(UR) 협정 결과 쌀, 고추, 마늘 등 주요 농축산물 약 63개 품목에 대해 시장접근물량이 설정되어 별로도 수입관리를 하고 있다. 쇠고기('01), 돼지고기('97), 닭고기('97), 오렌지 쥬스('97)는 폐지되었다.

상식PLUS+ TRQ 관리 방식

㉠ **국영무역** : 정부 지정기관(aT 등)이 TRQ 수입권을 갖고 수입하여 국내에 판매하고 발생한 수입차익을 정부에 납부하는 방식이다.
㉡ **수입권 공매** : 공개경쟁 입찰을 통해 TRQ 저율관세로 수입할 수 있는 권리를 판매하는 방식이다.
㉢ **실수요자 배정** : 수입권 관리기관이 정한 절차에 따라 선착순으로 배정 하거나 일정 자격요건(가공시설확보 등)을 가진 업체에 우선으로 배분하는 방식이다.
㉣ **혼합방식** : 국영무역, 수입권 공매, 실수요자 배정 등을 혼합하는 방식이다.

76

추곡수매제도

秋穀收買制度

곡가 안정과 수급조절을 위해 일정량의 쌀을 정부가 사들이는 제도

농가 소득을 보장하고 곡가를 안정시키기 위하여 정부가 매년 농민에게 일정량의 쌀을 사들이는 제도이다. '시가'가 아닌 '정부가 정한 가격'에 따라 매입했다. 관리 적자 문제와 민간유통기능이 위축되는 등의 부작용이 따라 2005년에 폐지되고 쌀소득보전직불제, 공공비축제 등을 도입하였다.

77

친환경 농산물

親環境 農産物

화학자재를 사용하지 않거나 최소량만 사용하여 생산한 농산물

환경을 보전하고 소비자에게 보다 안전한 농산물을 공급하기 위해 농약이나 화학비료, 사료 첨가제 등의 화학자재를 전혀 사용하지 않거나 아주 소량만을 사용하여 생산한 농산물이다. 인공첨가물을 넣지 않아 신선도가 오래 지속된다.

상식PLUS+ 친환경 농산물 종류 및 기준

종류	기준
유기농 농산물	전환기간 이상을 유기합성농약과 화학비료를 일체 사용하지 않고 재배한 농산물 ※ **전환기간** : 다년생 작물은 3년, 그 외 작물은 2년
무기농 농산물	유기합성농약은 일체 사용하지 않고 화학비료는 권장 시비량의 1/3 이내 사용하여 재배한 농산물

78

특용작물

特用作物

가공 과정을 거쳐 사용하기 위해 재배하는 특수 목적의 농작물

특수 용도로 사용하거나 식용 기름, 약재, 기호식품 등으로 가공하여 식용하는 농작물이다. 생산물을 가공하여 이용한다고 하여 공예작물이라고도 불린다. 목화나 삼, 담배, 차, 사탕무, 인삼, 참깨 등이 있다. 전매작물인 담배와 인삼, 참깨가 가장 큰 비중을 차지한다.

상식PLUS⁺ 특용작물 분류

분류	내용
섬유료작물(纖維料作物)	목화 · 삼 · 모시풀 · 아마 · 왕골 · 수세미 · 오이 · 닥나무 등
유료작물(油料作物)	참깨 · 들깨 · 아주까리 · 땅콩 · 유채 등
기호료작물(嗜好料作物)	담배 · 차나무 · 홉 · 커피 등
약료작물(藥料作物)	인삼 · 박하 · 양귀비 · 제충국 등
녹말료작물(綠末料作物)	감자 · 고구마 · 닥풀 · 카사바 등
당료작물(糖料作物)	사탕무 · 사탕수수 · 단수수 등
향료작물(香料作物)	제라늄 · 라벤더 등
염료작물(染料作物)	쪽 · 치자나무 등
수액료작물(樹液料作物)	옻나무 · 고무나무 등

79

친환경농업 집적지구

친환경 농산물을 생산할 때 비의도적 오염 노출을 줄이고 효율적으로 유통하는 친환경 농업을 집중적으로 수행하는 농지 간의 집적도를 높인 생산거점

친환경농업의 '환경가치' 인식과 친환경 농업을 인증 받은 면적 비율을 높이며, 화학비료와 농약의 사용을 줄이는 농가를 친환경농업이라고 한다. 친환경농업 기반을 확대하기 위해서 소비가 생산을 견인하는 체계를 구축, 다양한 유통채널로 소비자의 구매접근성 증가, 친환경농업 집적지구 육성, 인력 · R&D 생산 지원, 탄소를 감축하는 농업의 기반을 구축한다.

80

최소시장접근

MMA : Minimum Market Access

일정 기간 동안 최소한의 개방 폭을 규정하는 것

우루과이 라운드(UR) 협정에서 확립된 시장 개방 원칙 중 하나이다. 관세화 품목의 기준 연도 수입이 국내소비량의 3% 미만일 경우 UR 이행기간 내에 저율관세의 시장접근 기회를 보장하도록 하였으며, 초기 연도 3%에서 최종 연도 5%까지 증량토록 합의되어 양허표에 반영된다. 최소시장접근물량에 대해서는 양허표에 제시된 저율관세가 적용된다.

81

가정간편식

HMR : Home Meal Replacement

간단하게 조리하여 먹을 수 있는 가정식 대체식품

일부 조리가 된 상태에서 가공 · 포장되기 때문에 짧은 시간에 간단한 조리로 식재료를 구입하는 단계부터 섭취 후 정리 단계까지의 노력과 시간을 최소한으로 줄일 수 있다.

82 ■■■

푸드플랜

Food Plan

지역 먹거리의 생산부터 소비 관련 활동들을 종합적으로 관리하는 시스템

'지역먹거리 계획'을 의미한다. 시스템을 통하여 특정 지역 내에서 식품 생산, 유통, 소비 등의 관련 활동을 관리하고 안전하며 신선한 식품을 공급하여 지역 경제를 활성화 및 환경 보호에 기여하도록 한다. 유럽과 북미에서 각 도시별 계획이 수립·운영되었으며, 2015년 밀라노 도시먹거리 정책협약 후 전 세계적으로 많은 도시에서 지역단위 푸드플랜을 도입하고 있다. 우리나라에서는 지역 푸드플랜 추진 의지가 높은 지자체에 대하여 먹거리 선순환체계 구축을 위해 필요한 농림사업을 패키지로 지원하고 있다. 농산물 산지 유통시설 지원, 농산물 직거래, 과수분야 스마트팜 확산, 일반 농산어촌 개발 등으로 패키지 지원 대상 '먹거리 계획 협약'을 맺고, 지자체에서 필요로 하는 사업을 지원한다.

01 농업·농촌

83 ■■■

농산물 우수관리제도

GAP : Good Agricultural Practices

2017 | 지역농협

우수 농산물에 대한 체제적 관리와 안전성 인증제도

생산 단계에서부터 판매 단계까지 각 단계의 정보를 기록·관리 등의 안전관리체계를 구축하여 소비자에게 안전한 농산물을 공급하기 위해 2006년부터 도입된 제도이다. 문제가 발생할 경우 추적하여 원인 규명 및 필요한 조치를 취하고 농산물의 안전성 확보를 통해 소비자 신뢰 제고 및 국제시장에서의 우리 농산물 경쟁력을 강화한다.

☑ 시험에서는 이렇게 물어본다!
농산물우수관리제도(GAP)에 대해 설명해보시오.

84 ■■■

농업기후학

Agricultural Climatology

농업과 기후 관계를 연구하는 학문

농작물 재배 한계, 기후적 농업생산력, 농업 지역구분 등 농지의 적절한 사용이나 농업 계획 수립에 중요한 역할을 한다.

85 ■■■

농업경영학

Agronomics

농업을 사경제적(私經濟的) 관점에서 다루는 학문

농업경영의 본질을 탐구하고 연구하는 학문이다. 개별적인 농업경영의 목표로써 농업 생산성을 높여 나가며 수지 및 농업경영을 계속적으로 영위하게 하는 방법을 구체적으로 연구하는 학문이라고 할 수 있다. 개별적인 농업경영도 전체 사회경제의 한 부분이기 때문에 전체 국민경제와도 밀접한 관련이 있다.

86 ■■■

HACCP

Hazard Annalysis Critical Control Point

2023 | 농협은행 2021 | 농협계열사

식품안전관리 인증기준

위해요소분석(Hazard Annalysis)의 'HA'와 중요관리점(Critical Control Point)의 'CCP'의 합성어이다. 위해요소 중점관리기준으로 체계적이고 과학적인 위생관리 기법인 사전예방 식품안전관리체계이다. 기존 위생관리체계와는 다르게 위해를 사전에 예방하고 안전성을 확보하는 것을 목적으로 한다. 위해요소를 관리 및 조치하여 소비자에게 위생적이고 안전한 축산물을 공급할 수 있다. HACCP(해썹)은 전 세계적으로도 가장 효과적이고 효율적인 식품 안전 관리 체계로 인정받고 있으며 미국, 일본, 유럽연합, 국제기구 등에서도 모든 식품에 HACCP(해썹)을 적용할 것을 적극 권장한다.

상식PLUS⁺ HACCP 7원칙 12절차

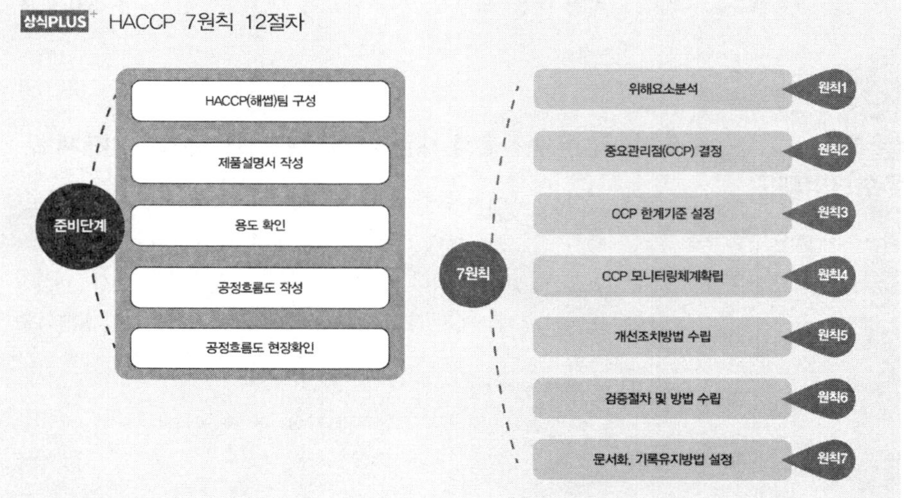

관련기사 HACCP인증원, 음식점 위생등급제 기술 지원

한국식품안전관리인증원(이하 HACCP인증원)이 소비자 안심 외식환경 조성을 위해 '2025 음식점 위생등급제 기술지원' 사업에 참여할 음식점을 모집한다. 기술지원 사업은 영업자가 음식점 위생등급제 평가 기준에 대해 잘 이해하고 쉽게 준비할 수 있도록 관계자가 직접 찾아가 1:1 맞춤형으로 진행되며, 별도 비용은 없다. 주요 기술지원 내용은 ▲음식점 위생등급 제도와 평가절차 안내 ▲식품접객업 영업자 준수사항 교육 ▲식재료 관리 등 평가 항목별 현장 모의평가 ▲주방 · 객석 등 위생 개선사항 도출 및 보완 등이다.

☑ 시험에서는 이렇게 물어본다!

1. 식품안전을 위해서 작업공정에서부터 체계적으로 관리하는 체계는?
2. HACCP 시스템에서 '위해요소분석' 단계에서 확인해야 할 중요한 요소는?

87 ■■■

조류 인플루엔자

AI : Avian Influenza

2023 | 농협계열사 2023 | 농협은행

가금류에 감염되는 전염성 호흡기 질환

야생 조류나 닭, 오리 등이 감염되는 급성 바이러스성 전염병이다. 1997년부터 유행했으며 국내에서는 2003년부터 발생하였다. 전파 속도가 빠르고 치사율이 높다. 주로 닭이 가장 많이 걸리는데, 닭의 경우 벼슬이 파랗게 변하고 머리가 붓는다. 일반적으로 사람은 감염되지 않으나, 아주 드물게 감염되기도 하는데 감염될 경우 결막염, 발열, 기침, 근육통 등 인플루엔자 유사 증상부터 중증 호흡기 질환까지 그 증상은 다양하다.

☑ 시험에서는 이렇게 물어본다!
조류 인플루엔자의 특징은?

88 ■■■

아프리카 돼지열병

ASF : African Swine Fever

2023 · 2021 · 2019 | 농협은행

바이러스성 출혈 돼지 전염병

돼지 흑사병으로도 불리는 ASF는 아프리카 지역에서 주로 발생하여 아프리카돼지열병이라는 이름이 붙여졌다. 생존력이 높고 전염성이 높다. 산과 열에도 강해서 낮은 온도에서도 죽지 않아 훈제에도 바이러스가 있을 수 있다. 돼지과에 속하는 동물만 감염되며 고병원성 바이러스에 감염될 경우 치사율이 100%에 달하기 때문에 한 번 발생하면 큰 피해를 끼친다.

☑ 시험에서는 이렇게 물어본다!
ASF의 특징은?

89 ■■■

할랄푸드

Halal Food

2016 | 지역농협

이슬람 율법에 따라 무슬림이 먹을 수 있는 음식

이슬람 음식은 율법에 따라 먹을 수 있는 할랄과 먹을 수 없는 하람으로 규정되어 있다. 할랄푸드에는 과일, 야채, 곡류 등의 식물성 음식과 바다에서 잡은 것이 포함된다. 고기는 이슬람 도축 방식인 다비하(Dhabihah)에 따라 도축한 고기만 허용한다. 비이슬람 국가에서 이슬람권 국가에 음식 등을 수출하기 위해서는 할랄 인증 마크를 받아야 하며, 국내 할랄 인증기관은 한국 이슬람교 중앙회가 유일하다.

상식PLUS⁺ 다비하(Dhabihah)

율법에 근거한 이슬람의 도축법이다. 도축자는 반드시 무슬림이어야 하며 도축할 때 반드시 '비스밀라히(알라의 이름으로)'를 외쳐야 한다. 짐승들이 죽을 때는 머리가 사우디 아라비아의 메카 방향을 향해야 하며, 죽은 동물의 고기를 먹지 말라는 율법에 의해 짐승들의 심장이 뛰는 상태에서 거꾸로 매달아 피를 제거해야 한다.

90 ■■■

하람푸드
Haram Food

2016 | 지역농협

이슬람 율법에 따라 무슬림이 먹을 수 없는 음식

다비하(Dhabihah)에 따라 도축하지 않은 고기는 물론이며 돼지고기, 동물의 피, 주류와 알코올, 파충류, 곤충 등이 하람으로 분류된다. 그러나 하람푸드여도 전쟁, 생명이 위험할 때나 무의식중에 먹었을 경우 허용하는 입장을 취한다.

상식PLUS+ 마슈부흐(Mashbuh)

'의심스러운'이란 뜻으로 할랄과 하람의 구분이 애매하고 어려운 경우 마슈부흐라고 하며 사용을 자제한다. 이슬람에서는 의심스러운 것을 피하는 행동이 신실한 행동이라고 여기며 금지사항을 철저하게 지키므로 마슈브흐에 해당하는 것은 주의해야 한다.

☑ 시험에서는 이렇게 물어본다!
할랄푸드와 하람푸드의 차이를 서술하시오.

91 ■■■

바이오테크놀로지
BT : Biotechnology

생물체의 유용한 특성을 활용하기 위해 인위적으로 조작하는 기술

유전자를 자유조작하고 다른 생물의 유전자에 이식하는 교체 기술 등을 말한다. 의약품 제조에서 시작하여 넓은 의미로 의약품을 포함한 식품 생산, 농업으로 확산되었다.

92 ■■■

유전자가위
Gene scissr

DNA 절단기능을 가지고 있는 도구

DNA의 특정 부위를 절단하는 분자생물학적 도구이다. 제1세대 징크핑거뉴클리아제, 제2세대 탈렌, 제3세대 RNA 유전 가위인 크리스퍼 – 카스9가 있다. 작동원리는 특정한 표적부위를 정확하게 절단하는 것이다.

93 ■■■

GMO 표시제
Genetically Modified Organism 表示制

2020 | 농협은행

유전자변형 식품 등을 표시하는 제도

GMO는 인위적으로 유전자를 조합하는 등의 생명공학기술로 새로운 유전물질이 포함된 동·식물, 미생물을 말한다. 자연재해와 병충해 등으로 인한 생산량 및 품질 저하 문제의 해결책임과 동시에 장기간 섭취 시 인체에 유해하며 생태계를 교란시킨다. 때문에 소비자들에게 올바른 정보를 제공하며 알권리를 보장하기 위하여 우리나라는 2001년부터 GMO 표시제를 시행하였다.

☑ 시험에서는 이렇게 물어본다!
GMO와 GMO 표시제가 시행된 이유를 말해보시오.

94

농지취득자격 증명
農地取得資格證明

농민이 아닌 자의 농지투기를 규제하기 위한 자격 증명서

적합하다고 판단되는 자에게만 발급되는 자격 증명서이다. 농지를 취득하고자 하는 자는 필수로 발급받아야 하며 경매의 경우 농지를 취득한 자가 법원에서 발급받은 '최고가매수인' 증명서를 가지고 농지 소재지의 읍 · 면동주민센터에 가서 신청하면 된다.

95

1차 산업
一次 産業

농업 · 목축업 · 임업 · 어업 등과 같이 자연으로부터 생산하는 산업

자원 자체를 가공 없이 상품화하는 산업이다. 여기에 다른 산업 분야와 결합시켜 새로운 가치를 만들어 내는 산업을 1.5차 산업이라고 한다.

96

6차 산업
六次 産業

2021 · 2020 · 2016 | 농협은행 2020 | 농협중앙회 2020 | 농협계열사

1 ~ 3차 산업이 복합된 산업

농촌의 발전과 성장을 위해 강조되고 있는 6차 산업은 농촌의 인구 감소와 고령화, 수입 농산물 개방으로 인한 국내 농산물 경쟁력 약화 등의 문제로 새롭게 등장하였으며 국내 공식 명칭은 농촌 융 · 복합 산업이다. 농촌 융 · 복합 산업 사업자 인증제도는 농업인과 농업법인을 인증하여 핵심 경영체를 육성하는 시스템으로, 농촌의 다양한 유 · 무형 자원을 활용하고 새로운 부가가치를 창출하기 위하여 도입되었다.

상식PLUS+ 1 ~ 5차 산업

분류	내용
1차 산업	농업, 임업, 어업 등
2차 산업	제조업, 공업, 건설업 등
3차 산업	서비스업 등
4차 산업	정보, 의료, 교육 등 지식산업
5차 산업	패션 및 오락 등 취미산업

관련기사 농어촌의 미래, '6차 산업' 활성화에서 찾는다.

1차 산업에서 농촌 자원으로 만드는 제품인 2차 산업, 관광 · 체험을 제공하는 3차 산업이 합쳐져서 만들어진 6차 산업은 농촌의 유통판로 확대와 경쟁력 강화를 위해 시행하고 있다. 각 지자체에서는 ▲ 산지유통조직 활성화 ▲ 먹거리 선순환 체계 구축 ▲ 융 · 복합산업 경쟁력 강화 ▲ 체험키트 · 프로그램 개발 · 지원 ▲ 농업경영체 맞춤형 전문상담 등의 다양한 정책에 예산을 투입하고 있다.

☑ 시험에서는 이렇게 물어본다!

6차 산업 의미와 6차 산업이 농업에 적용된 정책을 서술하시오.

97 ■■■

유전자 변형 생물체

LMO : Living Modified Organisms

유전자 가위와 같은 바이오 신기술을 사용하여 만든 생식과 번식이 가능한 유전자 변형 생물체

생산량 증대나 새로운 부가가치 창출, 가공 상의 편의 등을 위하여 유전공학기술을 이용해 육종방법에서 나타날 수 없는 유전자를 지니도록 개발된 유기물이다. 「유전자 변형 생물체 국가 간 이동 등에 관한 법률」상의 정의에서는 유전자 변형 생물체란 다음 각목의 현대생명공학기술을 이용하여 얻어진 새롭게 조합된 유전물질을 포함하고 있는 생물체를 말한다. 농산물 종자나 미생물 농약 등 LMO의 영역이 확대됨에 따라 LMO 안전성 논란도 높아지고 있다. 국제기구와 선진국 정부기관, 민간단체 등에서는 이와 관련된 정보를 수집 · 분석하여 소비자들에게 공개하고 있으며, 세계 각국은 LMO의 국가 간 이동에 관련된 법률을 제정하여 관리하고 있다.

상식PLUS⁺ GMO와 LMO의 차이

생물다양성협약(CBD) 회의에서 명명한 카르타헤나의 정서에는 '의도적으로 현대의 생명공학기술을 이용하여 얻어진 새로운 유전물질의 조합을 포함하고 있는 모든 살아있는 생물체'로 LMO를 정의한다. GMO(Genetically Modified Organism)는 농산물품질관리법에서 '인공적으로 유전자를 분리 또는 재조합하여 의도한 특성을 갖도록 한 농산물'로 정의한다. GMO는 LMO가 생명력을 잃고 냉장, 냉동, 가공된 식품(ex. 두부, 두유)까지 포함하므로 LMO는 GMO의 한 부분이라 할 수 있으나 우리나라에서는 다수가 GMO와 LMO를 구분하지 않고 혼용하여 사용하고 있다.

관련기사 연구용 '유전자변형생물체' 안전문화 인식 제고

한국생명공학연구원 국가연구안전관리본부는 과학기술정보통신부와 함께 2024년 동안 시험 · 연구용 유전자변형생물체(이하 LMO) 안전관리에 대한 대중의 이해를 높이고 안전 문화 확산에 기여한 주역들을 선정하고 포상을 전수했다고 밝혔다. 생명공학기술의 빠른 발전으로 의료, 식량, 환경 등 다양한 분야에서 폭넓게 활용되는 LMO는 '유전자변형생물체의 국가 간 이동 등에 관한 법률'에 따라 사용 용도별로 철저하게 안전관리를 시행하고 있다. 과학기술 분야 연구실 및 LMO 연구시설의 연구자들이 안전한 연구 활동을 수행할 수 있도록 전문기관 역할을 수행하는 연구안전본부는 시험 · 연구용 LMO 안전문화 정착을 위해 매년 연구자와 안전관리자, 일반 대중이 직접 참여할 수 있는 다양한 사업을 개최하고 있다.

98 ■■■

임원경제지

林園經濟志制

조선 후기 농촌경제 정책서

조선 후기에 실학자 서유구가 저술한 일종의 농업 백과사전이다. 전원생활에 필요한 지식과 기술 등 농업 정책과 자급자족 경제론에 대해 다뤘으며 총 113권을 16개 부문으로 나눈 논저로 이루어져 있다. 현재 서울대학교 도서관에 유일본이 소장되어 있으며, 전사본(轉寫本)은 고려대학교 도서관에 소장되어 있다. 가장원본(家藏原本)은 일본 오사카 부립도서관에 소장되어 있다.

99
정밀농업
precision agriculture

2023 | 농협은행

ICT 기술을 활용하여 투입되는 자원을 줄이면서 생산량을 높이는 생산방식

인공위성이나 드론 등의 기술을 활용하여 토양, 작물, 생산량 등의 자료를 수집 · 분석하여 최적의 조건을 만들어서 작물을 키워내는 것을 의미한다. 일정량을 동일하게 투입하는 것이 아닌 가변적으로 투입하는 방법으로, 기술을 통해 농사 계획을 세우고 농작물을 정밀하게 정찰 및 관리할 수 있는 것이다. 비료나 농약 등의 사용량을 줄여서 환경 보호를 하면서 농업의 효율을 높일 수 있다.

☑ 시험에서는 이렇게 물어본다!
정밀농업의 주요 특징은?

100
지속농업
Sustainable Agriculture

다음 세대에서도 농업을 지속할 수 있도록 환경 보호와 생산성 유지를 달성하는 농업

현재 세대를 넘어서서 다음 세대에도 농업이 유지될 수 있도록 비료, 농약 등의 사용을 줄이면서 농산물의 생산성을 높이는 것을 의미하는 것이다.

101
유기농업
Organic Farming

자연적인 자재만 사용하는 친환경 농업

화학비료나 유기합성 농약 등의 합성화학물질을 일체 사용하지 않거나 아주 소량만을 사용하고 동물분뇨나 짚 등을 이용하여 만든 퇴비, 녹비, 천적 곤충 등을 활용하는 농업이다.

상식PLUS+ 유기농업자재 공시제도
허용물질을 사용하여 생산된 자재인지를 확인하여, 명칭 및 주성분명, 함량, 사용 방법 등에 관한 정보를 공시하는 제도이다.

102
관개농업
灌漑農業

인공적으로 물을 공급하는 농업

건조 지역에서 농작물이 정상적으로 자랄 수 있도록 인공관리시설을 만들어 물을 공급해주는 방식이다. 고대 이집트와 메소포타미아 지방에서도 관개농업이 시행되었으며, 비가 많이 오는 여름에 저수지 등에 물을 저장해 두었다가 물이 필요할 때 물을 대어 농사를 지었다.

103
도시농업
Urban Agriculture

도시에 있는 소규모 농지에서 행하는 농업

다양한 도시 공간을 활용하여 농사를 짓는 것을 말한다. 주말농장, 옥상텃밭 등 다양하게 나타나고 있다. 생태계 순환 회복 및 지역 공동체 활성화, 로컬푸드 등과 더불어 기후 조절, 대기 정화, 정서 함양 등의 가치를 구현하며 지속가능한 농업으로서의 기능을 수행한다.

104

유축농업
有畜農業

작물 재배와 가축 사육을 결합한 농업

농작물과 사육을 유기적으로 결합한 농업 형태이다. 지역에 따라 자급적 유축농업 지대와 상업적 유축농업지대로 구분한다. 전자의 경우 동유럽, 후자의 경우 북유럽·미국 등에서 뚜렷하게 나타난다.

105

근교농업
近郊農業

대도시 근교에서 행하는 농업

도시 가까운 곳에서 채소·화훼·과수 등의 작물을 재배하는 농업으로 비닐하우스 등의 시설 재배를 통하여 연중작물을 재배한다. 교통의 발달과 기술 향상으로 재배 지역이 점차 확대되고 있는 추세이다.

106

사회적 농업
社會的 農業

2023 | 농협계열사

농업 활동을 통해 돌봄·교육·고용 등 공급 및 확산하는 서비스

사회적 농업을 통해 취약계층의 자활과 고용을 유도하여 사회 통합을 실현하고 관련된 일자리 창출, 공동체 활성화를 위해 진행되는 정책이다. 농업 생산 활동을 포함하여 농촌자원을 활용하는 활동을 기반으로 취약계층에 서비스를 제공한다. 지역사회와 지속적으로 협력하는 사회적 경제 조직, 농업법인, 비영리민간단체 등을 대상으로 진행되는 농림축산식품부의 정책으로 사회적 농업 프로그램 운영비, 지역사회와 네트워크 구축비를 지원한다.

상식PLUS 사회적 농업과 치유 농업의 차이

사회적 농업은 농촌 주민들에게 부족한 서비스를 농업인이 농업 활동을 하며 농촌자원을 활용해서 제공한다. 돌봄·교육·고용·농업·네트워크 구축이라는 공익적 역할을 통해 사회통합을 도모한다. 치유 농업은 농업 활동을 통해 회복과 치유를 돕는 것을 중점으로 한다. 두 정책 모두 궁극적으로 긍정적인 영향을 미친다는 공통점이 있지만 목적 및 지원대상이 다르다.

107

RE100
Renewable Electricity 100

사용하는 전력량의 100%를 재생에너지로 충당을 목표로 하는 글로벌 캠페인

재생에너지(Renewable Energy) 100%의 약자이다. 농업·농촌 RE100 실증지원 사업은 마을별 에너지 사용량을 진단한 후 이에 맞는 재생에너지 발전 시설을 확충하여 농촌마을 단위에서 RE100을 실증하는 것을 목표로 한다. 우리나라는 2019년 기준으로 전체 소비전력 발전의 66.7%를 석유와 석탄을 이용해 생산하고 있다. 전력 생산 과정에서 온실가스인 이산화탄소가 배출되며, 농업·농촌 부문에서도 전력 사용에 다른 탄소 배출이 발생한다. 이를 줄이기 위해 재생에너지 기반의 전력 생산을 확대하고, 탄소 배출을 상쇄하는 방식으로 농업·농촌분야의 RE100 실현을 추진하고자 한다.

108

농업진흥지역

2023 | 농협은행

농지를 효율적으로 이용하고 보전하기 위해 시·도지사가 「농지법」에 따라 지정·고시하는 지역

농업진흥지역은 녹지지역(특별시 제외), 관리지역, 농림지역 및 자연환경보전지역(특별시 녹지지역 제외)을 대상으로 농업보호구역과 농업진흥구역으로 나뉜다. 목적, 지정 기준, 허용행위 측면에서 구분할 수 있는데, 농업보호구역은 농업 환경을 보호하고 농업진흥구역을 보조하는 역할이다. 농업 활동을 간접적으로 지원하고 보호하는 기능으로, 농업환경보전이 필요한 지역을 지정한다. 농지로 활용되지만 일부 비농업적 용도(주택, 일부 상업 시설 등)로도 활용이 가능하다. 농업진흥구역보다는 완화된 규제를 적용하나, 대규모 개발이나 공장 설립은 제한된다. 농업과 공존할 수 있는 범위 내에서 개발이 가능하다. 농업진흥구역은 농업의 생산성을 높이고 농지의 효율적인 이용을 촉진하기 위해 지정된다. 우량 농지 보전을 우선으로, 농업활동 중심의 토지 이용을 유도한다. 토양, 수리, 기상 조건이 농업에 적합한 우량 농지를 지정하며 농업적 활용가치가 높아야 한다. 농업용 창고, 농기계 보관소 등 농업 관련 시설을 설치할 수 있으며 제한적으로 농산물 유통시설 등을 허용한다. 농업 외 목적으로는 개발이 어려우며 공장, 주택, 관광시설 등 농지 전용이 엄격하게 제한된다.

☑ 시험에서는 이렇게 물어본다!
농업보호구역과 농업진흥구역의 차이는?

109

생물농약

生物農藥

천적 곤충과 같은 생물을 이용하여 병해충 및 잡초를 방제하는 약제

화학농약에 대응하는 농약으로 방제해야 할 생물의 천적 곤충, 천적 미생물 등을 이용하여 농작물의 병해충이나 잡초 등을 방제한다.

110

전조재배

Light Culture

인공 광원을 활용하는 재배방식

일장 시간을 인위적으로 연장하거나 또는 야간을 중지함으로써 화성의 유기, 휴면타파 등의 효과를 얻는 방식이다. 단일 식물의 개화를 억제하기 위해서도 사용된다.

111

바이오디젤

Bio Diesel

2021 | 농협계열사

식물성 기름을 원료로 만든 바이오 연료

콩기름이나 유채기름, 폐식물기름 등의 식물성 기름이나 소나 돼지 등의 동물성 지방을 원료로 만든 무공해 연료를 말한다. 바이오 연료의 필요성이 급증하고 있으며 우리나라에서도 경유에 바이오디젤을 혼합한 연료가 판매되고 있다.

112

가축분뇨 에너지화 시설

家畜糞尿 Energy化 施設

가축분뇨를 이용하여 바이오가스를 생산한 후 남는 발효액은 농지에 환원하는 에너지화 시설

가축 분뇨를 주로 퇴비 및 액비로 농지에서 사용하거나 정화처리 후 하천에 방류되었으나, 분뇨로 인한 환경오염 예방과 온실가스 감축 등의 효과를 제고하기 위하여 가축분뇨를 에너지화 하는 사업이다. 충남 홍성 원천마을의 경우 가축분뇨 에너지화 시설은 지난 2014년부터 에너지 자립 목표를 세우고 2020년에 준공되어 매일 110톤의 가축분뇨를 처리하면서 시간당 전기 160kW를 생산하고 있다.

관련기사 2030년까지 축산분야 온실가스 30% 감축 목표

농식품부는 국가 온실가스 감축 목표(NDC) 상향안과 연계하여 지속가능한 축산환경 조성을 위한 축산환경개선 대책을 마련하였다고 밝혔다. 농촌경제에 큰 비중을 차지한 축산업은 가축분뇨 및 악취 등 축산환경 악화로 인한 사회적 비용과 민원 증가로 축산업에 대한 부정적 인식이 확산되고, 환경 관련 규제가 강화됨에 따라 환경친화적 축산업으로의 전환이 필요하다는 의견이 지속적으로 제기되어 왔다. 축산환경 개선을 통한 축산분야 온실가스 감축을 위해 ▲ 사육과정에서의 불필요한 투입요소를 최소화하는 저탄소 사양관리, ▲ 정화처리·바이오차·에너지화 이용 확대 등 가축분뇨 적정처리, ▲ 축산악취 개선, ▲ 축산환경개선 기반 구축 등을 중점 추진해 나간다는 계획이다.

113

기지현상(그루타기)

忌地現象

연작을 할 경우 작물의 생육이 뚜렷하게 나빠지는 현상

작물의 찌꺼기 또는 뿌리의 분비물에 의해 생육이 나빠지거나 연작으로 인해 토양 중의 병원균이 번성하면서 병해가 유발한다. 잡초가 생기면 작물 생육에 피해를 주고 화곡류 연작 시 토양이 굳어져 물리성이 악화된다. 연작을 하면 염류가 과잉 집적되어 작물의 생육을 저해하는데, 이러한 원인들에 대처하기 위해서는 연작보다 몇 해를 주기로 하여 해마다 작물을 바꾸어 재배하거나 기지로 인해 지력이 저하되었을 경우 깊이갈이를 하여 퇴비로 결핍성분을 보충하는 것이 좋다.

114

농산물 건조기

農産物乾燥機

곡물 이외에도 광범위하게 건조할 수 있는 다목적 건조기

품질을 유지시키고 저장성을 높이기 위해 농산물을 건조하는 기계이다. 곡물 건조기와 구별하여 농산물 건조기라고 하는데, 이는 다단 배치식과 컨테이너 이송식으로 구분할 수 있다.

115

슬러지

Sludge

하수처리 과정에서 생긴 침전물

오니(汚泥)라고도 하는 슬러지는 바다, 하천, 호수 등의 바닥에 침전된 것을 말한다. 하수처리장, 정수장, 공장 폐수처리시설 등에서 발생하는 물질을 통칭한다.

116 ■■■
탄소중립
Net – Zero

2021농협계열사

이산화탄소 배출량을 흡수하여 실질 배출량을 '0'으로 만드는 기후위기 대응 정책

대기 중 온실가스 농도 증가를 막기 위해 이산화탄소 배출량을 감소하고 흡수량을 증대하여 실질 배출량을 '0'으로 만드는 기후위기 대응 정책이다. 즉, CCUS(이산화산소 포집 · 저장 · 활용 기술)를 통해 배출 탄소와 흡수 탄소량을 같게 한다. 지구온난화의 주범으로 꼽히는 온실가스는 대기 구성요소 중 1% 미만에 불과하나, 산업화 이후 온실가스가 늘어나면서 120년간 지구 평균 온도가 약 1.2℃ 상승했다. UN 산하 IPCC가 작성한 '지구온난화 1.5℃ 특별보고서'에 따르면 이러한 추세로는 2100년에는 지구 온도가 약 3℃ 상승하며 2℃ 이상 상승할 시 폭염, 홍수, 해수면 상승 등의 기후 재앙이 도래한다고 한다. 이를 예방하기 위해서는 지구온도 상승을 1.5℃ 이내로 억제해야 하며 그 방안으로 2050년 이전 탄소중립 달성을 주목하고 있다. 때문에 전 세계적으로 2050년 탄소중립을 추진하고 있다. 우리나라 농업 · 농촌에서는 저탄소 생산구조, 에너지 전환, 재해 대응을 목표로 다양한 정책을 시행하고 있다.

상식PLUS 탄소배출권(CER : Certificated Emissions Reduction)

지구온난화를 유발하는 온실가스를 배출할 수 있는 권리이다. 온실가스 배출량이 많은 기업은 기술개발을 통하여 자체적으로 배출량을 줄이거나 배출권을 구입하여 할당 범위 내에서만 온실가스를 사용할 수 있다. 남거나 부족한 배출권은 거래가 가능하다.

관련기사 "축산업 탄소중립 실현" 환경친화 농가 지원 확대

농림축산식품부가 축산 분야 탄소감축을 위해 '저탄소 축산물 인증' 농가를 확대하고 관련 인센티브 지원방안도 2025년 안에 마련할 방침이다. 축종별 여건을 고려해 젖소 유기농가와 저지종에 대한 평가 기준이 별도로 마련됐다. 돼지 · 젖소 외 한우도 축사 악취 방지 노력이 인정될 경우 가점을 적용한다. 저탄소 축산물 인증은 생산과정에서 저탄소 축산기술을 적용, 온실가스를 축종별 평균 배출량보다 10% 이상 줄인 농가에 부여된다. 축산농가의 탄소감축을 유도하고, '탄소중립'을 중시하는 소비자 가치에 부응하기 위해 2023년 한우부터 도입됐다. '시행 3년차'에 접어드는 축산 분야 저탄소 인증은 한우 · 돼지 · 젖소 등 축종을 대상으로 시범 운영 중이다. 인증 희망 농가는 무항생제 축산 등 축산물 인증 및 지정제도를 사전에 취득해야 하고, 출하 · 사육두수도 일정 규모 이상 확보해야 한다. 사전 취득 항목은 무항생제축산, 유기축산, 식품위해요소중점관리기준(HACCP) 등으로 이 중 1개 이상을 충족해야 한다. 또한 인증 대상 축산물 생산과정에서 사양 관리, 분뇨 처리, 에너지 절감 등 탄소감축 기술을 1개 이상 적용해야 한다. 농식품부에 의하면 저탄소 인증 농가는 지난해 기준 총 261호가 선정됐다. 탄소감축 기술을 통해 줄일 수 있는 이산화탄소량은 연간 639톤으로 나타났다. 이는 30년 된 소나무 7만 220그루가 한 해 흡수할 수 있는 양과 맞먹는 수준이다.

☑ 시험에서는 이렇게 물어본다!

기업이 자발적 탄소 감축 노력을 지원하고 탄소중립경영을 산업 전반에 확산시키기 위한 방안을 기술하시오.

117

농업과학기술 정보서비스 시스템

ASTIS

농촌지도 서비스의 디지털화, 농업기술 보급체계의 효율화를 통해 수요자 맞춤형 정보서비스를 제공하는 시스템

농업과학기술정보서비스(애즈티스)는 농촌진흥청, 도 농업기술원, 시군 농업기술센터와 영농현장에서 생산된 전자 · 비전자 형태의 농업과학기술정보를 수집 · 관리하고 제공하는 시스템이다. 농업과학기술정보는 지방농촌진흥기관이 농업인 등에게 제공하는 과학영농 서비스 정보, 농촌지도 교육훈련 사업 정보, 영농상담 및 현장 기술지원 정보, 농업기술 정보 등을 포함하는 개념이다. 과학영농서비스에는 ▲ 농경지 토양, 수질, 식물체, 중금속 등 농업환경 분석 ▲ 농산물 안전성 분석 ▲ 가축분뇨 분석 ▲ 쌀 품질 분석 ▲ 미생물 배양 및 분양 ▲ 과수과학영농장비 지원 ▲ 조직배양묘 생산 및 분양 ▲ 조사료 품질 분석 ▲ 초유 생산 및 분양 ▲ 병해충 예찰 및 진단 ▲ 농산물종합가공센터 이용 ▲ 농업기술 교육 · 행사 정보제공 서비스 등이 있다. 수요자는 애즈티스를 통해 이러한 농업기술 정보, 과학영농 서비스 등을 쉽게 찾아보거나 이용할 수 있고, 개인별 정보 이용 이력을 바탕으로 맞춤형 정보도 추천받을 수 있다. 또한, 농촌지도사업 행정 자동화 시스템이 마련됨에 따라 비대면 교육 확대, 데이터 집계 자동화 등으로 업무시간과 인건비를 절약할 수 있다. 2022년부터 구축에 들어간 애즈티스는 현재 각 농업기술센터의 과학영농 서비스 이용자 신청 이력과 처리 결과, 활용실적 등을 데이터화하고 있다.

관련기사 디지털 농촌지도서비스 '애즈티스' 운영

농촌진흥청은 디지털 농촌지도서비스 제공을 위해 2022년부터 추진해 온 '농업과학기술정보서비스(애즈티스, ASTIS)' 시스템의 주요 기능 개발을 완료하고 본격적인 운영을 시작했다고 밝혔다. 애즈티스는 농촌진흥청, 도 농업기술원, 시군농업기술센터와 영농현장에서 생산된 전자적 형태의 농업과학기술정보를 수집 · 관리하고 제공하는 시스템이다. 농업인 등 일반 고객은 애즈티스 시스템에 접속해 회원 가입하면, 과학영농시설 활용 이력, 시범사업 참여, 영농상담, 교육 이수 등을 확인할 수 있다. 또한, 지역 농업기술센터에서 진행하는 농산물 안전 분석, 병해충 진단의뢰, 농산물종합가공센터 이용 예약, 분야별 영농상담 신청 등 민원 업무도 볼 수 있다. 농촌진흥기관 담당자의 경우, 업무 분야별 통계자료를 활용해 정보(데이터)에 기반한 정책 의사결정과 사업계획을 수립할 수 있다. 농촌진흥청은 디지털 농촌지도사업 추진 확대를 위해 정기적으로 담당자 실무협의회를 열고, 지방농촌진흥기관을 대상으로 혁신 우수사례 경진대회를 개최할 계획이다

118

솎기

Thinning

싹이 튼 뒤 일부를 제거하는 것

작물의 씨를 빽빽하게 뿌린 경우에 싹이 트면 그중 일부를 제거하여 개체수를 고르게 하는 작업이다. 개체의 생육공간을 넓혀 주어 균일한 생육을 돕고, 종자에선 판별이 곤란한 열악 형질 개체를 제거하여 우량 개체만을 남길 수 있다.

119

시비
施肥

작물에 인위적으로 비료성분을 공급하는 작업

토양이나 빗물, 관개수 등에 의해 공급된다. 시비 목적, 시기, 방법에 따라 분류할 수 있다.

$$시비량 = \frac{흡수\ 소요량 - 천연공급량}{비료요소의\ 흡수율}$$

상식PLUS⁺ 시비 분류

㉠ 시비 목적 : 분얼비, 수비, 실비
㉡ 시비 시기 : 기비, 추비, 지비
㉢ 시비 방법 : 전면시비, 부분시비, 액비시비, 토양주입, 엽면시비, 탄소시비

120

윤작(돌려짓기)
Crop rotation

작물을 일정한 순서에 따라 교대하여 재배하는 방법

두 가지 작물을 주기적으로 교대하면서 재배하는 것은 이모작, 세 가지 작물을 재배하는 것은 3모작이다. 경작지 한 곳에 다양한 작물을 돌려가면서 경작하는 것이다. 휴한법, 삼포식농법, 개량삼포식농법, 노포크식윤작법 등의 방식이 있다. 지력을 유지하기 위해 효과적이고 토양을 보호하고 병충해나 잡초를 감소의 효과를 얻을 수 있다.

121

냉풍 냉각
Room Cooling

일반 저온저장고에 원예 산물을 적재하고 냉장기를 가동시켜 냉각하는 방식

수확 후 온도에 따른 품질변화가 적은 작물이나 장기저장을 하는 작물 등에 주로 이용된다. 일반 저온저장고를 사용하므로 특별한 예냉시설이 필요 없고, 예냉과 저장을 같은 장소에서 실시하므로 냉각 후 저장산물을 이동시키지 않아도 된다. 단, 냉각속도가 매우 느리며 적재 위치에 따라 온도가 불균일하기 쉽다는 단점이 있다.

122

환경용량
Environmental Volume

자연이 스스로 정화할 수 있는 능력

생태계 스스로 자원을 재생산할 수 있는 능력을 양으로 환산한 것을 말한다. 자정 능력 한계를 초과할 경우 자연환경은 오염되는 것을 의미하므로 생태계에 악영향을 끼치지 않고 수용할 수 있는 최대의 오염 수위로 정의한다.

123 ■■■
환경마크제도
Eco Labelling

생산 과정에서 에너지 소비가 적고 오염 물질을 덜 배출하는 친환경 상품을 공인하는 마크

생산된 제품 가운데 제작, 유통, 사용, 폐기 과정에서 타제품과 비교하여 환경오염에 영향을 덜 미치거나 자원 및 에너지를 절약하는 상품에 한하여 공인기관이 인증하는 환경친화적인 상품에 대한 품질인증제도이다. 우리나라는 1992년도부터 시행되고 있으며 현재 환경마크협회에서 인증하고 있는데, 우선 환경마크 부여대상 상품군을 지정하고 상품군별로 부여기준을 설정한다.

124 ■■□
자유무역협정
FTA :
Free Trade Agreement

2017 · 2016 | 농협은행

국가 간 무역 장벽을 완화 및 제거하는 협정

협정을 체결한 국가 간에 상품이나 서비스 교역에 대한 관세 및 무역장벽을 철폐함으로써 배타적인 무역 특혜를 서로 부여하는 협정이다. 그동안 유럽연합(EU)이나 북미자유무역(NAFTA)등과 같이 인접 국가나 일정한 지역을 중심으로 이루어졌기 때문에 지역무역협정(RTA)라고도 부른다.

☑ 시험에서는 이렇게 물어본다!
우리나라와 자유무역협정을 체결한 국가는?

125 ■■■
농산물 전자상거래
農産物 E-Commerce

2015 | 농협계열사

농산물 거래활동이 온라인 네트워크에서 이루어지는 것

생산자에서 중간단계를 생략하고 소비자로 직결되는 거래가 증가함에 따라 농산물 전자상거래는 성장하고 있다. 배송 수단과 완충제 발전으로 배송시간이 단축되고 배송영역은 확장되었으며 안전성과 편리성, 부가가치성이 높아 이용이 편리한 상품에 대한 소비자 선호도가 높아지고 있다.

☑ 시험에서는 이렇게 물어본다!
농협의 전자상거래 활성화를 위한 방안을 제시하시오.

126 ■□□
광보상점
Light Compensation Point

일정한 온도에서 빛의 강도에 의해 결정되는 호흡과 광합성의 평형점

일반적으로 CO_2의 보상점은 대기 중 농도(0.03%)의 1/10 ~ 1/3 정도이다. 보상점이 낮은 식물일수록 약한 빛을 잘 이용할 수 있다.

127

입단구조
Aggregated Structure

2020 | 농협은행 2020 | 지역농협 2020 | 농협중앙회

토양의 입자가 응집되어 형성된 입단이 다시 모여서 만들어진 토양의 구조

토양의 물리적 구조로 떼알구조를 의미한다. 토양이 양이온의 작용으로 점토로 응집된다. 응집되어 형성된 입단구조는 수분이 원활하게 이동하고 저장하는 대공극과 소공극이 많이 있다. 배수성, 통기성, 보수력을 결정하며 수분과 비료의 보유력이 커, 작물 생육과 밀접한 관련이 있다. 입단구조는 유기물이나 석회가 많은 표토에서 볼 수 있다.

☑ 시험에서는 이렇게 물어본다!
토양의 입단 구조 형성 과정은?

128

품종의 퇴화
Degeneration of Variety

품종의 고유한 특성이 변하는 것

유전적, 생리적, 병리적 원인에 의해 품종의 고유한 특성이 변하는 것을 품종의 퇴화라고 한다. 유전적 퇴화 원인에는 이형유전자형 분리, 자연교잡, 돌연변이 등이 있으며 생이적 퇴화 원인에는 기상 · 토양 등 재배환경 및 재배조건 불량이 있다. 병리적 퇴화 원인에는 감자, 콩, 백합 등의 바이러스, 맥류의 깜부기병에 의한 퇴화 등이 있다.

129

일장
日長

식물의 개화가 일조시간 길이에 의해 영향을 받는 성질

식물의 화성을 유도할 수 있는 유도일장, 식물의 화성을 유도할 수 없는 비유도 일장, 유도일장과 비유도일장의 경계가 되는 한계일장으로 나눌 수 있다.

상식PLUS⁺ 식물의 일장형
㉠ 단일식물 : 콩, 국화, 목화, 국화, 딸기, 고구마, 코스모스 등 주로 가을에 꽃이 피는 식물
㉡ 중일식물 : 고추, 가지, 호박, 수박, 참외 등
㉢ 장일식물 : 무, 상추, 감자, 당근, 시금치 등 주로 봄에 꽃이 피는 식물

130

인구소멸 위험지역
人口消滅危險地域

국내 행정구역 중 인구 감소 등으로 소멸 위기에 있는 지역

소멸위험지수가 0.5 미만인 지역을 인구소멸위험지역으로 분류한다. 2024년 기준으로 한국고용정보원이 전국 시 · 군 · 구를 대상으로 분류한 결과, 총 130곳이 소멸위험지역으로 분류, 전체 시군구의 57.0%를 차지했다. 소멸위험지역은 낙도지역이나 농어촌지역뿐만 아니라 도청 소재지, 광역대도시까지 확대되고 있는 양상이며 팬데믹 영향으로 지방의 제조업 위기가 도래하면서 더욱 가속화되었다. 1위는 '전남'으로 소멸위험지수가 0.329로 가장 높았다. 인구소멸위험 지역으로 새로 진입한 11곳 중 8곳이 광역시 구 · 군이었다.

131 ■■■

토지보상금

土地報償金

정부나 지자체가 공익을 목적으로 사유지를 수용할 경우 지불하는 보상금

「공익사업을 위한 토지 등의 취득 및 보상에 관한 법률」에 근거하여 2003년부터 시행되고 있다. 도로나 철도, 건설 등 공익을 목적으로 국가가 민간 토지를 매수할 경우에 지급하는 보상금이다.

132 ■■■

초고령사회

Aged Society

2019 | 지역농협

전체 인구에서 고령인구(65세 이상)의 비율이 20%를 넘긴 사회

유엔(UN)이 정한 기준에 의하면 고령인구 비율이 7%를 넘으면 고령화 사회, 14%를 넘으면 고령사회, 20% 이상이면 초고령사회로 분류한다. 통계청 발표에 따르면 우리나라는 2017년부터 고령인구 비율 14%를 넘기며 고령사회에 진입, 2024년 12월 23일 65세 인구수가 1천 24만 4천 550명으로 전체인구의 20%를 차지하면서 초고령 사회로 진입했다.

상식PLUS⁺ UN이 분류한 고령에 대한 정의

㉠ 고령화사회(Aging Society) : 65세 이상 인구가 총인구를 차지하는 비율이 7% 이상

㉡ 고령사회(Aged Society) : 65세 이상 인구가 총인구를 차지하는 비율이 14% 이상

㉢ 초고령사회(Post Aged Society) : 65세 이상 인구가 총인구를 차지하는 비율이 20% 이상

☑ 시험에서는 이렇게 물어본다!

유엔(UN)이 분류한 초고령 사회의 인구비율은?

133 ■■■

메디푸드

Medi Food

2020 | 지역농협

의료(Medical)과 음식(Food)의 합성어인 건강관리를 목적으로 하는 식품

소비자 개인의 필요와 니즈를 충족할 수 있도록 개발된 맞춤형 특수식품 중 하나로 특수의료용도식품, 건강기능식품, 개인 맞춤 식품 및 서비스, 고령친화식품 등 건강관리 목적 식품을 의미한다. 특정 질환 증상을 완화하기 위한 목적으로 병원에서 환자들이 섭취하는 조절식에서 시작되었으며 현재는 일반인들이 먹는 건강기능식품 및 약물대체재로도 의미가 확대되었다.

☑ 시험에서는 이렇게 물어본다!

고령친화식품의 시장을 활성화하기 위한 방안을 말하시오.

134
마이크로바이옴
Microbiome

인체에 서식하는 각종 미생물

미생물(Micro)과 생태계(Biome)의 합성어로 장내 환경과 시간에 따라 인간의 질병과 건강에 영향을 미친다. 건강한 마이크로바이옴은 소화를 원활하게 도움을 주며, 박테리아가 장벽에 달라붙는 것을 방지한다. 체내에 마이크로바이옴의 밸런스가 무너지게 될 경우 만성질환 발생 및 노화가 촉진될 수 있다.

135
자포니카 품종
Japonica 品種

모양새가 둥글고 굵은 단중립형 쌀 품종

전 세계에서 생산되는 쌀 가운데 약 10%가량이 자포니카 쌀이다. 인디카 품종에 비해 짧고 굵으며 더욱 찰지고 윤기가 난다. 주요 수입국은 한국, 일본, 중국 등이 있으며 주요 수출국은 미국, 오스트레일리아 등이 있다.

상식PLUS+ 인디카 품종(Indica)
열대지역에서 생산되며 쌀알이 길고 찰기가 적은 품종이다.

136
세척수
Wash Water

원예 산물 표면에 묻은 흙이나 이물질을 세척하기 위해 사용되는 액체

1차적인 세척에는 주로 물 세척을 이용하며 깨끗하고 낮은 온도의 냉각수를 이용하는 것이 바람직하다. 지하수 이용 시 각종 이물질 제거에 주의를 기울이는 것이 필요하다. 그 밖에도 가장 널리 사용되고 있는 살균 소독 방법으로는 염소수 세척이 있으며, 선진국에서 실용화되고 있는 오존수 세척이 있다.

상식PLUS+ 오존수 세척
위해한 잔류물이 남지 않고 강한 살균효과를 나타내며 처리과정 중에 pH를 조절할 필요가 없다. 그러나 시설이 알맞게 갖추어 있지 않으면 작업자에게 유해할 수 있으며 시설 설비에 드는 초기 비용이 높은 편이다.

137
노천매장
Stratification

수목의 정자가 겨울철 얼지 않도록 젖은 모래에 켜켜이 쌓아 묻는 방법

가을이나 이른 봄에 묻어두는데, 휴면유도 물질인 ABA가 감소하고 대신 지베렐린이 증가하여 경실종자의 휴면타파를 위해 주로 사용하는 방법이다.

138

밀 증상
Water Core 症狀

사과의 과심과 과육 일부가 물이 스며든 것처럼 나타나는 증상

일교차가 심하거나 수확시기가 늦었을 때 과육의 특정부위에 솔비톨이 비정상적으로 축적되어 나타나는 증상으로 유관속 주변 조직이 투명해진다. 장기저장할 경우에는 밀 증상 부위가 갈변되고 심하면 스펀지화 된다.

139

봉지 씌우기
Bagging

병해충의 피해를 막기 위해 봉지를 씌우는 일

농약이 과실에 직접 묻지 않으며 병해충으로부터 과실을 보호하여 외관을 좋게 하기 때문에 과실의 품질을 향상시킨다.

140

웅성불임성

화분, 꽃밥, 수술 등의 웅성기관에 이상이 생겨 불임이 생기는 현상

유전적 원인에 의한 것과 환경 영향에 의한 것이 있는데, 웅성기관 중 화분의 불임으로 일어나는 경우가 가장 많다. 웅성불임계통의 작물로는 옥수수, 유채, 수수, 양파 등이 있다.

141

로컬푸드 지수
Local Food Index

지역별 로컬푸드 활성화를 위한 노력을 평가하는 계량적 지수

로컬푸드 생산과 소비 체계에 관련하여 지자체의 실천 노력과 확산 정도를 평가할 수 있는 지표이다. 2020년에 개최된 로컬푸드 지수 우수 지자체 시상식에는 10개 항목을 평가하고 여섯 가지 등급을 부여한다.

142

로컬푸드 온라인 판매
Local Food Online 販賣

비대면 농산물 직거래 장터

팬데믹으로 인해 로컬푸드 직거래 장터가 열리지 못하면서 어려움을 겪는 농가를 위해 온라인 플랫폼이 세계 각지에서 등장하였다. 농산물을 한눈에 볼 수 있는 플랫폼을 만들어 소비자들은 농산물과 농장 정보를 확인하고, 농가는 지역 특산물을 판매하는 등 전통적인 방식에서 벗어나 온라인으로도 직거래가 가능하게 되었다.

143 ■■■
고향사랑기부제

2023 | 농협은행 2023 | 농협중앙회 2023 | 농협계열사

개인이 고향(지자체)에 기부하고 지자체는 이를 주민 복리에 사용하는 제도

개인의 자발적 기부를 통한 지방재정 확충(지역 간 재정 격차 완화), 지역특산품 등을 답례품으로 제공하여 지역경제 활성화를 도모한다. 2021년 10월 19일에 「고향사랑 기부금에 관한 법률」이 제정되어 2023년 1월 1일부터 시행하였다. 자신의 주소지 외의 지자체에 기부할 수 있으며 2025년부터 1인당 연간 2천만 원 한도로 확대되었다. 기부자에게는 기부금에 대한 세액공제 혜택(기부금 10만 원까지 전액, 초과분에 대해서는 16.5%) 및 답례품을 제공한다.

☑ 시험에서는 이렇게 물어본다!
고향사랑 기부제에 대해 5줄 이내로 약술하시오.

144 ■
공정육묘
工程育苗

공장에서 공산품을 제조하듯 균일한 묘를 생산하는 시스템

재래육묘와 비교했을 때 육묘 기간이 단축되고 파종, 관리 등의 기계화가 가능하며 대량육묘가 용이하다. 다만 첨단장비 및 장치 등 고가의 시설이 필요하며 관리가 까다롭고 상대적으로 수익이 낮다는 단점이 있다.

145 ■■
테라센티아
TerraSentia

작물 수를 세는 농업용 로봇

일리노이대학 연구소에서 식물의 수를 세고 분석하는 로봇을 선보였다. 세계적인 식량 수요를 충족시키고 작물 육종을 가속화하는 데 필요한 로봇으로, 가볍고 쉽게 이동할 수 있으며 몸집이 작아 여러 대가 함께 진행할 수 있다. 작물의 질병을 알아내고 바이오 매스 생산을 예측하는 등 데이터와 분석 결과를 실시간으로 제공할 수 있다는 점에서 드론보다 유용하다고 할 수 있다.

146 ■
휴면
休眠

식물이 일시적으로 생장활동을 멈추는 생리현상

경실의 종피가 수분을 통과시키지 않아 종자수분을 흡수할 수 없어서 휴면하게 되거나, 이산화탄소를 통과시키지 않아 내부에 축적된 이산화탄소가 발아를 억제하고 휴면하게 된다. 이 밖에도 양분이 부족할 경우, 종피가 기계적 저항성을 가지게 될 경우, 식물호르몬 ABA의 함량이 높고 지베렐린이 상대적으로 낮을 때 휴면에 돌입하게 된다.

147

굴절당도계
屈折糖度計

빛의 굴절 현상으로 과즙의 당 함량을 측정하는 기계

측정하기 전 증류수로 영점 보정한 후 측정한다. 측정치는 과즙의 온도에 영향을 받으며 측정된 당도값은 Brix 또는 %로 표시한다.

상식PLUS⁺ 원예 산물 품질평가 방법

㉠ 경도 : 경도계를 활용하며, Newton(N)으로 표기한다.
㉡ 당도 : 굴절당도계를 활용하며, Brix로 표기한다.
㉢ 과피색 : 색차계를 활용하며, Hunter 'L', 'a', 'b'로 표기한다.
㉣ 산도 : 산도계를 활용하게 되며, %로 표기한다.

148

진공냉각
Vaccum cooling

산물 주위의 압력을 낮춰서 촉진된 수분 증발 잠열을 이용하여 예냉하는 방법

냉각속도가 20 ~ 40분 내로 빠르고 냉각이 고르게 된다. 출하 용기에 포장된 상태로 냉각이 가능하다. 단, 시설비와 운전 경비가 높고 수분 증발에 따라 중량 감모가 일어나며 조작에 따라 산물에 기계적 장해가 생긴다. 예냉 전문장치로서 비수기 이용이 어렵다는 단점이 있다.

149

과수화상병
Fire Blight

세균이 식물 조직 속에서 증식하여 유발하는 병

배, 사과 등 장미과(Rosaceae) 과수에서 발생하는 치명적인 세균성 병이다. 감염되면 잎, 가지, 꽃, 과일 등이 마치 불에 탄 것처럼 검게 마르며, 심할 경우 나무 전체가 고사할 수도 있다. 곤충(꿀벌, 파리 등)이 꽃가루받이를 하면서 세균을 옮기기도 하고, 바람이나 빗물로 병든 식물에서 건강한 식물로 세균이 이동하면서 감염되기도 한다. 또는 오염된 도구로 가지치기를 하거나 이미 병원균에 감염된 묘목을 심을 경우 발병 가능하다. 이를 예방하기 위해서는 감염된 묘목을 반입 금지하고, 내병성이 높은 품종을 선택해야 한다. 농작업 도구 사용 시 도구, 작업자 손 소독이 필수이다. 감염이 의심되는 나무는 즉시 신고 후 제거하고, 감염 부위를 최소 60cm 이상 잘라내고 소각한다. 절단 후, 도구는 락스(10배 희석)나 알코올로 소독해야 한다. 화학적 방제 방법으로는 개화기 전후로 항생제 또는 구리제제를 살포하는데 치료제는 없고 예방 차원의 방제로만 가능하다. 우리나라에서는 2015년 충북 충주 · 제천, 경기 안성에서 처음 발생했으며 이후 강원, 경북 등으로 확산되었다. 피해 예방을 위해 지속적인 모니터링과 방제가 이루어지고 있다.

상식PLUS⁺ 감염 증상

㉠ 꽃 : 감염된 꽃이 갈색 또는 검은색으로 변하며 시든다.
㉡ 잎과 가지 : 새순과 잎이 마르고 검게 변하며, 끝이 구부러지는 모양('셰퍼드 크룩')이 된다.
㉢ 줄기와 껍질 : 감염 부위에 궤양(썩은 병변)이 생기고, 진액이 흘러나온다.
㉣ 과일 : 갈색으로 변하고 물러지며, 나중에는 검게 변하면서 말라붙는다.

150
농식품 바우처 사업
農食品 Voucher 事業

중위소득 50% 이하 취약계층의 영양 보충지원 정책의 일환으로 전자카드 형태의 농식품 바우처를 지원하는 사업

경제적 취약계층의 영양지원을 위한 먹거리 공급 목적 외에도 농·축산물 소비 촉진과 농가경제 활성화를 연계하는 목적을 두고 있다. 기초생활수급자, 차상위계층에게 국내산 채소류, 과일류 등을 지정된 곳에서 구입할 수 있는 바우처를 지원하는 사업이다. 가구원수에 따라서 차등으로 지급되며 7개월간 지급된다. 과일, 채소, 흰 우유 등 지정품목만을 지원한다.

151
양액재배
養液栽培

토양 대신 생육에 필요한 무기양분을 용해시킨 양액으로 재배하는 방법

주년 생산에 의해 소득을 증대시키고 노동력 부족으로 인한 자동화의 필요성을 충족시킨다. 품질과 수량성이 좋고 작물의 연작이 가능하며 장소의 제한이 거의 없지만, 배양액의 완충능력이 없어 양분농도나 pH 변화에 민감하고, 전문적인 지식이 요구되며 작물의 선택이 제한적이라는 단점이 있다.

152
코엑스 푸드위크
Coex Food Week

지역별 농특산물 및 건강식품 등을 한데 모은 전시회

코엑스가 주최하고 서울시와 농림축산식품부, 농촌진흥청 등이 후원하는 푸드위크는 세미나, 컨퍼런스, 경연대회, 전시 등을 진행하는 식품 페스티벌이다. 온라인 전시회를 개최하여 온라인 마켓, 라이브 커머스 등의 채널도 제공한다.

153
마사토
Masasoiru

화강암이 풍화하여 생성된 흙

화강토라고도 불리며 입자가 굵어 물 빠짐이 수월하다. 주로 분갈이나 조경 등에 쓰인다. 국립국어원에서는 굵은 모래로 순화할 것을 권장하고 있다.

154
상토
床土

퇴비와 황토를 섞은 흙

물 빠짐과 물 지님이 좋고 양분을 골고루 갖춰 모종을 키우는 흙으로 사용된다.

155
산물 등급
産物 等級

수확한 산물을 선별하는 일정한 기준

유통 능률을 향상시키며 신용도와 상품성의 향상으로 농가의 소득을 증대시키기 위해 필요하다. 등급 규격은 고르기, 색택, 모양, 당도 등의 다양한 품질요소와 크기, 무게에 의해 특 · 상 · 보통의 3단계로 구분한다. 크기는 무게, 직경, 길이를 계량 기준으로 하여 특대 · 대 · 중 · 소(특소)의 4 ~ 5단계로 구분한다.

상식PLUS⁺ 등급 분류 방법

무게와 크기를 기준으로 1차 선별 후 외관에 나타난 모양, 신선도, 결점 유무 등으로 2차 선발하여 등급을 판정한다. 등급을 3단계로 나누고 있으나, 특 · 상을 제외한 보통은 상품으로서 거래가 가능한 최소한의 품질이다.

156
아세페이트
Acephate

유기인계 살충제

우리나라에서는 토양 해충약으로 고시되어 있으며 주로 담배나방, 진딧물 방제약으로 사용된다. 비교적 안정성이 높은 편이다.

157
잿빛곰팡이병
Gray Mold

잎 가장자리부터 갈색으로 변하는 병

어린 잎과 어린 열매에 주로 발생한다. 수관 아랫부분이나 안쪽의 잎처럼 그늘진 곳에 발병한다. 잎의 가장자리부터 서서히 갈색으로 변하는는 것이 특징이다.

158
온실가루이
Trialeurodes Vaporariorum

외국에서 관엽식물에 묻어 유입된 외래 해충

곤충강, 매미목, 가루이과의 곤충으로 원예작물에 피해를 준다. 성충은 길이가 약 1.5mm로 백색파리 모양으로 납 물질로 뒤덮여 있으며 단위생식을 한다. 통상적으로 잎 뒷면에 산란하는데, 고온을 좋아하고 온실 내에서는 연 10회 정도 산란하여 단기간에 급속히 증식되므로 방제가 까다롭다.

159
농튜브
農tube

농사(農事)와 유튜브(Youtube)의 합성어

일종의 영농일기를 유튜브에 업로드 하는 것을 말한다. 재배법 외에도 체험 활동 등 다양한 콘텐츠로 홍보도 할 수 있어, 매출과 광고 수익도 기대할 수 있다.

160
병해
病害

생물성 병원과 기타 부적절한 환경요인에 의한 비생물성 병원에 의해 유발하는 병

식물(작물)이 병원균에 감염되거나 기후, 토양 등 환경적 요인에 의해 발생하는 피해다. 농작물 생육을 방해하고 수확량과 품질을 저해한다.

상식PLUS+ 생물성 병원에 의한 식물병

병원	병징
진균(Fungi)	무 · 배추 · 포도 노균병, 수박 덩굴쪼김병, 오이류 덩굴마름병, 감자 · 토마토 · 고추역병, 딸기 · 사과 흰가루병
세균(Bacteria)	무 · 배추 세균성 검은썩음병, 감귤 궤양병, 가지 · 토마토 풋마름병, 과수 근두암종병
바이러스(Virus)	배추 · 무 모자이크병, 사과나무 고접병, 감자 · 고추 · 오이 · 토마토 바이러스병
마이코플라스마(Mycoplasma)	대추나무 · 오동나무 빗자루병, 복숭아 · 밤나무 오갈병
파툴린(Patulin)	사과주스에서 발견되는 곰팡이 독소

161
사과나무고접병

사과나무에 바이러스가 감염되어 발생하는 병해

사과나무를 접붙이기할 때 접수(椄穗)에 바이러스가 감염된 경우 발병한다. 나무가 1 ~ 2년 이내에 쇠약해지면서 갈변현상과 목질천공현상이 나타난다. 병이 진전되면서 잎은 빠르게 낙엽이 되며 가지 생장도 약해지고 괴저현상도 나타난다.

상식PLUS+ 사과나무 관련 병해

㉠ **사과나무부란병** : 줄기와 가지에 발생하면서 수피가 부풀고 시큼한 냄새를 풍긴다. 병환부에는 검은 돌기가 생기면서 노란 포자가 나오게 된다. 병원균은 자낭균류에 속한다.
㉡ **사과나무반점낙엽병** : 잎, 가지, 열매 등에 발병한다. 주로 잎에 나타나는데 자갈색 둥근 병반이 확대되면서 회갈색의 부정형 병반이 된다.
㉢ **사과나무탄저병** : 과실 표면에 둥근무늬가 생기고 점차 커지게 된다. 병반에서 갈색의 점액 포자가 나온다. 자낭균류에 속하며, 분생포자로 전염된다.
㉣ **사과나무흰가루병** : 병든 잎이 위축되면서 새로운 가지가 자라지 못하고 단축되면서 표면에 백색 가루가 나타난다. 자낭균류 병원균에 속한다.

162
유엔 세계식량계획
WFP : World Food Programme

기아 인구가 없는 제로 헝거(Zero Hunger) 달성을 목표로 하는 UN기구

긴급 재난 시 식량을 지원하고 식량 안보를 개선하며 무너진 인프라와 생계 복구 능력 강화를 위해 노력하고 있다. 2030년까지 기아 문제 해결과 식량 안보를 달성하는 것을 목표로 하고 있다.

163

충해

蟲害

해충이 직 · 간접적인 피해를 주는 일

식물의 잎, 줄기, 뿌리 등을 갉아먹거나 즙액을 흡수하는 등 해충이 직접적인 피해를 끼치거나 해충이 먹은 자리로 병원균이 침입하여 간접적인 피해를 주는 일을 말한다.

해충 구분	대표적인 예
밭작물 해충	진딧물, 점박이 응애, 멸강나방, 콩나방 등
일반작물 해충	진딧물, 알톡톡이, 무잎벌레, 땅강아지 등
원예작물 해충	복숭아 흑진딧물, 감자나방, 배추흰나비, 거세미나방, 점박이 응애, 파총채벌레, 오이잎벌레, 뿌리혹선충 등

164

도열병

稻熱病

벼의 생육 기간에 발병하는 병

발병 시기와 부위에 따라 모도열병, 잎도열병, 마디도열병, 이삭목도열병, 가지도열병, 볍씨도열병 등으로 구분할 수 있다. 병원균은 피해 볏집이나 병조직 속에서 겨울나기를 하며 다음해에 새로운 포자를 만들어 전염시킨다. 전염되면 암녹색의 작은 반점이 확대되어 내부는 회백색, 둘레는 적갈색의 반점이 생긴다.

165

국립종자원

國立種子院

농생명 산업을 선도하는 종자관리 전문기관

신품종 육종가의 권리 보호와 종자생명산업 발전을 위해 설립되었다. 식량작물의 안정적 생산과 품종보호, 종자강국 도약을 위한 정책을 발굴 · 지원하는 전문기관이다. 1974년 당시 농림축산식품부 산하 국립종자공급소로 출발하여 2006년에 책임운영기관으로 지정되었다가 2007년 국립종자원으로 기관 명칭이 변경되었다.

166

종자 유통 조사

종자업자 또는 육묘업자나 종자 또는 묘를 매매하는 자의 종자산업법규 준수여부 확인으로 불법 종자 및 묘의 유통을 근절하여 농가피해를 예방하고 유통질서를 확립을 위한 조사

「종자산업법」에 의거하여 종자업자 또는 육묘업자나 종자 또는 묘를 매매하는 자의 종자산업법규 준수여부 확인으로 불법 종자 및 묘의 유통을 근절하여 농가피해를 예방하고 유통질서를 확립하여 농업인의 소득증대 및 종자산업 발전에 이바지하기 위해 하는 것이다. 종자업 등록업체, 종자 판매 및 취급업체, 종자 · 묘 생산업체, 종자 · 묘 판매상 및 취급업체가 조사대상에 해당한다. 주요 조사항목으로는 종자업 또는 육묘업 등록여부, 품종의 생산 · 수입판매신고 여부, 보증을 받지 아니하고 종자를 판매하거나 보급 여부, 수입 적응성 시험 여부, 유통 종자의 품질표시 여부이다.

167

대한민국 우수품종상 대회

大韓民國 優秀品種賞 大會

국내 우수품종을 선발 · 시상하는 대회

육종가의 신품종 육성 의욕 고취 및 수출 활성화에 기여하고자 국립종자원이 주도하는 사업이다. 최근 10년간(과수 · 임목류는 15년) 국내에서 육성된 모든 작물 품종으로 품종보호등록 또는 국가품종목록에 등재된 품종이 출품할 수 있다. 지난 대한민국 우수 품종상 대회에서 수상한 품종은 출품대상에서 제외되지만 장관상 수상품종은 수상일로부터 3년 이내의 품종은 출품할 수 있다.

상식PLUS+ 제20회 2024년 대한민국 우수 품종상

순서	훈격별	작물명
1	대통령상	벼
2	국무총리상	고추
3	국무총리상	배추
4	농림축산식품부장관상	포인세티아
5	농림축산식품부장관상	포도
6	농림축산식품부장관상	인삼
7	농림축산식품부장관상	토마토
8	농림축산식품부장관상	딸기

168

정부보급종

정부가 생산 · 공급하고 있는 종자로 벼, 콩, 팥, 보리, 밀, 호밀 작물

「종자산업법」 제22조에 따라 종자검사 규격에 합격한 정부에서 보증하는 종자로 자가채종 종자보다 품종 고유특성이 잘 나타나고 생산성이 높은 것을 의미한다. 정부에서 생산 · 공급하는 종자는 엄격한 검사규격에 합격한 종자이므로 순도가 높고 품종 고유특성이 보존된다. 엄선된 종자로써 발아율이 높고 초기 생육이 왕성하고, 정부에서 철저히 정선 처리한 종자이므로 병해충 발생이 적다. 또한 자가채종 종자보다 증수 효과가 높은 우수한 종자이다.

169

귀농 닥터 서비스

歸農 Doctor Service

2018 | 농협은행

귀농 희망자와 귀농 닥터(전문가)를 연결해주는 서비스

귀농 · 귀촌종합센터에서 진행하는 프로그램으로, 귀농 · 귀촌 희망자 및 농촌 거주 3년 미만(전입일 기준)인 자를 대상으로 지역 전문가와 연계하여 1:1 멘토링을 받을 수 있다. 귀농 닥터는 5년 이상의 일정한 자격요건을 갖춘 전문가로 구성된다. 귀농 닥터들은 귀농과 귀촌 희망자들의 안정적인 농촌 정착을 위해 애로 사항을 해결하는 멘토가 된다.

☑ 시험에서는 이렇게 물어본다!

귀농 시 농협에서 지원해줄 수 있는 것을 무엇이 있는지 말해보시오.

170

국가품종목록

품질이 일정 기준에 도달한 우량종자를 관리하여 재배농가를 보호하기 위한 제도

주요 농작물의 종자를 국가품종목록에 등재하여 우량품종이 농가에 보급될 수 있도록 하기 위한 제도이다. 수확량, 내병성, 내충성 등 일정 품종 성능기준에 도달한 품종만을 국가품종목록에 등재하고 있다. 등재 대상 작물은 벼, 보리, 콩, 옥수수, 감자에 해당한다. 단, 사료용은 제외된다. 품종 성능을 관리절차는 농림축산식품부 장관은 심사기준 이상의 품종 성능을 갖추고 있는 품종을 국가품종목록에 등재하고, 국가는 품종 성능이 관리되고 있는지를 관련 기록과 종자시료를 제출토록 하여 품종 성능과 특성 유지 상태를 확인하는 것이다.

171

농산물 공공 수급제

農産物 公共 需給制

정부가 수확기에 주요 농산물의 적정량을 매입하자는 농산물 가격안정 방안

주요 농산물 쌀 밀, 콩, 배추, 무, 마늘, 양파, 고추, 대파, 당근, 등 10개 작물을 대상으로 생산량 20%를 계약재배하고 15% 물량을 공공급식으로 활용하자는 농산물 가격안정 방안이다.

172

품종보호제도

식물 신품종 육성자의 권리를 법적으로 보장하여 주는 지적재산권의 한 형태로 특허권, 저작권, 상표등록권과 유사하게 육성자에게 배타적인 상업적 독점권을 부여하는 제도

식물 신품종보호제도의 의의는 식물 신품종 육성자의 권리를 보호하여 우수품종 육성 및 우량종자의 보급을 촉진하고 농업 생산성의 증대와 농민소득을 증대하기 위함이다. 오랜 시간, 기술 및 노동력이 소요되며 많은 비용이 투입되는 신품종 개발이 일반 대중에게 공개되었을 때 다른 사람에 의해 쉽게 복제 · 재생산된다면 신품종을 개발한 육성자의 투자에 대한 적절한 보상의 기회가 박탈된다. 따라서 품종보호제도는 육성자로 하여금 타인이 육성자의 허락 없이는 신품종의 상업화를 할 수 없도록 규제하는 것이다.

상식PLUS+ 도입 배경

1980년대 중반 이후 지적재산권 보호가 미국, EU, 일본 등 주요 선진국의 통상현안으로 등장하였고, 1994년 UR타결에 따라 세계 무역기구의 무역 관련 지적재산권 협정(WTO/TRIPs)이 다자간 협정으로 제정되어 1995년 1월 1일부터 발효되었다. TRIPs(Trade Related Intellectual Properties) 협정은 식물품종을 특허법 또는 개별법 등으로 보호하도록 하여 품종보호제도는 WTO 가입국가의 의무사항이다. 품종보호제도는 1995년 종자산업법 제정과 함께 도입되어, 1997년 12월 31일 종자산업법이 발효되면서 시행되었다.

173

세계 식량의 날
World Food Day

전 세계 식량문제에 관심을 고취하고자 FAO가 제정한 기념일

1979년부터 FAO가 매년 10월 16일을 세계 식량의 날로 제정하여 시행하고 있다. 전 세계 기아와 영양실조, 빈곤에 더욱 관심을 가질 수 있도록 포스터 경연대회, 도시락 기부 캠페인 등의 행사를 개최한다. 우리나라는 세계 식량의 날에 대한 국민적인 관심을 집중시키기 위하여 1981년에 이삭과 FAO 로고가 새겨진 기념우표를 발행하기도 하였다.

상식PLUS+ IPC 척도와 GHI

㉠ IPC(Integrated Food Security Phase Classification) 척도 : 식량 부족 문제 정도를 진단하기 위한 기준이다. 5단계로 이루어져 있으며 하위 3단계는 식량부족으로 인해 위험하다는 것을 의미한다.

㉡ 세계 기아지수(GHI : Global Hunger Index) : 독일 세계기아원조(Welthungerhilfe)와 미국 세계식량연구소(IFPRI)가 협력하여 2006년부터 전 세계 기아 현황을 파악·발표하였다. 낮음(Low), 보통(Moderate), 심각(Serious), 위험(Alarming), 극히 위험(Extremely Alarming) 총 다섯 단계로 나눌 수 있다. 전 세계에서 2030년까지 제로 헝거 즉, 기아로 고통 받는 사람이 단 한 명도 없도록 하는 것을 목표로 하고 있다.

174

잔류 농약
殘留 農藥

살포된 농약이 분해되지 않고 남아있는 경우

농약은 작물의 표면형태, 크기, 무게에 따라 잔류량이 달라진다. 식품 중 함유되어 있는 농약의 잔류량이 사람이 일생 동안 그 식품을 섭취해도 해가 없는 수준을 법으로 규정한 양을 잔류허용기준(MRL : Maximum Residue Limits)이라고 하며, 잔류허용기준을 설정하여 기준 내에서 사용할 수 있도록 하는 제도가 농약 허용물질 목록 관리제도이다.

상식PLUS+ 최대 무작용량(NOEL : No Observed Effect Level)

일정량의 농약을 실험동물에 장기간 지속적으로 섭취시킬 경우 어떤 피해증상도 일어나지 않는 최대의 섭취량을 말하며 평가 기준이 된다.

175

연백재배
軟白栽培

인위적으로 생육환경을 조절하여 줄기나 잎을 희게 만드는 재배법

필요한 부분에 광선을 차단하거나 수분을 충분히 공급하여 생산물을 하얗게 만드는 재배법이다. 주로 채소작물에 이용되며 특히 파와 샐러리, 아스파라거스 등에 이용한다.

176

저온장해
Low Temperature Injury

저온에 노출되었을 때 조직이 물러지는 증상

저온에 민감한 과실이 0℃ 이상의 온도에서 한계온도 이하의 저온에 노출되었을 때 표피 색상이 변하거나 과실의 조직이 물러지는 증상을 말한다.

177

페로몬 트랩
Pheromone Trap

페로몬을 사용하여 해충을 방제하는 방법

일반적으로 곤충의 암컷은 페로몬이라는 유인물질을 분비함으로써 수컷을 유인하는데, 이를 유인제로 이용하여 대량의 해충을 모아 죽이거나, 암수 곤충의 교미를 방해하여 해충을 방제하는 데 이용한다.

178

신선편이
Fresh Cut

2015 | 농협은행

구입 후 바로 먹거나 간편하게 조리할 수 있도록 수확 후 절단, 세척, 포장 처리 과정을 거친 농산물

소매용으로 판매되는 샐러드용 혼합채소, 세절된 양파, 당근 등의 단일 품목과 볶음밥용 등의 혼합 채소류 등이 등장하면서 신선편이의 수요는 더욱 증가하였다. 저장 공간과 낭비 요소를 절감할 수 있고 포장이 용이하다는 장점이 있다. 또한 균질의 산물을 얻을 수 있고 건강식품의 섭취도 가능하나 산물의 품질이 쉽게 변하므로 저온유통이 필요하며 절단이나 물리적 상처 등으로 유통기간이 짧다.

상식PLUS+ 신선편이 농산물 이취발생 원인 물질

㉠ 아세트알데히드(Acetaldehyde)
㉡ 알코올(Alcohol)
㉢ 에틸에스테르(Ethyl Ester)
㉣ 에틸아세테이트(Ethyl Acetate)

☑ 시험에서는 이렇게 물어본다!
신선편이의 장점은?

179

접붙이기
Grafting

번식시키려는 식물체의 눈이나 가지를 잘라 뿌리가 있는 다른 나무에 붙여 키우는 일

접을 하는 가지나 눈 등을 접수(椄穗), 접지(椄枝), 접순이라 하며 그 바탕이 되는 나무를 대목(臺木)이라 한다. 장소, 위치, 방법에 따라 종류를 나눌 수 있다.

구분	내용
접목 장소	• 제자리접 : 대목을 양성한 그 자리에 둔 채 접목한다. • 들접 : 대목을 굴취하여 접목 후 다시 정식하는 것이다.
접목 위치	• 고접 : 대목의 줄기나 가지의 높은 곳에 접목한다. • 저접 : 지면과 가까운 낮은 곳에 접목한다.
접목 방법	• 지접(가지접) : 가지를 잘라 대목에 접목하는 방법이다. • 아접(눈접) : 눈을 따 내어 대목에 접목하는 방법이다. • 호접 : 접가지를 자르지 않고 뿌리가 달린 채 접목을 하는 방법이다.

180

장명종자
長命種子

실온에서의 종자 수명이 4 ~ 6년인 종자

종자 수명이 4 ~ 6년 혹은 그 이상 저장해도 발아할 수 있는 것을 말한다. 팥, 녹두, 오이, 가지, 배추 등이 있다.

181

관개
灌漑

작물에 알맞은 환경을 만들기 위해 물을 인공적으로 공급해주는 일

작물의 생육에 필요한 수분을 공급하고 흙속 유해물질을 제거해준다. 지온을 조절하고 안정된 다수확을 올릴 수 있다. 관개방법과 물의 이용방식에 따라 분류할 수 있다.

분류	내용
관개방법	지표관개, 살수관개, 지하관개, 저면관개, 점적관개
물 이용방식	연속관개, 간단관개, 윤번관개, 순환관개

182

일소 현상
日燒現象

햇빛 영향으로 식물의 잎, 줄기 등의 조직에 이상이 생기는 현상

강한 햇빛에 노출될 경우 잎이 타들어가게 되는데 정도가 심하면 피해 부위에 이차 전염으로 부패가 발생할 수 있다.

183

생물적 방제법
生物的 防除法

곤충이나 미생물을 이용하여 잡초의 세력을 경감시키는 방제법

잔류물질이 남지 않아 친환경 유기농법으로 많이 이용되고 있다.

구분	내용
곤충	선인장(좀벌레), 돌소리쟁이(좀남색잎벌레)
식물병원균	녹병균, 곰팡이, 세균, 선충
어패류	붕어, 초어, 잉어
동물	오리, 돼지
상호대립 억제 작용성 식물	호밀, 귀리

184

화학적 방제법
化學的防除法

화학물질을 살포하는 방제법

살균제, 살충제 등의 농약과 같은 화학물질을 살포하여 병충해를 방제하는 방법이다. 최근에는 저독성, 선택성 약제 등 다양한 약제가 개발되고 있다.

185

물리적 방제법
Physical Control

가장 전통적인 방제법

낙엽의 소각, 상토의 소토, 토양의 담수, 유충의 포살 등에 의한 방제법이다.

186

경종적 방제법
耕種的 防除法

잡초의 경합력은 낮추고 작물의 경합력은 높이는 재배관리법

잡초와 작물의 생리 · 생태적 특성 차이에 근거를 두고 재배관리를 해주는 방법이다. 경종적 방제법의 종류는 다음과 같다.

구분	내용
경합특성 이용법	• 작부체계(윤작, 담전윤환재배, 이모작) • 육묘이식(이앙) 재배 • 춘경 · 추경 및 경운 · 정지 • 재파종 및 대파
환경제어법	• 시비관리 및 유기물 공급 • 제한 경운법 • 토양교정

187

포전매매
圃田賣買

2019 | 지역농협

농산물이 성숙하기 이전에 일괄 매도하는 거래 유형

밭떼기 거래라고도 하며, 밭에 식재된 상태에서 일괄 매도하여 상품판매할 때 발생하는 위험을 줄이고 일시에 판매대금을 회수할 수 있다.

상식PLUS+ 정전판매(庭前販賣)
생산자가 집 앞에서 창고단위, 상자단위로 산지수집상이나 소매상, 행상 등에게 판매하는 방법이다.

☑ 시험에서는 이렇게 물어본다!
포전매매가 발생하는 이유는?

188

농촌 인력 중개센터
農村人力仲介Center

일손이 부족한 농가에 인력을 조달하기 위한 사업

농촌 인구 감소, 지역소멸 등에 따른 농촌의 일손 부족 문제를 해소하기 위하여 도시민과 농가 간 농산업 일자리를 연계하는 사업이다. 농협, 지자체, 정부 등이 운영하고 있다.

189
공동경작
共同耕作

협력하여 경작하는 일

둘 이상의 농가나 마을이 수확과 이익을 늘리기 위해 공동으로 경작하고 농사를 짓는 일을 말한다.

190
흙의 날

흙의 소중함과 필요성을 알리기 위해 제정된 날

흙의 소중함을 국민에게 알리기 위해 2015년에 처음 제정되어 매년 3월 11일마다 맞이하고 있다. 3은 농사의 시작을 알리는 달(月)로, 하늘(天)+땅(地)+사람(人)의 3원과 농업 · 농촌 · 농민의 3농을 의미한다. 11은 흙을 의미하는 土를 풀면 십(十)과 일(一)이다.

191
농업인 행복 콜센터
農業人 幸福 Call Center

고령 농업인의 생활 불편을 해소하기 위한 맞춤형 복지 서비스

농협에서 실시하는 복지서비스로, 도움이 필요한 독거노인 등 돌봄대상자에게 주기적인 상담전화와 긴급지원이 필요한 대상자에게 생필품 등을 지원하는 맞춤형 노인복지이다.

192
양봉농가 등록제 의무화
養蜂農家 登錄制 義務化

양봉산업 기반 조성과 육성을 위한 제도

양봉을 보호 · 관리 및 지원하기 위한 제도로 2020년부터 의무화가 시행되고 있다. 등록기준은 토종꿀벌 10군 이상, 서양종 꿀벌 30군 이상 사육 규모이며 등록을 하지 않고 판매할 경우 과태료가 부과된다. 그러나 등록 과정에서 오히려 농가에게 부담을 안겨준다는 의견이 적지 않아, 한국양봉협회에서는 개선을 촉구하고 있다.

193
축산물품질 평가원
畜産物品質評價院

축산물 품질 · 유통 전문기관

1989년에 설립된 농림축산식품부 산하기관으로, 국내산 축산물에 대한 등급판정, 축산물 유통정보 사업, 축산물 이력제 등을 주관하고 있다.

194
필지
筆地

경계를 가지는 토지 등록 단위

대통령령으로 정하는 바에 따라 구획되는 토지 등록 단위이다. 소유권의 범위 한계를 정하는 기준이 된다.

195

가루응애
Grain Mite

장마철에 발생하는 유백색의 응애

새하얀 가루처럼 생긴 해충으로, 건조가 불충분한 곡물에 기생하며 번식력이 좋아 한 번에 박멸하기 어렵다.

196

육묘
育苗

작물을 번식시키는 데 이용되는 뿌리 식물을 기르는 일

묘목이나 번식용으로 이용되는 비교적 어린 모를 기르는 것을 일컫는다.

197

성숙 과정
成熟 課程

양적인 생장이 멈추고 질적인 변화가 일어나는 과정

성숙도는 생리적 성숙과 원예적(상업적) 성숙으로 구분할 수 있다. 생리적 성숙은 식물체 내에서 내사 작용의 진행 상태를 기준으로 한다. 호흡, 에틸렌 생성, 세포벽 분해효소의 활성 등에 의해 결정된다. 원예적(상업적) 성숙은 수확하기에 가장 적합한 상태를 말한다.

상식PLUS⁺ 성숙도 판정 기준

㉠ 색깔 : 성숙될수록 엽록소가 파괴되고 새로운 색소가 형성되며 작물 고유의 색깔이 나타난다.
㉡ 경도 : 성숙될수록 불용성 펙틴이 가용성으로 분해되어 조직의 경도가 감소한다.
㉢ 당 · 산 : 성숙될수록 전분은 당으로 분해되고 유기산이 감소하며 당과 산의 균형이 이루어진다.
수산화나트륨(NaOH)은 과일과 채소의 유기산 함량을 나타내는 적정산도를 측정할 때 사용된다.

$$\text{적정산도(TA)} = \frac{\text{사용된 NaOH의 양} \times \text{NaOH의 노르말농도} \times \text{산밀리당량}}{\text{측정할 과즙의 양}} \times 100$$

198

축산물 등급제도
畜産物 等級制度

축산물의 품질을 기준에 따라 구분하고 차별화하는 제도

식생활에 이용되는 축산물의 품질을 정부가 정한 규격에 따라 품질을 차별화함으로써 소비자에게 구매지표를 제공하고 생산자에게는 좋은 품질의 축산물을 생산하게 하여 유통을 원활하게 하려는 제도이다. 축산물의 품질 향상과 유통의 원활 및 가축개량 촉진을 위하여 축산물의 품질에 따라서 거래하는 것으로 지역, 축산물의 종류, 형태 및 시행시기 등을 농림축산식품부 장관이 정하여 고시한다.

199

씨뿌림시기
Seeding Time

작물 종자를 심는 시기

봄에 심는 춘파와 가을에 심는 추파가 일반적이나, 최근에는 주년재배가 성행하여 연중 행해지고 있다.

200

숙성
熟成

과실이 익어가는 과정

생리대사 변화와 함께 조직감과 풍미가 발달하는 등 과실이 익어가는 과정을 말한다. 성숙 과정 및 숙성에서 발생하는 대사산물의 변화는 다음과 같다.

과실	세포 수준	품질 변화
사과, 키위, 바나나	전분이 당으로 가수 분해	단맛의 증가
사과, 키위, 살구	유기산의 변화	신맛 감소
사과, 토마토, 단감	엽록소 분해 · 색소 합성	색의 변화
사과, 배, 감, 토마토	세포벽 붕괴	과육의 변화
감	타닌의 중합반응	떫은맛의 소실
사과, 유자	휘발성 에스테르의 합성	풍미 발생
포도	표면 왁스 물질의 합성 및 분비	과피의 외관 및 상품성

상식PLUS+ 노화(老化)
식물기관 발육의 마지막 단계에서 발생하는 비가역적 변화로써 노화를 거치는 동안 연화 및 증산에 의하여 상품성을 잃게 되고, 병균의 침입으로 인해 쉽게 부패한다.

201

토양환경 정보시스템 (흙토람)
土壤環境情報System

농촌진흥청에서 운영하는 우리나라 토양환경 정보 포털 서비스

토양, 농업환경 정보 데이터베이스와 수십 년 동안의 조사 · 연구 경험을 포함한 우리나라의 토양환경 정보포털서비스이다. 토양 특성에 맞는 작물을 재배할 수 있도록 토양정보를 제공하고, 알맞은 비료량을 추천하고 있다. 토양환경 정보시스템은 작물별 토양적성도, 농경지화학성, 토양 특성, 정밀농업기후도, 생물상분포, 농업환경변동정보 등을 인터넷을 통하여 제공함으로써 영농인, 정책담당자, 연구자, 일반 국민 등이 쉽게 활용할 수 있도록 보급하고, 농업환경의 보전, 농산물 안전 생산의 전국적인 기반을 구축함을 목적으로 하고 있다.

상식PLUS+ 흙토람
토양환경 정보시스템의 브랜드명으로 '토양의 정보를 열람한다.'라는 의미를 담고 있다.

202

농식품 모태펀드

농식품 산업에 투자 촉진과 성장을 위해 정부재정으로 조성하는 모태펀드

투자 유치를 희망하는 농식품 경영체를 위해 민 · 관 합작투자 형태의 새로운 정책금융을 확대하여 농식품 산업에 대한 투자를 촉진하고, 농식품 경영체의 건전한 성장기반 조성하는 것이다. 사업의 절차는 정부재정으로 농식품 모태펀드를 조성하고 민간 매칭 펀드와 결성하여 농식품 경영체에 투자한다. 사후관리를 하면서 투자금을 회수하며 재투자를 하는 방식으로 진행된다.

203

농촌다움 자원

농촌지역에 존재하는 유 · 무형 자원

농촌어메니티라고도 하며 농촌지역의 정체성을 반영하고 사회구성원들에게 사회적 · 경제적 가치를 제공하는 자원이다. 농촌지역에 존재하는 생물종의 다양성, 생태계, 고건축물, 농촌경관, 문화, 전통 등 고유의 가치와 정체성을 보여주는 유 · 무형 자원을 총칭한다.

구분	내용
자연적 자원	수자원, 지형자원, 식물자원, 동물자원
사회적 자원	시설자원, 공동체활동자원, 특산자원
문화적 자원	전통자원, 경관자원

상식PLUS+ 농촌다움 경관

㉠ **농촌생산경관** : 농업이 유지되면서 형성되는 경관으로, 오랜 시간을 거쳐 형성된 농촌 고유의 경관이다. 경관 작물의 재배지역, 전통적 농업방식을 보여주는 경관, 지역의 특성을 보여주는 경관이 해당한다. 최근 농업의 양적인 축소로 농업생산경관이 크게 줄자 이를 막기 위한 다양한 제도가 시도되고 있다.

㉡ **농촌자연경관** : 농촌 주변의 하천, 산림 등 자연적인 요소가 주요 대상이 되는 경관을 말한다. 하천 · 해안경관은 저수지, 하천, 해안, 어촌경관 등 다양한 유형이 있으며 산림경관은 농촌주변의 산림지역의 다양한 경관자원, 오래된 수목이나 정자목, 폭포 등 다양한 유형이 있다.

㉢ **주거지경관** : 주택, 담장, 공동시설 등의 요소를 모두 포함한 경관을 말한다. 전통적인 담장, 마을진입 가로경관, 지역특성을 보여주는 건축형태 등이 해당한다.

㉣ **역사문화경관** : 농촌마을에 위치하는 역사 · 문화경관 자원을 포함하는 경관을 말한다. 전통적인 농촌마을의 경우 다양한 역사문화 경관자원을 포함하므로 농촌경관을 형성하는 중요한 자원이다. 전통 건물, 문화재 등의 물적 요소와 축제, 놀이, 이벤트 등 일시적 또는 비물적 요소를 모두 포함한다.

204

조파

條播

작조(作條) 후 종자를 줄지어 뿌리는 일

발아력이 강하고 생장이 빠른 편이다. 종자를 일정한 가격의 줄로 뿌리는 방법으로 수분과 양분의 공급이 수월하다.

205

주민참여형 태양광사업

住民參與形 太陽光事業

재생에너지 사업에 주민이 일정 부분 투자하여 발전 수익을 공유하는 사업

태양광 발전이나 풍력발전 등 신재생 에너지 사업에 대해 주민이 직접 참여하여 사업 수행 중 발생하는 민원을 줄이고 주민수용성을 높일 수 있다.

206

해걸이

Biennial Off Year

한 해 결실이 많으면 다음해에는 결실이 적은 현상

과실의 결실이 많았던 해 다음해에는 결실이 아주 적은 현상이 반복되는 것을 일컫는다.

207
토양 삼상
土壤三相

작물의 생육을 지배하는 토양의 중요한 성질

고상(固相), 액상(液相), 기상(氣相)으로 나누어지는데, 작물 생육에 알맞은 삼상 분포는 고상 50%, 액상 25%, 기상 25%이다.

208
수확체감의 법칙
Diminishing Returns of Scale

농지에서 작업하는 노동자의 수가 증가할수록 1인 수확량은 감소한다는 법칙

생산량을 점점 늘리는 과정에서 기술 수준이 일정할 때, 두 가지 대표적 투입요소인 자본과 노동 중에 한 요소는 일정하게 두고, 다른 요소의 투입을 증가시킨다면 그 요소의 투입을 한 단위 늘림으로써 증가되는 생산물의 양은 점점 감소한다는 법칙이다.

209
멀칭
Mulching

작물 재배 시 경토의 표면을 비닐이나 건초, 짚 등으로 피복하는 작업

토양 침식 방지, 토양수분 유지, 지온 조절, 잡초 억제, 토양 전염성 병균 방지, 토양오염 방지 등의 목적으로 실시한다.

상식PLUS⁺ 멀칭 분류

㉠ 토양멀칭(土壤Mulching) : 토양 표층을 곱게 중경하여 토양 모세관을 단절해서 수분 증발을 억제할 목적으로 실시한다.
㉡ 폴리멀칭(Poly Mulching) : 과거에는 볏짚, 보릿짚, 목초 등을 사용했으나 오늘날에는 폴리에틸렌이나 폴리염화 비닐필름을 이용한다.

210
춘화
春化

저온에 감응하여 꽃눈이 분화하고 개화하는 현상

춘화는 종자춘화형과 녹식물춘화형으로 구분할 수 있는데 종자시기에 저온에 감응하는 작물로 무, 배추, 추파맥류 등이 있고, 일정한 생장 후 저온에 감응하는 작물로 파, 양파, 우엉, 당근, 양배추 등이 있다.

상식PLUS⁺ 춘화처리(Vernalization)

식물의 빠른 개화를 유도하기 위해 생육 기간 중 일정 시기에 저온처리를 하는 과정이다.

211
솎음전정
Hinning Out

불필요한 가지를 절단하여 제거하는 일

솎음전정을 실행하면 새로운 성장은 없다. 밀집한 곳에서 공기와 빛을 제공하는 데에 유용한 방식이며 나무가 지나치게 커지는 것을 막을 때도 유용하다.

212

순지르기
Pinching

새로운 가지 끝이 목질화 되기 전에 자르는 일

다른 말로 적심이라고도 한다. 가지가 딱딱해지기 전의 부드러운 새 가지를 자르는 것으로 새 가지의 생장을 일시적으로 억제하여 착과율을 높이고자 할 때 행한다. 잘못된 방향으로 성장할 경우 실시하기도 하며 꽃이 피지 않게 하거나 열매를 솎아 낼 때도 유용하게 사용한다. 일찍 순을 자르면 아래부위 열매가 열과할 수 있으므로 수세를 보아 결정한다. 마지막으로 수확할 화방의 위에 있는 잎 두 개를 남기고 잘라준다.

213

환상박피
Girdling

생산성 증가를 위해 환상(Ring)으로 나무껍질을 제거하는 일

수목과 같은 다년생 식물의 형성층 부위 바깥 부분의 껍질을 벗겨내어, 체관부를 제거함에 따라 식물의 탄소동화 산물이 아래쪽으로 이동하지 못하도록 하여 껍질을 벗겨낸 부분의 윗 쪽이 두툼하게 되는 현상이다. 도관부는 손상을 주지 않아 식물체의 생육에는 여전히 큰 문제가 없는 상태를 의미한다.

214

깨끗하고 아름다운 농촌 마을 가꾸기 (농촌 마을 가꾸기)

2020 | 지역농협

농협이 주관하는 농촌 환경 및 농촌경관 조성사업

깨끗하고 아름다운 농촌마을 가꾸기(농촌 마을 가꾸기)는 농업과 농촌의 공익적 가치 확산을 위해 2018년부터 매년 시행하는 사업이다. 24개소를 선정하여 시상하며, 시상금은 아름다운 마을 공간 조성을 위한 마을 숙원사업 지원금으로 활용한다.

☑ 시험에서는 이렇게 물어본다!
농협에서 주관하는 농촌 마을 가꾸기 사업의 필요성과 중요성, 그리고 이를 통해 해결할 수 있는 농촌 지역의 문제점에 대해 서술하시오.

215

플라스틱 온실
Plastic House

외부 피복재가 PE, EVA, PVC 등의 플라스틱 소재로 되어있는 온실

설치비용이 저렴하고 쉽게 시공할 수 있지만 유리온실에 비해 광투과성, 보온성, 환경제어, 안전성 등이 떨어진다.

216

고형배지경
固形培地耕

고형배지에 양액을 지속적으로 공급하는 방식

배지가 모래, 자갈, 암면, 펄라이트와 같은 고형으로, 여기에 양액을 공급하여 재배하는 방식이다. 사경재배, 훈탄재배, 역경재배, 암면재배 등이 해당한다.

217

관광농업

Resort Farming

관광을 목적으로 지역 특산물이나 자연을 상품화 하는 도시화시대 농업

제주도의 감귤농업처럼 관광지역에서 관광객을 대상으로 시행하는 농업과 관광이 결합된 형태의 농업이다.

218

어반 스프롤

Urban Sprawl

도시의 급격한 팽창에 따라 교외와 농촌이 무질서 · 무계획적으로 도시화되는 현상

교외 · 농촌의 도시계획과는 무관하게 땅값이 싼 지역을 찾아 교외로 주택이 침식해 들어가는 현상으로 토지이용 면에서나 도시시설정비면에서 극히 비경제적이다.

219

U턴 현상

U Turn 現象

대도시에 취직한 지방 출신자가 고향으로 되돌아가는 노동력 이동

대도시의 과밀 · 공해로 인한 공장의 지방 진출로 고향에서의 고용기회가 확대되고 임금이 높아지면서 노동력의 이동현상이 나타나고 있다.

220

애그리비즈니스

Agribusiness

농업과 관련된 산업

각종 기계 및 시설물, 비료 사료 등을 생산하는 산업과 유통, 거래, 판매 등의 산업을 총칭한다. 넓은 의미로 농업 자체도 포함된다.

221

유엔세계식량 농업기구

FAO : Food and Agriculture Organization of the UN

1945년에 출범한 국제연합식량농업기구

세계 식량 및 기아 문제 개선을 목적으로 설립된 국제연합 전문기구로, 1943년 5월 미국 프랭클린 루즈벨트 대통령의 제창에 의해 개최된 연합국 식량농업회의가 모체가 되었다. 1945년 10월 캐나다에서 개최된 제1회 식량농업회의에서 채택된 FAO 헌장에 의거해 설립되었다. 우리나라는 1949년 11월에 가입하였다.

222

밀라노 도시 먹거리 정책협약

MUFPP : Milan Urban Food Policy Pact

163개 도시가 가입한 세계협약기구

먹거리 체계를 생산부터 소비까지 공정하고 지속가능한 방식으로 만들자는 원칙으로 매년 우수도시를 선정하여 밀라노 협약상을 시상한다. 2018 밀라도 도시먹거리 정책협약 먹거리 정책 우수도시 시상식에서 아시아 최초로 전남 완주군이 거버넌스 부문 특별상을 수상하였다.

223 ■■■

비엥브니 아 라 페름므(바프협회)

Bienvenue a la Ferme

프랑스의 농촌관광 브랜드

'농장에 오신 것을 환영합니다.'라는 뜻으로 농업과 관광을 결합하여 농촌지역 활성화를 목적으로 1992년에 창설한 프랑스의 농촌관광 브랜드이다. 해당 브랜드는 농민만 가입하여 운영할 수 있다. 캠핑, 체험, 승마 등 각 활동별 세부상품으로 구성되어 있으며 약 6,000개의 농가가 회원으로 가입하여 다양한 서비스를 제공하고 있다.

상식PLUS+ 프랑스의 농촌관광 관련 기관

㉠ **농업회의소** : 1924년 관련법 제정 이후 94개의 기초조직과 21개의 광역조직, 농업회의상설 의회를 구성하고 있는 농정자문기구이다.

㉡ **지트협회** : 프랑스의 농촌관광체험형 숙박 네트워크로, 현재 농촌관광 서비스 유형별로 품질 관리 규약을 제정하여 운영하고 있으며 약 55,000여 곳이 등록되어 있다.

224 ■■■

오도이촌

五道二村

일주일 중 5일은 도시에서, 2일은 시골에서 휴식을 취하는 삶

주중 5일은 도시에서 일상적인 직장 생활을 하고 주말에는 시골에서 여유로운 시간과 자연을 즐기며 보내는 형태로, 삶의 질을 높이기 위해 오도이촌 생활을 선호한다.

225 ■■■

CA저장

Controlled Atmosphere Storage

저장고 내의 공기조성을 인위적으로 조절하여 산물의 신선도를 유지하는 저장법

저장된 산물의 호흡을 최소한으로 억제하고 신선도를 유지시킬 수 있다. 미생물의 번식을 억제하고 저장기간을 증대시킬 수 있으나 시설비와 유지비 부담이 크고 공기조절이 제대로 이루어지지 않을 경우 장해를 일으킨다.

226 ■■■

푸드 마일리지

Food Mileage

먹거리가 생산자 손을 떠나 소비자 식탁에 오르기까지의 이동거리

농축수산물 등이 최종 소비자에게 도달할 때까지의 거리로, 1994년 영국의 환경운동가 팀 랭이 처음 사용한 용어이다. 푸드 마일리지의 값이 클수록 더욱 먼 지역의 생산품을 소비하고 있다는 것을 의미한다. 먼 지역의 생산품이 신선하고 안전하게 운송되려면 화학물질을 비롯한 냉장 등의 추가 설비가 투입되는데 이는 환경오염을 심화하여 푸드 마일리지 절감을 위한 노력이 필요하다.

푸드 마일리지 = 생산품 운송량(t) × 이동거리(km)

227

녹색혁명
Green Revolution

20세기 후반 개발도상국의 식량증산을 이루어낸 농업정책

품종개량, 화학비료, 수자원 공급시설 개발 등의 새로운 기술을 적용하여 농업생산량일 일궈낸 과정 및 결과를 의미한다. 멕시코에서 가장 처음으로 시작되어 1944년 대비 1960년대 초밀 생산량이 6배가량 증가하였고, 이를 바탕으로 세계적으로 퍼져나갔다. 우리나라는 1962년 식량부족을 극복하기 위해 농촌진흥청이 설립된 이후 시작되었다.

228

생력농업
省力農業

투입 노동력 · 시간을 줄이고자 하는 농업경영법

작업 공동화 혹은 기계화를 추진하여 투입 노동력 및 투입 시간을 줄이고자 하는 경영방법이다.

229

농업박물관
農業博物館

농업인들이 기증한 유물로만 이루어진 농업전문박물관

전통 농경유물을 보존 · 후대 교육용으로 활용하기 위하여 1987년에 설립된 농업전문박물관으로, 전국의 농업인이 직접 사용하던 농기구와 생활용품들을 기증받아 농협중앙회에서 설립하였다.

230

유휴지
遊休地

사용하지 않아 수익이 발생하지 않는 토지

「국토이용관리법」에서 도입한 개념으로 거래계약 허가를 받았거나 거래계약신고를 하고 취득하거나 권리를 설정한 토지로서 요건에 해당하는 경우 심의를 거쳐 유휴지임을 결정하는데 현재 법률상으로는 사라졌다. 그러나 사용하지 않고 묵히는 토지로 사용되고 있다.

231

배양육
Cultured Meat

동물 세포를 배양하여 만든 고기

동물에서 채취한 근육 세포를 적절한 영양소와 성장 인자를 포함한 배양액에서 증식시켜 고기 형태로 만들어낸다. 동물에게서 최소한의 세포를 채취한 후, 세포를 배양액에 넣어 성장과 증식을 유도한다. 세포가 증식하면 근육 조직으로 성장하도록 유도하여 실제 고기와 유사한 조직을 형성, 조리 과정을 거쳐 소비할 수 있는 형태로 완성한다. 전통적인 축산업보다 온실가스 배출, 토지 및 수자원 사용량이 감소하며 동물을 도축하지 않아도 된다. 항생제가 불필요하며 식중독 위험이 적으나 높은 생산 비용과 소비자 인식 문제 등의 단점이 있다. 배양육은 지속가능한 식량 공급을 위한 혁신기술로 주목받고 있다.

232
농림어업 총조사
Census of Agriculture

FAO의 권장에 따라 실시되는 농업통계 자료조사

전국의 모든 농가 · 임가 · 어가의 총수는 물론이며 개별 특성까지 파악하여 농림어업 정책 및 각종 학술연구 자료 등으로 활용하기 위해 실시하는 전국적 규모의 통계조사이다. 120여 개 국가에서 기년 5 ~ 10년을 주기로 조사를 실시하고 있으며 해당 결과는 세계농업총조사(WCA)자료로 제공된다. 우리나라는 농업총조사('60), 어업총조사('70), 임업총조사('98)를 각각 관련 부처에서 실시하다 2000년에 농업총조사와 어업총조사를 통계청으로 이관하여 농어업총조사를 실시하였다. 2005년에 임업총조사를 이관하여 실시하였으며 2010년 세 개의 총조사를 '농림어업총조사'로 통합하여 5년 주기로 실시하고 있다.

상식PLUS+ 농림어업총조사 활용
- ㉠ 농산어촌 지역 개발 계획을 위한 기초 자료
- ㉡ 학술 연구 및 농림어업 표본조사의 표본틀 바탕이 되는 모집단
- ㉢ 행정리 단위의 소지역 통계 생산
- ㉣ 국가 간의 자료교환 · 분석

233
수경재배
水耕栽培

식물체의 뿌리를 양액 속에 침적된 상태로 재배하는 방법

특히 순환식 수경방식(NFT)은 세계적으로 가장 널리 보급되어 있으며 시설비가 저렴하며 설치가 간단하다. 중량이 작아 관리가 간편하며 산소부족의 염려는 없지만 고온기에 양액 온도가 너무 높다는 단점이 있다.

234
더뎅이병
Spot Anthracnose

비나 곤충에 의해 옮겨지는 병

과실이나 식물의 줄기 · 잎 등에 둥근 모양으로 병반이 생기는 것을 말한다. 창가병이라고도 하는데, 보통 이른 봄에 피해 증상이 나타난다.

235
감자역병
Potato Late Blight

감자에 발생하는 병해

불규칙적인 누런색의 작은 반점이 생기는데, 이것이 커지면서 흰곰팡이가 생기게 된다. 감자뿐만 아니라 토마토에도 발생하며, 병든씨 감자를 심으면 발생한다.

236
흰가루병
Powdery Mildew

잎과 줄기에 흰가루 모양의 반점이 생기는 식물 병해

곰팡이 질병의 하나로 식물의 잎과 줄기에 흰가루 형태의 반점이 생긴다. 흔하며 광범위하여 어린 싹과 어린 열매에도 발생한다.

237

축과병

縮果病

사과의 생리적 장애의 하나

과실의 조직이 코르크화(化)되어 과피가 울퉁불퉁해지고 벌어지면서 씨는 흩어지는 병이다.

238

모자이크병

Mosaic Disease

바이러스 감염에 의해 나타나는 식물 병해

식물 병해 중 하나로, 주로 잎에 나타나며 모자이크 모양으로 얼룩이 생겨 결국 전체가 시드는 병이다. 이 밖에도 사과나무 고접병, 감자 · 고추 · 오이 · 토마토 바이러스병 등이 바이러스 감염에 의한 식물 병해이다.

239

말 산업 육성 지원

지자체, 농업인, 농업회사법인 및 민간 등을 대상으로 말 산업 육성을 지원하는 제도

시장 개방 가속화, 레저 수요증가 등으로 승마의 대중화, 말 수요 확충 등을 통하여 농어촌의 새로운 소득원 창출과 국민의 여가 기회 확대 필요성이 대두됨에 따라 도입되었다. 말 산업 육성을 통해 삶의 질 향상과 농어촌 경제 활성화를 목적으로 한다. 사업의 세부 내용은 다음과 같다.

구분	설명
말 산업 수요 확충 및 연관 사업 육성	• 승용마 조련 및 유통체계 구축 • 승마 대중화 및 품질 제고 • 말 연관사업 육성
말 산업 기반 조성	• 승마시설 · 복합단지 조성 • 말 산업 특구 활성화 • 말 산업 전문인력 양성 · 취업지원 • 컨설팅 지원 및 표준모델 보급
말 산업 경쟁력 강화	• 전문 승용마 생산농장 지원 • 우수마 도입, 스타마 발굴
말 산업 지속 성장 체계 구축	• 말 산업 R&D 및 통계 조사 • 방역관리 체계 구축 • 지속발전을 위한 홍보 강화

240

밀기울

Wheat Bran

밀 찌꺼기

밀가루를 얻고 난 찌꺼기로, 보릿고개 당시 어려운 농가에서는 먹기도 했으며, 열량이 적으나 소화가 잘되어 농후사료에 섞어 가축의 사료로 사용한다. 이 밖에도 된장이나 누룩 등의 원료로 쓰인다.

241

기호 작물

嗜好 作物

기호품을 얻기 위해 키우는 작물

기호 식품의 원료가 되는 커피, 차, 카카오, 담배 등의 작물을 말한다. 대부분의 기호 작물 재배지인 열대 및 아열대 기후 지역은 선진국들의 식민 지배를 받으며 플랜테이션 방식으로 기호 작물을 생산해 왔다. 오늘날에도 기호 작물 재배는 선진국의 자본과 기술, 재배지의 값싼 노동력 및 기후를 이용한 대규모 플랜테이션 농업 형태로 나타나고 있다.

242

옥신

Auxin

식물체에서 줄기세포의 신장생장 및 여러 가지 생리작용을 촉진하는 호르몬

재배적 이용	설명
발근촉진	삽목이나 취목 등이 영양번식을 할 경우 발근량 및 발근속도를 촉진시킨다.
접목에서의 활착촉진	접수와 대목의 접착부위에 IAA 라놀린 연고를 바르면 조직의 형성이 촉진된다.
개화촉진	파인애플의 경우 NAA, β −IBA, 2 · 4−D 등의 10 ~ 50mg/L 수용액을 살포해주면 화아분화를 촉진시킬 수 있다.
낙과방지	사과의 경우 자연낙과하기 직전 NAA 20 ~ 30ppm 수용액이나 2 · 4 · 5−TP 50ppm 수용액 등을 살포화면 과경(果梗)의 이층 형성을 억제하여 낙과를 방지할 수 있다.
가지의 굴곡 유도	가지를 구부리려는 반대쪽에 IAA 라놀린 연고를 바르면 옥신농도가 높아져서 가지를 원하는 방향으로 구부릴 수 있다.
적화 및 적과	사과나무에서 꽃이 만개한 후 1 ~ 2주 사이에 Na−NAA 10ppm 수용액을 살포해 주면 결실하는 과실수는 1/2 ~ 1/3로 감소한다.
과실의 비대와 성숙촉진	강낭콩에 PCA 2ppm 용액 또는 분말을 살포하면 꼬투리의 비대를 촉진한다.
단위결과	토마토와 무화과 등의 개화기에 PCA 또는 BNOA의 25 ~ 50ppm액을 살포하면 단위결과가 유도되며, 씨가 없고 상품성이 높은 과실이 생산된다.
증수효과	NAA 1ppm 용액에 고구마 싹을 6시간 정도 침지하면 약간의 증수효과를 갖는다.
제초제	2 · 4−D는 최초로 사용된 인공제초제이다.

243

글로벌 녹색성장기구

GGGI : Global Green Growth Institute

개발도상국의 녹색성장을 위해 설립된 국제기구

2010년에 우리나라의 주도하에 개발도상국의 지속가능한 경제개발을 목적으로 설립되었다. 본부는 우리나라 서울에 위치해 있으며 2012년에 유엔 지속가능발전 정상회의를 통해 국제기구로 공인되어 현재 약 37개의 회원국이 있다.

244
통일벼
Rice Variety Tongil

2019 | 지역농협

1972년부터 우리나라 전국으로 보급된 벼 품종

국제미작연구소 초청 연구원이었던 허문회 박사에 의해 개발되었다. 쌀이 부족하던 당시에 허문회 박사는 품종개량을 통해 식량부족 문제를 해결하고자 하였으며, 이를 위하여 1962년에 설립된 국제미작연구소(IRRI)에서 근무하며 생산성이 높은 품종 개발 연구를 시작하였다. 한 개의 자포니카 품종과 두 개의 인디카 품종을 교배하는 3원 교배를 실시하여 1971년에 통일벼가 생산되었으며 1972년부터 농가에 보급되었다. 다른 품종에 비해 생산량이 30% 가량 높으며 병충해에 강하다는 특징이 있다.

☑ 시험에서는 이렇게 물어본다!
1972년부터 우리나라에서 보급된 벼의 품종은?

245
국제미작연구소
IRRI : International Rice Research Institute

필리핀 마닐라에 위치한 비영리 국제연구기관

1962년에 설립되었으며, 쌀 농가와 소비자의 건강과 복지를 향상시키기 위해 쌀과 관련된 지식과 기술을 개발 · 보급하는 비영리 국제연구기관이다. 연구를 통해 빈곤과 기아를 줄이는 데 주력을 쏟고 있다. 지난 2020년 11월에 한국농촌형제연구원(KREI)과 MOU를 체결하고 개발도상국의 농업과 농촌개발을 위한 연구협력을 추진하기로 한 바 있다.

246
중경
中耕

작물 사이의 흙을 긁어주는 일

밭에서 딱딱해진 토양을 부드럽게 하여 작물의 뿌리가 잘 자라게 하는 작업을 말한다. 토양 속으로 햇빛과 공기의 유통이 원활해져 작물의 성장이 촉진된다.

247
농업경영체 등록
農業經營體 登錄

농업문제 해결을 위해 맞춤형 농정을 추진하기 위한 제도

구조개선 및 농가 소득 문제를 해결하기 위해서는 평준화된 지원정책에서 탈피하여 각자에게 맞는 맞춤형 농정 추진의 필요성이 대두됨에 따라 이를 제도적으로 뒷받침하기 위해 농업경영체 등록제를 도입하였다. 경영체 단위의 개별정보를 통합 · 관리함으로써 정책사업과 재정 집행의 효율성을 제고한다.

248
연자방아

탈곡 또는 제분하는 방아

발동기가 없던 옛날에 많은 곡식을 한 번에 찧거나 빻을 때 사용한 방아이다. 돌방애, 연자간, 연자매 등으로도 불렸다.

249

농식품 인증정보 확인 서비스
農食品 人證情報 確認 Service

홈페이지 및 애플리케이션 등에서 농산물 및 가공식품의 인증정보를 제공하는 서비스

농산물 및 가공식품의 인증정보를 실시간으로 제공하여 소비자의 만족도와 신뢰를 높이고 인증품 공급 활성화에 기여하기 위한 서비스이다. 인터넷 홈페이지, 애플리케이션, ARS를 통해 실시간으로 확인할 수 있으며 제공 내용은 다음과 같다.

구분	설명
친환경농산물	인증번호, 인증종류, 품목, 유효기간, 생산자, 재배지, 전화번호, 인증기관명
우수관리농산물	인증번호, 품목, 유효기간, 생산자, 재배지, 전화번호, 인증기관명
우수식품	인증번호, 품목, 유효기간, 업체명, 대표자, 주소, 전화번호, 인증기관명
지리적표시농산물	등록번호, 등록명칭, 등록일자, 대상지역, 생산계획량, 구성현황

250

술 품질인증

술 제조업체 및 인증품을 대상으로 현장조사와 시판품 조사를 실시하는 제도

술의 품질 향상과 고품질 술 생산을 장려하고 소비자를 보호하기 위한 목적으로 도입되었다. 대상 품목은 탁주(막걸리), 약주, 청주, 과실주, 증류식소주, 일반증류주, 리큐르, 기타주류가 있다. 술 품질인증기관은 해당 업무를 효율적으로 수행하기 위해 민간인증기관을 지정하여 운영하고 있다.

상식PLUS⁺ 관련 법령
「전통주 등의 산업진흥에 관한 법률」, 「전통주 등의 산업진흥에 관한 법률 시행령」, 「전통주 등의 산업진흥에 관한 법률 시행규칙」, 「술 품질인증기관 지정 및 운영 요령」, 「주세법」, 「식품위생법」 등

251

비료관리법
肥料管理法

비료 품질을 보존하고 수급의 원활을 위해 제정된 법

가격안정, 수급의 원활, 품질 보존 등 농업생산력 유지 증진을 도모하기 위해 제정되었다. 지난 2020년 부정 · 불량비료에 의한 농가피해 및 환경오염을 최소화하기 위해 비료 품질관리 체계를 강화하기도 하였다. 무상으로 유통 · 공급되는 비료 품질관리와 수입 비료 · 원료의 위해성 관리 강화, 거짓 · 과대광고 단속을 강화하여 유통질서를 확립하려는 목적이다.

상식PLUS⁺ 비료 품질 관리제도(肥料品質管理制度)
농업인의 환경에 안전하고 우수한 비료를 생산 · 공급하며 비료 품질을 유지 · 향상시키기 위해 등록 절차부터 사용과 등록취소와 같은 전 과정을 관리하는 제도이다.

252
보릿고개
春窮期

농가 생활에서 식량 사정이 매우 어려운 고비

지난해 가을에 수확했던 곡식이 다 떨어지고 올해 지은 보리는 미처 여물지 않아 식량 사정이 매우 어려운 5 ~ 6월을 의미한다. 춘궁기 혹은 맥령기라고도 하며 1960년대까지만 해도 보릿고개로 인해 농가에서는 큰 어려움을 겪었다. 햇보리가 수확될 때까지 마치 큰 고개를 넘는 것 같다고 하여 보릿고개라는 이름이 붙여졌다.

253
타조법
打租法

수확량의 1/2를 징수하던 조선 후기 소작제도

소작료를 미리 정하지 않고 분배율만 정한 뒤 생산물을 비율에 따라 분배하던 소작법이다. 징수되는 양은 수확량의 1/2가량이었으며 신분제의 영향을 받았다. 이후 타조법과 함께 도조법이 함께 시행되었다.

상식PLUS+ 도조법(賭租法)
농사를 짓기 전 소작료를 결정하여 징수하던 조선 후기 소작제도이다.

254
탈립성
Shattering Habit

작물에서 낟알이 탈립되는 특성

낟알이 이삭으로부터 떨어지는 성질을 탈립성이라고 한다. 탈립성이 클수록 수확 시 손실이 크고, 또 너무 적으면 탈립에 시간을 많이 들여야 한다.

255
추비
追肥

작물 생육 도중에 주는 비료

작물에 거름을 주고 나서 밑거름을 보충하기 위해 다시 주는 비료를 말한다. 벼 재배에 있어서는 밑거름으로 주는 비료를 제외하고 벼의 생육 기간에 주는 비료를 추비라고 한다.

256
세토
細土

토성을 결정하는 토양입자분획

토양입자 중 지름이 2mm 이하의 흙 알맹이를 일컫는데, 입자지름에 따라 모래, 실트, 점토로 나뉜다.

257
증산작용
蒸散作用

식물이 수분이 식물체 표면에서 수증기가 되어 배출되는 현상

물이 기체상태로 식물체 밖으로 배출되는 현상으로, 증산작용에 영향을 주는 요인은 빛, 온도, 습도, 바람 등이 있다.

258
식토
埴土

세토(細土) 중 50% 이상의 점토를 포함하는 토양

사토(沙土)에 비해 보수력이 높으며 식토는 토양수분과 토양공기가 부족하여 식물의 뿌리 발달에 좋지 않다.

상식PLUS⁺ 사토(沙土)
토양 중 모래의 분포 비율이 70% 이상인 것을 말한다. 즉, 모래가 많이 섞인 토양을 일컫는다.

259
급등형 과실
Climacteric Fruits

과실의 숙성과정에서 호흡량이 현저히 증가하는 현상을 보이는 과실류

호흡의 변화양상에 따라 발육 단계를 급등전기, 급등기, 급등후기로 구분할 수 있다.

구분	설명
급등전기	호흡량은 최소점이며, 과실의 성숙이 완료되는 시점이 과실의 수확시기이다.
급등기	• 호흡량이 최고점에 이르는 시기로 수확 후 저장 또는 유통기간에 해당한다. • 이 시기의 과실은 후숙이 완료되어 식용에 가장 적합한 상태가 된다.
급등후기	호흡이 감소하기 시작하며 과실의 노화가 진행되는 시기이다.

260
비급등형 과실
Non Climacteric Fruits

과실의 숙성과정에서 호흡 상승이 나타나지 않는 과실류

급등형 과실류에 비해 느린 숙성과정을 보이며 수확 후 호흡율이 천천히 낮아진다.

상식PLUS⁺ 급등형 과실과 비급등형 과실

구분	설명
급등형 과실	배, 감, 사과, 바나나, 복숭아, 키위, 망고 등
비급등형 과실	오이, 포도, 감귤, 오렌지, 레몬, 호박, 가지, 고추, 딸기 등

261
선별
選別

원예 산물을 출하하기 전 정해진 규격에 따라 고르는 과정

농산물 품질의 균일성을 높여 상품가치를 향상시키고 유통 상거래 질서를 공정하게 유지시키는 기능을 한다. 선별은 크게 인력선별과 기계선별로 나누어진다.

262
테라리움
Terrarium

작은 유리병 안에서 식물을 키우는 일

밀폐된 유리그릇이나 유리 어항, 유리병 등에서 작은 식물을 재배하는 것을 말한다. 보틀가든이라고도 하며 병 속에 여러 종류의 식물을 심어 감상할 수 있는 실내장식을 겸한 원예이다.

263

에틸렌
Ethylene

기체상태의 천연식물 호르몬

에틸렌 가스는 과실의 숙성, 잎이 꽃의 노화를 촉진한다. 급등형 과실이 익는 동안 에틸렌의 발생이 급증하며 작물을 수확하거나 잎을 절단하면 절단면에서 에틸렌이 발생한다. 에틸렌의 자가촉매적 성질은 식물 조직 스스로의 합성을 촉진시킨다.

264

MA저장
Modified Atmosphere Storage

각종 플라스틱 필름의 기체투과성과 원예 산물로부터 발생한 기체의 양과 종류에 의해 포장부의 대기조성이 달라지는 것을 이용한 저장방법

포장재의 개발과 함께 유통기간 연장의 수단으로 많이 이용된다. 작물의 종류, 성숙도에 따른 호흡율, 에틸렌 발생정도와 에틸렌 감응도 및 필름의 두께, 종류별 가스투과성, 피막제의 특성을 고려한다. 증산을 억제하여 과채류 표면 위축현상을 지연시키고 저온장해와 고온장해 발생 감소에 효과적이다. 과육연화 등 노화를 지연시킨다.

265

맹아억제
萌芽抑制

싹의 눈 생성을 억제하는 일

맹아억제에는 두 가지 방법이 있는데 MH 처리 방법은 수확 2주 전 0.2 ~ 0.25%의 MH를 엽면살포할 경우 생장점의 세포분열이 억제되면서 맹아의 성장이 억제된다. 방사선 처리 방법은 맹아억제 및 부패감소를 목적으로 감마(γ)선을 처리하는 방법이다. 맹아방지에 필요한 최저선량은 양파 2,000γ, 감자는 7,000 ~ 12,000γ 정도이다.

266

예냉
Precooling

원예 산물을 별도의 시설에서 짧은 시간 내에 품온을 낮추는 작업

여름이나 햇볕이 강한 낮에 수확한 원예 산물을 유통 혹은 저장고에 입고시키기 전에 수확 직후 산물의 품온과 작물의 호흡율 및 에틸렌 생성을 낮춘다. 작물이 존재하는 부패미생물의 생육을 억제하며 작물의 수분 손실과 시드는 것을 방지한다.

상식PLUS⁺ 반감기(Half Life)

원예 산물 온도를 처음 온도에서 목표 온도까지 반감될 때 소요되는 시간으로 반감기가 짧을수록 예냉은 빠르게 이루어진다.

267

종자번식(유성번식)
Seed Propagation

수술의 꽃가루와 난세포가 결합하여 생긴 씨를 통해 번식하는 방법

대량번식이 쉬우며 종자의 수송이 용이하다. 초형 및 수형이 좋아 상품성이 뛰어나나 개화까지 장시간이 소요되고 단위 결과성 식물의 번식이 어렵다.

268

큐어링
Curing

수확 후 상처 입은 작물을 건조시켜 아물게 하거나 코르크층을 형성시켜 수분을 증발시키는 일

미생물의 침입 및 수분 발산을 방지하여 자연감량을 적게 한다. 또한 당화를 촉진시켜 단맛이 많아지고 저장력이 강해진다. 큐어링이 끝난 작물은 단시간에 방열시키도록 하며 방열이 이루어지지 않은 채 저장하면 다시 호흡작용이 시작되어 부패가 일어나기 쉽다. 산물에 따라 적정 온도, 습도, 시간을 설정해야 하며 큐어링 대상으로는 감자, 고구마, 양파, 마 등이 있다.

상식PLUS+ 원예 산물의 부패

㉠ 수분 활성도가 높을수록 부패가 쉽다.
㉡ 물리적인 상처는 부패균의 감염 통로가 된다.
㉢ 저온장해 발생 시 부패가 쉽다.
㉣ 상대습도가 높을수록 곰팡이의 증식이 용이하다.

269

관능검사법
Sensory Analysis

식품의 특성을 시각, 후각, 미각, 촉각, 청각으로 측정 · 분석 · 해석하는 방법

주관적인 방법이므로 검사자의 기호도, 평가능력, 방법, 편견, 평가 당시의 기분에 따라 평가 정도가 달라질 수 있다. 상대적 수치로 비교하여 나타낼 수 밖에 없다는 단점이 있다.

270

식물병
植物病

생리적 · 형태적 이상으로 병원균의 자극에 의해 발생하는 지속적인 장해 과정

감수성이 있는 기주, 적당한 환경요인, 병원체 및 기타 매개체 등의 복합적인 영향으로 발생한다. 병원체를 주요인, 발병을 유발하는 환경조건을 유인, 기주식물이 병원에 의해 침해당하기 쉬운 성질을 소인이라고 한다.

상식PLUS+ 식물의 반응성

구분	설명
감수성	식물이 특정 병에 감염되기 쉬운 성질
연역성	식물이 특정 병에 전혀 감염되지 않는 성질
회피성	식물이 병원체의 활동기를 피하여 병에 감염되지 않는 성질
내병성	병에 감염되어도 기주가 병의 피해를 견뎌내는 성질

271

영양번식(무성번식)
Vegetative Propagation

씨 이외 영양체의 일부에서 새로운 개체를 얻는 방법

잎 · 줄기 · 뿌리와 같은 영양체 일부에서 얻기 때문에 모체의 특징이 자손에게 그대로 유전된다. 종자번식보다 개화와 결실이 빠르며 종자번식이 불가능할 경우 유일한 증식 수단이다. 그러나 바이러스 감염에 취약하고 저장과 운반이 어려운 단점이 있다.

272
엽면시비
Foliar Application

액체비료를 식물의 지상부에 살포하는 방법

요소 또는 엽면살포용 비료를 물에 희석하여 분무상태로 잎이나 줄기에 시비하는 것을 말한다. 멀칭(Mulching) 등으로 인해 토양시비가 곤란하거나 작물의 뿌리가 연약하고 토양이 지나치게 건조할 경우, 미량요소의 결핍증상이 예상되거나 나타날 경우에 필요하다.

273
지베렐린
Gibberellin

벼의 키다리 병균에 의해 생산된 고등식물의 식물생장 조절제

식물체 내에서 생성·합성되어 식물체의 뿌리·줄기·잎·종자 등의 모든 기관으로 이행되며, 특히 미숙한 종자에 많이 들어있다. 사람과 가축에게는 독성을 나타내지 않으며 일반적으로 지베렐린은 지베렐린산의 칼륨염 희석액을 사용한다.

상식PLUS+ 지베렐린의 재배적 이용

작용	내용
경엽의 신장촉진	지베렐린은 왜성식물의 경엽 신장을 촉진하는 효과가 있다
발아촉진	종자의 휴면을 타파하고 호광성 종자의 암발아를 유발한다.
화성촉진	저온과 장일에 추대하며 개화하는 월년생 작물에 대하여 저온과 장일을 대체하여 화성을 유도·촉진한다.
단위결실	포도가 개화할 때 지베렐린 처리를 하면 알이 굵고 씨가 없는 포도를 수확할 수 있다.

274
최적섭취량
ODI :
Optimal Daily Intakes

최적의 건강 상태를 유지하기 위한 영양소 섭취량

건강 유지뿐만 아니라 질환을 예방·치료하기 위한 필요한 섭취량이다. 최적의 건강 상태를 위해 최적섭취량의 범위는 권장섭취량보다 넓다.

275
농식품산업 해외진출 지원사업

해외농업 진출 및 정착을 지원하는 사업

민간의 해외농업 진출과 정착을 지원하여 우리 농식품산업의 저변확대와 국제경쟁력을 확보하고 미래해외 식량 확보 기반을 마련하기 위한 사업이다.

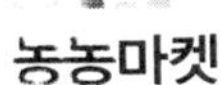
농농마켓
...rket

농촌진흥청이 제공하는 농가 홍보 서비스

판로에 어려움을 겪는 농가의 소득 향상을 지원하고 소비자에게 농촌·농장 체험과 다양한 농산품 구매 기회를 제공하기 위한 홍보 서비스이다. 등록되는 농장과 농산품 내용은 농가에서 직접 등록한다.

277

세계농업식량 안보기금

GAFSP : Global Agriculture and Food Security Program

빈곤 국가 농업 생산성 제고를 위해 만들어진 국제기금

2009년 G20 정상회의에서 이루어진 합의로 한국을 비롯한 미국, 스페인, 캐나다 및 빌게이츠 재단이 약 8억 8천만 달러를 출연(出捐)하여 2010년 4월에 공식 출범하였다. 크게 기술자문위원회와 운영위원회로 구성되어 있다. 기술자문위원회는 개발도상국들이 기금을 지원받기 위해 제출하는 사업계획서를 심의하여 운영위원회에 보고하며 운영위원회는 보고사항을 최종적으로 승인하고 사업을 관리하는 역할을 한다. 우리나라는 출범 당시 5,000만 달러를 출연하여 운영위원회의 자격을 획득하였다.

278

지역 특산물

특정 지역에서 특별하게 생산되는 물품

지역	기간	특산물
제주 제주시	11 ~ 05월	브로콜리
제주도	07 ~ 10월	갈치
제주 서귀포시	12 ~ 03월	한라봉
경북 안동시	11 ~ 12월	안동 마
경북 상주	12 ~ 01월	상주 곶감
경북 고령군	01 ~ 05월	고령청정딸기
전남 여수시	01 ~ 12월	돌산 갓김치
전남 나주시	09 ~ 11월	나주 금천배
전남 해남군	08 ~ 10월	해남 황토 햇고구마
충남 홍성군	01 ~ 12월	배추
충남 홍성군	01 ~ 12월	광천 녹차 김
충남 태안군	01 ~ 12월	안면도 태양초 고춧가루
강원도 횡성	01 ~ 12월	횡성 한우 혼합세트
강원 정선군	01 ~ 12월	정선 황기(4~5년 근)
강원 속초시	07 ~ 11월	동해안 오징어
경기 여주군	08 ~ 12월	여주 밤고구마
경기 이천시	01 ~ 12월	이천 쌀
경기 가평군	01 ~ 12월	청정 느타리버섯
부산 기장군	01 ~ 12월	미나리
대구 동구	10 ~ 12월	사과
인천 옹진군	01 ~ 12월	백령도 까나리 액젓

279

국제농업협력사업

ODA :
Official Development Assistance

개발도상국에 우리나라 농업분야의 성공경험을 전수하고 농촌 개발과 빈곤 퇴치를 위한 사업

국제농업협력사업은 농림축산식품부 예산으로 지원되는 외국과의 농업분야 협력사업으로, 주로 개도국에 우리의 선진 농업기술 전수 및 농업·농촌발전 경험을 전수함으로써 농업·농촌개발을 통한 기아 및 빈곤감축 등을 지원하는 사업이다. 개도국과의 호혜적 협력기반을 구축하여 우리 농림축산식품산업의 해외시장 개척에 우호적 분위기 조성을 위한 목적으로도 시행되고 있다. 2006년부터 추진하고 있는 사업으로, 이를 통해 협력국의 식량안보를 강화하고 농산업 성장을 지원하며 우리나라 농식품산업의 글로벌 경쟁력을 강화하기 위한 '제1차 국제농업협력사업 종합계획(2025 ~ 2029)를 발표했다. 이 사업은 기존 13개국에서 2029년까지 협력 대상 국가를 50개국까지 확대를 목표로 하고 있다.

관련기사 농식품부, 제1차 국제농업협력사업 종합계획 마련

농림축산식품부는 국제농업협력사업을 통해 협력국의 식량안보를 강화하고 농산업 성장을 지원하며 우리나라 농식품산업의 글로벌 경쟁력을 강화하기 위한 '제1차 국제농업협력사업 종합계획(2025 ~ 2029)'을 마련했다. 공적개발원조(ODA)와 연계해 농업 전후방 산업 관련 기업의 해외시장 진출을 지원하는 모델을 2029년까지 10개 이상 확보하고, 협력 대상 국가도 50개국까지 확대한다는 목표를 설정했다. 목표 달성을 위해 ▲전후방 산업 협력 강화로 사업성과 제고 및 농식품 수출 기반 조성 ▲국제농업협력사업 확충과 다양화 ▲농업 가치사슬 전주기 지원으로 자생력 강화 ▲사업 추진체계 및 조직역량 강화 등 4대 전략을 제시했다. 국제기구, 기업 및 비영리단체와 정부 간 협업모델을 향후 5년 동안 10개 이상 발굴한다. 기업의 국제농업협력사업 참여를 활성화시킴으로써 사업성과의 지속성을 확보하고, 긴밀한 현지 네트워크와 풍부한 사업 경험을 보유한 국제기구와의 협업을 통해 사업 리스크를 줄이고 성과를 확대해 나갈 계획이다. 우리 기업의 국제농업협력사업 참여 확대를 위한 지원도 병행, 민관 상시 협력 채널을 구축해 기업 수요에 기반한 민관 협업모델을 함께 발굴해 나갈 계획이다. 또, 국제기구 사업에 우리 기업이 참여할 수 있도록 관련 정보와 컨설팅 등을 체계적으로 제공하고, 공적개발원조사업과 연계해 농기자재 등 전후방산업 기업이 해외에 진출할 수 있도록 시장조사, 전시포 운영, 홍보 등도 전략적으로 지원한다. 농식품부는 식량원조와 K-라이스벨트 등 국제사회에서 긍정적인 평가를 받고 있는 대표 사업들을 고도화함으로써 K-농업 브랜드로 자리매김하고 모범사례를 확산해 나갈 계획이다. 그동안 농식품부의 국제농업협력사업은 협력국의 요청에 따라 분절적, 단발적으로 추진되는 경향이 있었는데, 앞으로는 협력국의 수요와 함께 농업 가치사슬 전반을 분석, 제도 정비와 생산기반 구축, 가공 및 유통 활성화, 참여 주체 역량 강화 등을 종합적으로 지원해 협력국의 농산업 발전과 경제적 자립기반 구축에 기여할 계획이다.

280 ■■■

우루과이 라운드

UR : Uruguay Round

2024 | 농협은행

관세 및 무역에 관한 일반협정(GATT) 각료회의를 출발점으로 8번째인 1993년 12월에 타결된 다자간 무역협상

1987년부터 본격적으로 진행되고 있는 GATT의 새로운 다자간 무역협상을 통칭한다. 세계 각국이 교역의 이익을 도모하기 위해서 국제적 교역질서를 수립하려는 다각적 무역교섭으로서, 1980년대 초반 만연된 각국의 보호무역 추세를 보다 완화하여, 일방주의 · 쌍무주의 · 지역주의 등을 억제하고 다자무역체제를 강화하는 한편 세계의 무역자유화를 실현하기 위해 출범하였다. 가장 많은 논란을 불러일으켰던 농산물 협상이 미국과 유럽 공동체(EC) 간의 절충적인 협상을 통해 1992년 11월 타결됨으로써, 전체 협상 타결의 실마리를 제공하였다. 우루과이 라운드의 타결로 인해 1995년 세계무역기구(WTO)가 설립되었다.

> ☑ 시험에서는 이렇게 물어본다!
> 우루과이 라운드의 결과로 농업 부문에 미친 영향은?

281 ■■■

농업수입안정보험

농작물의 수확량 감소뿐만 아니라 가격하락으로 인한 손해까지 보장하는 보험

2015년 시범사업으로 도입된 '농업수입안정보험'이 2025년부터 본사업으로 전환되었다. 국내 수입안정보험 도입 논의는 2012년부터 시작되었는데, 당시 한 · 미 FTA 발효로 농산물시장 개방에 대한 위기감이 커지자 '농업수입안정보험'이 대안으로 부상했다. 2015년부터 콩 · 양파 · 포도 등을 대상으로 시범사업을 시작했고 2024년까지 마늘 · 고구마 · 가을감자 · 양배추 · 옥수수 · 보리 등 9개 품목을 대상으로 시범사업을 운영했다. 2024년 정부는 '수입보장보험'을 '수입안정보험'으로 변경하고 2025년부터 적용 품목을 대폭 늘려 본사업으로 전환했다. 농작물 재해보험은 태풍 등 자연재해에 따른 수확량 감소만을 보장하지만 수입안정보험은 수확량 감소뿐만 아니라 시장가격 하락에 따른 손해까지 보장한다. 올해 수입안정보험의 본사업 품목은 콩 · 가을감자 · 고구마 · 옥수수 · 보리 · 마늘 · 양파 · 양배추 · 포도 등 9개다. 벼 · 가을배추 · 가을무 · 감귤(만감류) · 복숭아 · 단감 등 6개 품목은 시범사업 대상이다. 농가가 보험에 가입한 해의 품목별 수입이 기준수입(과거 5개년 평균 수입)보다 감소하면 상품에 따라 기준수입의 60 ~ 85%까지 보상한다. 농가는 영농 여건에 따라 '과거수입형', '기대수입형', '실수입형' 등 3개 상품 유형 중 하나를 선택해 가입할 수 있다.

282

외국인 계절 근로자제도

농 · 어번기의 고질적 일손부족 현상을 해결하기 위해 단기간 동안 외국인을 합법적으로 고용할 수 있는 제도

파종기 · 수확기 등 계절성이 있어 단기간 · 집중적으로 일손이 필요한 농 · 어업 분야에서 합법적으로 외국인을 고용할 수 있는 제도이다. 일손이 필요한 기간이 짧아 고용허가제를 통한 외국인 고용이 어려운 농 · 어업 분야에 최대 8개월 간 계절근로자 고용을 허용한다. 경작 면적 등 기준에 따라 고용주별 9명까지 고용할 수 있다.

상식PLUS+ 외국인 계절 근로자제도 참여 조건

㉠ 대한민국 지자체와 계절근로 관련 MOU를 체결한 외국 지자체의 주민(농 · 어민)
㉡ 결혼이민자 본국의 가족 및 사촌 이내의 친척(그 배우자 포함)
㉢ 계절근로 참여 요건을 갖춘 국내 체류 외국인
※ 문화예술(D-1), 유학(D-2), 어학연수(D-4), 구직(D-10), 방문(F-1), 동거(F-3) 체류자격 소지자 등

관련기사 **충주시, 캄보디아 계절근로자 62명 농가 배치… 농촌 일손 숨통**

충주시가 2025년 처음으로 입국한 캄보디아 출신 계절근로자 62명을 각 농가에 배치하며 본격적인 농촌 일손 지원에 나섰다. 시에 따르면 이번 인력 지원은 고령화와 인구 감소로 심각한 일손 부족에 시달리는 지역 농가들에게 큰 도움이 될 것으로 기대된다. 이번에 입국한 계절근로자들은 입국 당일 마약 검사 후 기본 생활교육과 소방안전교육을 받은 뒤 각 농가로 배치됐다. 1차로 입국한 62명은 앞으로 8개월간 담배, 인삼, 벼 재배 농가 19호에 투입돼 부족한 농촌 일손 해결에 기여할 예정이다. 시는 현재 캄보디아, 라오스와 계절근로자 유치 업무협약을 맺고 계절근로자 제도를 체계적으로 운용하고 있다. 이를 통해 농번기 인력난을 겪는 지역 농가들에게 안정적인 인력 공급이 가능해질 것으로 보인다. 외국인 계절근로자 제도는 농번기에 일시적으로 부족한 농촌 인력을 해결하기 위해 도입된 제도로, 최대 5개월(농업)에서 8개월(어업)까지 취업활동을 할 수 있다. 이들은 주로 농작물 수확, 과수원 관리, 논밭 농사 등 다양한 농업 분야에서 활동하게 된다. 한편, 계절근로자들은 현지 사전교육을 통해 농업 기술과 한국 문화, 기본적인 한국어 등을 배우고 입국하기 때문에 농촌 현장에서의 적응력이 높다는 평가를 받고 있다.

농업·농촌 예상문제

정답 문항수 | 풀이시간 분

1 〈보기〉에서 설명하는 병은?

보기

벼의 생육 기간에 발병하는 병으로, 발병 시기와 부위에 따라 여러 가지로 구분할 수 있다. 병원균은 피해 볏짚이나 병조직 속에서 겨울나기를 하며 다음해에 새로운 포자를 만들어 전염시킨다. 점염이 되면 암녹색의 자은 반점이 확대되어 내부는 회백색, 둘레에는 적갈색의 반점이 생긴다.

① 도열병 ② 암종병
③ 더뎅이병 ④ 흰가루병
⑤ 모자이크병

2 우리나라 농업·농촌 운동 중 가장 먼저 발생한 것은?

① 농도불이운동
② 신토불이운동
③ 새마을운동
④ 또 하나의 마을 만들기
⑤ 식사랑농사랑운동

3 지베렐린의 작용으로 옳지 않은 것은?

① 경엽 신장 촉진 ② 발아 촉진
③ 화성 촉진 ④ 단위 결실
⑤ 낙과 방지

4 엽근채소에 해당하지 않는 것은?

① 배추 ② 무
③ 양배추 ④ 대파
⑤ 당근

5 농업활동을 통해 환경 보전·농촌 공동체 유지·먹거리 안전 등의 기능을 증진하기 위해 정부가 농업인에게 보조금을 지원하는 제도는 무엇인가?

① 고정직불금 ② 이중곡가제
③ 농민공익수당 ④ 추곡수매제도
⑤ 공익직불제

6 일본의 지산지소, 미국의 파머스 마켓은 이것에 해당한다. 중소농에게 안정적인 유통판로를 제공하고 일자리 창출 등의 지역경제를 활성화 시키기 위한 지역단위 소비체계 모델을 의미하는 용어는?

① 로컬푸드 ② 슬로푸드
③ 할랄푸드 ④ 메디푸드
⑤ 로커보어

빠른답CHECK 1.① 2.③ 3.⑤ 4.④ 5.⑤ 6.①

7 **농약허용물질목록관리제도(PLS)에 대한 설명으로 옳지 않은 것은?**

① 국내외 합법적으로 사용된 농약에 한하여 잔류허용기준을 설정하고 그 외에는 불검출 수준으로 관리하는 제도이다.
② 작목별로 등록이 된 농약 이외의 제품은 사용은 금지된다.
③ 2019년 1월 1일부터 모든 농산물에 확대적용되었다.
④ 기준이 설정되지 않은 농약은 국제 기준인 CODEX에 따라서 최저 기준을 적용한다.
⑤ 잔류 허용기준은 사람이 일생 동안 섭취해도 무해한 허용량이다.

8 **농수산물(축산물 제외)의 표준규격품이라는 것을 표시하기 위해 작성해야 하는 내용이 아닌 것은?**

① 품목　② 산지
③ 품종　④ 등급
⑤ 신선도

9 **농가에서 숙식하며 농사 · 문화체험 · 생활 등을 참여할 수 있는 농촌체험 관광 상품은?**

① 플랜테이션
② 팜 스테이
③ 팜 파티플래너
④ 애그플레이션
⑤ 에어로 팜

10 **지역 특산물을 올바르게 연결한 것은?**

① 홍성 – 미나리
② 제주 – 브로콜리
③ 고령 – 오징어
④ 안동 – 곶감
⑤ 횡성 – 딸기

11 **농산물우수관리(GAP)에 대한 설명으로 옳지 않은 것은?**

① 생산부터 판매까지 안전관리체계를 구축하여 소비자에게 농산물을 공급이 목적이다.
② 우수관리인증의 대상품목은 식용(食用)을 목적으로 생산 · 관리한 농산물로 한다.
③ 농림축산식품부 장관이 농산물우수관리의 기준을 정하여 고시한다.
④ 우수관리인증이 취소된 후 6개월이 지난 이후에 신청할 수 있다.
⑤ 인삼류의 우수관리인증의 유효기간은 5년 이내이다.

12 **4차 산업혁명의 핵심 기술 중 하나인 블록체인(Block Chain)을 유통 시스템에 적용한 것으로 농산물이 생산되고 유통 · 판매 · 소비되는 과정의 이력 정보를 표준화하여 통합관리하는 시스템은?**

① 로컬체인　② 푸드체인
③ 그린체인　④ 유통체인
⑤ 에코체인

빠른답CHECK 7.④ 8.⑤ 9.② 10.② 11.④ 12.②

13 지역별 특색 있는 마을경관보전활동을 통해 농촌의 경관을 아름답게 형성 · 유지 · 개선하고 이를 지역축제 · 농촌관광 · 도농교류 등과 연계함으로써 지역경제 활성화 도모를 위해 시행하는 것은?

① 피해보전직불
② 농지은행사업
③ 스마트농업
④ 농식품 모태펀드
⑤ 경관보전직불제

14 다음 중 농림축산식품부에서 실시하는 농산물의 재배 및 소, 돼지 등의 사육에서 유통, 소비에 이르기까지의 정보를 상세하게 기록 · 관리하고 문제 발생 시 그 원인을 신속하게 찾아내어 대응할 수 있도록 정부가 실시하고 있는 제도는?

① 농산물이력추적제
② 양곡 관리제도
③ 우수농산물관리제도
④ 위해요소중점관리제도
⑤ 축산물 등급제도

15 다음에서 설명하는 제도의 실시 목적은?

> 보기
>
> 정부가 농산물 가격을 결정함에 있어서 생산비로부터 산출하지 않고 일정한 때의 물가에 맞추어 결정한 농산물 가격이다.

① 근로자보호
② 생산자보호
③ 소비자보호
④ 독점의 제한
⑤ 사재기 제한

16 외국인 계절 근로자제도의 주요 목적으로 옳은 것은?

① 외국인의 국내 취업을 전면 허용하여 노동시장을 개방하기 위한 제도이다.
② 외국인의 국내 정착을 지원하여 영주권 취득을 돕기 위한 제도이다.
③ 국내 중소기업의 인력난을 해결하기 위해 외국인을 장기적으로 고용할 수 있도록 하는 제도이다.
④ 농어촌 지역의 단기적 인력 부족 문제를 해결하기 위해 일정 기간 외국인을 고용할 수 있도록 하는 제도이다.
⑤ 외국인 근로자의 임금을 국내 근로자보다 낮게 책정하여 기업의 인건비 부담을 줄이기 위한 제도이다.

17 만 65세 이상 고령 농업인이 소유한 농지를 담보로 노후생활 안정자금을 매월 연금 형식으로 지급받는 제도는?

① 고농연금제도
② 농지연금제도
③ 토지연금제도
④ 농업연금제도
⑤ 농업안정제도

빠른답CHECK 13.⑤ 14.① 15.② 16.④ 17.②

18 **다음 농촌 및 먹거리 관련 정부 정책에서 농협 활동 내용 및 역할로 옳지 않은 것은?**

보기

(가) 자연경관, 생태환경, 생활문화, 역사자원 등을 활용하여 도시민들에게 휴식, 휴양, 지역 먹거리 등의 상품과 서비스를 제공한다. 이는 농촌에서 농업 외의 소득을 발생시켜 전체적으로 농가 수익을 향상시키고, 도시의 경제적 자원이 농촌으로 유입될 수 있도록 하여 도시와 농촌 간 소득 및 생활환경 양극화를 완화시켜 농촌지역의 활성화를 기대할 수 있다.

(나) 먹거리 관련 시장실패를 치유하기 위한 정책이다. 먹거리와 관련된 생산·유통·소비·폐기 등의 모든 과정을 포함한다. 지역생산과 로컬푸드를 지향하고 지역순환경제를 활성화시키며, 자원순환과 음식물 폐기물을 줄여 지속가능한 환경을 만들어가고자 한다. 또한 빈곤층에 대해 먹거리 차별을 방지하고 사회적 약자를 배려하여 먹거리 존엄성을 회복하려는 계획이기도 하다.

① (가) : 팜스테이 마을 먹거리에 대해 의미를 부여하여 향토음식 스토리로 차별성을 강화하는 한편, 지역을 대표하여 운영하는 것이기 때문에 전문인력으로 구성하는 것이 중요하다.
② (가) : 농협은 지역 농산물을 사용하는 로컬푸드 레스토랑을 운영하고 있으며, 이를 요리교실, 농산물 체험 등 다양한 로컬푸드 문화체험 장소로 활용할 수 있다.
③ (나) : 기존의 농협 로컬푸드 직매장 사업에 중·소규모 농가의 참여를 확대하는 등 지역 내 생산－소비 시스템을 더욱 내실화하도록 한다.
④ (나) : 지역단위 통합 사업에 참여하여, 장기적으로 로컬푸드와 학교급식, 공공급식, 지역 가공사업, 식교육 등을 통합 수행하는 먹거리 통합지원센터를 지향한다.
⑤ (나) : 농촌지역의 농협은 로컬푸드를 공급하는 한편, 인구가 집중되어 있는 도시지역의 농협은 소비지 농축산물 판매 거점이 되도록 한다.

19 **2024년 대한민국 우수 품종상 대회에 대한 설명으로 옳은 것을 모두 고르면?**

보기

㉠ 국립종자원이 주도하는 사업이다.
㉡ 2024년 제20회 대통령상을 받은 작물은 벼이다.
㉢ 지난 대회에서 장관상 수상품종은 출품 대상에서 제외된다.
㉣ 국내외 육성된 모든 작물 품종으로 품종보호등록 또는 국가품종목록에 등재된 품종이 출품할 수 있다.

① ㉠㉡
② ㉡㉣
③ ㉢㉣
④ ㉠㉡㉣
⑤ ㉡㉢㉣

빠른답CHECK 18.① 19.①

20 다음 특징을 가진 가축전염병을 고른 것은?

보기

- 제1종 가축전염병에 해당한다.
- 1929년 아프리카 잠비아에서 처음으로 발생하였다.
- 소과 동물이 주로 발생하는 수두바이러스과 전염병이다.
- 고열, 피부결절 형성, 식욕부진 등의 증상이 나타난다.

① 소해면상뇌증
② 부저병
③ 브루셀라병
④ 럼프스킨병
⑤ 광견병

21 고향사랑기부제에 대한 설명으로 옳지 않은 것은?

① 개인 1인당 연간 2,000만 원 한도로 기부를 할 수 있다.
② 기부자의 혜택은 기부금 세액공제와 지역특산물 답례품이다.
③ 기부자가 거주하고 있는 주소지의 지자체에 기부하는 것만이 가능하다.
④ 지자체에서 생산자에게 지역특산물 답례품을 구매하여 기부자에게 전달한다.
⑤ 고향에 대한 건전한 기부문화를 조성하고 지역경제를 활성화하여 국가균형발전에 이바지하는 것이 목적이다.

22 정해진 물량에는 수출국들에게 낮은 세율로 일정량의 시장접근 기회를 보장하고 초과한 물량에 대해서는 높은 관세를 부과하는 이중관세제도는?

① 세이프가드
② 최소시장접근
③ 시장접근물량(TRQ) 관리
④ 국제농업협력사업(ODA)
⑤ 반덤핑관세

23 농업수입안정보험에 대한 설명으로 옳은 것은?

① 2015년부터 본사업으로 시행되었다.
② 태풍 등 자연재해에 따른 수확량 감소를 보장한다.
③ 2025년 기준 본사업 품목 대상은 벼 · 가을배추 · 가을무 등 6개다.
④ 상품에 따라 기준수입의 70 ~ 100%까지 보상한다.
⑤ 품목별 수입의 기준수입은 과거 5개년 평균 수입이다.

빠른답CHECK 20.④ 21.③ 22.③ 23.⑤

24 농업진흥구역에 대한 설명으로 옳은 것은?

① 농업 생산성을 높이기 위한 지역으로 지정되며, 공장이나 주거시설도 자유롭게 건설할 수 있다.
② 국가 또는 지방자치단체가 지정하며, 원칙적으로 농업 이외의 용도로 사용하는 것이 제한된다.
③ 농업 생산성이 낮은 지역을 개발하여 비농업적 용도로 활용하도록 지정하는 구역이다.
④ 환경을 보호하기 위한 구역으로, 농업 활동을 금지하고 환경 보호를 위한 녹지 공간으로 활용한다.
⑤ 농업진흥구역 내 농지는 일정한 조건을 충족하면 언제든지 상업용 부지로 변경할 수 있다.

25 농사와 관련된 속담들 중 계절이 다른 하나는?

① 은어가 나락꽃 물고 가면 풍년 든다.
② 삼복날 보리씨 말리면 깜부기 없어진다.
③ 뻐꾸기 우는 소리 들으면 참깨 심지 마라.
④ 한식에 비가 오면 개불알에 이밥이 붙는다.
⑤ 들깨 모는 석 달 열흘 왕 가뭄에도 침 세 번만 뱉고 심어도 산다.

26 이앙법이 처음 시작된 시기로 옳은 것은?

① 삼국시대
② 통일신라시대
③ 고려시대 말
④ 조선시대 초
⑤ 조선시대 말

27 고랭지 농업에 대한 설명으로 옳은 것은?

① 남부지방이나 제주도에서 주로 이루어지는 농업이다.
② 여름철 강우량이 적고 일조시간이 긴 기후를 이용한다.
③ 표고(標高) 200 ~ 300m 정도의 낮은 지대가 적당하다.
④ 벼, 보리 등 곡식류 재배가 주로 이루어진다.
⑤ 진딧물이나 바이러스병의 발생이 적다.

28 화학비료나 유기합성 농약 등의 합성화학물질을 일체 사용하지 않거나 아주 소량만을 사용하는 농업은?

① 유축농업
② 유기농업
③ 관개농업
④ 도시농업
⑤ 근교농업

29 사과주스에서 발견되는 곰팡이 독소에 해당하는 생물성 병원은?

① 아플라톡신
② 배추 검은썩음병
③ 사과나무고접병
④ 파툴린
⑤ 마이코플라즈마

빠른답CHECK 24.② 25.④ 26.③ 27.⑤ 27.⑤ 28.② 29.④

30 농촌과 관련된 활동을 통해 신체적 · 정신적 건강증진을 도모하며 일반 농업과 달리 농사 자체가 목적이 아니라 건강의 회복을 위한 수단으로 농업을 활용하는 것은?

① 힐링농업
② 웰빙농업
③ 행복농업
④ 치유농업
⑤ 성취농업

31 정부보급종에 해당하는 종자가 아닌 것은?

① 수수
② 벼
③ 콩
④ 팥
⑤ 호밀

32 식량 부족 문제 정도를 진단하기 위한 기준으로 5단계로 이루어져 있으며 하위 3단계는 식량부족으로 위험하다는 것을 의미하는 용어는?

① GHI ② WFP
③ IPC ④ ODA
⑤ GAFSP

33 농촌공간상에서 최하위 중심지로, 기초마을 바로 위에 위계를 갖는 마을을 일컫는 용어는?

① 거점취락
② 배후마을
③ 대표취락
④ 상징마을
⑤ 성장마을

34 ICT를 활용하여 비료, 물, 노동력 등 투입 자원을 최소화하면서 생산량을 최대화하는 생산방식을 이르는 말은?

① 계약재배 ② 겸업농가
③ 녹색혁명 ④ 정밀농업
⑤ 생력농업

35 다음 〈보기〉에서 설명하는 농업수리시설물은?

보기

> 하천이나 하천 제방 인근으로 흐른 물이나 지하에 대량으로 고여 있는 층의 물을 이용하고자 지표면과 평행한 방향으로 다공관(표면에 구멍이 있는 관)을 설치하여 지하수를 용수로 이용하기 위한 관로 시설

① 관정 ② 양수장
③ 취입보 ④ 배수장
⑤ 집수암거

빠른답CHECK 30.④ 31.① 32.③ 33.① 34.④ 35.⑤

36 24절기 중 14번째에 해당하는 절기로, 여름이 지나면서 더위가 그친다는 의미로 붙여진 이름이다. 농사에 있어서는 여름 밭을 정리하고 무와 배추, 갓 등 김장농사 준비를 시작해야 하는 시기로, '모기도 (　　)이/가 지나면 입이 삐뚤어진다.', '(　　)이/가 지나면 풀도 울며 돌아간다.'는 관련 속담이 있는 이 절기는?

① 입춘　② 곡우
③ 입추　④ 처서
⑤ 백로

37 식물체의 다양한 생리작용을 촉진하는 호르몬 옥신의 재배적 이용에 해당하는 것이 아닌 것은?

① 발근 촉진
② 접목 활착 촉진
③ 개화 촉진
④ 증수효과
⑤ 단위결실

38 포장내부 가스농도가 자연적으로 일정 수준에 이르도록 하는 포장 방식은?

① CA저장
② MA저장
③ 저온저장
④ 고온저장
⑤ 진공포장

39 농지를 효율적으로 이용하고 수확량을 늘리기 위하여 배수 관계 설비 개량과 농지를 반득하고 널찍하게 개선하는 사업은?

① 경지정리
② 농어촌 빈집정비 사업
③ 스마트팜 혁신밸리 조성사업
④ 농지집단화
⑤ 수리시설개보수

40 조류인플루엔자(AI)에 대한 설명으로 옳지 않은 것은?

① 야생 조류나 닭, 오리 등 가금류에 감염되는 인플루엔자 바이러스이다.
② AI 확산을 방지하기 위해서는 축산농가 철새 도래지 방문을 자제한다.
③ AI 바이러스는 열에 강해 가열조리를 해도 살아남는다.
④ AI 인체감염을 예방하기 위해서는 손을 자주, 30초 이상 씻고 가급적 손으로 눈, 코, 입을 만지지 않는다.
⑤ 닭, 오리의 AI가 의심된다면 즉시 가축방역기관으로 신고한다.

빠른답CHECK 36.④ 37.⑤ 38.② 39.① 40.③

41 **협동조합의 7원칙에 대한 설명으로 옳지 않은 것은?**

① 조합원은 1인 1표의 동등한 투표권을 가져야 한다.
② 협동조합은 조합원에 의해서 민주적인 관리가 보장되어야 한다.
③ 조합원들에게 교육과 훈련을 제공해야 한다.
④ 조합원의 자본금은 조합의 공동자산으로 배당금은 지불받지 않고 적립한다.
⑤ 조합이 속한 지역사회의 발전을 위해서 기여해야 한다.

42 **스마트팜 도입 희망 농업인에게 제공하는 농협의 전 생애주기 통합지원 플랫폼으로 옳은 것은?**

① N-Hub
② NH SEED
③ NH ROOKIE
④ NH 오늘농사
⑤ NH OCTO

43 **스마트팜에 대한 설명으로 옳지 않은 것은?**

① 비닐하우스 · 축사 · 유리온실 등에 4차 산업혁명기술을 접목한 농장이다.
② 1세대 스마트팜의 주요기능은 원격 시설제어로 사람이 제어한다.
③ 2세대 스마트팜의 대표적인 예로 지능형 로봇농장이 있다.
④ 3세대 스마트팜은 지속가능성 향상을 목표로 한다.
⑤ 3세대 스마트팜은 환경정보, 생육정보, 생산정보를 핵심 정보로 삼아 유지 · 관리한다.

44 **최근 국내 농업 · 농촌의 구조변화에 대한 설명으로 옳지 않은 것은?**

① 우리나라의 기온은 가파르게 오르면서 주요 농작물의 주산지가 남부 지방에서 중부 지방으로 이동하고 있다.
② '첨단 융합기술 기반의 식물공장', '온실 · 축사 · 노지 등을 포괄하는 스마트팜' 등 농업분야에서 다양한 디지털 혁신이 나타나고 있다.
③ 전문화 및 규모화 등으로 인해 위탁영농이 증가하고 있으며, 소득 상 · 하위 20% 농가 간 소득격차가 확대되는 양상을 보이고 있다.
④ 귀농 · 귀촌 인구가 증가하면서 귀농인구가 농업노동력 증가에 보탬이 될 전망이다.
⑤ 농업의 지속 발전을 위해서 농업의 공익적 기능이 강조되면서 농촌의 환경 및 경관 보전 등이 중요한 과제로 대두되고 있다.

45 **개편된 '공익형 직불제도'에 대한 설명으로 옳지 않은 것은?**

① 농업활동을 통해 환경 보전, 농촌 공동체 유지, 먹거리 안전 등 공익을 증진하도록 보조금을 지원하는 제도이다.
② 국민과 함께 하는 지속가능한 농업 · 농촌을 만드는 것을 목표로 한다.
③ 실제 농사를 짓는 농지가 아니더라도 종합소득액이 3,700만 원 이하인 자는 직불금을 수령할 수 있다.
④ 직불금을 받고자 하는 농업인은 환경, 먹거리 안전 등의 분야별 준수사항을 미이행 시 직불금 감액 조치를 받게 된다.
⑤ 기본형 공익직불직접제도는 '소규모 농가', '면적' 등을 기준으로 한다.

빠른답CHECK 41.④ 42.⑤ 43.③ 44.④ 45.③

46 다음 〈보기〉에서 설명하는 제도와 관련된 산업은?

보기

농촌의 다양한 유·무형 자원을 활용하고 새로운 부가가치를 창출하기 위한 목적으로 농업인과 농업법인을 인증하여 핵심 경영체를 육성하는 시스템이다.

① 1차 산업
② 1.5차 산업
③ 3차 산업
④ 5차 산업
⑤ 6차 산업

47 온라인 플랫폼에서 판매자와 소비자가 즉각적으로 소통을 하면서 상품을 판매하는 서비스를 의미하는 용어는?

① 라이브 커머스 ② 랜선 농촌관광
③ 푸드테크 ④ 사회적 농업
⑤ 농대 실습장 지원 사업

48 '산지촌'에 대한 설명으로 가장 옳지 않은 것은?

① 교통이 편리하게 도로가 연결되어 있다.
② 주로 임업과 목축업에 종사하는 사람들이 많다.
③ 각종 편의시설이 부족하다.
④ 스키장이나 산림 휴양지 같은 관광 산업이 발달한다.
⑤ 고랭지 농업, 약초 재배, 버섯 재배 등을 볼 수 있다.

49 플랜테이션(Plantation)의 특징으로 가장 적절한 것은?

① 소규모 자급자족 농업을 기반으로 한다.
② 다양한 작물을 재배하며 국내 소비를 주로 한다.
③ 온대 기후 지역에서 주로 이루어지는 농업 형태이다.
④ 기계화된 방식보다 전통적인 농법을 유지하는 경우가 많다.
⑤ 대규모 단일 작물 재배와 노동집약적 생산방식을 특징으로 한다.

50 우리나라 농업협동조합에서 ICA에 준회원 자격으로 가입한 연도는?

① 1949년
② 1950년
③ 1951년
④ 1960년
⑤ 1963년

빠른답CHECK 46.⑤ 47.① 48.① 49.⑤ 50.⑤

CHAPTER

02 디지털 · IT

디지털 직무상식 필기시험 분석

연도별 출제키워드	**2024년** 인공지능, 딥러닝, API, 에지컴퓨팅, 빅데이터, 엑셀 단축키, 지도학습, HTML, CSS, PHP, 그래픽 파일, 핀테크 **2023년** HTML, 컴퓨터 단위, 클라우드 컴퓨팅, 하둡, IPv4, IPv6, 도메인, ASCII 코드, 알고리즘, 머신러닝, 딥러닝, 클라우드 컴퓨팅, 엑셀 함수(내림차순, 올림차순 등), MP3, GIF, 핀테크, 마이데이터, 인공지능, 빅데이터 **2022년** 전자서명, 게이트웨이, 불대수, 컴퓨터 단위, 해쉬함수, 공개키, 비밀키, 암호화, 복호화, 엑셀 함수, 알고리즘, 빅데이터, 전자상거래, 핀테크, 인공지능 **2021년** SET, 인터럽트, 노드, 트리, 해시함수, RFID, 협업필터링, FIDO, 딥페이크, 빔포밍기술, 로즈다이어그램, 슈퍼앱, 인공지능, 빅데이터, 블록체인, 모바일 신분증, 사물인터넷, 행동인터넷, 마이데이터, 공동인증서, 메타버스
이것만은 알고가자	에지컴퓨팅, 지도학습, 엑셀함수, 마이데이터, 수퍼앱, 핀테크, CBDC, 블록체인, 빅데이터, 인공지능(AI), 머신러닝, 딥러닝, 딥페이크, 클라우드, 메타버스, 증강현실, 혼합현실, 아마존, 로보어드바이저, 오픈 API, 디지털 뉴딜, 랜섬웨어, 디파이, 가상화폐, 알고리즘, 레그테크
최근 출제경향	디지털 · IT상식에 대한 중요도가 높아지고 있다. 최신 상식만 학습한다 하여도 풀기에 어려운 난도가 많이 출제된다. 단순 개념과 더불어 프로토콜과 관련한 문제까지 출제되고 있다. 코딩 관련과 정보보안 기술에 대한 문제도 자주 출제되고 있다. 은행과 관련된 보안기술에 대한 문제는 면접과 논술에서도 자주 출제되므로 최신 디지털 기술의 프로토콜 개념도 알고 있는 것이 중요하다. 용어설명이 올바른지를 확인하는 문제와 컴퓨터 단위와 관련한 문제가 빈번하게 출제되고 있다. 디지털 · IT 기본 소양을 갖춘 인재를 확보할 것이라고 밝히면서 은행에서 빈번하게 사용되고 있는 디지털 · IT 기술에 대한 다방면의 지식이 필요하다.
2025년 예상리포트	최근 금융권 채용에서는 디지털 · IT 분야 전문성 강화에 중심을 두고 있다. 모바일 금융거래가 확대되면서 은행에서 빈번하게 사용되는 빅데이터 분석을 통한 맞춤형 서비스와 관련한 문제가 자주 출제되는 편이다. 은행에서 자주 사용하는 디지털 기술과 관련하여 마이데이터, 알고리즘, 빅데이터, 블록체인 등의 문제는 출제될 것으로 예상된다. 특히 마이데이터 산업과 관련 문항은 나올 것으로 예상된다. 기본적인 직무상식평가 외에도 알고리즘, 보완과 관련된 디지털 기술, 블록체인, 메타버스, 빅데이터 등과 관련된 주제는 면접과 논술에도 자주 출제된다. 금융 · 경제 과목과도 밀접한 관련이 있으므로 연계하여 알아두어야 한다.

1
핀테크
Fintech

2024 · 2020 · 2019 · 2018 · 2016 | 농협은행 2023 · 2022 | 농협중앙회

인공지능, 빅데이터 등 새로운 IT 기술을 활용한 금융 서비스

'Finance(금융)'와 'Technology(기술)'의 합성어이다. 지급결제 서비스, 금융데이터 분석 업무, 사기거래 탐지(FDS), 은행 플랫폼 등 다양한 기술이 금융과 서비스를 제공하고 있다. 최근에는 생체인식을 통한 인증서비스도 제공한다.

상식PLUS⁺ 테크핀(TechFin)
정보기술에서 새로운 금융을 제공하는 서비스로 자체적으로 데이터 분석 기술과 IT 인프라를 보유하고 있다. 핀테크는 기존의 금융시스템에서 기술을 향상시키는 것이고 테크핀은 기술로 새로운 금융서비스를 만드는 개념이다.

☑ 시험에서는 이렇게 물어본다!
1. 간편결제, 얼굴인증 등 기술을 활용한 은행에서 사용되는 금융서비스를 약술하시오.
2. 핀테크 활용 서비스 예시는?

2
전자상거래
Electronic Commerce

2023 · 2022 | 농협은행 2015 | 농협계열사 2023 | 농협중앙회

거래행위가 정보기술과 네트워크를 이용하여 이루어지는 것

상품이나 서비스에 대한 정보제공 및 수집, 주문, 접수, 대금결제, 상품발송 등 일련의 상거래 흐름이 기존의 서류에 의존하지 않고 인터넷이라는 정보통신기술에 의해 이루어진다. EDI(전자문서교환) 시스템이 도입되어 기업 간의 거래가 EDI화 되면 한 기업이 거래가 있는 다수의 기업 또는 관련 하청업체, 대리점 등과 거래서류를 종이가 아닌 전자적 신호로 바꿔 컴퓨터 통신망을 통해 교환하게 된다. 번거로운 사무처리가 제거되는 소위 종이 없는 거래를 실현하게 되며, 처리시간의 단축, 비용의 절감 및 데이터의 유통이 신속하고 원활하게 이루어진다.

상식PLUS⁺ 전자상거래의 유형(거래주체별)
㉠ 기업과 기업 간의 전자상거래(B2B : Business to Business)
㉡ 기업과 소비자 간의 전자상거래(B2C : Business to Customer)
㉢ 기업과 정부 간의 전자상거래(B2G : Business to Government)
㉣ 소비자와 정부 간 전자상거래(C2G : Customer to Government)

☑ 시험에서는 이렇게 물어본다!
전사상거래 유형은?

3
크롤링
crawling

자동화를 통해서 다양한 정보를 수집하여 저장하는 것

데이터를 추출하기 위해서 사용되는 것으로 웹 페이지별로 데이터 색인을 만들어서 DB에 저장을 한다. 이 데이터를 분류하고 저장하는 반복하는 것이다.

4
마이데이터
Mydata

2022 · 2021 | 농협은행 2023 | 지역농협

기업이나 은행에서 사용한 개인정보나 거래 내역 등을 개인이 직접 관리 및 활용할 수 있는 서비스

'나의 데이터의 주인은 나'라는 것으로, 개인정보의 주인이 금융회사가 아닌 개인으로 정의하는 것을 의미한다. 개인정보를 적극적으로 관리가 가능하여 자산관리에 활용하는 과정이다. 데이터 3법 개정으로 금융정보를 통합으로 관리하는 마이데이터산업이 가능해졌다. 은행, 여신전문금융회사, 상호금융 등에서 마이데이터 산업을 허가받았다. 마이데이터 산업으로 은행 간의 경쟁이 플랫폼 간의 경쟁으로 확장되었다. 마이데이터 서비스의 핵심으로는 분할되던 금융정보, 보험정보, 보유한 실물자산 등의 정보를 한눈에 확인이 가능하도록 통합적으로 관리하는 것이다.

상식PLUS+ 마이데이터 데이터 수집 방식

2022년 1월 15일 이후부터는 스크래핑 방식의 데이터 수집방식이 전면 금지되고 안전한 마이데이터 표준 API 규격을 사용하여 금융 마이데이터 서비스를 제공한다. API방식은 허용권한 증표(토큰)을 관리하는 것으로 중요정보를 직접 관리하는 스크래핑 방식과는 다르다. 해킹에서도 API 방식은 토큰을 폐기하여 보안대책 수립이 가능하지만 스크래핑 방식은 중요정보 유출이 되면 보호하기 어렵다.

☑ 시험에서는 이렇게 물어본다!

1. 농협에서 진행 중인 마이데이터 기반의 서비스는?
2. 농협은행의 마이데이터 산업이 다른 은행과 다른 점은 무엇인지 말해보시오.
3. 마이데이터의 데이터 수집 방식은?

5
Y2K

2000년 이후에 컴퓨터가 연도를 바르게 인식하지 못하는 결함

밀레니엄 버그라고 하며, 2000년을 잘못인식하면서 수많은 일에 오류가 발생하면서 혼란이 야기될 수 있다. Y는 연도(year), 2K는 2000(kilo)를 의미한다.

6
인공지능
AI : Artificial Intelligence

2024 · 2023 · 2022 · 2021 · 2020 | 농협은행

기계가 인간의 지식능력을 프로그램에서 실현시키는 기술

인공지능이라는 말이 처음 세상에 알려진 것은 1956년 다트머스 국제학회의 다트머스 회의에서 존 매카시가 제안한 것으로 컴퓨터 공학에서 시스템에 의해 만들어진 지능 또는 이상적인 지능을 갖춘 존재로 고도의 문제해결 능력을 가진 인공적 지능 또는 그와 같은 지능을 만들 수 있는 방법론이나 실현 가능성 등을 연구하는 과학 분야를 지칭한다.

☑ 시험에서는 이렇게 물어본다!

인공지능(AI)의 주요기술은?

7 ■■■

수퍼앱

super app

2022 | 농협은행

하나의 앱에서 다양한 서비스를 이용할 수 있는 것

앱 하나로 기사와 뉴스를 보고, 쇼핑을 하고, 음식 주문까지 하는 등의 다양한 서비스를 제공하는 것을 의미한다. 월간 이용자수(MAU)를 1,000만 명 이상을 기대하며 생활 금융 플랫폼으로 시중 은행이 변화 중이다. 마이데이터 시행 이후 금융위원회가 금융권에서 다양한 서비스를 융합하여 활용할 수 있는 디지털 유니버셜 뱅크를 허용하였다. 효과적인 생활금융 서비스 제공을 위해 데이터 분석을 하고 금융 어플 한 개로 고객에 다양한 맞춤서비스를 제공한다.

상식PLUS⁺ 디지털 유니버셜 뱅크

디지털 플랫폼을 기반으로 폭넓은 데이터를 활용하여 고객 니즈를 분석하고 고객 맞춤형으로 다양한 금융 및 비금융서비스를 제공하는 은행을 의미한다. 금융사의 대표 앱에서 은행 · 보험 · 증권 등의 다양한 서비스를 통합적으로 제공하는 것을 의미한다. 금융회사에서 출시된 앱을 통합하고 하나의 어플에서 다양한 서비스를 고객에게 제공하는 것이다.

☑ 시험에서는 이렇게 물어본다!

하나의 앱에서 다양한 맞춤서비스를 제공받을 수 있는 것은?

8 ■

EU일반 개인정보보호법

EU GDPR : European Union General Data Protection Regulation

유럽연합의 개인정보보호 법령

2018년 5월 25일부터 EU에 거주하는 모두에게 적용되는 유럽연합 정보보호법을 강화한 GDPR(General Data Protection Regulation)이다. 개인정보를 다루는 기업과 단체가 규정을 준수하도록 하는 것이다. 모든 EU회원국이 의무적으로 준수해야 하고 해외에서 EU 주민의 개인정보를 이용할 경우에도 적용된다. 기업 책임감 증진과 정보 주체 권리 강화를 위해 데이터 보호 최고책임자(DPO)를 지정하여야한다.

9 ■

eIDAS

electronic IDentification, Authentication and Trust Services

EU에서 시행하는 전자본인확인 · 인증 · 서명

유럽연합에서 2016년부터 시행하고 있는 규정이다. 유럽 시장에서 전자상거래 안전을 위한 규제이다. EU 내에서 공공서비스, 계좌 개설 등 금융활동에 사용하는 인증체제를 수립하는 것과 전자서명에 기본 · 고급(AES) · 적격(QES)의 3단계 등급을 부여하는 것이다. 특히 QES 단계의 인증서 발급은 별도의 보안 디바이스가 필요하고 신원은 대면으로 확인해야 하는 것으로 까다로운 요건이 있으나 어디에서든 자유롭게 서비스를 이용할 수 있다. AES 단계는 신원확인과 전자서명을 보관하는 기준을 완화한 인증서이고 기본전자서명은 가장 낮은 단계로 무결성과 신뢰성을 보장하지 않아 서비스 이용에 제한이 많다.

10 ■■■
공동인증서
共同認證書

2021 | 농협은행

전자서명법의 개정으로 민간 인증서가 도입되면서 공인인증서의 명칭이 공동인증서로 변경된 것

2020년 12월 전자서명법이 개정되어 공인인증서가 폐지되었다. 공인인증서의 폐지로 민간업체에서 만든 민간인증서가 도입되었고 공인이라는 명칭은 공동으로 변경되었다. 공동인증서를 통해 본인 신분이 확인되고, 전자서명화가 된 문서가 변경이 없음을 보장하며, 암호화로 기밀이 보장된다.

상식PLUS⁺ 금융인증서

은행 인터넷이나 모바일뱅킹 인증센터에서 발급받을 수 있는 인증서이다. 필요하지 않는 프로그램을 설치하지 않고 금융결제원의 클라우드에 금융인증서가 안전하게 보관하여 어디서나 손쉽게 이용할 수 있는 서비스를 의미한다.

☑ 시험에서는 이렇게 물어본다!

공동인증서의 특징은?

11 ■■■
데이터 사이언티스트
Data Scientist

많은 데이터들 중 가치가 높은 데이터를 추출하여 분석하는 과학자

빅데이터의 활용이 높아짐에 따라 데이터의 규모보다 데이터 자체의 가치에 초점을 두고, 분석하여 방향을 제시하는 사람을 말한다. 빅데이터 전문가, 데이터 과학자라고도 부르며 데이터를 다각적으로 분석하여 방향을 알려주는 기획자이면서 전략가이다. 데이터 엔지니어링, 수학, 고급컴퓨팅, 통계 등의 지식이 필요하다.

12 ■■■
넷플릭스 법
Netflix 法

전기통신사업법 시행령 개정안

정확한 명칭은 '전기통신사업법 시행령 개정안'이다. 국내에 서버를 두지 않은 해외 사업자에게 국내 망을 이용한 것에 대한 대가를 지불하도록 하기 위하여 처음 도입하기 시작하였다. 국내에 서버를 둔 사업자는 국내 망 접속료를 내는 반면에, 국내에 서버 없이 서비스를 제공하는 사업자는 국내 통신사들에게 망 이용료를 내지 않기 때문이다. 이는 하루 평균 이용자가 100만 명 이상이며 국내 트래픽의 1% 이상의 업체에게 적용된다. 한편 한국인터넷기업협회는 전기통신사업법 개정으로 새로운 규제가 도입되면서 이는 콘텐츠 사업자의 발전을 저해할 수 있다는 의견을 밝혔다. 만일 콘텐츠 사업자들이 망 이용료를 더 부담하게 된다면 최종 소비자에게 전가할 수 있기 때문에 기존의 통신료에 콘텐츠 이용료까지 이중 부담이 될 수 있을 것이라는 전망이다.

13 ■■■
딥러닝
Deep Learning

2024 · 2023 · 2021 | 농협은행

컴퓨터가 스스로 학습하여 배우는 머신러닝의 한 분야

인공신경망(ANN)을 기반으로 하는 학습 방법이다. 많은 데이터를 분류하고 관계를 파악하는 기술로 인간이 가르치지 않고도 스스로 학습하여 예측하는 기계학습이다. 2016년 2월 이세돌 9단과 바둑을 둔 알파고 또한 딥러닝 기술로 만들어진 프로그램으로 끊임없이 기보를 통해 스스로 바둑 전략을 학습한다. 다층구조 형태로 된 신경망을 기반으로 하는 머신러닝의 일종으로 수많은 데이터를 높은 수준의 추상화 모델로 구축하는 기법이다.

상식PLUS 머신러닝과 딥러닝의 차이

구분	머신러닝	딥러닝
정의	데이터에서 패턴을 학습하여 예측이나 분류를 수행하는 기술	인공신경망(ANN) 기반으로 하는 학습 방법
추출	사람이 직접 특징을 추출하여 알고리즘 학습(사람의 개입 · 설계)	데이터 기반으로 자동 학습
데이터 요구량	비교적 적음	빅데이터 필요
활용 분야	• 금융 예측 : 주가 예측, 신용평가, 리스크 관리 • 음성 인식 : 음성 분류 • 자율주행 : 간단한 센서 데이터 분석 • 이미지 인식 : 기초적인 패턴 분석	• 금융 예측 : 빅데이터 기반 자동 트레이딩 • 음성 인식 : 음성 비서 • 자율주행 : 이미지 · 영상 인식 및 복잡한 환경 대응 • 이미지 인식 : 얼굴 · 객체 인식

☑ 시험에서는 이렇게 물어본다!
딥러닝 기술이 사용되고 있는 서비스를 약술하시오.

14 ■■■
머신러닝
Machine Learning

2023 · 2022 · 2020 | 농협은행 2020 | 농협중앙회

스스로 자신의 동작을 개선하는 슈퍼컴퓨터의 기계학습 능력

1959년 아서 사무엘의 논문에서 처음 사용된 단어이다. 인공지능의 분야 중에 하나로 경험적 데이터를 기반으로 컴퓨터가 학습 · 예측 · 향상시키는 과정을 알고리즘을 연구 · 구축하는 기술이다. 입력한 데이터를 기초로 예측이나 결정을 수행하는 모델을 구축하는 방식이다. 알고리즘이 어렵거나 프로그래밍이 난해한 작업을 해결하기 위해서 사용한다. 알고리즘은 감독학습, 비감독학습, 강화학습으로 나뉜다. 머신러닝의 예로는 검색어 자동완성, 자동 센서기능, 범행예측 등이 있다.

☑ 시험에서는 이렇게 물어본다!
머신러닝의 정의와 사용되는 기술의 예시를 약술하시오.

15 ■■■
딥페이크
Deepfakes

2021 | 농협은행

AI 기술을 활용하여 영상 · 음성을 생성하거나 변형하는 기술

미국에서 불법 콘텐츠가 등장하면서 시작되었다. 인공지능(AI) 기술을 활용하여 동영상이나 프로세스 자체를 만드는 것이다. 적대관계생성신경망(GAN)의 기계학습(ML) 기술을 사용하여 만든다. 얼굴뿐만 아니라 음성도 합성할 수 있다. 특정인의 얼굴이나 음성으로 개인의 명예를 훼손하는 등 윤리적인 문제와 악용문제로 관련 법률과 강력한 규제가 필요하다.

관련기사 정교해지는 딥페이크 탐지기술

딥페이크 기술이 나날이 좋아지면서 이를 탐지하는 기술 또한 더욱 정교해지고 있다. 초기와 달리 입모양까지도 자연스럽게 만들어주는 것을 손쉽게 할 수 있는 앱과 홈페이지가 등장하면서 AI 영상의 수준이 급격히 상승하였다. 얼굴의 혈류신호로 딥페이크를 감지하거나 영상에 딥페이크에 대한 여부를 분석한다. 또한 프레임 단위로 얼굴 분석으로 조작된 부분을 보여주기도 한다. 딥페이크가 발달하면서 탐지기 기술 시장의 규모도 나날이 증가하고 있다.

☑ 시험에서는 이렇게 물어본다!
딥페이크 기술의 특징은?

16 ■■■
데이터 라벨링
Data Labelling

머신러닝이 가능한 데이터로 가공하는 작업

인공지능 알고리즘을 고도화하기 위해 데이터를 재가공하는 작업을 의미한다. AI가 학습해야 하는 데이터를 수집한 뒤에 재가공하여 고품질의 데이터셋을 구축하는 것을 의미한다. 예를 들어 고양이 사진에 데이터 라벨러가 '고양이'라는 라벨을 넣으면 AI가 유사한 이미지들은 고양이로 인식할 수 있는 것이다.

17 ■■■
빅데이터 큐레이터
Big Data Curator

빅데이터의 숨겨진 가치와 무궁무진한 잠재력을 발굴할 수 있는 사람

큐레이터의 안목으로 기획전을 개최하듯이 데이터 분석 및 기획을 통해 이용하는 사람이다. 정보가 과다하게 많은 현재에 수많은 데이터를 분류하고 체계적으로 정리하여 콘텐츠를 조직화하여 콘텐츠를 맞춤형으로 제작한다. 데이터 사이언티스트 사이에서 데이터를 사업으로 연결하는 직업의 일종으로 빅데이터의 중요성이 높아지면서 각광받고 있다.

18 ■■■

빅데이터
Big Data

2024 · 2023 · 2021 · 2020 · 2019 | 농협은행 2022 · 2020 | 농협중앙회 2019 | 농협계열사

정형 · 반정형 · 비정형 데이터세트의 집적물, 그리고 이로부터 경제적 가치를 추출 및 분석할 수 있는 기술

빅데이터는 기존 데이터보다 방대하여 기존의 방법으로는 수집 · 저장 · 분석 등이 어려운 정형 · 비정형 데이터를 뜻한다. 빅데이터의 알려진 특징은 크기, 다양성, 속도, 가치, 정확성이다.

구분	내용
크기(Volume)	일반적으로 수십 테라바이트에서 수십 페타바이트 이상의 규모를 의미한다.
다양성(Variety)	• 다양한 소스 및 형식의 데이터를 포함한다. • 웹 로그, 소셜미디어 상호 작용, 금융 트랜잭션 등
속도(Velocity)	• 대용량의 데이터를 빠르게 처리하고 분석할 수 있다. • 데이터를 하루 단위에서 실시간에 이르기까지 상대적으로 짧은 시간 내에 수집, 저장, 처리 및 분석한다.
가치(Value)	새로 추가된 특징으로 빅데이터의 가치를 의미한다.
정확성(Veracity)	데이터의 정확성과 타당성으로 빅데이터의 신뢰성을 의미한다.

상식PLUS⁺ 비정형 데이터 마이닝(Unstructured Data)

일정한 규칙이나 형태가 있는 숫자나 문자와 같은 데이터와 달리 영상, 음성, 그림 등으로 구조화가 되어있지 않고 형태구조가 가지각색인 데이터를 의미한다. 책, 문서의료 기록, 음성 기록, 영상 기록, 이메일, 트위터 등이 있다.

☑ 시험에서는 이렇게 물어본다!

1. 빅데이터 분석에 주로 사용되는 기술은?
2. 빅데이터의 5V는?
3. 빅데이터와 관련된 프로젝트 수행 시 데이터 수집 · 처리 · 분석 단계에서 발생할 수 있는 문제와 이를 해결할 방안을 서술하시오.

19 ■■□

오피니언 마이닝
Opinion Mining

누리꾼의 여론과 의견을 분석한 후 유용한 정보로 도출하는 빅데이터 처리 기술

누리꾼의 감성이나 의견을 수치화하고 통계화하여 객관적인 정보로 도출하는 기술이다. 구매 후기나 Q&A 게시판에의 의견을 모아 일정한 법칙을 찾고 탐사하는 빅데이터 기술 중에 하나이다. 대부분 분석하는 대상으로는 포털게시판이나 블로그, 쇼핑몰 등으로 자동화 분석방법으로 대규모로 웹 문서를 분석한다. 분석 대상이 텍스트이므로 자연어 처리방법과 컴퓨터 언어학을 사용한다.

20

텍스트 마이닝

Text Mining

텍스트로 저장된 정보를 도출하여 의미 있는 정보를 수집하는 빅데이터 기법

누리꾼의 여론이나 사회 현상과 관련한 정보를 찾기 위해 온라인 뉴스기사, 블로그 글, SNS, 웹 페이지, 이메일 등의 텍스트 정보를 수집한다. 수집된 텍스트 정보를 통해 누리꾼의 여론이나 사회 현상과 관련한 정보를 도출한다. 대용량 텍스트 데이터를 저장하는 빅데이터 기술과 텍스트 구조를 분석 및 통계 처리하는 자연어 처리(NLP) 기술을 기반으로 하는 기술이다. 정형화가 되지않은 텍스트 데이터를 정형화하여 정보 수집을 한다. 단어 빈도 분석, 군집 분석, 감성 분석, 연관 분석 등의 통계적 방법을 통해 텍스트 데이터 안의 정보를 수집한다. 또한 기계학습(ML)을 통해서 텍스트를 요약하거나 키워드를 추출하여 검색 엔진에 적용한다. 기계학습 기술을 통해서는 메일 필터링, 범죄 감지, 고객관리 등 다양한 분야에서 사용한다.

21

생성적 적대 신경망

GAN : Generative Adversarial Network

생성모델과 판별모델이 서로 경쟁하면서 실제와 비슷한 모습으로 만들어내는 기계학습

진짜와 가짜를 생성하는 생성모델과 진위를 판별하는 판별모델이 서로 경쟁하면서 실제와 비슷한 모습의 가짜 이미지를 만드는 것을 의미한다. 서로 상반된 목적을 가지고 있는 생성자와 감별자가 실제 데이터를 통해 거짓 데이터를 만들어 낸다. 구글 브레인 연구자 이안 굿펠로우는 생성자를 위조지폐범, 감별자를 경찰에 비유했다. 현재 GAN은 이미지 생성에 사용되어 실존하지 않는 사람들의 이미지를 생성할 수 있다. 현재 GAN을 통해 딥페이크 영상과 가짜뉴스가 유통되어 부작용이 나타나고 있다.

22

아마존 레코그니션

Amazon Rekognition

기계학습 전문 지식을 사용하지 않고 딥러닝 기술을 사용하여 이미지나 비디오에서 객체, 사람, 텍스트 등을 식별하고 부적절한 콘텐츠를 탐지하는 기술

아마존 웹서비스(AWS)에서 판매하고 있는 애플리케이션에 강력한 시각 분석기능을 추가해주는 서비스이다. 수천 개의 객체와 주차장, 도시, 건물 등과 같은 장면을 식별이 가능하다. 또한 어셈블리 라인에서 기계 부품을 분류하거나 사진에 존재하는 텍스트 및 얼굴을 탐지할 수 있다.

상식PLUS+ 아마존 웹서비스(AWS)

클라우드 서비스를 주력으로 판매하는 아마존의 자회사이다. 2006년에 설립된 회사로 개발자, 엔지니어 등 IT관계자에게 인프라를 제공하는 서비스이다. 웹 사이트를 구축할 때 필요한 서버, 스토리지, 네트워크 장비를 한 번에 대여해주는 곳으로 AWS 서비스를 인프라로서의 서비스라고도 부른다.

23 ■■■
로보어드바이저
Robo Advisor

투자자의 성향 정보를 토대로 알고리즘을 활용해 개인의 자산 운용을 자문하고 관리해주는 자동화된 서비스

로보어드바이저 서비스는 사람의 개입 여부에 따라 총 4단계로 구분할 수 있다. 1단계 자문 · 운용인력이 로보어드바이저의 자산배분 결과를 활용해 투자자에게 자문하거나, 2단계 투자자 자산을 운용하는 간접 서비스, 3단계 사람의 개입 없이 로보어드바이저가 직접 자문하거나, 4단계 투자자 자산을 운용하는 직접 서비스로 나뉜다.

24 ■■■
에스크로
Escrow

구매자와 판매자의 원활한 상거래를 위해 제3자가 중개하는 서비스

구매자와 판매자의 신용관계가 불확실 할 때 상거래가 원활하게 이루어질 수 있도록 제3자가 중개하는 매매 보호서비스이다. 구매자가 제3자에게 거래금을 보내면 판매자는 제3자에게 거래금을 확인하고 상품을 발송한다. 상품을 받은 구매자는 제3자에게 알리고 제3자는 판매자에게 거래금을 보낸다. 중개역할을 하는 제3자는 수수료로 수익을 얻는다.

25 ■■■
키오스크
KIOSK

공공장소에 설치된 무인 정보단말기

첨단 멀티미디어 기기를 활용하여 음성서비스, 동영상 구현 등 정보서비스와 업무의 무인 · 자동화를 통해 대중들이 쉽게 이용할 수 있도록 공공장소에 설치한 무인단말기를 말한다.

26 ■■■
메타버스
Metaverse

2021 | 농협은행

가상현실(VR)과 인터넷이 결합된 가상공간

가상과 초월을 의미하는 '메타(Meta)'와 우주를 의미하는 '유니버스(Universe)'의 합성어로 1992년 닐 스티븐슨의 소설 「스노 크래시」에서 처음 등장한 단어이다. 가상현실(VR)보다 더 진화한 개념으로 확장가상세계를 의미한다. 게임으로 가상현실을 즐기는 것보다 앞서서 가상세계에서 현실처럼 사회, 문화, 경제활동 등을 할 수 있는 실재감 테크이다. 가상현실을 현실과 가깝게 구현한 실재감, 가상과 현실의 연동되는 상호운영성, 가상세계에서 경험한 것을 현실에서도 연결되는 연속성, 가상공간에서도 현실에서처럼 경제활동을 할 수 있는 특징을 가지고 있다.

☑ 시험에서는 이렇게 물어본다!
실재감 테크로 가상의 공간에서 물리적 한계를 뛰어넘어 현실화하는 것은?

27 ■■■
증강현실
AR : Augmented Reality

2021 | 농협계열사 2022 | 지역농협 2021 | 농협중앙회 2024 · 2023 · 2022 · 2021 | 농협은행

현실 세계에 3차원 가상물체를 겹쳐 보여주는 기술

증강현실 기술은 1990년 보잉사의 항공기 전선 조립과정을 설명하는 데 처음 사용되었고 미국과 일본을 중심으로 연구개발이 진행되었다. 증강현실은 2000년대 중반부터 스마트폰이 등장 · 활성화되면서 주목받기 시작하였다. 증강현실은 실제 환경에 가상의 객체를 혼합하여 사용자가 실제 환경보다 실감나는 부가정보를 제공받을 수 있다. 예를 들면, 길을 가다 스마트폰 카메라로 주변을 비추면 근처에 있는 상점의 위치 및 전화번호, 지도 등의 정보가 입체영상으로 표시되거나 하늘을 비추면 날씨정보가 나타나는 등 다양한 분야에 적용되고 있다.

상식PLUS⁺ 증강현실 종류

㉠ **가상현실**(VR : Virtual Reality) : 컴퓨터 그래픽이 만든 가상환경에 사용자를 몰입하도록 함으로써 실제 환경은 볼 수 없다. HDM 기기를 머리에 쓰고 사용자가 가상공간을 볼 수 있다.
㉡ **혼합현실**(MR : Mixed Reality) : 가상현실과 증강현실을 혼합한 기술로 현실 배경에 현실과 가상의 정보를 혼합시켜 공간을 만드는 기술이다. 현대자동차의 헤드업 디스플레이, 인텔사의 스마트 헬멧 등이 있다.
㉢ **확장현실**(XR : eXtended Reality) : 가상현실(VR), 증강현실(AR), 혼합현실(MR) 등의 다양한 기술로 구현되는 현실과 비슷한 공간으로 실감기술이라고도 부른다.

☑ 시험에서는 이렇게 물어본다!
1. 증강현실(AR)의 특징은?
2. 증강현실(AR)을 금융권에서 어떻게 활용할 수 있을지 말해보시오.

28 ■■■
신용카드 지불시스템
SET : Secure Electronic Protocol

2021 | 농협

전자상거래를 안전하게 하기 위한 표준 프로토콜을 의미

SET에 이용되는 전자서명이 된 인증서를 소유한 카드 소지자가 결제를 한다. 카드 소지자가 사용한 결제 정보가 이중서명으로 해시화한다. 카드 사용자가 생성한 비밀키를 은행에서 지불 게이트웨이의 공개키를 사용하여 비밀키를 암호화한다. 상점에서 이중 해시 값을 비교해서 구매정보의 위 · 변조를 확인하고 지불 게이트웨이에 보낸다. 지불 게이트웨이에서 비밀키를 복호화해서 정보를 확인하고 위 · 변조가 없다면 상점에 대금을 지불한다.

☑ 시험에서는 이렇게 물어본다!
SET 시스템의 주요 특징은?

29

3D 프린팅
Three Dimensional Printing

프린터를 통해 3D 물체를 만드는 기술

1980년대 미국의 3D 시스템즈사에서 처음 개발한 것으로 기업에서 시제품 제작용으로 활용했으나 현재는 여러 입체도형을 찍어내는 것으로 인공 뼈, 자전거 뼈대 등 다양한 곳에 상용화되어 사용되고 있다. 3D 도면을 제작하는 모델링을 하고 모델링 프로그램을 통해 이미지를 구현하여 제작한 뒤에 프린터로 물체를 만드는 단계로 총 3단계로 진행된다. 3D 프린터를 만드는 방식으로는 2차원 면을 쌓아올리는 적층형과 조각하듯 깎아내는 절삭형이 있다.

상식PLUS⁺ 3D 바이오 프린팅
3D 프린터와 생명공학이 결합된 기술로 세포의 형상이나 패턴을 제작하는 것이다. 컴퓨팅 기술과 사이버물리시스템(CPS : Cyber Physical System)이 연결된 기술이다. 손상된 피부부터 장기, 의수, 혈관 등 다양하게 활용될 수 있다.

30

챗봇
Chatter Robot

문자 또는 음성으로 대화하는 기능이 있는 컴퓨터 프로그램 또는 인공지능

정해진 응답 규칙에 따라 사용자 질문에 응답할 수 있도록 만들어진 시스템이다. 사람처럼 자연스러운 대화를 진행하기 위해 단어나 구(句)의 매칭만을 이용하는 단순한 챗봇부터 복잡하고 정교한 자연어 처리 기술을 적용한 챗봇까지 수준이 다양하다.

상식PLUS⁺ 챗봇의 사례
2000년대 초반 등장한 '심심이'라는 서비스도 일종의 챗봇이다. 초창기 챗봇은 PC 환경에서 말을 걸면 자동으로 응답해주는 방식이 대부분이었다. 현재 카카오톡에서 운영하는 '플러스 친구', 라인의 '라인@'과 같은 서비스도 챗봇의 하나이며 이러한 서비스는 기업 계정과 채팅을 할 수 있도록 외부 사업자에게 제공한다.

31

웨어러블 로봇
Wearable Robot

옷처럼 착용하는 로봇

옷처럼 입을 수 있는 로봇기술이다. 부족한 신체기능을 강화해주기 위한 기술로 노약자나 장애인 활동을 보조하는 기능을 한다. 시계, 신발, 옷, 장신구, 안경 형태의 웨어러블 로봇이 나오고 있다. 일상생활을 기록하거나 증강현실, 건강관리, 업무 보조 등 다양한 용도로 나오고 있다.

상식PLUS⁺ 웨어러블 기기(Wearable Device)
착용이 가능한 기기로 안경, 시계, 의복 등 일상생활에서 사람 몸에 착용이 가능한 형태의 기기로 손에 휴대하지 않아도 이용할 수 있는 기기를 말한다. 컴퓨터 기능이 지원되며, 대표적인 예로 스마트 워치가 있다.

32

오픈 API
Open API

2020 · 2016 | 농협은행

인터넷 사용자가 웹 검색 및 사용자 인터페이스 등을 제공받는 것에 그치지 않고 직접 응용프로그램과 서비스를 개발할 수 있도록 공개된 API

검색, 블로그 등의 데이터 플랫폼을 외부에 공개하여 다양하고 재미있는 서비스 및 애플리케이션을 개발할 수 있도록 외부 개발자나 사용자들과 공유하는 프로그램으로, 구글은 구글 맵의 API를 공개해 친구 찾기 · 부동산 정보 등 300여 개의 신규 서비스를 창출했다. 오픈 API로 다양한 서비스에서 시도되고 있으며, 누구나 접근하여 사용할 수 있다는 장점이 있다.

☑ 시험에서는 이렇게 물어본다!
오픈 API의 장점은?

33

API
Application Programming Interface

2024 · 2020 | 농협은행

서로 다른 소프트웨어 시스템이 상호작용할 수 있도록 해주는 인터페이스

애플리케이션과 컴퓨터를 연결하는 중간다리 역할을 한다. 프로그램을 실행하기 위해 특정 서브루틴에 연결되고 함수를 호출하여 구현하는 방식이다. 즉, 서로 다른 프로그램이나 시스템들이 상호작용 할 수 있도록 돕는 중개자인 것이다. API의 대표적인 방식으로 RESTful API와 GraphQL API가 있다. RESTful API는 미리 정해진 엔드포인트에서 데이터를 요청하는 방식이다. 사용자 로그인을 거쳐 액세스 토큰을 발급받는 방식으로, 보안이 중요한 소셜 로그인이나 온라인 뱅크에 주로 사용된다. GraphQL API는 클라이언트(서버)가 필요한 데이터 구조를 직접 정의하여 요청할 수 있는 방식이다. 별도의 사용자 인증 없이 서버가 직접 인증받아 API에 접근하는 방식으로, 내부 시스템 간 통신이나 서버 간 데이터 연동에 적합하다.

☑ 시험에서는 이렇게 물어본다!
API를 활용하여 웹 서비스 간 데이터를 주고받을 때, RESTful API와 GraphQL API의 주요 차이점을 설명하고, 특정 상황에서 GraphQL이 더 적합한 이유를 예를 들어 설명하시오.

34

펌뱅킹
Firm Banking

2023 | 농협은행

기업과 금융기관이 연결하여 온라인으로 처리하는 은행 업무

기업과 은행을 전용회선으로 연결하여 은행에 방문하지 않고 기업에서 직접 처리할 수 있는 금융업무를 의미한다. 급여계산, 거래처 자금입금, 지불지시, 잔액조회, 회계 자동처리 등 기업에서 필요한 은행 업무를 원활하게 이용할 수 있는 서비스이다. 집 안에서 금융업무를 할 수 있는 홈뱅킹(Home Banking)은 개인을 대상으로 하나 펌뱅킹은 법인을 대상으로 한다.

☑ 시험에서는 이렇게 물어본다!
펌뱅킹 서비스의 주요 기능은?

35

휴먼증강

Human Augmentation

특수장비를 사용하여 신체기능과 능력을 높여 기능성과 생산성을 향상시키는 기술

기계적인 수단, 약물, 뇌 신호 해석, 유전자 편집 등 다양한 기술을 결합하여 인체기능을 향상시키는 기술이다. 생산현장에서 인조 외골격으로 지구력을 높이거나 증강현실 안경으로 추가적인 시각전달을 받거나 배아의 유전자를 편집하여 장기를 배양하는 등 다양하게 응용할 수 있다. 뇌 – 컴퓨터 인터페이스를 통해 인조 외골격을 움직일 수 있다.

상식PLUS⁺ 뇌 – 컴퓨터 인터페이스(Brain Computer Interface)

뇌파를 분석하여 해석한 코드를 이용하여 외부 장치의 동작을 제어하는 기술이다. 신경세포를 자극하면 나타나는 혈류량 변화를 두뇌 외부에서 관찰하여 측정한다. 의공학, 뇌공학 분야 등 다양한 융합 전문지식을 통해 인터페이스를 구성해야 한다.

36

액티브 노이즈 캔슬링

ANC :
Active Noise Control

음악을 들을 때 주변의 소음을 차단하는 기능을 의미

능동 소음 제어기술로 주변에 존재하는 소음을 차단하는 기능이다. 액티브 노이즈 캔슬링(ANC)과 패시브 노이즈 캔슬링(PNC)으로 구분되는 기능 중 하나이다. 최근에 많은 헤드폰, 이어폰 등에 적용된다. ANC기기에 내장된 소음 조절기로 외부에 존재하는 소음을 받아온 후 파동의 위상을 반전시킨다. 반전된 소리가 스피커에 가면 상쇄 간섭이 나타나면서 주변 소음이 감소한다. 이 기능으로 소음이 심한 버스나 지하철 등에서 집중도 높게 음악과 영화 감상이 가능하다.

37

샌드박스

Sandbox

새로운 제품이나 서비스가 출시될 때 일정 기간 동안 기존 규제를 면제 · 유예시켜주는 제도

샌드박스(Sandbox)는 어린이들이 자유롭게 뛰노는 모래 놀이터처럼 규제가 없는 환경을 주고 그 속에서 다양한 아이디어를 마음껏 펼칠 수 있도록 하는 것을 뜻한다. 사업자가 새로운 제품, 서비스에 대해 규제 샌드박스 적용을 신청하면 법령을 개정하지 않고도 심사를 거쳐 시범 사업, 임시 허가 등으로 규제를 면제 · 유예해 그동안 규제로 인해 출시할 수 없었던 상품을 빠르게 시장에 내놓을 수 있도록 하는 것이다. 문제가 있을 경우 사후 규제하는 방식이다.

38 ■■■
P2P 금융
Peer to Peer

2020 | 농협은행 2020 | 지역농협 2020 | 농협중앙회

온라인 투자연계 금융업

금융기관을 거치지 않고 온라인에서 금융 업무 중인 대출과 차입을 연결하는 서비스이다. 온라인투자연계금융업자로 등록된 기업에서 투자와 차입을 할 수 있다. 기존 은행 대출에 비해 대출 이용자의 접근성이 용이하고, 투자자에게 높은 수익 가능성을 제공하며 빠른 대출 승인이 가능하다. 그러나 신용평가 기준이 은행보다 낮아 부실 대출 가능성이 높고, 예금자보호제도가 적용되지 않아 원금 손실 가능성이 있다. P2P 플랫폼 운영이 불안정할 경우 투자자와 차입자 모두 피해를 볼 수 있다.

☑ 시험에서는 이렇게 물어본다!
P2P 금융이 성장하면서 발생할 수 있는 주요 리스크를 설명하고 이를 해결하기 위한 방안을 제시하시오.

39 ■■■
P2E
Play to Earn

게임을 즐기면서 돈도 함께 버는 것을 의미

게임에 블록체인 기술이 들어가서 돈을 버는 것이다. 게임에서 획득한 게임 머니를 가상화폐 거래소에서 토큰으로 환전할 수 있는 시스템이다.

40 ■■■
데이터 댐

빅데이터를 초연결 통신망을 이용해 수집하고 AI로 분석할 수 있도록 인프라를 구축하는 제도

데이터 수집 · 가공 · 거래 · 활용기반을 강화하여 데이터 경제를 가속화하고 5세대 이동통신(5G) 전국망을 통해서 5세대 이동통신(5G) · 인공지능 융합 확산하는 것을 말한다. 데이터 경제 가속화와 5G와 인공지능의 융합을 확대시키는 계획이다. 2010년에 발표한 디지털 뉴딜 분야 중 하나이다.

상식PLUS⁺ 데이터 댐 주요 제도

㉠ 분야별 빅데이터 플랫폼 확대, 공공데이터 14.2만 개 신속 개방, 인공지능 학습용 데이터 1,300종 구축 등 데이터 확충
㉡ 5세대 이동통신(5G)망 조기구축을 위한 등록면허세 감면 · 투자 세액 공제 등 세제지원 추진
㉢ 실감기술(VR, AR 등)을 적용한 교육 · 관광 · 문화 등 디지털콘텐츠 및 자율차 주행 기술 등 5세대 이동통신(5G) 융합서비스 개발
㉣ 스마트공장 1.2만 개, 미세먼지 실내정화 등 인공지능 홈서비스 17종 보급, 생활밀접 분야 「AI+X 7대 프로젝트」 추진
㉤ 분산되어 있는 도서관 데이터베이스, 교육 콘텐츠, 박물관 · 미술관 실감콘텐츠 등을 연계하여 통합검색 · 활용 서비스 제공하는 디지털 집현전이 있다.

41
디지털 플랫폼 정부
digital platform government

디지털 플랫폼에서 모든 데이터가 연결하여 국민, 기업, 정부가 함께 새로운 가치를 창출하는 정부

국민의 편의 강화를 위해서 진행하는 혁신 프로젝트에 해당한다. 인공지능과 빅데이터 시스템을 통해 다양한 업무를 클릭 한번으로 손쉽게 처리할 수 있도록 하는 것이다. 접속자가 많이 몰려도 먹통이 없도록 정보시스템의 노후 서버를 신규 클라우드로 전환하고, 정부가 민간의 클라우드서비스를 더욱 쉽게 이용할 수 있도록 정부 내부 시스템과의 연계기반 체계를 구축하고, 공공부문 정보화 담당자를 대상으로 클라우드 네이티브 기술 도입 · 운영에 관한 교육도 지원할 예정이다.

42
지능형(AI)정부

5세대 이동통신(5G) · 블록체인 등 디지털 신기술을 활용하여 똑똑한 정부 구현하는 디지털 뉴딜 정책 중 하나

국민에게 맞춤형 공공서비스를 제공하기 위한 디지털 뉴딜 정책이다. 디지털(All Digital) 민원처리, 국가보조금 · 연금 맞춤형 안내 등 비대면 공공서비스 제공하는 비대면 맞춤행정을 지원과 복지급여 중복 수급 관리, 부동산 거래, 온라인 투표 등 국민 체감도가 높은 분야 블록체인 기술 적용 시범 · 확산하는 것이 있다. 전(全)정부청사 5세대 이동통신(5G) 국가망 구축 및 공공정보시스템을 민간 · 공공 클라우드센터 이전 · 전환하고 국회 · 중앙도서관 소장 학술지 · 도서 등 디지털화, 국제학술저널 구독 확대하는 것이 주요 제도이다.

43
스마트 도시
Smart City

정보통신기술(ICT)를 이용하여 도시에 교통 · 환경 · 주거 등의 문제를 해결하여 쾌적한 삶을 누리도록 한 도시

텔레커뮤니케이션(Tele Communication)을 기반으로 한 시설들이 도시 곳곳에 설치되어 연결되어 있는 도시이다. 사무실 안에서도 집에서 해야 할 모든 업무를 가능하도록 한 텔레워킹(Teleworking)이 보편적이 된 도시이다.

44
AI디지털 교과서

인공지능 기기를 사용하여 학습을 하는 교과서

AI디지털 교과서를 통해서 인공지능 기반 맞춤형 학습지원 구현을 위해 진행하고 있다. 인공지능 디지털 교과서를 추진하여 학생은 학습진단, 학습분석, 학습경로 및 콘텐츠 추천, 맞춤형 학습지원, 학습계획 수립 등을 할 수 있다. 교사는 수업 설계와 맞춤 방안을 확인하여 인공지능 보조교사로 활용할 수 있으며, 학생의 학습데이터를 분석하여 학습계획을 수립할 수 있다. 또한 모니터링을 통해 학습경로 제공과 학습 관리를 할 수 있다.

45 ■■■
디지털 트윈
Digital Twin

자율차, 드론 등 신산업 기반 마련, 안전한 국토 시설관리를 위해 도로 · 지하공간 · 항만 · 댐 등을 3차원 좌표를 가진 점들의 집합으로 구성된 데이터를 구축하는 것

한국판 뉴딜의 일종이다. 시뮬레이션 통해 현실분석 · 예측을 통해 가상공간에서 현실공간 · 사물의 쌍둥이(Twin) 구현하는 것이다.

상식PLUS⁺ 디지털 트윈 주요 제도
㉠ 도심지 등 주요지역의 높이값을 표현한 수치표고 모형 구축 및 고해상도 영상지도 작성하는 3차원 지도
㉡ 국도 · 4차로 이상 지방도 정밀도로지도 구축
㉢ 노후 지하공동구(120km) 계측기 설치 등 지능형 관리시스템 구축, 국가관리 댐 실시간 안전 감시체계 구축
㉣ 디지털 트윈 기반 항만자동화 테스트베드, 항만시설 실시간 모니터링 디지털 플랫폼 구축
㉤ 인공지능 · 디지털 트윈 등 신기술 활용으로 도시문제 해결 · 삶의 질 향상 등을 위해 스마트 시티 국가시범도시(세종 · 부산) 구축이 있다.

46 ■■■
메디컬 트윈

가상공간에 똑같은 객체를 두고 시뮬레이션을 하는 것

컴퓨터에 현실 속 사물의 쌍둥이를 만들고 시뮬레이션하고 결과를 예측하여 최적화하는 기술인 디지털 트윈(Digital Twin)을 의료분야에 적용하여 활용하는 기술이다. 미래 혁신 기술인 디지털 트윈(Digital Twin)을 의료분야에 접목하여 활용하는 메디컬 트윈(Medical Twin) 기술개발 및 활용에 대한 관심이 증가하고 있으며, 선진국 중심으로 심장 · 환자 트윈(Twin) 등을 구축하여 임상 시뮬레이션 · 환자 관리 · 모의 수술 등에 활용하는 시범사례가 증가하고 있다. 시뮬레이션을 기반으로 의료기관 내 진료 · 진단 결과를 예측하는 임상결정지원시스템(CDSS) 등을 주요 활용, 상태 예후 예측, 신약후보물질 발굴을 통한 치료제 및 백신 개발, 임상시험 디자인 모델 개발 등 분야별 메디컬 트윈(Medical Twin) 활용 등이 있다.

47 ■■■
버그바운티
Bugbounty

보안 취약점 신고 포상제

기업의 서비스나 제품 등을 해킹해 취약점을 발견한 화이트 해커에게 포상금을 지급하는 제도이다. 블랙 해커의 악의적인 의도로 해킹당할 시 입는 손해를 방지하기 위하여 공개적으로 포상금을 걸고 버그바운티를 진행한다. 기업들의 자발적인 보안 개선책으로 화이트해커가 새로운 보안 취약점을 발견하면 기업은 보안성을 고도화한다.

48
해커톤
Hackathon

일정한 시간과 장소에서 프로그램을 해킹하거나 개발하는 행사

'해킹(Hacking)'과 '마라톤(Marathon)'의 합성어로 한정된 기간 내에 기획자, 개발자, 디자이너 등 참여자가 팀을 구성해 쉼 없이 아이디어를 도출하여 앱, 웹 서비스 또는 비즈니스 모델을 완성하는 행사를 말한다. IT기업에서 흔히 사용된다.

49
랜섬웨어
Ransomware

악성코드(Malware)의 일종

인터넷 사용자의 컴퓨터에 잠입해 내부 문서나 사진 파일 등을 암호화하여 열지 못하도록 한 뒤, 돈을 보내면 해독용 열쇠 프로그램을 전송해준다며 비트코인이나 금품을 요구한다.

50
크립토재킹
Cryptojacking

PC를 해킹하여 가상화폐를 채굴하는 사이버 범죄

사용자 PC를 해킹하여 해커가 가상화폐를 채굴하는 용도로 활용하는 사이버 범죄이다. 개인 PC에서 채굴된 가상화폐를 해커의 전자지갑으로 전송하는 방식으로 주로 새벽 시간에 활동하여 피해자도 알지 못하는 경우가 많다.

51
스피어 피싱
Spear Phishing

특정 대상을 목표로 공격하는 피싱

기업의 권한이 있는 대상자의 정보를 수집하여 스피어 피싱 이메일을 보내어 해킹하여 직무자의 계정 정보 등을 취득하는 전자통신 사기수법이다. 대개 금전 · 무역기밀 · 군사정보 등을 취득하기 위한 목적으로 수행된다.

52
부트키트
BootKit

OS영역에서 활동하는 악성코드

관련된 파일을 제거해도 PC나 스마트폰을 재부팅해도 다시 감염되는 악성코드이다. 이는 한 번만 감염되도 시스템 손상으로 치료가 어렵다. 부트키트는 대부분 국외 사례가 많았으나 최근 국내에서도 안드로이드 운영체제를 겨냥한 부트키트가 확인되었다.

53
크로스 사이트 스크립팅
XSS : Cross Site Scripting

공격자가 작성한 스크립트가 다른 사용자에게 전달되는 것

웹 페이지에서 나타나는 보안상 취약한 부분 중 하나이다. 공격자가 악성코드를 웹 페이지에 넣어서 다른 사용자가 웹 페이지를 열어보면 공격을 하는 수법이다. 공격대상이 일반인이라 파급력이 크다. 웹 페이지에 게시글을 확인하거나 이메일에 보내진 링크로 들어가면 공격받는다.

54 ■■■
스푸핑
Spoofing

2021 | 신협중앙회
위장된 정보로 시스템에 접근하여 정보를 빼가는 해킹수법

1995년 미국에서 보고된 해킹수법이다. 임의로 웹 사이트를 구성하여 이용자를 방문하게 한 뒤 사용자 정보와 시스템 권한을 빼가는 수법이다. IP 및 포트 주소, MAC주소, DNS, 이메일, ARP 등을 이용한다.

55 ■■■
스캠
Scam

2021 | 기업은행
신용을 이용하여 속이는 사기를 의미하는 단어

도박에서 상대를 속일 때 사용하는 의미이기도 하다. 암호화폐 업계에서는 투자자를 속인 후 투자금을 유치하고 잠적하는 행위이다. 범죄에 발행된 코인을 스캠 코인이라 부른다. 또한 거래처로 둔갑한 이메일을 사용하여 기업의 거래 대금을 훔치는 수법도 있다.

56 ■■■
스니핑
Sniffing

네트워크의 패킷 정보를 도청하는 해킹수법

네트워크 내에 패킷 정보를 도청하는 장치를 말한다. 네트워크 내에 존재하는 패킷은 암호화가 되어있지 않다. 무결성과 기밀성이 보장되지 않는 패킷의 약점으로 네트워크 간에 패킷 교환을 엿듣는 공격으로 웹호스팅, 데이터 센터와 같은 업체에는 위협적인 해킹수법 중에 하나이다.

상식PLUS⁺ 스누핑(Snooping)
네트워크상에서 남의 정보를 훔쳐보고 가로채는 행위를 말한다. 소프트웨어 프로그램 스누퍼를 이용하여 정보를 가로채거나 네트워크의 트래픽을 분석에 사용되기도 한다.

관련기사 심 스와핑(SIM Swapping) 주의보
유심칩을 변경한 사람들의 가상화폐가 갈취당하는 신원 탈취 기술 심 스와핑이 국내에서 발생하고 있다. 가상화폐를 노리는 신종 사이버 범죄이다. 유심칩을 변경하고 나서 스마트 폰이 먹통이 현상이 나타나고 암호화폐가 유출된다. 휴대폰 유심 정보를 복제해서 금융정보나 가상화폐 계좌를 훔쳐가는 해킹 수법이다.

57 ■■■
큐싱
Qshing

QR코드를 이용하여 정보를 탈취하는 것

추가인증이 필요한 것처럼 QR코드를 통해 악성 앱이 설치되도록 유도하는 것이다. 악성 앱에 들어간 이용자가 보안카드 번호나 개인정보 등을 작성하게 하고 그 정보를 탈취하는 사기수법이다. 또한 모바일 환경을 조작하여 전화·문자의 수신을 막고 착신전환을 하는 등으로 금융사기를 하는 것을 의미한다.

58
파밍
Pharming

2018 | 농협은행

가짜 사이트 접속을 유도해 개인정보를 탈취하는 인터넷 사기 수법

해당 사이트가 공식적으로 운영하고 있던 도메인 자체를 중간에서 탈취하는 수법이다. 사용자가 아무리 도메인 주소나 URL 주소를 주의 깊게 살펴본다 하더라도 쉽게 속을 수밖에 없다. 따라서 사용자들은 늘 이용하는 사이트로만 알고 아무런 의심 없이 접속하여 개인 아이디와 암호, 금융 정보 등을 쉽게 노출시킴으로써 피싱 방식보다 피해를 당할 우려가 더 크다. 이를 방지하기 위해서는 백신 · 보안을 업데이트하고 공인된 사이트인지 인증서를 확인해야 한다.

☑ 시험에서는 이렇게 물어본다!
파밍을 방지하기 위한 가장 효과적인 방법은?

59
스트림 리핑
Stream Ripping

스트리밍으로 흘러나오는 음악을 녹음해 해적판 음원 파일을 만드는 행위

스트리밍의 인기가 높아지면서 무단 음원 사용의 대표적 행태가 불법 다운로드에서 스트림 리핑으로 바뀌었다. 스트리밍 데이터를 캡처하고 파일로 변환하여 저장한다. 예를 들어 유튜브 동영상에서 음악을 재생하면서 MP3로 변환하여 다운로드 하는 것이다. 저작권 침해 문제 등으로 많은 스트리밍 서비스에서는 이를 금지하고 있는데, 유튜브 프리미엄, 애플뮤직 등 일부 플랫폼에서는 오프라인 저장 기능을 별도로 제공하고 있다.

60
월패드 해킹

주택 관리용 단말기(IoT)인 월패드가 해킹되는 것을 의미

가정용 네트워크인 주택 관리용 단말기가 해킹되어 가정용 CCTV나 개인정보가 유출되는 것을 의미한다. 정부에서는 월패드 해킹 방지를 위해서 아파트 세대 간에 망을 분리하고 가정용 사물인터넷 보안 강화를 밝혔다.

61
허니넷
Honeynet

다수의 허니팟으로 구성되어있는 네트워크를 의미

해커를 파악하여 해킹을 대처하기 위한 네트워크로 해커와 관련된 정보 수집과 공격 패턴을 알 수 있다. 네트워크에 들어온 해커의 움직임을 취득 후 조합하기 위한 하드웨어나 소프트웨어의 조합의 일종이다.

62

허니팟
Honey Pot

컴퓨터 프로그램의 침입자를 속이는 최신 침입탐지기법

'해커 잡는 덫'이란 뜻이다. 크래커를 유인하는 함정을 꿀단지에 비유한 명칭이다. 컴퓨터 프로그램에 침입한 스팸과 컴퓨터 바이러스, 크래커를 탐지하는 가상컴퓨터이다. 침입자를 속이는 최신 침입탐지기법으로 마치 실제로 공격을 당하는 것처럼 보이게 하여 크래커를 추적하고 정보를 수집하는 역할을 한다.

63

시빌 공격
Sybil Attack

한 사람 행위를 여러 명이 한 것처럼 가장하는 공격방법

특수 목적을 위해서 한 명의 해커가 한 행위를 여러 명이 공격하는 것처럼 속여서 공격 방법이다. 한 명의 계정으로 하나의 참여자를 인식하는 네트워크는 휴대전화번호나 주민등록번호로 인증을 담당하는 중앙기관에서 사용자 신원을 확인한다. P2P 네트워크에서는 신원을 확인할 중앙 기관이 없어 시빌 공격에 취약하다. 블록체인과 비트코인은 시빌 공격을 방어하기 위해 신원 위조가 불가하도록 합의 매커니즘을 만들었다. 암호화폐를 통한 보상시스템으로 누군가 큰 액수로 시빌 공격을 한다면 네트워크 사용자가 금방 눈치 채고 이탈을 할 수 있도록 하였다. 사용자 이탈로 화폐가격이 하락되기 때문에 시빌 공격의 유인이 적도록 설계하였다.

64

카니보어 시스템
Carnivore System

네트워크에서 모든 이메일을 감시하는 시스템

인터넷 서비스 회사의 네트워크에 연결하여 모든 E – 메일 내용을 감시할 수 있는 시스템이다. 미국 수사국(FBI)이 범죄 예방을 이유로 카니보어 시스템을 도입하였다.

65

VPN
Virtual Private Network

인터넷 공중망을 사설망처럼 구축한 것과 같이 사용하는 방식

가장 많이 사용되는 보안 솔루션 중 하나로, 가상 사설망을 의미한다. VPN으로 장소나 단말기와 관계없이 네트워크에 접근이 가능하다. 예시로는 국내의 게임을 해외에서 이용하거나, 집에서 보안상태인 회사 내부 자료에 접근하는 등이 있다. 고가 임대회선 비용을 낮추기 위한 것으로 나온 것이 VPN이다. VPN은 특수 통신체계와 암호화로 제공되어 임대회선에 비해 비용을 20 ~ 80% 이상 절감이 가능하다. 공중망으로 암호화된 데이터를 송신하고 수신측에서 복호화하여 데이터를 받는다.

상식PLUS⁺ SSL VPN(Secure Sockets Layer Virtual Private Network)
보안소켓계층(SSL) 프로토콜을 기반으로 하는 가상사설망이다. 웹 브라우저와 서버 간의 정보를 암호화해서 정보를 보호하는 솔루션이다.

66

SSO
Single Sign On

모든 인증은 하나의 시스템에서 사용하자는 목적에 개발된 기본적인 인증 시스템

클라이언트가 서버에 연결을 요청하면 서버는 SSO 서버에서 인증을 받고 클라이언트의 접속을 요청한다. 클라이언트가 인증을 받고나면 별도의 인증과정 없이 모든 서버에 접속이 가능한 것이다. 마이크로소프트 패스포트(Microsoft Passport)는 SSO 서비스를 기반으로 구현한 인증 서비스이다. 중앙 패스포트 서버에서 회원가입을 한 후 인증을 받고나면 인증을 받기 위해 다른 시스템을 사용하지 않아도 된다.

67

분산원장 오라클 서비스
Distributed Ledger Technology(DLT) Oracle Service

분산원장 시스템 외부에 있는 데이터를 분산원장 시스템 내부로 가져오는 서비스

분산원장(DLT)와 고대 그리스에서 신탁을 전하는 사제 또는 신탁을 의미하는 오라클(Oracle)과의 합성으로 분산원장 내에서 믿을 수 있는 정보를 의미한다. 신뢰할 수 있는 데이터를 제공하기 위해 설계된 서비스이다. 분산원장 내 데이터를 외부에서 위 · 변조 없이 안전하게 가져오는 것을 의미한다. 한 가지 정보 원천에 의존하면 탈중앙 분권화가 훼손될 수 있는 것을 오라클 문제(Oracle Problem)라 칭한다. 위 · 변조가 가능한 단일 정보원천의 단점을 보완하기 위해 공공의 데이터 원천을 사용하는 방식을 사용하고 있다. 대표적인 업체로는 체인링크가 있다.

상식PLUS+ 분산원장기술(DLT)

데이터 신뢰성을 위해 암호화 기술을 사용하여 거래정보를 합의 알고리즘에 따라 관리하는 기술이다. 수많은 정보를 개별적으로 분류하여 데이터 블록을 만든다. 분류된 데이터 블록을 연결하는 기술로 참여자가 암호화 기술로 거래정보를 검증하면 합의된 원장을 참여자들이 공동으로 관리하는 것이다. 분산원장기술의 대표적인 예로는 블록체인 기술이 있다.

68

머클 트리
Merkle Tree

블록체인에서 데이터 저장 단위인 블록에 저장된 거래정보를 트리(Tree)형태로 표현한 데이터 구조

1979년 고안자 랄프 머클이 발명하여 그의 이름에서 따온 용어로, 여러 단계를 통해서 만들어진 해시 값이다. 최상위에 위치한 해시값은 머클 트리 루트를 구하는 첫 번째는 머클 트리를 블록에 저장된 거래 정보에서 리프 데이터인 해시값을 구하는 것이다. 두 번째로 리프 데이터를 연결하여 부모 데이터인 해시 값을 구하고 마지막으로 반복적으로 두 개의 데이터로 연결될 수 없을 때까지 반복하여 해시값을 구한다. 마지막까지 남아있는 해시값을 머클루트라 한다.

69 ■■■

모바일 신분증

2021 | 농협은행

개인 스마트폰에 신분증을 저장하고 사용하는 것

블록체인 기반의 분산 식별자 DID 기술을 사용한다. 블록체인 기반 신용증명 기술로 서비스 제공자가 개인정보를 통제 · 관리하는 것이 아니라 내가 스스로 개인정보를 선택하여 직접 신용증명에 필요한 정보만을 골라서 제공할 수 있다. 온라인과 오프라인 구분 없이 사용하고 실물 신분증과 동일한 효력을 지닌다.

상식PLUS⁺ 분산 식별자 DID(Decentralized Identifiers)

블록체인의 기술을 기반으로 한 전자신분증 시스템이다. 개인이 원할 때에만 블록체인 전자지갑 안에 분산 식별자(DID)를 사용한 신원을 증명으로 탈중앙화 신원 확인시스템이다.

☑ 시험에서는 이렇게 물어본다!
모바일 신분증의 주요 기능은?

70 ■■■

블록체인
Block Chain

2022 · 2021 · 2020 · 2019 | 농협은행 2019 | 농협중앙회

가상화폐의 거래내역을 여러 대의 컴퓨터에 저장하는 분산형 데이터 저장기술

블록에 데이터를 넣어서 체인의 형태로 연결하고 연결된 블록을 여러 대의 컴퓨터에 동시에 복제 · 저장하는 기술이다. 사용자에게 거래내역이 투명하게 공개되고 공유되면서 데이터 위 · 변조를 할 수 없다. 비트코인 등 가상화폐 결제뿐만 아니라 현재는 전자결제, 디지털 인증, 의료기록 관리, 모바일 신분증 발급 등 다양한 분야에서 사용된다.

상식PLUS⁺ 블록체인의 종류

㉠ **개방형 블록체인** : 모두에게 개방되어 누구나 참여할 수 있는 형태로 비트코인, 이더리움 등 가상통화가 대표적이다.
㉡ **전용 블록체인** : 기관 또는 기업이 운영하며 사전에 허가를 받은 사람만 사용할 수 있어 상대적으로 속도가 빠르다.
㉢ **허가형 블록체인** : 허가가 있어야만 사용과 운영이 가능한 시스템으로 지정된 사람들만 사용이 허가되는 블록체인이다. 전용 블록체인이 허가형 블록체인과 같다.
㉣ **비허가형 블록체인** : 허가 없이 사용과 운영이 가능한 시스템으로 누구나 어디에서든 인터넷으로 연결하여 운영할 수 있다.
㉤ **서비스형 블록체인(Baas)** : 블록체인 응용서비스 개발 및 관리를 편리하게 하기위해서 클라우드 기반으로 서비스를 지원하는 것으로 스마트 계약 코드 개발, 시험 환경을 제공하여 편리하게 제공 가능하다.

☑ 시험에서는 이렇게 물어본다!
1. 블록체인을 활용한 농업사례에 대해 약술하시오.
2. 블록체인에서 블록의 역할은?

71 ■■■
비트코인
Bit Coin

2020 · 2019 | 농협은행 2024 | 지역농협 2019 | 농협중앙회

2009년 나카모토 사토시에 의해 개발된 가상화폐(암호화폐)

블록체인을 기반으로, 기존 화폐와 달리 다른 금융기관을 거치지 않고 인터넷의 프로그램을 통해 인터넷 뱅킹으로 계좌이체 하듯 주고받을 수 있는 화폐를 말한다. 개인정보가 필요하지 않고 국가나 발행 주체의 관리도 받지 않으므로 자유로운 거래가 가능하나 이런 익명성 때문에 기업의 불법 비자금, 불법 정치 자금 등에 악용될 우려가 있다.

☑ 시험에서는 이렇게 물어본다!
비트코인의 특징은?

72 ■■□
알트코인
Altcoin

비트코인을 제외하는 모든 가상화폐(암호화폐)

비트코인을 대안으로 하여 도입한 가상화폐(암호화폐)로 이더리움, 리플, 라이트코인을 대표적으로 의미한다.

73 ■■□
스테이블 코인
Stable Coin

가격변동성을 최소화하여 설계한 가상화폐(암호화폐)

1코인에 1달러의 가치를 갖도록 설계된 가상화폐(암호화폐)이다. 대표적으로 테더(Tether, USDT) 코인이 있다. 비변동성 암호화폐로 안정성이 떨어지는 기존의 암호화폐의 단점을 보완한다. 가격변동성이 적고 법정화폐와 같이 가치를 저장할 수 있다.

74 ■■■
이더리움
Ethereum

러시아 이민자 출신 캐나다인 비탈리크 부테린이 2014년 개발한 가상화폐(암호화폐)

거래명세가 담긴 블록이 사슬처럼 이어져 있는 블록체인 기술을 기반으로 하며 인터넷만 연결되어 있으면 어디서든 전송이 가능하다. 거래소에서 비트코인으로 구입하거나 비트코인처럼 컴퓨터 프로그램으로 채굴해 얻을 수 있다.

상식PLUS⁺ 대표적인 가상화폐(암호화폐)

- ㉠ 이오스(EOS.IO) : 2018년 6월 런칭되었으며 빠른 트랜잭션이 가능하고 수수료 지불을 하지 않는다.
- ㉡ 비트코인 캐시(Bitcoin Cash) : 2017년 8월 비트코인에서 분화된 알트코인이다.
- ㉢ 라이트코인(Litecoin) : 2011년 10월 찰리 리가 개발한 가상화폐이다.
- ㉣ 네오(NEO) : 2014년 다홍페이가 개발한 가상화폐이다.
- ㉤ 모네로(Monero) : 2014년 4월 개발한 가상화폐로 익명성을 완벽히 보장한다.
- ㉥ 대시(Dash) : 2014년 1월 개발된 가상화폐이다.
- ㉦ 비트코인 골드(Bitcoin Gold) : 2017년 10월 두 번째로 비트코인이 분화된 형태이다.
- ㉧ 리플(Ripple) : 2012년 설립된 리플에서 만든 코인으로 금융거래를 위한 리플 프로토콜에서 사용되는 기초 화폐로 XRP코인이라고 한다.

75

가상화폐(암호화폐)

Crypto Currency

2022 · 2019 | 농협은행 2019 | 농협계열사 2019 | 농협중앙회

네트워크로 연결된 가상공간에서 사용되는 디지털 화폐 또는 전자화폐

실물의 지폐나 동전이 없어도 온라인에서 거래를 할 수 있는 화폐이다. 정부나 중앙은행이 화폐의 가치 · 지급을 보장하지 않는다. 블록체인 기술을 활용한 분산형 시스템 방식으로 처리된다. 분산형 시스템의 구조는 채굴자라 칭하는 참여자가 있고 블록체인 처리의 보상으로 코인 수수료를 받는다. 가상화폐의 거래 기록을 분산 저장하여 데이터의 투명성과 보안을 보장하기 때문에 생산비용, 이체비용, 거래비용 등이 일체 들지 않고 하드디스크에 저장되어 보관비용, 이중 지불(중복 결제), 도난 · 분실의 위험도 적다. 단, 보안이 뛰어나 범죄에 악용될 수 있다.

상식PLUS+ 미카(MiCA, Markets in Crypto – Asset Regulation)

㉠ 정의 : 유럽연합의 가상자산 기본법으로 '가장자산 포괄적 규제법안'에 해당한다.

㉡ 목표 : 가상자산 및 관련 서비스에 대한 포괄적 프레임워크 구축, 소비자 보호, 공정한 시장 경쟁 촉진이다.

㉢ 특징 : 세계 최초로 의결한 가상자산 포괄적 규제법안(MiCA)이다.

☑ 시험에서는 이렇게 물어본다!

가상화폐에서의 블록체인 역할을 말해보시오.

76

가상화폐(암호화폐)공개

ICO : Initial Coin Offering

신규 가상화폐(암호화폐)를 발행하고 판매하여 투자금을 확보하는 것

암호화폐를 판매하여 사업자금을 조달하는 것으로 기업공개(IPO)와 개념이 비슷하다. 암호화폐로 일반 대중이나 기업을 대상으로 판매할 수 있다. ICO는 블록체인 기반 프로젝트나 스타트업이 투자자들로부터 자금을 모집하는 방법으로, 암호화폐를 만든 동기 · 목적 등의 정보를 담은 백서를 공개한다. 그렇기 때문에 초기 자금 확보가 원활하고, 글로벌 투자 및 중개자 없이 직접 투자가 가능하다는 장점이 있으나, 투자 리스크가 크고, 규제가 미비하여 스캠 사례가 많아, 2017년 9월 국내 금융당국은 전면 금지하였다.

77

증권형 토큰

STO : security token offering

블록체인 기반으로 회사의 자산을 가상화폐로 발행하는 것

증권시장에서 판매되는 주식이나 채권이나 부동산과 같은 실물자산을 블록체인 토큰에 넣은 가상자산을 의미한다. 해당 토큰을 발행해서 사용하면 증권 거래 내역이 투명하게 공개가 가능하다.

78 ■■■

포크

Fork

블록체인을 업그레이드하는 기술

포크는 호환성 여부에 따라 두 가지로 나눌 수 있다. 소프트 포크는 이전 버전과 호환 가능한 업그레이드를, 하드 포크는 불가능한 업그레이드를 말한다. 하드 포크를 적용하면 이전 버전의 블록체인을 사용할 수 없기 때문에 이전 버전에서 개발, 채굴하던 사용자의 대다수가 업그레이드에 찬성해야 적용할 수 있다.

79 ■■■

NFT

Non Fungible Token

블록체인 기술을 통해 디지털 콘텐츠에 별도의 인식값을 부여한 토큰

비트코인과 같은 가상자산과 달리 인터넷에서 영상 · 그림 · 음악 · 게임 등의 기존자산을 복제가 불가능한 창작물에 고유한 인식값을 부여하여 디지털 토큰화 하는 수단이다. 블록체인 기술을 기반으로 하여 관련 정보는 블록체인에 저장되면서 위조가 불가능하다. 가상자산에 희소성과 유일성과 같은 가치를 부여하는 신종 디지털 자산이다. 슈퍼레어, 오픈씨, 니프티 게이트웨이 등 글로벌 플랫폼에서 거래되며 최근 디지털 그림이나 영상물 등의 영향력이 높아지고 있다.

80 ■■■

중앙은행 디지털화폐

CBDC : Central Bank Digital Currency

2021 | 농협은행

중앙은행에서 블록체인 기술을 활용하여 발행하는 화폐

1985년 미국 예일대 교수 제임스 토빈이 제안한 것으로 현물 화폐 대신에 사용하자고 제안한 화폐이다. 중앙은행을 의미하는 'Central Bank'와 디지털 화폐가 합쳐진 용어로 중앙은행에서 발행한다. 법화와 일대일 교환이 보장된다는 점에서 내재가치를 규정하기 어려운 민간 암호자산과 구분된다. 전자적인 형태로 단일원장방식과 분산원장방식을 기반으로 발행이 가능하다. 이용목적에 따라서 모든 경제주체가 이용할 수 있는 소액결제용, 금융기관들만 이용할 수 있는 거액결제용으로 구분된다. CBDC가 발행되면 신용리스크가 감축되고 현금에 비해 거래 투명성이 높아지며 통화정책의 여력이 확충되는 등의 장점이 있을 수 있으나, 은행의 자금중개기능이 약화되고 금융시장의 신용배분기능이 축소되는 부작용이 발생할 수 있다.

상식PLUS⁺ CBDC 분류

㉠ **단일원장방식** : 개인 · 기업에게 허용한 CBDC계좌 및 관련 거래정보를 신뢰할 수 있는 중앙관리자(예 : 중앙은행)가 보관 · 관리한다.

㉡ **복수원장방식** : 거래참가자 또는 일부 제한된 참가자 각자가 원장을 갖고 신규 거래 발생시 합의절차를 거쳐 각자가 관리하는 원장에 해당 거래를 기록함으로써, 동일한 거래기록을 가진 복수의 원장을 관리한다.

☑ 시험에서는 이렇게 물어본다!

CBDC로 생기는 부작용에 대해 약술하시오.

81

태그리스
Tagless

버스 또는 지하철을 승차할 때 효율성을 높이기 위한 비접촉식 결제시스템

고속도로 하이패스와 같이 탑승을 할 때 카드를 접촉하지 않고 결제가 가능하도록 하는 것이다. 지하철 게이트에서 블루투스를 통해 고객의 정보를 인식하여 자동으로 요금을 지불하는 것으로, 접촉식의 불편함을 개선하였다. NFC 기술을 기반으로 하여 결제를 하는 현재의 결제시스템과 달리, 태그리스 시스템은 모바일 센서장치와 BLE(저전력 블루투스 기술) 등을 활용하여 비접촉식으로 사용자 정보를 인식할 수 있다.

82

디지털 지갑
Digital Wallet

전자상거래를 할 때 지갑의 기능을 하는 소프트웨어

모바일 기기에서 사용되는 전자지불 시스템의 일종이다. E – Wallet이나 Digital Wallet으로 부르기도 한다. 신용 결제를 포함하여 포인트 적립 등 다양한 결제 방식을 사용할 수 있다. 2011년 구글 월렛을 시작으로 전자지갑 개발에 적극적으로 나서고 있다. 현금을 대체하는 전자화폐와 비슷하며 온라인 금융 및 증권거래 등 다양한 기능으로 사용할 수 있다.

83

디지털 치료제
DTX :
Digital Therapeutics

질병치료를 도와 건강향상에 도움을 주는 소프트웨어

애플리케이션, 게임, 가상현실 등에 사용되는 디지털 치료제는 3세대 치료제(1세대 알약과 같은 합성의약품, 2세대 항체나 단백질 같은 바이오의약품)로 분류된다. 알약, 항체 등과 같이 미국식품의약국(FDA)의 심사를 받아야 한다. 디지털 치료제는 질방 치료 · 예방목적과 건강증진에 도움이 된다는 근거가 확실해야 한다는 요건들이 필요하다. 최초의 디지털 치료제는 '리셋'이라는 약물중독치료를 위한 제품이다.

84

디지털 워터마크
Digital Watermark

파일에 대한 저작권 정보(저자 및 권리 등)를 식별할 수 있도록 디지털 이미지나 오디오 및 비디오 파일에 삽입한 비트 패턴

워터마크는 편지지의 제작 회사를 나타내기 위하여 희미하게 프린트한 투명무늬를 말한다. 따라서 디지털 워터마크는 디지털 형식으로 되어 있는 지적 재산에 대한 저작권 보호를 제공하기 위한 목적으로 삽입한다. 의도적으로 어느 정도까지는 볼 수 있도록 만든 프린트 워터마크와는 달리, 디지털 워터마크는 완전히 안 보이게(저작물이 오디오인 경우에는 안 들리게) 설계된다. 게다가 워터마크를 나타내는 실제 비트들은 확인할 수 있거나 조작되지 않도록 파일 전체에 걸쳐 퍼져 있어야 한다.

85

디지털 치매
Digital Dementia

디지털 기기에 의존도가 높아져 기억력과 연산능력이 하락하는 상태

독일의 뇌신경 의사이자 정신분석학자인 만프레드 슈피처가 출간한 책에서부터 사용되기 시작한 용어이다. 디지털 기기에 대한 의존도가 높아지면서 디지털 치매증후군이 빈번하게 나타나고 있다. 가족의 전화번호를 외우지 못하고 네비게이션이 없이는 길을 헤매는 것, 인터넷에 찾은 정보를 즐겨찾기로 저장만 해놓고 기억하려 하지 않는 행위가 포함된다.

86

디지털 디톡스
Digital Detox

디지털 기기의 사용을 멈추고 쉬는 것

스마트폰을 이용하여 각종 정보를 취득하고 영상을 보는 등 특별한 이유가 없어도 스마트폰을 확인하는 중독증상이 증가하고 있다. 디지털 디톡스는 디지털 중독으로 인해 불안감이 높아진 사람들을 위해 심신을 회복하기 위한 것으로 디지털과 이별하는 연습을 하고, 남는 시간에는 할 일과 목표를 설정하며, 무엇을 할지 스케줄을 정하고, SNS 글을 올리고 싶을 때는 공책에 작성하는 제안이 있다.

87

디지털 디바이드
Digital Divide

2022 | 농협계열사

디지털 사회에서 정보 불균형을 나타내는 용어

정보의 격차를 의미한다. 디지털이 보편화되면서 이를 제대로 활용하는 계층과 이용하지 못하는 사람들 사이의 정보격차가 생기는 것이 소득격차까지 영향을 주어 계층 간의 갈등을 유발하고 사회 안정을 해친다.

관련기사 세대 간 디지털 격차로 오는 양극화

고령층의 디지털 정보화 수순이 가장 낮은 수준으로 계층 간에 간극이 발생하고 있다. 디지털 차별을 받는 노인을 배려하기 위해 디지털 전환에 속도를 조절해야 한다는 말이 나오고 있다. 야구 경기의 티켓을 구입하지 못해 경기장 밖을 서성이거나, 인터넷뱅킹의 사용이 어려워 은행 창구로 가서 업무를 보는 등 빠른 속도의 디지털 전환이 노인을 일상에서 소외시키고 있다. 전문가들은 디지털과 아날로그를 병행하여 사용하며, 디지털에 미숙한 노인을 지원하는 방안을 마련해야 한다고 밝혔다. 또한 매장 내에 키오스크나 디지털 기기를 사용할 때에는 근처에 노인을 돕는 직원을 대기시키는 것이 필요하다고 했다.

☑ 시험에서는 이렇게 물어본다!

디지털 디바이드로 인해 시니어 고객을 잃게 되는 문제에 대한 해결방안을 약술하시오.

88

디지털 전환

DT : Digital Transformation

2022 | 농협은행

디지털 기술을 전통적인 사회 구조에 적용하여 사회 전반의 구조를 전환시키는 것

사물인터넷, 클라우드 컴퓨팅, 인공지능, 빅데이터 등의 디지털 기술을 활용하여 운영방식을 혁신하는 것이다. 디지털 기술을 통해 성과를 만들고 새로운 비즈니스 모델을 만드는 것을 목표로 한다. 디지털 전환을 위해서 아날로그의 형태를 전산화를 통해 디지털화를 이뤄야 한다.

> ☑ 시험에서는 이렇게 물어본다!
> 금융권에서 디지털 전환을 고도화하기 위해 해야 하는 것을 약술하시오.

89

디지털 네이티브

Digital Native

태어날 때부터 디지털 기기에 둘러싸여 성장한 세대

1980년에서 2000년 사이에 태어난 세대를 일컫는다. 특정 지역 원주민들이 그곳 언어와 문화를 태어나면서 배우듯이 현재 아이들은 디지털 습성을 타고난다는 의미를 가진다. 반면에 이전 세대는 아무리 애써도 아날로그 취향을 없애지 못하여 이주민으로 전락한다는 뜻을 가진 '디지털 이주민'이라는 용어도 함께 등장하였다.

90

디지털 쿼터족

Digital Quarter族

디지털을 자유롭게 사용하는 10 ~ 30대

디지털에 익숙하지 않은 40 ~ 60대 처리시간보다 4분의 1시간 이내로 사용하는 세대를 일컫는다. 디지털 기기를 활용한 멀티태스킹 능력이 우수한 세대이다. 이들은 어린 시절부터 디지털 기기 사용에 익숙한 것과 관련이 깊다.

91

디지털 사이니지

Digital Signage

네트워크로 제어가 가능한 디스플레이를 통한 디지털 미디어 광고

디지털 기술을 활용하여 스크린에 영상과 정보를 보여주는 광고이다. 디지털 정보 디스플레이(DID)를 이용하여 네트워크로 원격으로 광고를 내보내며 관리하는 융합플랫폼이다. 건물 외벽이나 전광판으로 광고하는 아웃도어 디지털 사이니지와 대형 쇼핑몰 내부에 위치하는 인도어 디지털 사이니지가 있다. 최근에는 얼굴을 인식하여 성별과 연령에 맞는 광고를 보여주는 디지털 사이니지를 개발 중이다.

92

디지털 유목민

Digital Nomad

원격 통신기술을 활용하며 단일한 고정 사무실 없이 근무하고 살아가는 인간형

인터넷과 업무에 필요한 각종 기기, 제한되지 않은 작업공간만 있으면 시간과 장소에 구애받지 않고 일을 할 수 있는 사람들을 말한다. 이는 한 곳에 정착하기를 거부하는 자유로운 기질의 유목민에 비유한 말이다.

93

디지털 마케팅

Digital Marketing

인터넷상에서 진행되는 온라인 광고

온라인에서 소비자에게 광고를 보여주는 것을 의미한다. 시간과 공간의 제약 없이 기업과 고객이 연결되는 네트워크 마케팅이다. 검색광고, 디지털 쿠폰, 이메일, 뉴스피드 광고, 블로그 광고, 유튜브 광고 등 디지털 기술을 사용한 모든 광고활동이다.

상식PLUS⁺ 디지털 마케팅 용어

㉠ CTR(Click Through Rate) : 광고 클릭율
㉡ CVR(Conversion Rate) : 구매 전환율
㉢ CPI(Cost Per Install) : 기기 수에 따른 광고비용 지불방식
㉣ ROI(Return To Investment) : 투자대비 수익률
㉤ SEM(Search Engine Marketing) : 검색 엔진 마케팅
㉥ SEO(Search Engine Optimization) : 검색 엔진 최적화
㉦ Bounce Rate : 이탈률
㉧ ATL(Above The Line) : TV, 라디오, 잡지, 뉴스 등 한방향 소통
㉨ BTL(Below The Line) : 양방향 소통

94

디지털 변조

Digital Modulation

디지털 데이터를 반송파로 변조하여 전송하는 것

아날로그 신호 데이터를 디지털 신호로 전송하기 위해서 변조를 하는 방식을 의미한다. 디지털 변조로는 다치변조, 협대역 변조, 다반송파 변조, 스펙트럼 확산변조 등 4종류가 대표적이다.

95

디지털 포렌식

Digital Forensic

범죄를 밝혀내기 위해 수사에 쓰이는 과학적 수단 · 방법 · 기술 등을 포괄하는 개념

포렌식이란 공청회를 뜻하는 라틴어 'Forensis'에서 유래한 만큼 공개적인 자리에서 누구나 인정할 수 있는 객관성을 가지는 것이 목적이다. 국내에선 '범죄과학'으로 알려져 있으며, 범죄를 밝혀내기 위한 모든 과학적 수단 또는 방법이라 할 수 있다. 현재 전문가들은 2007년 서울중앙지검에 신설된 '디지털 포렌식'팀의 가동으로 국내 과학수사 기법이 본격적으로 꽃을 피웠다고 볼 수 있다.

96

디지털 발자국

Digital Footprint

인터넷 이용자들의 디지털 기록

온라인 사용자들이 온라인 활동을 하면서 남긴 구매 패턴, 검색어 기록, 홈페이지 방문 기록 등을 디지털 발자국이라고 하며 디지털 흔적이라고도 한다. 기업들은 이를 분석하여 광고 마케팅에 활용하기도 한다.

97

디지털 장의사
Digital Undertaker

개인이 원하지 않는 인터넷 기록이나 사망한 사람의 디지털 흔적을 찾아 지워 주는 전문 업체

인터넷에 존재하는 개인의 인생을 지운다고 하여 디지털 장의사라고 불린다. 개인 혹은 유족들이 디지털 장의사에게 고인이 인터넷에 남긴 흔적의 완전 제거를 의뢰하면 디지털 세탁소는 삭제 대상 정보들의 위치(URL)를 파악한 뒤 찾아낸 정보들 중 명예훼손이나 사생활 침해 소지가 있다고 판단되는 정보를 추려낸 뒤 의뢰인을 대리해 본격적인 삭제 요청에 나선다.

98

사이버 불링
Cyber Bullying

사이버상에서 집단적으로 괴롭히는 행위

특정인을 네트워크상에서 괴롭히고 따돌리는 행위이다. 단체 채팅방에 초대하여 욕을 하거나, 인터넷에 굴욕적인 사진을 올리거나, 스토킹, 허위사실 유포 등 네트워크상에서 수치심과 고통을 유발하는 모든 행위이다. 가상의 공간에서 시간과 공간의 제약이 없이 이뤄지는 행위로 24시간 내내 무차별 폭력에 시달릴 수 있다.

99

인포데믹
Infodemic

잘못된 정보나 악성루머 등이 미디어와 인터넷 등에서 빠르게 확산되는 현상

21세기의 새로운 흑사병이라 불리는 인포데믹은 '정보(Information)'와 '전염병(Epidemic)'의 합성어로, 잘못된 정보가 미디어 · 인터넷 등의 매체를 통해 급속하게 퍼져나가는 것이 전염병과 유사하다는 데서 생겨난 용어이다. 인포데믹은 단순히 소문이 퍼지는 것이 아니라 전문적이고 공식적인 매체와 전화나 메시지 등 비공식 매체 등을 통해 확산된다. 전파되는 속도가 매우 빠르기 때문에 잘못을 바로잡기가 어렵고, 이에 경제 위기나 금융시장의 혼란을 키워 문제가 되고 있다. 속칭 '찌라시'라고 불리는 금융시장에 도는 출처 불명의 소문 등이 인포데믹에 속한다.

100

FAST

광고 기반으로 무료로 스트리밍을 제공하는 TV서비스

광고를 기반으로 하여 무료로 스트리밍을 제공하는 TV 서비스이다. 월 · 연 구독료를 지불하고 영상을 스티리밍 하는 기존의 OTT 업체들이 가격을 올리며 스트리밍 구독료가 상승함에 따라 소비자들은 무료로 영상을 볼 수 있는 서비스를 찾아 나서면서 주류 미디어로 각광을 받고 있다. 인터넷과 연결된 스마트 TV를 통해서 광고를 보고 무료로 콘텐츠를 이용할 수 있는 서비스이다. 기존의 TV처럼 편성채널에 따라 시청을 해야 하는 단점에도 불구하고 무료로 제공하는 것에 많은 관심을 얻으면서 성장하고 있다.

101
사이버 슬래킹
Cyber Slacking

업무시간에 인터넷과 이메일 등 업무를 위해 설치한 정보 인프라를 개인적 용도로 이용하면서 업무를 등한시하는 행위

인터넷을 업무에 활용하는 것이 보편화되면서 업무 이외의 용도로 사용하는 사례가 크게 늘고 있다. 특히, 최근에는 음악파일과 동영상 중심의 멀티미디어 콘텐츠가 크게 증가하는 등 대용량 정보가 많아지면서 사이버 슬래킹이 단순히 개인의 업무공백 차원을 넘어 조직 내 전체업무에 차질을 주는 사태로까지 발전하고 있다. 이에 따라 기업과 공공기관을 중심으로 특정 사이트에 접속을 제한하는 사이버 슬래킹 방지 소프트웨어 도입이 관심을 끌고 있다.

102
사이버 콘드리아
Cyberchondria

웹에서 얻은 부정확한 정보로 자신의 건강에 대해 스스로 진단을 내리는 것

건강과 관련된 정보를 전문적인 판단 없이 스스로 판단하고 진단하는 것을 의미한다. 부정확한 정보로 자신의 건강상태와 질병에 반응하는 것으로 인터넷에 있는 수많은 정보들로 인해 나타나는 현상이다.

103
빅브라더
Big Brother

영국의 소설가 조지 오웰의 소설 「1984년」에 나오는 독재자 빅브라더를 인용한 용어

빅브라더는 긍정적 의미로는 선의의 목적을 가지고 사회를 돌보는 보호적 감시를 뜻하며, 부정적 의미로는 정보의 독점을 통해 권력자들이 행하는 사회통제의 수단을 말한다.

> **상식PLUS⁺** 스마트 감시
> 범죄 예방을 위해 설치된 CCTV로 일상을 감시하는 것을 의미한다. 첨단 도청장치, CCTV, 위성추적기 등을 감시의 도구로 사용하여 일상을 통제할 수 있는 가능성이 높아지는 것이다. 2013년 미국에서 NSA 직원이었던 에드워드 스노든이 무차별적으로 정보를 수집한 행위를 폭로한 사건인 '스노든 사건'으로 정부의 민간 감시에 대한 우려가 나타났다.

104
DAS
Domain Awareness System

뉴욕경찰청과 마이크로소프트사가 공동 개발한 범죄감시시스템

빅데이터 기술을 통해 범죄 예방을 하기 위한 시스템이다. 2012년 8월 뉴욕 911로 폭발물 의심신고가 접수되자 곧바로 지도 위에 신고위치 부근이 나타나고 경찰관이 주변 모든 CCTV를 한꺼번에 확인하여 즉각적으로 범인을 잡은 활용사례가 있었다. 뛰어난 성능에 사생활 침해 논란이 나타나고 있으나 범죄예방에 탁월한 성능이 있다.

105 ■■■

캡차

CAPTCHA : Completely Automated Public Turing Test to Tell Computers and Humans Apart

사람과 컴퓨터를 구별하기 위해 만든 테스트

웹 페이지에서 악의적으로 사용되는 프로그램인 '봇(Bot)'을 구별하는 역할을 한다. 봇은 스팸메시지 등을 반복적으로 보내는 등 악의적으로 이용되는 경우가 많다. 이러한 악의적인 봇을 차단하기 위해 찌그러진 문자, 왜곡된 숫자 등을 활용해 문자를 만들어 사람은 구별할 수 있게 하고 봇은 정확히 인지하지 못하게 한다.

106 ■■■

OCR

Optical Character Reader/Recognition

광학적 문자 판독장치로 빛을 이용하여 문자를 컴퓨터에 입력하는 장치

현재는 세금이나 영수증에 많이 사용되는 기술로 광 스캐너를 이용하여 문자를 판독하고 전용 소프트웨어를 통해 문자가 컴퓨터에 나타난다.

107 ■■■

HDR

High Dynamic Range

디지털 영상의 계조도 신호 표현 범위가 넓은 명암 영역에 대응되도록 하여 밝은 부분은 더 밝게 어두운 부분은 더 어둡게 표현할 수 있는 기술

가장 밝은 부분과 어두운 부분의 범위를 나타내는 DR(Dynamic Range)에 High가 붙어 범위를 확장시킨 단어이다. 보편적인 HDR 10, 구글의 독자 방식인 VP9 – Profile 2, 돌비 비전 등 다양한 HDR 규격이 존재한다.

108 ■■■

캄테크

Calm Tech

2020 | 농협은행

사용자가 필요한 순간에만 제공하는 기술

'조용하다(Calm)'과 '기술(Technology)'의 합성어로 '자동 편의 기술'이라고도 한다. 필요한 정보를 알려주지만 주의를 기울이거나 집중할 필요가 없는 기술을 뜻한다. 센서와 컴퓨터, 네트워크 장비 등을 보이지 않게 탑재하여 평소에는 존재를 드러내지 않고 있다가 사용자가 필요한 순간에 각종 편리한 서비스를 제공하는 기술이다. 예를 들어 현관 아래에 서면 불이 들어오는 자동 센서, 자율주행차, 스마트 홈 등이 있다.

☑ 시험에서는 이렇게 물어본다!
캄테크가 활용되고 있는 사례를 말해보시오.

109 ■■■

OTP

One Time Password

일회용 비밀번호를 생성하여 사용자 인증을 하는 방식

고정된 비밀번호가 아닌 무작위로 생성되는 일회용 비밀번호를 통해 보안을 강화하기 위해 도입된 시스템이다. 주로 전자금융거래에서 사용된다.

110
전자서명
Digital Signature

2021 | 농협계열사 2022 | 농협은행

문서에 서명자가 개인의 키를 이용하여 서명을 하는 것

전자서명은 서명자만이 서명문을 생성 · 확인을 하여 위조가 불가한 인증방식이다. 한 번 생성된 서명은 재사용이 불가하고 이전으로 돌아가 변경이 불가하다. 이러한 점으로 서명한 사실을 부인하는 것을 방지할 수 있다. 전자서명법에 의해 전자서명은 인감도장과 동일한 법적효력을 가진다. 기밀성을 보장하지는 않지만 위조가 불가능하고 서명자만이 인증을 할 수 있다. 또한 서명한 문서는 변경을 할 수 없어 차후에 서명사실을 부인할 수 없다.

상식PLUS⁺ 전자서명의 원리
원본 문서의 해시값을 구하고 공개키 방법을 사용하여 부인 방지 기능을 부여하여 암호화한다. 문서를 받은 곳에서는 암호화된 해시값을 복호화해서 원본 문서 해시값과 비교해서 위 · 변조를 확인한다.

☑ 시험에서는 이렇게 물어본다!
전자서명의 인증절차에 대해서 설명하시오.

111
FIDO
Fast Identity Online

2021 · 2019 | 농협은행

신속한 온라인 인증

온라인 환경에서 신속하게 개인 인증을 하는 기술이다. ID나 비밀번호가 아닌 지문이나 홍채 등을 이용한 생체인식 기술을 통해서 빠르게 개인인증을 할 수 있다.

☑ 시험에서는 이렇게 물어본다!
FIDO의 의미를 설명하시오.

112
생체인증
Biometrics

사람의 신체나 행동적 특성을 센서에서 추출하여 인증하는 기술

생체인증은 누구나 가지고 있는 생체적인 특성을 인증하는 방식이다. 신체로는 지문, 홍채, 얼굴, 정맥, DNA가 있고 행동적 특성은 서명이나 음성이 있다. 이와 같은 생체인증은 개개인의 고유한 특성으로 인증하여 유일성이 있다. 센서로 얻은 정보는 정량화되어 획득되고 불변의 특징으로 정확성을 제공한다.

113 ■■■

이상금융거래 탐지시스템

FDS : Fraud Detection System

전자금융거래 사용되는 정보를 분석하여 이상거래를 탐지하여 차단하는 시스템

사용자의 거래패턴이 기존과 다르다면 이상금융거래로 탐지하는 시스템이다. 패턴분석이 핵심적인 기능이다. 이용자의 정보를 수집 · 분석 · 탐지하고 그에 대한 정보를 통해 거래를 차단하거나 추가로 인증을 요구하여 대응한다.

관련기사 전자금융사, 보이스피싱 예방을 위해 예방을 위한 FDS 강화

비대면 금융거래가 지속적으로 확대됨에 따라 사고예방을 위해 은행권을 중심으로 이상금융거래 탐지시스템을 구축 · 운영을 권고하고 있다. 전자금융사에서는 고객의 보이스피싱 또는 이성거래를 방지하기 위해서 다양한 제도를 시행하고 있다. FDS는 전자금융거래의 시작단계부터 수행 및 종료에 이르기까지 전자금융거래 진행과 관련된 모든 업무에 적용한다. 운영 프로세스는 은행 거래 데이터에서 의심거래건을 탐지하고, 이상금융거래 여부를 분석하여, 최종적으로 금융소비자를 보호하는, 대응 절차를 수행하는 것이다.

114 ■■■

디지털증거물 인증서비스

사진, 촬영물, 캡쳐 이미지 등을 증거물로 확보하는 서비스

스마트폰에 설치된 디지털인증서비스 앱을 활용하여 사진이나 영상을 촬영하면 해시 값이 자동 추출되어 촬영자의 위치 및 기기정보를 국과서 서버로 전송한다. 국과수 자체 개발 앱으로, 취득한 데이터의 위 · 변조 가능성을 없애고, 무결성과 증명력을 확보하기 위한 인증체계이다.

상식PLUS+ 해시 값

디지털증거의 지문으로 전자지문으로 부른다. 디지털데이터를 해시함수로 계산하면 고정된 문자열을 확인할 수 있다.

115 ■■■

디지털 저작권 관리

DRM : Digital Rights Management

디지털 저작권을 관리 · 보호하는 기술

불법복제를 막기 위해서 콘텐츠 생성 · 유통 · 사용인 모든 단계에 사용되는 보안 기술이다. 불법복제 방지기술, 사용료 부과 등 방대한 개념이다. 커머스 DRM과 엔터프라이즈 DRM이 있다. 커머스 DRM은 비용을 지불한 이용자에게 사용 권한을 주는 것으로 음원사이트가 대표적이다. 엔터프라이즈 DRM은 기업에서 문서 보안을 위해 암호를 설정하여 기밀을 유지하는 방법이다.

116

소셜 블랙아웃
Social Blackout

스마트폰이나 인터넷으로부터 자신을 완전히 차단하는 행위

'소셜미디어(Social Media)'와 대규모 정전사태를 의미하는 '블랙아웃(Black Out)'의 합성어로, 직장인들이 휴가 중 단체 대화방을 나가거나 소셜미디어 어플을 삭제하는 경우가 소셜 블랙아웃에 해당한다. 또 과도한 몰입이나 타인과의 비교로 인한 SNS 피로감에서 일시적으로 벗어나고자 소셜 블랙아웃을 선택하는 사람도 있다.

117

데이터 커머스
Data Commerce

데이터를 정밀분석하여 개인에게 맞는 상품을 모바일 또는 TV에서 편리하게 쇼핑하도록 유도하는 것

구매이력, 상품정보, 인구통계학 데이터, 방송 시청 데이터를 분석하여 개인 라이프스타일에 맞는 단말, 시간대, 콘텐츠별로 상품을 추천하고, 기업과 연결시켜주는 중개 플랫폼으로 진화하고 있다.

상식PLUS+ 데이터 커머스의 종류
㉠ M – 커머스 : 무선 데이터 장비를 이용해 정보, 서비스, 상품 등을 교환하는 것을 말한다.
㉡ T – 커머스 : 인터넷 TV를 이용한 전자상거래를 말한다.

118

에이징 테크
Aging Tech

고령층을 대상으로 하는 기술

노인의 접근과 용이성이 우선되는 기술로, 실버 기술으로도 불린다. 치매 방지를 위한 대화형 로봇, 돌봄 로봇, 스마트 워치 등이 고령자의 삶의 질을 높이기 위해 나오고 있다.

119

크로스 플랫폼
Cross Platform

소프트웨어나 하드웨어를 다른 환경의 운영체제에서도 공통으로 사용이 가능한 것

멀티플랫폼의 일종이다. 하나의 프로그램이 워크스테이션, PC, 모바일에서도 공통으로 사용할 수 있는 것을 의미한다. 이용자가 보유중인 플랫폼에서 원하는 것을 자유롭게 사용할 수 있다.

120

랭크브레인
RankBrain

구글 검색 엔진 알고리즘 구성요소

머신러닝을 기반으로 하는 구글의 검색 엔진이다. 사람들이 검색하고 있는 것과 주요하게 보는 페이지를 상단에 올려주는 시스템으로 친숙하지 않은 단어를 스스로 추측하여 결과를 찾는다.

121 ■■■
5G
Fifth Generation
Mobile Communications

2021 | 농협중앙회 2021 · 2019 | 농협은행

4세대 이동 통신에서 진화된 이동 통신이라는 의미로 사용되는 마케팅 명칭

5G의 정식 명칭은 'IMT – 2020'으로 이는 국제전기통신연합(ITU)에서 정의한 5세대 통신 규약이다. 5G는 최대 다운로드 속도가 20Gbps, 최저 다운로드 속도가 100Mbps인 이동통신기술이다. 이는 현재 사용되는 4G 이동통신기술인 롱텀에볼루션(LTE)과 비교하면 속도가 20배가량 빠르고, 처리 용량은 100배 많다. 5G는 초고속, 초저지연, 초연결 등의 특징을 가지며 이를 토대로 가상 · 증강현실, 자율주행, 사물인터넷 기술 등을 구현할 수 있다.

관련기사 LG유플러스, 6G 비전 제시

LG유플러스가 '3GPP 6G 워크숍'에서 6G 네트워크 발전 방향과 주요 비전을 발표했다. 3GPP 6G 워크숍은 글로벌 이동통신 표준화 단체인 3GPP가 주최하는 행사로, 전 세계 이동통신사, 네트워크 장비 제조사, 학계 및 연구기관이 참석해 6G 기술 표준화를 논의하는 자리다. LG유플러스는 '고객과 함께 만드는 차별화된 가치'를 슬로건으로 내세우고, 미래 상용화될 6G에 대한 비전을 'S.I.X'로 제시했다. 지속가능성(Sustainability) 측면에서는 탄소 중립을 위한 그린 네트워크, 위성을 활용한 재난 대응, 보안 강화 전략을 강조했으며 인텔리전스(Intelligence) 관련해서는 네트워크 최적화 및 AI 서비스 지원을, 확장(expansion) 측면에서는 사용자 경험 확장과 위성 기반 서비스 확대를 핵심 내용으로 다뤘다. 6G 시스템 구조의 진화를 위해 인공지능(AI) 기반 네트워크, 보안 강화, 네트워크 포트폴리오 확장 등 방향성도 제시했다. 특히 AI 에이전트 서비스 지원과 양자내성암호(PQC) 도입을 고려한 시스템 설계를 중요하게 다뤘다. LG유플러스는 이번 행사에서 6G 시대에 대한 구체적인 청사진을 제시할 예정이라며, 글로벌 통신사 및 장비 제조사와 협력을 확대해 6G 핵심 기술 개발 및 상용화 전략을 논의하겠다고 밝혔다.

☑ 시험에서는 이렇게 물어본다!
5G 기술의 특징을 설명하시오.

122 ■■■
웹하드
Webhard

서비스로 구매한 저장 공간에 파일을 공유할 수 있는 인터넷에서 문서나 파일을 관리하는 서비스

인터넷에서 전용 저장 공간을 제공하여 파일을 관리해주는 서비스이다. 웹하드 서비스로 자유롭게 파일을 저장 · 편집 · 공유가 가능하다.

123 ■■■
긱 워커
Gig Worker

고용주가 단기계약을 맺고 일회성으로 일을 의뢰하는 근로자

공유경제가 확산되면서 디지털 플랫폼에 등장한 근로 형태이다. 차량공유서비스 운전자, 배달 라이더, 원데이클래스 수업 등 각종 서비스 업체에서 일하는 1인 계약자로 임시 노동자를 의미한다.

124 ■■■

플랫폼 노동

스마트폰 사용이 일상화되면서 등장한 노동 형태

앱이나 소셜 네트워크 서비스(SNS) 등의 디지털 플랫폼에 소속되어 일하는 것을 말한다. 고객이 스마트폰 앱 등 플랫폼에 서비스를 요청하면 노동 제공자가 고객에게 서비스를 제공한다. 플랫폼 노동은 노무 제공자가 사용자에게 종속된 노동자가 아닌 자영업자이므로 특수고용노동자와 유사하다는 이유로 '디지털 특고'로도 불린다. 예컨대 배달대행앱, 대리운전앱 등이 이에 속한다.

125 ■■■

우버

Uber

2017 | 농협중앙회

승차 공유 서비스 제공 플랫폼

온디맨드 경제의 대표적인 사례로, 2010년 6월 미국 샌프란시스코에서 처음 서비스가 시작되었다. 모바일 기반의 간편한 차량 호출, 자동 결제 시스템 등의 장점이 있다. 단, 개인정보 문제와 기존 택시시장과의 갈등, 근로자 등의 지적이 있다. 규제 문제로 일부 국가에서는 운영이 제한되나 우버 택시 등 대체 서비스를 통해 지속적으로 확장 중이며, 자율주행차, 드론 배달 등 모빌리티 혁신 기술을 개발하고 있다. 한편, 우버는 일반인이 자신의 차량으로 운송 서비스를 할 수 있도록 도와주는 '우버 엑스', 고급 승용차를 이용한 리무진 서비스 '우버 블랙', 승객을 일반 택시와 연결해주는 '우버 택시' 등이 있다.

126 ■■■

낸드플래시

Nand Flash

전원이 없는 상태에서도 저장한 정보가 사라지지 않는 메모리 반도체

전원을 끄면 자료가 사라지는 D램이나 S램과 달리 자료가 계속 저장이 되는 플래시메모리의 일종이다. 비휘발성 메모리라고도 말한다. 사물인터넷, 빅데이터, 인공지능의 발전으로 사용량이 늘어나고 있다.

127 ■■■

업무 처리 자동화

RPA : Robotic Prosess Automation

단순반복 업무를 알고리즘화 한 소프트웨어로 자동화하는 기술

기업의 재무, 회계, 제조, 구매, 고객 관리 분야 데이터를 수집하여 입력하고 비교하는 업무를 자동화해서 빠르고 정밀하게 수행하는 자동화 소프트웨어 프로그램을 말한다. 인공지능과 결합하여 빠르게 발전하는 분야이다.

128 ■■■

OTT
Over The Top

인터넷을 통한 TV서비스

'Over The X'는 기존 영역의 경계를 넘나드는 서비스나 상품을 의미한다. 방송, 통신 영역에서 사용하는 OTT(Over The Top) 서비스에서 'Top'은 셋톱박스(Set Top Box)를 뜻한다. '셋톱박스를 넘어서(통하여)' 제공되는 서비스를 뜻한다. 따라서 전파나 케이블이 아닌 범용인터넷 망으로 영상콘텐츠를 제공하는 것으로 셋톱박스가 있고 없음을 떠나 인터넷 기반의 동영상 서비스 모두를 포괄하는 의미로 쓰인다.

상식PLUS⁺ 영역의 경계를 넘나드는 서비스
㉠ OTC 마켓(Over The Counter Market) : 증권거래소 밖에서 이루어지는 금융 장외시장
㉡ OTC 드럭(Over The Counter Drug) : 처방전 없이 약국이나 슈퍼마켓에서 살 수 있는 일반 의약품

129 ■■■

아마존고
Amazon Go

아마존이 운영하는 세계 최초의 무인매장

미국 시애틀에 위치하는 인공지능, 머신러닝 등의 기술을 활용하여 운영되는 무인매장이다. 저스트 워크 아웃 기술을 활용하여 자동결제를 할 수 있다. 인공지능 판독을 위해서 매장 안에 50 ~ 60명이 들어갈 수 있다. 주로 식료품을 취급하고 있으며 애플리케이션에서 발급된 QR코드로 인증을 받고 매장 안에 들어간 후 쇼핑을 하면 센서를 통해 자동으로 카드가 결제된다.

130 ■■■

저스트 워크 아웃 기술
Just Walk Out Technology

아마존에서 개발한 기술로 무인상점 자동결제시스템

아마존에서 개발한 기술로 고객이 계산절차 없이 자동으로 결제를 할 수 있는 시스템이다. 카메라, 센서, 컴퓨터 비전, 딥러닝 등의 첨단 기술을 적용하여 사용되는 기술이다. 선반에 있는 센서가 제품이 사라지는 것을 감지하기도 하며, 카메라와 AI기술이 고객의 움직임과 물건을 감시한다. 고객이 물건을 들고 매장을 나가면 아마존 계정으로 계산서가 자동으로 청구한다. 자율주행기술이 적용된 센서가 부착된 원형카메라가 고객을 따라다니고 고객의 행동을 분석해서 도난을 방지한다.

관련기사 미국 홀푸드 마켓, 아마존 저스트 워크 아웃 기술 적용
QR코드를 인증과 손바닥 스캔을 받고 매장에 들어가서 아마존 계정과 연동된 카드로 결제하는 무인 자동결제시스템인 저스트 아웃 기술을 홀푸드 마켓에서 사용하고 있다.

131 ■■■
협업필터링

2021 | 농협은행

이용자의 행동을 분석하여 맞춤정보를 제공하면서 클릭과 구매율을 높이는 광고 전략

알고리즘을 통해서 고객의 정보를 분석하여 다음에 선택하는 것을 미리 예측하여 맞춤형 자료를 제공하는 것이다. 추천 알고리즘을 통해 소비자의 개인에 맞춘 정보를 제공하면서 소비자 충성도를 제고하기 위함이다. 초개인화를 목표로 하는 것이며 유튜브와 넷플릭스에서 추천하는 알고리즘 서비스가 대표적이다.

☑ 시험에서는 이렇게 물어본다!
협업필터링의 대표적인 사례는?

132 ■
IDFA
Identity for Advertisers

애플의 기기에 부여된 고유의 광고 식별자

웹 검색기록, 앱 활동내역 등 이용자의 기기 사용기록을 추적하는 사용자 추적 소프트웨어이다. 수집된 정보는 광고주들에 의해 이용자에게 맞춤형 광고를 제공할 수 있다. 애플은 IDFA를 활성화하여 정보를 수집하다가 ios 14.5에서부터 앱 추적 투명성(ATT) 기능을 도입하면서 옵트인 방식으로 변경되었다. 기기 이용자의 동의가 없는 한 사용 이력을 추척을 할 수 없어서 기업에서 표적 광고의 정확도 하락과 광고비용 증가로 이어지고 있다. 구글의 광고식별자는 GAID(Google Advertising Identity)이다.

133 ■
퀵 타임
Quick Time

미국 애플사가 개발한 멀티미디어 저장 및 재생기술

1991년 애플사가 매킨토시 컴퓨터 영상지원을 위하여 개발한 소프트웨어이다. 하드웨어를 추가하지 않아도 영상 재생이 가능하도록 하였으며 비디오, 애니메이션 등 동영상 제어 및 편집이 가능하다. 매킨토시 전용으로 개발되었으나 현재는 윈도우와 다른 플랫폼으로도 공급 중이다.

134 ■
제로페이
Zero Pay

소상공인 결제 수수료 부담을 낮추기 위해 시행되고 있는 소상공인 간편결제시스템

소득공제 혜택을 위해서 도입된 시스템으로 2018년 12월 시범 도입되었다. 결제 방식은 애플리케이션으로 QR코드로 촬영하고 금액을 입력하고 결제하는 방식이다. 가맹점에서 생성한 QR코드를 스캔하여 결제하는 방식도 있다. 제로페이를 사용하면 소상공인은 결제 수수료를 지급하지 않아도 되고 소비자들은 40%의 소득공제를 받을 수 있다.

135

베이퍼웨어

Vaporware

개발되지 않은 가상의 제품을 지칭

베이퍼웨어는 증발품이라는 의미로 수증기처럼 사라질 수 있는 제품을 의미한다. 홍보책자에만 존재한다고 하여 브로슈어 웨어라고 칭하기도 한다. 경쟁회사 제품 구매 시기를 미루기 위해 발표하거나 이유가 있어 배송이 지연되는 소프트웨어나 하드웨어를 의미한다. 미래에는 출시가 가능하다는 환상으로 경쟁업체의 제품을 막는 효과가 있다. 마케팅 기법 중에도 하나이기도 하며 대표적으로 베이퍼웨어 전략을 구사하는 곳은 마이크로소프트와 인텔이다.

136

무어의 법칙

Moore's Law

마이크로칩 밀도는 1.5년마다 2배로 늘어난다는 인터넷의 경제 3원칙

1965년 고든 무어가 예측한 마이크로칩 용량이 18개월마다 2배가 된다는 법칙을 1975년에 24개월로 수정한 법칙이다. 데이터 양이 1.5년마다 2배씩 증가한다는 결과로 멧칼프의 법칙, 가치사슬을 지배하는 법칙과 함께 3원칙 중에 하나이다.

상식PLUS⁺ 인터넷경제 3원칙

㉠ 무어의 법칙 : 마이크로칩의 처리능력은 해마다 2배로 증가한다.
㉡ 멧칼프의 법칙 : 네트워크의 가치는 참여자의 제곱에 비례한다.
㉢ 가치사슬 지배 법칙 : 조직은 거래비용이 적게드는 방향으로 변화한다.

137

멧칼프의 법칙

Metcalfe's Law

네트워크의 유용성의 정도는 네트워크 사용자의 제곱과 비례하며, 네트워크 기술을 활용하는 사용자의 증가율이 어느 임계값에 도달하면 그 시점부터 기하급수적으로 가치(유용성)가 증가하는 법칙

사용자 환경이 PC에서 네트워크 중심으로 이동되었고 네트워크 성장속도와 이를 전달하는 인터넷의 중요성을 잘 설명하고 있는 법칙으로 네트워크가 확장되어 갈수록 비용절감 효과는 등비급수적으로 늘어난다. 초기 마케팅 비용을 들이더라도 회원을 모집하려는 노력을 하는 이유가 여기에 있는 것이다. 곧 생산량이 증가할수록 평균비용은 등비급수적으로 줄어들게 되므로 그 가치는 급격하게 증가하고 그 차이는 사용자 수가 늘어날수록 등비급수적으로 점점 더 벌어지게 된다. 하지만 인터넷 가입자 및 회원수가 많다고 하여 바로 수익으로 이어지는 것은 아니며, 그보다 비즈니스모델이 더 중요한 요소로 작용한다.

138

퍼지 컴퓨터
Fuzzy Computer

인간 두뇌와 비슷하게 제어할 수 있는 컴퓨터

현재의 디지털 컴퓨터는 모든 정보를 2개의 값으로만 처리하기 때문에 모호성이 없다. 그러나 사람은 직감과 경험에 의해 융통성(퍼지) 있는 행동을 하므로 사람의 행동과 동작을 컴퓨터에 적용하고자 하는 것이 퍼지 컴퓨터이다. 인간의 뇌 중에서 계산능력이 뛰어난 왼쪽 뇌를 모방하여 개발되었다면, 퍼지 컴퓨터는 이미지 묘사, 상상, 판단기능을 수행하는 오른쪽 뇌를 모방하여 인간적인 사고나 판단 기능을 특화시킨 것이다.

139

온디맨드
On Demand

플랫폼과 기술력을 가진 회사가 수요자의 요구에 즉각 대응하여 제품 및 서비스를 제공하는 것

기존의 거래처럼 고객이 직접 재화와 서비스가 있는 곳을 찾아가는 것이 아니라 고객이 원할 때 서비스가 바로 제공되는 것으로 수요가 모든 것을 결정하는 체계를 갖는다. 비즈니스의 성공과 실패가 모두 고객의 손끝에서 이루어질 수 있는 시대가 온 것이다. 온디맨드는 모바일을 중심으로 고객과 근처에 있는 서비스 제공자를 연결해 준다. 모바일을 통해 주문을 받은 서비스 제공자는 고객이 원하는 시간에 맞춰 서비스를 제공한다. 따라서 어디서나 원하는 상품을 주문하고 원하는 방식으로 즉각적인 서비스를 제공받을 수 있으며 오프라인에 집중되는 사업에게는 모바일, 온라인 플랫폼 등 판매 유통을 넓힐 수 있는 계기가 되고 있다.

140

스마트 팩토리
Smart Factory

설계 · 제조 · 유통 등 생산과정에 정보통신기술(ICT)을 접목한 지능형 공장

모든 생산 과정이 무선통신으로 연결되어 자동으로 움직이는 공장이다. 모든 설비와 장치가 무선으로 연결되어 모든 공정을 편리하게 확인할 수 있다. 공장에 사물인터넷과 카메라를 통해 불량품이나 설비 노후화 등을 확인할 수 있다.

141

등대공장
Lighthouse Fact

4차 산업혁명의 핵심 기술을 도입하여 제조업의 미래를 이끌고 있는 공장

사물인터넷(IoT)과 인공지능(AI), 빅데이터 등 4차 산업혁명의 핵심기술을 적극적으로 도입하여 제조업의 미래를 혁신적으로 이끌고 있는 공장을 의미한다. 한국에서는 처음으로 2019년 7월 포스코가 등대공장에 등재됐다.

142

스마트 알약

알약 형태로 섭취하여 몸속에서 수치를 측정하는 웨어러블 기기 장치

알약을 섭취하면 심장과 방광 등의 신체 내부의 온도인 심부체온을 측정할 수 있다. 몸속으로 섭취하는 스마트 알약은 블루투스로 연동하여 데이터를 모니터링 할 수 있다. 대략 16시간가량 심부체온을 측정하고 역할이 끝나면 체외로 배출된다.

관련기사 가축 건강관리 시스템 스마트 알약

축산업에서 발정과 분만을 모니터링 하는 것은 매우 중요하다. 축산 농민들의 원격 모니터링을 지원하기 위해 농촌진흥청은 가축 건강관리 시스템 '스마트 알약'을 개발하였다. 소에게 스마트 알약을 섭취시킨 후 소의 위에 위치하는 스마트 알약은 체온과 활동량을 무선으로 전송한다. 스마트 알약에 부착된 센서는 소의 해부학적 특성을 고려하여 체외 배출 방지 설계가 적용되어 쉽게 배출되지 않는다. 스마트 알약은 10분마다 체온과 2.5초 간격으로 활동량을 측정한다.

143

스마트 그리드

Smart Grid

2019 | 수협은행

에너지 효율을 최적화 하는 지능형 전력망

전력산업과 정보기술(IT), 그리고 통신기술을 접목하여 전력 공급자와 소비자가 양방향으로 실시간 정보를 교환한다. 에너지 효율성 향상과 신재생에너지 공급의 확대를 통한 온실가스 감축을 목적으로 하는 차세대 지능형 전력망이다. 전력 공급자는 전력 사용 현황을 실시간으로 파악하여 공급량을 탄력적으로 조절할 수 있고, 전력 소비자는 전력 사용 현황을 실시간으로 파악함으로써 요금이 비싼 시간대를 피하여 사용 시간과 사용량을 조절한다. 태양광발전 · 연료전지 · 전기자동차의 전기에너지 등 가정에서 생산되는 전기를 판매할 수도 있다. 전력 공급자와 소비자가 직접 연결되는 분산형 전원체제로 전환되면서 풍량과 일조량 등에 따라 전력 생산이 불규칙한 한계를 지닌 신재생에너지 활용도가 높아져 온실가스와 오염물질을 줄여 환경문제를 해소할 수 있는 등의 장점이 있어 여러 나라에서 차세대 전력망으로 구축하기 위한 사업으로 추진하고 있다.

☑ 시험에서는 이렇게 물어본다!
스마트 그리드를 사용하는 서비스에 대해 약술하시오.

144

온톨로지

Ontology

사물 간의 관계와 개념을 컴퓨터에서 활용 가능한 형태로 표현하는 것

존재론(Ontology)과 실재(Reality)에 대한 철학에서 유래한 용어이다. 인공지능, 시멘틱 웹, 자연어 처리(NLP) 등에 사용된다. 클래스, 인스턴스, 속성, 관계 등으로 구성된다. 온톨로지 작성에 대표언어로는 웹 온톨로지 언어(OWL), 형태제약언어(SHACL) 등이 있다.

145

에너지 저장 시스템

ESS : Energy Storage System

에너지를 효율적으로 사용하도록 저장 및 관리하는 시스템

잉여전력을 모아 보관하였다가 적절할 때 공급하는 저장장치이다. 날씨에 영향이 큰 태양광이나 풍력 등의 신재생에너지를 안정적 공급하기 위한 유망 사업 중에 하나이다. 전기 생산 발전 영역과 전기 이송하는 송배전 영역, 소비자 영역 전 분야에 적용이 가능하고 발전소, 송배전시설, 공장, 가정, 기업 등에 다방면에서 활용이 가능한 기술이다. 스마트 그리드의 핵심 설비 중 하나로 주목받고 있으며 리튬이나 니켈 등의 화학에너지를 저장하는 배터리 방식과 압축공기저장과 양수발전 등의 물리적 에너지를 저장하는 비배터리 방식이 있다.

146

앰비언트 컴퓨팅

Ambient Computing

컴퓨터의 명령이 없어도 자동으로 목적과 의도를 감지하여 움직이는 기능

사용자의 행동을 읽어 명령 없이도 움직이는 기능을 의미한다. 식사하고 일어나면 테이블 센서가 감지되어 신용카드가 자동으로 결제된다거나 주변 소음에 따라 음악 음량을 조절하는 등의 이어폰 기술 등이 있다.

147

알고리즘 매매

Algorithmic Trading

컴퓨터 프로그래밍을 통해 자동으로 주식을 매수 · 매도 주문을 하는 거래 방식

주가의 등락에 따라 자동으로 주식을 매수 · 매도하는 기술이다. 단시간에 매매를 할 때 주로 사용되는 기능이나 프로그램 오류가 발생하면 위험할 수 있다. 빅데이터와 인공지능 등의 기술에도 자주 사용된다.

148

라이파이

Li – Fi

새로운 무선통신기술로 LED에서 나오는 가시광선으로 1초에 10기가바이트 속도로 데이터를 전달하는 방식

2011년 영국 해롤드 하스 교수가 와이파이(Wi – Fi)를 대적하는 새로운 근거리 통신기술로 제안한 기술이다. 가시광선으로 정보를 전달하는 것으로 대량의 정보를 빠르게 보낼 수 있다는 장점이 있다. 하지만 빛이 닿는 곳에만 통신이 되는 단점이 있어 조명이 늘 켜져 있어야 한다.

149

토르 네트워크

Tor Network

인터넷 이용자의 흔적을 추적할 수 없도록 하는 서비스

가상 컴퓨터와 네트워크를 여러 번에 걸쳐 경유하여 인터넷 이용자의 접속 흔적을 추적할 수 없도록 하는 서비스이다. 네트워크 감시나 위치 추적, 인터넷 검열 등을 피할 수 있다.

150
미러링크
MirrorLink

유 · 무선 통신으로 스마트폰의 기능을 큰 화면에서 볼 수 있는 기술

스마트폰에서 나오는 화면을 거울에 비추듯이 큰 화면에 연결하여 볼 수 있는 것으로, 화면 모사로 이해할 수 있다. 커넥티드 카(Connected Car) 기술의 일종이다.

151
다크 데이터
Dark Data

분석에 활용되지 않으나 수집되어 있는 다량의 데이터

냄새, 몸짓, 목소리 등 분석이 어려운 비정형 데이터로 정보를 수집하고 저장만 하고 사용하지 않는 특별한 목적이 없는 데이터이다. 로그 파일, 오래된 파일, 오래 전에 수신 받은 이메일 등이 이에 해당한다. 대부분의 다크 데이터는 오디오, 비디오 등으로 저장 비용을 발생 시켜 필요 정보를 검색하는 데 시간을 소요하게 만드는 요소이기도 하다.

152
커넥티드 카
Connected Car

자동차를 정보통신기술과 연결하여 쌍방향으로 소통을 할 수 있는 차량

커넥티드 카는 다른 차량이나 교통 및 통신 기반 시설과 무선으로 연결하여 위험 경고, 실시간 네비게이션, 원격 차량 제어 및 관리 서비스뿐만 아니라 전자 우편, 멀티미디어 스트리밍, SNS까지 제공한다. 향후에는 자율주행이나 자동차의 자동 충전, 그리고 운전자의 건강 상태나 혈중 알코올 농도를 파악하여 운전 가능 여부를 점검하는 서비스를 추가하는 방향으로 진화될 전망이다.

153
V2X
Vehicle to Everything

차량사물통신

차량과 사물 간의 대화가 가능하도록 만드는 기술로 다른 차량, 모바일 기기, 도로 등의 다양한 사물과 차량이 정보를 자유롭게 교환하는 기술이다. 차량 – 차량 간 통신 V2V(Vehicle to Vehicle), 차량 – 인프라 간 통신 V2I(Vehicle to Infrastructure), 차량 – 모바일 기기 간 통신 V2N(Vehicle to Nomadic Device), 차량 – 보행자 간 통신 V2P(Vehicle to Pedestrian) 등이 있다.

154
인터넷 연동
IX : Internet eXchange

인터넷 서비스 제공자 간에 원활하게 트래픽을 송수신할 수 있도록 연동하는 서비스 시스템

인터넷 서비스 제공자인 ISP들 간의 원활한 소통을 위해 설립된 NOC(Network Operations Center, 네트워크 운영센터)에 회선을 공동으로 이용하면서 트래픽을 줄이기 위해 설치된 것이다. 콘텐츠 전송망(CDN) 서버와 포털 서버를 직접적으로 연결하여 트래픽 송수신 비용 절감과 품질 향상의 효과를 얻을 수 있다.

155 ■■□
와이브로
Wibro : Wireless Broadband Internet

초고속 인터넷을 이동하면서 이용할 수 있는 무선 인터넷

처음에는 고속 데이터 통신기술을 가리키는 용어로 만들어졌지만 이동통신업체에서 기술이름을 서비스 이름으로 사용하며 우리에게는 서비스 이름으로 친숙하게 알려져 있다. 2.3Ghz 주파를 사용하며 기존의 무선 인터넷인 CDMA와 무선 랜의 장점만을 이용하여 새롭게 만들어졌다. 이동이 가능하다는 것이고 전파의 송수신거리가 와이파이에 비해 훨씬 넓다.

156 ■■□
시멘틱 웹
Semantic Web

정보를 이해한 컴퓨터가 논리적 추론을 하는 지능형 웹

사람이 직접 구동하여 정보를 찾는 웹이 아니 컴퓨터가 이해할 수 있는 웹으로 기계끼리 소통이 가능한 지능형 웹을 의미한다. 자연어 위주로 된 웹 문서와 달리 컴퓨터가 이해할 수 있는 형태의 언어로 구성되어서 기계들 간의 정보교류로 필요한 일을 처리할 수 있다. RDF 기반의 온톨로지 기술과 국제표준화기구(ISO) 중심의 토픽 맵, 에이전트 기술, OWL, 마이크로 포맷 등이 있다.

157 ■■□
다크 웹
Dark Web

특정한 웹 브라우저를 통해서 접근이 가능한 웹

익명성이 보장되고 IP 추적이 불가능하여 범죄에 빈번하게 이용되는 서버이다. 2013년 미국 FBI에서 실크로드라는 온라인 마약거래사이트를 적발하면서 알려지게 되었다. 토르(TOR)라는 특수한 웹 브라우저를 통해서만 접근이 가능하다.

상식PLUS+ 웹의 종류
㉠ 서피스 웹(Surface Web) : 표면 웹이라는 의미로 구글, 네이버, 다음 등과 같은 검색 엔진을 통해 합법적으로 색인된 콘텐츠로 구성된 웹 페이지
㉡ 딥 웹(Deep Web) : 검색되지 않는 인터넷 공간을 의미한다. 접근이 어려운 웹 사이트로 의료 기록, 회사 내부 망 등이 있다.

158 ■■■
프롭테크
Prop Tech

2021 | 농협은행

정보기술과 결합한 부동산 서비스 기술

부동산 산업에 첨단 정보기술인 빅데이터, 인공지능, VR 등을 결합한 기술이다. 중개 · 임대, 부동산 관리 등 분야가 있다. 블록체인과 부동산을 접목하여 거래정보를 공유하거나, 빅데이터를 통한 부동산 가치평가 프로그램, 일조량 확인, 3D 인테리어를 통해 모바일에서 가구배치를 하는 등의 서비스가 있다.

☑ 시험에서는 이렇게 물어본다!
프롭테크의 대표적인 사례는?

159
스플로그
Splog

광고를 목적으로 운영되는 블로그

인터넷 인기검색어를 이용하여 소비자를 블로그로 유인한 뒤 내용 없이 검색어만 나열한 블로그 게시글이다. 검색 결과를 믿고 들어간 블로그에서 광고성 글이나 음란물을 보게 되는 것이다. 일부는 스파이웨어를 배포하여 사용자 컴퓨터에 설치하여 피해를 준다. 스팸메일과 달리 사용자가 직접 블로그에 접근한다.

160
BYOD
Bring Your Own Device

개인용 전자기기를 업무에 활용하는 것

인용 PC나 스마트폰, 노트북 등의 정보통신 기기로 회사 업무를 하는 것이다. BYOD 업무환경으로 업무용과 개인용을 따로 구비하여 많은 기기를 가져야 하는 불편을 줄일 수 있다. 하지만 기업의 보안 유지가 어렵고 프라이버시 침해 등의 단점이 있다.

161
빅테크
Big Tech

대형 정보기술 기업을 의미하는 단어

국내 금융업계에서는 카카오나 네이버 등 플랫폼 사업이 금융시장으로 진출한 업체를 말한다. 카카오와 네이버에서 송금, 결제와 보험서비스까지 진출하고 있다. 빅테크가 금융권에 다가가면서 금융업계가 빅테크에 잡힐 수 있다는 금융권의 위기감을 나타내는 단어이다.

162
마이크로 모먼츠
Micro Moments

스마트폰을 통해 배움, 검색, 활동, 여행 욕구 등을 충족시키는 현상

원하는 정보를 스마트폰으로 검색하여 그 즉시 욕구를 충족시키는 것을 의미한다. 짧은 시간 동안 콘텐츠를 소비하는 이용자의 찰나의 순간을 의미한다. 알고 싶은 순간, 사고 싶은 순간, 하고 싶은 순간, 가고 싶은 순간을 마이크로 모먼츠로 구분할 수 있다. 스마트폰을 통해 쇼핑을 하는 행위를 마이크로 모먼츠를 구매한다고 표현하기도 한다.

163
필터버블
Filter Bubble

알고리즘으로 특정 정보만을 소비하는 현상

이용자의 관심사에 맞춰져서 맞춤형 정보만이 제공되어 편향적인 정보만 보는 현상을 의미한다. 협업 필터링이 사용자의 경험을 개선하고 관심사에 맞는 콘테츠를 제공, 즉 데이터를 분석에 맞춤 추천을 제공한다면, 필터버블은 알고리즘 추천으로 인해 특정 정보만 소비하게 되는 현상이다. 즉, 협업 필터링은 추천 기술이고 필터 버블은 그 기술이 초래하는 문제점으로, 다양한 정보 노출을 제한하여 편향된 관점을 형성한다.

164 ■■□
팝콘 브레인
Popcorn Brain

뇌가 첨단 기기에 익숙해져 현실에 무감각해지는 현상

즉각적으로 반응이 나타나는 첨단기기에 익숙해지면서 천천히 흐르는 현실에 적응하는 것이 어려워지는 변형된 뇌 구조를 의미한다. MRI 촬영한 결과에 따르면 인간의 뇌에서 중추를 담당하는 회백질의 크기가 줄어든 것으로 나타났다. 자극적이고 화려한 첨단 기기의 노출되면서 현실 세계에 적응하지 못하도록 실제 뇌 구조가 변화한 것을 의미한다.

165 ■□□
베타 테스트
Beta Test

하드웨어나 소프트웨어를 공식적으로 발표하기 전에 오류가 있는지를 발견하기 위해 미리 정해진 사용자 계층들이 써 보도록 하는 테스트

하드웨어나 소프트웨어의 개발 단계에서 상용화하기 전에 실시하는 제품 검사 작업을 말하며 제품의 결함 여부, 제품으로서의 가치 등을 평가하기 위해 실시하는 것이다. 선발된 잠재 고객에게 일정 기간 무료로 사용하게 한 후에 나타난 여러 가지 오류를 수정하고 보완한다. 공식적인 제품으로 발매하기 이전에 최종적으로 실시하는 검사 작업이다.

166 ■■■
화이트박스 테스트
White Box Test

구조적 · 코드기반 테스트로 내부 소스 코드를 테스트하는 기법

구현 기반 테스트로 프로그램 내부에 오류를 찾기 위해 프로그램 코드의 내부구조를 테스트 설계 기반으로 사용하는 것이다. 화이트박스의 테스트 기법으로는 프로그램 복잡도 측정 · 평가를 위한 구조적 기법과 프로그램 루프 구조에서 실시하는 루프 테스트가 있다.

상식PLUS⁺ 블랙박스 테스트(Black Box Test)

기능 · 명세 기반 테스트로 코드가 아닌 요구 분석 명세서나 설계 사양서에서 테스트 케이스를 추출하여 오류를 찾아내는 것이다. 테스트 기법으로는 다양한 조건에서 테스트 사례를 선정하는 동등 분할 기법, 경계값 기준으로 테스트하는 경계값 분석 기법, 입력값과 출력값에 따라서 오류를 찾아내는 원인 · 결과 그래프기법, 경험으로 오류를 찾아내는 오류예측 기법이 있다.

167 ■■□
가상랜
VLAN :
Virtual Local Area Network

가상으로 구성이 된 근거리 통신망(LAN)

스위치를 이용하여 배선이 없어도 방송 패킷이 전달되는 범위를 의미한다. 사용자가 원하는 최대한의 네트워크 구성이 가능하도록 하고 접속 포트나 MAC 주소 등으로 가상랜을 구상할 수 있도록 한다.

168

VoIP

Voice Over Internet Protocol

IP주소를 사용하여 인터넷에 음성을 송수신하는 인터넷 전화

음성을 디지털 패킷으로 변환하여 전송하는 기술이다. 유선전화는 회선 교환방식인 PSTN (Public Switched Telephone Network) 방식을 사용하여 일대일로 통신을 한다. VoIP는 인터넷 망을 사용하여 다대다 통신이 가능하나 트래픽이 증가하면 통화 품질이 떨어진다. 전화번호를 입력하면 소프트 스위치 시스템으로 상대방에게 VoIP로 통화가 연결되어 통신 비용이 발생하지 않는다.

169

에지 컴퓨팅

Edge Computing

2022 · 2021 | 농협은행

스마트폰이나 통신 기지국 등 통신 말단에서 데이터를 자체 처리하는 기술

중앙집중서버가 모든 데이터를 처리하는 클라우드 컴퓨팅과 다르게 분산된 소형 서버를 통해 실시간으로 처리하는 기술을 일컫는다. 사물인터넷 기기의 확산으로 데이터의 양이 폭증하면서 이를 처리하기 위해 개발되었다.

☑ 시험에서는 이렇게 물어본다!
클라우드 컴퓨팅과 에지 컴퓨팅의 차이에 대해 약술하시오.

170

캐시

Cache

명령어와 프로그램이 기억되어 있는 버퍼로 된 고속 기억 장치

주기억장치와 중앙 처리 장치 사이에 설치된 메모리로 고속 버퍼메모리이다. 데이터나 명령어를 반복하여 설정하지 않고 즉시 사용하도록 일시적으로 저장하는 영역으로 컴퓨터 성능 향상을 위해 사용되는 부분이다. CPU에 내장된 캐시를 주캐시(Primary Cache)라 하고 컴퓨터 본체에 탑재된 것은 보조캐시라 한다.

상식PLUS⁺ 쿠키(Cookie)
인터넷에 접속할 때 이용자가 본 내용, 구매내역, 비밀번호 등의 정보를 담고 있는 임시 파일이다. 사이트 이용자가 과자를 먹고 남긴 부스러기와 같아 붙여진 단어이다.

171

사물통신

M2M : Machine to Machine

무선통신을 이용한 기계 사이의 통신

기계가 중심이 되어 연결되는 환경이다. 전기 · 가스 등을 원격으로 검침을 하거나 온도 · 습도 조절, 신용카드를 무선으로 조회하는 등의 부호 분할 다중접속(CDMA), GSM 등의 통신망을 이용한다.

172

근거리망

LAN : Local Area Network

특정 구내 또는 건물 안에 설치된 네트워크

구분	LAN	MAN	WAN
지역적 범위	빌딩 또는 캠퍼스	도시지역	전국적
토폴로지	공통 버스 · 링크	공통 버스 또는 Regular Mesh	Irregular Mesh
속도	매우 높음	높음	낮음
에러율	낮음	중간정도	높음
Flow Control	간단	중간정도	복잡
라우팅 알고리즘	간단	중간정도	복잡
매체 접근	불규칙 스케줄	스케줄	없음
소유권	Private	Private 또는 Public	Public

173

근거리 무선통신

NFC : Near Field Communication

2021 | 농협계열사

10cm 이내의 가까운 거리에서 무선으로 데이터를 주고받는 기술

무선으로 13.56MHz 대역의 주파수를 이용하여 데이터를 약 10cm 이내에서 교환하는 비접촉식 통신기술이다. 통신거리가 단거리라 보안이 우수하고 비용이 낮다. 특별한 설정이 없이도 사용이 가능하고 NFC기능이 있는 스마트폰에서 신용카드, 교통카드, 신분증 등의 기능을 이용할 수 있다.

관련기사 비접촉 카드 사용 확산

비접촉식 카드 도입이 본격적으로 진행되고 있다. NFC기술을 활용한 기술의 사용이 늘어나면서 카드사에서 그에 맞는 상품 도입에 나서고 있다. 최근 대부분 카드사의 카드는 비접촉 결제를 지원한다.

☑ 시험에서는 이렇게 물어본다!

근거리에서 비접촉 방식으로 신용카드를 결제할 수 있는 기술은?

174

양자컴퓨터

Quantum Computer

양자역학의 원리에 따라 작동되는 미래형 첨단 컴퓨터

양자역학의 특징을 살려 병렬처리가 가능해지면 기존의 방식으로 해결할 수 없었던 다양한 문제를 해결할 수 있게 된다. 우리나라에서는 2001년 KAIST(한국과학기술원) 연구팀이 병렬처리 3비트 양자컴퓨터 개발에 성공하였고, 2003년에는 일본 NEC와 이화학연구소가 공동으로 양자비트 2개를 결합한 고체 논리연산회로로 동작하는 양자컴퓨터의 제작에 성공하였다.

175 ■■■

초광대역
UWB : Ultra Wide Band

낮은 전력으로 단거리 구간에서 데이터를 많은 양 전송하는 무선 기술

GHz대의 주파수를 사용한다. 대용량의 데이터를 0.5m/W 정도의 낮은 전력량으로 70m의 거리까지 전송할 수 있다. 또한 땅 속이나 벽면 뒤로도 전송이 가능하여 레이더 기능, 전파탐지기 등 광범위하게 사용이 가능하다. 최소 100Mbps ~ 1Gbps급 속도로, 안정적인 100Mbps급 데이터를 전송할 수 있다. 1950년대 미국 국방부에서 군사적 목적으로 사용되면서 상업적으로 이용하는 것을 금지하였으나 2002년 2월에 상업용도가 승인되면서 상용화 되었다.

176 ■■■

사물인터넷
IoT : Internet of Things

2021 · 2020 | 농협은행

인터넷으로 연결된 기기가 사람의 개입 없이 서로 정보를 주고받아 가전제품, 전자기기 등을 언제 어디서나 제어할 수 있는 신개념 인터넷

사물인터넷은 가전에서 자동차, 물류, 유통, 헬스케어까지 활용범위가 다양하다. 사물의 센서에서 수집된 정보는 분석 · 공유되어 다양한 서비스를 제공할 수 있는데, 온도 · 습도 · 초음파 등 다양한 센서가 내장된 사물에 장착되어 제어할 수 있다. 예를 들어 가전제품에 IoT 기능을 접목시키면 스마트폰으로 세탁기, 냉장고, 조명 등을 제어할 수 있다.

☑ 시험에서는 이렇게 물어본다!
농업분야에 적용된 IoT 기술의 구체적인 사례를 말해보시오.

177 ■■■

Mbps
Mega Bit per Second

2023 | 농협은행

1초당 1백만 비트를 보내는 데이터 전송 속도 단위

bps는 1초 동안 전송 가능한 모든 비트의 수를 의미한다. gbps는 초당 보낼 수 있는 정보의 양을 나타나는 단위로 1초에 약 10억 비트의 데이터의 전송속도를 나타낸다. 변조속도(Baud)는 신호의 변환과정에서 초당 전송되는 신호변화의 횟수로 초당 전송할 수 있는 최단 펄스의 수를 말한다.

상식PLUS⁺ 데이터 표현 단위

㉠ 비트(Bit) : 데이터(정보) 표현의 최소 단위로 1비트는 0 또는 1의 값을 표현한다.
㉡ 니블(Nibble) : 4Bit로 구성된 값으로 통신에서는 Quad Bit로 사용하기도 한다.
㉢ 바이트(Byte) : 하나의 문자, 숫자, 기호단위의 8Bit의 모임으로 주소 · 문자표현의 최소 단위이다.
㉣ 워드(Word) : CPU내부에서 명령을 처리하는 기본 단위로 연산의 기본 단위가 된다.
㉤ 필드(Field) : 항목(Item)이라고도 하며, 하나의 수치 또는 일련의 문자열로 구성되는 자료처리의 최소단위이다.
㉥ 레코드(Record) : 하나 이상의 필드가 모여 구성되는 프로그램 처리의 기본 단위이다.

☑ 시험에서는 이렇게 물어본다!
비트(bit)의 의미는?

178

컴퓨터
Computer

2023 | 농협은행

기억 장치에 담긴 명령어들에 의해 조작되며, 주어진 자료를 입력받아 정해진 과정에 따라 처리하여 그 결과를 생산하고 저장할 수 있도록 해주는 전자장치

자료를 처리하기 위해서 필요한 자료를 받아들이는 입력기능, 처리대상으로 입력된 자료와 처리결과로 출력된 정보를 기억하는 기억기능, 주기억 장치에 저장되어 있는 자료들에 대하여 산술 및 논리연산을 행하는 연산기능, 주기억 장치에 저장되어 있는 명령을 해독하고, 필요한 장치에 신호를 보내어 자료처리가 이루어지도록 하는 제어기능, 정보를 활용할 수 있도록 나타내 주는 출력기능 5가지의 기능이 있다.

상식PLUS⁺ 컴퓨터 단위

㉠ 컴퓨터의 처리속도 단위
- ms(milli second) : 10^{-3} sec(1/1,000)
- μs(micro second) : 10^{-6} sec(1/1,000,000)
- ns(nano second) : 10^{-9} sec(1/1,000,000,000)
- ps(pico second) : 10^{-12} sec(1/1,000,000,000,000)
- fs(femto second) : 10^{-15} sec(1/1,000,000,000,000,000)
- as(atto second) : 10^{-18} sec(1/1,000,000,000,000,000,000)

㉡ 컴퓨터 기억용량 단위
- 킬로 바이트(KB) : 2^{10} byte
- 메가 바이트(MB) : 2^{20} byte(1024 KB)
- 기가 바이트(GB) : 2^{30} byte(1024 MB)
- 테라 바이트(TB) : 2^{40} byte(1024 GB)
- 페타 바이트(PB) : 2^{50} byte(1024 TB)
- 엑사 바이트(EB) : 2^{60} byte(1024 PB)
- 제타 바이트(ZB) : 2^{70} byte(1024 EB)
- 요타 바이트(YB) : 2^{80} byte(1024 ZB)

☑ 시험에서는 이렇게 물어본다!
킬로 바이트의 단위는?

179

중앙처리장치
CPU :
Central Processing Unit

컴퓨터 시스템 전체를 제어하고 자료의 모든 연산을 수행하고 명령어를 실행하는데 필요한 데이터를 보관하는 장치

레지스터에 의해 기억기능이 수행된다. 산술연산과 논리연산을 위해 사용하며 연산장치에 의해 처리된다. 레지스터와 연산장치 간의 인터페이스인 버스를 통해 동작하고 PC(Program Center)에 의한 CPU의 주상태에 의해 제어된다.

180

BCD코드

Binary Coded Decimal

6비트를 사용하는 기본적인 코드이다.

6비트로 2^6(64)가지의 문자표현이 가능하나 영문자 대 · 소문자를 구별 못하는 문제점이 있다.

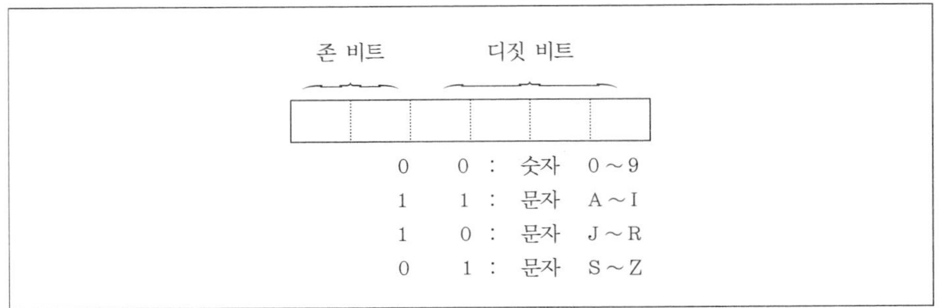

상식PLUS⁺ 코드의 종류

㉠ ASCII 코드(American Standard Code For Information Interchange) : BCD코드와 EBCDIC코드의 중간 형태로 미국표준협회(ISO) 가 제안한 코드로 7비트로 2^7(128)가지의 문자표현이 가능하다. 일반 PC용 및 데이터 통신용 코드이다.

㉡ EBCDIC 코드(Extended Binary Coded Decimal Interchange Code) : BCD코드의 확장코드로 8비트로 2^8(256)가지의 문자표현이 가능하고 주로 대형 컴퓨터에서 사용되는 범용코드이다.

181

디버깅

Debugging

오류 수정 및 컴퓨터 프로그램의 잘못을 찾아내고 고치는 작업

일단 작성된 프로그램들이 정확한가, 즉 잘못 작성된 부분이 없는가를 조사하는 과정이다. 이 작업은 기계에 넣기 전에 책상 위에서 주어진 문제대로 프로그램이 작성되었는가를 순서도와 메모리의 작업 영역표에 실제 데이터를 넣어서 수동 작업으로 정확한 결과가 나오는가를 검사하는 데스크상의 검사와 컴퓨터를 이용한 표준적 데이터로 메인 루틴을 조사하는(이때, 예외 사항이 포함된 데이터와 오류가 있는 데이터 포함) 컴퓨터를 사용한 검사이다. 실제 데이터를 사용하는 조사 등 세 단계로 나누어 진행된다. 또한 이 작업은 프로그램의 한 스텝 한 스텝씩을 추적해가는 추적(Trace) 기능을 이용해도 좋지만, 프로그램 처리 내용이나 기억 장치의 내용을 덤프하여 디버그 보조기(Debugging Aid)를 이용하는 것이 바람직하다.

상식PLUS⁺ 관련 용어

㉠ 디버그(Debug) : 프로그램 개발 마지막에서 프로그램 오류를 밝혀내는 작업을 의미한다.

㉡ 디버거(Debugger) : 오류를 수정하는 소프트웨어를 의미한다.

182

불대수
Boolean Algebra

2020 | 농협은행

두 가지의 요소에 대하여 하나를 택하는 것과 같은 연산을 수행하는 논리

영국의 수학자 불에 의해 창안되었다. 불대수는 참과 거짓 또는 이것을 숫자로 바꾼 1과 0으로 연산을 하는데, 이것을 논리상수라 한다. 이들 값을 기억하는 변수는 논리변수 또는 2진 변수라 한다. 불대수를 사용하면 컴퓨터 내부의 회로에 대한 것을 연산식으로 나타내어 설계와 분석을 쉽게 할 수 있고, 그 결과를 회로에 대응시킬 수 있으므로 논리회로를 다루는 데 편리하다. 기본연산으로 논리곱(AND), 논리합(OR), 논리부정(NOT), 배타적 논리합(XOR)이 있다.

상식PLUS⁺ 불함수(Boolean Function)
불대수에 의하여 표현된 식으로 불 변수와 기본연산인 논리곱(AND), 논리합(OR), 논리부정(NOT)으로 표현한 식이다. 불대수를 논리대수라고 하듯이 불 함수를 논리함수 또는 논리식이라고 한다.

☑ 시험에서는 이렇게 물어본다!
불대수 기본연산은?

183

논리 게이트
Logic Gate

게이트를 통해 2진 입력정보를 처리하여 0 또는 1의 신호를 만드는 기본적인 논리회로

반가산기는 두 개의 변수에서 입력되는 2진수 한 자리의 비트를 덧셈하는 회로이며, 전가산기는 2자리 2진수와 반가산기에서 발생한 자리올림(Cin)을 함께 덧셈하는 회로이다.

상식PLUS⁺ 조합 논리회로(Combinational Logic Circuit)
출력값이 입력값에 의해서만 결정되는 논리 게이트(Logic Gate)로 구성된 회로이다.

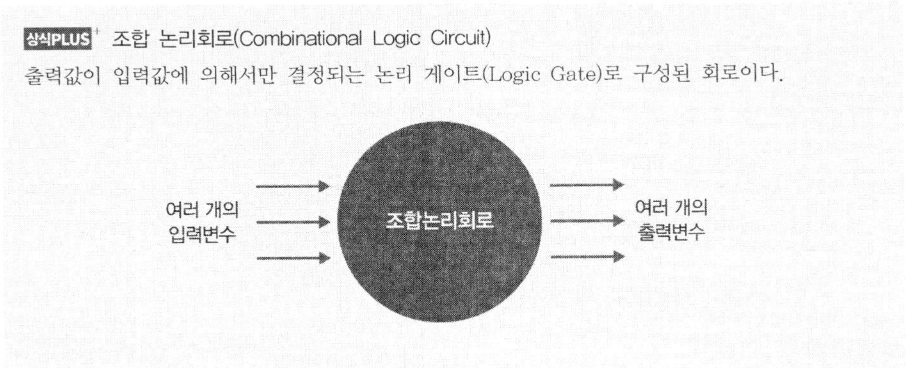

184 ■■■

디코더

Decoder

해독기라는 의미로 코드형식의 2진 정보를 다른 형식의 단일신호로 바꾸어 주는 회로

2비트로 코드화된 정보는 네 가지 조합을 만들 수 있으므로, 이때에 출력되는 신호를 D0 ~ D3이라 한다면 아래와 같은 진리표와 회로도를 이용하여 2 × 4 해독기를 설계할 수 있다.

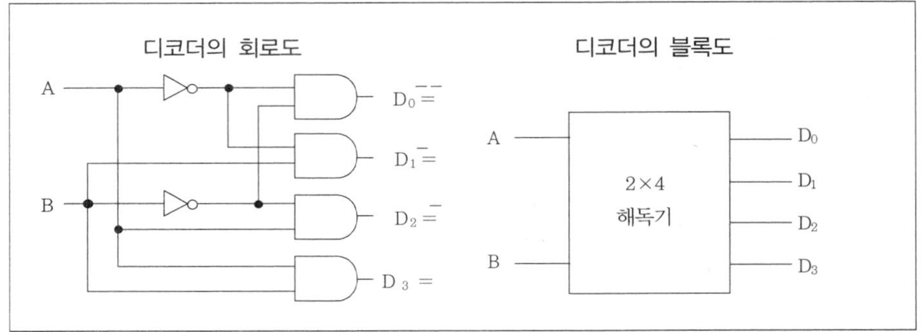

> **상식PLUS⁺ 인코더(Encoder)**
> 부호기라는 의미로 해독기와 정반대의 기능을 수행하는 조합 논리회로로서 여러 개의 입력단자 중 어느 하나에 나타난 정보를 여러 자리의 2진수로 코드화하여 전달하는 것이다. 4 × 2 부호기는 4개의 입력단자 D_0 ~ D_3 중 어느 하나에 나타난 입력정보를 2진수로 부호화하여 출력한다.

185 ■■■

인터럽트

Interrupt

정상적인 명령어 인출단계로 진행하지 못할 때에 실행을 중단하지 않고 특별히 부여된 작업을 수행한 후 원래의 인출단계로 진행하도록 하는 것

정전이나 기계적 고장, 프로그램상의 문제, 프로그램 조작자에 의한 의도적인 중단, 입·출력조작에 CPU의 기능이 요청되는 경우, 프로그램에서 오버플로나 언더플로 인터럽트 요청에 의해서 인터럽트가 발생한다. 중앙처리장치와 주변장치의 차이에 따른 효율적인 시스템 자원의 활용과 기계적 장애로 인하여 실행하던 프로그램을 완료하지 못하였을 때, 처음부터 다시 하지 않아도 되도록 할 수 있기 때문에 인터럽트는 필요하다.

186 ■■■

멀티플렉서

MUX : Multiplexer

여러 회선의 입력이 한 곳으로 집중될 때 특정회선을 선택하는 선택기

어느 회선에서 전송해야 하는지 결정하기 위하여 선택신호가 함께 주어져야 한다. 이 회로를 이용하면 여러 입출력 장치에서 일정한 회선을 통하여 중앙처리장치로 전해 줄 수 있고, 하나의 입력회선에 여러 터미널을 접속하여 사용할 수 있다. 입력회선이 네 개다.

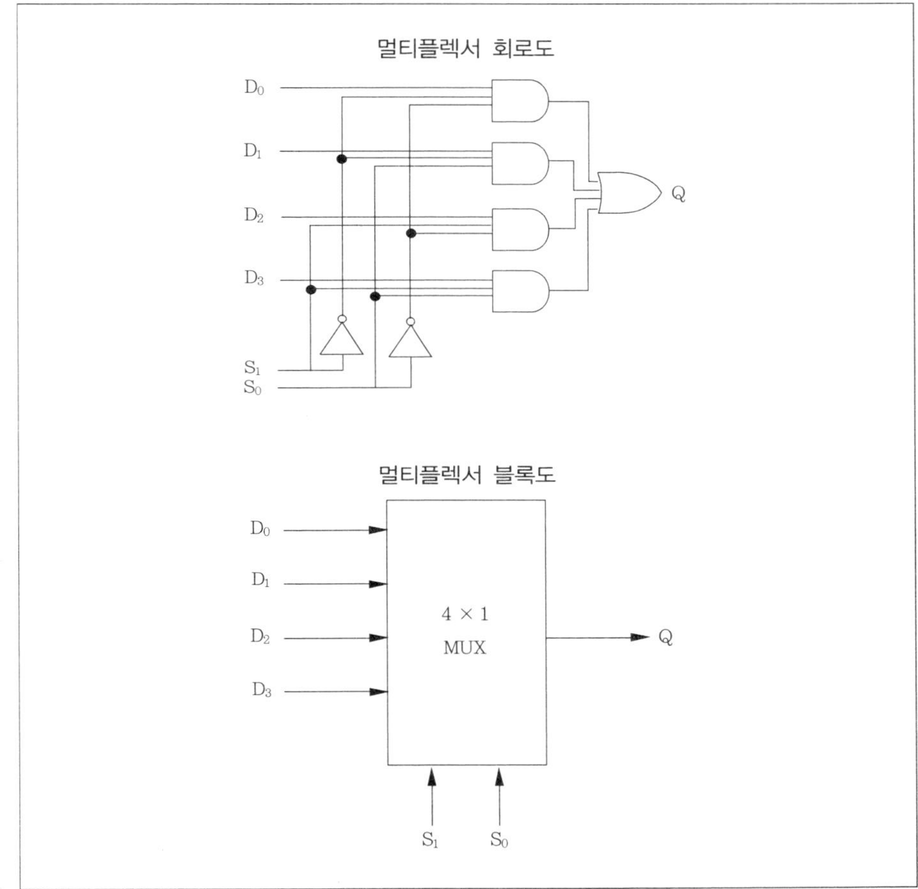

상식PLUS⁺ 디멀티플렉서(DMUX : Demultiplexer)

멀티플렉서와 반대기능을 수행하며 하나의 입력 회선을 여러 개의 출력회선으로 연결하여 선택 신호에서 지정하는 하나의 회선에 출력하므로 분배기라고도 한다.

187 ■■■

플립플롭

FF :
Flip Flop

두 가지 상태 중 어느 하나를 안정된 상태로 유지하는 쌍안정 멀티바이브레이터(Bistable Multivibrator)로 각 상태를 1과 0으로 대응시키면 1비트를 기억한 것과 같은 형태

플립플롭은 입력이 변하지 않는 한, 현재 기억하고 있는 값을 유지하고 서로 보수관계에 있는 2개의 출력이 나오고, Q, $\overline{Q}$로 나타낸다.

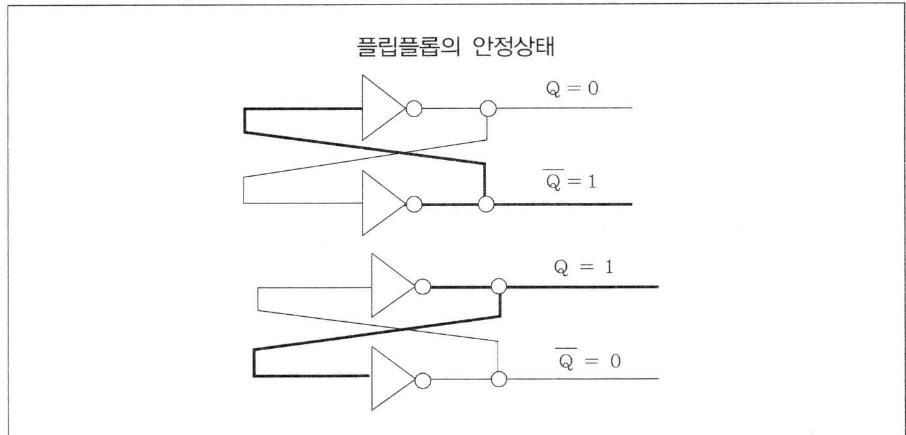

그림은 NOT 게이트를 Q와 $\overline{Q}$의 안정된 상태를 유지할 수 있도록 구성한 것이다. Q가 1인 경우 되먹임되는 $\overline{Q}$는 0이 되고, $\overline{Q}$가 1인 경우 되먹임되는 Q가 0이 된다. 이러한 상태는 외부의 어떤 작용이 없으면 현재의 상태를 계속해서 유지할 수 있지만, Q와 $\overline{Q}$가 모두 1이거나 모두 0인 경우는 불안정상태가 된다.

상식PLUS⁺ 플립플롭의 종류

㉠ **RS(Set / Reset) 플립플롭** : S(Set)와 R(Reset)인 두 개의 상태 중 하나를 안정된 상태로 유지시키는 회로로서, 외부에서 입력되는 펄스가 1인 경우를 S, 0인 경우를 R로 하여 어느 펄스가 입력되었는지 그 상태를 보존시킨다.

㉡ **JK(Jack / King) 플립플롭** : RS 플립플롭을 개량하여 S와 R이 동시에 입력되더라도 현재 상태의 반대인 출력으로 바뀌어 안정된 상태를 유지할 수 있도록 한 것이다.

㉢ **D(Delay) 플립플롭** : RS 플립플롭을 변형시킨 것으로 하나의 입력단자를 가지며, 입력된 것과 동일한 결과를 출력한다.

㉣ **T(Toggle) 플립플롭** : 펄스가 입력되면 현재와 반대의 상태로 바뀌게 하는 토글(Toggle)상태를 만드는 회로이다.

188

레지스터
Register

2024 · 2022 | 농협은행

연산된 데이터가 이동될 때까지 대기하고, 이동된 내용이 연산될 때까지 대기시키는 역할을 수행하는 곳

비트 정보를 일시적으로 저장하거나 입출력 정보를 바꾸거나, 저장된 정보를 다시 꺼내 쓰기 위한 용도로 프로그램 수행 도중에 데이터의 요구가 있을 때까지 또는 버스나 다른 장치가 데이터를 받을 준비가 될 때까지 일시적으로 데이터를 기억하는 임시기억 장치이고 플립플롭들이나 래치들로 구성된다. n비트 레지스터는 n개의 플립플롭으로 구성된다.

상식PLUS+ 4비트 레지스터(4 – Bit Register)

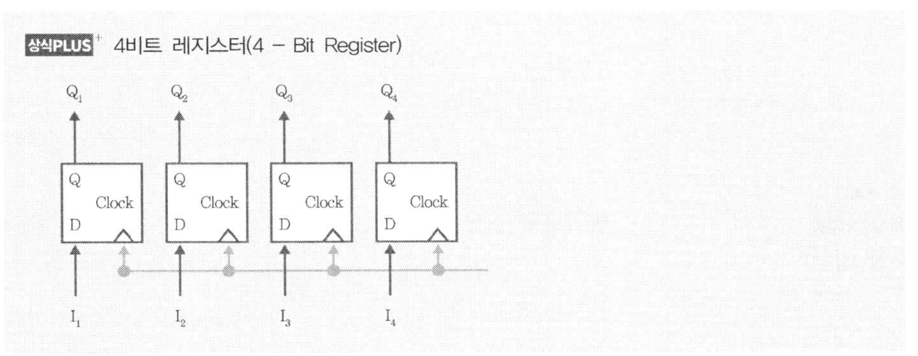

☑ 시험에서는 이렇게 물어본다!
레지스터의 특징 및 역할은?

189

카운터
Counter

입력펄스에 따라 레지스터의 상태가 미리 정해진 순서대로 변화하는 레지스터

어떤 사건의 발생 횟수를 세거나 동작순서를 제어할 때 사용한다. 모든 플립플롭이 같은 클럭펄스를 입력받아 동기되고 정해진 순서대로 상태가 변하는 동기 카운터(Synchronous Counter)와 연속된 플립플롭에서 한 플립플롭의 출력이 다음 플립플롭의 클록으로 연속적으로 전달되는 비동기 카운터(Asynchronous Counter)가 있다.

190

펌웨어
Firmware

속도가 빠르고 반영구적인 ROM에 기록된 마이크로 프로그램의 집합

대부분의 컴퓨터 주변기기에는 하드웨어와 소프트웨어 사이를 궁합이 잘 맞도록 조정해주는 부분이 있는데, 그것은 소프트웨어를 하드웨어화시킨 것으로서 소프트웨어와 하드웨어의 중간에 해당하는 것이다.

191

오픈소스 SW

Open Source SW

라이선스 비용 지불 없이 무료로 공개된 소스코드

누구나 사용 · 복제 · 수정이 가능한 소프트웨어이다. 소프트웨어 사용제한을 막기 위해 리처드 스톨만이 자유소프트웨어 재단을 설립하여 자유소프트웨어 운동을 전개하면서 자유로이 오픈소스 SW를 사용할 수 있게 되었다.

상식PLUS⁺ 오픈소스 SW 라이선스(Open Source Software License)

오픈 소스 SW 개발자와 이용자 간의 조건을 명시한 계약이다. 무료 이용, 배포, 소스코드 취득 · 수정 등의 특징이 있다. GPL(General Public License), LGPL(Lesser General Public License) 등이 있다.

192

마이크로 프로세서

Micro Processor

제어장치와 연산장치의 주요 기능을 하나의 칩에 저장한 일종의 중앙처리장치

마이크로 컴퓨터는 마이크로 프로세서와 기억 장치 및 주변장치 사이를 연결하는 입 · 출력 인터페이스(Interface), 그리고 이들 사이에 신호를 전달하는 버스(Bus)로 구성된다. 마이크로 프로세서가 개발됨으로써 컴퓨터는 급진적으로 소형화되고, 가격이 저렴해져서 개인용, 업무용으로 널리 보급되기 시작했다.

상식PLUS⁺ 프로세서 종류

㉠ CISC(Complex Instruction Set Computer) : 복잡한 명령어 집합 컴퓨터로 고급언어의 모든 명령이 기계어로 대응되도록 설계하여 컴파일 동작을 간소화하고 컴퓨터의 성능을 향상시킨다.

㉡ RISC(Reduced Instruction Set Computer) : 간소화된 명령어 집합을 가지고 있어 실행시간이 줄고, 적은 회로영역을 차지하여 여분의 영역은 CPU의 다른 기능을 수행할 수 있다.

193

마이크로 동작

Micro Operation

마이크로 동작은 CPU 내에서 하나의 명령어를 수행하기 위한 기본적인 동작

레지스터에서 레지스터로의 2진 정보를 전송하는 레지스터 전송 마이크로 동작, 레지스터에 저장된 숫자 또는 데이터에 대해 산술동작을 수행하는 산술 마이크로 동작, 레지스터에 저장된 숫자가 아닌 데이터의 비트스트링 사이에 이루어지는 2진 연산인 논리 마이크로 동작, 레지스터 내용에 대한 시프트 동작을 실행하는 것이다. 직렬 컴퓨터에서는 레지스터 간에 2진 정보를 전송하기 위하여 사용되고, 병렬 컴퓨터에서는 산술, 논리연산을 수행하기 위하여 사용되는 시프트 마이크로 동작이 있다.

194 ■■■
소프트웨어
Software

2024 · 2022 · 2020 · 2018 | 농협은행

하드웨어 각 장치들의 동작을 지시하는 제어신호를 만들어서 보내주는 기능과 사용자가 컴퓨터를 사용하는 기술

시스템 소프트웨어와 응용 소프트웨어가 있다. 시스템 소프트웨어는 사용자가 컴퓨터에 지시하는 명령을 지시 신호로 바꿈으로써 하드웨어와 사용자를 연결하여 사용자가 하드웨어를 사용할 수 있도록 하는 것이고 응용 소프트웨어는 단독으로 동작하지 못하고 시스템 소프트웨어의 제어에 의하여 동작하는 것이다.

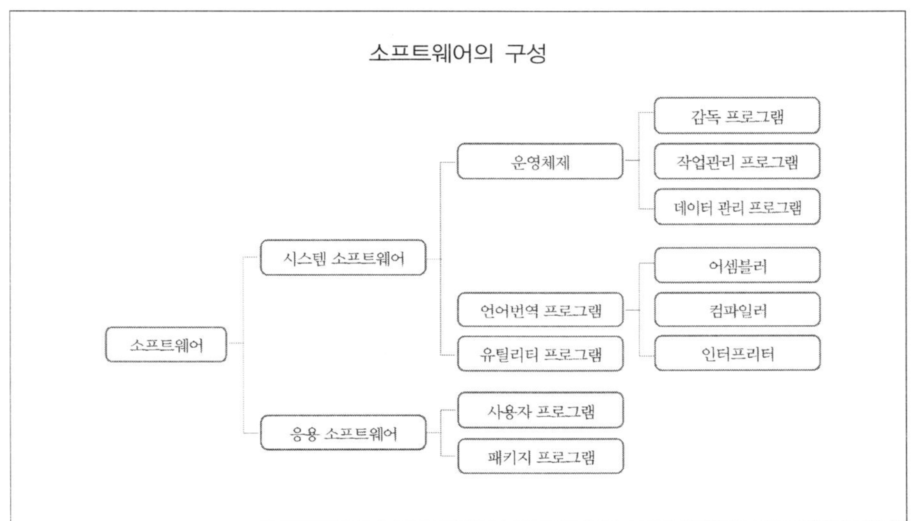

상식PLUS+ 하드웨어(Hardware)

㉠ 정의 : 컴퓨터 시스템을 구성하고 있는 모든 전자 · 기계적 장치를 말한다.

㉡ 하드웨어 시스템 구성

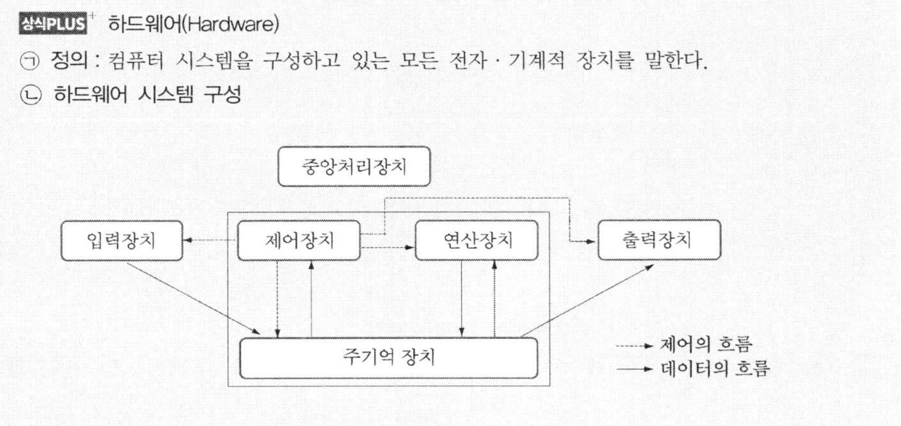

☑ 시험에서는 이렇게 물어본다!
시스템 소프트웨어의 구성은?

195 ■■■

스케줄링

Scheduling

처리해야 하는 순서를 CPU가 처리하는 과정

정적 스케줄링과 동적 스케줄링이 있다. 정적 스케줄링은 각 태스크를 프로세서에게 할당하고 실행되는 순서가 사용자의 알고리즘에 따르거나 컴파일할 때에 컴파일러에 의해 결정되는 스케줄링이다. 동적 스케줄링은 프로그램이 실행될 때 각 태스크를 처리기에게 할당하는 방법이다.

196 ■■■

버스

Bus

중앙처리장치 내부 또는 외부의 자료, 주소, 제어신호를 전달하는 역할

CPU에서는 주소(번지)버스(Address Bus)와 데이터버스(Data Bus)가 주로 사용된다. 주소(번지)버스는 주기억 장치의 주소를 지정하기 위한 신호선이다. 데이터버스는 CPU와 주기억 장치에서 데이터를 송수신하기 위한 신호선, 제어버스(Control Bus)는 시스템 동작을 제어하기 위한 신호선이다.

상식PLUS+ 설계방식에 따른 버스의 발달과정

㉠ ISA : 한 번에 16비트를 이동하는 버스로 호환성은 좋으나 처리속도가 느려 병목현상이 발생한다.
㉡ EISA : ISA를 개선하여 32비트를 이동한다.
㉢ VESA : 병목현상을 개선하기 위해 등장한 버스로 32비트를 이동한다.
㉣ PCI : 최대 64비트까지 이동가능하고 표준화된 클럭속도와 커넥터를 가진다.
㉤ AGP : 팬티엄에서 그래픽카드의 인터페이스로 이용한다.

197 ■■■

스트로브 제어

Strobe 制御

데이터를 전송할 때 실제로 전송하는 것을 알려주기 위해 보내는 신호

두 개 이상의 장치가 비동기적일 경우에 데이터 전송을 알리는 신호를 보내 데이터가 전송될 시간을 알려주어야 한다. 스트로브 신호를 보내기 위한 회선이 필요하며 송신 쪽에서 수신 쪽으로 보내는 방법과, 수신 쪽에서 송신 쪽으로 보내는 두 가지 방법이 있다. 전송한 데이터를 수신 쪽에서 확실하게 수신하였는지를 알 수 없다는 단점이 있다.

198 ■■■

프로토콜

Protocol

2024 · 2023 · 2021 | 농협은행

두 개의 시스템 간에서 정보를 교환하기 위한 규정 또는 약속

프로토콜의 요소로는 메시지의 서식, 부호화, 신호 레벨에 대한 방법인 메시지의 표현, 메시지를 송 · 수신 시스템 간에 올바르게 전달하기 위한 제어법, 통신로를 효율적으로 이용하는 방법, 서로가 보조를 맞추어서 통신의 진행을 하는 방법이 있다.

☑ 시험에서는 이렇게 물어본다!
네트워크에서 프로토콜 방법은?

199 ■■■

제어장치

Control Unit

명령어를 기억 장치로부터 하나씩 가져와서 해독하는 것

명령어 해독과 연산을 위하여 제어신호를 만들어 내는 레지스터의 종류이다.

상식PLUS+ 제어장치의 종류 및 기능

장치명	장치의 기능
프로그램 카운터 (Program Counter)	• 명령계수기라고도 한다. • 다음에 실행할 명령이 들어 있는 번지를 기억하는 레지스터 명령이 주기억 장치로부터 판독되어 실행단계에 들어가면 프로그램 카운터의 내용에 1이 더해진다. • CPU는 프로그램 카운터가 나타내는 번지의 명령을 주기억 장치로부터 순차 판독하여 실행할 수 있다. • 이 레지스터로부터 프로그램의 수행순서가 결정되기 때문에 컴퓨터의 실행순서를 제어하는 역할을 수행한다.
명령 레지스터 (Instruction Register)	• 현재 실행중인 명령을 기억한다. • 제어장치로 하여금 그 명령이 올바르게 수행되도록 제어정보를 제공한다. • 명령 레지스터에 있는 명령어는 명령해독기에 의해서 명령의 의미가 해독되어 타이밍이 조정된 후 제어신호로써 각 구성 요소에 전달된다.
누산기 (ACC : Accumulator)	연산장치를 구성하는 중심이 되는 레지스터로서 사칙연산, 논리연산 등 결과를 임시로 기억한다.
메모리 주소 레지스터 (Instruction Register)	프로그램 카운터가 지정한 주소를 일시 저장하는 레지스터이다.
메모리 버퍼 레지스터 (Instruction Register)	주소 레지스터가 지정하는 해당 번지의 기억 장치에 있는 내용을 임시로 보관한다.
명령 해독기 (Instruction Decoder)	명령 레지스터의 명령을 해독하여 부호기로 전송하는 장치로 AND 회로로 구성되어 있다.
부호기 (Encoder)	명령 해독기에서 보내온 명령을 실행하는 데 필요한 제어신호를 발생시켜 명령 실행을 지시하는 장치라 할 수 있다. OR회로로 구성되어 있다.
번지 해독기 (Address Decoder)	• 명령 레지스터의 번지부로부터 보내온 번지를 해독하고 해독된 번지에 기억된 내용을 데이터 레지스터로 불러내는데 필요한 신호를 보내주는 장치이다. • 수치로 된 주소값을 메모리상의 실제 주소로 변환하는 장치이며 데이터가 주기억 장치에 기억될 때나 인출될 때에는 반드시 데이터 레지스터를 거쳐야 한다. • 데이터 레지스터는 데이터가 이동하는 경우에 데이터의 이동을 중계하는 역할을 하는 레지스터이다.
범용 레지스터 (General Register)	• 기능을 정해 놓지 않은 레지스터로 주소지정, 연산을 위한 데이터 보관용, 제어용 정보의 보관하는 레지스터이다. • 누산기(ACC : Accumulator), 베이스레지스터, 계수기 레지스터가 있다.

200

명령어
Instruction

컴퓨터가 어떻게 동작해야 하는지를 나타내는 것

제어장치에서 해독되어 동작이 이루어진다. 명령어는 모드 필드(Mode)에서 0(직접명령) 또는 1(간접명령)이 저장된다. 연산자(OP Code)에서 컴퓨터에게 명령을 지시하고 번지부(Address)에서 처리해야 할 데이터가 어디에 있는지 표현한다.

Mode	Operation Code	Address(Operand)

상식PLUS⁺ 명령어 형식

㉠ 0 – 주소명령형식 : 번지부를 사용하지 않고 스택(Stack) 메모리를 사용한다. 계산하기 위해 후위식으로 바꾸어 주어야 한다.
㉡ 1 – 주소명령형식 : 데이터처리는 누산기(Accumulator)에 의해 처리된다.
㉢ 2 – 주소명령형식 : 가장 흔히 사용하는 방식으로 주소는 메모리나 레지스터의 번지이다. 주소1과 주소2를 연산하여 주소1에 기억시킨다.
㉣ 3 – 주소명령형식 : 주소1과 주소2를 연산하여 주소3에 기억시킨다. 프로그램의 길이는 줄일 수 있으나 명령어의 길이가 길어진다.

201

노드
Node

2021 | 농협계열사

전송매체에 컴퓨터를 연결하는 부분

블록체인은 중앙 집중형 서버에 거래 기록을 보관 · 관리하지 않고 거래에 참여하는 개개인의 서버들이 모여 네트워크를 유지 및 관리한다. 이 개개인의 서버, 즉 참여자를 노드라고 한다. 중앙 관리자가 없기 때문에 블록을 배포하는 노드의 역할이 중요하며, 참여하는 노드들 가운데 절반 이상의 동의가 있어야 새 블록이 생성된다. 노드들은 블록체인을 컴퓨터에 저장해 놓고 있는데, 일부 노드가 해킹을 당해 기존 내용이 틀어져도 다수의 노드에게 데이터가 남아 있어 계속적으로 데이터를 보존할 수 있다. LAN에서는 노드가 아주 간단한 대신에 매체접근 제어방식이 필요하고, WAN에서는 노드에 교환기를 사용하기 때문에 매체접근 제어방식을 사용하지 않아도 된다.

☑ 시험에서는 이렇게 물어본다!
블록체인에서 노드(Node)의 역할은?

202 ■■■
채널
Channel

중앙처리기능을 가진 소형처리기를 DMA 위치에 두고 입·출력에 관한 제어사항을 전담하도록 하는 전용 프로세서

채널의 주요 기능으로는 입·출력 명령의 해독, 입·출력장치에 입·출력 명령지시, 지시된 명령의 실행제어가 있다. 채널명령어(CCW), 채널상태어(CSW), 채널번지워드(CAW) 등의 워드가 채널동작을 수행할 때 필요하다.

203 ■■■
사용자 인터페이스
UI : User Interface

2021 | 농협은행

사용자와 시스템 간에 원활한 의사소통을 위한 소프트웨어

정보제공·전달하는 물리적 제어의 분야, 콘텐츠의 상세표현과 전체 구성과 관련된 분야, 모든 사용자가 쉽고 편리하게 사용하는 기능에 관련한 분야가 있다. 사용자가 제일 자주 보는 영역으로 만족도에 큰 영향을 주므로 자주 변경이 된다. 직관성, 유효성, 학습성, 유연성을 기본원칙으로 삼는다. 설계를 할 때에는 사용자가 사용할 때 이해하기 편리해야 하며 일관성 있고 단순하게 제공되어야 한다.

상식PLUS+ UX(User Experience)
사용자가 서비스를 이용하면서 느끼는 경험을 의미한다. 기능의 효용성뿐만이 아니라 사용자와 소통과 상호 교감을 통해서 일어나는 경험이다. 주관성, 정황성, 총제성의 특징을 가진다.

☑ 시험에서는 이렇게 물어본다!
UI와 UX의 차이는?

204 ■■■
DMA
Direct Memory Access

입·출력에 관한 모든 동작을 자율적으로 수행하는 방식

DMA는 중앙처리장치로부터 입·출력에 관한 사항을 모두 위임받아 입·출력동작을 수행하며, 자기드럼이나 자기디스크와 같이 속도가 빠른 장치에서 원하는 만큼의 데이터를 입·출력시켜 준다. 하나의 버스를 통하여 여러 개의 인터페이스와 함께 연결된 입·출력장치를 제어한다. DMA 전송을 수행하기 위해 주기억 장치에 접근을 요청하는 기능, 입력과 출력 중 어느 동작을 수행할 것인지를 나타내는 기능, 어디의 데이터를 얼마만큼 입·출력할 것인지를 나타내는 기능, 데이터의 입·출력이 완료되었을 때 그 사실을 중앙처리장치에 보고하는 기능을 필요로 한다.

205 ■■■
파이프라인
Pipeline

각 단계를 분업화하여 차례대로 진행시키는 과정

하나의 프로세서를 서로 다른 기능을 가진 여러 개의 서브 프로세서로 나누어 각 프로세서가 동시에 서로 다른 데이터를 처리하도록 하는 기법이다. 각 세그먼트에서 수행된 연산결과는 다음 세그먼트로 연속적으로 넘어가게 되어 데이터가 마지막 세그먼트를 통과하면 최종 연산 결과를 얻게 된다. 하나의 연산에서 연산을 중복시키는 것은 각 세그먼트마다 레지스터를 둠으로써 가능하다. 매 클럭펄스마다 각 세그먼트의 결과가 레지스터에 보관된다.

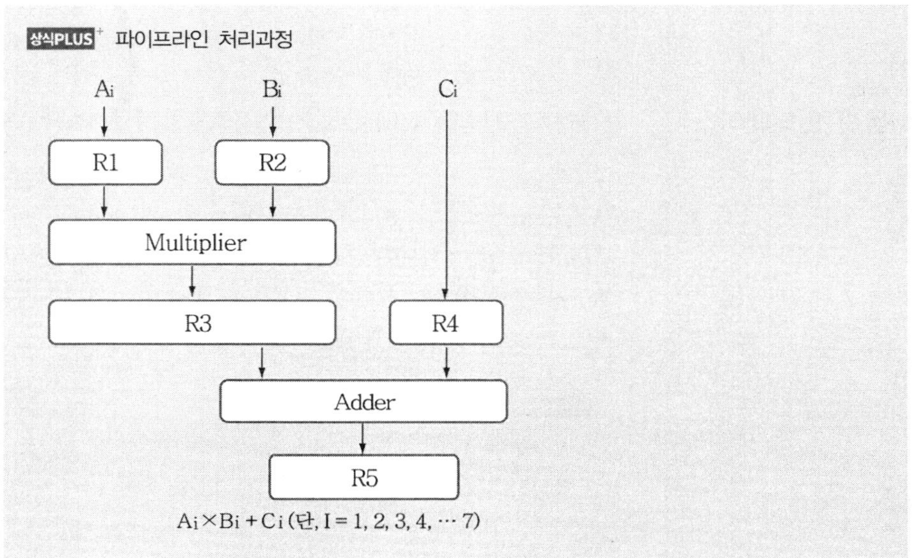

206 ■■■
데이터 웨어하우스
Data Warehouse

방대한 조직 내 데이터베이스를 효과적으로 관리하는 공간

1980년대 IBM이 자사 하드웨어를 판매하기 위해 도입한 것으로, 정보(Data)와 창고(Warehouse)의 합성어이다. 기업이 정보를 효율적으로 관리하기 위해 만들어진 것이다. 조직에서 분산되어 있는 데이터베이스를 데이터를 추출 · 저장 · 조회한다. 주제별로 구성하고 일관적인 형태로 변환하여 통합성이 유지된다. 정해진 기간 동안 시계열성을 유지하며 한번 보관된 정보는 변경이 수행되지 않는 일관성이 유지된다.

상식PLUS+ 데이터 마트(Data Mart)

하나의 부서 중심으로 이뤄진 비교적 작은 규모의 데이터 웨어하우스와 같다.

207

데이터 통신

Data Communication

2019| 농협중앙회

정보수요를 충족하기 위한 정보전달기능과 전달된 정보의 처리기능을 상호결합하여 가장 경제적이고 효율적으로 실현하기 위한 시스템

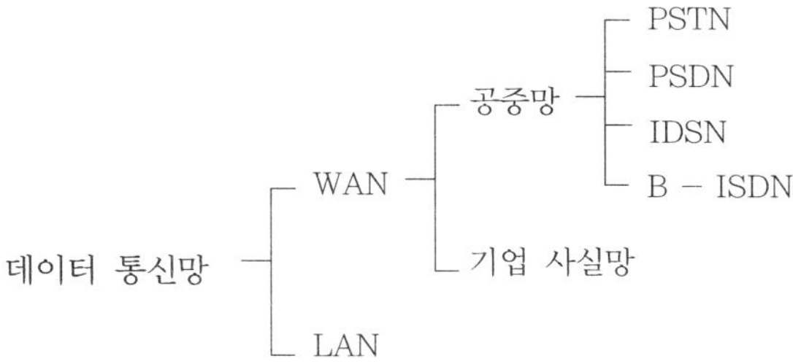

상식PLUS⁺ 데이터 통신 네트워크(Data Communication Network)

㉠ WAN(Wide Area Network) : 전국 규모의 광범위한 지역에 설치되는 광역망이다.
㉡ LAN(Local Area Network) : 특정 구내 또는 건물 안에 설치된 네트워크이다.
㉢ 공중망(Public Carrier Network) : 전기통신 사업자가 공익사업으로 설치한 망이다.
㉣ 기업 사설망(Enterprise Wide Private Network) : 기업체가 전용회선을 전기통신사업자로부터 빌리고 사설교환기를 설치하여 각 지점간의 데이터 통신을 가능하게 한 망이다.
㉤ 전화망(PSTN : Public Switched Telephone Network) : 전화망은 데이터 통신용으로 설계된 것이 아니므로 모뎀을 이용해야 데이터 통신을 할 수 있다.
㉥ 공중 데이터 교환망(PSDN : Public Switched Data Network) : 정보를 부호화하여 전달하는 망이다.
㉦ 종합 서비스 디지털망(ISDN : Integrated Service Digital Network) : 전화망에서 모뎀 없이 데이터 전송이 가능하게 변화시킨 것이다.
㉧ B – ISDN(Broadband – ISDN) : 음성이나 문자, 수치 등의 데이터뿐만 아니라 고품질 정지화상과 동화상, 즉 멀티미디어(Multimedia)를 전송할 수 있는 망이다.

☑ 시험에서는 이렇게 물어본다!
데이터 통신 네트워크의 특징은?

208

HDLC

High Level Data Link Control

반이중과 전이중의 두 통신 형태 기능을 가진 프로토콜

Point to Point 또는 Multipoint 링크상에서 사용한다. 주스테이션 – 부스테이션(호스트 – 터미널)과 Peer(컴퓨터 – 컴퓨터) 사이에서 사용한다. 에러를 제어하기 위해 Continuous RQ를 사용한다. ISO의 국제표준의 데이터 링크 프로토콜이다. 정규 응답모드(NRM), 비동기 평형모드(ABM), 비동기 응답모드(ARM)가 있다.

209

IETF

Internet Engineering Task Force

국제 인터넷 표준화기구

인터넷의 운영 · 관리 · 개발과 프로토콜을 분석하는 인터넷 표준화 작업을 하는 국제기구이다. 인터넷아키텍처위원회(IAB)의 산하기관이다.

상식PLUS⁺ 국내외 기관

㉠ 국외
- **미국 규격협회(ANS)** : 민간인에 의한 임의의 국가규격 제정기관이다.
- **국제 표준화 기구(ISO)** : OSI 참조 모델을 개발한 국제기구로 산업체 전 분야의 표준화 발표 및 인정을 하는 기관이다.
- **국제 전기통신연합(ITU)** : 국제연합(UN)의 전기통신 전문기관이다.
- **전기통신 표준화 분과회(ITU – T)** : 국제 전신전화 자문위원회(CCITT)의 바뀐 명칭이다.
- **미국 전자공업협회(EIA)** : 데이터 통신 관련 규격을 다루는 기술위원회로 RS – 232C 인터페이스 규격 등을 제정했다.
- **미국 전기전자공학회(IEEE)** : 데이터 통신 부분에서 LAN 표준을 규정한다.
- **전자산업협회(EIA)** : 미국의 전자공학회로 전자기기의 규격통일을 규정한다.
- **월드와이드웹 컨소시엄(W3C)** : 웹 표준을 제정하는 국제 컨소시엄이다.
- **개방형 모바일 연합(OMA)** : 모바일 데이터 서비스를 검증하기 위한 포럼이다.

㉡ 국내
- **한국정보통신기술협회** : 우리나라의 정보통신 관련 표준화 업무를 효율적으로 추진하기 위한 기관이다.
- **한국전자통신연구원** : 전기통신 분야를 연구 · 개발하고 이를 보급하기 위한 법인이다.
- **한국전산원** : 정보화 촉진과 정보화 관련 정책개발을 지원하기 위한 기관이다.

210

아키텍처

Architecture

하드웨어, 소프트웨어, 컴퓨터 시스템의 전체를 설계방식

컴퓨터 아키텍처라고도 부르며 컴퓨터 시스템 전체를 기능적으로 제작하는 것을 의미한다. 하드웨어의 경우 CPU, 내부 기억 장치, 레지스터, 제어장치 등이 포함되고 구성 요소를 배치 및 결합하여 컴퓨터를 구성하는 것을 의미한다.

상식PLUS⁺ 아키텍처 유형

㉠ **소프트웨어 아키텍처(Software Architecture)** : 소프트웨어를 개발할 때 복잡도가 높은 요소를 원활하게 다루기 위한 구성요소이다. 소프트웨어 설계는 요구사항을 분석하고, 아키텍처를 분석 · 설계한 뒤 검증 · 승인하는 절차로 진행된다. 저장소 구조, MVC(Model View Controller)구조, 클라이언트 – 서버 모델, 계층구조 등이 대표적인 유형이다.

㉡ **네트워크 아키텍처(Network Architecture)** : 프로토콜의 방대화와 복잡화에 대응하기 위하여 프로토콜의 구성 요소의 논리기능을 정리하여 계층화해서 프로토콜을 체계화한 것이다.

㉢ **데이터 아키텍처(Data Architecture)** : 데이터, 데이터베이스, 데이터표준, 데이터 보안 등의 기준을 체계적이고 구조적으로 관리 · 설계하는 과정이다.

211

오픈 아키텍처
Open Architecture

하드웨어 사양과 규격 등을 공개하여 추가 시스템이 개발이 가능하도록 하는 것

개방형 구조라는 의미로 하드웨어 제조업체가 규격을 공개하여 시스템용 어댑터나 소프트웨어, 애플리케이션 등의 개발에 이용이 가능한 것을 의미한다.

212

패킷교환
Packet Switching

전체 데이터 블록을 패킷(Packet)이라고 부르는 일정한 크기 이하의 데이터 단위로 나누어 처리하는 방식

전송 시스템들이 패킷 단위로 전송선로를 공유하므로 전송선 점유의 공평성이 제공된다. 스위치는 하나의 패킷만 축적되면 바로 다음 스위치로 재전송할 수 있으므로 전체 메시지의 전송 시간을 줄이게 되어 대화형 방식의 통신지원이 가능하다. 패킷 단위로 상황에 맞는 경로를 선택하므로 교환기 또는 회선에 장애가 발생되더라도 정상적인 다른 회선으로 우회전송이 가능하다. 디지털 전송을 기본으로 하고 있고 교환기에서 에러검출기능을 행할 수 있으므로 재전송을 실시할 수 있다. 네트워크 접속으로 많은 수의 사용자가 사용할 수 있다. 기본적으로 다중화처리이므로 회선의 사용효율이 높다. 축적기능이 갖는 기본적인 성질로서 전송속도, 전송제어절차 등의 프로토콜은 단지 교환기에만 의존하므로 어떤 단말기기 사이에도 손쉬운 전송이 가능하다. 현재의 패킷전송기술로는 전송속도가 64Kbps 정도이므로 근거리통신망(LAN)에서의 통신속도 1 ~ 10Mbps에 비해 매우 낮아 병목현상을 일으킨다. 서로 다른 경로를 선택하면 패킷의 도착순서가 다를 수 있으므로 송신 순서대로 재정리하는 기능이 필요하다.

213

대역폭
Bandwidth, 帶域幅

신호가 포함하는 주파수의 범위인 스펙트럼의 폭

신호의 대역폭은 신호가 포함하는 주파수의 범위이고 전송매체의 대역폭은 전송매체가 지원할 수 있는 주파수의 범위이다.

상식PLUS+ 전송매체 대역폭

전송매체를 통해 전송할 수 있는 신호 주파수의 범위(Analog)가 전송매체의 대역폭이다. 전송선로의 대역폭에 의한 전송속도(Data Rate)를 제한한다. 8비트로 구성된 ASCII 문자가 300bps의 전송속도로 전송하는 경우, 주기 T의 값은 26.67msec이며 기본 주파수 f_0는 37.5Hz(=1 / 26.67)이다. 따라서 3,100Hz의 대역폭을 지원하는 전화선을 사용할 경우 80여 개의 고조파(Harmonics) 성분을 전송할 수 있다.

214

네트워크
Network

어떤 공동의 목적을 위해 다수의 지점을 상호 연결시킨 통신형태

분산된 여러 단말장치를 전송장치, 교환장치, 그리고 이들 사이를 연결하는 통신선로로 구성하여 정보를 송·수신할 수 있는 통신시스템을 말한다. 송·수신기인 단말장치와 전송장치, 교환장치의 요소를 가지고 있다.

215

네트워크 준비지수
NRI : Networked Readiness Index

ICT 발전 및 활용도와 경쟁력 등을 평가한 지표

세계경제포럼이 국제적인 경영대학인 인시아드(INSEAD)와 공동으로 개인과 정부, 기업의 정보통신기술의 발전도와 경쟁력을 국가별로 평가한 지수이다.

216

OSI 7계층
Open System Interconnection 7 Layer

모든 네트워크에 생기는 충돌을 완화하기 위해 제시된 표준 네트워크 구조

응용 X에서 응용 Y로 전송할 데이터가 있을 때 응용 X는 이용자 데이터를 응용계층에 있는 응용실체(Entity)에 보낸다. 응용실체는 헤더(Header)를 이용자 데이터에 부착하여(캡슐화) 표현계층으로 전달한다. 표현계층은 이것을 하나의 데이터로 간주하고 여기에 표현계층의 헤더를 붙인다. 이 과정이 계층 2까지 계속되고, 계층 2에서는 헤더뿐만 아니라 트레일러(Trailer)를 붙인다. 물리 계층은 전송매체를 통해서 전송 시킨다. 수신측 시스템에서는 이와 역과정이 일어난다.

OSI 참조모델 7계층		TCP / IP 프로토콜 계층	
7계층	응용 계층	4계층	응용 계층[HTTP, TELNET, FTP(SMTP)]
6계층	표현 계층		
5계층	세션 계층		
4계층	전송(트랜스포트) 계층	3계층	전송 계층(TCP, UDP)
3계층	네트워크 계층	2계층	네트워크 계층(IP, ICMP, IGMP)
2계층	데이터링크 계층	1계층	링크 계층(이더넷, 토큰링, 토큰버스, FDDI)
1계층	물리 계층		

217

토폴리지
Topology

근거리망을 나타내는 요소

1개의 통신회선에 여러 개의 단말기 접속하는 버스형, 이웃하는 노드끼리만 연결하는 링형, 중앙 노드에 의해 모든 통신제어가 이루어지는 중앙집중형인 별(Star)형(성형), 노드가 트리구조로 연결하는 트리형, 모든 노드와 노드를 통신회선으로 연결하는 망형이 있다. 전송속도와 전송거리를 결정하는 요소로 광섬유, 트위스티드 페어(Twisted Pair), 동축케이블 등이 있다.

218

토큰링

Token Ring

링형 토폴로지에 사용되는 근거리망의 방식

토큰패싱 방식을 사용하고 토큰과 데이터 패킷은 전송링에서 한 방향으로 4Mbps, 16Mbps의 전송속도로 전송된다. 연구소나 사무환경에서 사용한다. 전송할 데이터가 있는 각 DTE들이 빈 토큰(Free Token)을 기다리고, 빈 토큰을 가진 DTE는 전송로에 자신의 데이터를 전송할 수 있는 권한을 가진다. 전송이 끝난 DTE는 다른 DTE가 전송할 수 있도록 토큰을 빈 상태로 만들어 다시 링에 돌아다니게 한다.

상식PLUS⁺ 토큰 버스(Token Bus)

버스구조에 토큰 패싱을 사용한다. 토큰을 사용하여 정해진 순서대로 송신권을 준다. 우선권 메커니즘에 의한 우선적인 송신권의 부여가 가능하다. 공장환경에서 사용한다. 동축(75ohm)케이블을 사용한다.

219

이더넷

Ethernet

버스형으로 연결된 LAN

DEC, INTEL, XEROX 3개 사에 의해 개발된 근거리 통신망이다. ISO의 7계층 구조의 1계층이 물리 계층과 2계층인 데이터링크 계층을 구성한다. 동축케이블에 송 · 수신하기 위한 송 · 수신기와 케이블을 이용하고 이더넷 제어기를 사용한다.

220

종합정보통신망

ISDN : Integrated Services Digital Network

종합정보통신망, 디지털 전송방식, 여러 통신서비스를 하나의 회선으로 종합적으로 이용하는 고속 · 고품질 · 멀티미디어 통신

가입자선을 디지털화한다. 사용자정보 전송채널과 제어신호용 채널을 따로 둔다. 동일채널을 회선교환(Circuit Switching) 및 패킷교환(Packet Switching)의 양쪽에서 사용한다. 계층화된 프로토콜 구조를 가진다. 음성 및 데이터를 포함한 다양한 서비스를 제공한다. 대규모의 전송용량(1.5Mbps까지 전송 가능)을 가진다. 트위스티드 페어 케이블을 사용한다.

상식PLUS⁺ ISDN 사용자 서비스

㉠ 베어러 서비스(Bearer Service) : 가입자간의 정보의 전달기능을 제공한다.

㉡ 텔레 서비스(Tele Service) : 상위계층(OSI 계층 4, 5, 6, 7)의 기능을 포함하는 모든 계층의 표준화된 서비스를 제공한다.

㉢ 부가서비스(Supplementary Service) : 음성, 영상 등의 기본 서비스에 추가된 새로운 서비스를 제공한다.

221

광대역 종합정보통신망

B – ISDN : Broadband Integrated Services Digital Network

광범위한 서비스를 제공하는 공중 광역망(WAN)

음성 및 데이터뿐만 아니라 이미지(Image)도 전송 가능한 고속 통신망이다. 광섬유를 사용한다. 고정크기의 셀(Cell) 단위로 정보를 분할하여 전송한다. 제공되는 서비스는 광대역 화상전화 서비스, 화상회의 서비스, 의료영상정보 · 예술작품 및 광고영상의 고속전송 서비스, 고속 고해상도의 팩시밀리 서비스, 칼라 팩시밀리 서비스, 화상 · 문서 탐색 서비스, 텔레비전 영상(기존의 TV 및 HDTV)의 분배 서비스, LAN의 상호접속 서비스, HiFi 오디오분배 서비스 등이 있다.

222

가상이동망 사업자

MVNO : Mobile Virtual Network Operator

주파수를 보유하고 있는 이동통신망 사업자의 망을 통해 독자적인 이동통신서비스를 제공하는 사업자

MVNO는 고객의 가입 서비스에 대해 완전한 지배권을 갖는다. 또 자체 상표로 독자적인 요금체계를 설정할 수 있으며, 이용자 측면에서 마치 새로운 서비스 사업자가 생긴 것처럼 보이는 효과가 있다. MVNO가 도입될 경우 기대되는 장점은 고객의 선택권 확대, 서비스 종류의 다양화, 요금인하 효과 등 세 가지를 들 수 있다. 1999년 11월 영국의 버진 모델이 처음 상용화했다.

223

비동기 전송 모드

ATM : Asynchronous Transfer Mode

가상 회선 셀 릴레이(Virtual Circuit Cell Relay)방식으로 통신하는 프로토콜 방식

고정길이의 셀(53 Octets의 길이)을 전송단위로 사용한다. 셀은 5 Octets의 헤더필드와 48 Octets의 정보필드로 구성된다. 고속의 패킷(셀)교환 및 다중화 기능을 제공한다. 연결형(Connection Oriented) 모드를 사용한다.

상식PLUS+ ATM 스위치의 3가지 기본기능

㉠ Routing : 셀을 출력단(Outlets)으로 경로를 배정하는 기능이다. 경로배정은 Translation Table에 준하여 이루어진다.

㉡ Queuing : 셀 충돌 시 저장기능을 제공한다. 같은 출력단을 향하는 셀이 동시에 여러 입력단으로부터 들어올 때 셀의 충돌이 발생할 수 있다. 서비스되지 않는 셀을 임시로 저장함으로써 셀의 손실을 방지한다.

㉢ 셀 헤더의 번역 : Translation Table에 준하여 셀의 헤더값을 변환한다.

224

동기식 광 네트워크

SONET : Synchronous Optical Network

WAN시스템의 광케이블로 동기식으로 데이터 전송을 하기 위한 표준 기술

미국에서 ANSI에 의하여 표준화되었다. CCITT에서는 SONET을 기본으로 SDH(동기식 디지털 계위)를 국제표준으로 권고하였다. 다중 디지털 전송속도의 계층(Hierarchy)을 제공한다. 155.52Mbps를 기본속도로 하여 n배(n=1, 4, 8, 16)의 속도가 가능하다. SDH에서는 이들의 각 속도 단위를 STM－n이라 부른다. 장치의 상호 연결을 위한 광신호 표준을 규정하였다. 155.52Mbps의 SDH 전송 시스템에서는 270 × 9Octet의 묶음이 한 프레임 형식으로 규정된다.

225

인트라넷

Intranet

인터넷 웹기술을 그대로 사내 정보시스템에 이용한 것

기업체 · 연구소 등의 조직 내부의 모든 업무를 인터넷으로 처리할 수 있는 새로운 개념의 네트워크 환경을 말한다. 인터넷 기술과 통신규약을 이용하여 업무를 통합한 정보시스템으로 어디에서든 정보에 편리하게 접근이 가능하고 자료 교환도 수월하며 내 · 외부에서 정보교류가 편리하다는 장점이 있다.

상식PLUS⁺ 엑스트라넷(Extranet)
인터넷 기술을 사용하여 기업과 고객, 공급업체 및 사업파트너 등을 네트워크로 연결하여 정보를 공유하는 기업간 정보시스템을 말한다.

226

방화벽

Firewall

네트워크 내부 또는 네트워크 간의 보안을 담당하기 위해서 특정 네트워크를 격리시키는 데 사용되는 시스템

효과적인 방화벽은 네트워크 안팎의 모든 통신 내용을 점검하여 허용된 통신만 가능하도록 한다. 방화벽은 외부로부터의 침입방지와 내부정보의 불법적인 유출을 방지하는 기능을 담당한다. 방화벽의 종류로는 네트워크 차원의 방화벽과 스크린 서브넷 게이트웨이가 있다. 네트워크 차원의 방화벽(스크린 호스트 게이트웨이)은 외부로부터 들어오는 모든 패킷은 스크린 라우터를 거치고, 스크린 라우터는 외부 패킷이 바로 사내 네트워크로 돌아오는 것을 차단한다. 스크린 서브넷 게이트웨이는 인터넷과 내부 네트워크 사이에 DMZ이라는 중립지역을 설정하고, 외부에 공개하여 사용하는 모든 서버들을 이 서브넷에 위치시킨다. DMZ은 외부에서 비교적 자유롭게 접근할 수 있는 영역이며, 여기서 네트워크 내부로 들어가기 위해서는 다시 라우터를 거쳐야 한다.

227 ■■■

침입 탐지 시스템

IDS : Intrusion Detection System

2021 | 농협계열사

방화벽에 기본적인 시스템으로 해킹을 탐지하는 시스템

다양한 해킹 수법을 내장하여 해킹을 실시간으로 탐지할 수 있다. 침입이 발생할 경우 관리자에게 침입상황을 전송하여 보안상태를 유지한다. 수동적으로 대처하는 방화벽과 달리 적극적으로 침입을 탐지하여 대처한다.

☑ 시험에서는 이렇게 물어본다!
침입 탐지 시스템(IDS)과 침입 방지 시스템(IPS)의 차이는?

228 ■■■

SMTP

Simple Mail Transfer Protocol

전자메일을 전송할 때 사용하는 표준 프로토콜

인터넷 메일 호스트 사이에 메시지를 주고받기 위해 사용하는 하위레벨 프로토콜로 메일 메시지를 ASCII파일로 한정한다.

상식PLUS⁺ POP(Post Office Protocol)
전자우편 수신담당, 즉 사용자가 쉘 계정이 있는 호스트에 직접 접속하여 메일을 읽지 않고 자신의 PC에서 바로 유도라나 넷스케이프 메일을 이용하여 자신의 메일을 다운로드 받아서 보여주는 것을 정의한 프로토콜이다.

229 ■■■

시큐어 코딩

Secure Coding

소프트웨어 보안의 취약점을 보완하는 프로그래밍을 하는 것

소프트웨어의 소스코드에 존재하는 위험을 제거하고 보안 위한 프로그래밍 활동이다. 일정 규모 이상의 기업에서는 시큐어 코딩을 의무화하고 있다. 시큐어 코딩의 규칙으로는 입력 데이터 검증, 보안기능, 에러처리기능, API오용, 캡슐화, 시간 및 상태, 코드 오류 등이 있다.

230 ■■■

미들웨어

Middleware

분산되어있는 서로 다른 기종의 하드웨어나 프로토콜 등을 연결하여 응용 프로그램과 운영환경의 중간에서 원활한 통신을 도와주는 소프트웨어

하드웨어, 네트워크 프로토콜, 응용 프로그램, 운영체제 등에 존재하는 차이를 연결해주는 소프트웨어로 통신이나 트랜잭션 관리를 주로 실행한다. 분산 컴퓨터 환경에서 발생되는 문제를 해결하기 위한 것으로 TCP/IP, 분산컴포넌트객체기술(DCOM), 코바(CORBA) 등이 해당된다.

231 ■■■
TCP
Transmission Control Protocol/Internet Protocol

인터넷 동작의 중심이 되는 프로토콜

TCP는 데이터의 흐름을 관리하고 데이터가 정확한지 확인하는 역할을 하며, IP는 데이터를 네트워크를 통해 한 장소에서 다른 장소로 옮기는 역할을 한다. 서브네트워크, 다중네트워크에서 전체를 구성하는 한 요소로 존재하는 네트워크이다. 토큰링과 같은 네트워크 접속 프로토콜을 이용하여 서브네트워크에 연결한다. 이 프로토콜은 한 호스트에서 같은 서브네트워크에 있는 다른 호스트로 데이터를 보내거나 다른 서브네트워크에 있는 호스트의 경우 라우터로 데이터 전달을 가능하게 한다.

상식PLUS+ 인터넷 프로토콜의 4계층

㉠ 링크 계층(Link Layer) : 데이터링크 계층, 네트워크 인터페이스계층 등을 포함한 계층이다.
㉡ 네트워크계층(Network Layer) : 네트워크에서 패킷을 이동시키기 위해서 호스트 간의 데이터 이동경로를 구하는 계층(IP, ICMP, IGMP)이다.
㉢ 전달계층(Transport Layer) : 호스트 간의 데이터 흐름을 가능하게 하는 계층(TCP, UDP)이다.
㉣ 응용계층(Application Layer) : 사용자에게 각종 서비스를 제공하기 위한 계층으로 이메일 전송을 위한 SMTP, 파일전송과 관련된 FTP, 원격컴퓨터 접속을 위한 TELNET, 웹 서비스를 위한 HTTP 등이 있다.

232 ■■■
게이트웨이
Gateway

사용자가 다른 네트워크로 접속하기 전에 지나가는 프로토콜 변환장치

두 개의 완전히 다른 프로토콜 구조를 가지는 7계층 사이를 결합하는 데 사용한다. 즉, 서로 다른 LAN 사이, 동일 LAN상의 서로 다른 프로토콜을 가지는 기기들 사이, LAN과 다른 구조를 갖는 장거리 통신망 사이를 연결하는 장비이다.

233 ■■
UDP
User Datagram Protocol

정보를 교류할 때 한쪽에서 일방적으로 데이터 흐름을 가능하게 하는 프로토콜

TCP와는 상대되는 개념으로 데이터를 받는 이용자가 확인을 하는 것과 상관없이 오직 전달만 하는 방식을 의미한다. 수신에 대한 책임이 없고 안정성이 떨어지나 TCP에 비해 속도가 빠르다.

상식PLUS+ SCTP(Stream Control Transmission Protocol)

스트림 제어 전송 프로토콜로 TCP와 UDP와 비슷하나 이 둘이 가진 단점을 개선하여 설계된 프로토콜이다. 메시지 지향적인 특성과 연결 지향적인 특성을 조합하여 만들어진 프로토콜로 멀티 스티리밍과 멀티호밍의 특성을 제공한다. VoIP 신호전달이나 실시간 다중미디어를 전송하는 등 다양하게 응용이 가능하다.

234

MIME

Multipurpose Internet Mail Extensions

인터넷 전자메일을 통하여 여러 다른 종류의 파일들을 전송 가능하게 하기 위해 개발된 것

보통의 텍스트 데이터 이외의 확장코드, 화상, 음성 등을 인터넷 메일로 보내기 위한 방법이다. 인터넷 통신에서 여러 포맷의 문서를 전송하기 위해 사용된다. 이 프로토콜은 원래 문서내용의 포맷과 컴퓨터상에 나타나는 문서포맷 간의 관계를 설정하는 것으로 복잡한 파일포맷을 관리한다. 사용하는 응용프로그램은 전송된 문서의 내용을 처리하기 위해 필요한 소프트웨어의 유형을 설정한다. 적절한 보조 프로그램 설정을 하고 소프트웨어의 도움을 받으려면 넷스케이프는 자동적으로 여러 가지의 포맷으로 전송되는 내용과 접속할 수 있도록 필요한 업무를 수행한다.

235

MAC 주소

Media Access Control Address

모든 기기가 네트워크에서 사용하는 고유의 번호

네트워크상에서 컴퓨터나 모바일기기를 식별하기 위해서 사용하는 주소로 고유 번호이다. 국제전기전자기술자협회(IEEE)에 의해서 관리되고 있다. 사용자가 임의로 변경이 가능한 IP주소와 달리 MAC 주소는 쉽게 변경할 수 없다.

236

IP주소

Internet Protocol Address

TCP/IP 프로토콜로 통신할 때 송 · 수신자를 구별하기 위한 고유주소

인터넷에 연결된 컴퓨터를 숫자로 표현한 주소이며, 도메인 주소와 달리 숫자를 사용하여 실질적으로 컴퓨터가 인식하게 되는 주소이다. 이는 반드시 한 컴퓨터에 하나의 주소만 가져야 한다. 관리기관은 NIC이고, 지역별로 미국은 InterNIC, 아시아 · 태평양은 APNIC, 유럽은 RIPE, 한국은 KRNIC, 일본은 JPNIC이다. 인터넷은 IP(Internet Protocol) 주소체계를 따른다. IP 주소는 범위 및 등록 가능한 호스트 수를 나타낸다.

237

IPv6

Internet Protocol Version 6

2023 | 농협계열사

IP주소 표현 방식의 차세대 버전

128비트의 주소체계를 가진 인터넷 프로토콜(IP) 버전 6(Internet Protocol Version 6)의 줄임말이다. 주소유형은 유니캐스트, 애니캐스트, 멀티캐스트이 있다.

상식PLUS⁺ IPv4

인터넷 프로토콜의 4번째 버전에 해당하며, 첫 번째로 사용된 인터넷 프로토콜에 해당한다. 32비트로 이루어져있으며, 주소체계는 네 개로 이뤄지고 최대 12자리의 번호이다.

☑ 시험에서는 이렇게 물어본다!

IPv4와 IPv6의 차이점을 말해보시오.

238

인터네트워킹

Internetworking

개개의 LAN을 연결하여 WAN, 또는 WAN에서 더 큰 WAN으로 연결시키는 이론이나 기술

다른 컴퓨터들에 있는 자원에 접근할 필요가 있고 단일네트워크로 모두를 결합하는 것은 불가능하므로, 다른 네트워크들을 상호 연결할 필요성이 존재한다. 사용자에게 상호 연결된 네트워크의 집합은 하나의 커다란 네트워크로 보인다. 인터네트워킹에 요구되는 사항은 네트워크 간의 링크를 제공한다. 적어도 물리적이고 링크를 제어하는 연결이 필요하다. 서로 다른 네트워크상의 프로세스 간에 정보의 경로배정과 전달에 대한 것을 제공한다. 여러 종류의 네트워크들과 게이트웨이의 사용에 대한 트랙을 보존하며, 상태정보를 유지하고 요금 서비스를 제공한다. 임의로 구성된 네트워크들의 네트워크를 이루는 구조에 수정이 필요하지 않은 방법을 통하여 위에 설명되어 있는 서비스를 제공하며, 이것은 인터네트워킹 설비가 네트워크들 사이에서 다소의 차이점을 조정해야 한다는 것을 의미한다.

상식PLUS⁺ 인터네트워킹 용어

㉠ Communication Network(통신망) : 네트워크에 연결된 Station들 사이에 데이터 전송서비스를 제공하는 설비이다.
㉡ Internet : 브릿지나 경로에 의해 상호 연결된 통신망들의 모임이다.
㉢ Subnetwork : 인터네트의 네트워크 구성 요소로 Local Network라고도 일컫는다.
㉣ End System(ES) : 사용자 응용을 지원하는 서브네트워크에 부착된 Device(컴퓨터, 터미널)이다.
㉤ Intermediate System(IS) : 두 개의 서브네트워크를 연결하기 위해 사용하며, 서로 다른 서브네트워크에 부착된 ES사이에 통신을 허용한다.
㉥ Bridge : 같은 LAN Protocol을 사용하는 두 LAN을 연결하기 위하여 사용되는 IS, OSI 2계층 기능을 수행한다.
㉦ Router : 경로배정기로 유사하거나 그렇지 않은 두개의 네트워크를 연결하기 위하여 사용되는 IS, OSI 3계층 기능을 수행한다.
㉧ Port : 모뎀과 컴퓨터 사이에 데이터를 주고받을 수 있는 통로이다.

239

WAIS

Wide Area Information Service

네트워크상의 분산된 데이터베이스를 대상으로 자료를 색인(Index)하여서 정보를 검색하는 서비스

프로토콜은 Z39.50으로 도서관 자료검색 표준이다. Client / Server 구조이고 Wais에서 각 데이터베이스, 즉 서버에 관한 정보를 소유한 데이터베이스이다.

상식PLUS⁺ MBONE(Multicast Bone)

인터넷상에서 화상회의와 같이 여러 참가자가 있고, 이들 간에 오디오나 비디오같은 멀티미디어 데이터를 전송하는 애플리케이션을 가동하기 위해 만들어진 '가상 네트워크' 혹은 '시범 네트워크'이다.

240 ■■■
라우터
Router

네트워크 트래픽을 메트릭으로 포워딩하여 최적의 경로를 결정하는 장치

프로토콜의 전환이 없거나 프로토콜이 다른 세 개 이상의 네트워크를 연결하여 데이터 전달통로를 제공해주는 Host LAN을 WAN에 접속시킬 때 유용한 장비이다. OSI 3계층(네트워크계층)에서 동작한다.

상식PLUS+ 네트워크 관련 장비

장비명	설명
네트워크 인터페이스카드 (NIC)	• 컴퓨터와 컴퓨터 또는 컴퓨터와 네트워크를 연결하는 장치 • 정보 전송 시 정보가 케이블을 통해 전송될 수 있도록 정보 형태를 변경 • 이더넷 카드(LAN 카드) 혹은 어댑터라고 함
허브(Hub)	네트워크를 구성할 때 한꺼번에 여러 대의 컴퓨터를 연결하는 장치로, 각 회선을 통합적으로 관리
리피터 (Repeater)	거리가 증가할수록 감쇠하는 디지털 신호의 장거리 전송을 위해서 수신한 신호를 재생시키거나 출력전압을 높여 전송하는 장치
브리지 (Bridge)	단순 신호 증폭뿐만 아니라 네트워크 분할을 통해 트래픽을 감소시키며, 물리적으로 다른 네트워크를 연결할 때 사용
라우터 (Router)	• 인터넷에 접속할 때 반드시 필요한 장비로, 최적의 경로를 설정하여 전송 • 각 데이터들이 효율적인 속도로 전송될 수 있도록 데이터의 흐름을 제어
게이트웨이 (Gateway)	주로 LAN에서 다른 네트워크에 데이터를 보내거나 다른 네트워크로부터 데이터를 받아들이는 출입구 역할

241 ■■■
프록시 서버
Proxy Server

클라이언트와 서버 사이에서 데이터를 중계해주는 서버

시스템에 방화벽을 가지고 있는 경우 외부와의 통신을 위해 만든 서버이다. 방화벽 안쪽에 있는 서버들의 외부 연결은 프록시 서버를 통해 이루어지며 연결 속도를 올리기 위해서 다른 서버로부터 목록을 캐시하는 시스템이다. 웹에서 프록시는 우선 가까운 지역에서 데이터를 찾고, 만일 그곳에 데이터가 없으면 데이터가 영구 보존되어 있는 멀리 떨어진 서버로부터 가져온다.

242 ■■■
HTTP
Hyper Text Transfer Protocol

웹 서버와 사용자의 인터넷 브라우저 사이에 문서를 전송하기 위해 사용되는 통신 규약

마우스 클릭만으로 필요한 정보로 직접 이동할 수 있는 방식을 하이퍼텍스트라고 한다. HTTP는 이 방식의 정보를 교환하기 위한 하나의 규칙으로, 웹사이트 중 HTTP로 시작되는 주소는 이런 규칙으로 하이퍼텍스트를 제공한다는 의미를 담고 있다.

243

DNS

Domain Name System

인터넷에 연결된 특정 컴퓨터의 도메인 네임을 IP Address로 바꾸어 주거나 또는 그 반대의 작업을 처리해주는 시스템

TCP/IP 네트워크에서 사용되는 서비스 구조이다. 한글이나 영문으로 구성되어 인터넷 주소를 숫자로 해석해주는 네트워크 서비스이다. 인터넷 주소는 기억하기 쉽도록 영문으로 구성되는데 컴퓨터가 이해할 수 있는 숫자 언어로 변경하여 인터넷에 접속이 편리하도록 도와주는 서버이다.

상식PLUS+ 인터넷 관련 조직

㉠ ISOC(Intenet Society) : 인터넷 운영의 통일성과 표준유지를 위해 1983년에 조직하였으며, 인터넷의 최종적인 일을 담당한다.

㉡ NIC(Network Information Center) : IP주소의 할당, 네트워크와 도메인 이름의 등록, 국가별로 분산하는 일을 한다.

㉢ LAB(Intenet Architecture Board) : 인터넷의 구조발전에 관련된 기술적이고 정책적인 문제를 다루는 위원회로, RFC 문서의 출판과정을 관리(IETF가 실제적인 관리)하고 IETF의 활동을 검토한다.

㉣ IETF(Inernet Engineering Task Force) : 누구나 가입이 가능하다. 10개의 분야로 나누어지며 이 분야 안에 다양한 워킹그룹(필요에 의한 조직)들이 있다.

㉤ IRTF(Internet Reseach Task Force) : 컴퓨터 통신망에 대한 연구 또는 기술개발 등을 위한 조직으로 주로 이론적인 관점의 연구조직이다.

㉥ KNC(Korea Networking Cound) : 한국전산망협의회로 전산망간의 상호 연동 및 조정을 한다.

㉦ ANC(Academic Network Cound) : 학술전산망 협의회이다.

㉧ KRNIC(Korea Network Center) : 한국망정보센터로 국내 IP주소 할당, 도메인 등록망 정비 관리 등을 한다.

㉨ CERT – Korea(Computer Emergency Response Team) : 전산 관련 보안위원회이다.

244

스풀링

Spooling

입출력 장치가 독립적으로 작동하는 것

입력장치를 통해 가능한 많은 입력을 저장하거나 출력장치가 인쇄할 수 있는 상태가 될 때까지 출력을 저장할 수 있는 대용량 버퍼로, 디스크를 이용한 것이다. 버퍼링은 단 하나의 JOB을 계산처리하고 입·출력을 중복시킬 수 있으나 스풀링은 많은 JOB을 중복시킬 수 있다.

상식PLUS+ 버퍼링(Buffering)

입·출력장치의 낮은 처리속도와 CPU의 처리속도의 차이를 조화시켜 최대한 유효시간을 없애기 위한 임시 기억 장치이다.

245 ■■■

운영체제

OS : Operating System

사용자에게 최대의 편리성을 제공하도록 하기 위한 사용자와 컴퓨터 하드웨어 간의 인터페이스를 담당하는 시스템 소프트웨어

사용자가 프로그램을 편리하고 효율적으로 수행할 수 있는 인터페이스 환경을 제공한다. 시스템 측면에서는 제한된 컴퓨터 하드웨어를 효율적으로 관리하여 시스템 성능을 극대화한다. 이를 위해 처리량 증대, 반응시간 단축, 사용가능성 증대, 신뢰성 향상 등을 목표로 설계되어야 한다. 동기화 및 프로세서 스케줄링을 관리하는 CPU관리, 메모리 할당 및 회수기능을 관리하는 기억장치 관리, 입·출력장치의 활용과 입·출력수행을 관리하는 주변장치 관리, 파일의 생성 및 소멸 등을 유지하고 관리파일 관리 기능이 있다.

상식PLUS⁺ 운영체제 종류

㉠ PC운영체제 : 윈도우(Windows), 맥(MAC)
㉡ 모바일 운영체제 : 안드로이드(Android), OS(Operating System)
㉢ 서버 운영체제 : 유닉스(UNIX), 리눅스(LINUX), 윈도우서버(Windows Server)

246 ■■■

URL

Uniform Resource Locator

WWW 정보의 주소지정방식

WWW은 하이퍼텍스트 문서뿐만 아니라 FTP, Gopher, Usenet 등 인터넷에 존재하는 어떠한 형태의 정보라도 가져올 수 있다. '프로토콜://도메인 네임[:포트번호]/경로명/파일명'의 형식이다.

상식PLUS⁺ 프로토콜별 URL

서비스 종류	프로토콜 및 포트번호	형식 예
www	프로토콜 : http:// 기본 포트번호 : 80	http://www.dacom.net
telnet	프로토콜 : telnet:// 기본 포트번호 : 23	telnet://chollian.net
ftp	프로토콜 : ftp:// 기본 포트번호 : 21 사용자 ID와 비밀번호가 필요한 경우 : ftp://사용자ID : 비밀번호@서버주소	ftp://ftp.netscape.com
gopher	프로토콜 : gopher:// 기본 포트번호 : 70	gopher://gopher.kormet.net
news group	프로토콜 : news 기본 포트번호 : 119	news://news.kornet.net
e - mail	프로토콜 : mailto: 기본 포트번호 : 25	mailto:user_id@domain.name
file	file:///또는 없음	file:///c:/infor/index.htm

247

WWW

World Wide Web

분산 멀티미디어 하이퍼 시스템

인터넷에 존재하는 각종 형태의 문서 및 데이터를 통합적으로 연결하여 사용하는 시스템이다.

상식PLUS⁺ WWW 용어

㉠ 하이퍼미디어(Hypermedia) : 웹페이지에서 문서뿐만 아니라 사운드, 그래픽, 동영상 등 다른 형식의 데이터를 포함하고 있는 것이다.
㉡ 하이퍼텍스트(Hypertext) : 특정 데이터 항목이 다른 문서와 링크관계를 가지고 있는 문서이다.
㉢ 하이퍼링크(Hyperlink) : 하이퍼텍스트 문서 중 반전되어 있는 단어로 URL에 의해서 다른 문서로 지정해 놓은 것이다.
㉣ HTML(Hypertext Markup Language) : 하이퍼텍스트 문서의 형태를 만들기 위해 태그 등을 이용하여 명령을 주는 언어이다.
㉤ 북마크(Bookmark) : 인터넷상의 여러 사이트를 돌아다니다가 기억해 놓고 싶은 사이트를 보관하여 나중에 리스트에서 선택만 하면 바로 접속할 수 있게 하는 기능이다.
㉥ 미러사이트(Mirror Site) : 거울이 되는 사이트로, 좋은 프로그램과 자료가 있는 사이트의 공개 자료를 다른 호스트에 복사해 두는 것이다.

02 디지털·IT

248

HTML

Hyper Text Markup Language

2020 | 농협은행

하이퍼텍스트 문서의 형태를 만들기 위해 태그(TAG) 등을 이용하여 명령을 주는 언어

웹에서 사용되는 각각의 하이퍼텍스트 문서를 작성하는 데 사용되며, 우리가 인터넷에서 볼 수 있는 수많은 홈페이지들은 기본적으로 HTML이라는 언어를 사용하여 구현된 것이다.

상식PLUS⁺ HTML의 기본구성

```
〈HTML〉
        〈HEAD〉
                〈TITLE〉 문서 제목 〈/TITLE〉
        〈/HEAD〉
        〈BODY〉
                실제로 표시되는 문서의 내용
        〈/BODY〉
〈/HTML〉
```

☑ 시험에서는 이렇게 물어본다!
HTML 특징은?

249

그래픽 사용자 인터페이스

GUI : Graphical User Interface

컴퓨터와 사용자 사이에 정보교환을 할 때 그래픽으로 작업하는 환경

시각적 이미지로 이해가 잘가는 아이콘으로 지정하여 사용자 명령으로 프로그램을 가동하거나 파일을 확인하는 환경을 의미한다. 사용자가 직관적으로 조작하는 방법을 이해할 수 있다.

250

유닉스

UNIX

TCP/IP 프로토콜을 기본으로 하는 네트워크 시스템

사용자와의 인터페이스가 간단한 대화형의 시분할 시스템이다. 복수의 프로세스를 동시에 수행할 수 있는 다중 사용자, 다중 프로세스 시스템이다. 계층적 파일구조를 사용하여 사용자간 또는 그룹 간 디렉토리 및 파일 운용이 효과적이다. 고급언어인 C언어로 대부분 구성되어 높은 이식성과 확장성을 가지며, 모든 코드가 공개되어 있다. 시스템 구조로는 운영체제와 사용자 간의 인터페이스를 제공하는 부분으로, 명령을 입력받아 해석해 주는 명령어 해석기 쉘(Shell)과 운영체제에서 가장 핵심적인 기능을 담당하는 커널(Kernel), 유틸리티 프로그램(Utility Program)으로 구성되어있다. 파일구조는 부트 블록(Boot Block), 슈퍼 블록(Super B1ock), Inode 블록이 있다.

상식PLUS⁺ 운영체제

㉠ **도스(DOS) 운영체제** : Tree 구조를 갖춘 디렉토리를 관리한다. 바이트 단위로의 파일을 관리한다. 입 · 출력 방향을 전환(I/O Redirection)한다. Pipe를 처리한다. Batch 처리명령을 실행한다. UNIX 호환 시스템을 호출한다. 디바이스 드라이버를 조합한다.

㉡ **윈도우즈(Windows) 운영체제** : 단일 사용자의 다중작업이 가능하다. GUI(Graphic User Interface) 환경을 제공한다. P&P를 지원하여 주변장치 인식이 용이하다. 긴 파일이름을 지원한다. OLE(개체 연결 및 포함) 기능을 지원한다.

251

리눅스

LINUX

1991년 리누스 토르발즈가 공개한 운영체제

개인 컴퓨터용 공개 운영체제로 대형 기종에서만 작동하는 운영체제인 유닉스를 개인용 컴퓨터에서도 작동할 수 있도록 만든 무료 운영체계이다. 사용자가 원하는 방식으로 기능을 추가할 수 있고, 다양한 플랫폼에서 사용이 가능하다.

252

MAC OS

Macintosh Operating System

애플에서 1980년에 유닉스 기반으로 개발한 운영체제

애플에서 생산하는 아이맥, 맥북 등에서만 사용되는 운영체제이다. 매킨토시 OS로도 불렸고 그래픽 사용자 인터페이스를 제일 먼저 사용하여 주목을 받았다.

253 ■

프로세스제어 블록

PCB : Process Control Block

프로세스에 대한 중요한 정보를 포함하고 있는 자료 구조

태스크제어 블록(Task Control Block), 작업제어 블록(Job Control Block), 프로세스 기술자(Process Descriptor)로 부르기도 한다. 프로세스에 대한 PCB의 정보는 보류 · 준비 · 실행 · 대기 · 중지 등의 프로세스의 현재 상태, 프로세스의 고유 식별자, 부모와 자식 프로세스에 대한 포인터, 프로세스가 다음에 실행할 명령어의 주소인 프로그램 카운터, 프로세스 스케줄링 시 실행될 우선 순위, 프로세스가 적재된 기억 장치의 주소에 대한 포인터, 프로세스에 할당된 자원에 대한 포인터, 누산기 · 인덱스 레지스터 · 스택 레지스터 등 범용 레지스터와 상태코드 정보, 경계 레지스터나 페이지 테이블 정보, CPU가 사용된 시간량, 시간의 범위, 계정번호, 작업 또는 프로세스 번호 등의 계정정보(회계정보), 입 · 출력 요구들, 입 · 출력장치들과 개방된 파일목록 등이 있다.

254 ■■■

트랜잭션

Transaction

2021 | 농협은행

데이터베이스의 상태를 일관적 상태로 유지하기 위한 동시성 제어 및 회복의 기본 단위

어느 한 사용자가 제기하는 조작명령의 집단을 하나의 트랜잭션이라고 부른다. SQL(Structured Query Language)로 표현된다. 작업을 수행하기 위해서 필요한 데이터베이스의 연산을 수집한 것으로, 논리적인 작업단위이다. 장애가 발생하면 데이터를 복구하는 작업도 진행한다.

☑ 시험에서는 이렇게 물어본다!

트랜잭션이 성공적으로 완료되지 않았을 경우 변경된 데이터를 원래의 상태로 되돌리는 기능은?

255 ■■■

컴파일러

Compiler

고급언어로 쓰인 프로그램을 즉시 실행될 수 있는 형태의 프로그램으로 바꾸어 주는 번역 프로그램

고급언어로 쓰인 프로그램이 컴퓨터에서 수행되기 위해서는 컴퓨터가 직접 이해할 수 있는 언어로 바꾸어 주어야 하는데 이러한 일을 하는 프로그램을 컴파일러라고 한다. 예를 들어, 원시언어가 파스칼(Pascal)이나 코볼(Cobol)과 같은 고급언어이고 목적언어가 어셈블리 언어나 기계어일 경우, 이를 번역해 주는 프로그램을 컴파일러라고 한다.

256 ■■■

신택스

Syntax

언어의 구성 요소들을 결합하여 다른 요소를 만드는 방법을 설명한 것

언어의 신택스는 대부분 문맥무관형 문법으로써 정의한다. 단어, 토큰(예약서, 상수, 특수기호, 식별자로 구성)의 구조를 뜻한다. 자유포맷언어, 고정포맷언어가 있다.

257 ■■■

프로그래밍 언어

Programing Language

컴퓨터와 사람이 원활하게 소통할 수 있도록 만들어진 언어

하드웨어가 이해할 수 있도록 0과 1로 작성되는 기계어이다. 작성한 언어를 컴파일러나 인터프리터 등으로 기계어로 번역하여 컴퓨터가 이해할 수 있는 언어이다. 기계중심적인 언어인 저급언어로 기계어와 어셈블리어가 있고, 사람이 이해하기 쉬운 언어인 고급언어로는 포트란, 파이썬, 자바, C, 포트란, 베이식 등이 있다.

종류	예시
인공지능 언어	LISP, PROLOG, SNOBOL 등
구조적 언어	PASCAL, Ada 등
객체지향 언어	Smalltalk, C++, JAVA 등
비주얼 프로그래밍언어	Visual BASIC, Visual C++, Delphi, Power Builder 등

상식PLUS⁺ 프로그래밍 언어의 종류

㉠ 자바(Java) : 객체지향의 프로그래밍 언어로 썬 마이크로시스템즈 연구원들에 의해 개발되었으며 간략하고 네트워크 기능 구현이 용이한 객체지향 프로그래밍 언어이다. 객체지향 프로그래밍은 프로그램 작성 시, 각각의 역할을 가진 객체가 프로그램을 구성하는 것으로 비슷한 역할의 다른 프로그램을 할 경우 이전의 객체를 활용할 수 있다. 자바는 보안이 높고, 여러 기계에서 사용할 수 있다는 장점을 가진다.

㉡ 자바스크립트(JavaScript) : 객체 기반의 스크립트 프로그래밍 언어이다. 웹 브라우저에 자주 사용되며 간단한 코딩을 짜는 것에 편리하나 보안에 취약하다. 오픈 소스가 다양하게 공유되어 있으며 별도의 컴파일 과정이 없어 처음에 배우기 좋다.

㉢ 파이썬(Python) : 네덜란드 개발자가 개발한 프로그래밍 언어로 문법이 간결하고 표현구조와 사람의 사고체계와 유사하여 초보자도 쉽게 배울 수 있다. 독립적인 플랫폼으로 다양한 플랫폼에서 사용이 가능하다.

㉣ C언어 : 시스템 기술용 프로그래밍 언어로 벨 연구소에서 개발한 시스템 언어이다. 컴퓨터 구조에 맞는 기초 기술이 가능하며 간결한 표기를 가지는 것이 특징이다. 안드로이드나 IOS의 운영체제에 사용되었다.

㉤ C++언어 : C언어를 객체지향 프로그래밍 언어로 지원하기 위한 언어로 자료 은닉과 재사용성, 다양성 등의 특징이 있다.

258 ■■■

주석문

Annotation

프로그래밍 언어를 작성할 때 정보 제공을 위해 사용하는 문장

코딩을 작성하다가 존재하는 난해하거나 어려운 문장을 쉽게 풀어서 쓴 설명이다. 복잡한 프로그램에 들어가는 다양한 변수와 함수를 혼동하지 않게 하기위해서 주석문을 작성한다. 실제 프로그램을 주지 않고 코드를 설명하는 목적만을 가진 것으로 C언어 프로그램에서는 '/*'와 '*/' 사이에 문장을 쓰고, 한 줄일 경우에는 '//' 뒤에 글을 써주면 주석문으로 인식한다.

259

통합개발환경

IDE : Integrated Development Environment

프로그램 개발에 관련된 코팅, 디버깅, 컴파일, 배포 등과 같은 모든 작업을 한 번에 처리하도록 만든 개발용 소프트웨어

별도의 소프트웨어 환경을 하나로 묶어 제공하는 대화형 인터페이스 기반 소프트웨어이다. 비주얼 스튜디어, 이클립스, Xcode 등이 있다. 통합개발환경에 구성 요소로는 코드 입력 · 편집을 하는 편집기, 작성코드를 기계가 인식 가능한 코드로 변환하기 위한 빌드도구, 프로그램 실행오류를 찾아내는 디버거, 협업을 위한 프로젝트 관리가 있다.

260

로킹기법

Locking

직렬성 보장의 한 방법으로 데이터 항목의 액세스를 상호 배타적으로 하는 기법

한 트랜잭션이 액세스하는 동안 다른 트랜잭션이 데이터 항목에 대한 로크를 소유한 경우에만 액세스가 가능하다. 공유 형태로는 트랜잭션 T가 항목 Q에 공유 형태의 로크를 얻으면(S로 표기), T는 항목 Q를 읽을 수는 있으나 쓸 수는 없다. 배타 형태로는 트랜잭션 T가 항목 Q에 배타 형태의 로크를 얻으면(X로 표기), T는 항목 Q를 읽고 쓸 수 있다.

상식PLUS⁺ 두 단계 로킹규약

㉠ 요청 단계 : 로크를 얻을 수는 있으나 반납될 수 없다.

㉡ 반납 단계 : 로크를 반납할 수는 있으나 얻을 수 없다.

261

객체지향 설계 5원칙(SOLID)

객체지향적으로 설계하기 위한 다섯 가지 원칙

SRP(단일 책임원칙)인 하나의 클래스는 하나의 방법만을 가지므로 수정의 이유는 한 가지라는 원칙이다. OCP(개방 폐쇄원칙)인 수정할 때는 폐쇄하고 확장할 때는 개방해야 하는 원칙이다. LSP(리스코프 치환원칙)인 상속을 할 때 ISA 관계 성립을 지켜야 하는 원칙이다. ISP(인터페이스 분리원칙)인 노출된 인터페이스가 사용자에 따라 다르게 제공되어야 하는 원칙이다. DIP(의존성 역전원칙)인 사용되고 있는 인터페이스가 변경되면 사용하는 인터페이스의 변경부분도 확인이 필요한 의존성을 가진다는 원칙이다.

262

프레임워크

Framework

개발을 수월하게 하기 위한 협업 형태로 제공되는 소프트웨어 플랫폼

소프트웨어 애플리케이션을 개발할 때 기능의 설계와 구현이 수월하게 가능하도록 한 소프트웨어이다. 개발 · 실행 · 테스트 · 운영 환경을 지원하여 개발기간을 단축할 수 있다. 소프트웨어의 프레임워크는 프로그램, 코드 라이브러리, 컴파일러, API 등이 있다.

263 ■■■
CI
Continuous Integration

지속적인 코드 통합

지속적으로 코드를 통합하여 애플리케이션 품질을 유지하는 것을 의미한다. 새로운 코드 변경 사항이 중앙 저장소에 주기적으로 병합하는 방식으로 여러 명의 개발자가 동시에 애플리케이션 개발을 할 때 충돌문제를 해결할 수 있다. CI를 수행을 위해서 CI서버, 소스코드 저장소, 빌드 스크립트 세트, 빌드된 아티팩트용 테스트 스윗트가 있어야 한다.

> 상식PLUS+ CD(Continuous Delivery)
> 지속적인 서비스 제공·배포를 의미한다. 소프트웨어 신뢰도 유지를 위해서 지속적으로 서비스를 제공하며 관리하는 것을 의미한다.

264 ■■■
리팩토링
Refactoring

결과를 변경하지 않고 프로그램 내부의 코드의 구조를 새로 개선하는 것

외부 기능 수정 없이 내부구조를 단순화하여 소프트웨어의 품질을 높이는 것으로 외부 프로그램 동작 변화 없이 내부구조가 개선되는 것을 의미한다. 오류 발견과 디버깅을 용이하게 하고 복잡한 코드를 가독성 높게 할 수 있다.

> 상식PLUS+ 리팩토링 기법(Refactoring)
> 메소드 정리(Extract Method, Replace Parameter with Method), 메소드 추출(Extract Class, Extract Subclass, Extract Interface), 이름변경(Rename Method), 추측성 일반화(Inline Method, Collapse Hierarchy), 중복(Replace Magic Number with Symbolic Constant, Pull Up Field, Pull Up Method)

265 ■■■
코드스멜
Code Smell

가독성이 떨어지는 코드

중복적으로 코드가 있는 경우, 메소드 내부가 긴 경우, 매개변수 개수가 많은 경우, 2가지 이유로 클래스가 수정되는 경우, 동시에 여러 클래스를 수정하는 경우, 데이터가 합쳐지지 않은 경우, 클래스를 만들지 않고 기본 타입만 사용한 경우, Switch문을 사용한 경우, 클래스의 역할이 없는 경우, 확장을 예상하고 사용하지 않는 클래스가 있는 경우. 클래스 인터페이스가 일치하지 않는 경우, 기존 라이브러리 클래스가 불완전하여 사용이 어려운 경우, 하위클래스가 평행상속을 하지 않는 경우, 코드의 주석이 자세한 경우 등이 코드스멜의 종류이다.

266

형상관리
Configuration Management

시스템의 형상요소를 기능적 · 물리적으로 변경사항을 관리하기 위해 기록 · 보고하고 검정하는 것

형상(Configuration)은 개발 과정에서 프로그램 설명 문서, 데이터 등을 의미한다. 개발된 형상을 체계적으로 관리하는 기법이다. 형상을 식별, 컨트롤, 감사, 기록하여 운영자는 효과적인 관리의 기준을 얻고 개발자는 관리가 용이하다.

상식PLUS+ TFS(Team Foundation Server)

유명한 것은 마이크로소프트 제품의 비주얼 스튜디오로 C++와 C# 언어로 되어있다. 소스 코드 관리, 보고, 요구사항 관리 등의 다양한 관리기능을 가지고 있다.

267

데이터처리 시스템
Data(Document) Processing System

데이터를 처리해주는 시스템

데이터를 편리하게 접근하기 위해 입력, 처리, 출력, 통신 등의 업무를 수행하는 것을 의미한다. 데이터처리 유형작업 준비시간을 줄이기 위해 처리할 여러 개의 작업들을 일정 기간 또는 일정량이 될 때까지 모아 두었다가 한꺼번에 처리하는 방식의 시스템이다.

상식PLUS+ 데이터처리 시스템 종류

㉠ 온라인처리시스템 : 사용자가 운영체제나 프로그램에 직접 명령을 주고 즉시 응답을 받을 수 있는 시스템이다.

㉡ 분산처리시스템 : 지역적으로 분산된 여러 컴퓨터에 기능을 분담시킨 후, 통신망을 통하여 상호 간에 교신하여 처리하는 방식의 시스템이다.

㉢ 다중 프로그래밍 시스템 : 하나의 CPU를 이용하여 여러 개의 프로그램을 실행 시킴으로써 짧은 시간에 많은 작업을 수행할 수 있게 하여 시스템의 효율을 높여 주는 방식의 시스템이다.

㉣ 시분할 시스템 : 다중 프로그래밍의 변형된 형태로, 각 작업에 CPU에 대한 일정 시간을 할당하여 주어진 시간 동안 직접 컴퓨터와 대화형식으로 프로그램을 수행할 수 있도록 개발된 시스템이다.

㉤ 분산처리시스템 : 여러 개의 CPU를 사용하여 기억 장치를 공유하며, 다중작업을 구현한 시스템이다.

㉥ 실시간 시스템 : 단말기나 제어대상으로부터 처리요구자료가 발생할 때마다 즉시 처리하여 그 요구에 응답하는 방식의 시스템이다.

268 ■■■

코덱

Codec

음성 또는 영상의 신호를 디지털 신호로 변환하는 코더와 그 반대로 변환시켜 주는 디코더의 기능을 함께 갖춘 기술

음성이나 비디오 데이터를 컴퓨터가 처리할 수 있게 디지털로 바꿔 주고, 그 데이터를 컴퓨터 사용자가 알 수 있게 모니터에 본래대로 재생시켜 주는 소프트웨어이다. 동영상처럼 용량이 큰 파일을 작게 묶어주고 이를 다시 본래대로 재생할 수 있게 해준다. 파일을 작게 해주는 것을 인코딩(Encoding), 본래대로 재생하는 것을 디코딩(Decoding)이라고 한다. 또 데이터 압축 기능을 사용하여 압축하거나 압축을 푸는 소프트웨어도 코덱에 포함된다.

상식PLUS⁺ 코덱 종류

㉠ **동영상 코덱** : MPEG(MPEG1, MPEG2, MPEg4)을 비롯하여 인텔의 Indeo, DivX, Xvid, H.264, WMV, RM, Cinepak, MOV, ASF, RA, XDM, RLE 등

㉡ **오디오 코덱** : MP3, AC3, AAC, OGG, WMA, FLAC, DTS 등

㉢ **압축 코덱** : 알집, 반디집, Filzip, 7 – Zip, WinRAR, WinZIP 등

269 ■■■

알고리즘

Algorithm

2018 | 농협은행

문제해결을 위한 단계적으로 처리하는 절차 · 방법 · 명령어

알고리즘 수행을 위해 자료를 입력(Input)하면 업무가 수행되어 출력(Output)이 된다. 알고리즘을 처리할 때 명령어를 명확하게 입력해야 하는 명확성과 수행 후 종료되어야 하는 유한성, 실행이 가능해야 하는 효과성의 조건을 가진다. 데이터를 상태에 맞게 정렬하는 정렬 알고리즘과 데이터 집합에서 원하는 것을 찾는 검색 알고리즘, 그래프 정점에 들어가 처리하는 그래프 탐색 알고리즘이 있다.

상식PLUS⁺ 알고리즘 수행

㉠ **알고리즘 분석 기준** : 정확성, 작업량, 기억장소 사용량, 최적성, 단순성

㉡ **알고리즘 표현 방법** : 자연어, 순서도, 가상 코드, 프로그래밍 언어

㉢ **알고리즘 주요 특징**

- 입력 : 최소 0개 이상의 입력이 존재한다.
- 출력 : 최소 1개 이상의 출력이 존재한다.
- 명확성 : 각 단계는 명확해야 한다.
- 유한성 : 유한한 단계 내에 반드시 종료되어야 한다.
- 효율성 : 수행되는 과정이 논리적이고 최적화되어야 한다.

☑ 시험에서는 이렇게 물어본다!

알고리즘의 분석 기준은?

270

스택방식 언어

Stack Based Language

메모리 사용형태가 예측가능한 후입선출방식

실행시간 스택(Run Time Stack)으로 메모리를 할당한다. 메모리 필요량을 계산할 수 없는 프로그램도 사용이 가능하다. ALGOL60형 언어가 있다.

상식PLUS⁺ 정적 언어와 동적 언어

㉠ 정적 언어(Static Language) : 메모리 할당이 실행 이전에 이루어진다. 환(Recursion)을 사용할 수 없다. FORTRAN, COBOL이 있다.

㉡ 동적 언어(Dynamic Language) : 메모리 사용형태를 미리 예측할 수 없다. 스택에 의한 메모리 할당이 불가능하다. LISP, PROLOG, APL, SNOBOL 4가 있다.

271

플로우차트

Flowchart

컴퓨터로 처리해야 하는 작업 절차를 약속된 기호로 표시한 그림으로 알기 쉽게 나타낸 것

기 호	의 미	기 호	의 미
	터미널	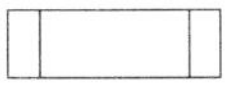	정의된 처리
	처리기호	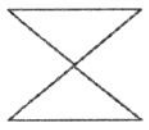	조 합
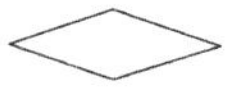	판단기호	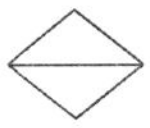	정 렬
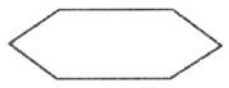	준비기호	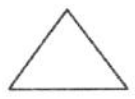	발 췌
	입 · 출력기호	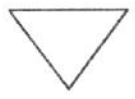	병 합
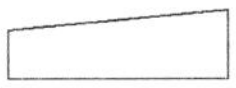	콘 솔		자기테이프
	온라인기억	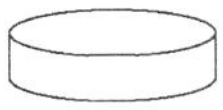	자기디스크
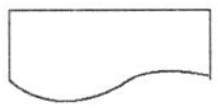	서 류	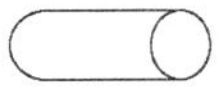	자기드럼
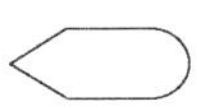	영상표시	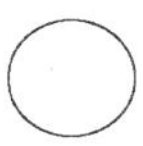	결합자

272 ■■■
스택
Stack

1차원 배열 STACK(1 : n)에 나타낼 수 있는 순서리스트 또는 선형리스트의 형태로서 가장 나중에 저장한 데이터를 먼저 꺼내는 후입선출(LIFO : Last In First Out) 알고리즘을 갖는 주기억 장치나 레지스터 일부를 할당하여 사용하는 임시기억 장치

프로그램 실행 시 함수호출을 처리하기 위한 특별한 스택이다. 함수호출 시 프로그램은 활성레코드 또는 스택프레임이라는 구조를 생성하고 이것을 시스템스택의 톱(TOP)에 둔다. 초기에 호출된 함수의 활성레코드는 이전의 스택프레임에 포인터와 복귀주소를 가지고 있는데, 스택프레임 포인터는 호출한 함수의 스택프레임을 가리키고, 복귀주소는 함수가 종료된 후에 실행되어야 할 문장위치를 가리키고 있다.

273 ■■■
오픈스택
Openstack

오픈소스 클라우드 기술로 IaaS에 초점이 맞춰진 기술

2010년에 개발된 오픈스택 기술은 나사와 랙스페이스 기업에서 제작한 표준화된 하드웨어에서 사용이 가능한 오픈소스 클라우드 기술이다. 오픈스택 파운데이션에서 관리하고 있는 이 기술은 IaaS를 구축하기 쉬운 플랫폼 중에 하나이다. 가상화 컴퓨팅 기술, 개인 데이터 저장 기술, 통신 기술 등을 제공하여 확장성과 모듈성의 장점을 지니고 있다. 업데이트 주기가 잦아 안정성이 떨어진다.

274 ■■□
큐
Queue

한쪽 끝에서 삭제가 일어나고 한쪽 끝에서 삽입이 되는 선입선출(FIFO : First In First Out) 알고리즘을 가지는 선형 리스트

큐의 항목(Item) 삽입 · 삭제 알고리즘을 수행하면 큐가 오른쪽으로 움직이는 것을 알 수 있는 순차큐의 연산과 삽입, 삭제를 위해 모듈로 연산자를 사용하며 순차큐의 단점을 보완한 효과적인 큐의 표현방법으로 1차원 배열 Q(1 : n)을 원형으로 생각하는 원형큐가 있다. 큐의 적용분야는 작업 스케줄링(디스크의 일정 영역을 큐로 정하고 입력된 순서대로 프로그램을 실행하도록 하는 것), 버퍼 등 QUEUE FULL의 최악의 경우의 연산시간은 O(n)이다.

275 ■■■
임베디드 시스템
Embedded System

소프트웨어를 칩에 담아 기기에 내장 시킨 형태의 장치

전자장치의 두뇌 역할을 하는 마이크로프로세서를 장착하여 시스템이 기기를 효과적으로 제어하는 시스템이다. 디지털 홈 시대를 맞이하여 세탁기나 냉장고 등의 가전기기에 다양하게 사용되고 있는 기술이다. 세제량을 조절하는 세탁기 등 다른 제품과 결합되어 부수적인 기능을 수행하는 시스템이다.

276

코드

Code

배열하기 위해서 사용하는 숫자, 문자 또는 기호로서 분류, 배열 등이 용이하도록 사용하는 기능

데이터의 체계화, 정보처리시스템의 효율성 증대, 데이터의 호환성을 위한 표준화를 위해 필요하며 식별 · 배열 · 분류 3대 기능을 가지고 있다. 코드를 작성할 때는 최소의 자릿수를 지켜야 한다. 하나의 코드화 대상 항목에는 하나의 코드를 부여하는 고유성과 어느 하나의 분류 기준에 따라 처리되는 경우 그 분류기준을 적용하여 분류의 편리성을 가져야 한다. 데이터가 증감하는 경우 이의 추가나 삭제가 용이해야 한다. 기계 처리의 용이성을 위해 입 · 출력이 쉬워야 하고, 컴퓨터 처리가 쉬워야 한다. 쉽게 이해할 수 있고, 기억하기 편리해야 한다.

상식PLUS+ 코드의 종류

㉠ **순차코드**(Sequential Code) : 코드대상에 대하여 데이터의 발생 순으로 코드를 부여하는 방식으로 변동 사항의 항목이나 다른 코드의 보조항목으로 사용된다.

㉡ **블록코드**(Block Code) : 공통적인 특성이 있는 것끼리 묶어 임의의 블록으로 구분하여 블록 내에서 차례대로 일련번호를 부여한다.

㉢ **그룹분류코드**(Group Classification Code) : 코드화 대상 항목을 각각 독립시켜 분류하여 각 집단 내에서 차례대로 일련번호를 부여한다. 분류기준을 명확하게 하여 기계처리에 용이하다.

㉣ **유효숫자코드**(Significant Digit Code) : 코드화 대상항목의 속성 등을 숫자 그대로 사용하여 코드화한다. 코드의 판독과 추가가 용이하다.

㉤ 10진 코드(Decimal Code) : 도서정리의 목적에서 발달한 것으로 왼쪽과 오른쪽 부분으로 분리되어 있다.

㉥ **연상기호코드**(Mnemonic Code) : 코드화 대상 항목과 관계있는 문자 또는 숫자를 조합하여 표현하는 코드로 항목의 수가 각각 다른 경우에 적합하다.

㉦ **약자식코드**(略字式 Code) : 관습이나 제도상 널리 사용되고 있는 문자를 약자로 코드화한 것이다.

277

XML

eXtensible Markup Language

HTML을 개선하여 만든 확장성 생성 언어

레바논 출신 유리 루빈스키가 HTML의 장애인 사용에 불편한 단점과 SGML의 복잡함을 해결하기 위해 발표한 인터넷 언어이다. HTML과 SGML가 장점을 최대한 수용하여 간편하게 만들어 졌다. 웹과 애플리케이션에서 개방적으로 사용이 가능하다. 자신만의 태그를 다양하게 생성하는 확장성이 있고 데이터가 사람과 기계가 쉽게 이해할 수 있는 구조로 되어있다. 다양한 포맷으로 변환이 가능하여 전자상거래, EDI(전자문서교환) 등에 활발하게 사용된다. 유니코드로 여러 국가의 언어를 지원한다.

상식PLUS+ SGML(Standard Generalized Markup Language)

전자문서가 다양한 시스템 환경에서 사용할 수 있도록 한 문서처리의 표준이다. 국제표준화기구(ISO)에서 정한 문서처리표준이며 1986년 최초 공개되었다.

278 ■■■
트리
Tree

2021 | 농협은행 2020 | 지역농협

기억장소 할당, 정렬, 검색에 응용하는 비선형 구조

트리는 각 노드 사이에 사이클이 형성되지 않고, 루트 노드라고 하는 한 정점에서 계속 가지를 치는 형식을 갖고 있다. T의 원소 가운데 루트 노드라고 하는 특정한 한 개의 노드가 존재하거나 루트 노드를 제외한 나머지 노드들은 n개(n≥0)의 서로 분리된 부분집합 T1, T2, T3, …, Tn으로 나누어지며, 각 Ti는 트리가 되는 한 개 이상의 노드를 갖는 유한집합 T이다.

상식PLUS⁺ 트리의 용어
㉠ 노드(Node) : 한 정보 아이템과 이것으로부터 다른 아이템으로 뻗어진 가지의 합이다.
㉡ 차수(Degree) : 한 노드에서 분기되는 노드의 가지수이다.
㉢ 트리의 차수(Degree of Tree) : 트리 내 노드 차수 중 최대 차수이다.
㉣ 노드의 레벨(Level of Node) : 루트의 레벨을 1로 가정한 후 자식 노드에서 1씩 증가한다.
㉤ 단말 노드(리프, Terminal Node) : 차수가 0인 노드이다.

☑ 시험에서는 이렇게 물어본다!
완전 이진 트리의 높이가 h일 때, 이 트리에 포함될 수 있는 최대 노드 개수 공식은?

279 ■■■
SQL
Structured Query Language

데이터베이스로부터 정보를 요청할 때 사용하는 구조화가 된 질의 언어

데이터 정의 · 조작 · 제작 기능에 관련된 명령을 모두 포함한 언어로 IBM 산호세 연구소에서 개발하였다. 1986년 11월 RDB에서 표준으로 규격화되고 있다. 관계 매핑을 기초로 한 대표언어로 입력한 테이블에서 원하는 출력을 매핑시키는 언어이다. SQL은 SELECT, UPDATE, DELETE, INSERT의 4개의 DML문장을 제공한다. 'SELECT(필드들) FROM(테이블) WHERE(명시된 조건 만족)'의 형식으로 작성하는 단순질의와 조건이 반드시 동등(=)일 필요는 없지만 연산자가 동등일 때, 이퀴조인(Equi Join)이라고하는 조인질의가 있다.

280 ■■■
스키마
Schema

데이터 개체, 속성, 이들 간의 관계, 데이터 값들이 갖는 제약조건에 관한 정의 총칭

스키마는 세 가지로 분류할 수 있다. 외부스키마는 서브스키마, 뷰라고도 한다. 데이터베이스의 외적인 한 단면을 표현하며, 전체 데이터베이스의 한 논리적 부분이다. 개념스키마는 기관이나 조직 입장에서 본 데이터베이스 전체적 구조이며 내부스키마는 물리적 저장장치의 면에서 본 데이터베이스 전체 구조이다.

281

데이터베이스
Data Base

데이터를 통합 · 운영 · 저장 · 공유를 하는 데이터 집합을 의미

중복적으로 공유가 되는 데이터를 한 곳에 모아 최소한의 중복을 위해 관리하는 상태이다. 여러 명의 사용자가 동시에 데이터 내용에 접근 · 확인하여 계속해서 변화할 수 있는 특징이 있다.

상식PLUS+ 데이터베이스 유형

㉠ 관계형 데이터베이스(RDB : Relational Data Base) : 1970년대 E.F Codd에 의해서 만들어진 관계형 데이터 모델을 기반으로 한 데이터베이스이다. Oracle, SQL 등이 있다. 간단하게 정보를 저장할 수 있고 질의어만 익히면 누구나 쉽게 검색이 가능하다.

㉡ 객체지향 데이터베이스(OODB : Object Database) : 정보를 객체지향 프로그래밍(OOP) 기술로 저장한 데이터베이스로 ObjectStore, O2, Uni – SQL 등이 있다. 비정형된 복합적인 정보들의 모델링이 가능하다.

㉢ 계층형 데이터베이스(Hierarchical Database) : 상하 종속적인 관계의 트리 형태로 계층적으로 데이터베이스를 저장하는 것으로 가장 오래된 데이터베이스이다.

㉣ 네트워크형(망형) 데이터베이스(Network – Type Data Base) : 계층형 데이터베이스의 트리형태를 네트워크 형태로 저장하는 데이터베이스이다.

282

데이터 정의 언어
DDL : Data Definition Language

데이터베이스 스키마를 정의하는 언어

컴파일 결과는 데이터 사전 파일에 저장한다. 데이터에 관한 데이터인 메타데이터를 포함한 파일로서, 실제의 데이터가 데이터베이스 시스템에서 읽혀지거나 수정 전에 참조된다.

283

데이터 조작 언어
DML : Data Manipulation Language

사용자로 하여금 데이터를 액세스하거나 조작하는 언어

절차식은 필요한 데이터를 어떻게 구하는지를 명시한다. 비절차식은 필요한 데이터만을 명시하고 어떻게 구하는지는 명시하지 않는다. 비절차식은 절차식보다 배우고 사용하기는 쉽지만 비효율적인 코드를 만들 수 있다. 질의어는 데이터 조작 언어에서 정보의 검색에 관여하는 부분으로 질의어와 데이터 조작언어를 같은 의미로 사용하는 것이 보통이다.

284

데이터베이스 관리자
DBA : Data Base Administrator

DBA는 데이터베이스를 여러 사람이 사용할 수 있도록 관리하고 제어하는 관리자

여러 사용자(응용 프로그램)가 필요로 하는 정보에 대한 요건을 결정하며, 그들이 필요로 하는 뷰를 제공하는 일을 한다. 사용자(응용 프로그램)와 대화를 하며 사용자와 시스템 분석가나 프로그래머 사이의 중재자 역할을 담당한다. DBA의 특정 임무는 설계, 관리, 운용 및 통제, 성능측정 등으로 나눌 수 있다.

285

DBMS

Data Base Management System

데이터를 저장(정의), 조작, 제어하는 기능을 갖고 데이터베이스에 대한 일반적인 데이터 모델을 제공하는 기능

DBMS는 외부스키마→대응하는 외부와 개념스키마의 접속→개념스키마→개념과 내부 접속→기억장소의 구성·정의 순으로 검토한다. 저장된 데이터베이스에 필수적인 연산을 수행한다. 관계 데이터베이스를 액세스할 수 있고 갱신 연산을 수행하는 관리시스템을 관계DBMS라 한다. DBMS의 표준 구성 요소는 데이터 정의언어(DDL), 데이터 조작언어(DML), 질의어와 보고서 작성기 및 그래픽 생성기, 주 언어 접속(Host Language Interface), 데이터 사전이 있다.

286

ASP

Application Service Provider

개인이나 기업에게 네트워크를 통해 응용 프로그램을 임대·관리하는 사업자

응용 프로그램 제공자, 네트워크 제공자, 보안관리 사업자, 데이터베이스 사업자, 포털 사업자 등으로 구성되어 있는 것으로 개인정보나 기업의 기밀을 안전하게 관리하는 보안관리 사업자 역할비중이 크다. 기업이 전문 기술 인력을 유치하는 대신 직접 기술을 구축하고 관리해주는 IT서비스이다. 높은 비용을 주고 구입하는 대신 일정 서비스 비용을 지불하고 사용할 수 있다.

287

ORM

Object Relational Mapping

객체지향 프로그래밍의 객체와 데이터베이스 간의 데이터를 매핑하는 기술

가상의 객체지향 데이터베이스를 데이터와 연결하는 것으로 재사용과 유지 보수에 용이하다. SQL을 직접 입력하지 않아도 되어 간단하게 조작이 가능한 편이다. ORM을 구현하기 위한 프레임워크는 JAVA, C++, 파이썬, iOS, PHP, .net 등이 있다.

288

하이퍼바이저

Hypervisor

여러 개의 운영체제를 동시에 효과적으로 실행하기 위한 플랫폼

인터넷에서 여러 운영체제를 통제하기 위한 소프트웨어로 다수의 운영체제를 동시에 작동시킨다. 가상화 엔진의 한 종류로 가상화 머신 모니터(Virtual Machine Monitor)의 약자인 VMM라고도 부른다. CPU와 운영체제의 중간웨어로 사용된다.

289

고가용성

HA : High Availability

끊임없이 정보시스템에서 서비스를 제공하는 것

오랜 시간 동안 지속적으로 사용할 수 있는 가용성을 의미한다. 고가용성의 기준은 1년에 서비스 중단기간이 5분 15초 이하를 나타내는 99.999%(파이프 나인)이다. 장애를 대비하기 위해 클리스터링을 이용하여 시스템을 두 개 이상으로 작업한다.

290

릴레이션
Relation

일반적으로 릴레이션이 갖고 있는 어떤 속성의 부분집합의 값은 그 릴레이션의 튜플을 유일하게 식별

하나의 키값으로 하나의 튜플을 유일하게 식별한다. 키를 구성하는 속성 하나를 제거하면 유일한 식별성이 파괴된다. 기본키는 한 릴레이션의 튜플에서 정의되지 않은 값을 가질 수 없으나 다른 키나 속성들은 정의되지 않은 값을 가질 수 있다. 파일과 레코드를 릴레이션으로 표현할 수 있으나 일반적인 파일과 릴레이션은 실행되는 연산이 다르기 때문에 구별해야 한다. 릴레이션은 영역에 대한 교차곱의 부분집합이며, 수학적 관계와는 달리 시간에 따라 변한다.

상식PLUS+ 릴레이션의 구성

㉠ 릴레이션 스킴(릴레이션 타입) : 릴레이션 이름과 애트리뷰트 이름으로 구성된 R의 내포이다. 시간에 무관한 정적 성질을 가지고 있다.

㉡ 릴레이션 인스턴스(릴레이션 값) : R의 외연, 즉 어느 한 시점에 릴레이션 R이 포함하고 있는 튜플들의 집합이다. 삽입, 삭제, 갱신 연산을 통해 시간에 따라 변화하는 동적 성질을 가지고 있다.

291

HIPO 기법
Hiearchy Plus Input Process Output

HIPO는 입력 처리 출력관계를 시각적으로 기술하고 문서화의 도구 및 설계도구 방법을 제공하는 기법

문서가 체계화되며 구상에 도움을 주기 쉽고 알기 쉬워 변경 유지 보수를 용이하게 한다. 소규모 시스템 개발에만 유용하다.

상식PLUS+ IPT(Improved Programming Technologies)

IPT는 향상된 프로그래밍 기법을 의미한다. 효율적이고 신뢰성이 높은 프로그램 개발을 위해 사용되는 각종 기법을 총칭한다. 소프트웨어 개발시 생산성 향상과 품질개선을 위한 공학적 기법이다.

292

UML
Unified Modeling Language

시스템 분석 · 설계 · 구현 등 개발과정에 사용되는 객체지향 모델링 언어

개발자들 사이에서 요구 분석, 시스템 설계 및 구현하는 과정에서 생기는 의사소통의 어려움을 해결할 수 있다. Booch, Rumbaugh, Jacobson이 주장하는 각각의 객체지향방법론의 장점만으로 다양한 방법론을 표현할 수 있다. UML의 모델을 구성하는 중요한 기본요소인 사물은 구조사물, 행동사물, 그룹사물, 주해사물이 있다.

293 ■■■

클라우드 컴퓨팅

Cloud Computing

2023 · 2020 · 2019 | 농협은행

서로 다른 물리적인 위치에 존재하는 컴퓨터들의 리소스를 가상화 기술로 통합 · 제공하는 기술

소프트웨어(Software) 등의 IT자원을 필요한 때 필요한 만큼 빌려 쓰고 이에 대한 사용요금을 지급하는 방식의 서비스이다. 클라우드 컴퓨팅은 높은 이용편리성으로 산업적 파급효과가 커서 차세대 인터넷 서비스로 두각을 나타내고 있다.

상식PLUS⁺ 클라우드 컴퓨팅 필요기술

가상화 기술, 대규모 분산처리, 오픈 인터페이스, 서비스 프로비저닝, 자원 유틸리티, 서비스 수준관리(SLA), 보안 · 프라이버시, 다중 공유모델

☑ 시험에서는 이렇게 물어본다!

클라우드 컴퓨팅에 필요한 기술은?

294 ■■□

클라우드 서비스

SaaS, IaaS, PaaP

2020 | 농협은행 2018 | 기업은행

각종 자료를 내부 저장공간이 아닌 외부 클라우드 서버에 저장한 뒤 다운로드 받는 서비스

인터넷으로 연결된 초대형 고성능 컴퓨터에 소프트웨어와 콘텐츠를 저장해 두고 필요할 때마다 꺼내어 쓸 수 있는 서비스다. 사용자가 스마트폰이나 PC등을 통해 문서, 음악, 동영상 등 다양한 콘텐츠를 편리하게 이용할 수 있지만 인터넷 케이블이 끊어지면 국가적 '정보 블랙아웃' 상태가 올 우려가 있다고 전문가들은 지적하고 있다.

상식PLUS⁺ 클라우드 서비스 모델

㉠ SaaS(Software as a Service) : 제공자가 소유하고 운영하는 소프트웨어를 웹 브라우저 등으르 통해 사용하는 서비스이다.

㉡ IaaS(Infrastructure as a Service) : 응용서버, 웹 서버 등을 운영하기 위해서는 기존의 하드웨어 서버, 네트워크, 저장장치, 전력 등의 여러 가지 인프라가 필요하다.

㉢ PaaP(Platform as a Service) : 개발자가 개발환경을 위한 별도의 하드웨어, 소프트웨어 등의 구축비용이 들지 않도록 개발 및 구축하고 실행하는 데 필요한 환경을 제공하는 서비스이다.

㉣ AIaaS(AI as a Service) : 인공지능(AI)을 클라우드에서 구현하여 재현되는 서비스이다. 중앙 서버에서 플랫폼을 구현할 수 있고 사용자에게 편의성을 제공한다. 사용한만큼 지급하는 운영 효율성과 쉽게 접근할 수 있다.

☑ 시험에서는 이렇게 물어본다!

클라우드 서비스 모델의 차이점을 설명하시오.

295 ■■■
무결성
Integrity

데이터베이스에 저장된 데이터 값이 정확하고 일관성 있게 유지되어 일치함을 보증하는 것

데이터를 보호하기 위해 항상 정확한 데이터를 보호하는 것을 의미한다. 여러 가지 제한을 설정하여 데이터의 정확성을 보증하는 것이다.

상식PLUS⁺ 무결성 종류
㉠ 개체 무결성(Entity Integrity) : 기본키 값은 NULL 값을 가질 수 없다
㉡ 도메인 무결성(Domain Integrity) : 애트리뷰트가 가질 수 있는 값은 범위가 존재한다.
㉢ 참조 무결성(Referential Integrity) : 외래키 값은 NULL이거나 참조 릴레이션에 있는 기본키 값과 같아야 한다.
㉣ 사용자 정의 무결성(User Defined Integrity) : 속성 값이 사용자가 정의한 규칙에 만족해야 한다.

296 ■■■
아두이노
Arduino

마이크로 컨트롤러 보드를 기반으로 인터랙티브 객체들과 디지털 장치를 개발하기 위한 도구

2005년 이탈리아에서 마시모 반지 교수와 데이비드 쿠아르디에스 교수가 만든 것으로 스위치나 센서를 통해 들어온 입력값을 출력하여 상호작용이 가능한 물건을 만들어낼 수 있다. 마이크로 컨트롤러 플랫폼에 비해 저렴하며 다양한 운영체제에서 작동이 가능하고, 초보자 사용이 쉽고 다양한 시도가 가능한 유연성이 있다. 오픈 소스로 2013년에는 70만 개 이상의 공식 보드를 사용할 수 있었다. 아두이노 통합 개발 환경에서 소스 코드를 작성·편집·업로드 기능이 가능하다.

297 ■■■
웹 어셈블리
Web Assembly

웹을 네이티브 애플리케이션처럼 빠르게 실행할 수 있도록 하는 차세대 바이너리 포맷 표준

개발자가 자바스크립트 대신 C언어 등으로 어느 브라우저에서든 돌아가는 프로그램을 만들어 배포할 수 있게 된다는 장점을 가진다. 모질라 개발자 루크 와그너가 여러 브라우저 개발사의 협력을 공식화했고, 구글 및 애플 개발자들이 표준화에 협력키로 했다.

298 ■■■
다크패턴
Dark Patten

사용자가 원하지 않는 행동을 하도록 유도하는 기만적인 사용자 인터페이스(UI)

눈속임 설계라고도 한다. 이는 혼란을 유발하거나 심리적 압박을 가해 사용자의 동의를 이끌어내며, 불필요한 지출, 개인정보 제공, 원치 않는 서비스 가입 등의 결과를 초래할 수 있다.

299 ■■■

하둡

Hadoop

2019 농협은행

대용량 데이터처리 기술

HADOOP(High Availability Distributed Object Oriented Platform)은 빅데이터를 효율적으로 다루기 위한 분산시스템으로 여러 개의 서버를 하나에 연결하여 처리하는 자바 기반의 프레임워크이다.

상식PLUS⁺ 하둡의 주요 구성 요소

㉠ HDFS(Hadoop Distributed File System)
- 하둡의 분산 파일 시스템으로, 데이터를 여러 노드에 분산 저장하여 대용량 데이터를 효율적으로 관리한다.
- NameNode(메타데이터 관리)와 DataNode(실제 데이터 저장)로 구성된다.

㉡ YARN(Yet Another Resource Negotiator)
- 클러스터의 자원(Resource)을 관리하고, 여러 애플리케이션이 실행될 수 있도록 스케줄링하는 역할을 한다.
- ResourceManager(전체 자원 관리)와 NodeManager(개별 노드 자원 관리)로 구성된다.

㉢ MapReduce
- 대량의 데이터를 분산 처리하기 위한 프로그래밍 모델로, Map과 Reduce 단계로 나뉜다.
- 현재는 Spark 등 대체 기술이 많이 사용되지만, 하둡의 핵심적인 연산 모델이다.

㉣ Hadoop Common
- 하둡의 기본 라이브러리 및 공통 유틸리티 모음이다.
- HDFS, YARN, MapReduce 등이 원활히 동작할 수 있도록 지원한다.

상식PLUS⁺ 하둡 지원프로그램

㉠ 스트리밍 데이터 수집 : Flume, Scribe, Chuckwa
㉡ 정형 데이터 수집 : Sqoop, Hiho
㉢ 분산 데이터베이스 : Hbase, Cassandra
㉣ 실시간 SQL 질의 : Impala

☑ 시험에서는 이렇게 물어본다!
하둡의 주요 구성요소는?

300 ■■■

딥시크

DeepSeek

오픈소스 대형 언어 모델(LLM) 기반 인공지능(AI) 연구 기업이자 AI 모델 제품명

2025년 1월, 중국의 량원펑이 설립한 딥시크는 상대적으로 낮은 성능의 GPU(H800)를 활용하여 최적화된 AI 모델 'DeepSeek R1'을 발표하였으며, 일부 벤치마크에서 오픈AI의 챗GPT를 능가하는 성능을 보이며 AI 업계에 큰 파장을 일으켰다. 그러나 정보 보안 및 데이터 유출 우려로 인해 일부 국가의 정부 및 금융기관에서는 딥시크의 사용을 제한하고 있다.

301

초고속 디지털 가입자 회선

VDSL : Very High – Data Rate Digital Subscriber Line

초고속 디지털 전송기술의 일종

ADSL(비대칭디지털가입자 회선)에 이어 등장한 디지털 전송기술 중에 하나이다. 한국에서는 2002년부터 상용화되어 사용되었다. 전화선을 이용하여 초고속으로 다량의 데이터를 양방향으로 전송하는 인터넷 서비스를 의미한다. 기존 전화선을 이용하는 특징이 있고 비대칭형과 대칭형 종류가 있다. 대칭형은 양방향으로 13Mbps, 26Mbps의 속도이다. 비대칭형 서비스의 경우 수신속도는 13 ~ 52Mbps이고 송신속도는 1.6 ~ 6.4Mbps이다.

상식PLUS+ 비대칭 디지털 가입자 회선(ADSL : Asymmetric Digital Subscriber Line)
1989년 미국 벨코아 회사가 개발한 기술로 기존 전화 회선을 이용하여 데이터 통신이 가능하도록 하는 수단이다. 별도로 회선을 설치하지 않아도 된다는 장점이 있다. 가정과 전화국 사이에 상향/하향의 속도가 다르다. 하향은 9Mbps가 가능하나 상향은 640Kbps으로 대칭을 이루지 않는다.

302

공개키 기반구조

PKI : Public Key Infrastructure

2022 | 농협은행

안전거래를 위해 암호화 · 인증 등이 필수인 공개키 관리 기반구조

안전이 보장되지 않는 공중망에서 신뢰도를 높이기 위해 검증을 진행하는데 이것이 공개키 기반구조로 진행된다. 정책승인기관(PAA), 정책인증기관(PCA), 인증기관(CA), 등록기관(RA), 인증서 소유자 등으로 구성된다.

☑ 시험에서는 이렇게 물어본다!
공개키 기반구조의 구성요소는?

303

대칭키 암호

Symmetric Key Algorithm

2021 | 농협은행

암호화와 복호화와 암호키를 사용하는 알고리즘의 한 종류

암호화키와 복호화키가 동일하게 사용되는 방식이다. 일반적으로 사용되어 관용암호라고도 하고 비밀키 암호라고도 부른다. 대표적인 방식으로는 데이터 암호화 표준(DES)와 IDEA가 있다.

☑ 시험에서는 이렇게 물어본다!
하둡의 주요 구성요소는?

304 ■■■
대체키
Alternate Key

2021 | 농협계열사

기본키를 제외한 후보키들

R에 대한 애트리뷰트 집합 A의 부분집합을 후보키라 한다. 후보키 중에서 선정한 키로서 언제 어느 때고 널이 될 수 없는 키는 기본키이고 유일성을 갖는 애트리뷰트 집합은 슈퍼키이다. 릴레이션 R1에 속한 애트리뷰트의 외래키가 참조 릴레이션 R2의 기본키인 것을 외래키라 한다. 기본키와 외래키는 무결성의 제약이 있다. 기본키 값은 NULL 값을 가질 수 없는 개체무결성, 외래키 값은 널이거나 참조 릴레이션에 있는 기본키 값과 같아야 하는 참조무결성, 애트리뷰트가 가질 수 있는 값은 범위가 존재하는 도메인 무결성이 있다.

☑ 시험에서는 이렇게 물어본다!
대체키의 정의는?

305 ■■■
복호화
Decoding

2022 | 농협은행

부호화를 역순으로 진행하는 것으로 수행되기 전 상태로 되돌리는 것

디코딩이라고도 하며 아날로그 신호가 부호기에서 디지털 단위로 변환되는 과정을 다시 역순으로 수행하는 것을 말한다.

상식PLUS⁺ 암호화(Encryption)
의미를 이해할 수 없는 형식의 암호문으로 변환하는 것으로 정보를 보호할 수 있다.

☑ 시험에서는 이렇게 물어본다!
암호화된 데이터를 원래 평문으로 변환하는 과정은?

306 ■■■
해시함수
Hash Function

2022 | 농협은행

다양한 크기의 데이터를 고정된 길이의 해시 값으로 출력하는 함수

암호화 기술 중에 하나로 현재 표준 해시함수는 160 ~ 256비트의 해시값을 출력한다. 암호 알고리즘에는 키를 사용한다. 하지만 해시함수는 키를 사용하지 않아 항상 동일한 출력값이 나오는 특성에 따라 무결성을 검증할 수 있다. 동작 알고리즘이 간단하여 상대적으로 시스템 자원 소모량이 적은 편이다. MD5, SHA 등의 해시함수가 있다.

☑ 시험에서는 이렇게 물어본다!
해시함수의 장점은?

307 ■■■
디지털 캐비넷
Digital Cabinet

서류, 파일, 문서, 사진, 그림 등을 전자파일 형식으로 보관 및 관리하는 시스템

문서 검색의 편리성, 보안 강화, 공간 절약, 협업 지원 등 다양한 이점이 있는 반면, 초기 구축과 유지 보수에 시간과 비용이 소요되며, 해킹이나 시스템 오류 등의 위험이 존재한다. 디지털 캐비넷은 정부 기관, 기업, 학교 등 다양한 분야에서 널리 활용되고 있다.

308 ■■■
리얼리티 마이닝
Reality Mining

데이터 마이닝의 일종

고객의 정보를 바탕으로 향후 구매행태 예측 및 의사결정에 이용하는 마케팅 기법인 데이터 마이닝의 일종으로, 모바일 기기를 통해 사용자의 사회적 관계망, 소비패턴, 행동방식, 라이프 스타일 등을 분석하는 기술이다.

309 ■■■
GPT-4o

오픈AI가 설계한 다중 언어, 다중 모달 생성 사전 훈련 변환기

'지피티포 옴니' 또는 '지피티포오'라고 부르는데, 'o'는 '옴니'의 줄임말로 '모든 것', '어디에나 있다'는 뜻이다. GPT-4o에서 사용할 수 있는 5가지 옴니 기능은 ▲텍스트, 이미지, 오디오 등 다양한 형식의 데이터를 처리할 수 있는 멀티모달(multi modal) 기능 ▲이미지를 분석하고 설명하며 생성하는 강화된 비전 기능 ▲실시간 웹 정보 검색을 통해 얻은 최신 정보를 기반으로 한 깊이 있는 답변 기능 ▲외부 API를 호출해 새로운 기능을 확장할 수 있는 펑션콜(function call) 기능 ▲데이터 해석 능력을 바탕으로 한 비즈니스 인사이트 제공 기능 등이다.

310 ■■■
지도학습
Supervised Learning

2024 · 2022 | 농협은행

입력 데이터와 그에 해당하는 레이블이 주어진 상태에서 모델을 학습하는 방식

인공지능(AI)과 머신러닝(ML)에서 사용되는 학습 방법 중 하나이다. 모델은 입력 데이터를 바탕으로 출력값을 예측하는 방법을 학습한다. 학습이 완료되면 새로운 입력 데이터가 주어졌을 때 올바른 출력을 예측할 수 있도록 모델이 동작한다. 지도학습은 데이터를 수집한 후 데이터 전처리, 모델 학습, 모델 평가, 모델 개선의 과정을 거친다. 지도학습 유형에는 연속적인 숫자의 값을 예측하는 회귀(온도 예측이나 주가 예측 등)와 데이터를 특정 카테고리로 분류하는 분류(스팸 메일 분류, 질병 진단 등)가 있다. 높은 정확도를 기대할 수 있으나 많은 양의 데이터가 필요하며 새로운 데이터에 대한 일반화 능력이 부족하면 과적합 문제가 발생할 수 있다.

☑ 시험에서는 이렇게 물어본다!
지도학습(Supervised Learning)의 예시는?

디지털·IT 예상문제

정답 문항수 | 풀이시간 분

1 컴퓨터를 유지하고 있는 두 가지 구성요소는?

① 시스템, 정보
② 시스템, 자료
③ 기억 장치, 제어장치
④ 하드웨어, 소프트웨어
⑤ 기억 장치, 소프트웨어

2 프로그램을 실행에 적합한 기계어로 번역하고 목적코드를 만들어 실행하는 언어 번역기는?

① 컴파일러
② 인터프리터
③ 코볼
④ LISP
⑤ 트랜잭션

3 조합 논리회로에 대한 설명으로 옳지 않은 것은?

① 반가산기 : 두 비트를 더해서 합(S)과 자리올림수(C)를 구하는 회로
② 전가산기 : 두 비트와 하위 비트의 자리올림수(Cin)를 더해서 합(S)과 상위로 올리는 자리올림수(Cout)을 구하는 회로
③ 디코더 : 사람이 사용하는 문자 체계를 컴퓨터에 맞게 변환시키는 회로
④ 멀티플렉서 : 여러 곳의 입력선(2n개)으로부터 들어오는 데이터 중 하나를 선택하여 한 곳으로 출력시키는 회로
⑤ 인코더 : 여러 개의 입력단자 중에 나타난 정보를 2진수로 코드화하여 전달시키는 회로

4 다음 중 컴퓨터의 구조에 대한 설명으로 용어와 내용이 가장 적절하게 연결된 것은?

① CPU : 중앙처리장치로 제어장치, 연산장치, 기억장치, 실행장치로 구성된다.
② 컴퓨터의 분류 : 하드웨어, 소프트웨어로 분류하거나 여기에 펌웨어를 추가하는 학자도 있다.
③ 제어장치 : 명령계수기와 명령해독기로만 구성되어 있으며, 명령인출단계와 실행단계만을 반복한다.
④ 기억장치 : 전자계산기에서 기억장치는 별 문제가 되지 않으며 보조기억 장치의 필요성이 그다지 크지 않다.
⑤ 연산장치 : 외부데이터를 주기억 장치에 입력시킨다.

빠른답CHECK 1.④ 2.① 3.③ 4.①

5 다음 중 프로그래밍 언어의 설계 원칙으로 옳지 않은 것은?

① 프로그래밍 언어의 개념이 분명하고 단순해야 한다.
② 신택스가 분명해야 한다.
③ 자연스럽게 응용할 수 있어야 한다.
④ 프로그램 검증을 복잡하게 다각도로 해야 한다.
⑤ 효율적으로 작성해야 한다.

6 〈보기〉에서 설명하는 언어는?

보기

C에 Simula식의 클래스를 추가하고자 하여 개발된 언어로, 사용자의 필요에 의해 개발된 효율적이고 실용적인 언어이다.

① C++ ② Smalltalk
③ Eiffel ④ C
⑤ JAVA

7 〈보기〉에서 설명하는 임시기억 장치는?

보기

1차원 배열 STACK(1:n)에 나타낼 수 있는 순서리스트 또는 선형리스트의 형태로서 가장 나중에 저장한 데이터를 먼저 꺼내는 후입선출(LIFO) 알고리즘을 갖는 주기억장치나 레지스터를 사용하는 임시 기억장치를 말한다.

① 스택 ② 큐
③ 데크 ④ 트리
⑤ 카운터

8 객체기반 언어에 해당하지 않는 것은?

① Ada
② LISP
③ Modula – 2
④ Smalltalk
⑤ C++

9 데이터베이스에서 데이터의 중복을 통제하지 않을 때 단점이 아닌 것은?

① 일관성 문제
② 공유성 문제
③ 보안성 문제
④ 경제성 문제
⑤ 무결성 문제

10 1970년대 IBM에서 만든 관계대수와 관계해석을 갖춘 데이터베이스 언어는?

① Prolog
② SQL
③ Java
④ C
⑤ APL

빠른답CHECK 5.④ 6.① 7.① 8.② 9.② 10.②

11 다음은 DBMS를 구성할 때 고려해야 할 사항이다. 옳지 않은 것은?

① DATA의 중복성을 최소화해야 한다.
② 최신 DATA를 보유해야 한다.
③ DATA의 일관성을 유지해야 한다.
④ 모두가 DATA를 자유롭게 탐색할 수 있어야 한다.
⑤ DATA의 보안을 유지해야 한다.

12 데이터베이스의 특성에 대한 설명으로 옳지 않은 것은?

① 어느 한 조직의 여러 개의 응용시스템들이 공유할 수 있도록 통합·저장된 운영데이터의 집합이다.
② 실시간 접근, 계속적인 변화, 동시공유, 내용에 의한 참조가 있다.
③ 관계는 개체의 특성이나 상태를 기술하는 것으로 데이터의 가장 작은 논리적 단위이다.
④ 개체는 표현하려는 유형·무형 정보의 대상으로 '존재'하면서 서로 구별이 될 수 있는 것을 말한다.
⑤ 동적이기 때문에 삽입·수정·삭제 등의 변화를 거치며 현재의 정확한 데이터를 유지해야 한다.

13 다음 〈보기〉에서 운영체제의 발달 순서로 옳은 것은?

보기

㉠ 일괄처리 시스템
㉡ 시분할처리 시스템
㉢ 다중처리 시스템
㉣ 분산처리 시스템

① ㉠㉡㉢㉣
② ㉠㉢㉡㉣
③ ㉡㉢㉣㉠
④ ㉢㉠㉣㉡
⑤ ㉣㉠㉡㉢

14 컴퓨터에서 데이터 송·수신 시 일반적으로 많이 사용되는 속도는?

① MIPS
② BPS
③ CPS
④ PPM
⑤ Gbps

빠른답CHECK 11.④ 12.③ 13.② 14.②

15 **TCP/IP 프로토콜에 대한 설명으로 옳지 않은 것은?**

① ARP는 IP주소를 물리주소로 변환한다.
② RARP는 호스트의 논리주소를 이용하여 물리 주소인 IP주소를 얻어 오기 위해 사용되는 프로토콜이다.
③ TCP는 패킷 손실을 이용하여 혼잡정도를 측정하여 제어하는 기능이 있다.
④ IGMP는 인터넷 그룹 관리 프로토콜이라 하며, 멀티캐스트를 지원하는 호스트나 라우터 사이에서 멀티캐스터 그룹 유지를 위해 사용된다.
⑤ TCP는 데이터의 흐름을 관리하고 데이터가 정확한지 확인하고 IP는 데이터를 네트워크를 통해 한 장소에서 다른 장소로 옮기는 역할이다.

16 **네트워크에서 도메인이나 호스트 이름을 숫자로 된 IP주소로 해석해주는 TCP/IP 네트워크 서비스의 명칭으로 알맞은 것은?**

① 라우터　② 모블로그
③ CGI　④ DNS
⑤ FTP

17 **모뎀과 컴퓨터 사이에 데이터를 주고받을 수 있는 통로는?**

① 포트
② 프로토콜
③ 라우터
④ 플러그 인
⑤ 파이프라인

18 **하드웨어의 효율적 관리와 사용자의 컴퓨터 이용을 돕는 프로그램은?**

① 컴파일러
② 인터프리터
③ 서비스 프로그램
④ 운영체제
⑤ LAN

19 **플립플롭(Flip – Flop)의 설명으로 옳지 않은 것은?**

① 플립플롭(Flip – Flop)은 이진수 한 비트 기억소자이다.
② 레지스터 상호 간 공통선들의 집합을 버스(Bus)라 한다.
③ 병렬전송에서 버스(Bus) 내의 선의 개수는 레지스터를 구성하는 플립플롭의 개수와 일치하지 않는다.
④ M비트 레지스터는 M개의 플립플롭으로 구성된다.
⑤ 입력이 변하지 않으면 현재 기억하고 있는 값을 유지한다.

20 **다음 중 진공관을 주요소자로 사용한 최초의 전자계산기는?**

① EDSAC
② PCS
③ ENIAC
④ IBM 701
⑤ UNIVAC – 1

빠른답CHECK 15.② 16.④ 17.① 18.④ 19.③ 20.③

21 HTML에 대한 설명으로 옳지 않은 것은?

① UL은 순서가 있는 목록의 시작과 종료를 알려주는 태그이다.
② BACKGROUND는 웹 페이지의 배경그림을 나타낸다.
③ FONT는 문자의 크기나 색상 등을 지정한다.
④ TABLE은 표를 만들 때 사용한다.
⑤ TAG는 문서를 작성하기 위해서 쓰는 명령어이다.

22 정보통신망의 형태에 해당하지 않는 것은?

① 패킷형
② 성형
③ 망형
④ 버스형
⑤ 링형

23 ISDN의 사용자 서비스로 옳게 고른 것은?

보기

㉠ 교환서비스
㉡ 베어러 서비스
㉢ 부가서비스
㉣ 텔레서비스

① ㉠㉡
② ㉠㉢㉣
③ ㉡㉢
④ ㉡㉢㉣
⑤ ㉢㉣

24 동일 빌딩 또는 구내, 기업 내의 비교적 좁은 지역에 분산 배치된 각종 단말장치는?

① WAN ② LAN
③ MAN ④ VAN
⑤ ISDN

25 컴퓨터 용어에 대한 설명으로 옳지 않은 것은?

① 데이터는 현실세계로부터 관찰 · 측정을 통하여 수집된 사실이나 값으로 정리되지 않은 자료를 말한다.
② 정보는 어떤 기준에 의해 정리되고 기록된 자료로서 의사결정을 위해 데이터를 처리 가공한 결과이다.
③ 정보처리는 데이터의 수집 · 처리 · 가공 등 컴퓨터가 수행하는 일련의 과정으로 데이터를 처리하여 정보를 만들어 낸다.
④ 정보산업이란 컴퓨터와 정보통신이 결합하여 정보의 수집 · 가공 · 유통능력이 획기적으로 증대되면서, 정보의 가치가 산업사회에서의 물질이나 에너지 못지않게 중요시되는 사회이다.
⑤ 정보산업은 하드웨어, 소프트웨어, 정보통신 부문으로 나누어져 있다.

빠른답CHECK 21.① 22.① 23.④ 24.② 25.④

26 잔고가 100,000원에서 3,000,000원 사이인 고객계좌 테이블에서 고객들의 등급을 '우대고객'으로 변경하고자 〈보기〉와 같은 SQL문을 작성하였다. ㉠과 ㉡의 내용으로 옳은 것은?

보기

```
UPDATE 고객계좌
( ㉠ ) 등급 = '우대고객'
WHERE 잔고 ( ㉡ ) 100000 AND
3000000
```

	㉠	㉡
①	SET	IN
②	SET	BETWEEN
③	VALUES	AND
④	VALUES	BETWEEN
⑤	VALUES	IN

27 다음 〈보기〉에서 설명하는 입 · 출력 장치로 옳은 것은?

보기

- 중앙처리장치로부터 입 · 출력을 지시받고 자신의 명령어를 실행시켜 입 · 출력을 수행하는 독립된 프로세서이다.
- 하나의 명령어로 여러 개의 블록을 입 · 출력할 수 있다.

① 버스(Bus)
② 채널(Channel)
③ 스풀링(Spooling)
④ DMA(Direct Memory Access)
⑤ 벡터 처리기(Vector Processor)

28 암호 방식에 대한 설명으로 옳은 것을 〈보기〉에서 모두 고른 것은?

보기

㉠ 대칭키 암호 방식은 암호화키와 복호화키가 동일하다.
㉡ 공개키 암호 방식은 사용자 수가 증가하면 관리해야 할 키의 수가 증가하여 키 변화의 빈도가 높다.
㉢ 대칭키 암호 방식은 공개키 암호 방식에 비하여 암호화 속도가 빠르다.
㉣ 공개키 암호 방식은 송신자와 발신자가 같은 키를 사용하여 통신을 수행한다.

① ㉠㉡ ② ㉠㉢
③ ㉡㉢ ④ ㉡㉣
⑤ ㉠㉣

29 JAVA 프로그램의 실행 결과로 옳은 것은?

보기

```
class Test {
    public static void main(String[]
args) {
        int a = 101;
        System.out.println((a >> 2)
<< 3);
    }
}
```

① 0 ② 200
③ 404 ④ 600
⑤ 705

빠른답CHECK 26.② 27.② 28.② 29.②

30 C 프로그램의 실행 결과로 옳은 것은?

보기

```
#include<stdio.h>
int main( )
{
    int i, sum=0;
    for(i=1; i<=10 ; i+=2) {
        if(i%2 && i%3) continue;
        sum += i;
    }
    printf("%d\n", sum);
    return 0;
}
```

① 6
② 12
③ 25
④ 55
⑤ 75

31 다음 〈보기〉에서 설명하는 용어로 가장 옳은 것은?

보기

프랭크 로젠블라트(Frank Rosenblatt)가 고안한 것으로 인공 신경망 및 딥러닝의 기반이 되는 알고리즘이다.

① 빠른 정렬(Quick Sort)
② 맵리듀스(MapReduce)
③ 퍼셉트론(Perceptron)
④ 디지털 포렌식(Digital Forensics)
⑤ 하둡(Hadoop)

32 〈보기〉는 공개키 암호 방식을 전자서명(Digital Signature)에 적용하여 A가 B에게 메시지를 전송하는 과정에 대한 설명이다. ㉠, ㉡에 들어갈 내용으로 옳은 것은?

보기

- A와 B는 개인키와 공개키 쌍을 각각 생성한다.
- A는 (㉠)를 사용하여 암호화한 메시지를 B에게 전송한다.
- B는 (㉡)를 사용하여 수신된 메시지를 해독한다.

	㉠	㉡
①	A의 개인키	A의 공개키
②	A의 개인키	B의 공개키
③	A의 공개키	B의 개인키
④	B의 공개키	B의 개인키
⑤	B의 개인키	B의 공개키

33 프로그래밍 언어에 대한 설명으로 옳지 않은 것은?

① Objective－C, Java, C#은 객체지향 언어이다.
② Python은 정적 타이핑을 지원하는 컴파일러 방식의 언어이다.
③ ASP, JSP, PHP는 서버 측에서 실행되는 스크립트 언어이다.
④ XML은 전자문서를 표현하는 확장가능한 표준 마크업 언어이다.
⑤ LISP, PROLOG, SNOBOL는 인공지능 언어이다.

빠른답CHECK 30.② 31.③ 32.① 33.②

34 네트워크 장치에 대한 설명으로 옳지 않은 것은?

① 허브(Hub)는 여러 대의 단말 장치가 하나의 근거리 통신망(LAN)에 접속할 수 있도록 지원하는 중계 장치이다.
② 리피터(Repeater)는 물리 계층에서 동작하면서 전송 신호를 재생 · 중계해 주는 증폭 장치이다.
③ 브리지(Bridge)는 데이터 링크 계층에서 동작하며 같은 MAC 프로토콜을 사용하는 근거리 통신망 사이를 연결하는 통신 장치이다.
④ 게이트웨이(Gateway)는 네트워크 계층에서 동작하며 동일 전송 프로토콜을 사용하는 분리된 2개 이상의 네트워크를 연결해주는 통신 장치이다.
⑤ 라우터(Router)는 인터넷에 접속할 때 반드시 필요한 장비로, 최적의 경로를 설정하여 전송한다.

35 코드 작성상의 유의점이 아닌 것은?

① 자릿수는 짧을수록 좋다.
② 데이터 분류기준이 코드에 적용되어야 한다.
③ 데이터 증감을 고려하지 않아도 된다.
④ 컴퓨터 처리가 용이하여야 한다.
⑤ 단순명료하게 코드가 작성되어야 한다.

36 마이데이터에 대한 설명으로 옳지 않은 것은?

① 개인이 개인신용정보전송요구권을 행사할 수 있다.
② 안전한 통신을 위해 TLS 기반 상호인증과 전송구간 암호화를 사용한다.
③ 마이데이터 사업자와 정보제공자는 안정성을 위해 표준 API 규격을 준수한다.
④ 스크린 스크래핑 기반의 방식으로 데이터를 수집하고 추출한다.
⑤ 무결성 보장을 위해서 JWS 표준 규격을 사용한다.

37 다음 FDS에 대한 설명으로 옳지 않은 것은?

① 전자금융거래의 로그인 절차에도 FDS를 적용한다.
② 의심거래 탐지 후에 이를 분석한다.
③ 이상금융거래 탐지시스템에 해당한다.
④ 금융거래 지시 및 승인과정에 대해서는 탐지하지 않는다.
⑤ 금융소비자를 보호가 목표이다.

38 P2P 금융에 대한 설명으로 옳지 않은 것은?

① 온투업 등록이 되지 않은 P2P 업체는 영업이 불가능하다.
② 은행에서 신용평가를 받고 나서 진행할 수 있다.
③ 개인과 개인을 연결해주는 금융서비스로 탈중앙화 금융이다.
④ P2P 대출은 원금 보장이 불가능하다.
⑤ 개인신용평가시스템(CSS)을 통해 대출 신청자의 금융기록을 분석한다.

39 다음 중 LAN의 특징이 아닌 것은?

① 속도가 매우 빠른 편에 해당한다.
② 에러 발생율이 다른 네트워크에 비해 낮은 편이다.
③ Flow Control이 간단하다.
④ 전국적 범위에 사용이 가능하다.
⑤ 라우팅 알고리즘이 간단한 편에 해당한다.

빠른답CHECK 34.④ 35.③ 36.④ 37.④ 38.② 39.④

40 다음 중 NFC 기술이 사용되는 있는 것이 아닌 것은?

① 중거리 무선 데이터 공유
② 비접촉 카드결제
③ 미러링
④ 무선 프린터 연결
⑤ 교통카드

41 사업자가 투자금을 확보하기 위해 블록체인 기반의 암호화 화폐를 발행하고 투자자에게 판매하여 가상화폐로 자금을 확보하는 것을 의미하는 것은?

① IPO(Initial Public Offering)
② FDS(Fraud Detection System)
③ POW(Proof of Work)
④ STO(Security Token Offering)
⑤ ICO(Initial Coin Offering)

42 데이터 3법을 설명한 것으로 옳지 않은 것은?

① 개인정보는 가명 · 익명으로 구분한 후 공익목적으로 사용할 수 있다.
② 정보통신망에서 개인정보와 관련된 사항은 개인정보보호법으로 이관한다.
③ 개인정보보호 관련 규제는 방송통신위원회에서 하고 감독은 개인정보보호위원회에서 한다.
④ 가명정보를 이용할 때에는 신용정보 주체에게 동의를 받지 않아도 된다.
⑤ 가명정보 개념을 도입하여 빅데이터 분석 · 이용과 관련한 법적 근거를 마련한다.

43 비트코인, NFT, 디지털 인증, P2P대출, 디파이 등 다양한 분야에서 공통적으로 사용되는 분산형 데이터 저장 기술은?

① 5G
② 데이터 마이닝
③ OLAP
④ 블록체인
⑤ 머신러닝

44 인기 검색어를 위해 의도적으로 조회수를 조작하는 현상은?

① 파밍
② 어뷰징
③ 바이럴마케팅
④ 그레셤의 법칙
⑤ 스파이웨어

45 마치 공격당하는 것처럼 컴퓨터 프로그램 침입자를 속여 크래커를 추적하고 정보를 수집하는 침입탐지기법은?

① 화이트 해커
② 엘리트 해커
③ 허니팟
④ 해커톤
⑤ 컴파일러

빠른답CHECK 40.① 41.⑤ 42.③ 43.④ 44.② 45.③

46 **디지털세에 대한 설명으로 옳지 않은 것은?**

① 조세 회피 발생 가능성으로 논의되었다.
② 글로벌 조세제도를 새롭게 도입하기 위한 목적에서 시작되었다.
③ OECD IF 총회에서 140개국 중 136개국의 동의를 얻어 최종 합의되었다.
④ 디지털 매출 세금과 동일한 세금이다.
⑤ 국내 대상 기업으로는 삼성전자와 SK하이닉스가 있다.

47 **4차 산업시대의 원유로 불리며 5V(Volume, Variety, Velocity, Value, Veracity)의 특징을 가지고 있는 것은 무엇인가?**

① 인공지능
② 사물인터넷
③ 빅데이터
④ 빅 브라더
⑤ 클라우드

48 **프로그래밍에 집중한 유연한 개발 방식으로 상호작용, 소프트웨어, 협력, 변화 대응에 가치를 두는 것은?**

① 스크럼
② 애자일
③ 백로그
④ 린스타트업
⑤ 위키

49 **CBDC에 대한 설명으로 옳지 않은 것은?**

① CBDC는 중앙은행이 발행한 전자적 명목화폐로, 자체 블록체인 기술을 통해 개발하고 직접 통제하고 관리한다.
② 중앙은행 디지털 화폐는 중앙은행에서 발행하여 '자금 세탁 및 탈세방지' 등 정부차원의 통제가 가능하다.
③ 시장의 수요와 공급에 따라 교환가치가 달라지므로 중앙은행의 역할이 중요하다.
④ 중앙은행이 현금 유통을 추적할 수 있어 지하경제의 양성화 효과를 기대할 수 있다.
⑤ 금융자원이 중앙은행으로 집중되어 금융자원 배분 효율성이 저하되면서 시중은행의 수익성은 약화될 수밖에 없다.

50 **블록체인에 대한 설명으로 적절하지 않은 것은?**

① 탈중앙화하여 분산 · 저장하는 기술이기 때문에 참여자들이 모든 거래 정보에 접근할 수 없다.
② 특정 참여자에 의해 정보가 변경되거나 삭제되는 것은 사실상 불가능하다.
③ 거래 상대방에게 거래 당사자의 신원을 공개하지 않고도 거래가 가능하다.
④ 고객의 디지털 자산을 안전하게 보관할 수 있는 디지털 자산 보관 서비스를 제공할 수 있다.
⑤ 블록체인을 기반으로 디지털 지역화폐 플랫폼을 지원할 수 있다.

빠른답CHECK 46.④ 47.③ 48.② 49.③ 50.①

51 다음 중 증강현실(AR) 기술을 이용 혹은 활용할 수 있는 국내외 사례로 가장 적절하지 않은 것은?

① 스마트폰 카메라로 신용 · 직불 카드를 비추면 결제 금액 및 거래 내역을 제시해주는 서비스
② 절차를 간소화하고 자동화하기 위해 스마트 계약 등을 활용하여 자회사 간, 국가 간 운영되는 청산결제 시스템을 대체하는 서비스
③ 자동차 대출 앱을 사용하여 관심 있는 자동차를 스캔하면 동일 모델에 대한 가격, 대출한도, 대출금리, 월 상환 금액 등의 정보를 제공하는 서비스
④ 자회사 회원이 관계사 영업점이나 쿠폰 제휴사 매장 근처에서 앱을 실행하면, 스마트폰 화면에 다양한 쿠폰 아이콘이 자동으로 나타나고 이를 터치하면 쿠폰이 지급되는 서비스
⑤ 실제 매장에서 고객이 구매하고자 하는 제품을 기기에 비추면 가격 및 원산지 등 다양한 정보가 제공되는 쇼핑 서비스

52 현실에 존재하지 않은 컴퓨터를 컴퓨터 안에서 가상으로 만든다는 것을 의미하며 인터넷을 통해서 개인 PC에 자유롭게 접근할 수 있는 기술은?

① VDI
② VM
③ VPN
④ PaaS
⑤ JDBC

53 다음 중 전자화폐 및 가상화폐에 대한 설명으로 옳지 않은 것은?

① 전자화폐는 물품 및 서비스 구매 시 활용하는 결제 수단이며, 가상화폐는 전자화폐의 일종으로 볼 수 있다.
② 전자화폐는 절차에 관하여 법률에서 규정하고 있으나, 가상화폐는 별도로 규정하고 있지 않다.
③ 가상화폐인 비트코인과 분산원장기술로 알려진 블록체인을 이용한다.
④ 가상화폐인 비트코인은 전자화폐는 이중지불(Double Spending)문제가 발생하지 않는다.
⑤ 비트코인은 P2P로 파일을 내려 받는 방식으로 작동한다.

54 사용자 생활환경 안에서 자연스럽게 요구사항을 인지하여 필요한 서비스를 제공하며 인터페이스를 최소화하는 것은?

① NUI
② NUX
③ GUI
④ SMI
⑤ 제로 UI

55 다오(DAO)에 대한 설명으로 옳지 않은 것은?

① 탈중앙화 자율조직으로 사람이 개입하지 않고 자율적으로 운영되는 조직이다.
② 국내에서 한국의 문화유산 보호를 취지로 국보 다오(DAO)를 결성하였다.
③ 계층구조가 없는 조직으로 참여자 익명성과 투명성이 보장된다.
④ 기업이 투자자를 찾아 자금을 모으는 방식으로 하향식 투자로 운영된다.
⑤ 블록체인을 기반으로 운영되는 조직이다.

빠른답CHECK 51.② 52.① 53.④ 54.⑤ 55.④

56 차량사물통신인 V2X의 통신으로 적절하지 않은 것은?

① V2V(Vehicle to Vehicle)
② V2I(Vehicle to Infrastructure)
③ V2R(Vehicle to Road)
④ V2P(Vehicle to Pedestrian)
⑤ V2N(Vehicle to Nomadic Device)

57 다량의 데이터를 이용하여 스스로 학습하는 인공 신경망으로 구축된 기계학습 기술을 의미하는 것은?

① ANN(Artificial Neural Network)
② 딥러닝(Deep Learning)
③ VR(Virtual Reality)
④ GAN(Generative Adversarial Network)
⑤ BCI(Brain Computer Interface)

58 블록체인 기술을 활용하여 만드는 디지털 신분인 DID(Decentralized Identifiers)에 대한 설명으로 적절하지 않은 것은?

① 모바일 신분증에 활용될 수 있다.
② 개인정보를 중앙기관에서 저장하여 관리한다.
③ 공동인증서 없이 휴대폰 인증만으로 전자상거래를 할 수 있다.
④ 발급자, 소유자, 검증자, 저장소가 필요하다.
⑤ 사용자가 자신의 신원정보를 관리할 수 있다.

59 5G에 대한 설명으로 적절하지 않은 것은?

① 주파수 효율을 높이기 위해서 Massive MIMO이 5G 표준에 도입되었다.
② 5G는 최대 20Gbps의 속도로 데이터 전송이 가능하다.
③ 초고주파수를 활용하기 위해 빔포밍 기술을 사용한다.
④ 국제 표준화단체(3GPP)에서 5G 기술표준을 개발한다.
⑤ 음성서비스에서 별도의 QoS 보장 기능을 제공한다.

60 불법으로 이미지 형식을 변환한 스캔 웹툰이나 만화를 식별하는 서비스는?

① SCOBIS
② Argos
③ Random Stow
④ Cross Ply
⑤ RPA

빠른답CHECK 56.③ 57.② 58.② 59.⑤ 60.①

CHAPTER

03 금융 · 경제 · 보험

✽ 금융 · 경제 · 보험 직무상식 필기시험 분석

연도별 출제키워드	2024년 도덕적 해이, 경제활동인구, 보통주, 채권, J커브, 립진스키 정리, CDS, 먼델 플레밍 모델, 콜옵션, 독점시장, 지니계수, 레온티에프 역설, 적대적 인수합병, 차등의결권, 지주회사 2023년 BIS, 소비자잉여/생산자잉여, 분수효과/낙수효과, 한계소비성향, 주택청약, 한국은행, 조세정책, ATM, 펌뱅킹, 모바일뱅크, 사이버증권, 리볼빙 카드론, 외부경제, 불경제, 신탁, DSR, 유동성함정, 경상수지, 여신, 보험법 2022년 유동성 함정, 예금자보호제도, 한계소비성향, 출구전략, 인덱스 펀드, 특수은행, 보험법, 신파일러 2021년 예금자보호제도, 공매도, 스캘퍼, 우선주, 도덕적 해이, 공개시장 조작, SWIFT, 재무상태표, M&A, 필립스 곡선, 피셔 효과, PF, 특수은행, 콜 옵션, 자산유동화증권, 역선택, 양적완화, 스놉 효과, 확정급여형(DB형), 확정기여형(DC형), 전환사채(CB), 차익거래, BCG 매트릭스, CDS 프리미엄
이것만은 알고가자	BIS, 한국은행, 기준금리, 예금자보호제도, 10분위 분배율, 한계소비성향, 소비자잉여/생산자잉여, 인플레이션, 물가, 경제심리지수, 필립스 곡선, 주택청약
최근 출제경향	가장 중요하게 손꼽히는 과목이다. 난이도가 점차 상향되고 있다. 개념에 대한 확실한 이해를 넘어 활용까지 요구되고 있다. 최근 이슈가 되는 생소한 용어는 물론이고 대부분의 은행 · 금융권에서 수요 · 공급 탄력성과 GDP에 관한 문제는 빠지지 않고 등장하고 있다. 최근에는 한국은행 기준금리, 조세정책, 보험법에 대한 문제가 빈번하게 출제된다.
2025년 예상리포트	최근에는 보험법에 관한 문제가 자주 출제되고 있는 추세이다. 경제학 전공책 수준의 개념 및 이해문제는 매년 다수 문제가 출제되므로 명확하게 익혀두는 것이 좋다. 최근 경제이슈에 따른 물가상승, 기준금리, 조세정책 등과 관련한 문제가 출제가 될 것이 예상된다. 금융 · 경제 상식은 매년 높은 난도의 문제와 논술 문제로 출제되므로 다방면 지식과 함께 전공서 학습으로 대비하도록 한다.

01 : 금융 · 경제

1
먼델－플레밍 모델
Mundell－Fleming Model

2024 · 2020 | 농협은행

국제수지를 고려한 IS－LM 모형의 확장판

로버트 먼델과 마커스 플레밍이 독립적으로 제시한 경제이론이다. 기존의 IS－LM 모형이 폐쇄경제에서의 생산물 시장과 화폐 시장의 균형을 설명하는 반면에 먼델－플레밍 모델은 개방경제를 고려하여 국제수지를 포함한 거시경제 분석을 가능하게 한다. 환율과 국제수지 관계를 설명하고 다양한 거시경제 변수가 통합적으로 작용하는 방식을 규명하기 위해 개발하였다. 먼델－플레밍 모델은 브레튼우즈 체제 붕괴 후 각국이 변동환율제를 채택하는 과정에서 금융 및 재정 정책이 경제에 미치는 영향을 분석하는 데 활용되었다.

☑ 시험에서는 이렇게 물어본다!
먼델－플레밍 모델(Mundell－Fleming Model)과 IS–LM모형의 차이는?

2
레온티에프 역설
Leontief Paradox

2024 | 농협은행

헥셔－올린 정리를 반박하는 실증적 연구 결과

헥셔－올린 정리에 따르면 자본이 풍부한 미국은 자본집약적인 재화를 수출하고 노동집약적인 재화를 수입해야 하나, 레온티에프는 미국의 수출 품목이 오히려 노동집약적인 제품이라는 사실을 발견하여 기존의 전통적 무역이론과 모순된다는 점을 밝혔다. 이후 일부 학자들은 헥셔－올린 정리에 대해 이론적 신뢰성을 의심했으나 대부분의 주류 경제학자들은 레온티에프 역설을 해명하는 데 주력하고 있다.

☑ 시험에서는 이렇게 물어본다!
레온티에프 역설이 반박한 경제 이론은?

3
투어플레이션
Tourflation

인기 있는 가수의 콘서트 투어로 콘서트장 일대의 물가가 상승하는 현상

'콘서트 투어(Tour)'와 '인플레이션(Inflation)'의 합성어이다. 유명한 가수의 공연 전후로 주변 호텔, 식당 등에 수요가 급증하면서 물가가 치솟는 것을 의미한다.

4

신탁

2023 | 농협은행

목적에 따라서 재산의 관리와 처분을 맡기는 것

「신탁법」 제2조(정의)에 따라 "신탁"이란 신탁을 설정하는 자(위탁자)와 신탁을 인수하는 자(수탁자) 간의 신임관계에 기하여 위탁자가 수탁자에게 특정의 재산(영업이나 저작재산권의 일부를 포함한다)을 이전하거나 담보권의 설정 또는 그 밖의 처분을 하고 수탁자로 하여금 일정한 자(수익자)의 이익 또는 특정의 목적을 위하여 그 재산의 관리, 처분, 운용, 개발, 그 밖에 신탁 목적의 달성을 위하여 필요한 행위를 하게 하는 법률관계를 말한다.

상식PLUS⁺ 수탁을 받는 자가 지켜야 하는 의무사항

㉠ 수탁자의 선관의무
㉡ 수탁자의 충실의무
㉢ 이익에 반하는 행위의 금지
㉣ 공평의무
㉤ 수탁자의 이익향수금지
㉥ 수탁자의 분별관리의무
㉦ 신탁사무에 대한 법원의 감독
㉧ 장부 등 서류를 작성 · 보존 및 비치의 의무
㉨ 신탁행위로 정한 방법이 없으면, 국채나 지방채 등 안전자산을 매입하는 방법으로 관리
㉩ 신탁에서 정하는 의무위반에 대한 책임을 부담
㉪ 신탁사무를 타인에게 위임할 수 있고, 신탁사무 처리자도 수탁자와 동일한 책임
㉫ 신탁행위로 발생한 채무에 대해 신탁재산만으로 책임을 지는 유한책임신탁을 설정이 가능

☑ 시험에서는 이렇게 물어본다!
신탁의 개념은?

5

일부결제금액 이월약정 (리볼빙 제도)

Revolving

2023 | 농협은행

결제금액을 다음 달로 이월하는 제도

카드대금의 결제금액을 10 ~ 100%까지 자유롭게 결제비율을 정할 수 있는 제도에 해당한다. 10 ~ 30%의 최소 결제비율만큼 결제를 하면 미납 없이 다음 달로 결제금액이 이월된다. 연체가 되지 않는 반면에 이자율이 카드사마다 상이하지만 4.9 ~ 26.9% 높게 적용이 된다. 수수료율은 기준금리에 조정금리가 합하여 져서 적용되며, 연체를 하는 경우에는 이용상품별 약정이율에서 최대 3%, 법정 최고금리 이내로 적용을 받는다. 미국이나 유럽에서 흔하게 사용하고 있는 결제제도에 해당하며 카드 수수료보다 리볼빙의 수수료가 더 높기 때문에 카드사에서 적극 활용하고 있다.

☑ 시험에서는 이렇게 물어본다!
신용카드 리볼빙 서비스의 특징은?

6

잭슨홀 미팅
ackson Hole Economic Policy Symposium

2023 | 농협계열사

잭슨홀에서 주최되는 경제정책 토론회

미국 휴양지에 해당하는 잭슨홀에서 캔자스시티 연방은행이 주최하여 개최하는 경제정책 토론회로 연례 경제정책 심포지엄에 해당한다. 1986년부터 경제 정책과 금융시장에 관련하여 토론회를 운영하였다. 미국 연방준비제도 의장 및 세계 중앙은행이 모여서 경제 현안에 대한 논의를 한다.

> ☑ 시험에서는 이렇게 물어본다!
> 잭슨홀 미팅의 목적은?

7

레인지 포워드

유리한 방향의 옵션 매도로 기회이익을 포기하는 전략

불리한 방향의 리스크를 헤지하기 위해 옵션을 매입하고 그에 따른 지급 프리미엄을 얻기 위해 유리한 방향의 옵션을 매도하여 환율변동에 따른 기회이익을 포기하는 전략이다. 환율 변동으로 인해 발생할 수 있는 이익과 손실을 모두 일정 수준으로 제한함으로써 환 리스크는 일정 범위 내로 제한된다.

8

주택청약 종합저축

2024 · 2018 | 농협은행

주택마련을 위해 저축을 하는 종합저축 통장

매월 정해진 날짜에 2만 원 이상에서 50만 원 이하의 금액을 자유롭게 납입하는 것으로 국민의 개인 또는 외국인거주자가 가입대상이다. 저축기간은 가입한 날로부터 입주자로 선정되는 날까지에 해당한다. 기간에 따라서 금리가 상이하며 연말정산 소득공제를 제공한다. 거주지역별로 민영주택 청약 예치기준에 따른 금액이 상이하다. 가입기관과 이체 회차에 따라서 순위가 다르다. 한번 당첨이 된 주택청약통장은 계약체결여부와 관계없이 재사용을 불가능하다. 하지만 분양전환이 되지 않는 임대주택의 경우에는 재사용이 가능하다. 해당 금융상품은 예금보험공사가 보호하지 않고 주택도시기금의 조성재원이기 때문에 정부에서 관리를 한다.

> ☑ 시험에서는 이렇게 물어본다!
> 청약 통장의 주요 기능 및 가입 후 혜택은?

9
신파일러
Thin Filer

금융이력 부족자를 의미

개인 신용을 평가할 금융정보가 부족하여 금융거래에서 소외되는 계층을 의미한다. 금융이력이 부족하다는 이유로 대출과 신용카드 발급에 제재를 받은 계층이다. 소득과 상환능력이 있더라도 신용점수에 불리하게 작용하는 것이다.

10
파킹 통장

잠시 주차를 하듯 짧은 시간 여유자금을 보관하는 통장

일반 자유입출금 통장처럼 수시입출금이 가능하면서 비교적 높은 수준의 금리를 제공하는 게 특징이다. 정기예금이나 적금과 달리 상당 기간 자금이 묶이지 않기 때문에 최근 각광받고 있다. 파킹 통장은 불안한 투자환경과 시장 변동성 속에서 잠시 자금의 휴식처가 필요하거나 당장 목돈을 사용할 계획이 없는 투자자들에게 유용하다. 특히 하루만 맡겨도 금리 수익을 거둘 수 있다는 게 장점으로 꼽힌다. 일반적인 자유입출금 통장이 연 0.1 ~ 0.2%(세전) 수준의 이자를 주는 반면 파킹 통장은 일정 금액 이상이 통장에 '파킹'되어 있으면 연 2% 이상의 높은 금리를 지급한다.

11
토빈세
Tobin's Tax

2020 | 농협은행 2015 | 지역농협

단기성 외환거래에 부과하는 세금

노벨경제학상 수상자인 제임스 토빈이 주장한 개념이다. 국제 투기자본의 급격한 자금유·출입으로 인해 외환시장이 불안해짐에 따라 경제위기가 발생하는 것을 방지하기 위해 단기성 외환거래에 부과하는 세금이다.

☑ 시험에서는 이렇게 물어본다!
토빈세에 대해 약술하시오.

12
커버드 콜
Covered Call

콜 옵션을 미리 매도하여 주가지수가 하락할 때 이익을 얻는 전략

특정한 주식을 보유한 상태에서 콜 옵션을 비싼 가격에 매도하여 안정적으로 위험을 피하는 전략이다. 주식만 보유하고 있는 상태에서 주가가 하락할 경우 투자자의 손실은 커지지만 콜 옵션을 매도하는 경우 손실을 줄일 수 있으며 주가가 상승할 경우에는 콜 옵션에서 손해를 입더라도 보유 주식을 상승하므로 손실이 적다.

13 ■■■
유동성 함정
Liquidity Trap

2023 | 농협은행

시장에 현금이 넘치나, 기업의 생산이나 투자 및 가계의 소비가 늘지 않아 경제가 함정에 빠진 것과 같은 현상

미국 경제학자 존 메이나드 케인스가 붙인 이름으로, 금리를 낮추고 화폐를 유통시켜도 경제주체들이 시장에 자금을 내놓지 않아 경기가 회복되지 못하는 현상을 유동성 함정이라고 한다. 경제주체들이 미래 경기 전망이 불투명하여 소비와 투자를 줄이기 때문에 화폐가 순환하지 못하는 상황이 발생하게 되면 이를 위해 중앙은행은 기준금리를 내리게 되고, 제로금리까지 이르게 된다.

> ☑ 시험에서는 이렇게 물어본다!
> 기업이나 가계의 소비가 늘지 않아 화폐가 순환하지 못할 때 초래되는 상황은?

14 ■■■
골드뱅킹
Gold Banking

일반 시중은행에서 금에 관련된 상품을 사고 팔 수 있는 제도

고객들이 은행을 통하여 금에 투자하는 방식 중 하나로, 2003년에 도입된 제도이다. 금을 직접 사고파는 방식과 금을 직접 주고받지 않아도 거래한 후 투자의 이익과 원금을 현금으로 지급하는 방식이 있다. 은행마다 제공하는 상품은 상이하지만 대표적으로는 실물 금을 거래하는 금 현물 거래 서비스, 일정 금액을 매월 납입하여 금으로 전환하는 골드 적금, 금으로 예금하고 이자를 금으로 지급받는 골드 예금, 금 가격에 연동된 펀드에 투자하는 골드 펀드, 금의 가격 변동에 따라 미래의 금을 정해진 가격에 사고파는 계약을 체결하는 금 선물 등이 있다.

15 ■■■
펌뱅킹

2023 | 농협은행

기업과 금융기관의 시스템을 연결하여 온라인으로 은행의 업무를 처리하는 것

금융자동화시스템에 해당한다. 전용회선 또는 통신망(VAN)으로 기업과 금융기관을 연결하여 기업이 직접 은행에 방문하지 않고 직접 온라인으로 금융업무를 처리할 수 있다. 홈뱅킹(또는 인터넷뱅킹)과의 차이점은 펌뱅킹의 주된 사용자가 법인기업인 것이다. 또한 인증서나 OTP와 같은 번거로운 절차 없이 전자문서 교환으로 거래를 진행한다. 입금통지, 잔액조회, 급여계산 등과 같은 업무 등을 통해 기업자금관리를 편리하게 할 수 있도록 제공하는 금융서비스이다.

> ☑ 시험에서는 이렇게 물어본다!
> 홈뱅킹과 펌뱅킹의 차이는?

16 ■■■
재정지출
義務支出

정부 부문의 지출

국가나 지방자치단체, 공공단체 등 정부 관련 기관이 직무를 수행하는 데 지출하는 경비를 일컫는다. 이는 공공지출이라고도 한다. 크게 의무지출과 재량지출로 나눌 수 있는데, 의무지출은 법령에 근거하여 결정되는 기출 규모로 교부금, 법정부담금, 이자지출 등 기준이 정해져 축소가 어려운 지출을 말한다. 재량지출은 정부의 정책 의지에 따라 대상과 규모를 조정할 수 있다.

17 ■■■
국민행복기금
國民幸福基金

채무불이행자의 신용회복 및 과다채무부담 완화 기금

2013년에 기존 신용회복기금을 전환하여 출범한 사업으로 금융 소외자가 경제적 회생을 할 수 있도록 연체채권 채무조정, 바꿔드림론(고금리 대출의 저금리 전환대출), 자활프로그램 제공 및 복지지원을 위한 종합 신용회복 지원기관이다.

18 ■■■
한계소비성향
MPC :
Marginal Propensity
to Consume

2023 · 2022 | 농협은행

추가 소득 중 저축되지 않는 금액의 비율

새로 발생한 소득 가운데 소비되는 금액의 비율로 저소득층일수록 높은 경향을 띤다. 소득의 증가분을 Y, 소비의 증가분을 C라고 할 때 다음과 같이 나타낼 수 있다.

$$MPC = \frac{\text{소비의 증가분}}{\text{소득의 증가분}} = \frac{\Delta C}{\Delta Y} = 1 - \text{한계저축성향}$$

☑ 시험에서는 이렇게 물어본다!
한계소비성향과 한계저축성향의 차이에 대해 약술하시오.

19 ■■■
한계저축성향
MPS :
Marginal Propensity
to Save

추가 소득 중 이루어지는 저축 금액의 비율

새로 발생한 소득 가운데 저축되는 금액의 비율로, 일반적으로 소득이 많은 계층일수록 높다. 저축 증가분을 S, 소득증가분은 Y라고 할 때 다음과 같이 나타낼 수 있다.

$$MPS = \frac{\text{저축의 증가분}}{\text{소득의 증가분}} = \frac{\Delta S}{\Delta Y}$$

20
스토킹 호스
Stalking Horse

회생기업과 인수기업이 가계약을 한 후 공개입찰을 맺는 방식

위장을 의미하는 용어로 회생기업이 인수하려는 기업을 미리 확보한 상태에서 공개입찰을 맺는 방식이다.

21
기대 인플레이션
Expected Inflation

경기주체들이 예상하는 미래 물가 상승률

물가가 장기간 상승하는 인플레이션이 지속되면 경제주체들은 앞으로도 물가가 계속 상승할 것이라는 예상을 하게 된다. 이와 같이 경제주체들이 예상하고 있는 미래의 인플레이션을 기대 인플레이션이라 한다. 기대 인플레이션이 높다는 것은 사람들이 앞으로도 물가가 오를 것으로 내다보고 있다는 것이다. 기대 인플레이션은 경제주체들의 의사결정에 상당한 영향을 주고 있다.

22
요구불예금
Demand Deposit

예금주가 원하면 언제든지 지급되는 예금

다른 조건 없이 예금주가 지급을 원하면 지급하는 예금이다. 현금과 유사한 유동성을 가지고 있으며 예금인출이 자유로워 금융기관이 조달자금으로 운용이 불안정하다. 때문에 저축성예금에 비해 이자가 거의 없거나 매우 낮다. 요구불예금에는 보통예금, 당좌예금, 어린이예금 등이 있다.

23
헥셔 – 올린의 정리
Heckscher – Ohlin Theorem

2024 · 2020 | 농협은행

비교우위 원인을 각국의 생산요소 부존량의 차이로 설명하는 이론

양국이 갖는 재화의 생산 함수가 동일하지만 요소집약도가 상이하여 양국의 요소부존비율도 상이한 경우, 각국은 타국에 비하여 상대적으로 풍부하게 갖고 있는 생산요소를 집약적으로 사용하는 재화의 생산에 비교우위성을 갖게 된다는 이론이다.

☑ 시험에서는 이렇게 물어본다!
타국에 비해 자본이 풍부한 A국과 타국에 비해 노동력이 풍부한 B국은 최근에서야 자유무역이 이루어졌다. 헥셔 – 올린 정리에 입각했을 때, A국의 임금의 변화를 서술하시오.

24
시뇨리지
Seigniorage

중앙은행이나 국가가 화폐발행을 통하여 얻는 이익

화폐의 액면가에서 제조비용을 뺀 이익으로 예를 들어 1만 원짜리 지폐를 한 장 만드는 데 1천 원의 비용이 발생한다고 하면 9,000원이 화폐 주조 차익, 즉 시뇨리지가 된다. 최근에는 중앙은행의 재무적 독립의 중요성이 강조되면서 통화정책 운영에 필요한 재원이라는 인식이 확산되고 있다.

25 ■■■
무차별 곡선
Indifference Curve

2024 · 2022 · 2020 | 농협은행

소비자에게 동일한 만족을 주는 재화 묶음을 연결한 곡선

총효용을 일정하게 했을 때 재화의 조합을 나타내는 것으로 무차별 곡선상의 어떤 조합을 선택하더라도 총효용은 일정하다. 무차별 곡선상의 한 점에서 기울기는 그 점에서 소비자가 만족수준을 일정하게 유지하면서 한 재화를 다른 재화로 대체할 경우 교환되는 두 재화의 비율을 나타낸다.

상식PLUS⁺ 무차별 곡선 가정

㉠ 완전성 : 선호는 완전하며 소비자는 선택 가능한 재화 바스켓을 서로 비교하며 순위를 매길 수 없다.
㉡ 전이성 : 선호는 전이성을 가진다. 즉, 만약 A재화를 B재화보다 선호하고 B재화를 C재화보다 선호한다면 이는 소비자가 A보다 C를 더 선호한다는 것을 의미한다.
㉢ 불포화성 : 아무리 소비를 증가시켜도 한계효용은 마이너스 값을 갖지 않는다.

☑ 시험에서는 이렇게 물어본다!
무차별곡선의 진이성 의미는?

26 ■■■
가격규제
Price Control

2022 · 2021 · 2020 | 농협은행

기업이 생산하는 제품의 가격이나 서비스의 요금을 정부가 직접적으로 규제하는 제도

기업이 생산하는 제품이나 상품의 가격뿐만 아니라 공공요금, 협정요금, 임대료, 사용료, 입장료, 임금, 이자 등 생산요소의 가격을 정부가 직접적으로 규제하는 것을 말한다. 특정 재화나 서비스의 가격이 일정 수준 이상으로 오르지 못하도록 통제하는 것을 최고가격제(가격상한제)라고 하며 지나친 가격 상승으로 인한 피해로부터 소비자를 보호하기 위한 조치이다. 이때, 상한선은 시장가격보다 낮아야 한다. 특정 재화나 서비스의 가격이 일정 수준 이하로 내려가지 못하도록 통제하는 것을 최저가격제(가격하한제)라고 하는데, 가격 하락으로 인한 피해로부터 생산자들을 보호하기 위한 조치이다. 이때, 하한선은 시장가격보다 높아야 한다.

☑ 시험에서는 이렇게 물어본다!
최고가격제 시행 시 암시장이 형성되는 과정을 말해보시오.

27 ■■■
환 포지션
Exchange Position

2021 · 2020 | 농협은행 2020 | 농협중앙회

환율에 의한 매매거래 후 파악하는 외화채권의 재고량

외화채권 합계액에서 외화채무액을 감한다. 기업이나 은행의 환위험관리에 중요한 기준이 된다.

☑ 시험에서는 이렇게 물어본다!
환 포지션의 역할은?

28

독점적 경쟁시장
獨占的競爭市場

2024 · 2020 | 농협은행

불완전경쟁시장의 한 형태로 독점적 경쟁이 이루어지는 시장

완전경쟁시장과 독과점시장의 성격을 함께 지니고 있어서 다수의 기업이 존재하고, 시장 진입과 퇴출이 자유롭다는 점에서는 경쟁은 필연적이지만, 생산하는 재화가 질적으로 차별화되어 있으므로 저마다 제한된 범위의 시장을 독점한다. 차별화된 상품을 공급하기 때문에 시장 지배력을 가진다. 단기적으로는 초과이윤을 얻을 수 있지만, 장기적으로는 새로운 기업이 진입하여 유사 제품을 공급하게 됨으로써 초과이윤은 사라진다.

☑ 시험에서는 이렇게 물어본다!
독점적 경쟁시장의 성격에 대해 약술하시오.

29

내쉬균형
Nash Equilibrium

2023 · 2020 | 농협은행

상대의 전략을 예상할 수 있을 때 자신의 이익을 최대화하는 전략을 선택하여 형성된 균형 상태

각자가 상대방의 대응에 따라 최선의 선택을 하고, 자신의 선택을 바꾸지 않는 균형 상태를 말한다. 이는 상대방이 현재 전략을 유지한다는 전제하에 자신도 현재 전략을 바꿀 유인이 존재하지 않는 상태를 말하는 것이다.

☑ 시험에서는 이렇게 물어본다!
내쉬균형에 대해 말해보시오.

30

홀로그램
Hologram

은행권 위조 방지를 위한 장치 중 하나

두 개의 레이저광이 서로 만나 일으키는 빛의 간섭을 통하여 화상이나 색상의 변화를 보여주는데, 이는 복사할 경우 그 효과가 나타나지 않아 은행권의 위조 방지에 활용되고 있다.

상식PLUS⁺ 우리나라 은행권 홀로그램

㉠ **오만 원 권(띠형 홀로그램)** : 보는 각도에 따라 세 곳에서 우리나라 지도, 태극, 4괘 무늬가 같은 위치에 번갈아 나타나며 숫자 "50000"이 세로로 쓰여 있다.

㉡ **만 원 · 오천 원 권(패치형 홀로그램)** : 만 원 권에는 사각형 모양의 홀로그램, 오천 원 권에는 원형의 홀로그램이 부착되어 있는데 보는 각도에 따라 우리나라 지도, 액면숫자와 태극, 4괘 무늬가 같은 위치에 번갈아 나타난다.

31 ■■■

10분위 분배율

Deciles Distribution Ratio

2022 | 농협은행

저소득에서 고소득 순으로 10등분한 지표

최하위 40%(1 ~ 4분위) 계층의 최상위 20%(9, 10분위)의 소득점유율로 나눈 것으로 국가 전체 가구를 소득의 크기에 따라 저소득에서 고소득 순으로 10등분한 지표이다. 10분위 분배율의 최솟값은 0이 되고, 최댓값은 2가 된다. 2에 가까울수록 소득이 평등하게 분배되는 것이다.

$$10분위\ 분배율 = \frac{최하위40\%의 소득점유율}{최상위20\%의 소득점유율} = 0 \sim 2$$

☑ 시험에서는 이렇게 물어본다!
10분위 분배율이 2에 가까울수록 의미하는 것은?

32 ■■■

M커브

M – Curve

2022 · 2020 | 농협은행

여성의 경제활동 참가율을 나타내는 곡선

20 ~ 30대 여성들이 육아부담으로 경제활동을 포기하고 가정에 머물러야 하는 상황을 단적으로 보여주는 곡선이다. 여성 인력 선진국은 U를 뒤집어 놓은 형태를 보이고 있는 반면에 우리나라는 M자 형태를 보이며 심각한 여성경력단절 현실을 나타내고 있다.

☑ 시험에서는 이렇게 물어본다!
M커브가 나타내는 것은?

33 ■■■

국민총소득

GNI :
Gross National Income

2020 | 농협은행 2020 | 지역농협 2020 | 농협중앙회

한 국가의 국민이 일정 기간 동안 생산 활동에 참여한 대가로 벌어들인 소득의 합

국외에 거주하는 국민이 벌어들인 소득은 포함하나, 국내에 거주하는 외국인이 벌어들인 소득은 제외한다. 그러므로 국민총소득(GNI)은 국민을 기준으로 국내에서든 해외에서든 그 나라 국민이 발생시킨 소득을 알 수 있다. 명목국민총소득은 물가변동을 반영해 실질적인 경제규모를 나타내는 것에 비해, 실질국민총소득은 생산 활동을 통해 벌어들인 명목국민총소득으로 구매할 수 있는 실질구매력의 척도다. 국민총소득은 국민소득의 세 가지 측면 중 지출측면을 강조한 것으로, 국민총생산(GNP)이 국내총생산(GDP)에다 해외로부터의 순요소소득을 합산한 것이라면, 국민총소득(GNI)은 불변 가격기준 국내총생산(GDP)에다 교역조건변동에 따른 무역손익을 더한 후, 실질 대외 순수취요소소득을 합한 것이다.

☑ 시험에서는 이렇게 물어본다!
GNI에 포함되는 항목은?

34

장단기 금리 역전

IYC : Inverted Yield Curve

장기채권 수익률이 단기채권보다 낮은 보기 드문 현상

장단기 금리란 보통 10년 만기 국채 금리와 2년(혹은 3개월 만기) 국채 금리 차이를 말한다. 장단기 금리 역전 현상은 보통 경기침체의 전조로 해석하는데, 2019년 8월, 12년 만에 처음으로 미국 채권시장에서 장단기 금리 역전현상이 나타나더니 그 횟수가 반복되고 있다.

35

버핏세

Buffet Rule

2020 | 농협은행 2015 · 2020 | 지역농협 2020 | 농협중앙회

워런 버핏이 주장한 부유세

워런 버핏은 뉴욕 타임스의 칼럼을 통해 연소득 100만 달러 이상을 버는 고소득자들이 낮은 세율로 세금을 내고 있다며 부자 증세를 통해 그 세금을 복지 분야에 사용하여 부의 재분배를 추구하자고 주장하였다. 우리나라 역시 2011년 12월 31일 소득세 최고 과세표준 구간(3억 원 초과)을 신설해 최고 세율을 35%에서 38%로 높이는 한국판 버핏세안을 통과시켰고 2014년 고소득자 과세 범위 확대를 위해 3억 원 초과에서 1억 5천만 원으로 하향조정하는 세법을 개정하였다.

☑ 시험에서는 이렇게 물어본다!
버핏세 도입이 농업 금융에 미치는 영향을 약술하시오.

36

공매도

空賣渡

2021 · 2019 | 농협은행

소유하지 않았거나 차입한 증권을 매도하는 것

채권이나 주식을 소유하지 않은 상태에서 매도주문을 내는 것이다. 향후 주가가 하락할 것을 예상하고, 한국예탁결제원 등에서 주식을 빌려서 팔고, 주가가 하락하면 같은 종목을 싼값에 사서 갚는 대차거래를 말한다. 예상대로 주가가 떨어지면 시세차익을 얻을 수 있지만, 반대로 주가가 올라가면 손해를 볼 수도 있다. 공매도에는 금융위원회는 주가가 급락하는 것을 막기 위해 금지 시한은 정하지 않고 증시 상황에 맞춰 탄력적으로 공매도 금지를 적용하고 있다.

상식PLUS⁺ 공매도 구분

공매도는 제3자로부터 주식을 빌려 매도하는 커버드쇼트셀링(Covered Short Selling)과 주식을 전혀 갖고 있지 않은 상태에서 매도 주문을 내는 네이키드쇼트셀링(Naked Short Selling)으로 구분되는데, 우리나라에서는 커버드쇼트셀링만 허용된다. 이와 함께 빌린 주식을 되갚기 위해 해당 종목을 재매수하는 것을 쇼트커버링(Short Covering)이라고 부르는데, 쇼트커버링은 하락장이 일단락되고, 반등장이 예상될 때 차익실현이나 손절매 전략으로도 활용된다.

☑ 시험에서는 이렇게 물어본다!
우리나라에서 허용되는 공매도는?

37

예금자보호제도

預金者保護制度

2024 · 2023 · 2021 · 2020 | 농협은행

예금 지급 불능사태를 방지하기 위해 도입된 제도

금융기관이 경영부실로 영업정지 혹은 파산하고 예금자에게 예금을 지급하지 못하면 뱅크런(Bank Run)이 일어나는데 이런 경우를 막고자 예금보험공사가 해당 금융기관을 대신하여 예금자에게 원리금의 전부 또는 일부를 지급한다. 2025년부터 예금자 보호한도가 5,000만 원에서 1억 원으로 상향조정된다.

상식PLUS⁺ 예금자보호 대상 기관 및 상품

구분	보호금융상품	비보호금융상품
은행	• 보통예금, 기업자유예금, 별단예금, 당좌예금 등 요구불예금 • 정기예금, 저축예금, 주택청약예금, 표지어음 등 저축성예금 • 정기적금, 주택청약부금, 상호부금 등 적립식예금 • 외화예금 • 예금보호대상 금융 상품으로 운용되는 확정기여형 퇴직연금제도 및 개인형 퇴직연금제도의 적립금 • 개인종합자산관리계좌(ISA)에 편입된 금융 상품 중 예금보호 대상으로 운용되는 금융 상품 • 원본이 보전되는 금전신탁 등	• 양도성예금증서(CD), 환매조건부채권(RP) • 금융투자 상품(수익증권, 뮤추얼펀드, MMF 등) • 은행 발행채권 • 주택청약저축, 주택청약종합저축 등 • 확정급여형 퇴직연금제도의 적립금 • 특정금전신탁 등 실적배당형 신탁개발신탁 • 개발신탁
투자매매업자, 투자중개업자	• 증권의 매수 등에 사용되지 않고 고객계좌에 현금으로 남아 있는 금액 • 자기신용대주담보금, 신용거래계좌 설정보증금, 신용공여담보금 등의 현금 잔액 • 예금보호대상 금융상품으로 운용되는 확정기여형 퇴직연금제도 및 개인형퇴직연금제도의 적립금 • 개인종합자산관리계좌(ISA)에 편입된 금융상품 중 예금보호 대상으로 운용되는 금융상품 • 원본이 보전되는 금전신탁 등 • 증권금융회사가 「자본시장과 금융투자업에 관한 법률」 제330조 제1항에 따라 예탁 받은 금전	• 금융투자 상품(수익증권, 뮤추얼펀드, MMF 등) • 청약자예수금, 제세금예수금, 유통금융대주담보금 • 환매조건부채권(RP) • 금현물거래예탁금 등 • 확정급여형 퇴직연금제도의 적립금 • 랩어카운트, 주가지수연계증권(ELS), 주가연계 파생결합사채(ELB), 주식워런트증권(ELW) • 증권사 종합자산관리계좌(CMA) • 증권사 발행채권 • 「자본시장과 금융투자업에 관한 법률」 제117조의8에 따라 증권금융회사에 예탁되어 있는 금전 • 자본시장과 금융투자업에 관한 법률 시행령」 제137조 제1항 제3호의2에 따라 증권금융회사에 예탁되어 있는 금전 • 종합금융투자사업자(초대형IB) 발행어음
보험회사	• 개인이 가입한 보험계약 • 퇴직보험 • 변액보험계약 특약 • 변액보험계약 최저사망보험금 · 최저연금적립금 · 최저중도인출금 · 최저종신중도인출금 등 최저보증 • 예금보호대상 금융상품으로 운용되는 확정기여형 퇴직연금제도 및 개인형 퇴직연금제도의 적립금 • 개인종합자산관리계좌(ISA)에 편입된 금융 상품 중 예금보호 대상으로 운용되는 금융 상품 • 원본이 보전되는 금전신탁 등	• 보험계약자 및 보험료납부자가 법인인 보험계약 • 보증보험계약, 재보험계약 • 변액보험계약 주계약(최저사망보험금 · 최저연금적립금 · 최저중도인출금 · 최저종신중도인출금 등 최저보증 제외) 등 • 확정급여형 퇴직연금제도의 적립금
종합금융회사	발행어음, 표지어음, 어음관리계좌(CMA) 등	• 금융투자상품(수익증권, 뮤추얼펀드, MMF 등) • 환매조건부채권(RP), 양도성예금증서(CD), 기업어음(CP), 종금사 발행채권 등
상호저축은행, 상호저축은행중앙회	• 보통예금, 저축예금, 정기예금, 정기적금, 신용부금, 표지어음 • 예금보호대상 금융상품으로 운용되는 확정기여형 퇴직연금제도 및 개인형 퇴직연금제도의 적립금 • 개인종합자산관리계좌(ISA)에 편입된 금융상품 중 예금보호 대상으로 운용되는 금융 상품 • 상호저축은행중앙회 발행 자기앞수표 등	• 저축은행 발행채권(후순위채권 등) 등 • 확정급여형 퇴직연금제도의 적립금

☑ 시험에서는 이렇게 물어본다!

예금자보호제도의 최대한도는?

38 ■■■
코즈의 정리
Coase's Theorem

2024 · 2022 · 2020 | 농협은행
미국 경제학자 로널드 코즈의 정부 개입 반대 주장

재산권이 확립되어 있는 경우에는 거래 비용 없이도 협상이 가능하다면 외부 효과로 인해 발생할 수 있는 비효율성은 시장에서 스스로 해결할 수 있다는 이론이다. 정부 개입을 반대하는 입장으로 소유권이 확립되어 있다면 거래를 통하여 효율적인 해결책을 찾을 수 있으므로 환경오염 등 외부성이 야기하는 문제 등을 바로잡기 위해 정부가 나설 필요가 없다. 그러나 코즈의 정리가 가진 약점은 바로 실현 가능성이다.

☑ 시험에서는 이렇게 물어본다!
코즈의 정리가 가지는 약점에 대해 구체적으로 말해보시오.

39 ■■■
디플레이션
Deflation

2020 | 농협은행 2020 | 지역농협 2020 | 농협중앙회
물가가 지속적으로 하락하는 현상

생산물의 과잉공급, 자산거품의 붕괴, 과도한 통화 긴축정책 등으로 발생하는데, 궁극적으로는 유통되는 통화의 양이 재화 및 서비스의 양보다 적기 때문에 화폐가치는 상승하고 물가는 하락하게 된다. 실질임금 상승에 따른 고용 및 생산 감소, 경제활동 위축, 디플레이션 악순환 가능성 등의 문제를 야기한다.

관련기사 중국, 디플레이션 우려 확산
중국 소비자물가가 하락하고 물가 상승폭이 낮아지고 있다. 중국 정부에서는 대규모 국채를 발행하여 경제 부양을 위한 조치를 나섰다. 대출우대금리(LPR)을 동결하면서 유동성 공급에 공을 들이고 있다.

☑ 시험에서는 이렇게 물어본다!
중국의 디플레이션, 미국의 인플레이션 국제 정세 사이에서 농협이 취해야 하는 자세에 대해서 약술하시오.

40 ■■□
한계비용
MC : Marginal Cost

2024 · 2022 · 2020 | 농협은행 2020 | 지역농협 2020 | 농협중앙회
필요한 총비용 증가분

총비용 증가분의 생산량 증가분에 대한 비율로 표시하며 한계생산비라고도 한다. 한계비용 함수는 U자형을 취하며, 생산량 0에서 출발하여 생산량이 증가함에 따라 한계비용이 점차 감소하다가 어느 생산량을 지나면 점차 증가하기 시작하는데, 이는 한계생산물의 감소와 증가를 반영하는 것이다.

☑ 시험에서는 이렇게 물어본다!
한계비용이 감소하는 이유는?

41

베이시스

Basis

2020 | 농협은행 2020 | 지역농협 2020 | 농협중앙회

선물가격과 현물 가격의 차이

선물가격은 선물의 인수도가 현물상품보다 늦게 이루어지므로 해당 기간 동안의 보관료, 보험료, 투자금액의 이자 등이 반영되어 현물가격보다 높은 것이 일반적이다. 하지만 일시적인 공급물량부족 등으로 인해 수급불균형이 발생하여 현물가격이 선물가격보다 높게 형성되는 현상이 발생하는 경우도 있다. 정상적인 시장에서는 현물가격이 선물가격보다 낮게 형성되므로 베이시스는 양(+)의 값을 갖게 된다. 또한 동종 상품에 대한 근월물 또는 원월물 간의 가격 차이를 베이시스로 나타내기도 한다.

☑ 시험에서는 이렇게 물어본다!
선물 가격이 150달러이고 현물 가격이 135달러일 때 베이시스는?

42

P2P 대출

Peer to Peer Lending

2020 | 농협은행 2020 | 지역농협 2020 | 농협중앙회

금융회사의 중개 없이 온라인에서의 자금중개

대출자가 플랫폼 업체에 대출을 신청하면 플랫폼 업체는 온라인에서 투자자들을 모아 대출하는 방식이다. 초기에는 개인 사이의 대출 중개에 집중하였으나 최근에는 기업과 다른 금융 서비스 제공까지 확장하고 있다. 온라인으로 모든 과정을 자동화하여 지점 운영비용이나 인건비, 대출영업 비용 등의 경비 지출을 최소화하고 그 수익으로 대출자에게는 낮은 금리를 투자자에게는 높은 수익을 제공한다.

☑ 시험에서는 이렇게 물어본다!
P2P 대출의 단점은?

43

본원통화

RB : Reserve Base

2021 · 2020 | 농협은행

독점적 권한을 통해 공급한 통화

통화는 일차적으로 중앙은행의 창구를 통하여 공급되는데, 이를 통화량의 원천이 되는 통화라 하여 본원통화라고 한다. 즉, 중앙은행인 한국은행이 지폐와 동전 등 화폐 발행의 독점적 권한을 통해 공급한 통화를 말한다.

☑ 시험에서는 이렇게 물어본다!
본원통화의 주요 구성 요소는?

44
비교우위론
比較優位理論

2020 | 농협은행

다른 나라에 비해 더 작은 기회비용으로 재화를 생산할 수 있는 능력

영국의 경제학자 데이비드 리카도가 주장한 이론으로, 한 나라에서 어떤 재화를 생산하기 위해 포기하는 재화의 양이 다른 나라보다 적다면 비교우위에 있다는 것을 의미한다. 비교우위는 경제적 능력이 서로 다른 국가 간에 무역이 이루어질 수 있게 해주는 원리이다. 각 나라의 경제 여건의 차이는 비교우위를 결정하는 요인이 된다.

☑ 시험에서는 이렇게 물어본다!
절대우위론과 비교우위론을 비교하여 약술하시오.

45
절대우위론
Absolute Advantage

2020 | 농협은행

생산에 들어가는 노동량을 기준으로 국가 간 무역 발생의 원리를 설명한 이론

영국의 경제학자 애덤 스미스가 주장한 이론으로, 특정 재화를 생산하는 데 얼마만큼의 노동량이 들어가는지를 기준으로 한다. 서로 비용을 줄이기 위해 국제적인 분업과 교역이 생긴다는 이론이다.

46
회사채
Corporate Bond

일반 주식회사에서 발행하는 채권

일반 주식회사가 자금을 조달하기 위하여 발행하는 채권으로 사채라고도 하며, 대부분 국채보다 금리가 높다. 보증사채, 무보증사채, 전환사채, 신주인수권부사채, 교환사채, 이익참가사채로 분류된다. 기업 사정에 따라 원리금 상환능력에 차이가 있으며 이를 표시하는 것이 회사채 신용등급이다. 기업이 회사채나 기업어음(CP)을 발행할 때 발행 금리에 영향을 미치는 중요한 요인으로 작용한다.

47
직접 금융
Direct Financing

2024 · 2022 | 농협은행

자금 수요자가 직접 자금을 조달하는 방식

자금 공급자와 수요자 사이에 금융기관이 개입하는 방식의 간접금융과는 반대로 주식, 채권 발행같이 자금 수요자가 금융기관을 통하지 않고 금융시장에서 직접 필요자금을 조달하는 방식이다.

☑ 시험에서는 이렇게 물어본다!
직접금융의 자금 조달 방식은?

48 ■■■

그림자 금융

Shadow Banking System

일반적인 은행 시스템 밖에서 이루어지는 금융기관 거래

구조화 채권과 같은 고수익, 고위험 채권을 매매하는 과정에서 새로운 유동성이 창출되는 시스템을 말하는 것으로, 손익이 투명하게 드러나지 않는다는 점에서 그림자라는 말이 붙었다. 그림자 금융의 개념은 서브프라임 모기지 위기가 수면 위로 드러나면서 영국의 「이코노미스트지」를 통해 유행하기 시작했다.

49 ■■■

서킷 브레이커

Circuit Breakers

2019 | 농협은행

주식거래 시 주가가 급격하게 하락할 때 매매를 일시적으로 중단하는 제도

주가가 폭락하는 경우 거래를 정지시켜 시장을 진정시키는 목적으로 주가지수가 전일종가 대비 10% 이상 하락한 상태로 1분 이상 지속될 경우 발동된다. 서킷 브레이커가 발동되면 처음 20분 동안 모든 종목의 호가 접수 및 매매거래가 정지되며, 향후 10분 동안 새로 동시호가만 접수된다. 하루 한 번만 발동할 수 있으며, 장 종료 40분 전에는 발동할 수 없다.

> ☑ 시험에서는 이렇게 물어본다!
> 서킷 브레이커에 대해 약술하시오.

50 ■■■

도덕적 해이

Moral Hazard

2024 · 2019 | 농협은행

이해당사자들이 상대를 배려하지 않는 태도

보험시장에서 처음 사용되었던 용어이며, 모럴 해저드라고도 불린다. 정보를 가진 측과 정보를 가지지 못하여 정보의 불균형 상황이 되었을 때, 정보를 가진 쪽이 불투명하여 행동을 예측할 수 없을 때 도덕적 해이가 발생한다.

> ☑ 시험에서는 이렇게 물어본다!
> 도덕적 해이의 정의를 말해보시오.

51 ■■■

공개시장 조작

Open Market Operation

2021 | 농협은행

중앙은행이 공개시장(단기금융시장, 채권시장 등)에서 금융기관을 상대로 국공채 등 증권을 매매하는 정책

금융기관의 자금사정을 변화시키고 이를 통해 통화나 금리를 조절하는 중앙은행의 가장 기본적인 금융정책 수단이다.

> ☑ 시험에서는 이렇게 물어본다!
> 공개시장 조작의 주요 목적 및 효과는?

52

역내경제 감시기구

AMRO : ASEAN+3 Macroeconomic Research Office

CMI 다자화 기금이 역내 금융안전망으로 안착하도록 하기 위한 기구

아세안 국가와 한 · 중 · 일 3개국이 치앙마이이니셔티브(CMI) 다자화 기금체제하에서 역내 각국의 경제 상황을 모니터링하고 신속한 자금지원 결정을 지원하기 위해 설립한 기구이다. 아시아 지역의 거시경제 움직임을 감시, 분석하고 유동성 위기가 찾아올 경우 자금지원을 통해 자체적으로 위기를 극복하는 데 활용된다.

53

통화안정증권

通貨安定證券

2019 | 농협은행

유동성 조절을 목적으로 발행되는 유가증권

한국은행법 및 한국은행 통화안정증권법에 따라 유동성 조절을 목적으로 발행되는 유가증권으로, 공개시장조작 수단 중 하나이다. 공개시장에서 통화안정증권을 매입 · 매각하는 방법으로 시중의 화폐 유통을 감소시키거나 증가시키면서 통화량을 안정시키려고 하는 것이며 통화안전증권을 발행할 수 있는 권리는 한국은행만 가지고 있다.

☑ 시험에서는 이렇게 물어본다!
통화안정증권의 발행권리를 가지고 있는 금융기관은?

54

국가신인도

國家信認度

한 국가의 신용도를 측정한 지표

한 국가의 국가위험도, 국가신용도, 국가경쟁력, 국가부패지수, 경제자유도, 정치권리자유도 등을 평가한 지표이다. 무디스, 스탠다드앤푸어스(S&P), 피치 등 국제신용 평가기관들은 특정 국가의신인도를 주기적으로 측정 및 발표하고 있다. 국가 신용 등급은 해외차입, 외국인 투자 등 국제금융 거래에 큰 영향을 미친다. 국가 신용등급에 따라 국제 금융시장에서 외자 조달 금리가 영향을 받기 때문이다. 투자 부적격 평가를 받는 경우, 고금리로도 돈을 빌릴 수가 없게 된다. 따라서 국가신용등급은 투자자들에게 중요한 투자 기준인 동시에 투자 대상국에게는 대외적 신인도를 나타낸다. 국가신용등급이 악화되면 기존 채무의 조기상환 요구, 만기 축소, 만기연장 거부 등의 압력을 받게 된다.

55

교부금

交付金

국가 또는 지방자치단체가 특정한 목적을 위하여 교부하는 금전

교부세(交付稅)라고도 한다. 교부금은 국가가 지방자치단체의 재정을 지원하기 위한 것, 국가 또는 지방자치단체가 그 사무의 일부를 위임하고 이에 소요되는 비용을 충당해 주기 위한 것, 국가 등이 특정한 행정목적을 위해 지급하는 것 등으로 구분할 수 있다. 지방교부세는 국가가 지방교부세법의 규정에 의하여 지방자치단체의 행정 운영에 필요한 재정지원을 위하여 지급하는 교부금으로서 지방교부금이라고도 한다.

56

경제심리지수
Economic Sentiment Index

2019 | 농협은행

기업과 소비자 모두를 포함해 민간이 경제 상황에 대해 어떻게 생각하는지를 종합적으로 파악하는 지표

기업경기실사지수(BSI)와 소비자동향지수(CSI)를 합성한 종합심리지수로 100을 기준으로 하는 상대 지수이다. 100보다 높으면 소비자와 기업이 경제 상황을 이전보다 나아졌다고, 낮으면 그렇지 않다고 여긴다는 뜻이다. 2022년 2월 기준 경제심리지수는 105.7을 기록했다.

☑ 시험에서는 이렇게 물어본다!
경제심리지수가 상승하는 이유는?

57

간접세
Indirect Tax

2019 | 농협계열사

납세자와 담세자가 구분되는 조세

간접세는 조세를 부담하는 사람과 납세하는 사람이 구분되는 조세를 말한다. 상품에 조세를 추가로 징수하는 경우가 많으며, 상품의 단위당 과세하기 때문에 비례세율이 적용된다. 소비자 입장에서 상품 가격이 증가하므로 물가 상승으로 이어진다. 간접세는 조세 저항이 약하고 규모와 대상이 확실하다는 장점이 있지만, 소비규모에 따른 제세이므로 저소득자일수록 소득 대비 세금 부담이 상대적으로 높아지고 조세의 목적 중 하나인 소득 재분배가 적절하게 이루어지지 않는다는 단점이 있다. 간접세의 종류에는 부가가치세, 개별소비세, 주세, 인지세, 증권거래세 등이 있다.

☑ 시험에서는 이렇게 물어본다!
직접세와 간접세의 차이를 약술하시오.

58

증여세

타인(증여자)으로부터 재산을 증여받은 경우에 그 재산을 증여받은 자(수증자)가 부담 하는 세금

증여란 그 행위 또는 거래의 명칭 · 형식 · 목적 등과 관계없이 직접 또는 간접적인 방법으로 타인에게 무상으로 유형 · 무형의 재산 또는 이익을 이전(현저히 낮은 대가를 받고 이전하는 경우를 포함)하거나 타인의 재산 가치를 증가시키는 것이다. 증여에서는 유증과 사인증여는 제외된다. 타인으로부터 재산을 무상으로 받은 수증자(개인 또는 비영리법인)는 그 재산에 대한 증여세를 신고 · 납부하여야 한다. 수증자가 영리법인인 경우에는 영리법인이 증여받은 재산은 법인세 과세대상에 포함되므로 그 영리법인에게 증여세를 부과하지 않는다.

59

상속세

사망으로 그 재산이 가족이나 친족 등에게 무상으로 이전되는 경우에 당해 상속재산에 대하여 부과하는 세금

상속세 신고 · 납부의무가 있는 납세의무자에는 상속을 원인으로 재산을 물려받는 상속인과 유언이나 증여계약 후 증여자의 사망으로 재산을 취득하는 수유자가 있다. 상속인이란 혈족인 법정상속인과 대습상속인, 사망자(피상속인)의 배우자 등을 말하며, 납세의무가 있는 상속포기자, 특별연고자도 포함된다. 민법에서는 상속이 개시되면 유언 등에 의한 지정상속분을 제외하고 피상속인의 유산은 그의 직계비속 · 직계존속 · 형제자매 · 4촌 이내의 방계혈족 및 배우자에게 상속권을 부여된다.

60

부가가치세

상품(재화)의 거래나 서비스(용역)의 제공과정에서 얻어지는 부가가치(이윤)에 대하여 과세하는 세금

부가가치세는 '매출세액 – 매입세액'로 계산한다. 부가가치세는 물건값에 포함되어 있기 때문에 실제로는 최종소비자가 부담하는 것이며, 사업자는 최종소비자가 부담한 부가가치세를 세무서에 납부한다. 부가가치세 과세대상 사업자는 상품을 판매하거나 서비스를 제공할 때 거래금액에 일정금액의 부가가치세를 징수하여 납부해야 한다. 영리목적의 유무에 불구하고 사업상 상품(재화)의 판매나 서비스(용역)를 제공하는 모든 사업자는 부가가치세를 신고 · 납부할 의무가 있다. 다만, 미가공식료품 등 생필품 판매, 의료 · 교육 관련 용역 제공 등 법령에 열거된 규정에 따라 부가가치세가 면제되는 사업만을 영위하는 경우에는 부가가치세 신고 · 납부 의무가 없다. 일반과세자는 10%의 세율이 적용되는 반면, 물건 등을 구입하면서 받은 매입세금계산서상의 세액을 전액 공제 받을 수 있고 세금계산서를 발급할 수 있다. 연간 매출액이 8천만 원 이상으로 예상되거나, 간이과세가 배제되는 업종 또는 지역에서 사업을 하고자 하는 경우에는 일반과세자로 등록한다. 간이과세자는 1.5% ~ 4%의 낮은 세율이 적용되지만, 매입액(공급대가)의 0.5%만 공제받을 수 있으며, 신규사업자 또는 직전연도 매출액이 4천 8백만 원 미만인 사업자는 세금계산서를 발급할 수 없다. 주로 소비자를 상대하는 업종으로서 연간 매출액이 8천만 원(과세유흥장소 및 부동산임대업 사업자는 4천 8백만 원)에 미달할 것으로 예상되는 소규모 사업자의 경우에는 간이과세자로 등록하는 것이 유리하다. 부가가치세는 6개월을 과세기간으로 하여 신고 · 납부하게 되며 각 과세기간을 다시 3개월로 나누어 중간에 예정신고기간을 두고 있다.

61

원천징수

소득자가 자신의 세금을 직접 납부하지 아니하고, 원천징수 대상소득을 지급하는 원천징수 의무자(국가, 법인, 개인사업자, 비사업자 포함)가 소득자로부터 세금을 미리 징수하여 국가(국세청)에 납부하는 제도

이자 · 근로 · 퇴직 · 기타소득을 지급하는 자가 사업자등록번호 또는 고유번호가 없는 개인인 경우에도 원천징수의무자에 해당되며, 원천징수한 세금을 신고 · 납부 및 지급명세서 제출의무가 있다. 사업소득을 지급하는 자가 사업자가 아닌 개인인 경우 원천징수의무는 없다. 소득세(법인세)가 과세되지 아니하거나 면제되는 소득이나 과세최저한(건별 기타소득금액 5만 원 이하 등) 적용 기타소득금액은 원천징수에서 배제된다. 또한 소득세 또는 법인세의 원천징수에 있어서 당해 세액이 1,000원 미만인 때에는 원천징수를 하지 않는다. 다만, 거주자에게 지급되는 이자소득의 경우 당해 소득에 대한 원천징수세액이 1,000원 미만이더라도 원천징수한다. 일용근로자에게 일당을 한꺼번에 지급하는 경우 소득자별 지급액에 대한 원천징수 세액 합계액을 기준으로 소액부징수 대상 여부를 판단한다.

적용대상		대상소득
소득세법	거주자	이자소득, 배당소득, 사업소득, 근로소득, 연금소득, 기타소득(종교인소득 포함), 퇴직소득
	비거주자	국내원천소득 중 원천징수 대상 소득(이자소득, 배당소득, 부동산소득, 선박 등의 임대소득, 사업소득, 인적용역소득, 근로소득, 퇴직소득, 연금소득, 토지건물의 양도소득, 사용료소득, 유가증권양도소득, 기타소득)
법인세법	내국법인	이자소득 배당소득(집합투자기구로부터의 이익 중 투자신탁의 이익에 한정)
	외국법인	국내원천소득 중 원천징수 대상 소득(이자소득, 배당소득, 부동산소득, 선박 등의 임대소득, 사업소득, 인적용역소득, 토지건물의 양도 소득, 사용료소득, 유가증권양도소득, 기타소득)

62

종합부동산세

국내에 소재한 재산세 과세대상인 주택 및 토지를 유형별로 구분하여 인별로 합산한 결과, 그 공시가격 합계액이 각 유형별로 공제금액을 초과하는 경우 그 초과분에 대하여 과세되는 세금

1차로 부동산 소재지 관할 시 · 군 · 구에서 관내 부동산을 과세유형별로 구분하여 재산세를 부과하고, 2차로 각 유형별 공제액을 초과하는 부분에 대하여 주소지(본점 소재지) 관할세무서에서 종합부동산세를 부과한다. 일정한 요건을 갖춘 임대주택, 미분양주택 등과 주택건설사업자의 주택신축용토지는 기한 내 합산배제신고를 하는 경우 종합부동산세에서 과세가 제외된다.

63

종합소득세

이자 · 배당 · 사업(부동산임대) · 근로 · 연금 · 기타소득 등의 종합소득에 부과하는 세금

「소득세법」에 따라서 당해 과세기간에 종합소득금액이 있는 자는 다음해 5월 1일부터 5월 31일(성실신고확인서 제출자는 6월 30일)까지 종합소득세를 신고 · 납부하여야 한다. 근로소득만 있는 자로서 연말정산을 한 경우, 직전 과세기간의 수입금액이 7,500만원 미만이고, 다른 소득이 없는 보험모집인 · 방문판매원 계약배달 판매원의 사업소득으로서 소속회사에서 연말정산을 한 경우, 퇴직소득과 연말정산대상 사업소득만 있는 경우, 비과세 또는 분리과세되는 소득만 있는 경우, 연 300만원 이하인 기타소득이 있는 자로서 분리과세를 원하는 경우 등에는 종합소득세를 확정신고를 하지 않아도 된다. 하지만 2인 이상으로부터 받는 근로소득 · 공적연금소득 · 퇴직소득 또는 연말정산대상 사업소득이 있는 경우(주된 근무지에서 종된 근무지 소득을 합산하여 연말정산에 의하여 소득세를 납부함으로써 확정신고 납부할 세액이 없는 경우 제외), 원천징수의무가 없는 근로소득 또는 퇴직소득이 있는 경우(납세조합이 연말정산에 의하여 소득세를 납부한 자와 비거주연예인 등의 용역제공과 관련된 원천징수절차특례 규정에 따라 소득세를 납부한 경우 제외), 연말정산을 하지 아니한 경우에는 확정신고를 해야 한다. 개인지방소득세는 2020.1.1. 이후부터 귀속연도와 무관하게 지방자치단체의 장(시 · 군 · 구청장)에게 신고(과세표준확정신고, 수정신고, 경정청구)해야 한다.

64

양도소득세

개인이 토지, 건물 등 부동산이나 주식 등과 파생상품의 양도 또는 분양권과 같은 부동산에 관한 권리를 양도함으로 인하여 발생하는 이익(소득)을 과세대상으로 하여 부과하는 세금

양도소득세는 과세대상 부동산 등의 취득일부터 양도일까지 보유기간 동안 발생된 이익(소득)에 대하여 일시에 양도시점에 과세한다. 부동산 등의 양도로 인하여 소득이 발생하지 않았거나 오히려 손해를 본 경우에는 양도소득세가 과세되지 않는다. 양도소득세 과세대상이 되는 자산에는 부동산(토지, 건물), 부동산에 관한 권리(부동산을 취득할 수 있는 권리, 지상권, 전세권, 등기된 부동산임차권), 주식 등(주식 또는 출자지분, 신주인수권, 증권예탁증권 등), 기타자산(사업용 고정자산과 함께 양도하는 영업권, 특정시설물 이용권 · 회원권, 특정주식, 부동산과다보유법인 주식등, 부동산과 함께 양도하는 이축권), 파생상품(국내외 주가지수를 기초자산으로 하는 파생상품, 차액결제거래 파생상품(CFD), 주식워런증권(ELW), 국외 장내 파생상품, 경제적 실질이 주가지수를 기초자산으로 하는 장내파생상품과 동일한 장외파생상품), 신탁 수익권이 있다.

65 ■■■

보통주

Common Stocks

2024 · 2020 | 농협은행

주식회사의 가장 일반적인 주식

주식회사는 다른 주식은 발행하지 않아도 보통주는 반드시 발행해야 한다. 우선주, 후배주, 혼합주 등 특별주식과 상반된 일반적인 주식이다. 보통주를 가진 주주는 주주총회에서 의결권을 행사할 수 있다.

☑ 시험에서는 이렇게 물어본다!
보통주의 권리는?

66 ■■□

우선주

Preferred Stock

보통주보다 이익이나 이자배당, 잔여재산의 분배 등에 있어서 우선적 지위가 인정된 주식

대주주가 경영권을 침해받지 않고 기업자금을 조달하기 위해 의결권을 주지 않는 대신 배당을 우선적으로 부여하는 주식이다. 우선주는 우선권의 내용에 따라 우선권의 존속기간이 한정되어 있는 것이 있고, 우선배당의 참가방법에 따라 소정비율의 우선배당을 받고도 이익이 남는 경우에 우선주주가 다시 보통주주와 함께 배당에 참가할 수 있는 참가적 우선주와 소정비율의 우선배당을 받는 데 그치는 비참가적 우선주, 당해 영업연도에 소정비율의 우선배당을 받지 못한 경우에 그 미지급배당액을 다음 영업연도 이후에도 우선하여 보충 배당받는 누적적 우선주(보증주), 그리고 당해 영업연도에 우선배당을 받지 못하고, 그 미지급 배당액을 다음 영업연도에도 보충 배당받지 못하는 비누적적 우선주 등이 있다. 우리나라에서의 우선주는 배당에 우선권을 주는 대신 경영참가 수단인 의결권을 제한하는 무의결권 주식이 대부분이다.

67 ■■□

경제성장률

經濟成長率

일정 기간 중 한 국가의 경제규모(국민소득 규모)가 늘어난 정도를 백분율로 표시한 것

경제 성장률을 계산하는 데 가장 일반적으로 쓰이는 국민소득은 각 경제활동부문에서 창출해낸 실질국내총생산(실질GDP)이다. 따라서 경제 성장은 대부분의 경우 실질GDP 증가율을 의미한다.

68

트리핀의 딜레마
Triffin's Dilemma

신뢰도를 유지하기 위해 긴축 정책을 시행하는 경우 경기침체를 야기해 기축통화에 대한 신뢰도는 떨어질 수밖에 없는 딜레마에 빠지게 되는 이론

1950년대 미국에서 수년간 경상수지 적자가 이어지자 이 상태가 얼마나 지속될지, 또 미국이 경상흑자로 돌아서면 누가 국제 유동성을 공급할지에 대한 문제가 대두되었는데, 당시 예일대 교수였던 로버트 트리핀은 이에 대해 "미국이 경상적자를 허용하지 않고 국제 유동성 공급을 중단하면 세계 경제는 크게 위축될 것이나, 적자상태가 지속돼 미 달러화가 과잉 공급되면 달러화 가치가 하락해 준비자산으로서 신뢰도가 저하되고 고정환율제도 붕괴될 것"이라 했다. 즉, 기축통화 발행국은 기축통화의 국제 유동성을 유지하기 위해 국제수지(경상수지) 적자를 지속해야 하는데 이는 기축통화에 대한 신뢰도 하락으로 연결될 수밖에 없다.

69

스캘퍼
Scalper

2021 | 농협은행

빈번이 주식을 매매하는 초단기 투자자

포지션 보유 기간이 1 ~ 2분에 불과하여 주식시장에서 초박리를 취하는 사람들로도 불린다. 기관투자자들은 그들이 포지션을 보유하고 있는 시간의 길이에 따라 스캘퍼, 일일거래자, 포지션거래자로 나눈다. 스캘퍼가 포지션을 보유한 이후 수분 동안 자기가 예상한 방향으로 가격이 움직이지 않으면 그는 포지션을 정리하고 새로운 포지션 기회를 찾는다. 스캘퍼는 많은 양의 거래를 함으로써 시장의 유동성을 제공하며 그들의 거래활동은 다른 시장 참여자들의 매매를 용이하게 해준다.

☑ 시험에서는 이렇게 물어본다!
스캘퍼의 거래 방식은?

70

재무상태표
貸借對照表

2022 | 농협은행

일정 시점에서 기업의 재정상태를 알기 위해 작성하는 표

기업의 재정상태란 자산의 정도, 부채 · 자본의 규모는 어떠한가를 말하는 것이다. 이러한 항목을 정리한 것이 대차대조표로서 차변(왼편)에는 모든 자산을 기재하고 대변(오른편)에는 모든 부채와 자본을 기재한다. 대차대조표는 복식부기로서 모든 거래행위는 대차 양변에 기록되므로 언제나 양변의 합계는 일치한다. 즉, 자산 = 부채 + (자기)자본이다. 흔히 신문 등에서 볼 수 있었던 주총 결산 공고가 바로 대차대조표이다. 현재는 2011년 본격적으로 시행된 한국채택 국제회계기준(K – IFRS)의 도입으로 기존의 '대차대조표'는 '재무상태표'로 명칭이 변경되었다.

☑ 시험에서는 이렇게 물어본다!
재무상태표에서 자산과 부채의 관계를 나타내는 식은?

71

J커브 효과

J – Curve

2024 · 2022 | 농협은행

일정 기간이 지난 후 경상수지 개선으로 나타나는 현상

환율이 오르면 경상수지가 개선되고, 환율이 내리면 경상수지도 악화되는데, 실질경제에서는 환율 상승이 금방 경상수지 개선으로 나타나지 않고 오히려 경상수지가 악화되는 경우가 발생한다. J커브 효과가 나타나는 이유는 두 가지로 들 수 있는데, 하나는 시간차이 때문으로 환율이 오르더라도 오르기 전 가격으로 체결된 계약이 남아 있기 때문에 시장에 즉각 반영되지 않으며, 또 하나는 소비자의 반응속도로 환율 상승으로 인한 가격변화가 소비습관을 바꾸는 데는 시간이 걸리기 때문이다.

☑ 시험에서는 이렇게 물어본다!
환율 상승 직후 무역수지 흑자가 나타나지 않고 시간이 어느 정도 경과한 다음 나타나는 효과와 근거를 말해보시오.

72

그레셤의 법칙

Gresham's Law

2024 · 2018 | 농협계열사

영국의 재정가 그레셤이 발표한 화폐유통에 관한 법칙

영국의 재정가 그레셤이 "악화(惡貨)가 양화(良貨)를 구축(驅逐)한다."고 표현하여 그레셤의 법칙이라고 한다. 나쁜 돈이 좋은 돈을 몰아낸다는 뜻인데, 그레셤의 법칙은 소재의 가치가 서로 다른 화폐가 동일한 명목 가치를 가진 화폐로 통용되면 소재 가치가 높은 화폐(양화)는 유통시장에서 사라지고 소재 가치가 낮은 화폐(악화)만 유통되는 것을 뜻한다.

☑ 시험에서는 이렇게 물어본다!
그레셤 법칙이 적용되는 사례에 대해 약술하시오.

73

피셔 효과

Fisher Effect

2022 · 2019 | 농협은행

시중금리와 인플레이션 기대 심리의 관계를 말해주는 이론

시중의 명목금리는 실질금리와 예상 인플레이션율의 합계와 같다고 표현한다. 통화긴축을 할 경우 유동성 부족으로 금리가 상승하는 유동성 효과는 단기에 그치고 중장기적으로 물가하락을 가져와 명목금리도 하락하기 때문이다. 즉, 물가상승률이 예상보다 높아지면 명목금리도 이에 맞춰 상승한다는 것으로 사람들이 예상물가상승률에 맞춰 금리를 조정한다는 전제하에 인플레이션과 금리의 관계를 설명한다.

☑ 시험에서는 이렇게 물어본다!
피셔효과 이론의 근거는?

74
M&A
Merger&Acquisition

2024 · 2021 · 2018 | 농협은행

기업의 인수와 합병

두 개 이상의 회사가 계약에 의하여 청산절차를 거치지 않고 하나로 합병하는 것을 말한다. 기업합병과 경영권을 획득하는 기업인수가 결합된 개념이다. 기업의 자산과 부채를 포함한 모든 권리와 의무가 합병법인에게 이전되고 대가로 합병법인은 주주들에게 합병법인의 주식과 합병교부금을 지급한다. 기업분할은 회사가 독립된 사업부문의 자산과 부채를 포괄적으로 이전하여 한 개 이상의 회사를 설립함으로써 한 개 회사가 두 개 이상의 회사로 나누어지는 것을 의미하는데, 자산과 부채를 포괄적으로 이전하는 회사를 분할회사, 자산과 부채를 이전받는 회사를 분할신설회사라 한다. M&A의 방법으로는 주식인수와 기업합병, 기업분할, 영업양수도 등이 있다.

☑ 시험에서는 이렇게 물어본다!
M&A가 기업 경영에서 이루어지는 이유는?

75
그린메일
Green Mail

2024 | 농협은행 2013 | 지역농협

경영권을 담보로 보유 주식을 비싸게 파는 행위

M&A 용어로, 보유 주식을 팔기 위한 목적으로 대주주에게 편지를 보낼 때 초록색인 달러화를 요구한다는 의미에서 그린메일이라는 이름이 붙여졌다. 그린메일은 경영권을 위협하는 수준까지 특정 회사의 주식을 대량으로 매집해놓고 기존 대주주에게 M&A를 포기하는 조건으로 일정한 프리미엄을 얻어 주식을 매입하도록 요구하는 행위를 말한다. 경영권 탈취를 목적보다는 주식의 시세차익을 노리는 것이 보통이며, 그린메일이 성사되고 나면, 일정 기간 동안 적대적 M&A를 시도하지 않겠다는 약정을 맺을 수 있는데, 이를 불가침 협정이라고 한다.

☑ 시험에서는 이렇게 물어본다!
곰의 포옹, 공개매수와 같이 적대적 M&A 기법으로, 보유 주식을 팔기 위한 목적으로 대주주에게 편지를 보낼 때 초록색인 달러화를 요구한다는 의미의 적대적 M&A는?

76
록업
Lock-Up

2024 | 농협은행 2013 | 지역농협

M&A 후 일정 기간 동안 기존 주주들이 보유한 주식을 매도할 수 없도록 하는 제한

주식 시장의 안정성 확보, 시장 신뢰도 유지, 투자자 보호 등의 목적으로 주로 IPO(상장) 후 또는 M&A(인수합병) 후에 적용된다. 이 기간 동안에는 기존 주주들이 주식을 매도할 수 없기 때문에 주식 시장에서의 급격한 가격 변동을 방지할 수 있다. 보통 6개월에서 12개월 사이로 설정되며 이 기간이 끝난 후에는 주식을 자유롭게 매도할 수 있다.

☑ 시험에서는 이렇게 물어본다!
록업(Lock-Up)의 주목적은?

77 ■■■
적대적 인수합병

2024 | 농협은행

상대 기업의 동의를 구하지 않고 강행하는 기업의 인수합병(M&A)

기업소유지분의 인수합병 중 기존 대주주의 협의 없이 이루어지는 기업지배권 탈취이다. 매수자와 피매수기업 간의 합의로 이루어지는 우호적 M&A와 달리 피매수 측의 의사에 반하여 이루어진다.

> ☑ 시험에서는 이렇게 물어본다!
> 적대적 인수합병의 방어행위는?

78 ■■□
곰의 포옹
Bear's Hug

2020 | 농협계열사

사전예고 없이 경영진에 매수를 제의하고 빠른 의사결정을 요구하는 기법

적대적 M&A를 시도하는 측이 활용하는 수단 중 하나로, 사전 경고 없이 매수자가 목표 기업의 이사들에게 편지를 보내어 매수 제의를 하고 신속한 의사결정을 요구하는 기법이다. 인수 대상 기업의 경영자에게 경영권을 넘기거나 협상에 응하지 않으면 회사를 통째로 인수하겠다는 일종의 협박으로, 마치 곰이 다가와 포옹하는 것 같다 하여 곰의 포옹이라고 한다. 시간적 여유가 없는 주말에 인수 의사를 대상기업 경영자에게 전달하여 인수 대상 기업의 경영자가 수용여부를 빨리 결정토록 요구하는 것이다.

> ☑ 시험에서는 이렇게 물어본다!
> 적재적 M&A인 곰의 포옹의 기법은?

79 ■■□
포이즌 필
Poison Pill

2018 | 농협은행

독약을 삼킨다는 의미의 적대적 M&A의 방어 수단

기존의 주주들이 시가보다 저렴하게 주식을 살 수 있는 권리를 주거나, 회사에 주식을 비싼 값에 팔 수 있는 권리를 줌으로서, 적대적 M&A에 나선 기업이 부담을 갖게 되어 M&A를 방어할 수 있다.

> **상식PLUS⁺** 포이즌 필 방식
> ㉠ 플립 인 필(Flip in Pill) : 적대적 M&A의 목표기업 주식을 일정비율 이상 취득하는 경우 해당 기업의 주주들에게 콜 옵션(주식을 낮은 가격에 매수할 권리)을 부여한다.
> ㉡ 플립 오버 필(Flip over Pill) : 적대적 M&A의 목표기업을 인수한 다음 이를 합병할 때 해당 기업 주주들에게 합병 후 존속회사의 주식을 콜 옵션 배당형태로 부여한다.
> ㉢ 백 엔드 필(Back and Pill) : 적대적 M&A의 목표기업 주식을 일정비율 이상 취득하면 해당 기업 주주들이 보유 주식을 우선주로 전환하여 청구하거나 현금으로 상환 또는 교환해줄 것을 청구한다.

> ☑ 시험에서는 이렇게 물어본다!
> 포이즌 필의 주요 목적은?

80 ■■■

차등의결권

差等議決權

2024| 농협은행

적대적 M&A로부터의 경영권 방어 수단 가운데 하나

일반 주식이 가지는 의결권보다 몇 배 더 높은 주식을 말하며 차등의결권주식, 복수의결권(주식)이라고도 부른다. 예를 들자면, 최대주주 소유의 보통주가 주당 1표의 의결권을 갖는 대신 일반인에게 2등급 주식을 발행하여 배당을 늘려주어 10주당 의결권 1표를 갖게 하는 것이다. 따라서 대주주의 지배권을 강화하고 안정적으로 경영권을 행사할 수 있어 적대적 인수합병의 경영권 방어 수단으로 이용하는 것이다. 우리나라는 1주당 1의결권을 갖는 것이 원칙이며 차등의결권 제도 자체가 없다. 시행 중인 나라는 미국, 유럽 등에서 도입하고 있다. 차등의결권은 적은 지분으로 적대적 인수합병으로부터 경영권을 방어하는 효과를 가지지만, 무능한 경영자가 있을 경우 교체하기가 어렵고 경영진의 소수 지분의 이다수의 의사인 것처럼 왜곡될 수 있다. 또한, 소수의 경영진들이 개인 이익만을 좇을 수 있는 단점을 가진다.

☑ 시험에서는 이렇게 물어본다!

적대적 M&A의 방어수단인 차등결권의 단점은?

81 ■■■

후순위채권

Subordinated Debt

채무 변제 순위가 일반 채권보다 나중되는 채권

발행기관이 파산할 경우 다른 채권자들의 부채가 청산된 다음 상환 받을 수 있는 채권이다. 대신 일반 채권보다는 금리가 높아 발행기관이 파산하지 않으면 장기간 동안 고금리 혜택을 누릴 수 있다.

82 ■■■

국제증권 감독기구

IOSCO

국제적으로 거래되는 증권에 대한 규제 및 감독과 관련하여 검토하는 국제기구

효율적으로 시장을 규제하고, 탈법거래를 방지하고 적발하기 위한 관리방안을 모색하는 금융감독기구 중에 하나에 해당한다. 1983년에 창설되었고 우리나라 금융감독원은 1984년에 가입하였다.

83 ■■■

국제보험 감독자협의회

IAIS

국제적으로 보험원칙 및 보험감독과 관련하여 긴밀한 회의를 하는 국제기구

보험시장의 국제화와 점차 늘어나는 보험의 비중에 따라 표준보험의 감독기준을 제정하기 위해 설립되었다. 구제적인 보험원칙과 기준을 설정하고 지침서를 발행한다. 또한 보험감독과 관련하여 발생하는 문제에 대해서 회의를 하며 금융안정을 증진하기 위해 협력하는 등의 일을 한다. 1994년 설립되었고 한국은 IAIS 창립회원으로 가입 · 활동을 하고 있다. 보험사기 관련 위원회, 보험법 · 규제 · 실무 그리고 기준 소위원회, 소규모보험 소그룹 등의 조직구조가 되어있다.

84 ■■■
국제결제은행
BIS;
Bank for International Settlements

국가별 중앙은행 사이에 협력을 하는 국제기구

1930년 5월에 설립되었다. 초기 설립목적은 1930년 헤이그 협정 체결 후 협정 이후 독일의 전쟁 배상금을 전담하여 배분하기 위함이었다. 국제결제은행은 국제금융 안정을 위해서 중앙은행 사이에서 협력을 하며 관계를 조율하는 국제협력기구이다. 금융기관 안정성 지표인 BIS자기자본비율을 발표하기도 한다. 경제위기를 겪고 있는 국가에 위기 극복을 위해 자금을 대출하기도 한다.

85 ■■■
BIS 자기자본비율
BIS Capital Adequacy Ratio

2023 | 농협은행

국제결제은행이 정한 은행위험자산(부실채권) 대비 자기자본비율

1988년 7월 은행의 건전성과 안정성 확보를 위해 최소 자기자본비율에 대한 국제적 기준이 마련되었다. 이 기준에 따라 적용대상 은행은 위험자산에 대하여 최소 8% 이상의 자기자본을 유지하게 함으로써, 은행이 거래기업의 도산으로 부실채권이 갑자기 늘어나 경영위험에 빠져들게 될 경우 최소 8% 정도의 자기자본을 가지고 있어야 위기 상황에 대처할 수 있다는 것이다. 따라서 BIS 비율을 높이려면 위험자산을 줄이거나 자기자본을 늘려야 하는데, 위험자산을 갑자기 줄이는 것은 불가능하므로 자기자본을 늘려 BIS 비율을 맞추는 것이 보통이다. BIS 비율이 낮아지면 은행의 신인도가 떨어져 고객 이탈이 우려될 뿐만 아니라 은행 간의 합병에서도 불리한 입장에 처할 가능성이 크기 때문에 은행들은 BIS 비율 유지에 사활을 걸고 있다.

☑ 시험에서는 이렇게 물어본다!
BIS 자기자본비율이 낮아질 때 발생하는 상황은?

86 ■■■
CLS은행
Continuous Linked Settlement Bank

주요 국제 상업 은행들이 세계 외환거래의 동시결제를 구현할 목적으로 설립한 국제외환 결제전문은행

외환결제리스크 감축에 관한 BIS의 권고에 따라 설립된 결제전문은행으로, CLS그룹 지주회사의 자회사로서 1999년 미국 뉴욕에 설립되었다. 주요 국가 간 외환거래 등에 대해 결제 서비스를 제공하고 있으며 CLS 시스템을 이용하여 외환거래를 결제할 경우에 각 통화별 중앙은행에 개설된 CLS은행 계좌를 통해 양 거래통화의 동시결제(PVP)가 이루어진다. 때문에 원금 리스크를 줄일 수 있으며 다자간상계에 따른 결제유동성 절감 효과도 거둘 수 있다.

87
필립스 곡선
Phillips Curve

2019 | 농협은행

물가상승률과 실업률 사이에 있는 역의 상관관계를 나타낸 곡선

영국의 경제학자인 윌리엄 필립스가 1860년대부터 1950년대 사이 영국 실업률과 명목 상승률 통계자료를 분석하여 실업률과 명목임금 상승률 사이에 역의 관계가 존재한다는 것을 발견하였다. 정부가 물가상승률을 감소시키면 실업률은 증가하고, 실업률을 감소시킬 경우 물가가 상승한다. 때문에 물가안정과 완전고용이라는 두 가지 경제정책 목표는 동시에 달성될 수 없으며, 정부가 실업을 해결하기 위해서는 어느 정도의 인플레이션을 감수해야 하고, 물가를 안정시키기 위해서는 실업률 상승을 받아들여야 한다.

☑ 시험에서는 이렇게 물어본다!
필립스 곡선에 대해 약술하시오.

88
프로젝트 파이낸싱
PF : Project Financing

2021 | 농협은행

특정 프로젝트 사업의 수익성과 미래 현금창출 능력을 담보로 설립된 특수목적회사가 국제금융기관 · 일반 은행 자본주로부터 사업 자금을 모집하고 사업종료 후 일정 기간에 발생하는 수익을 지분율에 따라 투자자들에게 나눠주는 금융기법

일반적으로 토지 · 건물 등을 담보로 돈을 빌리는 기업금융과 달리, 사업의 미래 수익성이나 사업 주체의 신뢰도만을 믿고 수십억 내지 수천억 원의 대규모 자금을 금융기관 간 협조융자 형태로 모을 수 있는 것이 특징이다. 이 기법은 1930년대 미국의 석유개발사업에서 출발하여 점차 도로 · 공항 · 항만 등 사회간접자본이나 플랜트 건설, 석유탐사 및 개발 등 대규모 사업의 자금조달 방법으로 주로 활용되었다.

☑ 시험에서는 이렇게 물어본다!
프로젝트 파이낸싱 특징은?

89
자산유동화증권
ABS : Asset Backed Securities

2024 · 2021 | 농협은행

자산을 기반으로 발행하는 증권

기업이나 은행이 보유하고 있는 유 · 무형의 유동화 자산인 부동산, 매출채권, 유가증권 등을 기반으로 발행된 증권이다. 유동성이 떨어지지만 재산가치가 있는 자산을 담보를 증권으로 발행하여 유통시키는 것이 자산유동화이다. 자금 조달하는 다양하게 제공하고 조달비용을 낮춰주는 등으로 활용이 가능하다. 특수목적회사(SPC)가 발행한다.

☑ 시험에서는 이렇게 물어본다!
기업이 보유하고 있는 부동산을 담보로 하여 유동화증권을 발행하고자 한다. 이를 통해 기업이 얻을 수 있는 주요 장점은?

90 ■■■

파생금융상품

Derivatives

2024 · 2021 · 2020 · 2018 | 농협은행

채권, 금리, 외환, 주식 등의 금융자산을 기초로 가격이나, 가치의 움직임에 따라 값어치가 결정되는 금융상품이나 계약

시장경제 아래에서는 환율이나 금리, 주가 등의 변동으로 자산의 가치가 떨어질 위험이 상존하고 있으나, 파생금융상품을 이용하면 미래 거래금의 단 몇 퍼센트에 불과한 위탁증거금만으로 이러한 미래의 가격 변동 위험을 피하거나 줄일 수 있다. 가격변동에 대한 헤지와 투기 목적으로 사용된다. 파생금융상품은 미래에 대한 위험에 적절히 대처하는 데 그 목적이 있으나 고위험이 수반된다. 따라서 본래 내포된 미래의 가격 변동 예상과 작은 비용으로 대규모 거래가 가능하지만, 단기 고수익을 노리는 투기성 거래를 양산하고 있다. 대표적인 파생금융상품으로는 선물, 옵션, 스왑 등이 있다.

☑ 시험에서는 이렇게 물어본다!

A 투자자는 특정 주식의 가격 변동 위험을 줄이기 위해 선물 계약을 활용하려 한다. 그는 현재 보유한 주식이 하락할 가능성이 있다고 판단하여 선물 시장에서 매도 포지션을 취할 때 이러한 거래 전략은?

91 ■■■

주택저당증권

MBS : Mortgage Backed Securities

금융기관에서 주택을 담보로 하여 장기대출을 하고 주택을 저당채권으로 발행한 증권

자산담보부증권(ABS)의 일종으로 주택저당채권 담보부증권을 의미한다. 금융기관에서 주택을 담보로 하여 기초자산으로 발행되는 증권이다. 금융기관에서 주택담보대출을 받으면 주택에 설정되는 근저당이 설정된다. 이 주택을 담보로 주택저당채권을 소지한다. 디딤돌대출, 보금자리론 등 정책금융의 재원에 해당한다. MBS 잔액은 나날이 상승하고 있다.

92 ■■■

풋옵션

Put Option

2024 · 2023 | 농협은행

시장가격에 관계없이 상품을 정해진 가격에 매도할 수 있는 권리

풋옵션에서 정한 가격이 시장가격보다 낮을 경우 권리를 포기할 수 있고, 옵션가격이 시장가격보다 높을 때는 권리를 행사하여 차익만큼의 이득을 얻을 수 있다. 옵션가격은 매입 당시 시장가치에 프리미엄을 덧붙인 가격으로 결정되고, 풋옵션의 본질적 가치는 풋옵션을 실현했을 때 받을 수 있는 금액이며, 시간가치는 만기일까지 가격 변동 가능성이라는 위험 부담을 현재 가치로 환산한 것이다.

☑ 시험에서는 이렇게 물어본다!

동일한 행사가격을 가진 풋옵션과 콜 옵션이 결합하여 선물 포지션을 만드는 전략은?

93 ■■■
콜 옵션
Call Option

2024 · 2023 · 2021 | 농협은행

특정 대상물을 사전에 약속한 날에 일정한 가격으로 살 수 있는 권리를 매매하는 것

특정 기본자산을 당사자들이 미리 정한 가격(행사가격)으로 미래의 특정 시점 또는 이전에 살 수 있는 권리를 매매하는 계약이다. 콜 옵션 매수자는 콜 옵션 매도자에게 프리미엄을 대가로 지급하며 그 대신 매도자는 기본자산을 사전에 정한 가격에 팔아야 할 의무를 진다.

> ☑ 시험에서는 이렇게 물어본다!
> 투자자가 행사가격 50,000원의 콜옵션을 매수했다. 옵션 프리미엄은 2,000원이며, 만기 시 기초자산의 시장가격이 55,000원이라면 투자자의 순이익은?

94 ■
특수은행
Special Banks

2019 | 지역농협

은행법에 따라 설립하여 업무를 영위하는 일반 은행과 대비되는 개념

특수은행은 은행법의 적용을 받지 않으며 개별 특수은행법에 의거하여 설립 · 운영한다. 특수은행은 일반 은행이 재원, 채산성 또는 전문성 등의 제약으로 인하여 필요한 자금을 충분히 공급하지 못하는 특정 부문에 대하여 자금을 원활히 공급함으로써 일반 상업금융의 취약점을 보완하고 이를 통하여 국민 경제의 균형적 발전을 도모하기 위한 목적으로 설립되었다. 따라서 특수은행은 자금운용 면에서 상업금융의 취약점을 보완하는 금융기관으로서 기능과, 특정부문에 대한 전문 금융기관으로 기능을 담당하도록 되어 있다. 이런 특성 때문에 재원조달 면에서도 민간으로부터의 예금 수입에 주로 의존하는 일반 은행과 달리 재정자금과 채권 발행에 많은 부분을 의존했다. 현재 영업 중인 특수은행으로는 한국산업은행, 한국수출입은행, 중소기업은행, 농업협동조합중앙회와 수산업협동조합중앙회의 신용사업 부문이 있다.

> ☑ 시험에서는 이렇게 물어본다!
> 특수은행의 설립 목적은?

95 ■
추가경정예산
追加更正豫算

예산이 성립된 후에 국회를 통과하여 그 내용을 변경하는 것

사용할 용도가 정해진 국가예산이 이미 정해진 상황에서 예산 부족이나 특별한 사유로 인해 부득이하게 필요하다고 판단되는 경우 정부가 본예산을 변경해 다시 정한 예산을 국회에 제출하여 의결을 거친 후 집행하는 예산으로 줄여서 추경예산이라고도 한다. 우리나라의 경우 헌법 제56조에 따라 예산에 변경을 가할 필요가 있을 때 정부가 추가경정예산안을 편성해 국회에 제출하도록 하고 있으며, 예산안이 국회에서 의결되기 전에 그 내용을 변경하는 수정예산과 차이가 있다.

96

출구전략
Exit Strategy

경기침체나 위기로부터 경제지표가 되살아나는 경기회복의 조짐이 있는 경제 상황에서 침체기간 동안 시중에 풀린 과도한 유동성을 부작용이 생기기 전에 회수하려는 전략

서브프라임 사태 이후 미국을 비롯한 전 세계 대부분의 국가들이 이자율을 낮추고 유동성 공급을 확대해 왔으나, 경기회복에 대한 기대감이 커지면서 원자재 가격이 급등하는 등 인플레이션에 대한 우려가 커지고 있다. 이러한 과잉 유동성의 부작용을 견제하기 위해 이자율 인상, 채권매입 축소 등이 출구전략으로 논의되고 있으며, 2009년 4월 미국의 워싱턴에서 열린 G20 재무장관·중앙은행총재회의에서 세계금융위기 이후의 중요 대책으로 제시되었다.

상식PLUS⁺ 서브프라임 모기지론

미국에서 저소득층 또는 신용등급이 낮거나 대출금액이 많은 사람들에게 주택마련 자금을 고금리로 빌려주는 비우량 주택담보대출이다. 신용평가회사인 FICO에서 대출 신청자의 과거 대출실적과 대출잔액, 거래기간, 신용대출실적과 신용 조회수, 적정수준 대출유지 여부 등 5개 부문을 기준으로 점수를 매겨 신용등급을 나눈다. 서브프라임 모기지론은 신용등급이 가장 낮은 서브프라임에게 빌려주는 주택담보대출상품이며, 대출상품의 연체율 상승이 글로벌 금융위기의 원인이 되었다.

97

미소금융
美少金融

개인 신용평점이나 소득이 낮아서 금융이용이 어려운 서민들에게 담보나 보증없이 운영 및 창업자금을 대출해주는 것

금융소외계층을 대상으로 운영·시설자금을 대출해주는 대출사업이다. 자영업자나 무등록 사업자 또는 창업(예정)자에게 대출을 해주는 것이다.

98

경기 동행지수
CCI : Coincident Composite Index

현재의 경기 상태, 동향을 파악하고 예측하는 경기종합지수의 하나

산업생산지수, 제조업가동률지수, 생산자출하지수, 도소매판매액지수, 비내구소비재 출하지수, 수입액, 시멘트소비량, 노동투입량, 전력사용량, 수출액 등의 구성지표로 되어 있다. 동행지수는 경제 성장에 따라 증가하는 움직임과 경기의 상승 및 하강 움직임을 동시에 나타내고 있다. 동행지수는 이러한 움직임을 포함한 변동이므로 경기의 국면이나 전환점을 명확하게 파악하기가 어렵다. 따라서 이런 움직임을 제거하여 편리하고 명확하게 파악하기 위한 순환변동치를 이용한다.

99

국민고통지수

Misery Index

2018 · 2017 | 농협계열사

일반 국민들이 느끼는 경제 체감도

실업률과 물가상승률을 합산한 다음 소득증가율을 뺀 수치로, 여기에 실질 국내총생산(GDP)증가율을 빼기도 한다. 국민들의 삶의 고통을 계량화할 수 있는 유일한 지표로 국제적으로 자주 활용되고 있다. 특히 피부로 느끼는 경제적인 삶의 질을 중시하게 되면서 최근 들어 그 사용이 늘어나는 추세에 있다. 이 용어는 미국의 브루킹스연구소의 경제학자 아서오쿤이 고안한 경제지표로 미국 기상대가 개발한 불쾌지수를 경제학에서 빌려 만들었으며, 고통지수는 인플레이션율, 실업률, 국민소득증가율 등으로 일반 국민이 느끼는 경제적 체감도를 나타낸다. 한 나라의 1년간 경제성과를 가늠하는 척도로 활용되고 있다.

☑ 시험에서는 이렇게 물어본다!

한 국가의 실업률이 6%이고, 물가상승률이 4%, 실질소득 증가율이 2%라고 할 때 국민고통지수는?

100

역 선택

逆選擇

2024 · 2021 · 2020 | 농협은행 2020 | 지역농협 2022 · 2020 | 농협중앙회

정보비대칭으로 인해 정보가 부족한 집단이 불리한 선택을 하는 상황

정보의 불균형으로 정보가 부족한 집단이 불리한 의사결정을 하는 상황을 말한다. 정보의 격차가 존재하는 시장에서 정보력을 가진 집단이 정보력을 갖지 못한 집단에게 정보의 왜곡 혹은 오류로 인한 손실을 입게 한다. 보험이나 노동, 금융시장 등에서 주로 발생하는데 특히 보험시장에 더욱 자주 발생한다. 예를 들어, 보험 회사가 자동차 보험을 판매할 때 고객은 자신의 운전 습관이나 사고 이력을 정확히 알리지 않는다. 보험 회사는 실제 위험을 정확히 평가하기 어려워지며 높은 리스크를 안고 보험료를 책정하게 된다.

☑ 시험에서는 이렇게 물어본다!

역선택의 사례는?

101

햇살론

Sunshine Loan

신용등급이나 소득이 낮아서 금융 이용이 어려운 서민에게 자금 대출해주는 제도

고금리 대출을 이용할 수밖에 없는 신용도가 낮은 사람들에게 생계자금을 지원해주는 대출제도이다. 최소한의 요건만 심사하여 최대 1400만원까지 대출이 가능하다.

102 ■■■

장발장 은행
Jeanvaljean Bank

취약계층을 돕기 위해 설립된 은행

벌금형을 선고받았지만 생활고로 벌금을 낼 수 없는 형편의 취약계층을 돕기 위해 설립된 은행이다. 장발장 은행은 신용조회 없이 무담보 무이자로 벌금을 빌려준다. 대상자는 소년 소녀가장, 미성년자, 기초생활보장법상 수급권자와 차상위계층이 우선 대상이며 개인과 단체의 기부로 운영되고 있다.

103 ■■■

제로금리 정책
Zero Interest Rate

2021 | 농협은행

물가상승률을 차감한 실질 또는 명목금리가 0%대인 것

초저금리는 고비용 구조를 해소하고 국가경쟁력을 높이며 소비촉진을 통해 경기침체 가능성을 줄여준다는 이점이 있는 반면에, 노년층 등 이자소득자들의 장래가 불안해짐에 따라 중장년을 중심으로 소비가 위축될 수 있고 부동산투기, 주택가격 폭등 등 자산버블이 우려되며, 근로의욕을 저하시킬 수도 있다. 대표적인 국가로 일본을 들 수 있는데, 내수자극을 통한 경기회복, 엔화 강세 저지, 기업의 채무부담경감, 금융회사들의 부실채권 부담 완화 등의 효과를 겨냥하여 제로금리정책을 시행하였다.

> ☑ 시험에서는 이렇게 물어본다!
> 제로금리 정책의 이점은?

104 ■■■

지주회사
Holding Company

2024 · 2022 · 2018 | 농협은행

다른 회사의 주식을 소유하여 그 회사의 사업내용을 지배하는 것을 주된 사업으로 하는 회사

자회사의 주식을 전부 또는 지배가능 한도까지 매수하고 이를 자사의 주식으로 대위시켜 기업 활동에 의하지 않고 자본에 의해서만 지배하는 회사이다. 지주회사는 피라미드형 지배를 가능하게 하며 적은 자본을 가지고도 생산과 자본에 대한 독점적 지배망을 형성할 수 있다. 일종의 콘체른 형식에 의한 독점의 형태로서, 경제영역뿐만 아니라 정치에도 영향을 미친다. 현행 공정거래법에서는 '주식의 소유를 통하여 국내회사의 사업내용을 지배하는 것을 주된 사업으로 하는 회사로서, 자산총액이 1,000억 원 이상이면서 소유하고 있는 자회사의 주식가액의 합계액이 당해 회사 자산총액의 50% 이상인 회사'를 지주회사로 규정하고 있다. 지주회사는 크게 두 가지 유형이 있는데, 순수지배회사는 자회사 관리를 유일한 업무로 하는 지주회사이고, 사업지주회사는 수동적인 주식 관리에서 넘어서서 사실상 자회사를 지배하고 관리하는 회사를 일컫는다.

> ☑ 시험에서는 이렇게 물어본다!
> 지주회사와 주식회사의 차이는?

105
교환사채
EB : Exchangeable Bonds

사채권자의 의사에 따라 다른 유가증권으로 교환할 수 있는 사채

투자자가 보유한 채권을 일정시일 경과 후 발행회사가 보유 중인 다른 회사 주식으로 교환할 수 있는 권리가 붙은 사채로 주식전환이 가능한 채권이라는 점에서 전환사채와 유사하나 전환대상 주식이 발행사가 아닌 다른 회사의 주식이라는 점에서 차이가 있다. 주식교환권을 부여해 장래에 주식 가격상승에 따른 투자 수익을 기대할 수 있으나 통상적으로 이자율은 낮다. 교환사채를 발행할 수 있는 법인은 상장회사로 발행이율, 이자지급조건, 상환기한 및 전환기간 등은 자율화되어 있다. 교환가격은 교환대상 주식 기준 주가의 90% 이상이며, 교환비율은 100% 이내로 제한된다. 교환대상 상장주식을 신탁회사 등에 예탁한 후 교환사채를 발행해야 한다. 1995년 정부가 해외에서 주식을 쉽게 발행할 수 있게 허용한 해외증권발행 방법으로, 기업이 투자하고 싶은 곳은 많지만 국내이자율이 높아 국내에서 조달하기 힘들 때 유리한 자금동원 방법이라 할수 있고, 발행회사는 자기회사 지분율이 변하는 위험을 없애면서 보유 주식을 보다 비싼 값에 팔 수 있는 이점이 있으나 교환대상 주식을 발행한 기업이 동의해야만 교환사채를 발행할 수 있다.

106
정크본드
Junk Bond

리스크가 상대적으로 큰 기업들이 자금 조달을 목적으로 발행한 고수익 · 고위험 채권

신용도가 낮은 회사가 발행한 채권으로, 원리금 상환 불이행 위험이 크기 때문에 일반 채권금리에 가산금리를 더한 이자를 지급한다. 미국의 경우 회사채는 만기 10 ~ 30년의 장기채 발행이 대부분을 차지하고 있는데, 신용등급이 높은 우량기업 발행채권이 대부분을 차지한다. 우리나라의 정크본드 시장은 자산유동화증권(ABS)과 관련이 있는데, ABS 설계 시 위험요소가 경감될 수 있도록 원리금 지급 우선순위에서 선순위와 후순위로 차등을 둔다.

107
스왑
Swap

금융자산이나 부채에서 파생되는 미래의 가치를 교환하는 것

스왑은 크게 통화스왑과 금리스왑이 있다. 통화스왑은 엔화를 저렴하게 빌릴 수 있으나 달러가 필요하고 달러를 저렴하게 빌릴 수 있으나 엔화가 필요한 두 회사가 있을 경우, 서로의 장점을 살려 돈을 빌린 다음 상대방의 원리금을 갚아주면 서로 이득이 된다. 이를 통화스왑이라고 하며, 금리스왑의 경우는 대출금의 금리상환 조건을 맞바꾸는 것으로 고정금리로 대출받은 기업과 변동금리로 대출받은 기업이 서로 유리한 방향으로 대출금을 상환해 주는 방법이다.

108

지속가능경영

CSM : Corporation Sustainability Management

인류의 지속성을 확보하기 위한 보존과 발전이 어우러진 친환경적 성장을 추구하는 것

기업은 경제적 이익 창출만으로는 더 이상 지속적으로 발전할 수 없음을 전제하고, 기업의 사회적 책임이행과 환경보전 활동, 합리적인 수익추구활동을 통해 경영리스크를 최소화하고, 기업 가치를 지속적으로 증대시키기 위한 경영활동을 한다. 환경적 측면에서는 글로벌 환경 규제의 강화, 교토의정서 발효 등 기업의 환경보호 역할이 강조되고 있으며, 환경보호를 위한 모니터링 및 내부 환경 경영체제의 구축을 요구하고 경제적 측면에서는 금융기관들의 사회책임 투자 증가, 이해관계자들의 지속가능 경영정보 요구 증대로 지속가능 경영정보의 외부 커뮤니케이션을 위한 지속가능성 보고서의 제작 및 검증이 주요과제로 대두되고 있다.

109

일물일가의 법칙

Law of Indifference

동일한 시점일 경우, 완전경쟁이 행해지는 시장에서 판매하는 동일 상품에 대해서는 하나의 가격만 성립하는 법칙

무차별의 법칙으로, 어떤 한 곳이 다른 곳보다 가격이 비싼 경우, 해당 상품을 싼 곳에서 사고, 비싼 곳에서 판매하는 사람들이 생겨나 가격은 결국 동일해지는 것을 말한다.

110

인터넷 전문 은행

Internet 專門銀行

모바일과 인터넷으로만 영업하는 은행

보조적으로 활용하는 오프라인 은행의 인터넷 뱅킹과는 다르다. 오프라인 지점이 없을 뿐 시중은행과 똑같이 예 · 적금, 대출, 외국환, 신용카드, 수납 및 지급대행 등 모든 은행 업무를 제공한다. 오프라인 지점이 없어 비용을 줄인 만큼 더 높은 예금금리와 보다 저렴한 대출 금리를 적용할 수 있다. 현재 우리나라에는 케이뱅크와 카카오뱅크가 인터넷 전문은행으로 인가를 받아 영업을 하고 있다.

111

워크아웃

Workout

부도위기에 처한 기업 가운데 회생가치가 있는 기업을 지원하는 제도

회생가치가 있는 부실기업에 대해 채권금융기관들과 채무기업 간 협상과 조정을 거쳐 부채 상환 유예 및 감면 등을 통해 회생시켜주는 재무구조 개선 제도이다. 워크아웃 종류에는 기업 워크아웃과 많은 빚과 저신용으로 경제활동이 어려운 개인의 신용을 회복시켜주는 개인워크아웃, 기업이 도산하기 전에 미리 지원해주는 프리워크아웃이 있다.

112
공유경제
Sharing Economy

2020 · 2017 | 농협은행

집이나 자동차 등 자산 또는 지식이나 경험을 공유하며 합리적 소비 · 새로운 가치 창출을 구현하는 신개념 경제

개인 소유를 기본 개념으로 하는 전통 경제와 대비되는 개념으로 공유경제는 소유자들이 많이 이용하지 않는 물건으로부터 수익을 창출할 수 있으며, 대여하는 사람은 물건을 직접 구매하거나 전통적인 서비스업체를 이용할 때보다 적은 비용으로 서비스를 이용할 수 있다는 장점이 있다. '에어비앤비'를 예로들 수 있는데, 개인이 소유한 빈 방이나 집을 다른 사람에게 빌려주며 유휴 자원으로 추가 수익을 창출할 수 있다. 그러나, 보험을 비롯한 법적 책임에 대한 규정이 명확하지 않는 등 이를 규제할 수 있는 법안이나 제도가 마땅치 않다는 문제점을 가진다.

☑ 시험에서는 이렇게 물어본다!
공유경제 사례는?

113
닥터 코퍼
Dr. Copper

구리 가격으로 경제 상황을 예측하는 것

구리 가격이 경기를 예측하는 특성이 있음을 지칭하는 표현이다. 구리는 원유나 금보다 지정학적 · 정치적인 영향을 덜 받으며 자동차, 건설, 해운 등 제조업 전반에 재료로 사용되므로 경기 선행지표로 활용된다.

114
외부 효과
External Effect

2022 · 2021 · 2019 | 농협은행

경제활동과 관련하여 타인에게 의도치 않은 효과를 발생 시키는 현상

시장가격과 별개로 다른 소비자에게 의도하지 않은 혜택이나 손해를 입히는 경우를 말한다. 이때, 이익을 주는 긍정적 외부 효과를 외부경제라고 하며 손해를 끼치는 부정적 외부 효과를 외부불경제라고 한다.

☑ 시험에서는 이렇게 물어본다!
부정적 외부 효과에 대해 약술하시오.

115

예대율
預貸率

2018 | 농협계열사

총예금에 대한 총대출 비율

예대율이 1보다 작다는 것은 자체 예금 자원을 바탕으로 은행이 대출을 할 수 있음을 의미하고, 예대율이 1보다 클 때는 대출을 위해은행이 추가적인 대출을 하고 있음을 의미한다. 따라서 예대율은 은행의 건전성을 나타내는 지표로 활용되며 은행 건전성과 반비례한다. 우리나라의 경우 경제 성장에 따른 필요자금의 대부분을 은행 융자에 의존하고 있기 때문에 시중은행의 예대율이 높은 편이다.

☑ 시험에서는 이렇게 물어본다!
예대율이 높은 경우와 낮은 경우 각각 은행 운영에 어떤 영향을 미치는지 말해보시오.

116

닉슨 쇼크
Nixon Shock

1971년 미국 달러방어정책

미국의 닉슨 대통령이 1971년 8월 발표한 달러방어정책으로 인해 발생한 충격을 말한다. 1960년대 말부터 미국은 베트남 전쟁을 포함해 많은 대외 원조 및 군사비 지출로 인해 경제력이 크게 낮아졌다. 이 과정에서 미국의 국제수지가 크게 악화되어 달러의 가치가 크게 떨어졌다. 게다가 미국 달러화의 금 교환 요구가 외국에서 크게 늘어나면서 미국의 금 보유고가 급격히 감소하였다. 이에 닉슨 대통령은 금과 달러의 교환 정지, 10%의 수입 과징금의 실시를 포함하는 달러방어정책을 내놓게 되었다. 닉슨 쇼크는 대미 수출 의존도가 높은 한국, 일본, 중남미 등에 큰 충격을 주었고 고정환율제에서 변동환율제로 바뀌는 전환점이 되었다. 닉슨 쇼크란 용어가 최근 다시 나타난 것은 2009년 초 당시 세계 금융위기에 따른 안전 자산에 대한 선호로 인해 달러 가치가 크게 올랐다. 미국이 대규모 재정 적자임에도 불구하고 달러 가치가 계속 강세를 보이자 장기적으로 글로벌 달러의 가치가 약세로 돌아설 가능성을 갖는 의미에서 '제2의 닉슨 쇼크'가 발생할 수도 있다는 우려가 표면화되었기 때문이다.

117

죄수의 딜레마
Prisoners Dilemma

게임 이론 사례로, 자신의 이익만 고려하다가 자신과 상대방이 불리해진다는 이론

서로 믿고 협력하면 모두에게 이득이지만, 자신의 이익을 최대화하려 동료를 배신하면 모두에게 불행한 결과를 가져올 수 있음을 죄수의 상황에 적용하면서 '죄수의 딜레마'라는 이름을 붙였다. 두 공범자가 협력해 범죄사실을 숨기면 증거불충분으로 형량이 낮아지지만 범죄사실을 먼저 자백하면 다른 한쪽보다 가벼운 처벌을 받게 해준다는 수사관의 유혹에 빠져 어느 한쪽이 범죄사실을 털어놓으면 결국 공범자 모두 더 큰 처벌을 받는다는 이론으로 자신만의 이익을 위한 선택이 자신과 상대 모두에게 불리한 결과를 낳는 상황을 의미한다.

118

캐리 트레이드

Carry Trade

처음에는 보유한 주식을 담보로 자금을 차입하고 이를 보다 수익성이 높은 주식에 투자하여 차입비용의 상환은 물론 추가수익을 실현하는 투자행위

최근에는 저금리로 조달된 자금을 다른 국가의 특정 유가증권 혹은 상품에 투자하여 그 차액을 노려 수익을 얻으려는 거래를 지칭한다. 즉, 이자가 낮은 국가에서 빌린 돈으로 수익이 높은 다른 국가에 투자하는 방식으로 고수익을 노리는 것이다. 자본이 부족한 신흥국들에 투자자금을 제공하는 긍정적 측면이 있으나 단기간에 국가를 오가는 투자방식에 불과하기 때문에 투자자금의 큰 변동성에 따라 해당 국가 경제의 불안정성을 높이는 요인이 되기도 한다.

상식PLUS⁺ 화폐별 캐리 트레이드

㉠ 달러 : 스미스 부인

㉡ 유로 : 소피아 부인

㉢ 엔화 : 와타나베 부인

119

세계무역기구

WTO :
World Trade
Organization

2020 | 농협중앙회

상품, 서비스, 지적재산권 등 모든 교역 분야에서 자유무역 질서를 확대하기 위해 1995년 1월 1일 출범한 국제기구

제2차 세계대전 후 1948년에 출범한 GATT는 잠정협정에 불과하였으나, 전 세계 무역을 관장하는 유일한 다자간 수단이었다. 그러나 1980년대 들어, 주요 선진국가들이 자국 산업 보호, 국제수지방어를 위해 보호무역 수단을 남용하기 시작하였다. 특히, GATT체제를 우회하는 반덤핑 제도의 남용, 수출자율규제 및 시장질서협정 등의 회색지대조치가 성행하였다. 또한, 서비스와 지적재산권 등 새로운 분야는 국제경제에서 차지하는 비중이 증대하고 있음에도 불구하고 국제법적 규율장치가 미비하였다. 이에 따라 GATT 체제의 보완과 유지를 위하여 우루과이라운드(UR) 협정이 출범하였으며, 8년간의 협상을 거쳐 1995년 1월 1일 우루과이라운드(UR) 협정이 발효되고, GATT를 대체하는 항구적이고 강력한 새로운 세계무역기구(WTO)를 설립하였다. 그동안 회원국들이 GATT에 규정된 의무를 효과적으로 이행하지 못했던 점을 감안하여, WTO에서는 약속이행의 감시 등 회원국들의 의무이행을 강력히 뒷받침할 수 있는 기능을 갖추었다. 우루과이라운드(UR) 협정의 사법부 역할을 맡아 국가 간 경제 분쟁에 대한 판결권과 그 판결의 강제집행권이 있으며 규범에 따라 국가 간 분쟁이나 마찰을 조정한다.

☑ 시험에서는 이렇게 물어본다!

WTO의 역할은?

120

베블런 효과
Veblen Effect

가격이 오름에도 불구하고 일부 계층의 과시욕이나 허영심으로 인해 수요가 증가하는 현상

미국의 경제학자 소스타인 베블런이 그의 저서 「유한계급론」에서 처음 사용했다. 가격이 비싼 물건을 소유하면 남들보다 돋보일 것이라고 생각하는 인간의 심리를 의미하기도 한다. 베블런 효과는 보유한 재산의 정도에 따라 성공을 판단하는 물질 만능주의 사회를 비판하면서 자신의 성공을 과시하고, 허영심을 만족시키기 위해 사치하는 상류계층의 소비와 이를 모방하기 위해 무리한 소비를 행하는 하위계층의 소비현상을 표현한 것이다.

121

프로슈머
Prosumer

제품 개발에 소비자가 참여하는 방식

1980년 앨빈 토플러가 「제3의 물결」에서 사용한 신조어이다. 제품개발과정에 소비자를 직접 또는 간접적으로 참여시킴으로서 소비자의 요구를 정확하게 반영할 수 있기 때문에 기업이 마케팅 수단으로 활용하고 있다. 프로슈머는 기존의 소비자와는 달리 생산 활동 일부에 직접 참여하며, 이는 각종 셀프 서비스나 DIY(Do It Yourself) 등을 통해서 나타나고 있다. 또한 이들은 인터넷의 여러 사이트에서 자신이 새로 구매한 물건의 장단점, 구매가격 등을 다른 사람들과 비교 · 비판함으로써 제품개발과 유통과정에 직 · 간접적으로 참여할 수 있다. 프로슈머의 등장을 촉진한 요소는 전체적 소득 및 여가시간 증대와 인터넷 등의 통신매체의 발달로 정보를 획득하기 용이하며, 전기 · 전자기술의 발달로 인하여 각종 장비가격의 하락과 전문가만이 사용할 수 있는 제품들의 보급 등을 들 수 있다. 초기의 프로슈머들은 제품평가를 통해 생산과정에 의견을 반영하거나 간접적이고 제한적인 영향력만을 행사해 왔지만, 최근 인터넷의 보급과 함께 이들은 보다 직접적이고 폭 넓은 영향력을 행사하며, 때로는 불매운동이나 사이버 시위 등의 과격한 방법으로 자신들의 의견을 반영한다. 프로슈머는 소비자의 의견을 생산자에게 반영한다는 점에서 긍정적이지만, 인터넷 매체 등을 이용해 허위사실을 유포하거나, 무조건적인 안티문화를 형성한다는 비판을 받는다.

122

일일 거래자
Day Trader

위험을 회피하기 위하여 당일 개장시간 동안에만 보유하는 거래자

포지션을 익일까지 보유함으로써 부담하는 위험을 회피한다. 스캘퍼보다는 포지션을 장시간 보유하며 일중 가격 변동을 이용하여 매매차익을 실현하고자 하는 투기 거래자이다.

123

역외펀드
Offshore Fund

2018 | 농협계열사

세금이나 규제를 피해 자유롭게 각 국의 주식, 채권 등 유가증권에 투자하기 위해 세율이 비교적 낮은 세금피난지에서 운용되는 펀드

국내에서 조성된 투자금과 해외의 금융기관에서 차입한 투자금으로 전 세계 금융시장을 상대로 파생금융상품에 투자하는데, 증권사의 업무영역을 해외로 확대하려는 의도에서 만들어진 펀드이다. 펀드 내에서는 환헤지가 불가능하여 선물환 계약을 체결하여 환율 변동에 따른 위험을 분산시키며, 국내법에 따라 설정된 역외펀드의 경우에는 주식매매 차익으로 얻은 수익에 대해서는 세금이 부과되지 않지만 외국법에 의해 설정된 역외펀드는 과세된다.

☑ 시험에서는 이렇게 물어본다!
역외펀드 세금 부과의 특징은?

124

연방준비제도
FRS :
Federal Reserve System

2020 | 농협중앙회

국가 통화금융정책을 수행하는 미국의 중앙은행제도

1913년 12월에 도입되었다. 미국 내 통화정책의 관장, 은행·금융기관에 대한 감독과 규제, 금융체계의 안정성 유지, 미국 정부와 대중, 금융기관 등에 대한 금융 서비스 제공 등을 목적으로 한다. 특히 재할인율(중앙은행 – 시중은행 간 여신 금리) 등의 금리 결정, 재무부 채권의 매입과 발행(공개시장조작), 지급준비율 결정 등을 통해 통화정책을 중점적으로 수행한다.

☑ 시험에서는 이렇게 물어본다!
미국의 연방준비제도(Federal Reserve System)의 주요 기능은?

125

아시아 인프라 투자은행
AIIB :
Asian Development Bank

2017 | 농협계열사

미국과 일본이 주도하는 세계은행과 아시아개발은행(ADB) 등에 대항하기 위해 중국의 주도로 설립된 은행

아시아·태평양지역 개발도상국의 인프라 구축을 목표로 한다. AIIB는 2016년 1월 한국을 포함하여 중국, 러시아, 인도, 독일, 영국 등 57개의 회원국으로 공식 출범하였고, 현재 회원국은 100개국으로 늘어났다.

☑ 시험에서는 이렇게 물어본다!
아시아인프라투자은행(AIIB)의 설립 목적은?

126 ■■■
규모의 경제
Economy of Scale

2018 | 농협계열사
생산요소 투입량의 증대(생산규모의 확대)에 따른 생산비 절약 또는 수익향상의 이익

대량 생산에 의하여 1단위당 비용을 줄이고 이익을 늘리는 방법이 일반적인데, 최근에는 설비의 증강으로써 생산비를 낮추고 있다. 생산 조직이나 생산의 규모가 커질수록 생산과 판매를 위한 비용이 줄어드는 경우를 규모의 경제라고 한다. 규모의 경제는 생산 효율성을 높이고 기업 경쟁력을 강화하는 데 중요한 역할을 한다. 기업은 가격을 낮추거나 더 큰 시장점유율을 확보할 수 있으나, 규모의 경제는 생산규모와 관련된 것이므로 경제규모가 커진다고 해서 반드시 규모의 경제가 발생하는 것은 아니다.

☑ 시험에서는 이렇게 물어본다!
규모의 경제 효과는?

127 ■■■
플라자 합의
Plaza Accord

달러화 절하에 대한 합의

1985년 9월 뉴욕의 플라자 호텔에서 미국, 독일, 일본, 영국, 프랑스의 5개국 재무장관과 중앙은행총재들이 모여 엔화(일본)와 마르크화(독일) 가치를 올리고 반대로 미국의 달러화 가치를 하락시키기로 한 합의를 말한다. 1978년 2차 석유파동을 겪은 미국은 1980년대 초 레이건 행정부가 들어서면서 개인 소득세를 대폭 삭감하고 재정지출은 유지함으로써 대규모 재정적자를 발생시켰다. 여기에 고금리 정책으로 전환, 달러 가치는 높아지면서 경상수지 적자가 심각한 양상을 띠게 되자 플라자 합의를 유도하기에 이른 것이다. 이 합의로 독일 마르크화는 1주 만에 달러화에 대해 약 7%, 엔화는 8.3% 오르는 즉각적인 변화가 나타났고, 이후 2년 동안 달러 가치는 30% 이상 급락했다. 결국 이 협의는 일본의 장기불황터널의 신호탄이 되었다. 1995년 이후 일본 및 독일 등 선진국 경제가 장기불황을 겪게 되었으나 미국경제는 저물가 아래 견실한 성장세를 지속했고 이에 따라 미국 달러화는 다시 강세로 전환되었다.

128 ■■■
환율조작국
Currency Manipulator

2020 | 농협계열사
정부나 중앙은행이 외환시장에 개입하여 환율을 조작하는 국가

자국의 수출을 늘리고 가격경쟁력을 확보하기 위해 정부나 중앙은행이 인위적으로 외환시장에 개입하여 환율을 조작하는 국가를 말한다. '심층 분석 대상국'이라고도 하며, 미국이 매년 경제 및 환율정책 보고서를 통해 발표한다. 환율조작국은 각국의 대미 무역수지 흑자가 200억 달러 이상, 경상수지 흑자가 GDP의 3% 이상, 환율 시장에 의한 방향 개입 여부 이상 등 3개 요건에 해당하면 지정된다. 또한 환율조작국으로 지정되면 미국기업 투자 시 금융지원 금지, 미국 연방정부 조달시장 진입 금지, IMF를 통한 환율 압박 등이 가해진다.

☑ 시험에서는 이렇게 물어본다!
환율조작국으로 지정되는 기준은?

129

골디락스 경제

Goldilocks Economy

경제가 높은 성장을 이루고 있더라도 물가상승이 없는 상태

골디락스는 영국 전래 동화 「골디락스와 곰 세 마리」에 나오는 여자 소녀 이름이다. 금발 머리 소녀 골디락스는 어느 날 숲속에서 곰이 끓여 놓고 나간 '뜨거운 수프, 차가운 수프, 적당한 수프' 중 '적당한 온도의 수프'로 배를 채우고 기뻐한다. 골디락스 경제는 바로 이 말에서 유래되어 뜨겁지도 않고 차갑지도 않고 건실하게 성장하고 있는 이상적 경제 상황을 말한다. 경제학자 슐먼은 인플레이션을 우려할 만큼 과열되지도 않고, 경기 침체를 우려할 만큼 냉각되지도 않은 경제 상태를 골디락스에 비유했다.

상식PLUS⁺ 골디락스 경제 그래프

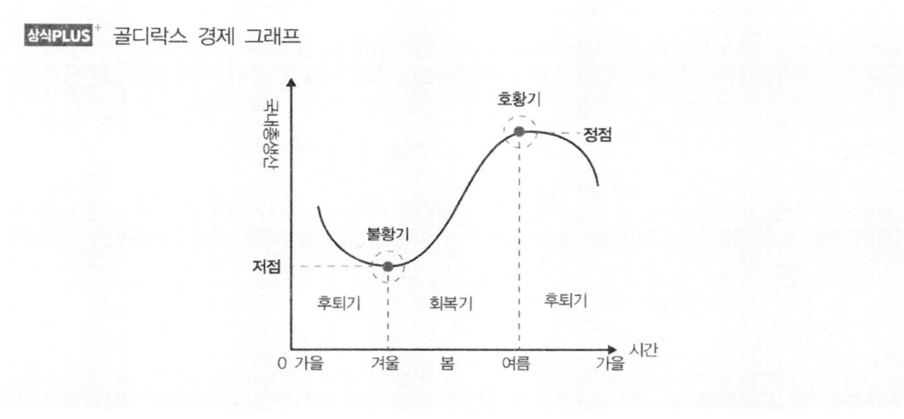

130

3면 등가의 법칙

三面等價原則

국민소득의 세 가지 측면은 이론적으로 모두 동액이라는 이론

국가경제는 경제주체들이 재화와 서비스를 생산하고, 소득으로 얻고, 소비하는 과정을 반복하는 순환을 이루는데, 이러한 순환에서 국민소득을 생산 · 지출 · 분배의 세 가지 측면에서 파악할 때 결과적으로 총액이 같아진다는 이론을 국민소득 3면 등가의 원칙이라고 한다.

131

트릴레마

Trilemma

세 가지 정책 목표 간에 상충관계가 존재하여 이들을 동시에 개선할 수 없는 상황

거시경제학에서 '물가안정', '경기부양', '국제수지 개선' 세 가지 간에 존재하는 상충관계가 대표적이다.

132
좀비 경제
Zombie Economy

무력화된 경제를 회복하기 위해 금리인하 및 각종 정책을 동원했음에도 불구하고 경제주체들이 거의 반응하지 않고 침체가 계속되는 현상

일본의 경제 상황을 빗대어 국제 금융 전문가들이 붙인 용어이다. 일본은 1990년대 버블 붕괴 과정에서 20년 이상 계속된 경기 침체를 극복하기 위해 추진하였던 모든 정책이 무력화되어 죽은 시체와 같아, 좀비경제라고 불렀다. 2003년 초부터 금리가 거의 제로수준에 이르렀고 금융기관들의 부실채권 또한 줄어들지 않고 있는 실정이다. 이 때문에 외국자본과 기업들은 일본 시장을 외면하고 있다. 더 나아가 리사 데스자딘스와 릭 에머슨의 저서 「좀비경제학」에서는 좀비 경제를 '당신의 안정성과 미래를 위태롭게 만드는 모든 경제적 상황'이라고 설명하고 있다.

133
코리보
KORIBOR : Korea Inter Bank Offered Rate

은행 간에 돈을 빌릴 때 적용하는 호가금리

외국계 은행 세 곳을 포함한 국내 15개 은행이 금리 수준을 제시하면 상·하위 세 개를 제외한 9개를 산술 평균하여 매일 11시에 발표한다. 그러나 실거래가가 아닌 은행 간 거래를 할 때 지급할 의향이 있는 '호가'에 불과하다는 점에서 지표금리로는 부적절하다는 의견이 지배적이다.

134
페이퍼 컴퍼니
Paper Company

서류상으로만 존재하는 기업

물리적 형태로는 존재하지 않고 서류 형태로만 존재하면서 회사기능을 수행하는 회사를 말한다. 사업 유지를 위해 소요되는 세금 및 전반적인 경비를 절감하기 위해 설립되고 있다. 회사의 존속기단은 기관에 따라 달라지는데, 금융기관인 경우에는 지속적으로 운용되는 경우가 많지만 증권회사나 항공사 관련 페이퍼 컴퍼니는 해당 프로젝트가 완료되면 자동으로 해체된다. 법적으로 엄연한 자격을 갖추고 있으므로 유령회사와는 다르다.

135
평가절하
Devaluation

2022 | 농협은행 2015 | 지역농협

통화 대외가치가 하락하는 것

국가의 대외적 통화가치가 하락하는 것을 말한다. 이는 곧 환율의 상승과 달러 가치의 상승을 의미한다. 따라서 평가절하가 되면 수출은 증가하고 수입품의 가격도 증가하면서 인플레이션 상태를 야기할 수 있다. 한편 환율이 하락하여 대외가치가 상승하게 되는 경우를 평가절상이라고 한다.

☑ 시험에서는 이렇게 물어본다!
평가절하의 효과는?

136

그린본드

Green Bond

발행자금을 녹색산업과 관련해서만 사용하도록 제한한 채권

친환경 및 신재생 에너지 관련 프로젝트에 투자할 자금을 마련하기 위해 발행하는 채권을 말하며 신재생에너지, 에너지 효율, 청정운송 등이 포함된다. 세계은행 등 국제금융기관의 주도로 발행이 되었지만 최근에는 민간기업 및 지방공공단체 등 발행주체가 다양해지고 있다. 2016년에는 애플이 15억 달러 규모의 그린본드를 발행하여 이슈가 되었다. 한국 기업의 그린본드 발행은 한국수출입은행이 2013년 해외에서 찍은 5억 달러가 최초이며 이후 2018년 산업은행이 국내에서 처음으로 3,000억 원 규모의 그린본드를 발행하였다. 이어 2018년 8월에 신한은행도 국내에서 2,000억 원짜리 그린본드를 발행하였다.

137

포워드 가이던스

Forward Guidance

선제적 안내, 미래 지침

지난 2008년에 발생한 글로벌 금융위기 이후 미국과 유로존 등 선진국 중앙은행들이 새롭게 도입한 통화정책이다. 통화정책의 방향을 가계와 기업 등에 정확하게 전달해 경제주체가 정책의 방향을 쉽게 이해 · 예측할 수 있도록 돕는다. 경제위기로 미국과 유로존에서는 양적완화와 저금리 정책을 지속하였고 중앙은행에 비해 정보가 부족한 시장에서, 안전자산에 대한 투자를 늘리자 중앙은행은 실업률, 인플레이션 등을 활용한 기준금리 변경 목표를 제시하며 경제 활성화에 대한 의지를 적극적으로 알렸고, 시장과의 원활한 의사소통을 통해 불확실성을 해소함으로써 시장의 역 선택을 방지해 시장을 안정시키기 위하여 포워드 가이던스를 활용하고 있다. 이로써 가계와 기업의 차입 비용을 낮추고, 장기 시장금리 변동성을 낮춰 금융 환경 개선에 도움을 주고 있는 것으로 평가되고 있다.

상식PLUS⁺ 포워드 가이던스의 형태

㉠ 중앙은행이 향후 어떤 행태를 보일 것인지 미리 약속하는 오디세우스 방식, 중앙은행이 미래 경제 상황에 대해 전망하고 이를 공표함으로써 중앙은행의 행태를 예측할 수 있도록 하는 델포이 방식

㉡ 향후 통화정책 변경시기를 제시하거나 특정한 시기를 제시하지 않는 기간조건부, 향후 통화정책 변경을 야기할 수 있는 경제 상황을 제시하는 상황조건부

㉢ 향후 정책금리 전망을 구체적 수치나 경로로 공표하는 정량적, 의결문 · 의사록 · 기자간담회에서 특정 용어를 활용하여 통화정책의 의도와 방향을 제시

138 ■■■
그린워시
Green Wash

2020 | 농협계열사

기업이 실제로는 환경에 악영향을 끼치는 제품을 생산하면서도 광고 등을 통해 친환경적인 이미지를 내세우는 행위

그린 마케팅이 기업의 필수 마케팅 전략 중 하나로 떠오르면서, 실제로는 친환경적이지 않은 제품을 생산하는 기업들이 기업 이미지를 좋게 포장하는 기업들의 이율배반적인 행태를 고발하기 위해 미국의 다국적기업 감시단체는 매년 지구의 날, 대표적인 그린워시 기업을 선정하고 있다.

> ☑ 시험에서는 이렇게 물어본다!
> 그린워시(Greenwashing) 대응 방안은?

139 ■■■
치킨게임
Chicken Game

2020 | 지역농협

타협 없이 극한 상황까지 대립하는 국면

1950년대 미국 젊은이들 사이에 유행했던 게임으로, 밤에 두 명의 경쟁자가 도로의 양쪽에서 차를 몰고 정면으로 돌진하다가 충돌 직전에 핸들을 꺾는 사람이 지는 것이다. 핸들을 꺾은 사람은 겁쟁이로 취급받는다. 냉전시절 미국과 소련의 경쟁을 비유하는 등 국제정치학에서 사용되던 용어이다. 시장에서는 가격이 폭락하는 상황에서도 오히려 제품의 양산 경쟁을 벌여 상대가 무너질 때까지 출혈 경쟁을 하는 상황을 예로 들 수 있다.

> ☑ 시험에서는 이렇게 물어본다!
> 치킨게임이 경제시장에서 어떻게 적용되는지 약술하시오.

140 ■■■
차익거래
差益去來

선물시장에서 선물가격과 현물 가격과의 차이를 이용한 무위험 수익거래

선물시장에서 실제 선물가격과 이론 선물가격 간의 차이가 일정 범위를 벗어날 때 이를 이용하여 선물과 현물에 반대 포지션을 취하여 무위험 확정 수익을 얻을 수 있는 거래이다. 저평가된 선물을 팔고 현물을 사는 매입차익거래, 저평가된 선물을 사고 현물을 파는 매도차익거래가 있다.

141 ■■■
콜 시장
Call Market

금융기관들이 일시적인 자금 과부족을 조절하기 위하여 초단기로 자금을 차입하거나 대여하는 시장

금융기관은 고객을 상대로 예금을 받고 대출을 하는 과정에서 수시로 자금이 남기도 하고 부족하기도 하는데, 이러한 자금 과부족을 콜 시장에서 금융기관 간 자금거래를 통하여 조절한다. 콜금리를 통해 장단기 시장금리, 예금 및 대출 금리, 궁극적으로는 실물경제 활동에 파급되기 때문에 콜 시장은 통화정책 수행에 있어서도 매우 중요한 위치를 차지한다.

142

양적완화
QE : Quantitative Easing

2021 | 농협은행

중앙은행이 통화를 시중에 직접 공급해 경기를 부양하는 통화정책

기준금리가 제로(0)에 근접하여 기준금리 인하만으로는 경기부양이 한계에 봉착했을 경우 주로 시행하며, 시중에 있는 채권이나 증권을 직접 사들이기 때문에 기준금리 조절을 통해 간접적으로 유동성을 조절하는 기존 방식과는 차이가 있다. 양적완화를 시행하게 되면 통화량 자체가 증가하기 때문에 기축통화의 유동성이 상승하고 이에 따라 부동산 경기회복, 실업률 하락, 소비지출 증가 등 경제회복의 효과가 있다. 즉, 자국의 통화가치를 하락시켜 수출경쟁력을 높이는 것이 주목적이라고 할 수 있다. 하지만 양적완화로 인해 통화의 가치하락이 발생하면 전 세계적으로 인플레이션이 유발될 수 있으며 달러 약세로 인한 세계적인 환율전쟁의 위험도 안고 있다.

상식PLUS+ 테이퍼링(Tapering)
양적완화정책을 점진적으로 축소하는 것을 말한다.

☑ 시험에서는 이렇게 물어본다!
양적완화(QE)의 주된 목적은?

143

리디노미네이션
Redenomination

화폐 단위를 하향 조정하는 것

화폐의 가치 변동 없이 모든 은행권 및 지폐의 액면을 동일한 비율의 낮은 숫자로 조정하거나, 이와 함께 새로운 통화단위로 화폐의 호칭을 변경하는 것이다. 예를 들면 1,000원을 1원으로 하는 것으로 6,000원짜리 커피가 6원이 되고 1억짜리 자동차가 10만 원이 되는 것으로, 물가나 임금, 채권채무 등 경제수량 간의 관계에는 변화가 없다. 우리나라에서는 1953년의 제1차 통화조치에 따라 100원(圓)이 1환(圜)으로, 1962년의 제2차 통화조치에 따라 10환(圜)이 1원(圓)으로 변경된 사례가 있다.

144

콘탱고
Contango

2020 | 농협은행

선물가격이 현물 가격보다 높은 상태

선물가격이 현물 가격보다 높거나 만기일이 멀수록 선물가격이 높아지는 현상으로 일반적으로 선물거래 가격에는 만기까지 소요되는 현물의 보유비용이 포함되기 때문에 선물가격이 현물 가격에 비해 높다.

☑ 시험에서는 이렇게 물어본다!
콘탱고(Contango) 상태에서 나타나는 시장의 특징은?

145 ■■■
빅맥지수
Big Mac Index

2022 | 농협은행

각국의 통화가치 적정성을 맥도널드 빅맥 햄버거 현지 통화가격을 달러로 환산한 지수

전 세계에 점포를 둔 맥도날드의 빅맥 가격으로 각국 통화의 구매력과 환율 수준을 비교 · 평가하여 버거노믹스(버거 경제학)라고 이름 붙인 빅맥지수를 매년 발표하고 있다. 환율은 두 나라에서 동일한 상품과 서비스의 가격이 비슷해질 때까지 움직인다는 이론을 근거로 적정 환율을 산출하는 데 활용된다. 일반적으로 빅맥지수가 낮을수록 달러화에 비해 해당 통화가 상대적으로 저평가되는 것으로 해석된다. 그러나 나라마다 임금 등의 차이를 무시하거나, 단순히 비교역재인 버거를 일물일가의 법칙으로 설명하려는 등은 한계로 지적되고 있다. 한편 이 밖에도 스타벅스의 카페라테 가격을 기준으로 살펴보는 스타벅스지수, 애플사의 아이팟 판매가를 기준으로 산출한 아이팟지수 등이 있다.

☑ 시험에서는 이렇게 물어본다!
빅맥지수로 알 수 있는 것은 무엇인지 말해보시오.

146 ■■■
오퍼레이션 트위스트
Operation Twist

2020 · 2013 | 농협은행

중앙은행이 장기채권을 매입하고 단기채권을 매도하여 경제를 활성화시키려는 통화정책

채권매매를 통해 장기금리를 끌어내리고 단기금리는 올리는 통화량을 조절하는 통화정책인 공개시장운영의 일종이다. 미국이 2008년 글로벌 금융위기를 극복하는 과정에서 이 정책을 활용하면서 널리 알려졌다. 오퍼레이션 트위스트는 장기 채권을 매입하는 동시에 단기 채권을 팔기 때문에 연방준비제도의 보유채권의 구성만 변화시키면서 유동성 확보가 가능하다. 오퍼레이션 트위스트를 시행하면, 중앙은행이 장기 국채를 매입해 장기 금리가 하락하게 되고, 이는 기업의 투자를 촉진시키고 가계는 주택 매입에 적극성으로 내수가 활성화되는 효과가 발생한다. 단기 국채 매도는 동시에 이루어지는 장기 국채 매입으로 인한 증가 통화량에 대해 억제 효과를 가지게 된다.

☑ 시험에서는 이렇게 물어본다!
오퍼레이션 트위스트(Operation Twist) 시행 시 나타나는 효과는?

147 ■■■
재정팽창지수
Fiscal Impulse Indicator

경기변동에서 재정이 어떤 영향을 미치는지 분석하기 위한 지표

국제통화기금(IMF)이 1970년대 중반에 개발하여 현재 미국과 독일 등에서 정책판단자료로 활용하고 있다. 정부의 재량적 재정운용에 따라 발생하는 재정수지의 변동분이 국민총생산(GNP)에서 차지하는 비중이 얼마나 되는가의 계산으로, 재정팽창지수가 플러스이면 팽창재정, 마이너스이면 긴축재정, 0이면 재정이 경기에 중립적임을 나타낸다.

148 ■■■

선물거래

先物去來

2022 | 농협계열사 2022 · 2021 | 농협은행

장래 일정 시점에 미리 정한 가격으로 매매하는 행위

현재 시점에서 약정하는 거래로, 미래의 가치를 사고파는 것이다. 선물의 가치가 현물시장에서 운용되는 기초자산(채권, 외환, 주식 등)의 가격 변동에 의해 파생적으로 결정되는 파생 상품 거래의 일종이다. 미리 정한 가격으로 매매를 약속한 것이기 때문에 가격 변동 위험의 회피가 가능하다는 특징이 있다. 위험회피를 목적으로 출발하였으나, 고도의 첨단 금융기법을 이용, 위험을 능동적으로 받아들임으로써 오히려 고수익 · 고위험 투자 상품으로 발전했다. 우리나라도 1996년 5월 주가지수 선물시장을 개설한 데 이어 1999년 4월 23일 선물거래소가 부산에서 개장되었다.

☑ 시험에서는 이렇게 물어본다!
선물거래의 주요 특징은?

149 ■■□

사이드 카

Side Car

2022 · 2019 | 농협은행

선물시장이 급변할 경우 현물시장에 대한 영향을 최소화하여 시장 안정을 꾀하기 위해 도입한 프로그램 매매호가 관리제도

사이드 카는 마치 경찰의 오토바이인 사이드 카가 길을 안내하듯이 과속하는 가격이 교통사고를 내지 않도록 유도한다는 의미에서 붙여진 이름으로 주가가 급격하게 오르거나 떨어질 때 일시적으로 프로그램 매매를 중단시킴으로써 시장을 진정시키고자 하는 데 그 목적이 있다. 사이드 카가 발동되면 주식시장의 프로그램 매매호가가 5분 동안 효력이 정지되는 선물시장 급등락 시 취하는 비상조치이다. 우리나라에서는 주가지수 선물시장을 개설하면서 도입됐으며, 선물가격이 전일 종가 대비 5%(코스닥은 6%) 이상 상승 또는 하락한 상태가 1분간 지속되면 주식시장 프로그램 매매호가의 효력이 5분간 정지된다. 그러나 사이드 카는 발생 5분이 지나면 자동적으로 해제되며 1일 1회에 한해서만 발동되고, 주식시장 매매거래종료 40분 전(오후 2시 20분) 이후에는 발동되지 않는다.

상식PLUS+ 백워데이션(Backwardation)
일시적으로 공급물량이 부족해지거나 수요와 공급이 불균형 상태일 때는 현물 가격이 선물가격보다 높아지는 현상이 발생하는 것이다.

☑ 시험에서는 이렇게 물어본다!
사이드 카에 대해 약술하시오.

150 ■■■
온라인 물가지수
Online 物價指數

온라인 공개 상품의 가격 정보들을 수집하여 생필품 물가의 변동을 분석하고 파악한 지수

코로나19로 인해 소비자의 구매 행태가 비대면 소비로 변화하면서, 온라인 가격 조사가 중요해짐에 따라 기획재정부와 통계청, 한국은행 등이 2024년 완성을 목표로 개발 중인 물가지수이다. 웹페이지 HTML(웹 언어 규격)을 수집하는 웹스크래핑 기술을 활용하여 하루 250만 개의 온라인 가격 정보를 수집하고 인공지능(AI)을 이용하여 수집된 빅데이터 중 필요한 자료만 추출한다.

151 ■■■
빅 배스
Big Bath

부실자산을 한 회계연도에 모두 반영하여 위험요인을 제거하는 회계 기법

통상적으로 경영진 교체 시기 또는 마지막 분기에 많이 이루어진다. 낚시 용어가 아닌 회계와 관련한 용어로써 전임자가 쌓아놓은 손실 등 부실 요소를 새로운 경영자가 털어버리는 것을 말한다.

152 ■■■
데드 크로스 현상
Dead Cross

주가의 단기 이동 평균선이 장기 이동 평균선 아래로 하향하는 현상

일반적으로 데드 크로스는 주식시장의 약세를 시사한다. 주식시장이 상승추세를 보일 경우 이동 평균선(일정 기간 동안의 주가를 산술 평균한 값인 주가 이동평균을 차례로 연결한 선)들은 장기 이동 평균선 위에 위치하는(골든 크로스) 반면에, 데드 크로스는 장기 이동 평균선을 하향 돌파하게 된다. 하지만 데드 크로스가 발생하는 시점을 전후하여 일시적인 상승세가 나타나는 경우도 있다.

153 ■■■
기업 공개
IPO : Initial Public Offering

기업의 주식 및 경영내용을 공개하는 행위

비상장 기업이 유가증권시장이나 코스닥에 상장하기 위해 자사의 주식과 경영 내용을 공개하는 것이다. 기업 공개는 주식회사 체제를 갖추는 것으로 상장을 목적으로 하며 50인 이상의 여러 사람들을 대상으로 주식을 파는 행위이다. 대주주 개인이나 가족들이 가지고 있던 주식을 법정 절차와 방법에 따라 균일한 조건으로 일반인들에게 매출, 모집 후 증권거래소에 상장시키면서 회사 재산상태와 영업활동의 결과 및 주요 계약 등을 이해관계자에게 공시한다. 따라서 기업 공개는 기업의 주식 및 경영내용을 공개함과 동시에 상장법인이 된다. 원칙적으로는 기업 공개와 상장은 같은 개념이 아니지만 기업의 공개를 원활하게 하기 위한 수단으로 상장을 사용한 것이다.

154

죄악세
罪惡稅

주류, 담배, 도박 등 사회에 부정적인 영향을 끼치는 것들로 소비를 억제할 필요가 있는 품목에 과세하는 세금

죄악세의 목적은 담배, 주류 등이 소비되면서 발생하는 여러 문제들(담배 소비로 인한 간접흡연, 주류 소비로 인한 음주운전, 음주폭력 등)을 처리하는 과정에서 사회적 비용을 줄이고, 국민의 복지와 건강을 증진시키기 위함이다. 죄악세의 대표적인 항목은 담배, 주류로 소비자 지불 금액 중 세금이 60 ~ 70% 차지한다. 특히, 담배는 교육세, 소비세, 국민건강증진기금, 부가가치세, 폐기물 부담금 여러 가지 부담금을 포함한다. 죄악세는 모든 국민이 적용되며, 소득 여부에 관계없이 일괄적으로 부과된다. 정부는 이렇게 발생되는 수입을 특수 사업 또는 정부예산을 보충하게 된다.

155

매파와 비둘기파
Hawkish&Dovish

물가안정과 경제 성장을 둘러싼 입장

베트남 전쟁 당시 처음 사용되었던 용어이다. 정치적인 의미로는 평화적이고 온건한 입장을 평화를 상징하는 비둘기에 빗대어 비둘기파, 강경한 세력을 매섭게 공격하는 매에 빗대어 매파라고 하는데, 금융 용어에서는 다른 성격을 띤다.

① 매파 : 물가안정을 위해 긴축 정책과 금리인상을 주장하는 세력을 의미한다. 경기 과열을 막고 인플레이션을 억제하자는 입장이다. 인플레이션은 통화량 확대와 꾸준한 물가 상승 그리고 화폐가치의 하락을 의미하기 때문에 긴축 정책을 통해 금리를 올려 시중의 통화량을 줄이고 지출보다 저축의 비중이 높여 화폐의 가치를 올리자는 것이다.

② 비둘기파 : 경제 성장을 위해 양적완화와 금리인하를 주장하는 세력을 의미한다. 경제 성장을 위하여 적절한 인플레이션이 필요하다는 입장이다. 금리를 인하하면 대출 및 투자와 소비가 증가하여 시장경제가 활성화되기 때문에 경제활동을 촉진하기 위해 적절한 인플레이션이 필요하다고 주장하는 것이다. 다만 물가가 지속적으로 상승할 경우 물가 불안정을 초래하므로 적절한 인플레이션이 중요하다.

③ 올빼미파 : 매파와 비둘기파 사이의 중립파를 말한다.

상식PLUS⁺ 매파와 비둘기파 비교

구분	내용
매파(Hawkish)	• 진보성향 • 물가안정(인플레이션 억제) • 긴축 정책과 금리인상 주장 → 경제 성장 둔화 및 가계부채 야기
비둘기파(Dovish)	• 보수성향 • 경제 성장 • 양적완화와 금리인하 주장 → 심각한 인플레이션 및 파산 야기

156

민스키 모멘트

Minsky Moment

부채의 확대에 기대어 경기호황이 이어지다 호황이 끝나면서 금융위기가 도래하는 시점

경기호황이 끝난 후, 은행 채무자의 부채 상환 능력이 악화되어 채무자가 결국 건전한 자산마저 팔게 되는 금융위기 시점이다. 금융시장이 호황기에 있으면 투자자들은 고위험 상품에 투자하고 이에 금융시장은 탄력을 받아 규모가 확대된다. 그러나 투자자들이 원하는 만큼의 수익을 얻지 못하면 부채 상환에 대한 불안이 커지면서 금융시장은 위축되고 금융위기가 도래하게 된다.

157

스튜어드십 코드

Stewardship Code

주요 기관투자자들의 의결권 행사를 적극적으로 유도하기 위한 자율 지침

기관들도 고객 재산을 선량하게 관리해야 할 의무가 있다는 필요성에 의해 생겨난 용어이다. 주요 기관투자자가 주식을 보유하는 데에 그치지는 것이 아니라 투자 기업의 의사결정에 적극 참여해 주주와 기업의 이익을 추구한다. 지속가능한 성장과 투명한 경영을 이끌어 내는 것이 목적이다.

상식PLUS⁺ 스튜어드십 코드의 7원칙

㉠ 수탁자 책임정책 제정 및 공개
㉡ 이해상충 방지정책 제정 및 공개
㉢ 투자 대상회사 주기적 점검
㉣ 수탁자 책임 활동을 위한 내부지침
㉤ 의결권 정책 및 행사 내역 공개
㉥ 수탁자 책임 활동 주기적 보고
㉦ 역량 및 전문성 확보

158

무상증자

無償增資

2023 · 2021 | 농협은행

주식대금을 받지 않고 기존의 주식을 보유한 주주에게 지급하는 것

새로 발행한 주식을 주주들에게 무상으로 지급하는 방식으로 자본의 구성과 발행 주식수만 변경하는 형식적인 증자이다. 발행 주식수가 늘어나고 그만큼 자본금이 늘어나지만 자산이 증가하는 것은 아니다.

상식PLUS⁺ 유상증자

새로 발행한 주식을 주주들에게 판매하여 자본금을 조달하는 방법이다.

☑ 시험에서는 이렇게 물어본다!

무상증자와 유상증자의 차이는?

159

레몬마켓
Lemon Market

질적인 측면에서 문제가 있는 저급의 재화나 서비스가 거래되는 시장

레몬은 미국 속어로 불량품을 의미하여 경제 분야에서는 쓸모없는 재화나 서비스가 거래되는 시장을 레몬마켓이라 이르게 되었다. 또한 구매자와 판매자 간 거래대상 제품에 대한 정보가 비대칭적으로 주어진 상황에서 거래가 이루어지면서 우량품은 자취를 감추고 불량품만 남아도는 시장을 말한다. 이는 불량품이 넘치게 되면서 결과적으로 소비자도 외면하게 되는 시장이 된다.

160

매스클루시버티
Massclusivity

자신만을 위한 차별화된 상품이나 서비스를 원하는 현상

매스티지(Masstige)란 비교적 가격이 저렴하고 대량 생산이 가능한 고급 제품, 즉 브랜드 이미지를 갖추며 가치에 합리적인 가격으로 유통되는 것을 말한다. 매시티지가 확산되면서 대중화된 제품에 싫증을 느낀 일부 소비자들은 차별화되고 자신을 위한 특별한 제품이나 서비스를 원하게 되는데 이러한 형상을 매스클루시버티라고 한다. VVIP 대상으로 일대일 고객 상담을 통하여 주문제작하는 방식으로 극소수의 구매층을 공략한다. 고가이지만 자신만의 니즈를 반영한 개성 있는 생산제품으로 주목받고 있다. 이는 패션에만 국한되는 것이 아니라 다른 산업으로까지 확대되고 있다. 고객이 원하는 가치를 중점으로 전자제품, 여행상품 등 다양한 산업분야에서도 활용되고 있다.

161

긱 이코노미
Gig Economy

기업들이 계약직 혹은 임시직으로 사람을 고용하는 경제형태

1920년대 미국 재즈 공연장에서 필요에 따라 연주자를 단기 섭외하던 방식을 의미하는 'Gig'에서 유래하여, 필요할 때마다 임시직을 섭외하여 일을 맡기는 경제형태를 말한다. 노동자 입장에서는 어딘가에 고용돼 있지 않고 필요할 때 일시적으로 일을 하는 임시직 경제를 의미한다. 모바일 시대에 접어들면서 이런 형태의 임시직이 급증하고 있다.

162

코요테 모멘트
Coyote Moment

두렵고 피하고 싶었던 상황에 처해 있다는 것을 갑자기 깨닫게 되는 순간

증권시장에서는 증시의 갑작스러운 붕괴나, 지난 2008년 세계 금융위기가 초래한 부동산 거품 붕괴 등을 일컫는다.

163 ■□□
갭 투자
Gap 投資

시세차익을 목적으로 주택 매매가격과 전세금 간의 차액이 적은 집을 전세를 끼고 매입하는 투자 방식

갭(Gap)은 주택의 매매가와 전세보증금과의 차이를 말하는 것으로 매매가격과 전세가격의 차이가 작은 주택을 전세를 끼고 매입한 뒤 시세차익을 노리는 투자를 말한다. 다시 말해 매매가격에서 보증금을 뺀 만큼의 금액만 있으면 주택을 살 수 있는 것이다. 예를 들어 아파트 가격이 3억 원인데 전세보증금이 2억 5,000만 원이라면 5,000만 원을 투자하여 집을 사는 것이다. 아파트 가격과 전세보증금이 상승하면 투자금액 대비 수익이 크지만 아파트 가격이 하락하면 크게 손실을 볼 수도 있기에 위험도 매우 큰 투자 방법이다.

164 ■■□
폰지 사기
Ponzi Scheme

2020 | 농협계열사

금융 다단계 수법

아무런 사업도 하지 않으면서 신규 투자자의 돈으로 기존 투자자에게 원금과 이자를 갚아나가는 금융 다단계 사기 수법이다. 초기 투자자에게 지급되는 수익이 새로운 투자자들의 자금으로 충당되는 사기 방식인 폰지사기의 구조는 시간이 지나면서 자금의 지속적인 유입이 필수적이기 때문에, 새로운 투자자가 충분히 유입되지 않으면 전체 시스템이 붕괴된다. 즉, 신규 투자자들이 더 이상 자금을 투입하지 않으면, 기존 투자자들에게 약속된 수익을 지급할 수 없어 시스템이 결국 파산하게 된다. 폰지 사기를 예방하기 위해서는 투자자 보호 제도 강화와 엄격한 규제 등이 요구된다.

관련기사 머지포인트 사태 이후…

현금처럼 사용할 수 있던 머지포인트는 2만여 개의 가맹점과 할인 서비스를 통해서 인기를 끌었지만 다양한 문제가 발생하면서 대규모 환불사태가 이어졌다. 이 사태는 폰지 사기와 비슷한 면모를 보이고 있다. 머지포인트 사태 이후에는 신유형상품권에 대한 사람들의 문의가 지자체에 늘어나고 있다.

☑ 시험에서는 이렇게 물어본다!

폰지 사기의 주요 문제점 중 하나인 자금의 지속적인 유입의존 구조에 대한 대책은?

165 ■□□
워킹푸어
Working Poor

2020 | 농협계열사

열심히 일해도 가난에서 벗어나지 못하는 계층

미국에서 1990년대 중반 등장했으며 2000년대 중반 이후 세계적으로 널리 쓰이고 있다. 이들은 월급이 나오는 일자리가 있어 얼핏 보기엔 중산층 같지만, 고용도 불안하고 저축도 없어 언제라도 극빈층으로 추락할 수 있는 위험에 노출돼 있다.

☑ 시험에서는 이렇게 물어본다!

워킹푸어가 의미하는 것은?

166 ■■■
로렌츠 곡선
Lorenz Curve

2024 · 2022 | 농협은행

소득분포의 불평등도(不平等度)를 측정하는 방법

미국의 경제학자 로렌츠가 소득분포의 상태를 나타내기 위하여 작성한 도표로, 소득이 사회계층에 어떤 비율로 분배되는가를 알아볼 수 있다. 가로축에 저소득인구로부터 소득인구를 누적하여 그 백분율을 표시한 결과 45° 선의 균등분포선과는 다른 소득불평등곡선이 나타났다.

☑ 시험에서는 이렇게 물어본다!
1. 로렌츠 곡선과 5분위분배율의 공통점을 말해보시오.
2. 소득불균형이 미치는 부정적 영향과 이를 해결하기 위한 금융권의 기여 방안을 말해보시오.

167 ■■
앵커링 효과
Anchoring Effect

2020 | 지역농협

처음에 인상 깊었던 것이 기준이 되어 향후 판단에 왜곡된 영향을 미치는 현상

배가 '닻(Anchor)'을 내리면 연결한 밧줄 범위 내에서만 움직일 수 있듯이 각인된 기억이 기준이 되어 향후 내리는 결정에 편파적이고 왜곡된 영향을 미치는 현상을 말한다. 예를 들어, 소비자가 가격을 결정할 때 처음 제시된 가격이 높은 경우, 이후 할인된 가격도 상대적으로 저렴하다고 느끼는 현상이 나타날 수 있다. 특히 소비자나 투자자는 초기 정보나 가격에 영향을 받아 비합리적인 선택을 하게 되며, 이는 기업이 마케팅 전략으로 자주 활용하는 기법이기도 하다. '정박 효과'라고도 하며 비즈니스, 쇼핑, 주식, 등 매우 광범위하다.

☑ 시험에서는 이렇게 물어본다!
앵커링 효과가 소비자에게 미치는 영향은?

168 ■■■
파생결합증권
DLS : Derivatives Linked Securities

2020 | 지역농협

유가증권과 파생금융이 결합된 새로운 증권으로 파생 상품을 기초자산으로 정해진 조건이 충족되면 약정한 수익률을 지급하는 상품

기초자산으로는 장내 또는 장외파생 상품, 환율, 원유, 광물, 원유 등의 일반상품, 이자율, 신용 등 확장된 것으로 기초자산의 가격 움직임에 따라 수익률이 결정되는 상품이며, 옵션의 종류 및 투자 기간 등에 따라 매우 다양한 구조를 만들 수 있어 시장상황 혹은 투자자의 투자성향에 따라 탄력적인 상품구성이 가능하다는 특징을 지닌다.

☑ 시험에서는 이렇게 물어본다!
파생결합증권의 특징은?

169

어닝 서프라이즈
Earning Surprise

2020 | 지역농협

영업 실적이 예상보다 높은 경우에 주가가 큰 폭으로 상승하는 현상

기업이 예상보다 더 좋은 실적을 발표했을 때 발생하는 현상이다. 예상치를 초과하는 수익을 기록할 때를 의미하는데, 어닝서프라이즈가 발생하면 기업의 주가는 상승한다. 이는 투자자들이 기업의 실적이 예상보다 뛰어났다는 긍정적인 신호를 받아들여, 기업에 대한 신뢰도가 높아지고 주식 수요가 증가하기 때문이다.

170

어닝 쇼크
Earning Shock

2020 | 지역농협

기업이 시장에서 예상했던 것보다 저조한 실적을 발표하여 주가에 영향을 미치는 현상

주식시장에서 어닝(Earning)은 기업의 실적을 뜻하며, 분기 또는 반기별로 기업들이 집중적으로 그동안의 영업 실적을 발표하는 시기를 어닝 시즌(Earning Season)이라 한다. 영업실적은 해당 기업의 주가와 직결되기 때문에 투자자들은 이에 민감할 수밖에 없는데, 어닝 쇼크란 이처럼 어닝 시즌에 기업이 발표한 영업 실적이 시장의 예상치보다 훨씬 저조하여 주가에 충격을 준다는 의미에서 붙여진 용어이다. 영업 실적이 시장의 예상치보다 저조한 경우에는 주가 하락으로 이어지는 경우가 일반적이며, 영업 실적이 좋더라도 예상했던 것보다 저조하면 주가가 하락하기도 한다. 이는 투자자들이 향후 기업의 수익성에 대해 비관적인 전망을 가지게 되기 때문이며, 특히 예상보다 실적이 나쁘면 시장의 신뢰도가 떨어지고 주가가 크게 영향을 받게 된다.

☑ 시험에서는 이렇게 물어본다!
어닝 쇼크가 발생할 경우 주식시장에 미치는 영향은?

171

투자심리선
Psychological Line

2020 | 지역농협

일정 기간 동안 투자 심리의 변화를 파악하여 주식시장의 상태를 진단하는 기준이 되는 수치

최근 12일 동안에 나타난 전일 대비 상승일수를 누계하고 이를 12로 나누어 백분율로 나타내는데, 이 수치가 75% 이상이면 과열 상태로 보고 25% 이하이면 침체 상태로 본다. 투자심리선은 단기적으로 심리가 과열한 상태인지 아니면 침체상태인지를 판단하여 과열상태일 때는 매수보다는 매도의 전략을 취하고 침체상태일 때는 매도보다 매수의 전략을 취하여 장세 대응을 객관적으로 하려는 데 있다.

☑ 시험에서는 이렇게 물어본다!
투자심리선이 투자결정에 미치는 영향은?

172 ■■■

기업어음

CP : Commercial Paper

2021 | 농협은행

기업이 자금조달을 위해 발행하는 융통어음

자금조달을 위해 기업이 발행하는 융통어음으로, 기업어음을 발행하면 은행, 종금사, 증권사 등이 선이자를 뗀 후 매입하거나 중개수수료를 받고, 개인 또는 기관 투자자에게 매출한다. 보통 무보증 거래이나 중개금융기관이 지급보증하기도 한다. CP를 발행하려면 신용평가기관으로부터 B급 이상의 신용등급을 얻어야 한다. 그러나 시장에서는 A급 이상의 우량기업어음만 거래되며 발행기일은 1일부터 365일까지 있지만 보통 30일, 90일, 180일 등인 경우가 많다.

☑ 시험에서는 이렇게 물어본다!
기업어음에의 주요특징은?

173 ■■■

진성어음

Commercial Bill

2020 | 농협계열사

기업 간 상거래를 하고 대금결제를 위해 발행되는 어음이다.

진성어음을 받은 납품업체는 약정된 기일에 현금을 받을 수 있으나 자금 순환을 위해 할인을 받아 현금화하는 것이 보통이다. 진성어음은 발행자가 특정 금액을 기한 내에 지급하겠다는 약속을 담은 유가증권인 만큼 발행자의 신용을 바탕으로 하며, 법적으로 발행자가 기한 내에 약속된 금액을 지급해야 하는 의무가 발생한다. 진성어음은 법적 효력이 강력하며, 만약 발행자가 이를 이행하지 않을 경우, 법적 절차를 통해 채권자가 지급을 요구할 수 있다.

☑ 시험에서는 이렇게 물어본다!
진성어음의 법적효력은?

174 ■■■

전자어음

Electronic Bill

2020 | 농협계열사

전자문서 형태로 작성되어 전자어음을 발행하고자 하는 자가 전자어음 관리기관에 등록한 약속어음

전자유가증권으로서 기존 실물어음과 같이 이용되며 발행, 배서, 권리행사 및 소멸 등을 온라인에서 전자적인 방법으로 처리할 수 있다. 전자어음은 2004년 제정된 전자어음의 발행 및 유통에 관한 법률에 근거하여 만들어진 전자지급 결제수단으로 이용자는 어음의 분실 · 도난뿐만 아니라 어음 보관 · 관리 및 유통 · 교환비용을 절감할 수 있게 되었다. 또한 기업입장에서도 실물어음을 이용함에 따른 발행 · 유통 · 관리비용 및 인력을 절감할 수 있으며, 전자상거래에 적합한 지급 결제수단의 확보, 기업회계의 투명성 제고 등의 도입 효과가 있다.

☑ 시험에서는 이렇게 물어본다!
전자어음의 장점은?

175 ■■■
어음관리계좌
CMA :
Cash Management Account

증권회사가 고객의 예탁금을 MMF, RP, 기업어음 등의 금융자산에 투자하여 그 수익을 고객에게 돌려주는 금융 상품

은행의 보통예금처럼 입출금이 자유롭고 증권사가 책임지고 운영하므로 안정성이 높다.

176 ■■■
당좌예금
當座預金

수표나 어음을 발행하여 자유롭게 찾을 수 있는 예금

예금주가 예금 잔액 범위 내 혹은 당좌대출 한도 내에서 수표나 어음을 발행하여 언제든 자유롭게 찾을 수 있는 예금이다. 은행의 요구불예금의 하나로 발행된 수표는 현금과 같은 기능을 가진다. 그러나 당좌예금은 은행의 자금조달로서의 기여도가 미미하여 이에 대한 이자를 지급하지 않는다.

177 ■■■
포트폴리오 투자
Portfolio Investment

소액의 주식, 채권 및 기타 다른 유가증권 등을 여러 종류에 분할해 투자하는 방법

국제자본의 이동형태는 크게 직접투자와 포트폴리오 투자로 구분할 수 있다. 기업의 경영권을 획득할 목적으로 투자하는 것이 직접투자인데 반해, 경영참여에는 관심이 없이 투자수익획득을 위하여 각종 유가증권 등에 투자하는 것을 포트폴리오 투자라고 한다. 투자 대상자산의 수익성에 직접적으로 영향을 미치는 투자 대상국통화의 환율, 금리, 세율 등의 추이뿐만 아니라 투자자의 수익 – 위험(Riskreturn)에 대한 선호도에 따른 포트폴리오 조정으로 크게 좌우된다.

178 ■■■
퍼스트 펭귄
The First Penguin

불확실성을 감수하고 용감하게 도전하는 선구자

먹이 사냥을 위해 바다로 뛰어드는 것이 두렵지만, 펭귄 한 마리가 먼저 용기를 내어 뛰어들면 나머지 펭귄들도 이를 따른다는 데에서 유래하였다. 이는 불확실하고 위험한 상황에서 용감하게 먼저 도전함으로써 다른 이들에게도 참여의 동기를 유발하는 선구자를 의미한다.

179 ■■■
블라인드 펀드
Blind Fund

투자 대상을 정하지 않고 투자자금을 모집한 후 투자처를 물색해 투자하는 펀드

일반적으로 펀드상품들은 대부분 투자 대상이 정해져 있어서 펀드상품 설명서를 보면 주식의 투자비중이 얼마이고, 어떤 종목을 주로 투자하는지에 대한 자세한 설명이 나와 있다. 반면에, 블라인드 펀드는 투자자에게 미리 일정한 규모의 투자금을 모았다가 우량물건이 나오면 투자해서 수익을 올리는 방식으로, 투자자금의 기본적인 운용계획은 짜여 있지만, 구체적으로 어떤 상품에 투자하는지는 고객은 물론 운용사도 사전에 알 수 없다.

180

섹터펀드
Sector Fund

2020 | 지역농협

특정 유망업종에 집중해서 투자하는 펀드

투자 대상은 자동차 · 반도체 · 건강(바이오) · 은행 · 정보통신(IT) · 부동산 등이 있다. 섹터펀드는 특정 업종에 집중하는 대신 리스크를 피하기 위해 투자 대상을 전 세계로 넓히는 것으로, 예를 들어, 향후 국제적으로 반도체 주가가 오를 전망이라고 할 때 국내 및 해외의 여러 반도체 회사에 투자를 하여 주가가 올랐을 때 고수익을 얻게 된다. 섹터펀드는 업종의 경기와 아주 밀접한 관계가 있으므로 그만큼 변동성이 크기 때문에 늘 경기전망에 관심을 기울어야 하며, 한 업종에 몰아서 하는 집중투자이기 때문에 분산투자를 했을 때보다 높은 수익을 기대할 수 있지만 리스크도 크다.

☑ 시험에서는 이렇게 물어본다!
섹터펀드의 장점은?

181

옐로우칩
Yellow Chips

2020 | 농협중앙회

블루칩에 비해 한 단계 낮은 주식

블루칩보다는 시가총액이 적지만 안정성과 성장이 기대되는 우량종목들이다. 성장성은 있지만 리스크와 변동성도 크다. 따라서 장기적으로 고수익을 추구하는 투자자들에게 매력적일 수 있고, 잠재력이 높은 기업에 투자하는 전략이다.

상식PLUS⁺ 주식 관련 용어

㉠ 레드칩(Red Chip) : 원래는 홍콩 증권시장에 상장된 중국 기업들의 주식을 통틀어 일컬었다. 지금은 중국 정부와 국영기업이 최대주주로 참여해 홍콩에 설립한 기업들 가운데 우량기업들의 주식만을 가리키는 용어로 국한되어 쓰인다.

㉡ 블루칩(Blue Chip) : 카지노에서 쓰이는 흰색, 빨간색, 파란색 세 종류의 칩 가운데 가장 가치가 높은 것이 블루칩인 것에서 유래된 표현이다. 오랫동안 안정적인 이익 창출과 배당지급을 실행해온 기업의 주식을 말한다.

☑ 시험에서는 이렇게 물어본다!
옐로우칩의 특징은?

182

좀비기업
Zombie Company

회생할 가능성이 없음에도 정부의 지원으로 간신히 파산을 면하고 있는 부실기업

정부의 지원 정책에 편승하여 간신히 연명하고 있는 기업을 말한다. 정작 지원받아야 할 기업은 그만큼 지원자금이 줄어들어 경제 전반에 걸쳐 악영향을 미치게 된다.

183

유니콘 기업

Unicorn 企業

기업 가치가 10억 달러 이상인 스타트 기업

설립한지 10년 이하면서 10억 달러 이상의 기업 가치를 가진 스타트 기업을 상상 속 동물 유니콘에 비유한 말이다. 상장하기도 전에 기업 가치가 10억 달러 이상이 된다는 것은 유니콘처럼 상상 속에서나 존재할 수 있다는 의미로 쓰였다. 유니콘 기업은 지속적으로 증가하고 있는 추세이며 현재 우리나라는 약 13개의 유니콘 기업이 있다.

184

데카콘 기업

Decacorn 企業

기업의 가치가 100억 달러 이상인 신생 벤처기업

기업 가치 10억 달러 이상인 기업을 의미하는 유니콘(Unicorn)이란 단어의 유니(Uni)가 1을 뜻하는 데서 착안하여 10을 뜻하는 접두사인 데카(Deca)와 유니콘의 콘(Corn)을 결합하여 만든 용어다. 창업회사가 성장하여 유니콘 기업을 넘어 데카콘 기업이 되면 크게 성공한 것으로 인정한다.

185

허니문 랠리

Honeymoon Rally

새롭게 출범하는 정부에 대한 기대감으로 생기는 주가 상승 흐름

새로운 정부가 출범하게 되면 정책의 불확실성이 해소되고 국민들이 거는 기대가 커지면서 정부에 대해 협조적인 자세를 취함으로써 사회가 안정되는 경향이 있다. 허니문 랠리는 새 정부 출범을 전후하여 국민들이 새 정부에 거는 기대감으로 인해 일시적 또는 얼마 간 주가가 지속적으로 상승하는 현상을 말한다. 신혼여행의 즐거운 단꿈을 증시에 비유해 이런 명칭이 붙었다.

186

카르텔

Cartel

같은 업종에 종사하는 기업끼리 서로 독립적이면서 제조나 판매, 가격 등의 부분에서 협정을 맺는 행위

담합이라고도 한다. 기업의 입장에서는 무리하게 경쟁하지 않고도 이윤을 추구할 수 있고, 경쟁자의 침투도 함께 막아낼 수 있다. 이러한 기업들의 카르텔을 사적 카르텔이라고 하며, 정부가 특정 산업보호나 산업구조 합리화 등을 위해 가격이나 산출량 등을 대놓고 규제하는 경우를 공공 카르텔이라 한다. 또한 국가 간의 카르텔도 있는데, 석유수출국기구(OPEC)나 설탕, 커피 등 국제적인 상품거래와 관련한 카르텔도 있다.

187
콜금리
Call Rate

2024 | 농협은행

금융기관끼리 남거나 모자라는 자금을 서로 주고받을 때 적용되는 금리

금융기관들도 예금을 받고 기업에 대출을 해주는 등 영업활동을 하다 보면 자금이 남을 수도 있고 급하게 필요한 경우도 생기게 된다. 콜금리는 1일물(Overnight) 금리를 말하며 금융기관 단기 자금의 수요와 공급에 의하여 결정된다. 이러한 금융기관 상호 간에 과부족 자금을 거래하는 시장이 바로 콜시장이다. 돈을 빌려 주는 것을 콜론, 빌려가는 것을 콜머니라고 하며, 콜시장은 금융시장 전체의 자금흐름을 비교적 민감하게 반영하는 곳이기 때문에 이곳에서 결정되는 금리를 통상 단기 실세금리지표로 활용하고 있다. 한국은행이 한국자금중개회사, 서울외국환중개회사, KIDB채권중개회사로부터 콜머니와 콜론에 대해 기관별로 거래액과 금리를 통보받아 거래액을 가중평균하여 산출한 금리를 공시한다.

☑ 시험에서는 이렇게 물어본다!
콜금리가 상승할 때 발생할 가능성이 높은 상황은?

188
스놉 효과
Snob Effect

특정 상품에 대한 소비가 증가하면 오히려 수요가 줄어드는 현상

어떤 상품에 대한 소비가 증가하면 희소성이 떨어져 그 상품의 수요가 줄어드는 현상을 말한다. 마치 까마귀 떼 속에서 혼자 떨어져 있는 백로의 모습과 같다고 하여 스놉 효과라는 이름을 붙였다. 대체로 미술품이나 고급가구, 한정판 상품에서 이러한 효과를 볼 수 있다.

189
예대마진
預貸 Margin

2021 | 농협은행

대출 금리와 예금금리의 차이로 금융기관의 수입이 되는 부분

예대마진이 크다는 것은 예금의 대가로 지불한 이자에 비해 대출을 해주고 받은 이자가 더 많다는 의미가 된다. 그렇기 때문에 예대마진이 커지면 금융기관의 수입이 늘어나게 되고, 보통 대출 금리가 오르면 예금금리가 오른다.

☑ 시험에서는 이렇게 물어본다!
예대마진이 증가하는 경우, 은행의 수익성 변화는?

190
이마트 지수
E – Mart Index

이마트가 자체 개발한 생활물가지수

대형소매유통업체인 이마트가 판매하는 476개 상품군의 판매량 증감 수준을 분기별로 지수화한 것으로, 100 이상이면 지난해 같은 기간보다 소비가 늘었고 100 미만이면 소비가 줄었다는 뜻이다.

191 ■■■

잠재적 실업
潛在的失業

표면상으로는 실업이 아니지만 원하는 직업에 종사하지 못해 조건이 낮은 다른 직종에 종사하는 상태

실업은 크게 본인의 의사가 반영되었는지 여부에 따라 자발적 실업과 비자발적 실업으로 나누는데, 자발적 실업은 일할 의사는 있지만 조건 등이 맞지 않아 스스로 실업을 선택한 경우로 마찰적 실업이라고도 한다. 자발적 실업은 실업자로 볼 수 없기 때문에 실업률에 반영되지 않는다. 비자발적 실업은 외부요인으로 생기는 실업으로, 불경기로 인한 노동 수요의 감소로 생기는 경기적 실업, 겨울에 경기가 가라앉는 건설 분야처럼 계절적 요인에 의해 생기는 계절적 실업, 특정 산업분야의 노동에 대한 수요부족으로 생기는 구조적 실업이 있다.

192 ■■■

이슬람 금융
Islamic Banking

2020 | 지역농협

이슬람 율법을 준수하는 금융행위

이슬람 금융은 수익 극대화보다는 이슬람 교리인 코란의 가르침을 따르는 데 중점을 두고 있다. 이자로 인한 착취나 투기는 금지하지만 공정한 이익이나 경제적인 추가 가치를 만들어 내는 것은 금지 사항이 아니다. 그러나 정당한 거래 방식이라 하더라도 도박이나 술, 마약거래, 돼지고기 등과 연관된 산업에는 투자를 금지하고 있다. 즉, 이자대신 이익 공유 계약을 활용한다. 불확실한 거래 및 계약, 비윤리적 산업 투자를 금지한다. 이에 따라 이슬람 금융은 투자자에게 이자 대신 실물자산을 매매하거나 이용해서 얻는 이윤을 배당하는 형식으로 이익을 지급한다. 이러한 거래는 상인이 자신의 물건을 빌려주거나 판매해 얻는 정당한 이익으로 인정하기 때문이다.

상식PLUS+ 이슬람 금융 상품
수쿠크(채권), 타카풀(보험), 무다라바(신탁금융), 무샤라카(출자금융), 무라바하(소비자금융), 이스티스나(생산자금융), 이자라(리스금융) 등

☑ 시험에서는 이렇게 물어본다!
이슬람 금융의 주요 원칙은?

193 ■■■

리스트럭처링
ReStructuring

사업 재구축

발전가능성이 있는 방향으로 사업구조를 바꾸거나 비교우위가 있는 사업에 투자재원을 집중적으로 투입하는 경영전략이다. 사양사업에서 고부가가치의 유망사업으로 조직구조를 전환하므로 불경기 극복에 효과적이다. 또한 채산성이 낮은 사업은 과감히 철수 · 매각하여 광범위해진 사업영역을 축소시키므로, 재무상태도 호전시킬 수 있다.

194

쿨링오프
Cooling Off

2020 | 농협계열사

물건을 사고 보니 마음에 들지 않거나 필요도 없는 물건일 때 구매를 취소하는 것을 법적으로 보장해 주는 제도(청약철회권)

머리를 식히고 냉정하게 생각해 보라는 의미이다. 그러나 모든 상품에 대하여 해당되는 것이 아니고, 방문판매 · 다단계 판매 · 전화권유판매 · 전자상거래 · 생명보험 등이 대상이며, 청약철회기간이 정해져 있다. 청약철회기간은 방문판매일 경우는 14일 이내, 할부거래나 전자상거래는 7일 이내로 반드시 내용증명을 발송하여 청약철회권을 행사해야 하며, 내용증명은 우체국에 접수되는 순간부터 청약철회권의 효력이 발생하고, 물건을 구입한지 10일이 지났거나 물건의 훼손상태가 심하거나 사용해서 물건의 가치가 현저히 떨어질 우려가 있을 경우와 청약철회권의 남발을 막기 위해 상품가격이 5만 원 이하인 경우는 청약철회권을 행사할 수 없다.

☑ 시험에서는 이렇게 물어본다!
쿨링오프 기간의 주요 목적은?

195

콘드라티에프 파동
Kondratiev Wave

2019 | 지역농협

경제변동 중에서 주기는 일정하지 않지만, 자본주의 사회의 경제활동의 상승(확장)과정과 하강(수축) 과정을 되풀이 하는 변동을 경기파동

경기파동은 콘드라티에프 파동, 주글라 파동, 키친 파동 등 세 가지로 나뉜다. 이 중 50 ~ 60년을 주기로 하는 장기경기변동을 콘드라티에프 파동이라 한다. 콘드라티에프 파동은 기술혁신이나 신자원의 개발 등에 의하여 일어난다. 슘페터가 18세기 말 산업혁명, 1840년대 철도의 등장, 1890년대 자동차와 전기의 발명 등의 기술혁신과 이에 따른 대규모 투자에 따라 지금까지 적어도 세 차례 있어 왔다고 주장했고, 1940년대부터를 반도체, 컴퓨터, 생명공학, 신소재, 텔레커뮤니케이션 등의 신기술의 등장과 이에 따른 대규모 투자에 의하여 주도되고 있는 제4파동기로 보고 있다.

☑ 시험에서는 이렇게 물어본다!
콘드라티에프파동 이론에 따른 경제주기는?

196

근원물가지수
Core Inflation

2018 | 우리은행

경제 상황에 따라 물가변동이 심한 품목을 제외한 나머지 물가지수

계절의 영향이나 외부적 요인에 영향을 받아 물가변동이 심한 품목을 제외하고 산출한 물가지수를 말한다. 근원물가지수는 물가에 미치는 단기적 충격이나 불규칙 요인이 제외되어 기조적인 물가상승의 흐름을 읽을 수 있는 반면에, 국민들이 실제로 느끼는 체감물가와 괴리가 크다는 한계를 가지고 있다.

197

레버리지 효과
Leverage Effect

타인으로부터 빌린 자본을 지렛대 삼아 자기자본 이익률을 높이는 방식

예를 들어 10억 원의 자기자본으로 1억 원의 순익을 올렸다고 할 때, 투자자본 전부를 자기자본으로 충당했다면 자기자본이익률은 10%가 되고, 자기자본 5억 원에 타인자본 5억 원을 끌어들여 1억 원의 순익을 올렸다면 자기자본이익률은 20%가 된다. 따라서 차입금 등의 금리 비용보다 높은 수익률이 예상될 때는 타인자본을 적극적으로 끌어들여 투자하는 것이 유리하다. 그러나 과도한 차입금을 사용하는 경우, 금리상승은 부담을 증가시켜 도산위험 및 도산의 기대비용이 높아질 수 있다.

198

레버리지 매수
Leveraged Buyout

인수기업이 기업인수에 필요한 자금을 모두 보유하지 않고도 바이아웃(인수 후 매각)을 시도할 수 있는 M&A 방법

매수자금의 대부분을 매수할 기업의 자산을 담보로 하여 조달하는 것으로 적은 자기자본으로 큰 기업을 인수할 수 있어 지렛대라는 표현을 쓴다. 먼저 투자자가 인수대금의 10% 정도를 출자해 일종의 페이퍼 컴퍼니인 특수목적법인(SPC)을 설립한다. 이 법인은 인수대상기업의 부동산 자산을 담보로 금융회사로부터 인수대금의 50% 정도를 대출받는다. 이어 나머지 40% 자금은 후순위채권 등 정크본드를 발행해 전체 인수대금을 조달하는 것이 통상적 방법이다.

199

MOR
Market Opportunity Rate

2020 | 농협중앙회

어떤 금융기관이 대출 금리를 정할 때 기준이 되는 금리

보통 은행은 정기예금, 양도성예금(CD), 은행채 등을 통해 자금을 조달하게 되는데, 이때 평균조달원가를 감안해 내부 기준금리를 결정하게 된다. 이후 영업점 수익성 등을 고려해 일정 스프레드를 붙인 고시금리를 발표하고, 이를 대출 금리로 활용한다. 대형 금융기관일수록 신용도가 좋아 조달금리가 낮아지므로 MOR은 금융기관마다 다를 수밖에 없다. 예를 들어, MOR이 높으면 금융기관이 자금을 조달하기 어려운 상태를 의미하고 낮으면 자금이 풍부하다는 의미이다.

> ☑ 시험에서는 이렇게 물어본다!
> MOR의 역할은?

200 ■■■
머니마켓펀드
MMF : Money Market Funds

2019 | 농협중앙회

단기금융 상품에 집중투자를 해 단기 금리의 등락이 펀드 수익률에 신속히 반영될 수 있도록 한 초단기 공사채형 금융 상품

고객의 돈을 모아 금리가 높은 CP(기업어음), CD(양도성예금증서), 콜과 같은 단기금융 상품에 집중 투자하여 여기서 얻는 수익을 되돌려주는 실적배당상품이다. 낮은 위험과 안정적인 수익을 추구한다. 미국 최대 증권사인 메릴린치가 지난 1971년 개발해 금리자유화가 본격화됐던 1980년대 선풍적인 인기를 끌었던 금융 상품으로, 우리나라에서는 1996년 10월부터 투신사에서 발매하기 시작했다. CD나 CP는 투자금액에 제한이 있지만 MMF는 가입금액에 아무런 제한이 없어 소액투자자도 손쉽게 투자할 수 있다. 또한 하루 뒤에 되찾아도 환매수수료가 붙지 않아 만기가 따로 정해져 있지 않다. 고객은 MMF에 가입한 날의 펀드 기준가와 출금한 날의 펀드 기준가 차액에 따라 이익을 보게 된다. MMF의 최대 장점은 가입 및 환매가 청구 당일에 즉시 이뤄지므로 자금 마련에 불편함이 없고 펀드 내에 있는 채권에 대해 시가평가를 적용하지 않으므로 시장금리의 변동과 무관하게 안정적인 수익률을 기대할 수 있다.

☑ 시험에서는 이렇게 물어본다!
MMF가 적합한 투자자의 성향은?

201 ■
뮤추얼 펀드
Mutual Fund

1999년 우리나라에 도입된 회사형 투자신탁

투자자들의 자금을 모아 하나의 페이퍼 컴퍼니를 설립하여 주식이나 채권, 파생상품 등에 투자한 후 그 운용 수익을 투자자들에게 배당의 형태로 돌려주는 펀드이다. 투자자는 운용회사가 어느 주식을 사거나 어디에 투자하는지 알 수 있고, 투자에 대한 투자자의 의견을 제시할 수도 있다. 그리고 뮤추얼 펀드는 하나의 독립된 회사로 운영되어 법률상 독립된 회사이기 때문에 기존 수익증권에 비해 주주의 운영 및 참여가 자유롭고 개방적인 특징이 있어 투명성도 높은 것으로 평가되고 있다. 뮤추얼 펀드는 언제든지 입출금이 가능한 개방형과 입출금이 불가능한 폐쇄형 두 가지가 있으며, 국내에는 폐쇄형만 허용되고 있다. 폐쇄형 뮤추얼 펀드는 주주이기 때문에 만기 이전에 돈을 회수할 수 없는 대신에 거래소나 코스닥 시장에 단일종목으로 거래되고 있어 여기서 회수하면 된다. 또한 투자 방법의 내용에 따라 보통주 펀드, 균형펀드, 수익펀드, 채권 및 우선주 펀드 등이 있으며, 보통주 펀드의 규모가 가장 크다. 안정적인 자산증식을 원하는 대다수 소액투자자들이 포트폴리오 수단으로 활용한다. 펀드 전문가가 운용해 주는 간접투자라는 점이 특징이며 운용 실적대로 배당이 이루어진다. 투자손익에 대한 책임도 투자자들이 진다. 투자 대상은 주식과 채권, 기업어음(CP), 국공채 등 유가증권이 주를 이룬다.

202 ■■■
액체사회
Liquid Society

2020 | 지역농협

업종 간에 경계가 사라진 사회

두 업종이 마치 액체처럼 한 곳에 용해되어 있는 시장에서 경쟁하는 형태이다. 동종업계를 경쟁자로 지정하는 것이 아니라 전혀 다른 분야의 업종과 경쟁을 하는 것을 의미한다.

203 ■■■
빅블러
Big Blur

산업의 경계가 모호해지는 현상

빠르게 변화하는 소비 패턴과 기술의 발달로 인해 산업의 경계가 모호해지는 현상을 말한다. 금융회사 대신 핀테크를 이용하여 해외로 송금 하는 것, 온라인 지급 결제 서비스가 온라인 가맹점을 내는 것 등이 이에 해당된다.

204 ■■■
뱅크런
Bank Run

은행의 예금 지급 불능 상태를 우려하여 고객들이 대규모로 예금을 인출하는 사태

경제상황 악화로 금융시장에 위기감이 조성되면서 이를 우려한 금융기관의 고객들이 대규모로 예금을 인출하는 상황을 말한다. 뱅크런으로 인한 은행 위기를 막기 위해 예금보험공사는 예금자보호법을 시행하고 있다.

상식PLUS+ 본드런(Bond Run)
뱅크런에서 유래한 것으로 펀드 투자자들이 투자한 자금을 회수하려는 펀드 런과 투자자들이 앞다투어 채권을 팔려고 하는 행위이다.

관련기사 실리콘밸리은행(SVB) 파산
실리콘밸리은행(SVB)을 비롯하여 미국의 몇몇의 지역은행이 연쇄적으로 파산을 하였다. 이러한 은행의 파산에는 기술의 발전으로 뱅크런이 급속도로 진행되면서 빠르게 파산이 다가왔다. 모바일뱅킹으로 빠르게 인출이 가능해지면서 대규모 인출 사태가 벌어졌고 급속도로 돈이 빠져나가게 되었다.

205 ■■■
범위의 경제
Economy of Scope

2018 | 농협계열사

생산요소 기능을 조절하여 효율적으로 생산하는 효과

한 기업이 여러 재화나 서비스를 생산할 때 발생하는 총 비용이 별도의 기업으로 하나씩 생산했을 때 발생하는 총비용보다 적어지는 경우를 말한다.

☑ 시험에서는 이렇게 물어본다!
범위의 경제(Economies of Scope)가 발생하는 경우는?

206
볼커룰
Volcker Rule

2019 | 농협은행

미국 금융기관의 위험투자를 제한하기 위하여 만든 규제방안

금융개혁법안인 도드-프랭크 월 스트리트 개혁 및 소비자 보호법(Dodd - Frank Wall Street Reform and Consumer Protection Act)의 619조항으로 대형 금융기관이 자기자본으로 투자하는 자기자본거래를 막고 펀드를 설립·투자하면서 위험한 자산에 투자하는 것을 막는 규제책이다. 금융시스템의 부실이 반복되는 것을 막고 상업은행과 투자은행을 분리하는 것이 목적이다.

☑ 시험에서는 이렇게 물어본다!
볼커룰이 제정된 주요 배경은?

207
참여 장벽
Barriers to Entry

2020 | 지역농협

잠재적 경쟁을 방어·억제하기 위한 요인

특정산업에 진입하여 사업을 전개하고자 하는 기업에게 불리하게 작용하는 모든 장애 요인들이 포함된다. 특허 제도나 인허가 제도는 강력한 참여 장벽이 되고, 원료 독점이나 기술 비밀, 유통 경로의 지배도 참여 장벽으로 이용된다. 경제적, 법적, 기술적 또는 시장적 요인에 의해 발생할 수 있는데, 대규모 자본이 요구되는 산업, 특허나 독점적 기술에 의해 보호받는 시장, 정부의 규제가 강한 산업 등이 참여 장벽을 만들 수 있다. 참여 장벽은 기존 기업들이 시장에서 경쟁 우위를 유지하게 하며, 새로운 경쟁자가 쉽게 시장에 진입하지 못하게 한다. 반면, 참여 장벽이 낮을 경우, 경쟁이 심화되어 기존 기업들의 이익률이 감소할 수 있다. 한편 철수 장벽은 참여 장벽에 대응되는 개념으로 철수하려고 하는 경우에 그 진출 분야에서 쉽게 발을 빼지 못하도록 하는 주요 요인이다.

☑ 시험에서는 이렇게 물어본다!
참여 장벽이 기업과 산업에 미치는 영향은?

208
중앙은행
Central Bank

한 국가의 금융제도 중심 기관

국가의 화폐발행 및 금융시스템, 통화정책 수립 등을 담당하는 금융제도의 중추적 기관을 말한다. 흔히 은행의 은행 또는 정부의 은행이라고 불리며 한국의 중앙은행인 한국은행은 효율적인 통화신용정책의 수립 및 집행을 통해 물가안정과 금융안정을 도모하는 것을 목적으로 1950년 6월 12일 한국은행법에 의해 설립되었다.

209

스무딩 오퍼레이션
Smoothing Operation

2020 | 농협중앙회

급격한 변동이 생기는 것을 방지하기 위해 정부나 중앙은행이 직·간접적으로 개입하는 것

변동환율 제도를 채택하고 있는 나라에서의 환율은 시장의 수요와 공급에 따라 변동되지만, 시장에만 맡겨 두지는 않는다. 환율이 급격하게 오르내리면 수출입 및 국민에게도 피해를 입을 수 있으므로 환율을 원활하게 관리하는 것을 말한다. 스무딩 오퍼레이션의 대표적인 사례로, 한국은행의 외환시장 개입을 들 수 있다. 한국은행은 원화가 급격하게 변동할 때 외환시장에 개입하여 원화의 급격한 가치 변동을 완화시키는 작업을 수행할 수 있다. 이 과정에서 외환보유고를 활용해 원화를 매도하거나 매입함으로써 원화의 가치를 조정하고, 시장의 급격한 변동성을 낮추는 역할을 한다.

☑ 시험에서는 이렇게 물어본다!
스무딩 오퍼레이션의 사례를 말해보시오.

210

거주자 외화예금
居住者 外貨預金

2020 | 지역농협

국내 거주자가 외화를 환전하지 않고 외화 형태로 자기 계좌에 예치하는 것

국내 거주자가 외화를 그대로 자기 예금계좌에 예치하는 것을 말한다. 여기서 거주자란 국내인과 국내에 6개월 이상 거주한 외국인 및 국내에 진출해 있는 외국 기업 등을 말한다. 외화예금은 고객이 향후 해당 국가의 통화를 사용해야 할 경우를 대비해 미리 저축할 때 유용하다. 해당 국가 통화를 환율이 낮을 때 환전하여 저축하면 환율이 오를 때 이익을 얻을 수 있기 때문이다. 이처럼 외화예금이 재테크 수단으로 활용되기도 한다. 이 예금에 대한 금리는 국제금리에 1%를 가산한 범위 내에서 은행장이 자율적으로 결정한다. 이것은 외국환은행의 중요한 외화자금 조달원의 하나로 은행 간 환율에도 영향을 미친다.

☑ 시험에서는 이렇게 물어본다!
거주자 외화예금의 영향은?

211

위대한 개츠비 곡선
Great Gatsby Curve

소설 「위대한 개츠비」의 주인공 개츠비의 이름을 인용한 소득불평등 이론

경제적 불평등이 커질수록 사회적 계층 이동성이 낮다는 결과를 보여주는 그래프이다. 소설 「위대한 개츠비」의 주인공 이름을 인용하였다. 소득 불평등 정도가 큰 국가는 세대 간 소득 탄력성도 크게 나타난다. 경제적 불평등이 커질수록 사회적 계층 이동의 가능성이 낮게 나타난다는 의미이다. 소득 불평등도가 큰 국가는 세대 간 소득 탄력성이 크게 나타나 사회적 계층 이동의 가능성이 낮으나, 소득 불평등 정도가 낮은 국가는 세대 간 소득 탄력성이 낮게 나타나 상대적으로 사회적 계층 이동이 수월하다.

212 ■■■
기회비용
Opportunity Cost

2022 | 농협은행

포기한 기회 중 가장 큰 가치를 가진 기회

어떤 한 가지를 선택할 때, 선택으로 인해 포기한 가장 큰 차선을 말한다. 즉, 어떤 행위를 하기 위해 포기해야 하는 다른 기회의 최대가치이다.

☑ 시험에서는 이렇게 물어본다!
기회비용을 고려한 의사결정의 중요성은?

213 ■■■
매몰비용
Sunk Cost

회수할 수 없는 비용

의사결정을 하고 난 이후 발생하는 비용 중 회수할 수 없는 비용을 일컫는다. 콩코드 오류라고도 하는데, 1962년 영국과 프랑스 양국은 공동으로 막대한 자금을 투입하여 초음속 여객기 콩코드를 개발에 착수하였으나 기술적 한계와 수지타산이 맞지 않았고, 국가의 자존심 문제로 콩코드 운항을 개시했다가 결국 막대한 손실만 입고 운항을 중단한 사례이다.

214 ■■
밴드왜건 효과
Band Wagon Effect

유행에 따르는 소비성향

악대를 앞에 두고 사람들을 몰고 다니는 차량인 밴드왜건에서 차용된 용어이다. 정치학에서는 소위 말하는 대세론으로 후보자가 일정 수준 이상의 지지율을 얻으면 그 후보를 따라가게 되는데 이를 밴드왜건 효과라고 하며, 경제학에서는 대중적으로 유행하는 상품을 따라서 소비하는 성향을 일컫는다.

215 ■
우발부채
偶發負債

2020 | 지역농협 2020 | 농협중앙회

현재 채무로 확정되지 않았으나 미래에 채무로 확정될 가능성이 있는 부채

가까운 장래에 채무로 확정될 가능성이 있는 잠재적 부채를 말한다. 회계기준에 따르면 과거 사건이나 거래 결과로 현재의무가 존재하고, 의무를 이행하기 위해 회사가 보유한 자원이 유출될 가능성이 높으며 의무 이행에 필요한 금액을 추정할 수 있을 때 충당부채로 인식하나 이 조건을 충족시키지 못하면 우발부채로 인식한다.

☑ 시험에서는 이렇게 물어본다!
우발부채가 재무제표에 미치는 영향은?

216
탄력세율
Flexible Tax Rate

2021 | 농협은행

정부가 법률로 정한 기본세율을 탄력적으로 변경하여 운영하는 세율

조세의 경기조절기능을 수행하기 위한 목적에서 마련된 제도이다. 조세법률주의에서 세율은 조세의 종목을 정한 세법과 같이 입법사항으로 국회의 의결을 거쳐 결정 또는 변경하는 것이 원칙이지만, 오늘날과 같이 국내외 경제여건이 수시로 변하고 국민 경제에 미치는 영향이 빠르고 크게 작용하는 때에 신속하고 신축성 있게 대처해 나가야 국내 산업을 보호하고 국민 경제를 안정시키며 국제수지의 악화를 막을 수 있다. 이처럼 국민 경제의 효율적 운용을 위하여 경기조절, 가격안정, 당해 물품의 수급에 필요한 경우에는 법정세율의 30% 범위 안에서 대통령령으로 이를 조정할 수 있도록 되어있는 바, 대통령령에 규정된 세율을 탄력세율로 부르고 있다. 따라서 국민 경제를 위한 대처방안 가운데 하나로서 입법과정을 거치지 않고 행정부의 권한으로 세율을 조정하는 방안이 각국의 경제정책 수단으로 흔히 사용되고 있다.

상식PLUS⁺ 탄력세율의 목적

지방세에서 탄력세율은 경기조절기능 수행보다는 지역 간 선호나 특성차이를 반영함으로써 자원배분의 효율성을 제고한다.

☑ 시험에서는 이렇게 물어본다!

탄력세율의 주 목적은?

217
정부실패
Government Failure

정부의 개입이 의도와 다른 결과가 발생한 때

시장실패가 일어나면 정부의 개입이 필요한 경우가 있는데, 정부 역시 시장에 대한 불완전 정보와 능력의 한계 등으로 의도와 다른 결과를 유발한 때에 정부실패라고 한다.

218
시장실패
市場失敗

2019 | 농협은행

시장이 효율적인 자원 분배를 제대로 하지 못하는 상태

시장에서 경쟁이 제대로 이루어지지 않고 외부 효과로 인해 자원배분이 비효율적일 때, 또한 정보의 비대칭으로 도덕적 해이가 발생하면, 시장이 자유롭게 기능함에도 시장실패가 나타날 수 있다.

☑ 시험에서는 이렇게 물어본다!

시장실패를 해결하기 위한 정부의 개입방법은?

219

가격차별
Price Discrimination

2020 | 농협은행

동일한 상품을 서로 다른 구매자들에게 다른 가격으로 판매하는 제도

독점기업이 생산하는 상품에 대한 소비자 계층 간의 수요탄력성이 다를 경우, 시장을 두 개 이상으로 분할하여 상이한 가격으로 판매하는 것을 말한다. 가격차별은 기업에게 더 많은 이윤을 가져다준다. 소득 · 인종 · 연령 등 개인적 특성이나 지리적 위치로 분할할 수 있으며 독점시장에서만 나타날 수 있다.

상식PLUS⁺ 가격차별 구분

㉠ **1급 가격차별** : 소비자의 유보가격에 해당하는 가격으로 책정한다.
㉡ **2급 가격차별** : 소비자의 구입량에 따라 단위당 가격을 다르게 책정한다.
㉢ **3급 가격차별** : 소비자의 특징에 따라 시장을 두 개 이상으로 분할하여 상이한 가격을 측정하는 것으로 일반적인 가격차별을 의미한다.

☑ 시험에서는 이렇게 물어본다!
가격차별 기준과 예시를 약술하시오.

220

소비자잉여
Consumer Surplus

2023 | 농협계열사 2021 | 농협은행 2019 | 농협중앙회

어떤 상품에 대해 소비자가 지불하고자 하는 수요가격에서 실제 시장가격을 뺀 차액

소비자들이 어떤 재화나 서비스에 대해 지불하고자 하는 값과 실제로 그들이 지불한 값과의 차이를 말한다. 즉 소비자가 지불할 용의가 있는 가격에서 실제 지불한 가격을 뺀 금액이며, 소비자가 상품을 구입함으로써 얻는 이익의 크기를 나타낸다. 가격이 오르면 소비자잉여는 감소한다.

소비자잉여 = 소비자 누리는 가치 − 소비자가 지불한 금액

☑ 시험에서는 이렇게 물어본다!
소비자잉여가 증가하는 상황은?

221

잉여현금흐름
Free cash flow

기업의 수익에서 세금, 영업비용, 투자금 등을 제외하고 남은 현금

현금의 유입 · 유출만을 계산하여 회사에 남아있는 현금을 설명한다. 기업이 사용할 수 있는 돈을 의미한다. 영업에서 벌어온 현금에서 자본적 지출을 제외하고 남아있는 것을 의미한다.

잉여현금흐름 = 당기순이익 + 감가상각비 − 고정자산증가분 − 순운전자본증가분

222

쿠퍼 효과
Cooper Effect

2020 | 지역농협 2020 | 농협중앙회

금융정책 효과의 시기가 다르게 나타나는 현상

경기불황으로 경기부양을 위한 정책 효과는 점진적으로 나타나나 경기호황 시 경기냉각을 위한 긴축 정책 효과는 빠르게 나타나는 현상을 말한다. 정책 후행성(Policy Lag) 또는 정책의 비대칭적 효과(Asymmetric Effects)라는 경제적 원리로 설명할 수 있다. 경기부양 정책의 효과는 일반적으로 시간이 지남에 따라 점진적으로 나타나는 데 비해, 긴축 정책은 상대적으로 신속하게 경기 냉각을 초래하는 경향이 있다. 이는 경기부양 정책은 예를 들어, 금리가 인하되면 소비자와 기업이 대출을 더 많이 하거나 투자를 증가시키는 데 시간이 필요하고, 그에 따라 경기 회복이 서서히 일어난다. 또한, 정부의 재정 지출 증가나 세금 인하도 수개월 또는 수년이 지나야 실제 효과가 나타나는 반면에 긴축 정책은 소비자와 기업의 즉각적인 반응을 유도하는데, 금리가 인상되면 대출이 줄어들고 소비가 위축되는 등 신속한 반응이 나타나며, 이로 인해 경기가 빠르게 냉각된다. 또한, 세금 인상이나 정부 지출 축소와 같은 조치도 즉각적으로 경기 둔화를 초래할 수 있다. 즉, 경기 부양 정책의 효과는 서서히 나타나고, 긴축 정책은 즉각적인 반응을 보여 경기 변동이 비대칭적으로 나타나는 것이다.

☑ 시험에서는 이렇게 물어본다!
쿠퍼 효과가 나타나는 이유는?

223

소득주도 성장
Income Led Growth

임금 주도 성장론을 바탕으로 한 이론

가계의 임금과 소득을 늘리면 소비도 늘어나 경제 성장이 이루어진다는 경제정책이다. 대기업의 성장에 따른 임금 인상 등의 낙수 효과보다 인위적으로 근로자의 소득을 높여 경제 성장을 유도한다는 내용이다.

224

낙수 효과
落水效果

2023 | 농협계열사

선도 부분의 성과가 후발 부문으로 유입되는 효과

윌 로저스가 미국 제31대 허버트 후버 대통령의 대공황 극복을 위한 경제정책을 비꼬던 말로, 고소득층의 소득 증대가 소비 및 투자 확대로 이어져 궁극적으로 저소득층의 소득도 증가하게 되는 효과를 가리키는 말이다. 정부가 투자 증대를 통해 대기업과 부유층의 부(富)를 늘려주면 경기가 부양되어 결국 중소기업과 저소득층에게 혜택이 돌아감은 물론, 경제발전과 국민복지가 향상된다는 이론이다.

☑ 시험에서는 이렇게 물어본다!
낙수 효과가 현실적으로 효과적이지 않다고 비판받는 이유는 무엇이라고 생각하는지 말해보시오.

225

금융소외자
金融疏外者

신용 등급이 낮아 정상적인 신용활동이 불가능한 사람들

담보가 없거나 신용 등급이 낮아 사실상의 대출이 어려워 제1 ~ 2금융권을 이용할 수 없는 저신용자를 일컫는다.

226

빈곤의 악순환
Vicious Circle of Poverty

2020 | 농협계열사

국민소득성장률이 낮은 상태가 되풀이되는 과정

후진국은 국민소득이 낮기 때문에 국내 저축이 미약하므로 높은 투자가 형성될 수 없다. 미국의 경제학자 넉시가 「저개발국의 자본 형성의 문제」에서 처음 사용한 용어이다.

관련기사 '영 케어러' 빈곤의 악순환

가족을 돌보거나 간병하는 가족돌봄청년인 영 케어러가 빈곤의 악순환에 빠져 곤경에 처해지고 있다. 보건복지부에서는 간병을 담당하는 어린 청년 돌봄지원자를 대상으로 다양한 지원을 세분화할 예정이다. 영 케어러의 간병소요시간을 줄이고 집안일 부담을 줄이는 것에 중점을 두었다.

☑ 시험에서는 이렇게 물어본다!
빈곤의 악순환을 극복하기 위한 방법으로 가장 효과적인 것을 말해보시오.

227

지니계수
Gini's Coefficient

2024 · 2022 | 농협은행

소득분배가 균등하게 분배되는가를 나타내는 지수

소득분배의 불균형수치를 나타내며, 주로 빈부의 격차를 설명할 때 인용한다. 지니계수는 0 ~ 1사이의 숫자로 표시되는데, 분배가 완벽하게 균등 할 때를 0, 분배가 완전히 불균등할 때를 1로 표현한다. 숫자가 0에 가까울수록 소득분배가 잘 이루어진 것이고, 1에 가까울수록 소득 불균형이 심하다고 보면 되며, 보통 0.4가 넘으면 소득분배의 불평등 정도가 심한 것으로 보면 된다. 또한 지니계수는 근로소득이나 사업소득 등 소득분배상황과 부동산과 금융자산 등 자산분배상황도 알 수 있다.

☑ 시험에서는 이렇게 물어본다!
지니계수가 1에 가까울수록 나타나는 현상은?

228

엥겔지수

Engel's Coefficient

2019 | 농협은행

총가계 지출액 중에서 식료품비가 차지하는 비율

일반적으로 식료품은 소득의 높고 낮음에 관계없이 반드시 얼마만큼 소비해야 하며 동시에 어느 수준 이상은 소비할 필요가 없는 재화이다. 그러므로 저소득 가계라도 반드시 일정한 금액의 식료품비 지출은 부담하여야 하며, 소득이 증가하더라도 식료품비는 크게 증가하지 않는다. 이러한 까닭에 식료품비가 가계의 총 지출액에서 차지하는 비율은 소득 수준이 높아짐에 따라 점차 감소하는 경향이 있다. 1857년 독일의 통계학자 엥겔이 가계지출을 조사하여 확인한 결과 이러한 경향을 확인하였으며, 그의 이름을 따서 '엥겔의 법칙', 식료품비가 가계지출액에서 차지하는 비중을 '엥겔지수'라고 부르게 되었다

☑ 시험에서는 이렇게 물어본다!

엥겔지수와 지니계수의 차이에 대해 약술하시오.

229

엔젤계수

Angel Coefficient

가계에서 지출하는 비용 중 아이들(유아에서 초등학생까지)을 위해 사용되는 돈이 차지하는 비중

엔젤계수에는 과외비와 학원비 같은 교육비, 장난감 구입비, 용돈, 의복비, 아이들을 위한 외식비 등이 포함된다. 우리나라의 경우 엔젤계수가 높은 편인데, 아무리 가정 형편이 어려워도 아이들을 위한 지출은 줄지 않고 있기 때문이다. 특히 교육비를 미래를 위한 투자로 인식하기 때문에 부모들은 불황이 심할수록 교육비를 늘리지 않으면 불안해하고, 아울러 불황일수록 교육경쟁은 더 치열해지면서 과외비와 학원비 같은 교육비가 증가한다. 한편 어린이를 대상으로 하는 사업을 엔젤 비즈니스라고 한다.

관련기사 저소득층은 '엥겔계수', 고소득층은 '엔젤계수' …

소득이 낮을수록 식료품비 지출 비율이 높은 것을 엥겔의 법칙이라 하며, 소비지출에서 식료품비가 차지하는 비율을 엥겔계수라고 한다. 이는 재화의 특성이기도 한데, 농축수산물 등 식료품 물가가 급등하자 저소득층의 엥겔계수는 높아졌으며, 고소득층일수록 식료품비보다 교육비 지출 부담이 더 높은 것으로 나타났다.

230

리쇼어링

Reshoring

해외에 나가 있는 자국기업들을 각종 세제 혜택과 규제 완화 등으로 다시 불러들이는 정책

생산비와 인건비 절감 등을 이유로 생산시설을 해외로 옮긴 기업들이 보호무역주의의 확산과 기술적인 측면에서 스마트 팩토리(SmartFactory)의 확산으로 다시 자국으로 돌아오는 현상이다. 인쇼어링, 온쇼어링, 백쇼어링도 비슷하며 오프쇼어링과는 반대되는 개념이다.

231

조세피난처
Tax Haven

법인세, 개인소득세에 대한 원천과세가 전혀 없거나 과세 시에도 아주 저율의 세금이 적용되는 등 세제상의 특혜를 제공하는 국가나 지역

조세피난처는 세제상의 우대조치뿐 아니라 외국환관리법, 회사법 등의 규제가 완화되고 기업을 경영하는데 장애요인이 적고 모든 금융 거래의 익명성이 철저히 보장되어야 가능하다.

상식PLUS⁺ 조세피난처 유형

㉠ 택스 파라다이스(Tax Paradise) : 개인소득세 · 법인세 등 자본세를 전혀 부과하지 않는 나라로 바하마, 버뮤다군도, 케이맨 제도 등이 해당된다.
㉡ 택스 셸터(Tax Shelter) : 국외 원천소득에 대해 과세하지 않고 국내 원천소득에만 과세를 하는 곳으로 홍콩, 라이베리아, 파나마 코스타리카 등이 있다.
㉢ 택스 리조트(Tax Resort) : 특정한 형태의 기업이나 사업 활동에 세제상 우대조치를 부여하는 곳으로 룩셈부르크, 네덜란드, 스위스 등이 있다.

232

경제자유구역
Free Economic Zone

해외 투자자본과 기술을 적극적으로 유치하기 위하여 세제 감면이나 규제 완화 등 혜택을 부여한 특별 지역

외국인의 투자 유치를 촉진하고, 국가경쟁력 강화 및 지역 간 균형 발전을 위해 도입한 제도이다. 국제경영활동에 최적의 환경을 제공하기 위해 조성하는 특별경제구역으로 열악한 기업환경, 기존제도의 한계, 동북아시아의 위상변화 등에 따라 우리나라의 지정학적 위치를 최대한 활용하여 동북아의 물류중심으로 육성하고, 첨단산업 및 지식기반의 고부가가치 산업을 신 성장 동력으로 활용하는데 의의가 있다. 2003년에 인천을 시작으로 부산 · 진해, 광양만권, 경기, 대구 · 경북, 충북, 동해안권, 광주, 울산 등 조성되고 운영하고 있다.

233

주식 상장
株式上場

요건에 충족한 기업이 발행한 주권을 증권시장에서 거래할 수 있도록 부여하는 자격

한국거래소(KRX)에서 심사하며 이는 어디까지나 증권시장에서 자유롭게 거래할 수 있도록 허용하는 것 일뿐, 가치를 보증 받는 것은 아니다.

상식PLUS⁺ 상장의 종류

㉠ 신규상장(新規上場) : 기업이 발행한 주권을 처음 증권시장에 상장시키는 것을 말한다.
㉡ 신주상장(新股上市) : 증자, 합병, 전환사채 혹은 신주인수권부사채를 소유한 자의 권리 행사 등으로 새롭게 발행한 주권을 상장시키는 것을 말한다.
㉢ 재상장(再上場) : 상장법인의 분할 또는 분할합병에 의하여 설립된 법이나, 상장법 인간의 합병에 의하여 설립된 법인 또는 상장이 폐지된 후 5년이 경과되지 않은 법인이 발행한 주권을 상장시키는 것을 말한다.
㉣ 변경상장(變更上場) : 주권의 기재내용이 변경(상호, 종류, 액면금액 등)되거나 새 주권을 교체 및 발행하여 상장시키는 것을 말한다.

234

장외주식
場外株式

현금 보유가 많아 공모를 통한 상장이 필요하지 않은 경우나 상장요건에 미달하거나 상장 준비 중인 경우의 주식

유가증권이나 코스닥 시장에 상장되지 않은 회사의 주식을 말한다. 장외주식은 미래의 성장 잠재력을 가지거나 가치가 제대로 반영되지 않은 종목들이 많기 때문에 의외의 고수익을 창출할 수도 있지만 주식종목의 정보를 구하기가 쉽지 않다는 단점이 있다.

> **상식PLUS⁺** 기업성장집합투자기구(BDC)
> 성장 가능성이 유망한 벤처기업에 자금을 공급하는 시스템이다. 금융위원회에서는 「자본시장과 금융투자업에 관한 법률」을 개정하면서 BDC를 도입하였다. 비상장 기업을 중심으로 투자하는 집합투자기구 형태이다. 집합투자증권을 발행하고 거래소에 의무적으로 상장된다. 이때 투자대상 기업에 BDC 자산의 일정비율을 투자하는 것으로 다수에게 자금을 모으는 공모펀드 규모의 경제와 사모펀드의 운용전략이 결합된 것이다.

235

주가연동예금
ELD : Equity Linked Deposit

수익이 주가지수의 변동에 연계해서 결정되는 은행 판매 예금

고객의 투자자금은 정기예금에 넣고, 창출되는 이자만을 파생상품에 투자하여 수익을 낸다. 투자 대상 파생상품은 제한 없이 다양하고 중도 해지가 가능하지만 원금에 손실을 입을 수 있다. 증권사의 주가연계증권(ELS)에 비해 안정성이 높으며, 원금은 예금자보호법에 따라 보장되고 지급이자는 주가지수나 주식가격에 연동하여 결정된다. 투자방식은 투자액의 대부분을 정기예금에 넣고, 여기서 나오는 이자를 주가지수 옵션 등 파생상품으로 운용하여 발생한 수익을 고객에게 지급하는 방식으로 이루어진다. 주가연동예금(ELD)은 원금이 보장되며, 주가지수가 높아질수록 고수익을 얻을 수 있다. 또한 생계형 · 세금우대형으로 가입하면 세금절감의 효과도 얻을 수 있으나 중도에 해지할 경우에는 수수료를 물어야 하기 때문에 경우에 따라 원금이 손실될 수도 있다. 또 주가의 변동에 따라 수익률의 상한과 하한을 둔다는 점도 유의하여야 한다.

236

주가연계증권
ELS : Equity Linked Securties

2022 · 2021 | 농협은행

개별 주식의 가격이나 주가지수와 연계하여 수익률을 결정하는 파생 상품

금융기관과 금융기관, 금융기관과 일반기업 간의 맞춤 거래를 기본으로 하는 '장외파생 상품'이다. 거래의 결제 이행을 보증해주는 거래소가 없기 때문에 일정한 자격을 갖춘 투자매매업자만이 발행이 가능하다. 즉, 영업용 순자본비율이 300% 이상이며, 장외파생 상품 전문 인력을 확보하고, 금융위원회가 정하는 '위험관리 및 내부통제 등에 관한 기준'을 충족하는 투자매매업자가 발행할 수 있다.

> ☑ 시험에서는 이렇게 물어본다!
> 주가연계증권(ELS)의 수익 구조는?

237

주가연계펀드

ELF :
Equity Linked Fund

2020 | 농협은행

투자신탁회사가 주가지수연동증권(ELS)상품을 펀드에 편입하거나, 자체적으로 원금보존추구형 펀드를 구성해 판매하는 형태의 상품

대부분의 펀드자산은 국공채나 우량회사채 등의 안전자산에 투자하여 만기 때에 원금을 확보하며, 나머지 잔여자산은 증권회사에서 발행한 권리증서에 편입해 펀드 수익률이 주가에 연동되도록 설계한다. 따라서 ELF는 펀드의 수익률이 주가나 주가지수 움직임에 의해 결정되는 구조화된 수익구조를 갖는다. ELF의 형태는 베리어형, 디지털형, 조기상환형 등 수익구조에 따라 다양한 종류가 있을 수 있다. 그 중 원금보장형과 조기상환형이 대표적 형태로 원금보장형은 원금은 보장하되 주가가 상승 혹은 하락 시 상승 혹은 하락률의 일정비율을 이자로 지급하는 것이다. ELF는 2003년 1월부터 판매되고 있다. 주가지수 및 개별 주식에 연동되어 수익이 지급되는 장외파생 상품으로는 ELF 외에 ELD과 ELS이 있다.

☑ 시험에서는 이렇게 물어본다!
주가연계펀드(ELF)가 다른 전통적인 펀드와 구별되는 점은 무엇인지 말해보시오.

238

백도어 리스팅

Backdoor Listing

2019 | 농협계열사

장외기업이 상장 기업과의 합병을 통해 상장심사나 공모주 청약 등의 절차를 밟지 않고, 바로 장내로 진입하는 것

상장 때까지 걸리는 시간과 비용을 절감하기 위해 이미 상장된 회사를 이용하는 일종의 우회등록이다. 장외기업들은 현금으로 지분 인수 · 주식 맞교환(스와핑)을 이용해서 상장(등록) 기업과 합병을 통해 상장요건이 되지 않는 기업이 우회하여 상장하는 것이다.

☑ 시험에서는 이렇게 물어본다!
백도어 리스팅을 활용하는 이유는?

239

수퍼 개미

Super Catfish

2020 | 지역농협

자산 규모가 큰 개인투자자

우리나라에 수퍼 개미란 용어가 등장한 것은 1990년대 중반으로, 당시는 주로 선물이나 옵션 등 변동성이 큰 상품을 매매하여 큰돈을 번 개인들을 지칭하는 용어로 사용되었으며, 이들은 사회에 대한 파급효과보다는 개인적인 차원에서 투자 수익을 극대화하는 게 목표였다. 그러나 2000년대 들어 슈퍼 개미는 새롭게 진화하면서 자신의 실체를 좀 더 분명히 드러낸다. 상당수가 단순투자를 넘어 경영참여를 선언하며 주주행동주의를 적극 실천하고 자본시장의 주역으로 부상하고 있다

☑ 시험에서는 이렇게 물어본다!
수퍼 개미의 특징은?

240

우회상장
Backdoor Listing

증권시장에 상장하지 않은 기업이 상장 기업과의 합병 등을 통해 통상적인 상장 절차 없이 상장되는 것

백도어 상장이라고도 한다. 비(非)상장 기업은 우회 상장으로 합병한 상장 기업과의 시너지는 물론 상장의 지위도 함께 얻는다.

241

애널리스트
Analyst

기업과 관련된 조사와 분석을 담당하는 사람

기업의 현재 가치를 정확히 측정할 뿐만 아니라 미래 가치에도 주목한다. 경기흐름이라는 거시적인 틀 속에서 기업의 재무 및 손익구조 등을 분석해 기업의 적정 주가를 산출해 그 결과가 주식시장에 연결되며, 해당 기업의 주가가 기업의 내재가치보다 낮아 저평가되면 매수를, 반대일 경우에는 매도의견을 낸다. 또한 이들의 한마디에 주가가 출렁이기도 한다.

242

출자전환
Debt equitySwap

채권 금융기관이 부실기업에 빌려준 돈을 주식으로 전환하는 방식

출자전환의 장점은 우선 차입금이 자본금으로 전환됨으로서 기업의 재무비율이 개선되고, 지급이자 부담이 줄어들어 흑자전환을 할 수 있다는 것이다. 반면 차입금의 출자전환으로 대주주가 채권자로 교체될 수 있어 회사의 지배권이 바뀌고, 모든 경영사항에 대하여 채권자의 동의를 얻어야 하기 때문에 절차가 번거롭고, 중요한 투자에 대하여 적극적이지 못한다는 단점을 지닌다.

243

액면분할
額面分割

하나의 주식을 분할하는 것

주식수를 늘려 유동성을 높이고 단가를 낮추기 위한 방법으로 하나의 주식을 여러 주식으로 분할하는 것을 말한다. 한편 액면병합은 액면가를 높이는 것으로 낮아진 주가를 끌어올리기 위해 사용된다. 주식수가 줄어든다는 측면에서는 감자와 비슷하지만 자본금에 변화가 없으며 주주들의 지분 가치에도 변함이 없다는 점이 다르다.

244

돈맥경화
—脈硬化

돈이 시중에 돌지 않는 상태

자금이 시중에서 순환하지 못하는 상태를 동맥경화에 빗대어 표현한 것으로 경제불황이나 여러 가지 요인으로 투자와 소비가 감소하고 자금 순환 속도가 떨어지는 경우에 사용한다.

245

감자
減資

주식회사가 자본금을 줄이는 것

각종 잉여금과 자기자본을 포함한 자산에서 부채요인을 빼서 순수자산가치를 산정한 뒤 그만큼만 자본으로 인정하는 것을 말한다. 감자는 기존 주주들에게 큰 손해를 초래할 수 있는 사안이기 때문에 주주총회의 특별결의를 거쳐야만 시행할 수 있다.

상식PLUS⁺ 감자 종류

구분	내용
유상 감자	• 기업에서 자본금의 감소로 발생한 환급 또는 소멸된 주식의 대가를 주주에게 지급하는 것을 말한다. • 회사규모에 비해 자본금이 지나치게 많다고 판단될 경우 자본금 규모를 적정화하여 기업의 가치를 높이고 주가를 높이기 위해 사용한다.
무상 감자	기업에서 감자를 할 때 주주들이 아무런 보상도 받지 못하고 정해진 감자 비율만큼 주식 수를 잃게 되는 것을 말한다.

246

금융소비자 보호법

금융소비자 보호의 실효성을 높이고 국민경제 발전에 이바지함을 목적으로 하는 법

금융소비자의 권익 증진과 금융상품판매업 및 금융상품자문업의 건전한 시장질서 구축을 위하여 금융상품판매업자 및 금융상품자문업자의 영업에 관한 준수사항과 금융소비자 권익 보호를 위한 금융소비자정책 및 금융분쟁조정절차 등에 관한 사항을 규정함으로써 금융소비자를 보호하기 위한 법에 해당한다. 금융회사에서는 금융상품을 판매할 때, 적합성 · 적정성 원칙 및 설명의무, 불공정영업행위 금지, 부당권유행위 금지, 광고 관련 준수사항 등을 준수하여야 한다. 금융회사가 법으로 정한 판매원칙을 위반한 경우 소비자는 계약해지를 요구할 수 있다. 또한 금융소비자는 상품을 가입하고 정해진 기간 안에 계약을 철회가 가능하다. 또한 금융거래 분쟁은 금감원에서 분쟁조정을 신청할 수 있다.

247

불마켓
Bull Market

장기간에 걸친 시장 강세

황소가 뿔을 하늘을 향해 찌르는 모습처럼, 시장 시세의 강세나 강세가 예상되는 경우를 말한다. 최근 저점대비 20% 이상 상승했을 때를 의미하곤 한다. 강세시장을 예고하는 패턴으로는 장기하락 후의 상승 전환 등이 있다.

상식PLUS⁺ 베어마켓(Bear Market)

곰이 앞발을 아래로 내려치는 모습처럼, 주식시장이 하락하거나 하락이 예상되는 경우를 말한다. 거래가 부진한 약세 시장을 의미한다. 고점 대비 20% 이상 하락하는 경우를 의미한다. 주가가 하락하는 가운데 일시적으로 주가가 상승하는 현상은 베어마켓 랠리(Bear Market Rally)라고 하는데, 기간은 길지 않다.

248
SWIFT
Society for Worldwide Interbank Financial Telecommunication

2021 | 농협은행 2020 | 지역농협 2020 | 농협중앙회

안전한 금융 거래를 위한 유럽의 금융통신망

금융 거래 관련 메시지를 안전하고 효율적으로 주고받기 위하여 유럽 지역의 은행들이 설립한 금융통신망이다. 1973년에 설립되어 금융기관 간 자금이체, 신용장 개설 및 통지, 외환거래, 추심, 신디케이트 등에 관한 메시지 송수신에 주로 이용되며, 일부 국가의 중앙은행 거액결제 시스템 통신망으로도 활용되고 있다. 우리나라는 약 115개 기관이 이용 중이다.

> ☑ 시험에서는 이렇게 물어본다!
> SWIFT의 역할은?

249
디폴트
default

계약에서 정해진 원리금 변제나 지불 시기를 이행하지 못하고 원리금 상환이 불가능한 상태

국가가 전쟁, 혁명, 내란 등을 겪거나 민간기업이 경영부진과 도산 등으로 지불불능 상태가 되는 경우가 원인이다. 정해진 상환기간 안에 채무원리금을 상환하지 못해서 부도를 이르는 상황으로 채무불이행이라고도 한다.

250
모라토리엄
Moratorium

한 국가가 경제 · 정치적인 이유로 외국에서 빌려온 차관에 대해 일시적으로 상환을 연기하는 것

모라토리엄은 상환할 의사가 있다는 점에서 지급거절과는 다르며, 외채를 유예 받지만 국제적으로 신용이 하락하여 대외거래에 여러가지 장애가 뒤따른다. 또한 환율이 급등하고 신용경색으로 물가가 급등하여 전반적으로 심각한 경제적 혼란을 겪게 된다. 모라토리엄을 선언하면 채권국은 채무국과 채무조정 작업을 하게 된다. 만기를 연장하거나, 여러 형태의 구조조정 작업을 통해 신뢰도를 높이고, 모라토리엄 선언 이전에 상환연기나 금리 재협상, 원리금을 추가 대출금으로 돌리는 재융자, 원금삭감 등의 방법을 협상하기도 한다.

251
이머징 마켓
Emerging Market

2020 | 농협계열사

자본시장 부문에서 급성장하고 있는 국가들의 시장

금융시장과 자본시장에서 빠르게 성장하고 있는 국가들의 신흥시장으로, 특히 개발도상국 가운데 산업화가 빠르게 진행되고 있는 국가의 시장을 뜻한다.

> ☑ 시험에서는 이렇게 물어본다!
> 이머징 마켓에서 발생할 수 있는 투자리스크는?

252

윤리라운드

ER : Ethic Round

경제활동의 윤리적 환경과 조건을 각 나라마다 표준화하려는 국제적인 움직임

비윤리적 기업의 제품은 국제거래에서 규제하자는 윤리라운드(ER)가 우루과이라운드(UR) 이후 국제 경제 질서에 새롭게 등장하여, 21세기 들어 중요한 통상과제로 떠오르고 있다. 윤리라운드(ER)의 목표는 비윤리적인 방법으로 원가를 절감시켜 제조한 제품의 국제 간 거래는 불공정거래로 인식하고, 기업윤리강령의 윤리를 실천하는 기업의 제품만 국제거래가 되도록 하자는 것이다. 미래의 경제 환경에서는 경제운용의 구조적 효율성을 중시하는 풍토가 일반화되고, 토지 · 노동 · 자본 등과 함께 생산요소에서 윤리항목이 중요한 자리를 차지할 전망이다.

253

최혜국 대우

MFN : Most Favored Nation Treatment

2020 | 농협계열사

관세 · 항해 등 양국 간 관계에서 지금까지 다른 나라에 부여한 대우 중 최고의 대우를 해주는 것

제3국에 부여하고 있는 조건보다 절대 불리하지 않은 대우를 해 주는 것이다. GATT는 최혜국 대우가 대표적인 일반원칙으로서 이에 대한 예외를 매우 엄격하게 규제하고 있다. 일단 두 나라 간 최혜국 대우를 적용하기로 하면 이 중 한 나라가 제3국과 보다 유리한 무역협정을 맺어도 그 효력은 별도의 합의 없이도 상대 최혜국 대우 국가에도 적용된다. 이는 최혜국 대우의 의미가 다른 나라와의 관계보다 불리한 대우를 하지 않는다는 포괄적 약속이기 때문이다.

☑ 시험에서는 이렇게 물어본다!
최혜국 대우를 체결한 국가 간 무역에서 발생할 수 있는 효과는?

254

전환사채

CB : Convertible Bond

일정 기간이 지나면 채권 보유자의 청구가 있을 때 미리 결정된 조건대로 발행회사의 주식으로 전환 가능한 특약이 있는 사채

발행만기 기간과 전환가격 등을 표시하며, 주식으로 전환하지 않을 경우 별도로 정해놓은 이자율을 받을 수 있다. 전환사채를 발행하려면 정관을 통해 주식으로의 전환 조건과 전환으로 인해 발행할 수 있는 사항이나 전환을 청구할 수 있는 기간 등을 정해야 한다. 전환사채의 발행방식은 공모와 사모가 있는데, 공모는 인수단이 구성돼 주식을 인수한 후 투자자에게 판매하는 방식으로 거래소 상장, 신고서, 사업설명서 제출 등 법적장치를 수반해 발행되므로, 관련 사항이 투자자에게 신속히 전달된다. 사모는 특정소수의 기관을 대상으로 모집되어 일반투자자는 투자참여 및 발행정보공유에서 배제되므로 기존의 일반주주의 경우 사모전환사채가 주식으로 전환될 때는 통상적 신주인수권을 원칙적으로 봉쇄당한 채 증자에 따른 불이익을 떠안게 된다.

255

신주인수권부사채

BW : Bond with Warrant

2021 | 농협은행

일정 기간이 지나면 미리 정해진 가격으로 주식을 청구할 수 있는 사채, 주식, 채권, 외환 등의 정해진 수량을 약정한 값에 매매할 수 있는 권리가 붙은 사채

대개는 고정된 이자를 받을 수 있는 채권과 주식인수권리를 따로 매매할 수 있다. 만기보장, 수익률, 인수권 행사자격 등 발행조건이 전환사채의 경우와 같으나 전환사채는 사채권자의 전환권행사에 의하여 사채권자의 지위를 상실하고 주주가 되며 신주인수의 대가로서 별도의 출자를 요하지 아니하나, 신주인수권부사채는 사채권자가 신주인수권을 행사하더라도 사채가 소멸하지 않고 신주인수의 대가로 별도의 출자를 요하므로 사채권자와 동시에 주주의 지위를 가진다. 다만, 신주인수권부사채의 상환에 갈음하여 그 가격으로 신주의 발행가액의 납입을 대신하는 대용납입을 할 수 있으므로, 이 경우에는 전환사채와 비슷하게 된다. 전환사채는 사채권과 전환권이 동일증권에 의하여 표창되나, 신주인수권부사채는 신주인수권을 행사하더라도 사채권에는 영향이 없기 때문에 사채권과 신주인수권을 반드시 동일증권에 의하여 표창할 필요가 없다.

☑ 시험에서는 이렇게 물어본다!

BW투자자가 선택할 수 있는 것은?

256

인덱스 펀드

Index Fund

특정 주가 지표 변동과 비례하게 포트폴리오를 구성하여 펀드의 수익률을 이들 지표와 동일하게 실현하고자 하는 투자 펀드

인덱스 펀드의 목적은 주식시장의 장기적 성장 추세를 전제로 하여 주가지수의 변동에 따라 함께 움직이는 포트폴리오를 구성 · 운용하여 시장의 평균 수익률을 실현하는 데 있다. 또한 최소한의 비용과 인원으로 투자 위험을 최대한 줄이기 위해 가능한 한 적은 종목으로 주가 지표 움직임에 근접한 포트폴리오를 구성하는 것이 이 펀드의 운용 핵심이다. 인덱스펀드의 장점으로는 매입하여 보유하는 것을 원칙으로 하여 일반펀드에 비해 거래 수수료나 비용이 적게 드는 반면, 시장이 침체될 경우에는 펀드 수익률도 동반 하락한다는 단점이 있다.

257

벌처 펀드

Vulture Fund

기업구조조정펀드로 부실한 기업을 저가로 인수해 상황이 호전된 후 고가로 되팔아 수익을 내는 기금이나 회사

벌처(Vulture)란 동물의 시체를 파먹고 사는 대머리 독수리로, 냉혹하지만 생태계를 유지해 주는 순기능도 한다는 유래에서 벌처펀드라는 이름이 붙었다. 벌처펀드는 1980년대 미국의 금융위기 과정에서 본격적으로 출현했으며, 현재 미국 · 영국 등 선진국에서는 민간 주도로 기업의 구조조정을 할 만큼 보편화되어 있다. 우리나라는 1999년에 회생하기 힘든 업체의 구조조정 지연문제를 해결하기 위해 도입되었다.

258

엄브렐러 펀드

Umbrella Fund

2020 | 농협중앙회

하나의 펀드 아래 서로 다른 여러 개의 하위 펀드가 모여 구성된 상품

투자자금을 시장상황과 고객의 투자목적, 특성에 따라 주식형, 채권형 등으로 이동할 수 있는 펀드를 말하며 직접투자와 간접투자의 중간성격을 갖고 있다. 주식투자를 하다 증시가 조정을 받을 경우 MMF, 채권 등에 투자해 수익률을 높이는 선진국형 상품이다. 기존 하이일드 펀드보다 더 많은 공모주를 배정받을 수 있어 고수익이 기대되지만 부실채권을 모아 담보로 발행한 후순위채권에 주로 투자해 다소 위험도 있다.

☑ 시험에서는 이렇게 물어본다!
엄브렐러 펀드의 장점은?

259

상장지수펀드

ETF :
Exchange Traded Fund

2020 | 농협은행

주식처럼 거래가 가능하고, 특정 주가지수의 움직임에 따라 수익률이 결정되는 펀드

인덱스 펀드를 거래소에 상장시켜 투자자들이 주식처럼 편리하게 거래할 수 있도록 만든 상품이다. 투자자들이 개별 주식을 고르는 데 수고를 하지 않아도 되는 펀드투자의 장점과, 언제든지 시장에서 원하는 가격에 매매할 수 있는 주식투자의 장점을 모두 가지고 있는 상품으로 인덱스 펀드와 주식을 합쳐놓은 것과 같다. 최근에는 시장지수를 추종하는 ETF외에도 배당주나 거치주 등 다양한 스타일을 추종하는 ETF들이 상장되어 인기를 얻고 있다.

☑ 시험에서는 이렇게 물어본다!
상장지수펀드에 대해 약술하시오.

260

K자형 회복

고학력 · 고소득 노동자와 저학력 · 저소득 노동자의 양극화 현상

고학력 · 고소득 노동자는 경기침체에서 빠르게 회복하는 반면에 저학력 · 저소득 노동자는 회복이 어렵거나 오히려 소득이 감소하는 등의 양극화 현상을 일컫는다. 보통은 경기하락이 급격하게 나타났다가 회복되는 V자형, 일정 기간 동안은 침체되다가 회복되는 U자형으로 나타나나 팬데민 이후 임금과 교육수준, 인종 등에 따른 새로운 형태의 경제회복이 나타나고 있다. 고소득층에서는 정보기술을 중심으로 교육과 노동에 타격이 거의 없는 반면, 저소득층에서는 사실상 불가능하여 빈부격차가 악화되고 있다.

261 ■■■
더블 딥
Double Dip

경기가 저점을 통과한 후 다시 침체에 빠지는 경우

일반적으로 2분기 연속 마이너스 성장을 벗어나 회복 기미를 보이다 다시 2분기 마이너스 성장을 기록하는 상황으로 경제 사이클 그래프로 그려보면 W자 모양으로 나타나 이중 하락, 이중 하강, 이중 침체 등으로 표현된다. 더블 딥이란 용어는 2001년 미국에서 처음 등장했는데, 경기침체는 기업투자 부진과 민간소비 약화가 요인이다. 경기침체기에는 기업들의 생산 활동이 타격을 받아 기업 재고가 줄고, 다시 이를 채우기 위한 수요가 늘어나 생산 증가로 이어지지만 경기침체기 후반에는 그동안 늘어난 실업자가 누적되어 수요 감소로 이어지면서 전보다 더 심각한 경기침체를 가져온다.

262 ■■■
페이데이 론
Payday Loan

2020 | 지역농협 2020 | 농협중앙회

월급날 대출금을 갚기로 하고 돈을 빌리는 초고금리 소액 대출

미국의 신용위기 상황이 지속되면서 서민들이 모기지 이자상환을 위해 높은 금리인데도 급전을 마련하는 경우가 늘고 있으며, 이로 인한 가계파산이 늘어 미국 경제에 부정적인 영향을 끼쳤다.

> ☑ 시험에서는 이렇게 물어본다!
> 페이데이 론의 위험성에 대해 말해보시오.

263 ■■■
퀀텀 점프
Quantum Jump

단기간에 비약적으로 성장하는 것

원자에 에너지를 가하면 전자의 회전 속도가 빨라지다가 임계점 이상의 에너지가 쌓이면 한 단계 더 높은 궤도로 뛰어오르게 되는 현상을 경제학에서 차용한 표현으로 단기간 성장을 이루는 것을 말한다. 기업이 사업구조나 사업방식 등의 혁신을 통해 단기간에 비약적으로 실적이 호전되는 경우에 퀀텀 점프라는 용어를 사용하고 있다.

264 ■■■
온렌딩 대출
On Lending

2020 | 지역농협 2020 | 농협중앙회

중소기업 정책자금 지원 대출

한국정책금융공사가 시중 은행에 중소기업 대출 자금을 빌려주면 민간 은행이 여신심사를 통하여 지원 대상 기업을 골라 대출해 주는 중소·중견기업 지원 전문 정책금융이다.

> ☑ 시험에서는 이렇게 물어본다!
> 온렌딩 대출의 특징은?

265

크라우드 펀딩

Crowd Funding

2020 | 농협은행

인터넷 등을 통해 대중에게 자금을 모으는 투자 방식

매체를 활용해 자금을 모으는 투자 방식으로 소셜 펀딩이라고도 불린다. 자금이 없는 예술가나 사회활동가 등이 자신의 창작 프로젝트나 사회공익프로젝트를 인터넷이나 SNS에 공개하고 익명의 다수에게 투자를 받는다. 기간 내에 목표액을 달성하지 못하면 후원금이 전달되지 않기 때문에 창작자나 후원자 모두 프로젝트의 홍보를 돕게 된다. 현재는 트위터나 페이스북 등을 활용해 영화 · 음악 등의 문화상품이나 IT분야에서 활발히 이용되고 있으며 아이디어 창업 등 응용 범위에 제한이 없다는 것이 장점으로 꼽히고 있다.

상식PLUS⁺ 크라우드 펀딩 형태

구분	내용
후원형	대중의 후원으로 목표 금액을 달성하면 프로젝트가 성공하는 방식으로, 공연과 예술 분야에서 많이 활용되고 있다.
기부형	보상이나 대가 없이 기부 목적으로 지원하는 방식이다.
대출형	개인과 개인 사이에서 이뤄지는 P2P 금융으로, 소액 대출을 통해 개인 혹은 개인사업자가 자금을 지원받고 만기에 원금과 이자를 다시 상환해 주는 방식이다.
증권형	이윤 창출을 목적으로 비상장 주식이나 채권에 투자하는 형태로, 투자자는 주식이나 채권 등의 증권으로 보상받는다.

☑ 시험에서는 이렇게 물어본다!

온라인 플랫폼을 이용하여 대중으로부터 자금을 조달하는 방식은?

266

금산분리

金産分離

금융자본과 산업자본 간에 소유하는 것을 금지하는 원칙

은행과 기업 간의 결합을 제한하는 것으로 기업들이 은행을 소유할 수 없도록 법으로 규정한 것이다. 산업자본이 금융자본을 지배하게 될 경우, 은행 돈을 보다 쉽게 쓸 수 있으므로 무분별한 투자와 사업 확장을 하기 쉬워진다. 이러한 경우 다른 기업들과의 자본 조달에 있어서 차별이 생길 수 있고 투자자금이 부실화된다면 은행에 돈을 예금한 예금주들은 큰 피해를 입게 될 수 있다. 한편에서는 산업자본의 금융참여 제한은 외국계자본의 국내 금융 산업지배 현상을 심화시키므로 금산분리를 완화하여 국내자본으로 은행을 방어해야 한다는 의견이 일기도 한다.

267

수탁회사
受託會社

2020 | 농협계열사

주식, 채권, 유가증권 등 실물을 보관하는 회사

통상 은행이 수탁회사가 되며, 투신사 · 투신운용사 등 돈 굴리기를 전문으로 하는 회사들은 자본시장과 금융투자업에 관한 법률에 따라 고객 돈으로 투자한 유가증권을 별도기관인 수탁회사에 맡겨야 한다. 수탁업무는 금전신탁과 재산신탁으로 나누는데, 금전수탁은 운용방법을 특별하게 정해 놓는지의 여부에 따라 특정금전신탁과 불특정금전신탁으로 구분한다.

☑ 시험에서는 이렇게 물어본다!
수탁회사 역할과 기능은?

268

뱅크론
Bank Loan

은행 간의 차관

은행이 차입국의 은행에 융자하여 그 금융기관이 자기책임하에 자국의 기업에 대해서 자금을 대부하는 방식으로 저개발국에 대한 민간경제협력의 하나이다. 보통의 차관은 정부나 기업이 개발도상국의 정부나 기업에 대해 자금을 대출하지만 뱅크론은 은행이 개발도상국의 은행에 대해 대출한다.

269

팩토링
Factoring

금융기관들이 기업으로부터 매출채권을 매입한 것을 바탕으로 자금을 빌려주는 제도

기업들이 상거래 대가로 현금 대신 받은 매출채권을 신속히 현금화, 기업 활동을 돕자는 취지로 지난 20년대 미국에서 처음 도입되었다. 기업이 상품 등을 매출하고 받은 외상매출채권이나 어음을 팩토링 회사(신용판매회사)가 사들여 채권을 관리하며 회수하고, 사들인 외상매출채권이 부도가 날 경우의 위험 부담은 팩토링 회사가 부담한다. 상품을 매출한 기업으로서는 외상판매 또는 신용판매를 하고도 현금판매와 같은 효과를 얻을 수 있고,채권의 관리 · 회수에 필요한 인력과 비용을 덜 수 있는 이점이 있다. 한국에서는 1980년부터 팩토링 금융이 도입되어 빠른 성장을 보이고 있다.

270

거북선 펀드

노후화된 해양경찰청 경비함정을 교체하기 위해 정부 주도 아래 민간 자본을 유치하는 선박 펀드

정부의 주도 아래 민간자본이 참여한 관공선 전용 선박 펀드를 말한다. 개인 투자자는 당초 정해진 안정적인 수익을 얻을 수 있고, 일반 펀드보다 저율 과세 혜택을 받을 수 있다.

271

자금세탁 방지제도

Anti Money Laundering System

불법자금 세탁을 적발하고 방지하기 위한 제도

불법으로 증식한 재산의 출처를 숨기고 위장하여 변환하는 행위를 적발·방지하여 투명하고 공정한 금융 거래 질서를 확립하기 위한 제도이다.

상식PLUS+ 자금세탁 방지제도 구성

구분	내용
의심거래보고제도 (STR : Suspicious Transaction Report)	금융 거래(카지노에서의 칩 교환 포함)와 관련하여 불법재산이라고 의심되는 합당한 근거가 있거나 금융 거래의 상대방이 자금세탁행위를 하고 있다고 의심되는 합당한 근거가 있는 경우 금융정보분석원장에게 보고하는 제도이다.
고액현금거래보고제도 (CTR : Currency Transaction Reporting System)	일정금액 이상의 현금거래를 FIU에 보고해야 하는 제도로, 1일 거래일 동안 1천만 원 이상의 현금을 입금하거나 출금할 경우 거래자의 신원, 거래일시, 금액 등을 자동 보고한다. 주관적으로 판단하여 보고하는 의심거래보고제도와는 구별되며, 우리나라는 2006년에 처음 도입하였다. ※ 도입 첫해인 2006년에는 5천만 원이 보고 기준이었으나 2008년부터는 3천만 원, 2010년부터는 2천만 원, 2019년부터는 1천만 원으로 재조정되었다.
고객확인제도 (CDD : Customer Due Diligence)	금융회사 등이 고객과 거래 시 고객의 신원을 확인·검증하고, 실제 소유자, 거래의 목적, 자금의 원천을 확인하도록 하는 등 고객에 대해 합당한 주의를 기울이도록 하는 제도이다. ※ 고객알기정책(KYC : Know Your Customer Policy)이라고도 한다.
강화된 고객확인 (EDD : Enhanced Due Diligence)	고객별·상품별 자금세탁 위험도를 분류하고 자금세탁위험이 큰 경우에는 더욱 엄격한 고객확인, 즉 금융 거래 목적 및 거래자금의 원천 등을 확인하도록 하는 제도로, 2008년부터 시행하였다.

관련기사 **가상화폐거래소 자금세탁방지를 위해 트래블룰 시행**

가상화폐를 이용하여 자금을 세탁하는 것을 방지하기 위해 트래블룰이 시행된다. 금융정보분석원이 가상자산 사업자인 국내 가상화폐 거래소에 송·수신 관련 정보를 의무적으로 제공하는 것이다. 특정금융정보법에 따라서 가상자산거래소는 송수신인의 신원정보를 의무적으로 기록해야 하고 자금세탁이 의심되면 금융정보분석원에 보고해야 한다.

272

금융실명제

金融實名制

금융기관과 거래할 때에 본인 실명으로 거래해야하는 제도

은행예금이나 증권투자 등 금융 거래를 할 때 실명으로만 하게 하는 제도로 1993년에 도입되었다. 가명 거래, 차명 거래, 무기명 거래 등을 제도적으로 금지한다.

273

확정급여형

DB : Defined Benefit

2022 | 농협은행

근로자가 퇴직할 때 받을 퇴직급여가 사전에 확정된 퇴직 연금제도

사용자가 매년 부담금을 금융회사에 적립하여 책임지고 운용하며, 운용 결과와 관계없이 근로자는 사전에 정해진 수준의 퇴직급여를 수령하는 확정급여형 연금이다. DB형은 회사의 책임으로 퇴직 적립금을 은행 · 보험사 등 외부 금융회사에 맡겨 운용한다. 수익이 나도 회사가 갖고, 손실이 나더라도 회사가 책임진다. 근로자가 퇴직할 때 받는 돈에는 차이가 없다.

☑ 시험에서는 이렇게 물어본다!
DB형과 DC형의 차이는?

274

확정기여형

DC :
Defined Contribution

2022 | 농협은행

사용자가 납입할 부담금(매년 연간 임금총액의 1/12 이상)이 사전에 확정된 퇴직 연금제도

기업의 부담금은 확정되어 있으나 근로자가 받는 퇴직급여는 확정되지 않고 운용수익에 따라 달라지게 된다는 점이 DB형과 다르다. DC형은 회사가 퇴직 적립금을 근로자 개인의 퇴직연금 계좌로 보내주고 근로자 자신이 금융회사 선택에서부터 편입 상품까지 직접 골라 운용한다. 근로자가 운용을 책임지기 때문에 퇴직 때 받는 돈이 차이가 날 수 있다. 각 회사는 노사 합의에 따라 DB형과 DC형을 선택할 수 있다. 회사별로 DB형이나 DC형 한 쪽만 있는 경우도 있고, 근로자가 선택할 수 있도록 하는 회사도 있다.

275

개인형 퇴직연금

IRP :
Individual
Retirement Pension

근로자가 이직하거나 퇴직할 때 받은 퇴직급여를 향후 연금화할 수 있도록 하는 퇴직연금제도

퇴직한 근로자가 퇴직 시 수령한 퇴직급여를 운용하거나 재직 중인 근로자가 DB나 DC 이외에 자신의 비용 부담으로 추가로 적립하여 운용하다가 연금 또는 일시금으로 수령할 수 있는 계좌이다.

276

CSS

Credit Scoring System

개인대출평가시스템

개인의 신상, 직장, 자산, 신용, 금융기관 거래정보 등을 종합평가해 대출여부를 결정해주는 자동전산시스템이다. 각각의 개인대출 신청은 CSS 결과에 따라 자동승인, 재심사대상, 승인거절 등으로 분류된다. 예금 또는 거래 실적이 많은지 보다는 돈을 제대로 갚을 수 있는 능력이 있는지의 여부를 이 지표로 확인할 수 있으며, 이는 고객의 신용도를 가늠하는 가장 큰 고려사항이다.

277 ■□□
더블위칭데이
Double Witching Day

2020 | 농협계열사
선물과 옵션의 만기일이 겹치는 날

두 마녀의 날이라고도 한다. 선물과 옵션의 만기일이 겹치는 날에는 어떤 변화가 생길이 아무도 예측할 수 없다는 의미이다.

> ☑ 시험에서는 이렇게 물어본다!
> 더블위칭데이(Double Witching Day)의 의미는?

278 ■□□
네 마녀의 날
Quadruple Witching Day

네 가지 파생상품(주가지수 선물과 옵션, 개별 주식 선물과 옵션)의 만기일이 겹치는 날

3 · 6 · 9 · 12월 둘째 목요일에 발생한다. 네 마녀가 돌아다녀 혼란스러운 것처럼 이날은 주식시장의 변동 폭이 넓어지고 예측이 힘들다는 사실을 바탕으로 이와 같이 부르는 것이다. 네 마녀의 날에는 파생상품 관련 숨어있던 현물 주식 매매가 정리매물로 시장에 쏟아져 나오면서 예상하기 힘든 주가 움직임이 발생한다. 이는 파생상품 거래에서 이익 실현을 위해 주식을 팔거나 사는 물량이 급격하게 늘어나거나 줄어드는 것으로 주가의 이상폭등, 이상폭락의 가능성을 보여준다. 따라서 주식투자가들은 이를 기회로 삼아 투자전략을 마련하기도 한다. 미국에서 처음 시작된 이 용어는 트리플 위칭데이(주가지수선물, 주가지수옵션, 개별 주식옵션)라 불렸으나 개별 주식선물이 도입된 2002년 12월부터 '쿼드러플 위칭데이'로 변경되었다. 우리나라도 2008년 4월까지는 트리플 위칭데이였으나, 2008년 5월 개별 주식선물이 도입되어 2008년 6월 12일 첫 번째 쿼드러플 위칭데이를 맞았다.

279 ■■□
신용부도스왑
Credit Default Swap

2020 | 농협계열사
신용부도가 발생할 시 위험을 다른 곳에 넘기기 위한 위험 헤지 파생 상품

채무불이행의 위험을 대비하기 위한 수단으로, 채권을 발행하거나 금융기관에서 대출을 받아 자금을 조달한 기업의 신용위험만을 분리해서 사고파는 신종 금융파생상품 거래를 말한다. 즉, 채무불이행 위험을 회피하려는 보장매입자가 이 위험을 대신 부담하는 보장매도자에게 수수료를 지불하고 실제로 부도가 발생하면 사전에 약속한 보상을 지급받는 계약이다.

> ☑ 시험에서는 이렇게 물어본다!
> 신용부도스왑(CDS)의 기능은?

280 ■■■

신용경색
Credit Crunch

2020 | 농협계열사

신용경색은 금융기관에서 돈이 제대로 공급되지 않아 기업들이 어려움을 겪는 현상

금융시장에 공급된 자금의 절대량이 적거나 자금이 통로가 막혀있을 때 발생하는데, 특히 돈의 통로가 막혀 발생하는 신용경색은 치유하기가 어렵다. 신용경색이 발생하면 기업들은 자금 부족으로 인해 정상적인 경영이 어려워지고 무역업체들도 수출입 활동에 큰 제약을 받게 된다. 신용경색이 나타나는 과정은 먼저 일부 은행의 도산이나 부실화로 인해 금융시스템 내의 대출가능 규모가 줄어들게 되고, 이들 은행과 거래하던 기업들이 차입이 어려워지면서 기업의 도산 확률이 높아지게 된다. 이렇게 되면 건전한 은행들도 높아진 기업의 신용위험과 유동성위험 등에 대비하여 대출규모를 축소하기 때문에 금융시스템 내의 유동성 부족으로 자금공급의 악순환이 발생하게 되는 것이다. 우리나라의 경우도 1998년 외환위기 시 극심한 신용경색으로 인해 많은 기업들이 도산한 경험이 있다.

☑ 시험에서는 이렇게 물어본다!
신용경색(Credit Crunch)의 주요 원인은?

281 ■■■

팻핑거
Fat Finger

2020 | 지역농협 2020 | 농협중앙회

운영리스크 중 하나

주문자의 주식이나 채권 외환 등 금융상품 주문을 잘못 입력하여 발생하는 주문실수를 가리킨다. 금융시장이 짧은 시간에 큰 변동성을 보일 때 전문가들 사이에서는 팻핑거 현상이라는 주장이 나오고 있다.

☑ 시험에서는 이렇게 물어본다!
팻핑거(Fat Finger) 현상이 시장에 미치는 영향은?

282 ■■■

캘린더 효과
Calendar Effect

2021 · 2020 | 농협은행

일정 시기에 증시가 등락하는 현상

주식시장에서 일정한 시기에 따라서 증시의 흐름이 일정하게 나타나는 현상이다. 1월 효과, 4월 효과, 서머랠리, 산타랠리가 대표적이다.

☑ 시험에서는 이렇게 물어본다!
캘린더 효과(Calendar Effect)의 특징은?

283

1월 효과
January Effect

2021 · 2019 | 농협은행

1월의 주가상승률이 상대적으로 높게 나타나는 현상

캘린더 효과의 하나로 1월의 주가상승률이 다른 달에 비해 상대적으로 높게 나타나는 현상을 말한다. 이러한 현상은 선진국보다 개발도상국에서 더욱 도드라지며 각종 정부 정책의 발표일이 1월이라는 것과 그해의 주식시장의 긍정적인 전망 등을 요인으로 꼽았다.

☑ 시험에서는 이렇게 물어본다!
1월효과(January Effect)의 특징은?

284

서머랠리
Summer Rally

2021 | 농협은행 2020 | 농협계열사

매년 7 · 8월에 본격적인 여름 휴가철을 앞두고 주식시장이 강세를 보이는 것

여름 휴가기간이 비교적 긴 선진국에서 흔히 발생하는 현상으로, 서머랠리라는 말은 펀드매니저들이 여름휴가를 가기 전인 7월에 가을 장세의 호황을 예상하고 주식을 미리 매수함으로써 주가가 단기적으로 오르는 것을 보고 만들어낸 것이다.

☑ 시험에서는 이렇게 물어본다!
서머랠리(Summer Rally)는 주식시장에서 어떤 현상을 의미하는지 말해보시오.

285

손절매
損切賣

가지고 있는 주식의 현재 시세가 매입가보다 낮고, 향후 가격상승의 희망이 전혀 보이지 않는 경우에 큰 손해를 방지하기 위해 일정액의 손해를 감수하는 매도

손해가 유발될 종목에 대해 적절한 시점에 손절매한다면 수익 내는 것이 쉬워진다. 주식은 상승과 하락으로 대별되는데, 상승을 예견해 매입하지만 예상이 빗나가 하락하는 종목도 있을 수 있다. 따라서 하락이 예상된다면 실패를 인정하고, 빠르게 손절매하는 것이 현명하다.

286

엑시트
Exit

투자자의 입장에서 자금을 회수하는 방안을 뜻하는 것

투자 후 출구전략을 뜻하며, 엑시트는 또 다른 창업을 모색할 수 있는 발판을 제공해 생태계를 선순환시키는 역할을 한다.

287 ■■■
투매
投賣

2020 | 지역농협 2020 | 농협중앙회

주가의 하락이 예상될 때 이로 인한 손실을 최소화하기 위해 주식을 대량으로 매도하는 행위

주가의 급락현상을 부채질하며, 투매의 대상은 주식뿐만 아니라 펀드, 채권, 외환선물 등의 모든 시장에서 일어난다. 투매현상이 일어나는 이유는 무조건 던지는 것인데, 던지는 이유는 자신의 손실 폭을 현재의 시점에서 묶어두고 싶어 하는 심리가 작용하고, 또한 앞으로 더더욱 떨어진다는 비관적인 전망 때문이다. 실제로 대부분의 투매는 처음부터 대규모 매도가 쏟아지지 않는다. 시장상황이 좋지 않을 때, 그러한 조짐을 보고 자신의 주식, 채권, 펀드 등을 매도하게 되고, 어느 시점부턴가 매도가 몰리게 되고, 이렇게 몰린 매도로 인하여 지수의 하락 폭을 키우게 된다. 그 낙폭 자체를 투매라고 한다.

☑ 시험에서는 이렇게 물어본다!
투매(Panic Selling)의 특징은?

288 ■■■
스트레스 금리
Stress Rate

대출 한도를 산출할 때 적용되는 가산금리

향후 금리인상 위험을 반영한다. 변동금리 대출 시 대출 금리가 낮아도 스트레스금리가 적용되면 원리금 상환 부담이 높아지므로 대출 한도가 줄어들게 되며, 대출 시점의 금리가 인상되는 것은 아니다.

289 ■■■
간주상속재산
看做相續財産

2020 | 농협계열사

본래의 상속재산은 아니지만 상속재산에 해당되는 재산

상속재산은 아니라 하더라도 상속이나 유증 또는 사인증여에 의하여 취득한 재산과 유사한 경제적 이익이 발생되는 경우에는 실질적으로는 상속재산으로 본다는 것으로 의제상속재산이라고도 한다. 간주상속재산에는 피상속인의 사망으로 인해 지급받는 보험금 중 피상속인이 계약자이거나 보험료를 지불한 보험금, 신탁자가 피상속인 자산 또는 타인 여부와는 상관없이 피상속인이 신탁한 재산의 수익자로서 받게 되는 재산, 피상속인에게 지급될 퇴직금이 포함된다.

☑ 시험에서는 이렇게 물어본다!
간주상속재산(Deemed Inherited Property)에 포함되는 재산은?

290

넛 크래커
Nut Cracker

한국 경제가 선진국과 개발도상국 양쪽에서 힘을 발휘하지 못하는 상황

본래는 호두를 양쪽으로 눌러 껍질을 까는 기계를 의미하는데, 중국과 일본 사이에 끼여 힘을 발휘하지 못하는 우리나라의 경제 상황을 가리킬 때 자주 사용되는 표현이다. 우리나라가 일본에 비해 제품의 품질과 기술력이 처지고, 중국에 비해 가격 경쟁력에서 밀리는 상황을 나타낼 때에도 쓰인다. 한편, 최근에는 신(新) 넛 크래커라는 용어도 생겨났는데, 이는 경쟁력을 회복한 일본 기업과 기술력 및 구매력을 갖춘 중국 기업 틈에서 한국 기업이 고전하고 있는 현상을 묘사하는 데 사용된다.

291

에코플레이션
Eco Flation

2020 | 지역농협 2020 | 농협중앙회

환경적 요인으로 발생하는 인플레이션

고온현상으로 인한 가뭄과 산불 등으로 기업의 생산비용이 높아지고 결국 소비재 가격 상승으로 이어진다.

☑ 시험에서는 이렇게 물어본다!
에코플레이션(Ecoflation)의 영향은?

292

녹색가격제도
Green Pricing

2020 | 농협중앙회

신재생에너지를 이용하여 생산된 전력을 높은 가격에 구매하는 제도

태양광, 풍력, 지력 등의 신재생에너지를 사용해 생산된 전력을 소비자에게 일반전력보다 높은 가격인 녹색가격으로 판매하는 제도이다. 모든 소비자가 녹색가격을 지불하는 것은 아니고, 지불할 의사가 있는 소비자만이 신재생에너지의 환경친화성에 주목해서 이러한 높은 가격을 자발적으로 부담하고, 여기서 얻은 재원으로 신재생에너지 및 관련 설비개발에 투자한다. 우리나라 경제는 에너지 해외의존도가 높아 유가상승과 같은 외부충격에 취약하고, 화석에너지 위주의 에너지원으로 온실가스 배출 및 대기오염이 심각한 상황이다. 이에 따라 정부는 녹색전력의 보급 확대를 위해 다양한 정책들을 추진 중이다. 대표적인 보급정책으로 녹색전력의 추가생산비를 보조해주는 발전차액제도를 활용하고 있다.

☑ 시험에서는 이렇게 물어본다!
녹색가격제도의 주 목적은?

293

톱니 효과
Ratchet Effect

생산이나 소비가 일정 수준에 도달하면 이전의 수준으로 감소하지 않는 현상

프랑코 모딜리아니가 발견한 현상으로, 톱니 효과 혹은 래칫 효과라고도 한다. 생산이나 소비 수준이 일정 수준에 도달하고 나면 수준이 낮았던 이전으로 돌아가기 어려운 현상이다. 소비와 생산에는 추세를 역행할 수 없다는 의미이다. 소비시장에서는 경기하락을 억제하는 역할을 한다. 일정 수준에 도달한 소비는 그만큼 줄어들지 않기 때문에 소비 감소폭이 크지 않다.

294

BCG 매트릭스

BCG Matrix

2019 | 농협은행

기업의 경영전략 수립에 있어 하나의 기본적인 분석도구로 활용되는 사업 포트폴리오 분석기법

미국의 보스턴 컨설팅 그룹(BCG)이 1970년대 초반에 개발하였으며, BCG 매트릭스는 시장 성장률과 상대적 시장 점유율이란 기준을 활용한다. 두 축을 기준으로 네 개의 영역으로 나눠 사업의 상대적인 위치를 파악할 수 있도록 하고 해당 사업에 대한 추가 투자, 철수의 여부를 결정할 수 있도록 돕는다.

상식PLUS⁺ BCG 매트릭스의 영역

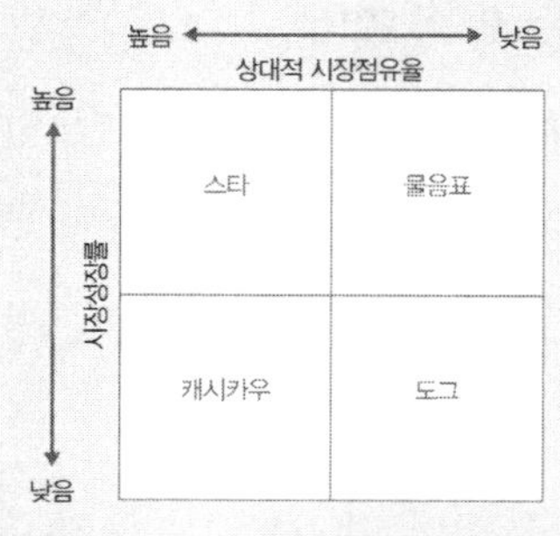

㉠ 스타(Stars) : 성공사업. 수익성과 성장성이 크므로 지속적인 투자가 필요하다.

㉡ 캐시카우(Cash Cows) : 수익창출원. 기존의 투자에 의해 수익이 계속적으로 실현되므로 자금의 원천사업이 된다.

㉢ 물음표(Question Marks) : 신규사업. 상대적으로 낮은 시장점유율과 높은 시장성장률을 가진 사업으로 기업의 행동에 따라서는 차후 스타사업이 되거나, 도그사업으로 전락할 수 있는 위치에 있다.

㉣ 도그(Dogs) : 사양사업. 성장성과 수익성이 없는 사업으로 철수해야 한다. 만약 기존의 투자에 매달리다가 기회를 잃으면 더 많은 대가를 치를 수도 있다.

☑ 시험에서는 이렇게 물어본다!

BCG매트릭스에서 '스타(Stars)' 사업에 해당하는 제품의 특성은?

295

포지션 관리

Position 管理

외국환은행이 외환시장에서 사들인 외화와 판 외화의 차액을 일정 범위에서 유지토록 하는 것

보유외화자금과 자국통화 사이의 균형을 유지하여 외국환은행에 대한 경영의 건전성을 확보하고, 외환시장의 안정과 국내 유동성 조절을 위한 제도이다. 외국환은행은 고객의 수요에 따라 외화를 사거나 파는데, 외화자금과 자국통화자금이 항상 균형을 유지하지는 않는다. 하루의 외화매매 결과, 외화를 판 금액보다 산 금액이 많은 상태는 매입초과(OB)포지션이며, 판 금액이 많은 것은 매각초과(OS)포지션이다. 또 외화매입과 매각이 같은 상태를 스퀘어 포지션이라고 하는데, 이러한 경우는 드물다. 외화보유 운용에 안정성이 떨어져 손해를 볼 수 있고, 환율도 불안전해질 수 있다. 이를 막기 위해 외국환은행의 외화매입이나 매각을 일정 범위 내로 제한하는 것이 포지션 관리이다.

296
프라임 레이트
Prime Rate

2020 · 2018 | 농협계열사

신용도가 좋은 고객에게 적용시키는 우대금리

금융기관이 신용도가 높고 좋은 고객에게 적용시키는 우대금리로, 금융기관이 대출 금리를 결정하는 기준이 되기 때문에 기준금리라고도 부른다. 높은 신용등급을 가진 기업은 프라임 레이트가 적용되지만, 신용 등급이 낮은 기업은 여기에 일정 금리가 가산된 이율을 적용 받기 때문에 프라임 레이트는 일반 대출 금리의 하한선이 되기도 한다. 기업과 금융시장의 사정에 따라 결정되기 때문에 경제 사정을 잘 반영하고 있으며, 중앙은행의 금융정책에 의해 변동되기도 한다. 이를 바탕으로 기업 대출, 신용 카드 대출, 주택 대출 등에서 금리가 책정되기 때문에 경제 전반의 신뢰도와 소비자 및 기업의 대출 수요에 영향을 미친다.

☑ 시험에서는 이렇게 물어본다!
프라임 레이트가 금융시장에 미치는 영향은?

297
지하경제
地下經濟

2020 | 농협계열사

정보가 파악되지 않아 사회가 공식적으로 계측하는 경제활동 추계에 포함되지 않는 경제활동

지하경제는 신고 되지 않은 재화나 용역의 합법적 생산, 불법적인 재화나 용역의 생산, 은폐된 현물소득 등의 세 가지로 구분된다. OECD의 개념 규정에서는 강도 등 범죄에 의한 비생산적 불법 활동은 지하경제에 포함시키지 않지만, 실제로 대부분의 연구에서는 비생산적 불법 활동의 자료를 이용해 지하경제의 규모를 추정하고 있다.

☑ 시험에서는 이렇게 물어본다!
지하경제에 포함되는 활동은?

298
자사주
Asset Stock

회사가 누구의 명의로든지 자기의 재산으로 회사가 발행한 주식을 취득해 보유하고 있는 주식

자사주를 취득하려면 상법상 배당가능이익이 있어야 한다. 상장법인의 자사주 취득방법은 장내 및 공개매수 등의 방법으로 가능하고, 시장가격의 왜곡을 막기 위해서 기간이나 수량 및 가격이 제한되어있고 직접 매입이든 신탁계약을 통한 매입이든 모든 계약사항에 대한 이사회 결의 내용을 금융감독위원회에 보고서로 제출해야 하며 취득 완료 이후에 자기주식취득 결과보고서를 제출하여야 한다.

299 ■■■
우리사주제
우리社株制

2024 | 농협은행

직원으로 하여금 자기회사의 주식을 취득하게 하고, 이를 장기적으로 보유케 하는 제도

종업원지주제도라고 하기도 하며, 기업연금의 일종으로 운용되는 미국식 ESOP와 성과지급수단으로 활용되는 영국식 AESOP이 있다. 우리사주제는 근로자로 하여금 우리사주조합을 통하여 자사주를 취득·보유하게 함으로써 근로자의 경제, 사회적 지위향상과 노사협력 증진을 도모함을 목적으로 한다. 우리사주제는 자본소유의분산, 부의 공평한 분배 등을 통해 경제 정의를 실현하고, 자본주의의 발전을 도모하는 한편 근로자의 자본참가를 통해 근로자의 재산형성, 기업생산성향상, 협력적 노사관계구축 등 근로자 복지와 기업 발전을 도모할 수 있는 제도라 할 수 있다.

☑ 시험에서는 이렇게 물어본다!
우리사주제(ESOP)의 주요 특징은?

300 ■■■
스톡옵션
Stock Option

2021 | 농협은행

기업이 임직원에게 일정 기간이 지나면 자사 주식을 매입 또는 처분할 수 있도록 부여한 권한

근로자에게 일정 주식에 대한 매입 또는 처분권을 줌으로서 근로의식을 북돋우고 이를 통해 기업을 활성화하기 위한 제도이다. 스톡옵션은 장래에 사업이 성공했을 경우 주식을 액면가 또는 시세보다 낮게 살 수 있는 권리를 주는 것인데, 기업의 임직원은 자기주식을 현 시가나 액면가에 구입해 향후 주가변동에 따라 차익을 얻을 수 있다. 기업의 경우는 자금부족으로 많은 월급을 주지 못해 유능한 인력확보가 어렵지만 스톡옵션을 인센티브로 제공할 경우 유능한 인력을 장기간 확보할 수 있다. 특히 이 제도는 능력 중심이라는 점 때문에 주로 자금과 조직력은 뒤떨어지지만 기술력이 앞선 첨단 벤처기업들의 경영전략으로 쓰인다.

☑ 시험에서는 이렇게 물어본다!
스톡옵션(stock option)의 특징은?

301 ■■■
직역연금
Special Occupation Retirement Pension

특정 직업 또는 자격요건에 의해 발생하는 연금

직역연금은 공무원연금, 군인연금, 사학연금 등 재해보상 및 퇴직금 노후 보장 성격을 가진 사회보장제도이다. 공무원연금과 사학연금은 10년 이상 가입해야 연금 수령 대상자가 되며, 보험료는 기준소득월액의 16%로 국가와 가입자가 반반씩 납입한다.

302

거품경제 (버블경제)

Bubble Economy

투기로 인해 경제규모가 실제 이상으로 과대평가된 경기 상태

자산의 내재가치가 변하지 않았는데도 시장가격이 급격하게 상승할 것이란 기대로 인해 투기를 조장해 만들어진다. 내재가치는 자산으로부터 얻을 수 있는 미래의 기대수익을 현재 가치로 평가한 것을 말하는데, 시장가격이 이 내재가치를 지나치게 넘어섰을 때 거품이 생성된 것으로 볼 수 있다. 거품경제는 재화나 서비스의 가격이 안정되어 있는 반면에 주가와 지가의 폭등과 같이 자산가격만 비정상적으로 급등하는 것이 특징이다. 사회 전반의 투기심리가 가세하여 주가와 지가가 큰 폭으로 상승되면 실물경제에는 큰 변동이 없음에도 경기가 팽창한 모습이 마치 거품이 부풀어 오른 모양과 같다고 하여 버블경제라고도 한다. 최초의 거품경제는 17세기 네덜란드의 튤립 파동이며 가장 파장이 컸던 사례는 1980년대 일본의 거품경제이다. 당시 일본에서는 주가가 상승하면서 집값이 폭등하여 경제호황을 맞이했다고 생각했지만 주가와 지가가 하락하게 되면서 1990년 초부터 일본 경제는 큰 침체로 접어들었고, 잃어버린 10년이 도래하였다.

303

팬플레이션

Panflation

2020 | 농협계열사

사회 전반으로 인플레이션이 넘치는 현상

영국 주간 경제지가 2012년 「팬플레이션의 위험」이라는 기사에서 처음 사용한 용어로, 사회 전반에 거품현상이 만연해지면서 가치 기준이 떨어지는 현상, 즉 팬플레이션 현상이 심화되고 있다고 지적하였다. 팬플레이션 현상을 조절하지 못할 경우 심각한 사회문제를 야기할 것이라고 경고하였다. 주간 경제지는 직함 인플레이션을 사례로 들었는데, 직장에서의 직함을 남용하여 불합리한 임금인상을 야기하고 있다고 지적하였다.

☑ 시험에서는 이렇게 물어본다!

팬플레이션(Panflation)의 사례를 말해보시오.

304

젠트리피케이션

Gentrification

낙후된 도심이 활성화되면서 거주민이 밀려나는 현상

빈곤 계층이 이르는 정체 지역에 중산층 이상의 계층이 진입하여 낙후된 도심이 활성화되면서 거주하고 있던 빈곤 계층을 몰아내는 현상이다. 해당 지역이 활성화 되고 관광객이 늘면서 부동산 가격 등 전반적인 자산가치가 상승하여 기존 거주자들을 몰아내는 것이다. 1964년 영국 사회학자 루스 글래스가 런던 도심의 노동자 거주지에 중산층이 이주 해오면서 발생한 지역 변화를 나타낸다.

305

부동산 버블
Housing Bubble

수요의 급증, 투기의 성행에 따라 부동산 가격이 치솟는 현상

주로 제한적인 부동산 공급에 대한 부동산 수요 증가로 발생한다. 투기를 목적으로 한 사람들이 시장에 참여하면서 이러한 수요는 더욱 크게 증가하게 된다. 어느 시점이 되면 수요가 감소하거나 정체되고, 같은 시점에 공급은 증가하게 되면서 가격은 빠르게 하락하게 되는데 이 시점이 부동산 버블이 터지는 때가 된다. 이러한 부동산 버블은 일시적 현상이긴 하지만, 이로 인한 영향은 수년 동안 지속되기도 한다. IMF에 따르면 부동산 버블은 주식 버블보다는 발생 빈도가 적지만, 부동산 버블의 영향력이 주식 버블의 경우보다 두 배 정도 지속된다고 한다.

306

임팩트 론
Impact Loan

규제 받지 않는 외화차입금

본래는 소비재 수입에 쓰이는 외환차관을 뜻하는 말이었으나 최근에는 차관의 조건, 즉 자금의 용도가 지정되어 있지 않은 차관을 의미한다. 외화를 국내에서의 설비투자나 노무조달에 이용함으로써 고용과 임금소득이 늘고 소비재에 대한 수요가 증가해 인플레이션의 충격(임팩트)작용을 초래한다는 뜻에서 생긴 용어이다.

307

네덜란드 병
Dutch Disease

경기호황을 누리던 국가가 자원수출로 인해 장기적으로는 경제가 침체되는 현상

천연자원에 의해 급성장을 이룩한 국가가 자원의 수출로 인해 일시적으로는 경제 호황을 누리지만 물가와 통화의 가치상승, 산업 경쟁력 등한시로 국내 제조업이 쇠퇴하여 결국 국민 경제 또한 하락하는 현상을 뜻하는 말로 '자원의 저주'라고 불리기도 한다. 1950년대 북해에서 대규모의 천연가스 유전을 발견한 네덜란드가 당시에는 에너지가격 상승에 따라 막대한 수입을 올렸으나, 시간이 지나면서 통화가치와 물가가 상승하고, 임금상승이 유발되어 석유제품을 제외한 제조업의 경쟁력을 하락시켜 심각한 경제적 침체를 초래하였던 역사적 경험에서 유래한 용어이다.

308

차이니스 월
Chinese Wall

2019 | 농협은행

금융회사의 부서끼리 정보 교류를 차단하는 장치

금융회사의 부서 간 또는 계열사 간 정보 교류를 차단하는 장치나 제도를 말한다. 불필요한 정보 교류를 차단하지 않으면 고객의 이익보다 회사의 이익을 위하는 방향으로 자산을 운용할 가능성이 있기 때문이다.

> ☑ 시험에서는 이렇게 물어본다!
> 차이니스월(Chinese Wall) 목적은?

309
차관
借款

외화채권발행, 외국인 직접투자, 기술도입 등과 함께 외자를 조달하는 방법의 하나

외국정부 또는 국제경제협력기구, 외국금융기관으로부터 차입형태로 대외지급수단이나 자본재 · 원자재를 도입하는 것을 말한다. 차관은 국내 저축 기반이 취약할 경우 기간산업 건설과 사회간접자본 확충을 통한 경제개발을 수행하는 데 요구되는 막대한 투자재원을 확보하기 위해 외국으로부터 도입하는 것이다. 차관자금은 상환기간이 장기이고 금리가 낮은 편이어서 제2차 세계대전 이후 개발도상국의 성장을 위한 필요자본을 충당시켜 주는 유력한 방법 중 하나였다. 차관은 공공차관 · 상업차관 · 은행차관 등으로 구분하지만, 우리나라에서 차관은 대개 공공차관을 일컫는다. 공공차관은 정부가 직접 차주가 되어 도입하는 재정차관과 정부가 지급을 보증하고 지방자치단체 등 우리나라 법인이 차주가 되어 도입하는 보증차관으로 나눌 수 있으며, 차관도입을 위해 미리 국회의 의결을 얻어야 한다.

310
체리피커
Cherry Picker

자신의 실속만 챙기려는 소비자

기업의 상품이나 서비스를 구매하지 않으면서 자신의 실속만 챙기려는 소비자를 말한다. 신포도 대신 체리만 골라먹는 사람이라는 뜻으로 신용카드 회사의 서비스 혜택만 누리고 카드는 사용하지 않는 고객을 가리키던 말이었다. 최근에는 기업의 서비스 약점을 이용하여 상품이나 서비스를 잠시 구매했다가 바로 반품하는 등의 체리피커가 급증하였다. 이에 기업은 블랙리스트를 만들어 일반고객과 차별화를 두는 등 대응하고 있다.

관련기사 체리피커, 혜택만 받고 카드 해지

카드사에서 제공하는 치열한 이벤트 경쟁에서 혜택만 받고 곧바로 해지하는 체리피커가 늘어나고 있다. 인터넷에서 혜택을 공유하며 이득을 챙기는 MZ세대가 늘어나면서 단기적인 이벤트가 아닌 장기적으로 충성도를 높일 수 있는 전략이 필요해지고 있다.

311
선도금리
Forward Rate

금리변동에 따라 리스크를 커버하는 방법

금리변동에 따른 리스크를 커버하기 위해 선물금리를 계약하는 것을 선도금리약정(FRA)이라고 한다. FRA의 거래당사자에는 금리가 상승하는 것에 대비하여 FRA를 이용하는 자인 선물금리매입자와 금리가 하락하는 것에 대비하여 FRA를 이용하는 자인 선물금리매도자가 있다.

312

선도계약

Forward Contract

2021 | 농협은행

장래의 일정한 시점에 상품을 미리 정한 가격으로 인수하기로 맺은 선도계약

매입자와 매도자 간의 합의에 의해 계약조건을 정할 수 있으며, 거래장소도 제한이 없어 장외거래라 할 수 있다. 또한 만기일에만 결제 가능하지만 최근에는 변형된 형태로 만기일 이전에 결제가 가능하도록 되어 있어 선도계약은 매일매일의 결제를 하는 선물계약과는 다르다. 선도계약은 매매당사자 간의 직접거래이므로 계약 당사자의 신용이 고려되어야 하며, 이에 대한 규제도 주로 시장의 자율적 규제에 맡겨지고 있다. 이 계약의 목적은 자산의 가격 변동에 대한 헤지를 위해 주로 이용되고 있으며, 투기를 위해 이용되기도 한다.

☑ 시험에서는 이렇게 물어본다!
선도계약 특징의 목적은?

313

세이의 법칙

Say's Law

공급이 수요를 창출한다는 법칙

프랑스 경제학자 장 바티스트 세이가 주장한 법칙으로 총수요와 총공급 간 인과관계를 의미한다. 일정한 양의 재화가 시장에 공급된다는 것을 그만큼 수요가 공존한다는 주장이었지만 1930년 대공황에는 이러한 법칙이 적용되지 못하였고, 이에 케인스는 세이의 법칙과 반대로 총수요의 크기가 총공급을 결정한다는 주장을 내세웠다.

314

커플링

Coupling

금융시장이 개방되면서 각국의 증시가 같은 방향으로 움직이는 경우

동조화 현상이라고도 한다. 이 현상은 투자주체가 다양해지면서 미국의 펀드들이 미국에도 투자하고 한국에도 투자를 함으로써, 돈을 거둬들이거나 지수에 영향을 주고 있다. 동조화 현상은 1990년대 중반에 나타나 1990년대 말부터 심화되었으며, 주가수익률 뿐만 아니라 수익률의 변동성에 있어서도 동일하게 나타나고 있다. 발생원인은 동조화를 야기시킨 주체로 외국인 투자가였다.

315

배드뱅크

Bad Bank

금융기관의 부실자산이나 채권을 전문적으로 사들여 처리하는 기관

금융기관의 방만한 운영으로 부실자산 · 채권 발생 시 금융기관 단독 또는 정부기관 등과 공동으로 설립하는 자회사로 부실부분을 정리할 때까지만 한시적으로 운영된다. 기획재정부는 협약에 가입한 금융기관에 연체되어 있는 채무를 하나로 모아 최장 8년 내에 분할 상환할 수 있도록 만든 배드뱅크 프로그램을 도입, 다중 신용불량자를 구제하기 위한 신규 대출을 실시하여 기존의 채무를 상환할 수 있도록 2004년 5월부터 한시적으로 운영했다.

316

섀도보팅

Shadow Voting

주주가 총회에 참석하지 않아도 투표한 것으로 간주하여 결의에 적용하는 제도

주주총회가 무산되지 않도록 하기 위해 참석하지 않은 주주들의 투표권도 행사할 수 있도록 하는 대리행사 제도이다. 불참한 주주들의 의사가 반영되는 위임투표와는 다르게 다른 주주들의 투표 비율을 적용한다. 그러나 경영진과 대주주가 악용하는 사례가 빈번하여 결국 폐지하게 되었다.

317

이노베이션

Innovation

경제에 새로운 방법이 도입되어 획기적인 새로운 국면이 나타나는 현상

슘페터의 경제발전론의 중심 개념으로, 생산을 확대하기 위하여 노동 · 토지 등의 생산요소의 편성을 변화시키거나 새로운 생산요소를 도입하는 기업가의 행위를 말한다. 기술혁신의 의미로 사용되기도 하나 혁신은 생산기술의 변화만이 아니라 신시장이나 신제품의 개발, 신자원의 획득, 생산조직의 개선 또는 신제도의 도입 등도 포함하는 보다 넓은 개념이다.

318

은산분리

銀産分離

산업자본이 금융시장을 잠식하는 것을 제한하는 규정

금융자본과 산업자본을 분리하여 산업자본이 금융시장을 소유하지 못하도록 법적으로 제제하는 제도이다. 쉽게 말하여 산업자본은 은행 지분 소유 한도를 4%만 가질 수 있으며 은행 지분 소유에 제한을 두는 것이다. 하지만 은산분리로 인해 인터넷전문은행 활성화에 한계가 있다는 지적에 따라 은행법 개정이 추진되었다.

319

프라이빗 뱅킹

PB : Private Banking

은행이나 증권회사에서 주로 거액의 자산을 가진 고객을 대상으로 제공하는 금융 서비스

대부분 장기예금으로 수익성이 높기 때문에 새롭게 주목받고 있는 자산관리방법이며 선진국에서 널리 통용되고 있는 제도다. 자산관리는 전담자인 프라이빗 뱅커가 거액예금자의 예금 · 주식 · 부동산 등을 1대 1로 종합관리하며, 때로는 투자 상담도 하는데, 대부분의 경우 이자율이 높고 수수료를 면제해 주는 혜택도 있다.

320

EMV

Europay, MasterCard, Visa

세계 3대 신용카드 회사의 표준규격

벨기에의 유로페이, 미국의 마스터 카드, 비자카드 등 3개사가 결제하는 IC카드의 표준규격으로 3개사의 앞 글자를 따서 EMV라고 부른다.

321 ■■■
프로그램 매매
Program Trading

2020 | 농협계열사

전산 프로그램에 따라 이루어지는 주식거래 방식

주식을 대량 거래하는 기관투자자들이 일정한 전산 프로그램에 따라 주식을 거래하는 방식이다. 의사결정은 매매자가 하지만 나머지 과정들은 프로그램 시스템이 진행한다. 기관투자자들은 지수 영향력이 큰 주식을 대량으로 매매하므로 프로그램 매매는 종합주가지수에 큰 영향을 끼친다.

☑ 시험에서는 이렇게 물어본다!
프로그램 매매가 주로 사용되는 상황은?

322 ■■■
A&D
Acquisition & Development

2020 | 농협계열사

직접 개발하기보다는 필요한 기술을 갖춘 기업을 인수하는 방식

인터넷 시대에 접어들면서 연구개발에 대한 인식이 많이 변화했다. 공들여 개발한 기술이 시장에 나오기도 전에 퇴물로 전락해 버리는 경우가 있는가 하면, 시장에 출시되었어도 빠른 기술발전으로 신제품 수명이 과거와는 비교할 수 없을 정도로 짧아졌다. 이에 시장의 변화에 따라 기술개발도 시간에 민감하게 변화하고 있다. 이 같은 상황을 반영해 나온 것이 A&D로, 인터넷을 통한 해외 아웃소싱 통로가 넓어진 것도 A&D 환경을 성숙시키는 요인이다. 소프트웨어의 경우, 굳이 인력이 없더라도 인터넷을 통해 소스코드를 주고받는 일이 가능해졌으며, A&D는 기업인수를 통해서만이 아니라 국지적으로 얼마든지 이뤄질 수 있게 되었다.

☑ 시험에서는 이렇게 물어본다!
A&D 전략의 주요 목적은?

323 ■■■
CDS 프리미엄
Credit Default Swap Premium

부도 위험을 사고파는 신용파생 상품

CDS 프리미엄은 국제금융시장에서 금융 거래 시에 채무불이행의 위험을 보완하기 위하여 이용되고 있다. 일반적으로 CDS 프리미엄은 기초자산의 채무불이행 가능성이 높아질수록 이를 보완하기 위해 더 많은 비용을 지불해야 하는 것으로, CDS 프리미엄은 기초자산 발행주체의 신용도를 나타내는 지표로 해석할 수 있다. 그러므로 국제금융시장에서는 각국의 정부가 발행한 외화표시채권에 대한 CDS 프리미엄을 해당 국가의 신용등급이 반영된 지표로 활용하고 있다.

324
스펜데믹

2020 | 농협계열사

사회적 거리두기로 인한 과소비 현상

사회적 거리두기 등으로 여행이나 야외활동 관련 소비는 줄어든 반면 집안에서 생활하면서 배달음식, 인테리어 소품 등으로 나타나는 과소비 현상이다. 집안에서 느끼는 무료함을 소비로 해소하는 보복소비이다.

> ☑ 시험에서는 이렇게 물어본다!
> 스펜데믹(Spendemic)이 의미하는 경제적 현상은?

325
디파이
DeFi :
Decentralized Finance

2020 | 농협계열사

탈중앙화 된 금융 시스템

정부나 기업이 중앙기관의 통제를 받지 않고 블록체인 금융기술로 다양한 금융 서비스를 제공할 수 있는 것이다. 오픈소스 소프트웨어와 네트워크로 통제 없이 투자자에게 투명성을 제공하여 건전한 서비스 환경을 제공하는 것이다. 스테이블 코인과 탈중앙화 거래소가 있다.

> ☑ 시험에서는 이렇게 물어본다!
> 디파이(DeFi)의 예시를 말해보시오.

326
그림자 노동
Shadow Work

2018 | 농협계열사

대가 없는 노동

노동의 보수를 받지 못하는 무급 노동이다. 직접 주유하는 셀프 주유소나 보다 저렴하게 상품을 구입하기 위해 정보를 찾는 행위 등이 그림자 노동에 해당된다. 비용을 아낄 수 있지만 자신의 시간을 소비해야 한다는 단점이 있다. 최근 기술 발달로 무인화 시스템이 보급화 되면서 그림자 노동이 늘어가는 추세이다.

> ☑ 시험에서는 이렇게 물어본다!
> 그림자 노동의 예시를 말해보시오.

327
더 큰 바보 이론
Greater Fool Theory

2021 | 농협은행

시장에 참여한 사람들이 비이성적인 기대와 믿음 때문에 생겨나는 현상

상품의 본질적인 가격이나 가치는 뒷전으로 생각한다. 즉, 비정상적으로 높은 가격의 자산임에도 특정 자산을 계속 사들이려는 투자자가 있을 경우 사용한다. 자신이 고가에 매입하여 '바보'라고 들을지라도 높은 가격에 매입할 '더 큰 바보'를 꿈꾸며 당연히 지불하는 것이다.

> ☑ 시험에서는 이렇게 물어본다!
> 더 큰 바보 이론(Greater Fool Theory)이 나타나는 이유는?

328

업사이클링
Upcycling

2020 | 지역농협 2020 | 농협중앙회

사용한 물품을 물품 본래 모습 그대로 다시 활용하는 일

업사이클링은 'Upgrade'와 'Recycling'의 합성어로, 디자인이나 활용도를 더하여 전혀 다른 제품으로 생산하는 것을 말한다. 버려지는 물건을 필요한 제품으로 재탄생시키며 최근에는 착한 소비, 가치 있는 소비로 새로운 소비트렌드가 되었다. 업사이클링 문화가 확산되면서 서울시는 국내 최대의 업사이클타운을 조성하기도 하였다. 국내 업사이클링타운 서울새활용플라자는 2017년에 개관하여 과학관, 공방, 카페 등을 운영하는 문화공간이다. 약 32개의 단체 및 개인이 입주해 있으며 다양한 체험 프로그램도 준비되어 있다. 이를 비롯하여 '아름다운 가게'에서 운영하는 '에코파티메아리' 등 업사이클링 제품 가게들도 늘어나고 있는 추세이다. 해외에서도 업사이클링 문화는 활발하게 확산되고 있다. 스위스의 브라이탁은 방수천과 자동차 안전벨트, 폐자전거의 고무를 이용하여 가방을 만들고 이밖에도 리바1920, 등 업사이클링을 통하여 가구를 생산하는 업체들이 늘고 있다.

☑ 시험에서는 이렇게 물어본다!
업사이클링(Upcycling)과 재활용의 차이는?

329

레드라이닝
Redlining

2020 | 농협계열사

금융기관 및 보험회사가 특정 지역에 붉은 선을 긋고 그 지역에 금융서비스를 거부하는 행위

금융기관 및 보험회사가 특정 지역에 대한 대출이나 보험 등 금융서비스를 거부하는 행위이다. 지역 주민들의 신용도를 바탕으로 A(초록색), B(파란색), C(노란색), D(빨간색)로 나누어 지도에 표시했으며, 낙후된 도심이나 유색인종이 살고 있는 지역이 빨간색으로 표시했다. 해당 지역의 거주민들은 대출을 받지 못하거나 대출을 받더라도 높은 이자율을 부담해야 했다.

☑ 시험에서는 이렇게 물어본다!
레드라이닝으로 인해 금융시장에서 발생할 수 있는 문제는?

02 : 보험

330

보험
Insurance

우발적으로 발생하는 일정한 위험(사고)에서 생기는 경제적 타격이나 부담을 덜어 주기 위하여 다수의 경제주체가 협동하여 합리적으로 산정된 금액을 조달하고 지급하는 경제적 제도

위험이나 사고에 대해서는 보험에 대한 계약서류에 명시되어 있으며, 보험에 관련된 회사(보험모집인, 단체, 법인)와 계약대상(계약자, 단체)이 문서에 기재된 내용으로 보험법과 기타 관련 법령을 따르게 된다. 계약 조건에 명시된 내용을 기반으로 하여 명시된 조건이 발생하면 "보험 상품과 관련된 보험법인과 국가"로부터 "보상금 수취인과 법정 상속인"에게 해당 조건에 맞는 보상을 지급한다.

331

민영보험
Private Insurance

2020 | 지역농협 2020 | 농협중앙회

민영회사에서 판매하는 사보험

정부가 운영하는 공적 보험과 달리 민간 보험사가 운영하는 보험으로, 개인이나 기업이 보험료를 납부하고 특정한 사고나 질병, 손해가 발생했을 때 보상 받는다. 민영보험은 가입 여부, 보험료, 보장 범위를 개인이 선택할 수 있다는 자율성과 다양한 상품이 있으며, 납부한 보험료를 기반으로 가입자에게 손해 보상을 제공하기 때문에 위험을 분산한다. 또한 공적 보험이 보장하지 않는 부분을 보완하는 역할을 한다.

☑ 시험에서는 이렇게 물어본다!
민영보험의 특징은?

상식PLUS+ 공적보험(Public Insurance)

법률로써 그 조직을 구성하고 국가 스스로가 보험자가 되어 국가기관을 통하여 직접 보험사업을 경영하는 국가보험과 국가가 직접 보험사업을 경영하지 않고 간접적으로 보험의 전반적인 조직과 제도를 법률·명령으로써 규정하고, 그 경영은 특정한 기관에서 경영하는 국영보험의 두 가지 형태가 있다. 공영보험사업의 손익은 경영주체인 국가·지방공공단체 또는 공법인에 귀속되지만, 이 경우 손익의 귀속이 완전히 이루어질 때와 그렇지 않을 때가 있으므로 전자를 완전공영, 후자를 준공이라 한다. 사회보험인 국민연금보험, 국민건강보험, 산재보험, 고용보험과 공공기관에서 운영하는 무역보험, 예금보험, 우체국보험 등이 있다.

332

영리보험과 상호보험

Proprietory Insurance & Mutual Insurance

2020 | 농협계열사

경영자에게 영리 목적 유무에 따라서 영리 보험과 상호보험으로 분류

영리 보험은 보험영업자가 영리를 목적으로 타인과 보험계약을 체결하는 경우로서 보험업자의 계산으로 하는 보험이므로 경영주체는 주식회사이다. 상호보험은 보험에 가입하고자 하는 사람이 모여서 상호회사라는 사단법인을 형성하고 상호적으로 보험을 하는 경우로 이것은 보험관계자의 공통계산으로 하는 보험이다.

333

인(人)보험과 물(物)보험

보험의 목적이 사람인가 물건인가에 따른 분류

사람에 관하여 발생하는 사고에 대한 보험을 인보험, 물건 기타의 재산에 관하여 발생하는 사고에 대한 보험을 물보험이라 한다. 사람과 물건의 양쪽을 다 같이 보험의 목적물로 하는 보험도 있고, 또 희망이익(希望利益) 등을 목적으로 하는 보험도 있으므로 인보험 · 물보험(재산보험)의 분류는 모든 보험을 양분한 것이라고 할 수 없다.

☑ 시험에서는 이렇게 물어본다!
영리보험과 상호보험을 분류하는 기준은?

334

손해보험과 정액보험

General Insurance & Fixed Return Insurance

2020 | 농협계열사

보험금을 주는 방법에 따른 분류

보험사고가 발생한 때에 손해의 유무나 정도를 고려하지 아니하고 일정액의 보험금을 지급하는 보험을 정액보험이라 한다. 정액보험은 실제로 생긴 손해를 보상하는 것을 목적으로 하는 손해보험과 대립되는 보험이다. 생명보험과 같은 보험은 정액보험에 해당한다.

☑ 시험에서는 이렇게 물어본다!
손해보험과 정액보험을 분류하는 기준은?

335

육상보험 · 해상보험 · 항공보험

Land Insurance & Marine Insurance & Aviation Insurance

손해보험에 속하는 것이나, 보험사고가 발생하는 장소를 표준으로 하는 분류

해상보험 중에는 육지에 양륙한 하물(荷物)의 화재위험에 대하여도 보험하는 것도 있다. 항공보험은 공중에서의 각종의 위험에 대한 보험이지만, 비교적 근년에 발달한 것이므로 각국의 입법은 아직도 미비하다고 할 수 있다.

336

개별보험과 집합보험

Individual Insurance & Group Insurance

보험 목적의 수에 따른 분류

개별보험은 개개의 사람이나 물건을 보험의 목적으로 하는 보험이고, 집합보험은 다수의 물건을 보험의 목적으로 하는 보험을 말한다. 사람의 집단을 보험의 목적으로 하는 인보험을 단체보험이라 한다.

337

보험계약

保險契約

2021 · 2020 | 농협계열사

보험을 목적으로 하는 계약

대표적인 종류로는 손해보험, 인보험 등이 있다. 손해보험에는 해상보험 · 화재보험 등이 있고 인(人)보험에는 생명보험 · 상해보험 등이 있다. 유상 · 쌍무계약, 불요식 낙성계약, 사행계약, 최대 선의의 계약, 계속적 계약, 부합계약 등은 보험계약의 특성이다.

상식PLUS⁺ 보험계약의 권리

㉠ **청약 철회할 수 있는 권리** : 보험증권 수령 이후 15일 이내에 보험계약 철회가 가능하다. 청약일로 30일(65세 이상 보험계약자나 전화로 계약한 경우는 45일) 초과한 경우에는 청약철회가 불가하다.

㉡ **보험계약 취소할 수 있는 권리** : 보험약관이나 보험계약자 보관용 청약서를 전달받지 못한 경우, 보험약관의 중요내용을 설명을 듣지 못한 경우, 청약서에 자필서명을 하지 않은 경우에 3개월 이내에 계약을 취소할 수 있다.

㉢ **보험계약의 무효** : 타인의 사망을 보험금 지급 사유로 하는 보험계약에서 피보험자의 서면 동의를 얻지 않은 경우, 만 15세 미만자 · 심신상실자 · 심신박약자의 사망을 보험금 지급사유(피보험자 지정)로 한 경우, 보험계약 체결 시 계약에서 정한 피보험자 나이가 미달 또는 초과되었을 경우에는 보험회사에서는 보험계약을 무효로 하여 납입한 보험료를 돌려준다.

㉣ **보험계약 전에 알릴 의무 및 위반 시 효과** : 보험설계사에게 질문사항을 구두로 알릴 경우 보험 계약 전 알릴의무를 이행하지 않은 것이다. 통신수단으로 보험계약을 한 경우에는 보험회사 상담원의 질문이 질문사항을 대신하므로 사실대로 답변해야 한다.

㉤ **보험계약 후에 알릴 의무 및 위반 시 효과** : 피보험자가 직업이나 직무가 변경된 경우 보험회사에 알려야 한다. 위험이 감소한 경우 보험료가 감액되어 정산금액을 환급하며, 위험이 증가한 경우 보험료가 증액되고 정산금액의 추가납입을 할 수 있다.

☑ 시험에서는 이렇게 물어본다!

보험계약의 대표적인 종류는?

338 ■■■
보험약관
保險約款

2021 · 2020 | 농협계열사

가입한 보험계약의 내용 · 조건을 미리 정해놓은 계약조항

보험계약자와 보험회사 사이에 권리와 의무를 규정하는 계약조항이다. 보험료 지급 및 지급 제한사항, 청약철회, 계약취소 · 무효, 계약 전 알릴의무 위반, 계약 후 알릴의무, 보험료 연체 · 해지, 효력회복, 해지환급금, 보험계약대출 등 보험 계약사항에서 중요한 사항을 설명하고 있다. 보험료 지급제한 사항에는 면책기간, 감액지급, 보장한도, 자기부담금 등 지급제한 조건이 있다. 중도에 해지하는 경우 보험회사는 해지환급금을 지급해야 한다. 해지환급금은 납입한 보험료에서 계약체결과 유지관리 등에 소요되는 경비와 경과기간 동안 사용된 보험료를 차감하여 지급해야 한다.

상식PLUS⁺ 해지환급금 기간별 금액

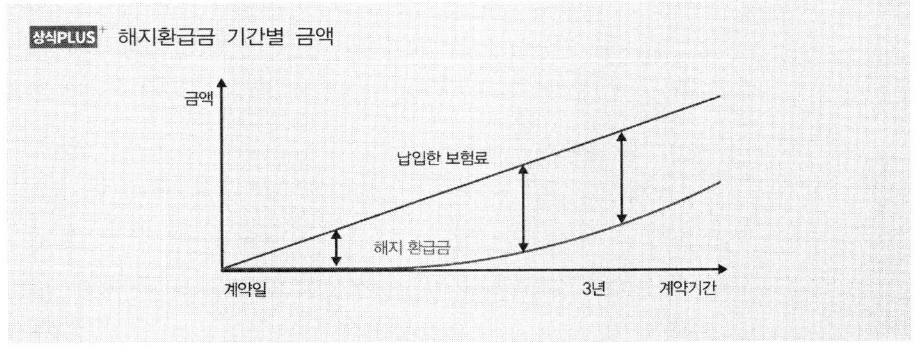

☑ 시험에서는 이렇게 물어본다!
보험약관이 갖는 법적효력에 대해 말해보시오.

339 ■■■
공동보험
共同保險, Coinsurance

여러 명의 보험자가 모여 위험에 공동책임을 지는 보험계약방식

공동보험자들이 자신이 부담할 책임비율 · 발생한 손해비율 한도 내에서 공동으로 책임을 지는 방식이다. 다수 보험자들과 함께하여 위험을 분산시킨다.

상식PLUS⁺ 재보험(Reinsurance)

보험 계약을 할 때 책임의 전부 · 일부를 다른 보험계약자에게 인수하는 방법으로 인수받는 보험자를 재보험자라 한다. 한 명이 부담하기 어려운 다액의 보험계약에서 위험을 분산시키기 위한 것이다.

340

무배당 보험

無配當保險

2020 | 농협계열사

계약자에게 배당을 하지 않는 보험 상품

보험료를 낮게 산정하여 보험료 운용과 관련한 배당을 지급하지 않는 상품이다. 상품을 가입할 때 명기되었던 금액만을 환급받을 수 있다. 예정사망률, 예정이율, 예정사업비율은 보험료 산정에 기초가 된다. 이 요건의 안전도를 축소시켜서 보험료를 저렴하게 책정하나 계약자에게 배당을 하지 않는 보험 상품이다.

상식PLUS⁺ 유배당 보험(有配當保險)

보험계약자에게 이익이나 잔여금을 배당해주는 보험 상품으로 주식이나 채권에 투자를 한 보험사에서 얻은 투자 이익을 배당하는 보험으로 보험금이 높게 책정되지만 배당금에 대한 기대이익이 있다. 2019년부터는 거의 판매되고 있지 않다.

☑ 시험에서는 이렇게 물어본다!

무배당 보험의 성격은?

341

변액보험

VL : Variable Lift Insurance

2022 · 2021 · 2020 | 농협계열사

보험계약자가 납입한 보험료 중에 사업비와 위험보험료를 제외한 적립보험료를 주식이나 채권 등 금융 상품에 투자하여 그 투자 수익에 따라 보험금을 지급하는 실적배당형 보험 상품

변액보험은 보장기능 · 저축기능 · 뮤추얼펀드의 형식이 혼합된 구조로 적립금이 보증되지 않고, 특별계정에서 운용되어 연금의 지급이 시작될 때 계약자 적립금은 최저로 보증되고, 사망보험금과 적립금은 계약의 투자 성과에 따라 변동한다. 변액보험의 특징으로는 투자성과에 따라 원금이 손실되거나 원금 이상의 보험금이 발생할 수 있고, 고객의 투자 성향에 따라 자산 운용 형태를 설정할 수 있으며, 기존의 종신보험에 비해 상대적으로 보험료가 비싸다는 것이다. 또한 별도 자격을 갖춘 사람만 판매할 수 있으며, 예금자보호법의 보호를 받지 못한다.

☑ 시험에서는 이렇게 물어본다!

변액보험의 가장 큰 특징은?

342

변액유니버설보험

VUL :
Variable Universal
Lift Insurance

2020 | 농협은행 2020 | 지역농협 2020 | 농협중앙회

펀드운용 수익률에 따라 보험금이 변동되는 변액보험과 보험료 납입과 적립금인출이 자유로운 유니버설보험의 장점을 결합한 보험 상품

위험에 대비한 보장보험료와 투자에 대한 투자보험료를 함께 부담해야 하며, 투자에 대한 위험은 고객이 부담해야 한다. 보험료의 환급금으로 적립되는 부분을 주식, 증권, 채권 등 금융시장의 어느 부분에 투자할 것인지를 보험 가입자가 결정한다. 변액유니버설보험의 특징으로는 보험료를 계약자가 지정하는 펀드에 투자하여 실적배당을 해주는 변액기능과 보험료 납입과 출금을 자유롭게 할 수 있는 유니버설보험의 기능을 결합한 보험 상품으로 운용성과에 따라 고수익을 얻을 수 있는 투신상품에 은행 예금, 적금의 편리함을 합한 상품이며, 투자 상품이면서 보험 상품이기 때문에 기본적으로 보장이 적용된다. 또한 연금으로 전환이 가능하므로 노후연금으로도 활용할 수 있다.

> ☑ 시험에서는 이렇게 물어본다!
> VUL의 이점은?

343

유니버설 보험

Universal Life Insurance

2020 | 농협중앙회

1970년대 말 미국에서 등장한 신종 보험으로 금융시장의 변동에 따라 신축성과 현실성을 최대한 반영하기 위해 고안된 생명보험 형태의 보험

대개 무배당 보험성격이 강하며 보험계약자의 보험수요변동에 따라 저축액, 보장액, 보험료 등을 필요에 따라 조절할 수 있다. 보험의 해약환급금은 가변적이며, 보험계약자는 대부분의 경우 최저이자율만 확정보장하고, 금융시장의 이자율변동을 감안한 실제 이자에 따라 조정하게 된다. 또한 저축성부분에 대해선 종래의 보험과 같이 해약환급금에 준하는 대출도 받을 수 있으며, 나아가서는 해약환급금에 대한 회수 선택권도 주어져 있다. 사망보험금의 변경은 전사를 원칙으로 하고 있으나, 사망 시 받게 될 주계약의 액면가를 높일 수도 있다. 이 보험에 가입한 보험계약자는 보험료변경과 보험료납부도 중단할 수 있으며, 보험료 미납 시 회사는 그 계약의 저축부분으로부터 보장부문과 사업비부분의 비용을 공제한다.

> ☑ 시험에서는 이렇게 물어본다!
> 유니버셜 보험의 특징은?

344 ■■■

정책보험

政策保險

2020 | 농협계열사

국책 금융기관에서 보장하는 보험

농협손해보험에는 가축재해보험, 농기계종합보험, 풍수해보험, 실손보상 소상공인 풍수해보험이 있다.

구분	내용
가축 재해보험	가축을 사육하다 생긴 불의의 사고로 인해 받은 피해를 보상한다. 정부에서 보험료 50%를 지원하여 적은 비용으로 거대 손실을 대비할 수 있는 농업인 사회안전보험으로, 안전한 축산물을 공급하기 위해 사망가축의 유통근절과 가축의 방역 · 위생을 철저히 하여 축산물을 공급하게 하는 공익적인 보험 상품이다.
농기계 종합보험	노기계로 관련된 사고로부터 사회안전망 확충을 위한 보험이다. 농업인의 경제적 손실을 보상하고 회복을 지원하기 위한 국가정책보험으로 정부에서 보험료를 지원한다.
풍수해 보험	풍수해로 주택, 온실(비닐하우스 포함), 상가, 공장 등의 재산피해로 인한 손해를 보상하기 위해 행정안전부에서 시행하는 정책보험이다. 정부에서 보험료를 지원한다.

☑ 시험에서는 이렇게 물어본다!
정책보험의 필요성을 말해보시오.

345 ■■

11대 중과실

重過失

2020 | 농협계열사

중과실은 작은 주의를 기울이면 일어나지 않았을 결과임에도 부주의하여 발생한 일을 의미

교통사고에서는 12대 중과실이 있다. 신호위반, 중앙선 침범, 제한속도를 20km 초과한 속도 위반, 고속도로 앞지르기 · 끼어들기 방법 위반, 철길건널목 통과방법 위반, 횡단보도 보행자 보호의무 위반, 무면허 운전, 음주운전, 보도침범, 승객 추락방지의무 위반, 어린이보호구역 안전운전의무 위반, 화물 낙하 고정조치 위반이 있다. 화물 낙하 필요조치 위반을 제외한 것을 11대 중과실이라 한다. 자동차 보험은 민사상 책임을 보장하고 운전자보험은 형사상 채임, 행정상책임을 보장한다. 운전자보험은 12대 중과실 중에서 음주운전, 무면허운전을 제외하고 보상한다, 자동차보험은 의무적으로 가입하나 운전자보험은 선택적으로 가입한다.

☑ 시험에서는 이렇게 물어본다!
11대 중과실 해당 사례는?

346

예금보험

預金保險制度,
Deposit Insurance System

2020 | 지역농협

금융기관이 예금을 지급할 능력이 없으면 예금보험기관에서 대신하여 예금을 지급하는 제도

1933년 미국에서 처음 도입된 제도이다. 금융기관이 파산하거나 경영부실 등의 이유로 예금자의 예금을 지급할 수 없을 때, 예금보험공사에서 예금자보호법을 제정하여 고객의 예금을 보호하는 제도이다. 예금보험은 동일한 종류의 위험을 가진 사람들이 평소에 기금을 적립하여 만약의 사고에 대비한다는 보험의 원리를 이용하는 제도이다. 예금자보호법에 의해 금융회사는 예금보험공사에 보험료(예금보험료)를 주고 예금보험기금을 적립한다. 금융회사에서 예금지급능력이 없어지면 예금보험금을 지급하게 된다.

상식PLUS+ 예금보험의 구조

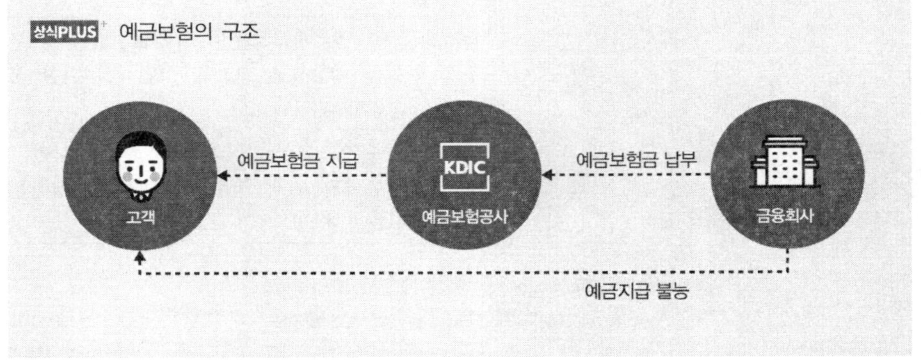

☑ 시험에서는 이렇게 물어본다!
예금보험제도의 목적은?

347

부담보

不擔保

2020 | 농협계열사

보험 가입 기간 동안 특정 질환에 대한 보장을 제외하는 것

표준미달체의 보험을 계약할 때 가입이 제한되는 조건을 가진 피보험자의 계약을 조건부로 가입승인하거나 보험사기가 우려되는 경우 일정 기간 이내 보상을 하지 않는 것이다. 예를 들어, 가입자가 과거 허리 디스크 치료를 받았던 경우, 보험사는 리스크 관리를 위해 일정 기간 동안 허리 관련 질환에 대한 보장을 제외할 수 있다.

☑ 시험에서는 이렇게 물어본다!
부담보가 적용되는 사례는?

348

책임준비금
責任準備金

보험회사가 계약자에 대한 보험금을 지급하기 위해 보험료의 일정액을 적립시키는 돈

보험사가 사내유보나 자산 운용준칙에 따라 사용할 수 있으며, 보험회사의 손익에 직접적인 영향을 주기 때문에 매 결산기마다 계약종류별로 책임준비금을 산출하도록 법률로 정하고 있다. 적립방법으로는 순보험료식과 해약환급금식(질메르식)이 있는데, 계약자의 안전 확보를 위해 매년 일정액을 적립토록 하는 순보험료식이 원칙이다. 그러나 현실적으로 계약 첫 해에는 보험증권 제작비, 수당, 검진수수료 등이 많이 지출되므로 계약 초기에 사업비를 앞당겨 쓰고 부족해진 금액은 계약 만기 시까지 점차 채우도록 하는 해약환급금식이 혼용되고 있다. 해약환급금식은 순보험료보다 적립금액이 적지만 중도해약자에게 돌아가는 환급금은 꼬박꼬박 적립해 놓는 방식이다.

349

조합보험
Partnership Insurance

2021 · 2020 | 농협계열사 2024 · 2023 · 2022 | 농협은행 2022 | 농협중앙회

각종 조합에 의해 운영되는 비영리 보험

자본주의 경제에서 자주적·방위적 조직인 협동조합이 공동으로 위험을 분산하고 보장하는 보험이다. 현재 한국에서는 협동조합이 보험사 주체가 되는 것은 인정하지 않으나 조합원의 복리후생·공제와 관련된 농업협동조합법, 중소기업협동조합법 등은 인정되어 실시되고 있다. 조합원들이 출자하여 운영하고 발생한 이익은 조합원에게 배당하거나 보험료 인하 등으로 환원한다.

☑ 시험에서는 이렇게 물어본다!
조합보험의 운영 방식은?

350

미평가 보험
Unvalued Policy

2020 | 농협계열사

보험액이 협정되지 않은 보험

평가미제보험으로도 말한다. 보험계약 당사자에 의해서 보험가액이 약정되지 않은 보험이다. 미평가보험은 보험사고가 발생하면 초과·중복 보험여부를 확인하여 산정기준을 마련하여 보험가액을 결정해야 하기 때문에 보험약관에는 규정이 있다. 상법에서는 보험가액으로 규정하고 있다.

☑ 시험에서는 이렇게 물어본다!
미평가 보험 계약 시 주의사항은?

351 ■■■
미경과 보험
Unearned Premium

2020 | 농협계열사

수입보험료 가운데 아직 보험자의 책임이 있는 보험료 기간이 경과하지 않은 보험

연납 보험료를 납입일로 6개월 경과된 시점에는 받은 보험료의 50%는 남은 6개월 미경과 기간에 대응하는 미경과보험료이다. 보험사에서 보험자가 향후 제공할 보장서비스에 대응하여 미리 수취한 금액으로 부채에 해당하기 때문에 재무건전성 평가에서 중요한 요소로 작용한다.

☑ 시험에서는 이렇게 물어본다!
미경과 보험이 재무 건전성 평가에 미치는 영향은?

352 ■■■
방카슈랑스
Bancassurance

2021 | 농협은행 2016 · 2015 | 농협계열사

은행과 보험사가 상호 제휴하여 은행 창구에서 직접 보험 상품을 판매하는 영업 형태

'은행(Bank)'과 '보험(Assurance)'의 합성어이다. 보험사는 별도의 영업조직 없이 은행의 점포망을 판매 채널로 확보해 영업하기 때문에 비용을 절약할 수 있다. 은행은 금융 상품 및 보험 상품을 한 곳에서 모두 판매함으로써 영업 이익을 높일 수 있는 점을 활용하여 점차 상품을 공동 개발 · 판매하는 종합적인 업무 제휴 형태 또는 은행들이 보험자 회사를 설립하여 자회사의 보험 상품을 은행 창구에서 판매하는 형태로 발전하고 있다.

☑ 시험에서는 이렇게 물어본다!
방카슈랑스의 장점을 말해보시오.

353 ■■■
포타슈랑스
Potasurance

2020 | 농협계열사

인터넷 포털 사이트와 보험회사가 연계해 보험 상품을 판매하는 영업형태

'포털(Potal)'과 '보험(Insurance)'의 합성어이다. 포털사이트가 보험회사의 온라인 대리점 역할을 하고, 포털회사 직원은 보험 상품을 판매하는 보험설계사의 일을 하게 된다. 이 방식의 장점으로는 보험설계사가 직접 고객을 찾지 않아도 되고, 온라인을 이용해 다양한 판매망을 갖출 수 있으며, 다양한 채널을 확보해 판매액을 늘릴 수 있고, 채널 사이의 경쟁을 통해 판매 시 지급되는 수수료를 낮출 수 있다. TV 홈쇼핑도 보험판매를 주요 채널로 등장시켰는데, 이를 홈슈랑스라고 한다.

☑ 시험에서는 이렇게 물어본다!
포타슈랑스가 금융시장에서 활용되는 이유를 말해보시오.

354

마트슈랑스
Martsurance

2020 | 농협계열사

대형마트나 편의점을 통해서 보험 상품을 판매하는 것

'마트(Mart)'와 '보험(Insurance)'의 합성어이다. 우리나라에선 2004년 동부화재가 홈플러스에서 보험 상품을 판매한 것이 효시이며, 그 밖에 편의점, 대형 슈퍼마켓 등에서도 상품을 판매하고 있다.

☑ 시험에서는 이렇게 물어본다!
마트슈랑스와 포타슈랑스의 차이를 말해보시오.

355

어슈어뱅킹
Assure Banking

2020 | 농협계열사

보험사가 은행을 자회사로 두거나 은행상품을 판매하는 것

'어슈어파이낸스(Assurfinance)'라고도 한다. 어슈어뱅킹은 은행이 보험회사를 자회사로 두거나, 창구에서 보험 상품을 판매하는 것을 의미하는 방카슈랑스에 상대되는 개념으로, 간단하게 말하면 보험회사가 은행업을 겸하는 것이다. 보험회사가 은행의 업무 영역인 지급 결제 기능을 포함하고 있거나, 은행을 자회사로 두어 간접적으로 은행업을 겸하는 경우를 말한다.

☑ 시험에서는 이렇게 물어본다!
어슈어뱅킹과 방카슈랑스를 비교하여 약술하시오.

356

포지티브 리스트시스템
Positive List System

2020 | 농협계열사

검증되고 허용된 항목만 사용가능하도록 제한하는 제도

신약이 나왔을 때 국민건강보험공단이 치료의 가치, 사용량, 환자수를 예측하고, 제약사와 협상을 통해 보험적용여부와 상한가격을 정한다. 이 제도는 보험이 적용되는 의약품에 대한 정보를 소비자와 의사에게 제공하고, 요양기관에서 약품구입 및 재고관리의 부담을 줄이는 등의 관리대상 의약품의 수를 감소시켜 관리의 효율성을 높이고, 의약품을 이용하는 국민들도 질 좋은 의약품을 적정한 가격에 필요한 양만큼 소비함으로써 약값 부담을 낮출 수 있다. 위해하고 불법적인 요소를 에방하여 소비자보호와 안전성을 높일 수 있으나 산업 성장 속도가 느려질 수 있다.

☑ 시험에서는 이렇게 물어본다!
포지티브리스트시스템의 장 · 단점을 말해보시오.

금융·경제·보험 예상문제

정답 문항수 | 풀이시간 분

1 **채무자가 공사채나 은행 융자, 외채 등의 원리금 상환 만기일에 지불 채무를 이행할 수 없는 상태는?**

① 디폴트
② 환형유치
③ 엠바고
④ 워크아웃
⑤ 법정관리

2 **과세기준일(매년 6월 1일) 현재 국내에 소재한 재산세 과세대상인 주택 및 토지를 유형별로 구분하여 인별로 합산한 결과로 나온 공시가격 합계액이 각 유형별로 공제금액을 초과하는 경우 그 초과분에 대하여 과세되는 세금은?**

① 종합소득세
② 부가가치세
③ 종합부동산세
④ 양도소득세
⑤ 상속세

3 **호경기 때 소비재 수요 증가와 더불어 상품의 가격상승이 노동자의 화폐임금보다 급격히 상승하게 되어, 노동자의 임금이 상대적으로 저렴해지는 것과 관련성이 높은 효과는?**

① 전시 효과
② 리카도 효과
③ 톱니 효과
④ 베블런 효과
⑤ 피구 효과

4 **다음 〈보기〉 빈칸에 들어가는 용어는?**

> 보기
>
> (　　)은/는 원래 프랑스에서 비롯된 제도이다. 독일은 제1차 세계대전 이후 엄청난 전쟁배상금 지급을 감당할 수 없어 (　　)을/를 선언했고 미국도 대공황 기간 중인 1931년 후버 대통령이 전쟁채무의 배상에 대하여 1년의 지불유예를 한 적이 있는데 이를 후버 (　　)라/이라 불렀다고 한다. 이외에도 페루, 브라질, 멕시코, 아르헨티나, 러시아 등도 (　　)을/를 선언한 바가 있다.

① 모블로그
② 모라토리엄 신드롬
③ 서브프라임 모기지론
④ 모라토리엄
⑤ 디플레이션

빠른답CHECK 1.① 2.③ 3.② 4.④

5 다음 〈보기〉 빈칸 안에 들어가는 용어는?

보기

니콜라스 탈레브는 그의 책에서 (　　)을/를 '과거의 경험으로 확인할 수 없는 기대 영역 바깥쪽의 관측 값으로, 극단적으로 예외적이고 알려지지 않아 발생가능성에 대한 예측이 거의 불가능하지만 일단 발생하면 엄청난 충격과 파장을 가져오고, 발생 후에야 적절한 설명을 시도하여 설명과 예견이 가능해지는 사건'이라고 정의했다. 이것의 예로 20세기 초에 미국에서 일어난 경제대공황이나 9 · 11 테러 등과 같은 사건을 들 수 있다.

① 블랙 스완　　② 그레이 스완
③ 어닝 쇼크　　④ 더블 딥
⑤ 유동성 함정

6 통신사업자가 대도시나 아파트 단지 등 고수익 – 저비용 지역에만 서비스를 제공하는 현상에 빗댄 것으로 기업이 이익을 창출할 것으로 보이는 시장에만 상품과 서비스를 제공하는 현상을 의미하는 것은?

① OSJD　　② 스마일 커브
③ 코드 커팅　　④ 크림 스키밍
⑤ 스놉 효과

7 환율이 상승함으로써 수입과 수출에 미치는 영향을 바르게 나타낸 것은?

① 수출촉진, 수입억제
② 수출억제, 수입억제
③ 수출촉진, 수입촉진
④ 수출억제, 수입촉진
⑤ 수출 · 수입에 변화가 없다.

8 지니계수(Gini Coefficient)를 증가시켜 소득분배를 불균등하게 하는 요인은?

① 금리인상
② 무료급식제도
③ 상속세
④ 의무교육제도
⑤ 양도소득세

9 영기준예산(Zero Base Budgeting)의 장점이라고 할 수 없는 것은?

① 재정운용의 탄력성
② 자원의 합리적 배분
③ 적절한 정보의 제시
④ 시간 · 노력의 절약
⑤ 계층 간 원활한 의사소통

10 다음 중 마찰적 실업을 줄이기 위한 방법 중 가장 효율적인 것은?

① 임시직을 정규직으로 전환한다.
② 임금상승을 생산성 증대 수준 이하로 억제한다.
③ 노동시장의 수급상황의 정보활동을 강화한다.
④ 근로자의 직업교육을 확대한다.
⑤ 일자리 정보를 제공한다.

빠른답CHECK 5.① 6.④ 7.① 8.① 9.④ 10.③

11 다음 중 주식과 사채(社債)의 차이점으로 적절하지 않은 것은?

① 주식은 채무가 아니나 사채는 회사 채무이다.
② 사채권자는 주주총회에서의 의결권이 없으며 경영에 참가할 수 없다.
③ 회사는 사채에 대해 일정 기간 동안의 이자를 지불하고 만기일에 시가(時價)를 상환한다.
④ 회사가 해산되었을 경우 사채가 완불되지 않으면 주주는 잔여재산분배를 받을 수 없다.
⑤ 사채는 원금과 이자를 상환 받지만 주식은 이익배당을 받을 수 있다.

12 다음 〈보기〉 빈칸 안에 들어가는 용어는?

보기

(　　)은/는 사회 공헌에 노력하는 기업들을 거래소에서 심사 · 선정한다. 투자자들에게는 장기적으로 지속가능한 기업을 쉽게 선별할 수 있도록 하고, 자산운용사들에게는 펀드의 포트폴리오 구성을 위한 추가적인 기준을 제시한다. 이미 세계 많은 나라에서는 (　　)이/가 사용되고 있는데, 미국에서의 한 조사 결과에 따르면 1993년에서 2006년까지 (　　)의 수익률이 평균 시장지수(모건 스탠리 지수)의 수익률을 크게 앞질렀다고 한다.

① 엥겔지수
② 거래량지수
③ SRI지수
④ 가격지수
⑤ 슈바베 지수

13 고위험, 고수익의 채권전용펀드로 신용등급이 투자부적격한 BB+이하 채권을 편입해 운용하기 때문에 발행자의 채무불이행위험이 높은 펀드는?

① Mutual Fund
② Off Shore Fund
③ Spot Fund
④ Gray Fund
⑤ Private Placement Fund

14 통화지표는 통화의 총량을 가늠하는 척도이다. 보기 중 가장 범위가 넓은 통화지표는?

① M1　　② M2
③ Lf　　④ 현금통화
⑤ 결제성 예금

15 다음 〈보기〉에서 설명이 뜻하는 용어는?

보기

대규모의 자금이 필요한 석유, 탄광, 조선, 발전소, 고속도로 건설 등의 사업에 흔히 사용되는 방식으로 선진국에서는 보편화된 금융기법이다. 은행 등 금융기관이 사회간접자본 등 특정사업의 사업성과 장래의 현금흐름을 보고 자금을 지원한다.

① 프로젝트 파이낸싱
② 액면병합
③ 파생금융 상품
④ 온디맨드
⑤ 선도거래

빠른답CHECK　11.③　12.③　13.④　14.③　15.①

16 다음 중 우리나라 GDP에 영향을 주지 않는 것은?

① 전기가스 비용
② 미국 텍사스에 위치한 국내 대기업의 제조공장
③ 외국 유명 대기업의 한국지사 제조공장
④ 국내 광공업 수입
⑤ 건강보험료

17 경제문제가 발생하는 가장 근본적인 원인은?

① 이윤극대화의 원칙
② 한계효용 체감의 법칙
③ 희소성의 원칙
④ 3면 등가의 원칙
⑤ 조세평등의 원칙

18 다음 중 소득이 떨어져도 소비 수준이 변하지 않는 현상은?

① 도플러 효과
② 잠재가격
③ 의존 효과
④ 관성 효과
⑤ 구축 효과

19 구매자에게 최하의 가능한 선에서 결정되었다는 인상을 주기 위해 제품가격을 10,000원이나 300,000원으로 하지 않고 9,990원이나 299,900원으로 하는 가격결정 방법은?

① Price Lining
② Odd Pricing
③ Prestige Pricing
④ Loss Leader
⑤ Unit Pricing

20 다음 소득불평등 지표에 대한 설명으로 옳지 않은 것은?

① 지니계수가 0이면 완전 불평등, 1이면 완전 평등을 의미한다.
② 로렌츠 곡선은 대각선에 가까울수록 소득분배가 평등하다는 의미이다.
③ 로렌츠 곡선은 불균등할수록 한쪽으로 굽은 곡선이 그려진다.
④ 10분위 분배율은 최하위 40%(1 ~ 4분위) 계층의 최상위 20%(9, 10분위)의 소득점유율로 나눈 지표이다.
⑤ 10분위 분배율은 2에 가까울수록 소득분배가 고르다는 것을 의미한다.

21 시장에서의 경쟁을 약화시킴으로써 높은 이윤을 확보하는 것이 주 목적인 기업형태와 거리가 먼 것은?

① 트러스트(Trust)
② 콤비나트(Combinat)
③ 신디케이트(Syndicate)
④ 카르텔(Cartel)
⑤ 조인트벤처(Joint Venture)

빠른답CHECK 16.② 17.③ 18.④ 19.② 20.① 21.②

22 다음 〈보기〉에서 설명하고 있는 용어는?

> 보기
>
> 두 재화가 서로 비슷한 용도를 지녀 한 재화 대신 다른 재화를 소비하더라도 만족에 별 차이가 없는 관계를 말한다. 서로 경쟁적인 성격을 띠고 있어 경쟁재라고도 하며 소비자의 효용, 즉 만족감이 높은 쪽을 상급재, 낮은 쪽을 하급재라 한다. 만약 두 재화 A, B가 대체재라면 A재화의 가격이 상승(하락)하면 A재화의 수요는 감소(증가)하고 B재화의 수요는 증가(감소)한다.

① 대체재 ② 보완재
③ 독립재 ④ 정상재
⑤ 열등재

23 생산자 물가지수에 대한 설명으로 옳지 않은 것은?

① 한국은행에서 작성한다.
② 상품 및 서비스의 수급동향을 파악할 수 있다.
③ 상품 및 서비스의 경기동향을 판단할 수 있다.
④ 지수작성에 이용되는 가격은 1차 거래단계의 가격이다.
⑤ 가계가 소비하는 서비스의 가격수준 및 변동을 파악할 수 있다.

24 다음 중 레온티에프 역설(Leontief Paradox)이 반박한 이론은?

① 비교우위 이론 ② 헥셔-올린 정리
③ 구매력 평가설 ④ IS-LM 모델
⑤ 랜덤워크 가설

25 다음 〈보기〉에서 설명하고 있는 가격차별의 형태로 옳은 것은?

> 보기
>
> • 재화의 구입량에 따라 가격을 다르게 설정하는 것을 말한다.
> • 1차 가격차별보다 현실적이며 현실에서 그 예를 찾기 쉽다.
> • 전화의 사용량에 따라 그 요금의 차이가 나는 것은 이것의 예이다.

① 1차 가격차별 ② 2차 가격차별
③ 3차 가격차별 ④ 4차 가격차별
⑤ 5차 가격차별

26 다음 〈보기〉에 포함되어 있지 않은 경제적 개념은 무엇인가?

> 보기
>
> 송이는 최근 개봉한 영화를 영화관에서 볼지 아니면 2 ~ 3달 후에 집에서 OTT로 볼지 고민하다가 영화관에서 보기로 결정했다. 영화관에 가기 전날 송이는 A 신문에서 "이동통신사들이 자사 카드 사용자에 대한 영화 관람료 할인제도를 폐지하자 관람객 수가 감소했다."는 기사를 읽게 되었다. 예전에 이동통신사의 관람료 할인제도를 이용하던 송이는 대신 조조할인을 받기 위해 일요일 아침 일찍 영화관에 갔다. 기다리면서 마시려고 산 커피는 일반 시중가격에 비하여 매우 비싸다고 느꼈으며 영화관은 외부 음식물 반입을 금지하고 있다.

① 대체재 ② 외부 효과
③ 가격차별 ④ 진입장벽
⑤ 수요의 가격 탄력성

빠른답CHECK 22.① 23.⑤ 24.② 25.② 26.②

27 甲사는 올해 휴대폰 A2025을 출시했다. 다음 지문 중에서 금년에 甲사의 A2025와 경쟁 관계에 있는 제품을 모두 고르면?

보기

㉠ 乙사에서 제작한 B 휴대폰
㉡ 잠재적인 시장 진입자가 생산할 휴대폰
㉢ 작년에 발매된 甲사의 A2024
㉣ 내년에 발매될 甲사의 A2026

① ㉠㉡
② ㉠㉢
③ ㉡㉢
④ ㉠㉡㉢
⑤ ㉠㉡㉢㉣

28 예금자보호법에 의해 보호되는 상품으로 옳은 것은?

① 은행의 주택청약종합저축
② 저축은행의 후순위채권
③ 보험회사의 개인보험계약
④ 보험회사의 보증보험계약
⑤ 은행의 양도성예금증서

29 다음 자료에서 ㉠과 ㉡에 들어갈 금리의 종류로 알맞은 것은?

보기

2022년 (㉠) 종료에 따른
주요국 지표금리 개선 방향 및 대응 현황

국제기준	주요국 대응
기존 지표금리 개선	• 관리 및 통제 체계 구축 • 거래기반 확충 • 산출방법 개선
신규 무위험지 표금리 개발	• 기존 지표금리 활용 (일본, 호주, 스위스 등) • 신규 지표금리 개발 (미국, 영국, EU 등)
법률 제 · 개정	• 「EU」 벤치마크법 제정 • 지표금리 관련 법률 제 · 개정 (일본, 호주, 싱가포르)

2022년 (㉠)이/가 중단됨에 따라 올해 6월까지 (㉡)이/나 환매조건부채권(RP)금리를 지표금리로 전환하는 방안이 추진된다. 우선 금융위원회의 지표금리 개선 추진단은 2022년부터 (㉠)사용 신규계약을 점진적으로 축소하기로 했다. 이어 2022년 6월까지 국내 무위험지표금리를 선정할 계획이다. 주요국 사례를 감안해 익일물(만기 1일) (㉡) 또는 익일물 RP금리를 국내 무위험지표 후보금리로 유력하게 고려하는 중이다. RP는 채권보유자가 일정기간 후 다시 매입하는 조건으로 매도하는 채권이다. 현재 미국의 경우 새 지표를 개발했으며 영국과 유로지역 등은 기존금리를 개선하고 일본은 금융기관 상호 간 단기 자금대차 이자율인 (㉡)을/를 새 지표로 선정하고 있다.

	㉠	㉡
①	우대금리	콜금리
②	CD금리	리보금리
③	우대금리	CD금리
④	리보금리	콜금리
⑤	리보금리	CD금리

빠른답CHECK 27.⑤ 28.③ 29.④

30 **개인의 저축 증가가 국가적 저축 증가로 연결되지 않는 현상은?**

① 승자의 저주
② 구축 효과
③ 절대우위론
④ 저축의 역설
⑤ 유동성의 함정

31 **디플레이션의 영향을 순서대로 나열한 것은?**

보기

㉠ 소비위축
㉡ 상품가격 하락
㉢ 채무자의 채무부담
㉣ 경기침체 가속
㉤ 생산 및 고용 감소

① ㉠ – ㉢ – ㉡ – ㉣ – ㉤
② ㉠ – ㉣ – ㉡ – ㉤ – ㉢
③ ㉠ – ㉡ – ㉤ – ㉣ – ㉢
④ ㉢ – ㉡ – ㉠ – ㉣ – ㉤
⑤ ㉢ – ㉤ – ㉣ – ㉠ – ㉡

32 **다음 중 ( ) 안에 해당하는 사람으로 옳은 것을 모두 고르면?**

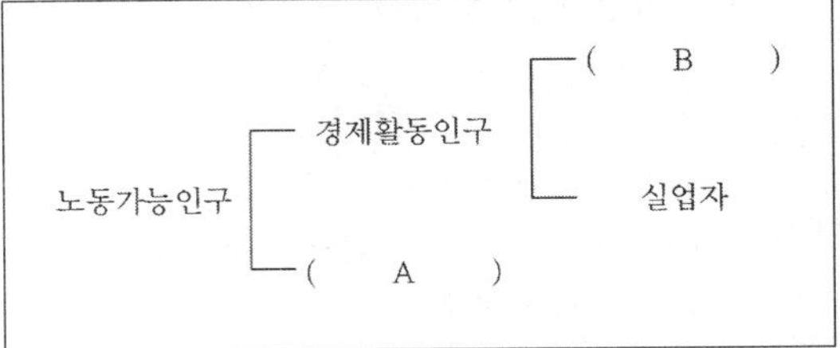

보기

㉠ 실직 뒤에 구직 노력을 포기한 甲
㉡ 교통사고를 당해 휴직을 하고 있는 乙
㉢ 가족이 경영하는 가게에서 무보수로 일하는 丙
㉣ 일거리가 적어 일주일에 하루만 일하는 이웃 丁

	A	B
①	㉠	㉡㉢㉣
②	㉠㉢	㉡㉣
③	㉡㉢	㉠㉣
④	㉡㉣	㉠㉢
⑤	㉠㉡㉢	㉣

빠른답CHECK 30.④ 31.③ 32.①

33 다음 〈보기〉에서 '72의 법칙'을 생활경제 속에 가장 잘 활용한 사람은?

보기

甲 : 지금 가진 돈을 장기예금에 넣으면 복리가 될 테고, 그 돈이 두 배가 될 때 원금을 빼면 좋을 텐데……. 만약 그렇다면 복리로 계산할 때 언제 두 배 수익이 되는 걸까?
乙 : 올해 내 나이가 벌써 43세이니 10년 전과 비교해서 주식투자의 비중은 얼마의 차이가 나는 걸까?
丙 : 갑자기 한 번에 저축을 너무 늘리려 하면 힘들 테니 수입의 5% 정도만 우선 저축하면서 지금부터라도 조금씩 저축을 시작해야겠네.
丁 : 주식이 폭락해서 −50%의 수익률을 얻었는데 이를 회복하려면 얼마의 수익률을 내야 하는 걸까?
戊 : 연봉도 올랐는데 총 소득이 올랐을 테니 동년배와 비교해서 내가 부자가 될 가능성은 얼마나 될까?

① 甲 ② 乙
③ 丙
④ 丁
⑤ 戊

34 다음 〈보기〉에서 총공급곡선을 오른쪽으로 이동시키는 요인들을 모두 고르면?

보기

㉠ 실질임금 상승
㉡ 원자재 가격 하락
㉢ 신기술 개발
㉣ 정부지출 증가

① ㉠㉡
② ㉡㉢
③ ㉢㉣
④ ㉠㉢㉣
⑤ ㉡㉢㉣

35 화폐의 발달 순서로 옳은 것은?

① 상품화폐 − 지폐 − 신용화폐 − 금속화폐 − 전자화폐
② 상품화폐 − 금속화폐 − 지폐 − 신용화폐 − 전자화폐
③ 상품화폐 − 금속화폐 − 신용화폐 − 지폐 − 전자화폐
④ 금속화폐 − 지폐 − 상품화폐 − 신용화폐 − 전자화폐
⑤ 금속화폐 − 상품화폐 − 지폐 − 신용화폐 − 전자화폐

빠른답CHECK 33.① 34.② 35.②

36 가구의 소득 흐름은 물론 금융 및 실물 자산까지 종합적으로 고려하여 가계부채의 부실위험을 평가하는 지표로, 가계의 채무상환능력을 소득 측면에서 평가하는 원리금상환비율(DSR : Debt Service Ratio)과 자산 측면에서 평가하는 부채/자산비율(DTA : Debt To Asset Ratio)을 결합하여 산출한 지수를 무엇이라고 하는가?

① 가계신용통계지수
② 가계수지
③ 가계순저축률
④ 가계부실위험지수
⑤ 가계처분가능소득지수

37 다음 〈보기〉 빈칸 안에 들어갈 말로 가장 적절한 것은?

보기

(　　)을/를 시행하게 되면 환율 변동에 따른 충격을 완화하고 거시경제정책의 자율성을 어느 정도 확보할 수 있다는 장점이 있다. 하지만 특정 수준의 환율을 지속적으로 유지하기 위해서는 정부나 중앙은행이 재정정책과 통화정책을 실시하는 데 있어 국제수지 균형을 먼저 고려해야하는 제약이 따르고 불가피하게 자본이동을 제한해야 한다.

① 고통지수
② 자유변동환율제도
③ 고정환율제도
④ 고정자본소모
⑤ 고정이하여신비율

38 1인 가구가 늘어나면서 나타나는 현상으로, 혼자 밥을 먹거나 혼자 쇼핑을 하거나 여행을 다니는 등 혼자서 소비생활을 즐기는 소비 트렌드를 뜻하는 말은?

① 일점호화소비
② 일물일가의 법칙
③ 일코노미
④ 일대일로
⑤ 일비

39 복지지표로서 한계성을 갖는 GNI를 보완하기 위해 미국의 노드하우스와 토빈이 제안한 새로운 지표로 옳은 것은?

① 소비자동향지표
② 경제후생지표
③ 경제활동지표
④ 고용보조지표
⑤ 일일경제지표

40 하나의 물건을 갖게 되면 그것에 어울리는 다른 물건들을 계속해서 구매하게 되는 현상은?

① 디드로 효과
② 채찍 효과
③ 캘린더 효과
④ 쿠퍼 효과
⑤ 톱니 효과

빠른답CHECK 36.④ 37.③ 38.③ 39.② 40.①

41 다음 중 리카도의 비교우위론에 대한 설명으로 옳지 않은 것은?

① 다른 생산자에 비해 같은 상품을 더 적은 생산요소로 생산할 수 있는 능력을 말한다.
② 비교우위론에서 비교우위는 곧 기회비용의 상대적 크기를 나타낸다.
③ 비교우위론은 노동만이 유일한 생산요소이고 노동은 균질적으로 가정하고 있다.
④ 비교우위론은 생산함수를 규모의 불변함수이고 1차 동차함수로 가정하고 있다.
⑤ 비교우위론에서 무역은 비교생산비의 차이에서 발생한다고 보고 있다.

42 화폐의 증감여부를 바르게 연결한 것은?

보기

㉠ 금융위기로 은행의 안전성이 의심되면서 예금주들의 현금인출이 증가하였다.
㉡ 개인이 명절을 준비하기 위해서 현금보유를 늘린다.
㉢ 한국은행이 자금난을 겪고 있는 지방은행들로부터 국채를 매입하였다.
㉣ 은행이 건전성을 강화하기 위해 국제결제은행 기준의 자기자본비율을 높이고 있다.

	㉠	㉡	㉢	㉣
①	감소	증가	감소	증가
②	감소	감소	증가	감소
③	증가	감소	증가	감소
④	증가	감소	감소	증가
⑤	증가	증가	감소	감소

43 최고가격제에 대한 설명으로 옳은 것을 모두 고르면?

보기

㉠ 암시장이 출현한다.
㉡ 초과공급이 발생한다.
㉢ 수요량이 증가한다.
㉣ 제품의 질이 저하된다.
㉤ 공급량이 증가한다.

① ㉠㉡㉢
② ㉠㉢㉣
② ㉡㉢㉣
③ ㉡㉣㉤
④ ㉢㉣㉤

44 〈보기〉에서 설명하는 경제학의 개념으로 옳은 것은?

보기

무더위에 놀이공원 인형 탈 아르바이트를 하던 A는 지나가는 행인이 마시고 있는 아이스커피가 너무나 마시고 싶었다. 하지만 화장실도 편히 갈 수 없는 상황이라 아르바이트가 끝나기만을 기다렸고, 교대할 시간이 되자 A는 아이스커피 제일 큰 사이즈를 주문했다. 다 마실 수 있을 것 같았지만 반 정도 마시자 갈증은 사라지고 배가 너무 불러서 남은 커피는 결국 버렸다.

① 기회비용
② 형평성
③ 한계효용 체감의 법칙
④ 규모에 대한 수확체감의 법칙
⑤ 삼면 등가의 법칙

빠른답CHECK 41.① 42.② 43.② 44.③

45 치열한 경쟁 끝에 승리를 얻었지만 승리를 얻기 위해 과도한 비용과 희생으로 오히려 커다란 후유증을 겪는 상황을 뜻하는 말은?

① 시장실패
② 깨진 유리창의 법칙
③ 죄수의 딜레마
④ 트롤리 딜레마
⑤ 승자의 저주

46 다음 중 내생적 성장모형에서 국가 간 1인당 GNP 성장률 격차에 영향을 미치는 요인은?

보기

㉠ 교육수준의 차이
㉡ 자본축적의 차이
㉢ 기술수준의 차이

① ㉠
② ㉠㉡
③ ㉠㉢
④ ㉡㉢
⑤ ㉠㉡㉢

47 다음 중 구매력평가설에 관한 설명으로 옳지 않은 것은?

① 환율이 양국 통화의 구매력에 의하여 결정된다는 이론이다.
② 균형환율수준 혹은 변화율은 각국의 물가수준을 반영하여야 한다는 이론이다.
③ 절대적 구매력평가설은 일물일가의 법칙을 국제시장에 적용한 이론이다.
④ 무역거래에 있어서 관세부과나 운송비로 인해 일물일가의 법칙이 현실적으로 성립하기 쉽다.
⑤ 무역이 자유롭고 운송비용이 저렴하다는 점을 가정한다.

48 다음 중 매파의 설명으로 옳은 것을 모두 고른 것은?

보기

㉠ 진보성향
㉡ 인플레이션 억제
㉢ 양적완화 주장
㉣ 금리인하 주장
㉤ 긴축 정책 주장

① ㉠㉡
② ㉢㉣
③ ㉡㉣㉤
④ ㉠㉡㉤
⑤ ㉠㉢㉣

빠른답CHECK 45.⑤ 46.② 47.④ 48.④

49 다음 중 실업률이 높아지는 경우를 모두 고른 것은?

보기

㉠ 정부가 실업보험 급여액을 인상하였다.
㉡ 산업구조에 커다란 변화가 초래되었다.
㉢ 최저임금이 인하되었다.
㉣ 경기가 불황에 접어들었다.
㉤ 정보통신 산업의 발전에 힘입어 구인 현황에 대한 정보가 쉽게 알려질 수 있게 되었다.

① ㉠㉡㉣
② ㉠㉢㉣
③ ㉠㉣㉤
④ ㉡㉢㉣
⑤ ㉠㉡㉢㉣

50 다음 중 차등의결권 제도에 대한 설명으로 옳지 않은 것은?

① 경영권을 가지고 있는 대주주의 주식에 대해 보통주보다 적은 의결권을 주는 제도이다.
② 최대 주주가 보유한 지분율보다 더 많은 의결권을 가지는 제도로, 경영권 방어 수단 중 하나이다.
③ 무능한 경영자를 교체하기 어렵고 소수의 지분으로 전 회사를 장악해 경영진의 이익만 쫓을 수 있다.
④ 소수 대주주의 의사가 다수 의사인 것처럼 왜곡될 가능성이 있다.
⑤ 경영권 승계에서 대주주의 지배권 강화 수단으로 악용될 수 있다.

51 다음 〈보기〉 빈칸에 들어가는 용어는?

보기

물가가 지속적으로 상승하는 경제현상으로 총수요의 증가와 생산비 상승이 주요 원인이다. (　　)로/으로 명목임금은 올라도 실질임금은 낮아져 임금소득자에게는 불리한 소득의 재분배가 이루어지며, 채무자에게는 유리하고 채권자에게는 불리한 부의 재분배 현상도 발생한다. (　　)은/는 이렇게 생산과정을 통하지 않고 사회구성원 사이에 소득과 부를 재분배하고, 경제적 효율성을 낮춰 경제 성장에 악영향을 미친다.

① 인플레이션　② 디플레이션
③ 본원통화　④ 통화창조
⑤ 통화승수

52 다음 중 금리의 기능을 모두 고르면?

보기

㉠ 자금배분
㉡ 경기전망
㉢ 경기조절
㉣ 물가조정

① ㉠㉡
② ㉡㉢
③ ㉠㉢㉣
④ ㉡㉢㉣
⑤ ㉠㉡㉢㉣

빠른답CHECK 49.① 50.① 51.① 52.③

53 소득분배의 불균등도를 측정하는 방법이 아닌 것은?

① 로렌츠 곡선
② 엥겔법칙
③ 지니계수
④ 지브라 법칙
⑤ 10분위 분배율

54 경제가 완전고용수준에 미달하고 모든 물가가 신축적으로 변동할 때 피구 효과로 인해 나타날 수 있는 현상은?

① 물가하락은 자산보유자의 실질적인 부의 증가를 가져오기 때문에 소비가 증가한다.
② 생산원가의 하락은 투자 수익의 증대를 가져와 투자지출이 증대된다.
③ 화폐의 유통속도는 물가가 하락하는 비율만큼 떨어진다.
④ 물가하락은 사람들이 앞으로 더욱 더 큰 물가하락을 예상하여 총소비 지출을 감소시킨다.
⑤ 물가가 신축적이라 하더라도 극심한 불황 하에서 유동성 함정이 존재한다면 완전고용은 이룰 수 없다.

55 래퍼곡선에 대한 설명으로 옳지 않은 것은?

① 일정 수준으로 세율을 낮추면 세수를 증가시킬 수 있다.
② 세율과 조세수입 간의 관계를 나타낸다.
③ 공급을 중시하는 경제학을 근간으로 한다.
④ 소득분포도의 불평등도를 측정하는 지표이다.
⑤ 세율이 일정수준을 넘으면 세수가 줄어든다.

56 국내 주식시장에 외국인의 주식 투자확대로 달러 유입이 늘어날 경우 초래될 수 있는 경제현상은?

① 원/달러 환율하락과 수출 감소
② 원/달러 환율하락과 수출 증가
③ 원/달러 환율상승과 수출 감소
④ 원/달러 환율상승과 수출 증가
⑤ 변화가 없다.

빠른답CHECK 53.② 54.① 55.④ 56.①

57 손해보험에 관한 설명으로 옳지 않은 것은?

① 보험의 목적의 성질 및 하자로 인한 손해는 보험자가 보상할 책임이 있다.
② 피보험이익은 적어도 사고발생 시까지 확정할 수 있는 것이어야 한다.
③ 보험자가 손해를 보상할 경우에 보험료의 지급을 받지 않은 잔액이 있으면 이를 공제할 수 있다.
④ 경제적 가치를 평가할 수 있는 이익은 피보험이익이 된다.
⑤ 보험대리인이나 중개인이 보험 계약서를 발행하고 보험회사는 계약서를 검사하는 업무를 한다.

58 화재보험에 관한 설명으로 옳지 않은 것은?

① 보험자는 화재로 인한 손해의 감소에 필요한 조치로 인하여 생긴 손해를 보상할 책임이 있다.
② 연소 작용에 의하지 아니한 열의 작용으로 인한 손해는 보험자의 보상 책임이 없다.
③ 화재로 인한 손해는 상당인과관계가 있어야 한다.
④ 화재 진화를 위해 살포한 물로 보험목적이 훼손된 손해는 보상하지 않는다.
⑤ 동산을 보험의 목적으로 한 때에는 화재보험증권에 그 존치한 장소의 상태와 용도를 기재한다.

59 다음 내용을 읽고 (　　) 안에 들어갈 말로 옳은 것을 고르면?

보기

> (　　)은/는 생명보험이나 손해보험의 어느 한 종류로 분류하기가 어렵다. 왜냐하면 질병보장상품의 경우 사람을 보험대상으로 하기 때문에 생명보험처럼 보이지만, 질병으로 인한 소득상실분의 보장, 각종 질병치료비의 실손보상 등으로 인해 손해보험으로 볼 수 있기 때문이다. 보험업법에서는 (　　)을/를 생명보험과 손해보험이 아닌 독립적인 보험으로 구분하고 있다

① 제3보험
② 언더라이팅 보험
③ 화재보험
④ 적화보험
⑤ 국민연금

60 방카슈랑스에 대한 내용으로 옳지 않은 것은?

① 보험 상품을 은행창구를 통하여 판매하는 것을 말한다.
② 은행에서 보험 상품을 판매하기 때문에 보험료가 저렴하다.
③ 금융상품과 보험의 장점만 가진 복합상품을 접할 수 있다.
④ 보험금 지급은 은행에서 전액 부담한다.
⑤ 범위의 경제의 대표적인 예이다.

빠른답CHECK 57.① 58.④ 59.① 60.④

CHAPTER

04 유통·물류

유통 · 물류 직무상식 필기시험 분석

연도별 출제키워드	2024년 유통경로, JIT, 라스트마일, 재고관리, 공동계산제 2023년 재고관리, 유통경로 2022년 소매수레바퀴 이론, 로케이션 관리 2021년 농수산물 종합유통센터, 글로벌 로지스틱스, 다이어그램 배송
이것만은 알고가자	유통산업발전법, 유통혁명, 공급사슬관리, ABC 기법, 다이어그램 배송, 공동계산제, 콜드체인 시스템, 물류 로봇, 로케이션 관리, JIT, 소매수레바퀴이론, 변증법 이론, 위탁매입, 벌크선
최근 출제경향	유통 · 물류관리사를 공부했던 사람이라면 큰 걱정 없겠으나, 해당 과목 역시 출제범위가 광범위한 편이다. 심화 문제보다는 농산물 유통과 물류 관리와 유통 관리에 대한 기본적인 문제가 출제되는 편이다.
2025년 예상리포트	난도가 높진 않겠으나, 물류관리에 대한 지식과 유통에 이르기까지의 전반적인 전문지식을 물어보는 문제가 출제되면서 개념에 대한 이해 없이는 풀기 어렵다. 유통관리사 · 물류관리사 자격증 수준으로 개념을 물어보는 문제가 주로 나올 것으로 추측되지만, 혼합형으로 유통과 시사상식과 연결한 난도가 높은 문항이 나올 수 있으므로 시사학습과 함께 유통 · 물류 관련한 키워드를 학습하는 것이 좋다.

1
농수산물 종합 유통센터
農水産物綜合流通中心

2021 | 농협은행 2020 | 농협은행

농수산물의 물류활동에 필요한 시설과 이와 관련된 업무시설을 갖춘 사업장

농수산물의 출하 경로를 다원화 하고 물류비용을 절감하기 위하여 농수산물의 수집 · 포장 · 가공 · 보관 · 수송 · 판매 및 그 정보처리 등의 시설을 갖춘 사업장이다. 공공유형, 생산자단체형, 컨소시엄형 등으로 구분할 수 있다.

상식PLUS⁺ 농수산물 종합 유통센터의 유통 체계

㉠ 1단계 : 신청(주문)
㉡ 2단계 : 발주
㉢ 3단계 : 출하
㉣ 4단계 : 배송 및 현장판매

☑ 시험에서는 이렇게 물어본다!
농수산물 종합 유통센터 목적을 말해보시오.

2
포터의 5 Force Model
Porter's 5 Force Model

마이클 포터 교수의 산업구조 분석 모델

다섯 가지 경쟁요인으로 특정 산업 분야의 현황 및 미래를 분석하는 기법으로, 기존 경쟁자 간의 경쟁정도, 대체재의 위험성, 잠재적 경쟁업자의 진입 가능성, 구매자의 협상력, 판매자의 협상력이 해당된다.

3
유통
流通

최초 생산 단계에서 이루어진 생산물이 최후 소비에 이르기까지를 연결하는 영역

생산자에 의해 생산된 재화가 판매되어 소비자(수요자)에 의하여 구매되기까지의 계속적인 여러 단계에서 수행되는 활동을 말한다. 상적 유통과 물적 유통으로 구분할 수 있다.

상식PLUS⁺ 유통의 분류

<table>
<tr><td rowspan="4">유통
(광의의 유통)</td><td rowspan="3">협의의 유통</td><td rowspan="2">물적 유통</td><td>서비스 유통</td><td>정보, 에너지</td></tr>
<tr><td>상품 유통</td><td>보관, 운송</td></tr>
<tr><td>상적 유통</td><td colspan="2">도매업, 소매업</td></tr>
<tr><td>보조적 유통</td><td colspan="3">규격화, 표준화, 위험부담, 금융활동</td></tr>
</table>

㉠ 상적 유통 : 재화의 이동을 동반하지 않는 현상, 즉 서류의 이동이나 금전의 이동, 정보의 이동 등을 의미한다.
㉡ 물적 유통(물류업) : 경제구조의 현대화, 광역화로 상품이 소비자에게 사용되어 지기 직전의 유통단계를 의미한다.

4

유통경로

2024 · 2023 | 농협계열사

상품이 최종수요자에게 가기까지의 과정

유통경로의 필요성은 3원칙이 있다. 총거래 수 최소화의 원칙, 집중준비의 원칙, 분업의 원칙이다. 총거래 수 최소화 원칙은 생산자와 소비자가 직거래를 하는 것보다 중간상이 개입하면 효율적이기 때문에 총 거래수가 줄어드는 것이다. 집중준비의 원칙으로는 도매상이 유통경로에 개입하여 소매상의 대량보관 기능을 분담하여 사회 전체적으로 상품의 보관 총량을 감소시킬 수 있고 소매상은 최소량만을 보관하게 된다는 것이다. 분업의 원칙은 다수의 중간상이 유통경로에 참여하여 다양한 기능을 수행할 수 있다는 것이다.

☑ 시험에서는 이렇게 물어본다!
유통경로의 기능은?

5

유통혁명

流通革命

유통기구의 혁신

대량 생산과 대량 소비의 진전에 따라 상품의 유통부분에서 나타난 유통기구의 혁신을 의미한다. 유통혁명 시대의 특성은 다음과 같다.

구분	유통혁명 이전 시대	유통혁명 시대
관리 핵심	개별기업관리	공급체인관리
기술우위요소	신제품 개발	정보와 네트워크
경쟁우위요소	비용과 품질	정보와 시간
조직 체계	독립적, 폐쇄적 조직	유연하고 개방적 팀 조직
이익의 원천	수익 제고	가치 창출
고객과 시장	불특정 다수	특화 고객

6

유통 가공

流通加工

물품의 부가가치를 부여하는 일

물품 자체의 기능을 변화시키지 않고 간단한 가공이나 조립, 상표부착, 재포장, 주문에 따른 소분작업 등의 부가가치를 부여하는 일을 말한다. 고객의 요구에 합리적인 대응을 하고 유통의 효율을 촉진한다.

7

유통마진
流通Margin

최종 소비자의 총 지출 중 유통업자에게 지출되는 부분

도매가격과 생산지 판매 가격과의 차이인 도매유통마진, 소매가격과 도매가격과의 차이인 소매유통마진으로 나눌 수 있다. 유통마진은 유통효율성을 판단하는 지표로 유통단계별 상품단위당 가격 차액으로 표시된다. 농산물은 소매단계에서 유통마진이 가장 높다. 부피가 크고, 저장과 수송이 어려울수록 유통마진이 높아지며 일반적으로 경제가 발전할수록 유통마진이 증가한다.

- 유통마진 = 소비자지불액 − 농가수취액 = 유통비용 + 상인이윤
- 유통마진율(%) = $\frac{\text{소비자지불액가수취액}}{\text{소비자지불액}} \times 100$

상식PLUS⁺ 농산물 유통마진율이 높은 이유

수집과 분산과정이 길고 복잡하여 중간상인의 개재가 많기 때문이다. 가격에 비해 상대적으로 부피가 크고 부패 변질이 쉬우며 표준화 및 등급화가 어려워 저장 · 수송 등 물류비가 많이 든다.

8

유통산업발전법
流通産業發展法

2019 | 농협계열사

소비자를 보호하고 국민경제의 발전에 이바지함을 목적으로 제정된 법률

유통산업에 대한 지원을 확대하여 경영여건을 개선하고, 유통산업에 대한 규제를 완화하여 경쟁력을 강화하며, 유통산업의 대다수를 차지하는 중소유통기업의 자생적인 경쟁력 강화 노력을 지원함으로써 급속한 유통환경 변화에 대처하고 지속적으로 발전하는 기반을 구축하는 것을 목적으로 한다.

☑ 시험에서는 이렇게 물어본다!
유통산업발전법의 목적은?

9

라이크 커머스
Like Commerce

소비자가 상품을 좋아요(Like)를 누르면서 구매하는 유통시장

소셜미디어가 발달하면서 SNS에서 좋아요를 누르면서 구매가 시작되면서 활성화하는 것이다. 소비자의 좋아요 평가를 기반으로 만들어지는 온라인 유통환경이다. 유명 연예인이 홍보하는 상품보다 자신이 구독하는 인플루언서가 추천한 제품을 구매하는 것이 대표적인 사례이다.

10 ■■■

대량준비(보유)의 원리

일정보유총량을 도매상이 보유할 경우 소매상보다 보유총량을 감소시킬 수 있다는 원리

도매조직의 개재가 비연속적인 수급을 조절하기에 필요한 일정 보유 총량을 각 소매상이 보유하는 것보다 보유총량을 감소시킬 수 있다는 원리이다.

상식PLUS⁺ 거래총수 최소화의 원리

일정 기간에 있어 특정농산물의 거래가 생산자와 소매업자가 직접 거래할 때의 거래총수보다 도매시장조직이 개재함에 따라 생산자와 도매조직, 도매조직과 소매업자의 거래총수가 적어진다는 원리이다.

11 ■■■

소매수명주기 이론

Life Cycle Theory

소매기관이 출현하여 사라지기까지를 단계로 정리한 이론

하나의 소매기관이 일반적으로 도입단계(초기 성장단계), 성장단계(발전단계), 성숙단계, 쇠퇴단계를 거친다는 이론이다.

상식PLUS⁺ 농산물 유통기구

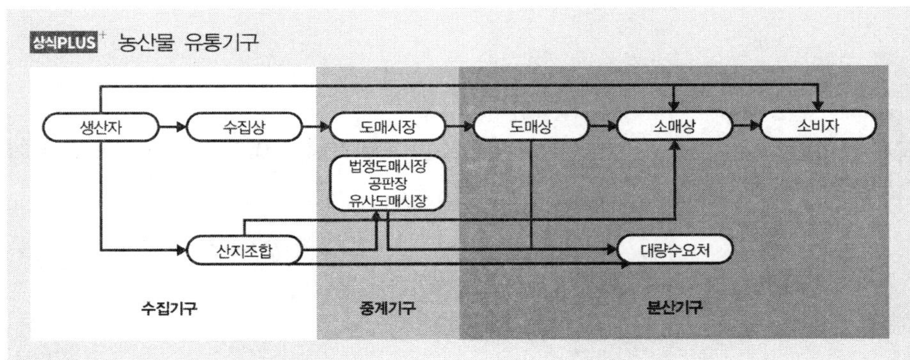

12 ■■■

킹의 법칙

곡물의 수확량이 정상 범주 이하로 감소할 때 가격은 정상 범주 이상으로 오른다는 법칙

영국의 경제학자 킹의 주장으로 농산물 수요와 공급의 비탄력적인 특징을 말한다. 농산물은 재배하기까지 오랜 시간이 걸리기 때문에 농산물에 대한 수요가 늘어났을 때 공급이 어려워 가격이 폭등하게 된다.

13 ■■■
소매 수레바퀴 이론
The Wheel of Retailing Theory

2022 | 농협계열사 2020 | 농협계열사

하버드대 맥나이어 교수가 미국과 영국의 소매업 발전 과정을 분석하여 증명한 이론

혁신적 형태의 소매상은 시장진입 초기에 저가격, 저마진, 최소 서비스의 소구방식으로 소매시장에 진입하여 기존의 고가격, 고마진, 높은 서비스의 다른 소매 업태와 경쟁한다. 이러한 전략이 소비자들에게 수용되면 본격적으로 성장기에 접어들게 되는데, 성공적인 시장진입 후에는 동일유형의 소매점 사이의 경쟁이 격화됨으로써 경쟁적 우위를 확보하기 위하여 보다 세련된 설비와 서비스를 더해감에 따라 고비용, 고가격, 높은 서비스의 소매점으로 전환되어 초기의 혁신적인 특징들은 사라지게 된다. 성장기를 거쳐 쇠퇴기에 접어들게 되면 시장에서 안정적이고 보수적인 대형 소매 업태로 발전하게 되며, 투자수익률 또한 현저하게 낮아지게 된다. 소매환경의 변화는 새로운 유형의 혁신적인 소매점이 저가격, 저마진, 낮은 서비스로 시장에 진입할 수 있는 여지를 제공하게 되고, 이 새로운 유형의 소매점 역시 위와 동일한 패턴을 따르게 된다는 것이다.

> ☑ 시험에서는 이렇게 물어본다!
> 소매환경변화 과정은?

14 ■■■
소매 아코디언 이론
Retail Accordion Theory

상품의 가격이나 마진이 아닌 상품 믹스의 변화에 초점을 맞춘 홀랜더 교수가 주장한 이론

소매상의 변천은 제품구색의 변화에 초점을 맞추어 제품구색이 넓은 소매상(종합점)에서 제품구색이 좁은 소매상(전문점)으로, 다시 종합점으로 되풀이하는 것으로 아코디언처럼 제품구색이 늘었다 줄었다 하는 과정을 되풀이하는 이론이다.

15 ■■■
변증법 이론
Dialectic Theory

소매업태의 발전 모습이 정립과 반정립 모순을 통해 구체화되는 것을 설명한 이론

소매상의 변증법적 발전 과정을 주장하는 학자들이 정 · 반 · 합의 변증법 이론을 소매변천 이론에 적용하고 있다 소매업태가 발전해 가는 모습이 마치 변증법, 정(Thesis)의 이미 형성된 기존의 유통기관과 반(Antithesis)의 새로운 혁신적 유통기관, 합(Synthesis)은 정과 반의 서로 다른, 또는 공통적인 특징이 구체화되는 과정을 설명한 이론이다.

16 ■■■

레일리의 소매 인력 이론

Reily's the Law of Retail Gravitation

소비자들의 구매 이후 행위가 점포까지의 거리보다 점포가 보유하는 흡인력에 의해 결정된다는 이론

두 경쟁도시가 그 중간에 위치한 소도시의 거주자들을 끌어들일 수 있는 상권의 규모는 인구에 비례하고 각 도시와 중간도시 간 거리의 제곱에 반비례한다고 본다. 보다 많은 인구를 가진 도시가 더 많은 쇼핑기회를 제공할 가능성이 많으므로 먼 거리에 있는 고객도 흡인할 수 있다. 도시의 인구 크기가 같다면, 두 도시 간의 상권 경계는 두 도시의 중간지점이 될 것이며 A도시가 B도시보다 크다면 상권의 경계는 B도시 쪽에 더 가깝게 결정된다는 이론이다. 특정 상업 지구까지의 거리는 주요 도로를 사용하여 측정된다. 그러나 소비자들이 간선도로나 샛길을 이용하는 경우에는 거리는 보다 길지만 여행시간이 짧게 걸릴 수 있으므로 특정 상업 지구까지의 거리보다 여행시간이 더 나은 척도가 될 수 있다. 또한 편의성 및 서비스가 낮고 혼잡한 점포는 쾌적한 환경의 점포보다 소비자들에게 생각되는 거리가 더 길 수 있으므로 소비자들이 생각하는 거리와 실제거리는 일치하지 않을 수 있다는 한계가 있다.

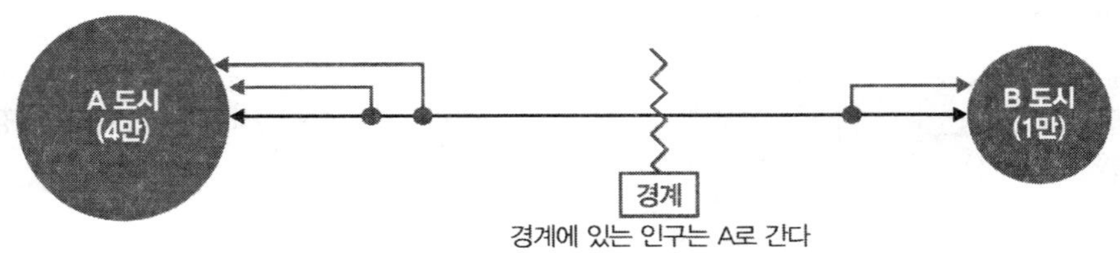

상식PLUS⁺ 레일리의 소매 인력 이론 전제조건 및 공식

㉠ 전제조건

- 소비자들은 주요 도로에 두 지역을 통하여 똑같이 접근할 수 있다.
- 두 지역의 상점들은 똑같이 효과적으로 운영된다.
- 위 두 요인 이외의 것은 일정하다.

㉡ 레일리의 소매 인력 이론 공식

$$\frac{B_a}{B_b} = \left(\frac{P_a}{P_b}\right)\left(\frac{D_b}{D_a}\right)^2$$

※ B_a: A시의 상권영역(중간도시로부터 도시 A가 흡인하는 소매흡인량)

B_b : B시의 상권영역(중간도시로부터 도시 B가 흡인하는 소매흡인량)

P_a : A시의 인구(거주)

P_b : B시의 인구(거주)

D_a : A시로부터 분기점까지의 거리

D_b : B시로부터 분기점까지의 거리

17

컨버스의 수정 소매 인력 이론

Converse's Modified Law of Retail Gravitation

레일리의 인력 모델을 수정하여 도출한 이론

거리가 멀어짐에 따라 구매 이동이 줄어드는 현상을 거리 – 감소 함수로 파악하여 거리와 구매 빈도 사이의 관계를 역의 지수함수의 관계로 본 것이다. 컨버스의 제1법칙은 경쟁도시인 A와 B에 대해 어드 도시로 소비자가 상품을 구매하러 갈 것인가에 대한 상권분기점을 찾아내는 것으로 주로 선매품과 전문품에 적용되는 모델이다.

$$D_a = \frac{D_{ab}}{1+\sqrt{\frac{P_b}{P_a}}} \quad \text{또는} \quad D_b = \frac{D_{ab}}{1+\sqrt{\frac{P_a}{P_b}}} \quad (\text{단, } B_a / B_b = 1\text{일 경우 적용 가능})$$

※ D_a : A시로부터 분기점까지의 거리, D_b : B시로부터 분기점까지의 거리, D_{ab} : AB 두 도시(지역) 간의 거리,
P_a : A시의 인구, P_b : B시의 인구

컨버스의 제2법칙은 소비자가 소매 점포에서 지출하는 금액이 거주도시와 경쟁도시 중 어느 지역으로 흡수되는가에 대한 것으로 중소도시의 소비자가 선매품을 구입하는 데 있어 인근 대도시로 얼마나 유출되는지를 설명해준다.

$$\frac{Q_a}{Q_b} = \left(\frac{P_a}{H_b}\right)\left(\frac{4}{d}\right)^2 \quad \text{또는} \quad Q_b = \frac{1}{\left(\frac{P_a}{H_b}\right)\left(\frac{4}{d}\right)^2 + 1}$$

※ Q_a : 외부의 대도시로 유출되는 중소도시 X의 유출량(%), Q_b : 중소도시 X에서 소비되는 양(%), 즉 X의 체류량,
P_a : 외부 대도시 Y의 인구, H_b : 당해 중소도시 X의 인구, d : 대도시 Y와 중소도시 X와의 거리(mile),
4 : 관성인자(4mile ≒ 6.4km) 적용평균치

18

크리스탈러의 중심지 이론

Christaller's Central Place Theory

한 지역 내 생활 거주지의 입지 및 수적 분포, 취락들 간의 거리관계와 공간 구조를 중심지 개념에 의해 설명한 이론

1930년대에 개발한 이론으로 그 후 한 지역 내에서의 상업중심지 간의 공간 구조 및 상권 구조를 연구하는 데 기초 이론을 제공하였다. 인구규모에 비례하여 한 지역의 중심지 기능의 수행정도는 차이를 보인다고 보며 지역의 규모에 비례하여 배후상권의 규모는 커진다는 이론이다.

상식PLUS⁺ 크리스탈러의 중심지 이론 전제조건

㉠ 지표공간은 균질적 표면으로 되어 있다.
㉡ 한 지역 내의 교통수단은 오직 하나이며, 운송비는 거리에 비례한다.
㉢ 인구는 공간상에 균일하게 분포되어 있으며 주민의 구매력과 소비행태는 동일하다.
㉣ 소비자는 합리적으로 의사결정을 하며, 최소비용과 최대의 이익을 추구하는 경제인이다.

19

허프의 확률모델모형

거리가 가깝고 매장 면적이 큰 점포가 큰 효용을 준다는 이론

도시 내 소비자의 공간적 수요이동과 각 상업중심지가 포괄하는 상권의 크기를 측정하기 위해 거리변수 대신 거주지에서 점포까지의 교통시간을 이용하여 전개하였다. 거리가 가깝고 매장면적이 큰 점포가 큰 효용을 준다. 즉, 허프의 확률모델은 소비자는 구매 장소를 지역 내의 후보인 여러 상업 집적이 자신에게 제공하는 효용이 상대적으로 큰 것을 비교하는 것에 대한 확률적 선별에 대해 효용의 상대적 크기를 상업 집적의 면적규모와 소비자의 거주지로부터의 거리에 따라 결정되는 것으로 전제하여 제시한 모델이다. 이웃도시들 간의 상권의 경계를 결정하는 데 주로 이용되는 레일리의 소매인력이론과는 달리 개별 소매점의 고객흡인력을 계산할 수 있다. 허프 모델은 소비자의 점포선택행동을 확률적 현상으로 해석하며 소매상권이 연속적이면서도 중복적인 구역이라는 관점에서 분석한다. 소비자로부터 점포까지의 이동거리는 소요시간으로 대체해서 계산하기도 한다. 특정 점포의 효용이 다른 선택 대안 점포들의 효용보다 클수록 해당 점포의 선택가능성이 높아진다. 점포크기 및 이동거리에 대한 민감도계수는 상권마다 소비자의 실제구매행동 자료를 통해서 추정한다.

상식PLUS⁺ 허프의 확률모델모형 공식

$$P_{ij} = \frac{U_{ij}}{\sum_{j=1}^{n} U_{ij}} = \frac{\frac{S_j}{T_{ij}\lambda}}{\sum_{j=1}^{n} \frac{S_j}{T_{ij}\lambda}}$$

※ U_{ij} : 점포 j가 i지구에 있는 소비자에 대해 갖는 흡인력

P_{ij} : 거주지구 i에 있는 소비자가 점포 j에 구매하러 가는 확률

S_j : 점포 j의 규모 또는 특정의 상품계열에 충당되는 매장면적

T_{ij} : 소비자의 거주지구 i로부터 점포 j까지의 시간 · 거리

n : 점포의 수

λ : (특정 상품 구입에 대해) 점포방문 소요시간 · 거리가 쇼핑에 어느 정도 영향을 주는지를 나타내는 매개변수, 종류별 구매출향(고객이 타 지역에서 물품을 구입하는 경향)에 대한 이동시간의 효과를 반영하는 경험적 확정매개변수

20

제약 조건 이론

TCO : Theory of Constraints

생산 스케줄링 소프트웨어에서 출발한 체계적 이론

TCO의 기본 원리는 집중개선 프로세스라고 불리는 시스템 사고로, 생산 스케줄링 소프트웨어(OPT)에서 출발하였다. TOC는 생산 · 물류분야, 재무분야, 품질경영, 시스템 개선 등에 활용되며 성과의 흐름을 방해하는 제약요소를 찾아내고, 제약요소를 통과하는 흐름을 모든 의사결정의 기준으로 삼으면 가장 적은 비용으로 가장 큰 효과를 얻을 수 있다는 것이 TOC의 특징이다.

21

넬슨의 소매입지 이론

상권 내 인구, 소득, 입지 유형, 경합상태, 지가수준, 발전 가능성을 종합 분석할 것을 강조하는 이론

구분	내용
상권의 잠재력	현재 관할 상권 내에서 취급하는 상품, 점포의 수익성 확보가 가능한지에 대한 검토
접근가능성	어떠한 장애요소가 고객들의 접근을 방해하는지 검토
성장가능성	인구증가와 소득증가로 인하여 시장규모나 선택한 사업장, 유통 상권의 매출액이 성장할 가능성 평가
중간 저지성	기존 점포나 상권 지역이 고객과 중간에 위치하여 경쟁 점포나 기존 상권으로 접근하는 고객을 중간에 차단할 가능성
누적적 흡인력	영업 형태가 비슷하고 동일한 점포가 몰려 있어 고객의 흡수력의 극대화 가능성
양립성	상호 보완관계에 있는 점포가 서로 인접함으로써 고객의 흡인력을 높일 가능성 검토
경쟁의 회피	장래 경쟁점이 신규 입점함으로써 기존 점포와의 경쟁에서 우위를 확보할 수 있는 가능성 및 차후 새로운 경쟁점이 입점함에 따른 사업장에 미칠 영향력의 평가
용지 경제성	상권의 입지 가격 및 비용 등으로 인한 수익성과 생산성의 정도를 검토

22

회수기간법
Payback Period Method

투자에 소요된 비용을 회수하는 데 걸리는 기간

투자 금액을 되찾는 데 걸리는 기간으로, 투자안의 가치를 평가한 투자안의 경제적 평가기법이다. 회수기간법은 간단하게 계산해 볼 수 있고 리스크가 고려된 방법이라는 장점이 있지만 화폐의 시간적가치가 고려되지 않고 있다는 단점이 있다.

23

진공지대 이론
Vacuum Zone Theory

기존의 소재점이 제공하는 서비스와 고객 선호 분포 관계에서 새로운 소매업의 출현을 예측할 수 있다는 닐슨의 이론

수레바퀴이론과 유사하나 진공지대 이론은 동일한 시장에 소비자 집단이 있다는 것을 가정하고 있다. 특정 제품 계열의 상품을 판매하는 복수의 소매점이 있고, 이들 소매점이 제공하는 서비스 정도는 각각 상이한 수준에서 행해지고 있다. 서비스의 제공은 그 점포의 평균판매가격 수준에 반영되어 서비스가 고도화될수록 그만큼 가격은 높아지고, 반대로 서비스가 낮아질수록 그만큼 가격은 낮아진다. 원래의 가격과 서비스 수준을 제공하던 점포의 특색이 없어진다고 해서 진공진대 이론이라고 한다.

24

역물류
Reverse

상품의 생산에서 소비로 향하는 통상의 흐름과 반대 흐름으로 통칭하는 물류 흐름

구분	내용
반품 물류	고객으로부터 클레임이 청구된 제품 또는 유통기간이 초과된 제품이 되돌아오는 물류
회수 물류	빈 용기, 빈병, 포장재 등을 고객으로부터 재사용하기 위하여 회수되어 오는 물류
폐기 물류	제품, 포장, 이송용 용기, 자재 등의 폐기처분을 위한 물류

25

물류 아웃소싱
Distribution Outsourcing

2019 | 농협은행

특정 분야를 전문 업체에 위탁함으로써 경쟁력을 높이는 전략

기업이 자사가 수행하는 다양한 경영활동 중 핵심역량을 지닌 분야에 기업의 인적 및 물적 자원을 집중시키고 이외의 분야에 대해서는 전문 업체에 위탁하여 기업의 경쟁력을 높이는 전략이다.

상식PLUS⁺ 물류 아웃소싱의 장점

㉠ 물류 공동화와 물류 표준화가 가능하다.
㉡ 기업은 전문화의 이점을 살려 고객 요국의 변화에 대응하여 주력사업을 집중할 수 있다.
㉢ 물류 시설 및 장비를 이중으로 투자하는 데 따르는 투자위험 회피가 가능하다.

☑ 시험에서는 이렇게 물어본다!
물류 아웃소싱 추진 시 고려해야 할 사항을 약술하시오.

26

복합 운송
複合 運送

일괄 운송 시스템

한 운송인이 화주에게 일관된 책임을 지고 하나의 운임청구서만으로 서로 다른 운송 수단을 이용하여 화주의 문전에서 수하인의 문전까지 운송을 담당하는 일을 말한다. 복합운송인이 전 구간에 걸쳐 책임을 지고 이에 대한 증거서류로 복합운송증권을 발행하는데, 운송수단을 중간에 바꿔야 하므로 환적이 불가피하며, 환적할 때 편의를 위해 화물 형태가 단위화되는 특징을 가진다. 복합운송은 일괄된 운송책임과 통일된 운임의 설정, 복합운송증권의 발행이라는 원칙을 필요로 한다.

27

크로스도킹
Cross Docking

물류 센터로 입고되는 상품을 곧바로 다시 배송하는 시스템

상품을 물류 센터에서 보관하지 않고 분류 또는 재포장하여 곧바로 소매점포에 배송하는 물류 시스템을 말한다.

28

수배송 시스템

Transportation System

컴퓨터와 통신기기로 처리하는 주문 시스템

주문에 대한 배송체제의 확립, 최적운송계획의 수립, 수배송 비용의 절감을 위한 출하계획서 작성, 출하서류의 전달, GPS를 이용한 화물 및 차량추적, 최적 배송경로의 설정, 차량 적재효율의 분석, 명확한 운임계산 등을 컴퓨터와 통신기기로 처리하는 시스템을 말한다.

29

다이어그램 배송

Diagram配送

2020 | 농협계열사

배송 범위가 좁고 빈도가 높은 경우 적용하는 공동수배송의 유형

도착시간을 정시화하여 순회서비스를 제공한다. 보통 '주행루트 – 배송순서 – 타임 스케줄 – 계획배송'의 순서에 따라 배송이 이루어진다.

> ☑ 시험에서는 이렇게 물어본다!
> 다이어그램 배송 순서를 말해보시오.

30

유닛로드 시스템

Unit Load System

출발지에서 도착지까지 중간 하역작업 없이 일관된 방법으로 수송 및 보관하는 시스템

수송이나 보관, 하역 등의 물류활동을 합리적으로 처리하기 위하여 여러 개의 물품을 하나의 단위로 정리하여 수송합리화를 도모한다. 규격 표준화, 치수 표준화, 장비 표준화라는 전제를 가지고 있으며, 하역 시 파손이나 분실 등을 방지하고 운송 수단의 효율을 높일 뿐만 아니라 포장이 간단하여 포장비가 절감된다는 장점이 있다. 또한 고층적재가 가능하여 적재공간의 효율성을 높이고 인건비가 절감되나 컨테이너 팔레트 비용이 소요되고 하역기기가 작업할 수 있는 공간 확보 및 고정 시설 투자가 필요하다.

31

JIT

Just In Time

2024 | 농협계열사

재고를 0으로 하여 재고 비용을 줄이기 위한 방법

재고를 쌓아두지 않고 필요한 시기에 제품을 공급하여 생산하는 방법으로, 재고 비용을 최대한으로 줄이고 자원낭비를 최소화 하기 위해 사용하는 방법이다. 공급망의 변동성이 클 경우 생산에 차질이 생길 수 있다.

> ☑ 시험에서는 이렇게 물어본다!
> JIT의 장점을 말해보시오.

32

라스트 마일

Last Mile

2024 | 농협계열사

제품이나 서비스가 소비자와 만나는 최종 단계

사형수가 집행장까지 걸어가는 마지막 거리를 뜻하는 용어이나, 유통과 운송업계에서는 제품이나 서비스가 소비자와 만나는 최종 단계를 의미한다. 빠르고 안전한 배송, 품질 유지, 고객만족 등이 라스트 마일에 포함된다. 최근에는 드론배송, 자율주행 로봇 배송 등 혁신 기술이 도입되고 있다.

☑ 시험에서는 이렇게 물어본다!
라스트 마일의 중요성을 말해보시오.

33

재고 관리

在庫管理

2024 | 농협계열사

상품이나 상품 생산에 필요한 원재료를 보관 · 관리하는 업무

업무의 효율화, 생산과 판매의 안정화, 원자재 비용 절감 등을 위한 목적을 가진다. 재고 자산이 생산이나 판매를 통해 일정 기간 동안 회전되는 주기를 재고회전율이라 하며 재고 회전율이 빠를수록 수익이 증대되고 자금흐름이 원활해진다.

상식PLUS⁺ 적정 재고 유지 조건

㉠ 수요 예측
㉡ 상품투하자금
㉢ 재고 비용의 경제성

☑ 시험에서는 이렇게 물어본다!
재고관리의 필요성을 말해보시오.

34

지속적 재고 보충

CRP : Continuous Replenishment Planning

상품의 소비자 수요에 기초하여 유통소매점에 공급하는 Pull 방식에 의한 상품 보충 방법

거래선 간에 상품이 공급되는 모든 지점에 적용될 수 있는 개념이다. 재고량이나 유통 채널 잔존 주문량, 예측 판매량, 재고 수준 등 공급업자와 소매업자의 정보공유로서 상품의 흐름을 통제하고 관리한다.

상식PLUS⁺ CRP의 효과

㉠ 재고 수준 및 운영비가 감소한다.
㉡ 상품의 보충주기 단축을 통한 다빈도 배송이 가능하다.
㉢ Supply Chain에서의 상품의 흐름을 향상 및 통합시킨다.
㉣ 소비자 수요에 대한 반응이 증대한다.
㉤ 거래업체 간에 보다 나은 업무적 협조관계가 구축된다.

35 ■■■
공급자 주도형 재고 관리
VMI : Vendor Managed Inventory

2021 | 농협계열사

공급자인 제조업체와 도매업체가 소매업의 재고 관리를 직접 하는 일

소매업에 의한 발주체제를 없애고 제조업과 도매업에서 소매업의 재고를 관리를 직접 하는 것이다. 재고부족 또는 과잉문제를 줄이고 공급망의 효율을 강화할 수 있다.

☑ 시험에서는 이렇게 물어본다!
VMI의 장점을 말해보시오.

36 ■■□
공동재고 관리
CMI : Co Managed Inventory

제조업체와 유통업체 상호 간 제품정보를 공유하고 공동으로 재고 관리하는 일

전반적인 업무처리 구조는 VMI와 같은 프로세스이나 VMI는 제조업체(공급자)가 발주 확정 후 바로 유통업체로 상품배송이 이루어지는 것에 비해 CMI는 제조업체가 발주 확정을 하기 전에 발주 권고를 유통업체에게 보내어 상호 합의 후 발주 확정이 이루어지는 처리를 말한다.

37 ■■□
로케이션 관리
Location管理

상품을 창고 내 보관 장소를 명확하게 하여 관리하는 시스템

정해진 장소에서 정해진 상품을 보관하는 고정 로케이션과 장소를 따로 정하지 않고 빈 공간에 적재한 후 바코드를 찍어 전산상으로 등록하는 프리로케이션으로 나눌 수 있다. 고객접근성을 고려한 입지 선정, 물류비 절감을 위한 창고배치, GPS기반 실시간 재고 관리 등이 주요 전략이다.

38 ■■■
ABC기법
ABC Analysis

2020 | 농협계열사

그룹을 분류하여 특성에 따라 정도를 적용하는 재고 관리 기법

A그룹은 금액의 구성 비율이 높은 소수의 품목으로 이루어지는 제품집단이므로 중점관리를 한다. C그룹은 금액의 구성 비율이 낮은 다수의 품목으로 이루어지는 제품 집단이므로 간편한 관리방식을 채택한다.

분류	품목구성 비율	금액구성 비율
A그룹	5 ~ 10%	70 ~ 80%
B그룹	10 ~ 20%	15 ~ 20%
C그룹	70 ~ 80%	5 ~ 20%

※ A그룹 = 소수 고액품목으로 이루어지는 제품집단
B그룹 = 중간적 성격을 갖는 제품집단
C그룹 = 다수 저액품목으로 이루어지는 제품집단

☑ 시험에서는 이렇게 물어본다!
ABC기법 활용방법을 약술하시오.

39 ■■■

EOQ모형

Economic Order Quantity Model

2021 | 농협은행

재고 관리 기법에 사용되는 경제적 주문량 모형

재고유지비용과 재고주문비용을 더한 연간 재고 비용의 최적화를 위한 1회 주문량을 결정하는 데 사용된다. 이를 통해 주문 빈도를 줄이고 보관비용을 최적화 할 수 있다. EOQ를 구하는 공식은 다음과 같다.

$$\text{EOQ} = \sqrt{\frac{2C_O D}{C_h}}$$

C_h : 연간 단위재고 비용, C_o : 주문 당 소요비용, D : 연간 수요량, Q : 1회 주문량

상식PLUS⁺ EOQ모형의 기본 가정

㉠ 단위구입비용이 주문수량에 관계없이 일정하다.
㉡ 계획기간 중 해당 품목의 수요량은 항상 균등하며, 알려져 있다.
㉢ 연간 단위재고 유지비용은 수량에 관계없이 일정하다.
㉣ 주문량이 일시에 입고된다.
㉤ 조달기간이 없거나 일정하다.
㉥ 1회 주문비용이 수량에 관계없이 일정하다.

☑ 시험에서는 이렇게 물어본다!
EOQ모형을 활용 방법을 약술하시오.

40 ■■■

안전재고

安全在庫

계획된 재고 수량

수요와 공급의 변동에 따른 불균형을 방지하기 위해 유지하는 계획된 재고수량을 의미한다.

$$\text{안전재고량} = Z \times \sqrt{L} \times \sigma_d$$

Z = 서비스율에 따른 정규분포지수, $\sqrt{L}$ = 조달기간, σ_d = 1일 수요의 표준편차

41 ■■■

자재소요계획

MRP : Material Requirement Planning

제품 생산에 필요한 일종의 자재 조달 계획

원자재, 조립품, 공정품 등의 소모량 및 시기를 포함하여 일정 관리를 겸한 재고 관리 시스템이다.

42 ■■■
고정량 주문 시스템
Fixed Reorder Quantity System

재주문점에서 고정량을 발주하는 방식

가격과 중요도가 낮은 품목 및 수요변동 폭이 적은 품목에 한하여 재고 수준이 재주문점에 오면 고정량을 발주하는 방식이다.

상식PLUS+ 정기 주문 시스템
재고량을 정기적으로 파악하여 기준 재고량과 현재고량의 차이를 발주하는 방식이다. 가격과 중요도가 높은 품목 및 수요변동의 폭이 큰 품목에 적합하다.

43 ■■■
자동발주 시스템
CAO : Computer Assisted Ordering

유통소매점포의 POS 시스템을 기반으로 재고가 설정 기준치 이하로 떨어지면 자동으로 보충 주문되는 시스템

CAO를 효율적으로 운영하기 위해서는 유통업체와 제조업체 간 데이터베이스가 다를 때도 EDI와 같은 통합 소프트웨어를 통한 데이터베이스의 변환이 요구된다. 제조업체는 유통업체의 구매 관리, 상품 정보를 참조하여 상품 보충 계획 수립을 파악하고 있어야 하며 유통업체는 제품의 생산과 관련된 정보, 물류관리, 판매 및 재고 관리 수준을 파악하고 있어야 한다.

44 ■■■
투 – 빈법
Two Bin Method

두 개의 상자에 부품을 보관하여 필요시 하나의 상자에서 부품을 꺼내어 사용하다 소진되고 나면 발주하는 방법

통상적으로 조달기간 동안에는 두 개의 상자 중 부품을 꺼내지 않은 나머지 상자에서 충당한다. 또한 발주점법의 변형인 투 – 빈 시스템은 주로 저가품에 적용하는데, ABC 그룹 중 C그룹에 적용되며, 재고 수준을 계속 조사할 필요가 없다는 특징이 있다.

45 ■■■
리드타임
Lead Time

발주한 시점부터 발주한 물품이 납입되어 사용할 수 있을 때까지의 시간

리드타임은 크게 MLT, CLT, DLT로 구분할 수 있다. MLT는 제품소요시간으로 제품을 생산하기까지 소요되는 시간을 말한다. CLT는 누적 소요시간으로 원자재의 구입부터 모든 시간을 누적한 것을 말하며 DLT는 주문을 받고 물품을 전달하기까지의 시간을 말한다.

46

SKU

Stock Keeping Unit

최소유지 상품단위

유통 매장에서 해당 상품을 관리하는 데 있어 최소 단위를 정해놓은 것을 말한다. 예를 들어 신발 구매에 있어 특정 사이즈 속성을 가진 품목들을 하나의 SKU상품으로 보는 것이다. 따라서 IT기술이 발전함에 따라 소매업체에서 취급하는 최소유지상품 단위(SKU)의 수가 크게 증가하여 효율적인 운영이 실현되고 있다.

47

주문주기시간

Order Cycle Time

소비자가 제품을 주문하여 받기까지 걸리는 총시간

주문주기시간의 구성요소는 다음과 같다.

구성	내용
주문전달시간 (Order Transmittal Time)	주문을 주고받는 데 걸리는 시간
주문처리 시간 (Oreder Processing Time)	적재서류 준비, 재고기록 갱신, 신용장 처리작업, 주문확인, 주문정보 생산 · 판매, 회계부서 전달 등에 소요되는 시간
오더어셈블리시간 (Order Assembly Time)	주문을 받아서 주문 정보를 창고나 발송부서에 전달한 후부터 주문 받은 제품을 발송 준비하는 데 소요되는 시간
재용가용성 (Stock Availability)	창고에 보유하고 있는 재고가 없을 때 생산지의 재고로부터 보충하는 데 소요되는 시간
인도시간 (Delivery TIme)	주문품을 재고 시점에서 고객에게 전달하는 데 소요되는 시간

48

자동발주시스템

EOS : Electronic ordering system

컴퓨터나 통신회선을 이용하여 발주정보를 수집하는 장치

식품이나 슈퍼 등의 체인점이 점포마다 상품의 보충 발주업무를 하기 위해서 사용하는 경우가 많다. 사용목적은 제품의 품절 예방과 재고의 적정화 등이 있다. EOS 사용방법은 매장별로 재고를 조사하고 이 데이터를 점포의 단말기로부터 통신회선을 통해 본부의 컴퓨터로 송신하면 본부에서는 발주전표 겸 납품전표를 출력하여 도매상에게 전달한다. 발주업무의 생력화 및 속도에 효과가 크다. 본부의 컴퓨터와 도매상의 컴퓨터를 연동시키면 더욱 발전된 자동발주시스템이 될 수 있다.

49

전자조달 시스템

e – Procurement

주문에서 인도에 이르는 전체 구매 프로세스를 인터넷으로 최적화하려는 전략적 기법

인터넷 환경하에서 유기적으로 연계하고, 구매자와 판매자 간에 공조를 이루어 구매업무의 최적화를 도모하려는 전략적인 기법이다. 자사의 구매 시스템과 기존 운영시스템 및 판매자 시스템과의 기능적 통합을 통하여 구매 업무의 효율성을 높일 수 있다.

50

라벨
Label

상품에 대한 상품명 및 상품에 대한 여러 가지 사항을 표시한 종이

제품이나 상표 등을 확인시켜 주는 기능을 하며 제품에 대한 정보를 제공한다. 소비자에게 어필 가능한 그래픽 디자인을 통하여 고객들로 하여금 제품에 대한 선호도를 높이는 기능도 수행한다.

51

데이터 웨어 하우스
Data Warehouse

정보검색을 목적으로 구축된 데이터베이스

여러 거래 시스템으로부터 수집한 데이터를 데이터 검색, 요약 및 분석 등을 지원하기 위하여 정제하고 재구조화한 것을 말한다. 의사결정을 하기 위해 정보 수요의 폭증 및 과거 이력 데이터의 중요성이 부각됨에 따라 등장하게 되었다. 뿐만 아니라 소비자들의 다양한 니즈 및 환경 변화에 재빠르게 대응하기 위하여 일상적인 업무 지원 외에도 데이터 분석 및 의사결정을 지원하는 기업 조직의 전략적인 정보의 기반 구축이 필요해졌다. 데이터 웨어 하우스를 구축하여 운영시스템을 보호하고 여러 시스템에 산재된 데이터들을 웨어 하우스로 취합 및 통합하므로 사용자는 필요로 하는 데이터를 쉽게 가져올 수 있다.

상식PLUS+ 데이터 웨어 하우스의 특징

㉠ **주체지향성** : 데이터 웨어 하우스 내의 데이터는 일정한 주제별 구성을 필요로 한다.
㉡ **통합성** : 데이터 웨어 하우스 내의 데이터는 고도로 통합되어야만 한다.
㉢ **비휘발성** : 데이터 웨어 하우스는 두 가지 오퍼레이션을 갖는다. 하나는 데이터를 로딩하는 것이고 하나는 데이터를 읽는 것, 즉 액세스하는 것이다.
㉣ **시계열성** : 데이터 웨어 하우스의 데이터는 일정한 시간 동안의 데이터를 대변한다.

52

데이터 웨어 하우징
Data Warehousing

개방형 시스템 도입으로 흩어져 있는 각종 기업 정보를 쉽게 접근하고 활용할 수 있도록 하는 기술

상황변화에 따른 신속한 의사결정이 필요하고 대량의 운용 데이터가 발생하는 분야에서 과거 및 현재의 데이터 분석을 통해 시장변화와 미래예측까지도 가능하다. 데이터 웨어 하우징의 구성요소는 기존 데이터의 변환 · 추출 · 통합 · 과정, 데이터 웨어 하우스에 로딩 관리과정, 미들웨어, 사용자들의 액세스 과정으로 구성되어있다.

53

부가가치 통신망

VAN : Value Added Network

회선을 이용하여 부가가치를 부여한 정보를 제공하는 복합서비스의 집합

회선을 직접 보유하거나 통신사업자의 회선을 이용하여 단순한 전송기능 이상의 정보의 축적, 가공, 변환처리 등의 부가가치를 부여한 음성 또는 데이터 정보를 제공하는 광범위한 복합서비스의 집합이다. EDI를 수행하는 네트워크를 제공해주는 기능을 한다.

상식PLUS⁺ VAN의 구성

㉠ VAN 센터의 호스트 컴퓨터를 중심으로 보면 네트워크 설비, 네트워크 애플리케이션, 시스템 운용으로 구성된다.

㉡ VAN을 통해 수행할 수 있는 구성영역은 금융기관시스템, 물류 시스템, 도매시스템, POS 터미널, EOS 터미널, 스토어 터미널, 체인본부 터미널(EOS 터미널과 접속) 등이다.

54

전자문서교환

EDI : Electronic Data Interchange

거래업체 간 상호 합의된 전자문서표준을 이용하여 컴퓨터와 컴퓨터 간의 구조화된 데이터 전송

기존 서류 시스템은 소요시간이 오래 걸리고 오류의 가능성이 많으며 많은 노동력이 필요했으나, EDI는 소요시간이 단축되고 정확하며 노동력을 최소화할 수 있어서 기업의 업무효율을 높일 수 있다.

상식PLUS⁺ EDI의 구성요소

㉠ 전자문서표준 : 공통 언어인 국제전자문서표준은 UN, EDIFACT이다.

㉡ EDI 소프트웨어 : 전자문서 변환기능, 거래업체 프로필관리, 타 응용 프로그램 감 인터페이스, 통신모듈, 전자문서관리, 데이터 입력모듈, 패스워드에 의한 보안 및 통제기능을 수행할 수 있는 소프트웨어 개발이 필요하다.

㉢ 통신과 네트워크 : 전송매체는 전용회선, 공중전화망, 공중정보망, 패킷교환망, VAN 서비스 등이 있다.

55

지능형 물류 센터

최첨단 시스템을 갖춘 4세대 혁신물류 센터

스마트 PDA 등 IT기반의 첨단 물류설비와 운영시스템 등을 적용한 물류 센터이다. 농협 하나로유통은 전라남도 장성군에 지능형물류 센터를 개장하였으며 자동화 설비가 구축되어 있어 시간당 8,800Box, 하루 7만 400Box(8시간 기준)의 물량을 처리할 수 있다고 밝혔다. 생산성은 30%가 증가하였으며 1인당 처리 능력이 2.5배로 극대화 되었다.

56

광속상거래

CALS : Commerce At Light Speed

광속과 같은 전자상거래와 기업 통합 및 가상기업이 가능한 시스템

정보 유통의 혁명을 통해 제조업체의 생산유통거래 등 모든 과정을 컴퓨터 망으로 연결하여 자동화정보화 환경을 구축하고자 하는 첨단 컴퓨터 시스템이다. 설계 · 개발 · 구매 · 생산 · 유통 · 물류에 이르기까지 표준화된 모든 정보를 기업 간, 국가 간에 공유하도록 하는 정보화 시스템의 방법론이다. 설계, 제조, 유통 과정, 보급, 조달 등 물류 지원 과정을 비즈니스 리엔지어링을 통하여 조정하고, 동시 공학적 업무처리 과정으로 연계하여 정보를 디지털화하여 통합 데이터베이스에 저장하고 활용하는 것을 목적으로 한다.

상식PLUS⁺ CALS의 기대효과

㉠ 비용절감 효과
㉡ 조직 간의 정보공유 및 신속한 정보전달
㉢ 제품생산 소요시간의 단축
㉣ 산업정보화에 의한 국제경쟁력 강화
㉤ 21세기 정보화 사회로의 조기 진입

57

소비자기본법

소비자의 권익을 증진하기 위하여 소비자의 권리와 책무, 국가 · 지방자치단체 및 사업자의 책무, 소비자단체의 역할 및 자유시장경제에서 소비자와 사업자 사이의 관계를 규정함과 아울러 소비자 정책의 종합적 추진을 위한 기본적인 사항을 규정한 법

이 법에서는 소비자의 기본적인 권리를 규정한다. ① 물품 또는 용역으로 인한 생명 · 신체 또는 재산에 대한 위해로부터 보호받을 권리 ② 물품 등을 선택함에 있어서 필요한 지식 및 정보를 제공받을 권리 ③ 물품 등을 사용함에 있어서 거래상대방 · 구입장소 · 가격 및 거래조건 등을 자유로이 선택할 권리 ④ 소비생활에 영향을 주는 국가 및 지방자치단체의 정책과 사업자의 사업활동 등에 대하여 의견을 반영시킬 권리 ⑤ 물품 등의 사용으로 인하여 입은 피해에 대하여 신속 · 공정한 절차에 따라 적절한 보상을 받을 권리 ⑥ 합리적인 소비생활을 위하여 필요한 교육을 받을 권리 ⑦ 소비자 스스로의 권익을 증진하기 위하여 단체를 조직하고 이를 통하여 활동할 수 있는 권리 ⑧ 안전하고 쾌적한 소비생활 환경에서 소비할 권리가 있다. 소비자의 책무는 ① 소비자는 사업자 등과 더불어 자유시장경제를 구성하는 주체임을 인식하여 물품 등을 올바르게 선택하고, 규정에 따른 소비자의 기본적 권리를 정당하게 행사하여야 한다. ② 소비자는 스스로의 권익을 증진하기 위하여 필요한 지식과 정보를 습득하도록 노력하여야 한다. ③ 소비자는 자주적이고 합리적인 행동과 자원절약적이고 환경친화적인 소비생활을 함으로써 소비생활의 향상과 국민경제의 발전에 적극적인 역할을 다하여야 한다.

58

물류 로봇

物流 Robot

물류 센터나 공장 등에서 운반 업무를 대신하는 로봇

인공지능(AI)을 기반으로 하는 물류 로봇은 물류 처리 시간을 급감시켜 빠른 입·출고를 통한 물류비용까지 절감시킨다. 공장이나 물류 센터에서 사용하는 지게차 또한 관리자 없이 무인으로도 운영할 수 있다.

59

무인 반송차

無人搬送車

본체에 사람이나 자동으로 화물을 적재하여 지시된 장소까지 자동 주행하는 반송장치

AGV 모니터를 탑재하여 각 장비들의 상황과 이상 내용을 인지하도록 되어 있으며 전후에 장착된 거리센서를 통해 다른 무인 반송차나 장애물 등과의 충돌을 방지하고, 자동 가감속 기능에 의해 주행조건에 따라 유연하게 주행속도를 조절한다.

60

신속반응 시스템

QR : Quick Response

기업 간 정보공유를 통한 산업정보화 체계

1980년대 중반 미국의 섬유산업에서 등장한 것으로 정보기술을 이용하여 제품의 납기를 단축시키고 상품을 적시에 적량만큼 공급하기 위한 시스템이다. 전자거래 체제의 구축으로 기업 간의 정보공유를 통해 신속하고 정확한 납품, 생산 및 유통기간의 단축, 재고의 감축, 반품로스의 감소 등을 실현하기 위함이다. 이를 위해서는 GSI, EDI, POS 시스템, SCM(공급사슬관리), Roll ID(원료의 속성식별 라벨) 등이 도입되어야 하며 경쟁사의 정보를 공유할 수 있는 용기와 초기 투자비용에 대한 경영자의 결단력이 필요하다.

> **상식PLUS+** ECR(Efficient Consumer Response)
> QR의 모태가 되어 개발된 것으로서 미국 슈퍼마켓의 식료품 유통을 개선하기 위해 도입되었다. 주로 효율적인 상품구색 및 재고보충에 중점을 둔다.

61

로크레매틱스

Rhocrematics

공장 · 물류시설의 배치 등의 문제를 하드웨어 측면에서 관리하는 물류공학

브루어 교수는 조달물류를 포함한 물(物)의 흐름을 정보의 흐름과 관련시킨 시스템을 관리하는 과학이라고 정의한다.

62
전사적 자원관리
ERP : Enterprise Resource Planning

최신 정보 기술과 선진 프로세스를 결합하여 기업 전체의 정보시스템을 통합하기 위한 시스템

급변하는 경영환경과 정보기술에 대응하기 위하여 최신 정보 기술과 선진 프로세스를 결합하여 기업의 구조 및 업무처리방식에 혁신을 가져오고 기업 전체의 정보시스템을 통합하기 위한 시스템이다. 영업, 생산, 구매, 회계, 자재, 인사 등 회사 내의 모든 업무를 정보기술자원을 활용하여 동시에 통합 · 처리하여 정보를 실시간으로 공유할 수 있다.

63
APS
Advanced Planning and Scheduling

즉시납기산정, 정시납품

ERP와 통합된 APS는 제조업체에게 고객의 요구에 대해 효과적인 생산계획과 관리능력을 부여한다. 현재상황과 정보를 고려하여 실현가능한 출하일자를 계산하고 프로세스에서 불확실한 추측이 배제되어 제조업체는 예전에 달성하지 못했던 정시납품을 할 수 있다.

64
체크리스트법
Check List法

상권 규모에 영향을 미치는 요인들을 수집하여 시장 잠재력을 측정하는 일

특정 상권의 제반특성을 체계화된 항목으로 조사하고, 이를 바탕으로 신규점 개설 여부를 평가하는 방법으로 상권분석의 결과를 신규점의 영업과 마케팅 전략에 반영한다.

상식PLUS+ 조사 절차

㉠ **상권 내 입지적 특성 조사** : 상권 내의 행정구역 상황 및 행정구역별 인구 통계적 특성, 도로 및 교통 특성, 도시계획 및 법적 · 행정적 특이사항, 산업구조 및 소매시설 변화패턴 등 상권 내의 입지적 특성을 조사한다.

㉡ **상권 내 고객들의 특성 조사** : 배후상권고객 및 직장고객, 유통고객의 특성을 조사한다.

㉢ **상권의 경쟁구조 분석** : 현재 그 상권에서 영업하고 있는 경쟁업체뿐만 아니라 현재는 그 상권에서 영업하고 있지 않지만 앞으로 점포개설을 준비하는 업체도 경쟁업체로 파악하여 분석한다.

65
농산물 유통기구
農産物 流通機構

2021 | 농협계열사 2020 | 농협은행

실질적으로 유통기능을 담당하고 있는 여러 유통기관들이 상호 관련하여 활동하는 전체 조직

상품의 종류와 성격 · 생산방식 등에 따라 다양하며, 사회경제의 발달에 따라 변화하게 된다. 생산부터 소비자에게 전달되는 과정에서 유통을 담당하는데, 유통단계에 따라 수집기구, 중계기구, 분산기구로 나누어진다. 주요 기구로는 농협, 공영도매시장 산지유통센터 등이 있으며 농산물의 안정적인 공급, 가격 조정, 물류지원 등의 기능을 수행한다.

☑ 시험에서는 이렇게 물어본다!
농산물 유통기구의 역할을 약술하시오.

66

농산물의 유통 경로
農産物의 流通經路

2021 | 농협계열사

생산자로부터 소비자에게 농산물이 유통되는 흐름

품목에 따르나 일반적으로 '생산자 – 산지유통인 – 도매시장 – 중간도매상 – 소매상 – 소비자'에 이르는 과정을 가진다. 농산물은 부패가 쉽고 저장과 표준화가 어렵기 때문에 공산품에 비해 유통 경로가 길고 복잡하다. 농산물의 유통은 상대적으로 비효율적이며 유통 마진이 높은 편이다.

상식PLUS⁺ 농산물의 유통 경로 구분

구분	내용
상인 조직을 통한 경우	• 생산자 – 수집상 – 반출상 – 위탁상 – 도매상 – 소매상 – 소비자 • 생산자 – 도매시장 – 중도매상 – 소매상 – 소비자 • 생산자 – 수집상 – 가공업체
농업인 조직을 통한 경우	• 생산농가 – 산지조합 – 공판장 – 지정거래인 – 소매상 – 소비자 • 생산농가 – 산지조합 – 가공업자

☑ 시험에서는 이렇게 물어본다!
농산물의 유통 경로를 설명하시오.

67

농산물 유통정보
農産物流通情報

2021 · 2020 | 농협계열사

생산자 · 유통업자 · 소비자 등 생산 활동의 참가자들이 유리한 거래조건을 확보하기 위하여 요구되는 각종 자료와 지식

농산물 유통정보의 종류는 크게 세 가지로 구분할 수 있다. 먼저 통계정보는 특정한 목적을 가지고 수량적 집단 현상을 조사 · 관찰하여 얻어지는 계량적 자료를 말한다. 두 번째로 관측정보는 과거와 현재의 농업이 관계 자료를 수집 · 정리하여 과학적으로 분석 · 예측한 정보를 말한다. 마지막으로 시장정보는 일반적인 유통정보를 의미하며 현재의 가격 형성에 영향을 미치는 여러 요인과 관련된 정보를 말한다. 실시간 가격, 출하 · 소비 동향 물량 · 보관, 국내의 농산물 수급 분석 등을 제공하여 유통의 효율성뿐만 아니라 시장 투명성을 제고한다.

상식PLUS⁺ 농산물 유통정보의 요건

㉠ 정확성 : 사실은 변경 없이 그대로 반영해야 한다.
㉡ 신속성 · 적시성 : 최근의 가장 빠른 정보를 적절한 시기에 이용해야 이용가치가 높다.
㉢ 유용성 · 간편성 : 정보는 이용자가 손쉽게 이용할 수 있어야 한다.
㉣ 계속성 : 정보의 조사는 일관성을 가지고 지속적으로 해야 한다.
㉤ 비교가능성 : 정보는 다른 시기와 장소의 상호 비교가 가능해야 한다.
㉥ 객관성 : 조사 · 분석 시 주관이 개입되지 않은 객관적인 정보여야 한다.

☑ 시험에서는 이렇게 물어본다!
농산물 유통정보의 주요 요건은?

68

농산물 유통 정책

農産物流通政策

2020 | 농협계열사

정부 또는 공공단체가 국내 유통 및 수출입 과정, 수급관계에 직 · 간접으로 개입하는 일

농산물 가격 변동 완화 및 수요와 공급의 조절, 소비자 권익 증진 및 생산자 보호 유통효율화와 거래의 공정화 등을 촉진하기 위하여 직 · 간접적으로 개입하는 공공시책을 말한다. 주요 수단으로는 공영도매시장 운영, 직거래 활성화, 유통비용 절감 정책 등이 있다.

☑ 시험에서는 이렇게 물어본다!
농산물 유통 정책의 목적 및 주요 수단은?

69

농산물 유통 비용

農産物流通費用

2021 | 농협계열사

농산물이 소비자에게 이르는 과정에서 교환 · 물리적 · 거래 촉진의 기능을 수행하도록 하는 모든 경제활동에 따르는 비용

농산물 유통 비용은 상업적인 이윤이 높고 공산품에 비해 비교적 고정성을 지닌다. 대량 소비기관이 적은 관계로 소매단계에서의 비용이 높고 신선도가 높아질수록 유통비용도 높아진다. 유통마진의 변동률은 소비자가격 변동률보다 작은 경향이 있다. 이 밖에도 가공 및 포장비, 유통구조, 물류비 요인이 유통비용 발생원인이 된다.

상식PLUS⁺ 유통 과정 및 농가수취율과의 관계

㉠ 부패율이 낮아질수록 농가수취율은 높다.
㉡ 가공도가 높은 품목보다는 낮은 품목이 농가수취율이 높다.
㉢ 유통서비스가 많은 품목보다는 적은 품목이 농가수취율이 높다.
㉣ 가격에 비해서 중량이 가벼울수록 농가수취율은 높다.
㉤ 가격에 비해서 용적인 적을수록 농가수취율은 높다.
㉥ 출하시간이 짧을수록, 시장거리가 가까울수록 농가수취율은 높다.

☑ 시험에서는 이렇게 물어본다!
농산물 유통 비용 절감 방안을 약술하시오.

70

유통혁신 평가위원회

兼業農家

농축산물 유통혁신을 위하여 농협이 출범시킨 위원회

농협 내부의 경직된 사고를 탈피하고 새로운 시각을 가진 별도의 위원회를 통해 유통혁신을 추진하고자 출범시킨 위원회이다. 농축산물 유통 전반에 대해 문제점을 확인하고 실효성이 높은 유통혁신안을 도출하고자 한다.

71 ■■■
농산물 유통 금융
農産物流通金融

농산물을 유통시키는 데 필요로 하는 자금을 유통하는 일

농산물 유통 금융은 교환기능과 물적 유통기능을 원활하게 수행할 수 있게 한다. 물적 유통 시설자금과 유통업자들의 운영자금을 지원해서 생산자와 소비자 간에 장소 및 시간의 격차를 원만하게 연결시켜야 한다.

상식PLUS⁺ 농산물 유통 금융 기능의 행위
㉠ 농민들이 농산물을 수확하기 위하여 부족한 자금을 빌리는 행위
㉡ 농산물을 저장하는 창고업자가 저온 창고를 건축하는 데에 소요되는 시설 자금을 정부나 농협으로부터 융자받는 행위
㉢ 농산물 가공업자가 농산물 수매 자금을 융통하는 행위
㉣ 농협 공판장에서 출하 농민들에게 농산물 판매 대금을 현금으로 지급하고, 경매에 참가하여 농산물을 구매한 지정 중도매인에게 외상으로 팔고, 미수금은 일정 기간 후에 받는 행위

72 ■■■
산지유통
産地流通

농산물 유통 과정의 첫 시작점

유통 경로상 생산자가 판매한 농산물이 도·소매단계로 이동되기 전 수집단계에서 수행되는 각종 유통기능을 포괄한다. 산지유통에는 정부 또는 농협에 판매하는 방식과 산지 중간상에게 포전판매·정전판매, 5일장 또는 산지공판장에서 판매, 소비지의 도매시장에 직접 출하하는 방식으로 이루어진다.

상식PLUS⁺ 포전매매와 정전판매

구분	내용
포전매매(밭떼기거래)	• 농작물이 완전히 성숙하기 이전에 밭에 식재된 상태에서 일괄하여 매도하는 거래의 유형이다. • 상품판매의 위험부담을 줄이고 일시에 판매 대금을 회수할 수 있다.
정전판매(집 앞 거래)	생산자가 집 앞에서 창고단위, 상자단위로 산지수집상이나 소매상, 행상 등에게 판매하는 방법이다

73 ■■■
산지유통센터
APC : Agricultural Product Processing Center

2021 | 농협계열사
초대형 농산물 산지유통시설

집하장, 세척실, 선별포장실, 예냉실, HACCP 시설을 갖춘 초대형 농산물 산지유통시설로, 변화된 유통환경에 적극 대응하고 신선한 고품질의 농·수·축산물을 저렴한 가격에 공급하기 위하여 도입되었다. 농산물 품질 균일화, 물류효율성 증대, 대형유통업체와의 직거래 지원 등의 역할을 한다.

☑ 시험에서는 이렇게 물어본다!
산지유통센터의 역할은?

74 ■■■

산지유통인

생산자 단체 이외의 자가 농수산물 도매시장 및 공판장에 출하할 목적으로 농산물을 모으는 영업자

지역적으로 분산되어 소량으로 생산되는 품목을 효율적으로 모아주는 기능을 하지만 매점매석 등으로 가격폭등을 일으킬 위험성이 있다. 생산자 조직의 공동출하가 확대됨에 따라 수집상의 취급비중이 저하되고 있으나, 취급하는 품목과 기능면에서는 더욱 전문화되고 있다. 생산자와 구매자 사이에 판매계약이 이루어진 경우에 농산물 생산에 따른 위험은 생산자가 부담한다.

상식PLUS⁺ 산지유통인의 구분

㉠ **발떼기형** : 농산물을 파종 직후부터 수확 전까지 밭떼기로 매입하였다가 적당한 시기에 수확하여 도매시장에 출하한다.
㉡ **저장형** : 저장성이 높은 농수산물을 수집하여 저장하였다가 일정한 시기에 도매시장에 출하한다.
㉢ **순회수집형** : 비교적 소량 품목을 순회하며 수집해서 도매시장에 출하한다.
㉣ **월급제 · 수수료형** : 출하주와 특별한 계약관계를 맺고 수집하여 출하한다.

75 ■■■

산지 직거래

産地 直去來

2020 | 농협계열사

농산물이 도매시장을 거치지 않고 거래되는 형태

가격결정 과정에 생산자도 참여하며 기준은 도매시장에서 형성된 가격이다. 시장기능을 수직적으로 통합한 형태로 유통비 절감을 목적으로 하며 주말농어민시장, 직판장, 우편주문판매 등이 해당된다.

상식PLUS⁺ 산지 직거래의 원칙

㉠ 생산 방법에 명확해야 한다.
㉡ 생산지 및 생산자가 명확해야 한다.
㉢ 직거래 사업의 경우에는 계속성이 있어야 한다.
㉣ 철저한 상호교류가 이루어져야 한다.
㉤ 거래 상대의 경우에는 언제나 대등한 관계를 유지하도록 해야 한다.

☑ 시험에서는 이렇게 물어본다!
산지 직거래의 장점은?

76 ■■■

위탁매입

Consignment Buying

제조업자나 도매업자가 자기 상품 노출을 확대하고 판매를 촉진하는 일

소매점에 대하여 반품 허용조건 하에 상품을 진열해 두고 소비자에게 판매된 부분에 대해서만 소매점에서 매입하는 것으로 계약하는 방식을 말한다. 또한, 팔리지 않은 상품은 판매기간 후에 납품업자에게 반환된다. 주로 위험이 크거나 고가이거나 혁신적인 상품으로서 수요에 대한 예측이 어려운 경우 위탁매입이 이용된다.

77 ■■■

공동계산제

共同計算制

2024 | 농협계열사

다수의 개별농가가 생산한 농산물을 등급에 따라 비용과 대금을 평균하여 정산하는 방법

농산물을 출하주별로 구분하는 것이 아니라 등급별로 구분 · 판매하여 등급에 따라 정산한다. 생산자 측면에서는 대량거래의 이점을 실현하고 개별 농가의 위험 부담을 분산시키며 수요자 측면에서는 유통비용 및 구매 위험 감소, 소요 물량에 대한 구매 안정화를 실현할 수 있다. 또한 유통비용이 감축되며 농산물 품질 저하를 최소화할 수 있다. 그러나 농가지불금이 지연되거나 전문경영기술 부족, 유통성이 저하될 수 있다.

☑ 시험에서는 이렇게 물어본다!
공동계산제의 운영방식과 장점을 약술하시오.

78 ■■■

도매시장(중계시장)

都賣市場

농산물이 수집되어 분배되는 유통 과정의 중간단계

수집된 농산물의 대량보관 · 가격안정 도모 · 수급불균형 조절 등을 통하여 농산물 유통의 중심적인 역할을 한다. 소량 · 분산적인 물량을 대량화하여 신속하게 분산시키며 다양한 할인정책이 가능하다. 도매시장은 거래총수 최소화의 원리와 대량준비의 원리를 통하여 사회적 유통경비를 절감시킨다.

상식PLUS⁺ 도매시장과 농산물 종합 유통센터 비교

구분	도매시장	농수산물 종합 유통센터
사업 방식	상장경매	예약수의거래
취급 품목	농 · 임 · 축 · 수산식품	농 · 임 · 축 · 수산식품, 가공식품 및 기타 생필품
가격 결정	현물을 확인 후 가격결정(비규격품 거래 가능)	• 생산자 및 소비자의 합의 결정 • 현물을 직접 보지 않고도 거래(규격품 위주의 거래) • 가격 안정성 유지(홍수 출하 방지)
집하	생산자가 자유롭게 출하가능(무조건 수탁조건으로 수집)	예약수의거래 물량을 기준으로 수집(저장 및 판매능력에 따라 가변적)
분산	• 중도매인을 통하여 불특정 다수의 소매상에게 분산 • 매매 참가인을 통해 대량 수요자에게 분산	• 예약수의거래에 의거, 주문처에 분산(가맹점, 직영점, 유통업체, 소매점 및 등록회원) • 직판장을 통하여 일반 소비자에게 판매

79 ■■■

번들링

Bundling

두 개 이상의 제품을 하나로 묶어서 판매하는 일

하나로 묶어서 판매하나, 개별적으로 분리되어 판매할 수 있으므로 끼워서 파는 것과는 상이하다.

80

라이센싱
Licensing

상표가 등록된 재산권을 가지고 있는 개인 혹은 단체가 타인에게 대가를 받고 권리를 대여해주는 계약

라이센서는 재산권을 가지고 있는 사람을 말하며 라이센시는 권리를 대여 받은 사람을 말한다. 라이센서가 보유하고 있는 상업적 재산권을 라이센시에게 계약기간 동안 대여해주는 것으로, 라이센시는 이를 통하여 독점적 이익을 취할 수 있으며 라이센서에게는 로열티를 지급하게 된다.

81

래싱
Lashing

화물이나 컨테이너를 선박에 고정시키는 일

컨테이너를 고정시키거나 환물을 컨테이너에 고정시키는 것을 말하며 컨테이너 갑판에 적재하는 경우 컨테이너를 래싱 로프 등으로 선박에 고정시킨다.

82

포스트넷
PostNet

택배 · 우편물에 RFID 칩을 달아 실시간으로 위치를 확인할 수 있는 우편 물류 시스템

택배 · 우편물 위치 실시간 안내, 예정 시간, 완료 문자 서비스 등의 정보를 제공한다.

83

소화물 일괄운송

2020 | 농협계열사

개인이나 기업으로부터 소형 · 소량의 운송을 의뢰받아 수화주의 문전으로 신속하고 정확하게 제공하는 운송체계

다품종의 소량생산, 물류환경의 변화, 다빈도 소량주문, 물류의 합리화, 전자상거래의 확산 등으로 소화물 일괄운송이 등장하게 되었다. 운송의 모든 과정을 특정 업체가 처리함으로써 물품의 분실이나 훼손 등의 위험을 최소화할 수 있으며 책임소재도 분명하다.

☑ 시험에서는 이렇게 물어본다!
소화물 일괄 배송의 효과는?

84

콜드체인 시스템
Cold Chain System

2020 | 농협계열사

냉동품을 저장 · 수송하는 저온유통 체계

유통의 모든 과정을 적합한 온도로 관리하고 농산물의 신선도를 유지하여 소비자에게 공급하는 유통 체계로서 신선도 유지, 출하조절, 안전성 확보 등을 위한 시스템이다. 알맞은 저온으로 작물을 냉각시킨 후 저장 · 수송 · 판매 등에 걸쳐 일관성 있게 적정온도로 관리한다.

☑ 시험에서는 이렇게 물어본다!
농산물 유통 시 콜드체인 시스템의 중요성을 말해보시오.

85 ■■■
녹색물류
綠色物流

온실가스 배출량 등을 최소화 하는 물류체계

생산부터 판매까지 물류활동 전반에서 배출되는 온실가스 및 에너지 사용량 등을 최소화하여 환경을 생각하는 물류활동을 말한다.

상식PLUS+ 녹색물류의 종류
㉠ 협의의 녹색물류 : 화물 수송 시 발생하는 온실가스와 대기오염 배출가스 저감 대책 등을 관리하는 활동을 말한다.
㉡ 광의의 녹색물류 : 대기환경 영향과 전통적인 순물류와 역물류를 포괄하는 활동 전반을 포함하여 환경을 고려하는 물류활동을 말한다.

86 ■■■
그리드형 물류조직

모회사와 자회사 간의 권한을 위임하는 형태

다국적 기업에서 많이 볼 수 있는 조직 형태이다. 자회사의 경우 자사의 지시와 모회사의 지시를 받는 이중적인 구조로 되어있다.

87 ■■■
컨테이너 화물 장치장
CFS : Container Freight Station

화물들을 각 화주에게 인도해주는 장소

하나의 컨테이너를 채우기 어려운 양의 화물들을 여러 화주로부터 인수하여 목적항 별로 선별해 컨테이너를 적재하거나 한 컨테이너에서 적출된 여러 화주의 화물들을 각 화주에게 인도해주는 장소를 말한다.

88 ■■■
내륙컨테이너 기지
ICD : Inland Container Depot

내륙에 위치한 컨테이너 보관소

공적권한을 지니며 수출입화물통관, 화물집하, 보관, 분류, 터미널 기능 등을 수행한다. 항만 터미널과 내륙운송 수단과 연계가 편리한 컨테이너 장치장을 의미하기도 하며 컨테이너 통관기지를 말하기도 한다.

89 ■■■
랙
Rack

상품을 올려놓거나 보관하는 금속으로 된 선반

물품의 용도나 특성에 따라 파렛트 랙, 드라이브 인 랙, 적층 랙, 모빌 랙, 슬라이딩 랙, 암 랙 등으로 구분된다.

90 ■■■

제3자 물류

3PL : Third Party Logistics

물류 경로 내의 다른 주체와 일시적이거나 장기적인 관계를 가지고 있는 물류 경로 내의 대행자 또는 매개자

제3자 물류는 화주와 단일(혹은 복수)의 제3자가 일정 기간 동안 일정한 비용으로 일정한 서비스를 상호 합의하에 수행하는 것을 말한다. 이를 도입할 경우 물류산업의 합리화에 대한 물류비용이 절감되며 종합 물류서비스의 활성화, 고품질 물류서비스의 제공으로 화주기업의 경쟁력 강화 등을 기대할 수 있다.

상식PLUS⁺ 제3자 물류와 물류 아웃소싱의 차이

구분	제3자 물류	물류 아웃소싱
화주와의 관계	전략적 제휴, 계약기반	수발주 관계, 거래기반
관계의 특징	협력적 관계	일시적 관계
서비스의 범위	종합 물류 서비스 지향	수송, 보관 등 기능별 서비스 지향
정보 공유	필수적	불필요
도입결정 권한	최고 경영자	중간 관리자
도입방법	경쟁계약	수의 계약
관리형태	통합관리형	분산관리형
운영기간	중 · 장기	단기, 일시
자산특성	무자산형 가능	자산소유 필수

91 ■■■

제4자 물류

4PL : Four Party Logistics

다양한 조직들의 효과적인 연결을 목적으로 하는 통합체

공급사슬의 모든 활동과 계획 및 관리를 전담하는 의미를 가진다. 즉, 제4자 물류 서비스 공급자는 광범위한 공급사슬의 조직을 관리하고 기술, 능력, 정보기술, 자료 등을 관리하는 공급사슬 통합자이다. 제3자 물류보다 범위가 넓은 공급사슬 역할을 담당한다.

상식PLUS⁺ 물류시스템

㉠ 제1자물류(1PL) : 자가물류로 회사 내부에서 발생하는 물류 서비스이다.
㉡ 제2자물류(2PL) : 자회사로 독립한 물류 업무 부서를 통한 물류 서비스이다.
㉢ 제3자물류(3PL) : 전문물류업체에 물류업무를 위탁한 것이다.
㉣ 제4자물류(4PL) : IT 등 다양한 분야가 혼합적으로 연결된 물류 서비스이다.
㉤ 제5자물류(5PL) : 네트워크를 이용한 전자상거래를 통한 물류서비스이다.
㉥ 제6자물류(6PL) : 인공지능을 기반으로 하는 공급망을 사용하는 물류서비스이다.

92

보관활동
保管活動

물류를 물리적으로 보존하고 관리하는 일

생산과 소비의 시간적 거리를 조정하여 궁극적으로 시간적 효용을 창조하는 활동이다. 보관의 원칙으로는 높이 쌓기의 원칙, 선입선출의 원칙, 통로대면 보관의 원칙, 명료성의 원칙, 회전대응 보관의 원칙, 위치표시의 원칙, 중량특성의 원칙, 동일성 및 유사성의 원칙, 네트워크 보관의 원칙, 형상특성의 원칙이 있다.

상식PLUS+ 물류의 7R
㉠ 적절한 상품(Right Goods)
㉡ 적절한 품질(Right Quality)
㉢ 적절한 시간(Right Time)
㉣ 적절한 장소(Right Place)
㉤ 적절한 양(Right Quantity)
㉥ 적절한 인상(Right Impression)
㉦ 적절한 가격(Right Price)

93

유통 경로의 파워

2021 | 농협계열사

유통 경로 분석을 위한 선행조건으로 의사결정에 영향을 주거나 의사결정을 변경시키는 능력

한 경로 구성원이 유통 경로 내의 타 경로 구성원의 마케팅 의사결정에 영향력을 행사할 수 있는 능력으로 힘의 원천과 타 구성원이 가지는 의존선의 정도에 따라 결정된다.

구분	내용	예시
보상력	영향력 행사에 순응할 경우 물질적, 경제적 보상을 제공할 수 있는 능력	판매지원, 특별할인, 리베이트, 지역 독점권 제공(즉각적 효과)
강권력	영향력 행사에 따르지 않을 때 처벌 및 제재를 가할 수 있는 능력	제품공급 지원, 인접지역에 새로운 점포의 개설, 끼워팔기, 밀어내기(반발초래)
합법력	오랜 관습이나 공식적 계약에 근거하여 규정된 행동을 준수하도록 정당하게 주장할 수 있는 능력	계약, 상표등록, 특허권
준거력	매력이나 일체감 및 안전욕구에 의해 거래 관계를 계속 유지하고 싶게 하는 능력	유명상표를 취급한다는 긍지와 보람(코카콜라)
전문력	상대방이 중요하게 인식하는 우수한 지식이나 경험, 혹은 정보능력	경영관리에 관한 상담과 조언

☑ 시험에서는 이렇게 물어본다!
농산물 유통 시 콜드체인 시스템의 중요성을 말해보시오.

94

다중 유통 경로
多重流通經路

동일시장을 대상으로 같은 제품과 서비스를 복수 이상의 경로를 통해 공급하는 일

다양한 유통 욕구를 충족할 수 있으며 동시에 여러 세분시장을 포괄할 수 있다. 특정 경로에 대한 의존도를 줄일 수 있으나 복수 유통 경로보다 유통 경로 간 갈등이 더욱 심화된다.

상식PLUS+ 복수 유통 경로
같은 상품에 대해 두 개 이상의 경로를 동시에 활용하는 유통 경로이다.

95

수직적 경로 갈등
垂直的經路葛藤

제조업자와 중간상, 또는 도매상과 소매상 간의 갈등

서로 다른 단계의 경로 구성원 사이에서 발생하는 갈등을 말한다. 서로 다른 목표와 경로 구성원 간의 상권 및 역할에 대한 의견 차이, 현실인식 차이로 발생한다.

96

스트래들 캐리어
Straddle Carrier

하역을 담당하는 운전기계

컨테이너 터미널 내에서 컨테이너를 상하로 들고 내릴 수 있는 운전기계로, 컨테이너 야드 내에 쌓아 놓은 컨테이너를 이동시킬 수 있다.

97

유통 경로 구조의 결정 이론

2021 | 농협계열사

유통 경로 구조를 결정짓는 이론

결정 이론의 종류는 다음과 같다.

구분	내용
연기 – 투기이론	경로 구성원들 중에서 어느 누가 재고보유에 따른 위험을 감수하느냐에 의해 경로구조가 결정된다는 이론
기능위양이론	각 유통기관은 비용 우위론을 지니는 마케팅 기능들을 수행하고 기타 마케팅 기능들은 이를 보다 저렴하게 수행할 수 있는 경로 구성원에게 위양한다는 이론
거래비용이론	기업조직의 생성과 관리는 거래비용을 최소화하기 위해 이루어지고 있다는 이론
대리이론	조직을 해당 구성원인 근로자 및 소유자가 계약에 의해 하나로 묶어진 결합체로 인지하고 조직의 현상을 연구하는 이론
게임이론	경쟁의 주체가 상대방의 대처행동을 고려하면서 자신의 이익을 효율적으로 달성하기 위해 수단을 합리적으로 선택하는 행동을 수학적으로 분석하는 이론

☑ 시험에서는 이렇게 물어본다!
유통 경로 구조 결정이론 두 가지를 약술하시오.

98 ■■■

소유권 이전 기능

所有權移轉機能

유통 경로가 수행하는 가장 본질적인 기능

상품이 교환을 통하여 생산자로부터 소비자에게로 넘어가는 과정에서 소유권이 바뀌는 것과 관련된 경제활동을 의미한다. 경영적 유통기능과 교환기능, 상거래기능이라고도 한다. 대금을 주고 농산물을 구매하는 구매기능과 농산물을 사고 싶은 욕구를 만족시킬 수 있는 판매기능으로 나뉜다.

99 ■■■

유통 마케팅 조사

2020 | 농협계열사

유통 과정에서 소비자 및 시장 동향을 밝히기 위한 정보 등을 수집하는 일

주요대상은 매출액에 대한 예측, 시장동향의 명확화, 시장점유율에 대한 측정, 창고 및 점포에 대한 입지 등이 있다. 조사 방법은 다음과 같다.

구분	내용
실험법	실제 조사대상자들에게 어떠한 반응을 하도록 시도해보고 해당 결과로부터 필요한 정보를 수집하는 방법이다.
질문법	응답자에게 질문표를 이용하여 직접적으로 질문해서 필요한 정보를 수집하는 방법으로 가장 많이 사용된다.
동기조사	특정 태도 및 행동 등을 유발하는 심층심리에 접근하고자 하는 것으로 Why 리서치라고도 한다.
관찰법	조사자가 조사 대상자를 현장에서 일정 기간 동안 관찰하면서 있는 그대로의 사실을 관찰하여 필요한 자료를 수집하는 방법이다.

상식PLUS+ 유통 마케팅 조사 절차
문제 정의 – 조사 설계 – 자료수집방법의 결정 – 표본 설계 – 시행과 분석 및 활용

☑ 시험에서는 이렇게 물어본다!
유통마케팅 조사 절차를 말해보시오.

100 ■■■

유통단지

Distribution Estate

유통기구가 집결되어 있는 장소

유통센터에는 트럭 터미널, 창고 센터 등의 수송 시설과 생산재를 중심으로 한 도매센터, 청과물 중앙도매시장, 목재시장 등을 병설한 종합적인 유통단지가 형성된다.

101

전속적 유통
Exclusive Distribution

판매지역별로 하나 또는 극소수 중간상들에게 자사 제품 유통에 대한 독점권을 부여하는 전략

소비자가 자신이 제품구매를 위해 적극적으로 정보탐색을 하고, 제품을 취급하는 점포까지 가서 기꺼이 쇼핑하는 노력을 감수해야 하는 전문품에 적절한 전략이다. 중간상들에게 독점판매권과 함께 높은 이익을 제공함으로써 그들의 적극적인 판매노력을 기대할 수 있고, 중간상의 판매가격 및 신용정책 등에 대한 강한 통제를 할 수 있다.

102

집약적 유통

가능한 많은 소매상들에게 자사 제품을 취급하도록 해서 포괄되는 시장범위를 확대시키려는 유통경로전략

소비자가 제품구매에 노력을 많이 기울이지 않아도 되므로 대체로 편의품이 집약적 유통에 많이 속한다. 충동구매 증가와 소비자의 인지도와 편의성이 확대되지만 순이익이 낮고 주문량이 적고, 재고나 주문관리가 어렵다.

상식PLUS⁺ 유통경로전략

㉠ **전속적 유통** : 판매지역별로 하나 또는 극소수의 중간상들에게 자사제품의 유통에 대한 독점권을 부여하는 전략이다.
㉡ **선택적 유통** : 집약적 유통과 전속적 유통의 중간형태로 일정 자격을 갖춘 중간상들에게만 판매를 허가하는 전략이다.

103

소매유통
Retail Business

개인적 또는 영리 목적으로 사용하려는 최종소비자를 대상으로 하여 거래가 이루어지는 시장

소매상의 경우에는 대다수가 생계 위주이기 때문에 영세하고, 그 수가 상당히 많아 경쟁관계에 놓여 있는 관계로 불안정한 상태가 지속되어진다. 이들은 도매상에게 구매한 후 소비자들에게 판매하는 유통의 기능을 실행하므로 복합적인 기능을 지닌다. 소매의 경우에는 농산물의 종류에 의해 각기 다른 주체가 수행하게 되며 이들은 판매시장이기 때문에 포장, 저장, 시장정보, 표준화, 금융기능 등을 실행함으로서 판매가 원활해지게 된다. 현재에는 소매상이 점차적으로 대형화 및 규모화 되고 있는 추세이다.

104 ■■■

물적 유통기능

2020 | 농협계열사

농산물의 수송 · 저장 · 가공과 같이 눈으로 볼 수 있는 기능

장소적 효용을 창출하는 수송기능, 시간적 효용을 창출하는 저장기능, 형태적 효용을 창출하는 가공기능으로 나누어진다. 수송기능은 분산되어 있는 농산물을 생산지로부터 가공지 또는 소비지로 이동시키는 기능을 말한다. 농산물 수송에는 철도, 자동차, 선박, 비행기 등이 이용된다. 저장기능은 생산품을 생산시기로부터 판매시기까지 보유하여 시간적 효용의 창조로 수요와 공급을 조절한다. 가공기능은 원료 상태의 농산물에 인위적인 힘을 가하여 그 형태를 변화시키고 형태효용을 창출하는 것을 말한다.

상식PLUS⁺ 농산물 운송 수단별 특징

운송 수단	특징
철도	• 안정성 · 신속성 · 정확성이 있다. • 융통성이 적어 제한된 경로로만 운송이 가능하다. • 중장거리 운송에 이용하는 것이 경제적이다.
자동차	• 기동성이 좋고 도로망이 발달해 융통성이 있다. • 소량운송이 가능하며, 농산물 수송수단으로 큰 비중을 차지한다. • 단거리 수송에 이용하는 것이 경제적이다.
선박	• 운송비가 저렴하며 대량 수송이 가능하다. • 융통성이 적으며 제한된 통로로만 수송이 가능하다. • 장거리 수송에 이용하는 것이 경제적이다.
비행기	• 신속 · 정확하며 일부 수출농산물 수송에 이용되고 있다. • 비용이 많이 들고 항로와 공항의 제한성에 구애 받는다.

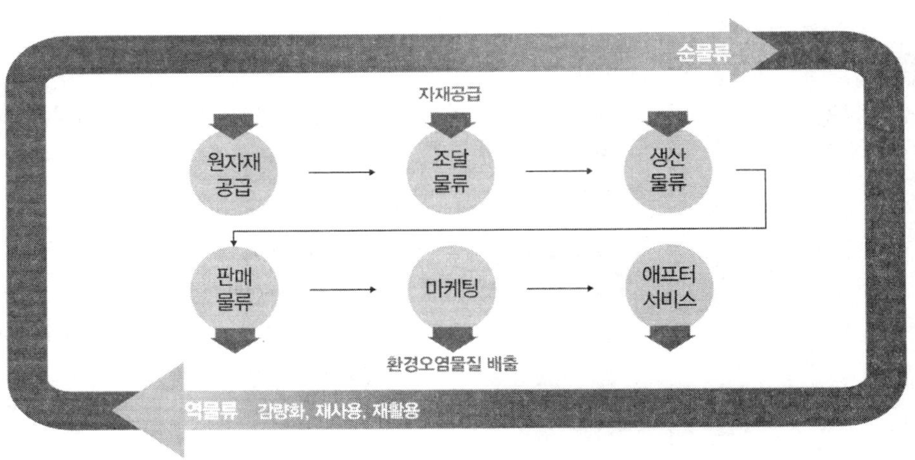

☑ 시험에서는 이렇게 물어본다!
물적 유통기능의 주요 역할을 약술하시오.

105 ■■■
바코드
Bar Code

2020 | 농협계열사

정보를 표현하는 부호 또는 부호체계

우리나라는 1988년 EAN에 정식으로 가입하여 KAN(Korean Article Number)코드를 취득하면서 본격적인 바코드 시스템 체계를 세우게 되었다. 상품을 식별하고 재고 관리, 결제 시스템 효율화, 물류 추적의 기능을 한다.

상식PLUS⁺ KAN코드의 체계(표준형)

구성요소	내용
국가식별코드(3자리)	• EAN에서 부여받은 국가코드이다. • 우리나라의 국가코드는 880이다.
제조업체코드(4자리)	• 제조업체나 판매원에 부여하는 코드로, 각 업체를 식별한다. • 한국유통정보센터에서 국내 제조업체에 부여한다. • 공통 상품코드를 관장하는 코드지정기관이 일정한 기준에 의해 제조업체나 수입업자들에게 부여한다.
상품목록코드(5자리)	• 각 상품의 제조업체가 개별상품에 자유롭게 부여하여 관리하는 코드이다.
체크디지트(1자리)	• 하단에 표시된 숫자가 막대모양의 바코드로 올바르게 변환되었는지를 검증하는 숫자이다. • 스캐너에 의한 판독 시의 잘못을 검사하기 위한 것이다.

☑ 시험에서는 이렇게 물어본다!
바코드의 기능을 말해보시오.

106 ■■■
표준물류 바코드
ITF – 14

상품의 정보 발생시점에서 자동으로 판독하여 상품을 제어하고 상품관리 수준을 높이는 데 필수불가결한 입력수단

KAN코드가 POS시스템에 의한 단품관리를 목적으로 하기 때문에 물류용 바코드로는 적합하지 않아 KAN코드를 기본으로 하여 낱개포장의 개수 등과 같은 포장 내의 내용정보를 부가하여 고안한 것이다.

상식PLUS⁺ 물류식별코드 의미

물류식별코드	의미
0	물류단위 내에 서로 다른 소비자 구매 단위 상품이 혼합되어 있는 것을 표시한다.
1 ~ 7	물류단위 내에 들어있는 상품 개수의 차이를 표시한다.
8	유보(Reserved)
9	추가형(Add on)코드가 주 심벌 뒤에 부가되어 있는 것을 표시한다.

107

무선주파수 식별법 시스템

RFID : Radio Frequency Identification

2021 | 농협계열사

판독기에서 나오는 무선신호를 통해 상품에 부착된 태그를 식별하여 데이터를 호스트로 전송하는 시스템

바코드, 전자식별유선판독기 등의 인쇄상태나 결점 등을 보완하기 위해 개발되었다. 판독기(Reader), 주파수(Frequency), 태그(Tag)로 구성된다. 기존 바코드만으로 작업이 이루어지지 않는 환경에 유용하며 냉온, 습기, 먼지, 열 등의 열악한 환경에서도 판독률이 높다. 태그의 데이터 변경, 추가가 자유롭고 일시에 다량의 태그를 판독할 수 있다.

상식PLUS+ RFID와 바코드 차이

구분	RFID	바코드
정보량	수천 단어	수십 단어
인식방법	무선	광학식
인식거리	최대 100m	최대 수십 cm
인식속도	최대 수백 개	개별 스캐닝
관리레벨	개개상품(일련번호)	상품그룹
가격	태그 수백 원	라벨인쇄 10원 미만

☑ 시험에서는 이렇게 물어본다!
RFID와 바코드의 차이는?

108

공급사슬관리

SCM : Supply Chain Management

2020 | 농협계열사

기업 간 또는 기업 내부에서 제품의 생산자로부터 사용자에 이르는 공급체인에 대하여 불필요한 시간과 비용을 절감하려는 관리기법

재고 비용절감 고객서비스 향상, 운영 효율성 증대를 목표로 한다. SCM의 효과를 제대로 발휘하고 충족하기 위해서는 공급체인 구성원은 경쟁관계에서 동반관계 전환해야 한다. 수요기업과 공급기업 간의 진실한 협력 체제가 이루어져야 하며 소매업체와 제조업체 간 협력과 원활한 커뮤니케이션 이루어져야 한다. 물류활동의 통합을 위해, 체인 내의 파트너들이 수요, 판매, 재고, 수송 등의 자료들 공유해야 한다.

☑ 시험에서는 이렇게 물어본다!
SCM의 주요 목표를 말해보시오.

109

e – 공급 사슬관리

e – SCM :
e – Supply Management

2020 | 농협계열사

웹을 활용하여 공급자, 유통 채널 소매업자, 정보, 자금 등의 흐름을 효율적이고 신속하게 관리하는 전략적 기법

기존 공급사슬 관리(SCM) 관련 기술들이 웹상에서도 기능을 수행할 수 있도록 하는 것이 바로 e – SCM의 개념이다. 공급자로부터 고객까지의 공급사슬상의 정보, 물자, 자금 등을 인터넷을 포함한 각종 디지털 기술을 활용하여 총체적인 관점에서 통합 관리함으로써 e – 비지니스 수행과 관련된 공급자, 고객, 기업 내부의 다양한 욕구를 만족시키고 업무의 효율성을 극대화시킨다.

☑ 시험에서는 이렇게 물어본다!
e – SCM의 특징을 약술하시오.

110

공급자관계관리

SRM :
Suppller Relationship Management

SCM 중 하나로 기업의 수익성 극대화에 영향을 미치는 공급자와 관계를 개선하고 기업 경쟁력을 높이는 전략

기업이 수익 창출을 위하여 외부 공급사와의 관계를 개선하고 관리 방법을 제시하는 전략이다. 수요 예측과 재고 관리를 효율적으로 처리할 수 있다는 장점이 있다.

111

물류비 산정 지침

兼業農家

물류비의 정확한 계산과 관리의 합리성 제고를 위한 기준 제공

정부차원에서의 물류회계기준을 표준화하고 긍정적으로 물류비 절감에 기여할 수 있는 포괄적인 목적을 설정한다.

상식PLUS⁺ 물류비 산정 지침 특징

㉠ 정부차원에서의 물류회계기준의 표준화
㉡ 긍정적으로 물류비 절감에 기여할 수 있는 포괄적인 목적 설정
㉢ 기업실무를 중시한 계산 기준의 탄력성 부여
㉣ 기업회계 정보의 공유성 확대
㉤ 기업회계시스템에 준거한 물류비 인식기준의 제시
㉥ 기존 경제활동과의 연관성 및 독자성 고려

112 ■■■
SCOR
Supply Chain Operations Reference

2019 | 농협계열사

SCC(Supply Chain Council)에 의해 정립된 공급사슬 프로세스의 모든 범위와 단계를 포괄하는 참조 모델

공급사슬의 회사 내부 기능과 회사 간 공급사슬 파트너 사이의 의사소통을 위한 언어로써 공통의 공급사슬 경영 프로세스를 정의하고 최상의 실행, 수행 데이터 비교, 최적의 지원 IT를 적용하기 위한 표준이다. 부문과 부문, 기업과 기업을 연결하는 공급사슬에 계획, 관리, 실행의 전체효과를 높이려는 사고로 실제로는 각각의 기업들이 제각기 다른 업무 프로세스나 업적 · 측정 지표를 갖고 있더라도 전체의 효율을 위해 SCM 공용 프로세스를 구현하는 것을 목적으로 한다. SCOR은 계획(Plan), 조달(Source), 제조(Make), 배송(Deliver), 반품(Return)의 다섯 가지 관리 프로세스를 가지며 주요 성과지표들을 공급사슬전체의 목적에 부합되도록 관리하기 위한 방안이다.

상식PLUS⁺ SCOR 성과지표
㉠ 인도성과(Delivery Performance)
㉡ 충족률(Fill Rates)
㉢ 완전 주문충족(Perfect Order Fulfillment)
㉣ 주문충족 리드타임(Order Fulfillment Lead Times)
㉤ 공급사슬 대응시간(Supply Chain Response Time)
㉥ 생산 유연성(Production Flexibility)
㉦ 총 공급사슬 관리비용(Total Supply Chain Management Costs)
㉧ 부가가치 생산성(Value - Added Productivity)
㉨ 보상 및 반품 처리 비용(Warranty / Returns Processing Costs)
㉩ 현금화 사이클 타임(Cash to Cash Cycle Time)
㉪ 공급 재고일수(Inventory Days of Supply)
㉫ 자산 회전율(Asset Turns)

상식PLUS⁺ 공급사슬
원재료가 최종재로 변환되는 과정상의 조직 및 프로세스의 연결 네트워크를 말한다. '공급자 네트워크 ↔ 기업 ↔ 유통 네트워크 ↔ 최종 소비자' 등의 공급활동의 연쇄구조를 나타낸다.

☑ 시험에서는 이렇게 물어본다!
SCOR의 주요 구성 요소는?

113 ■■□
농산물 수입관리
農産物 輸入管理

「대외무역법」에 의한 수출입 기별공고, 특별법 및 기타 고시에 의해 추진되는 관리

수입 감시 품목과 수입다변화 품목에 관한 규정 등으로 수입이 규제된다. 수입이 자유화된 품목이라도 수입 감시품목이 되면 수입으로 인한 피해상황을 조사하여 별도의 조치를 할 수 있다.

114

수송비용

輸送費用

2020 | 농협계열사

상품의 움직임에 따라 발생하는 모든 비용의 합

수송거리와 직접 관련이 있는 가변수송비와 수송거리와는 직접 관련 없이 고정적으로 발생하는 고정비용으로 구성된다. 사회 간접 자본 형성 정도, 수송수단, 생산물의 형태 제도적 조치 등에 영향을 받는다.

상식PLUS+ 수송비용 함수

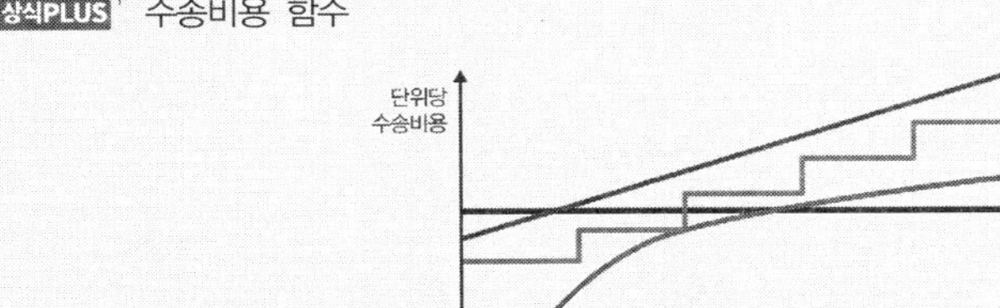

㉠ **균일수송비용 함수** : 단위당 수송비용이 수송거리와 관계없이 일정한 수준에 고정되어 있는 경우로 국내 우편요금제도가 이에 해당한다.
㉡ **지대별 요금제** ; 단위당 수송비용이 거리가 길어짐에 따라 불연속 단계적으로 증가하는 경우로, 철도의 화물수송요율을 책정할 때 주로 이용한다.
㉢ **선형수송비용 함수** : 수송거리가 증가함에 따라 단위당 수송비용이 증가하나 거리에 비례해서 증가하는 형태로, 주로 단거리 수송에 적용된다.
㉣ **비선형수송비용 함수** : 수송거리가 증가함에 따라 단위당 수송비용이 체감하는 비율로 증가하는 형태이며 주로 장거리 수송에 적용된다.

☑ 시험에서는 이렇게 물어본다!
수송 비용에 영향을 주는 요인은?

04 유통·물류

115

북서코너법

Northwest Corner Method

수송표 왼쪽 상단으로부터 공급과 수요량에 맞추어 수송량을 배정하는 방법

수송표의 각 빈 칸을 채우는 데 있어서 서북쪽에 있는 칸부터 가능한 한 최대의 값을 할당한다.

116

ITI 협약

Custom Convention on the International Transit of Goods

국제운송통관조약

TIR협약이 컨테이너 도로운송에만 적용되는 데 비하여 해당 협약은 육·해·공의 모든 수송수단을 포함하는 협약이다.

117 ■■■

보겔추정법

VAM : Vogel's Approximation Method

총운송비용이 최소가 되도록 공급량을 할당하는 방법

가장 낮은 운송단가와 그 다음으로 낮은 운송단가 차이를 각 행과 열별로 구하고 단가차이가 가장 큰 행이나 열에 배정 가능한 최대량을 배정하여 크기의 순서대로 배정한다. 모든 운송량의 배정이 끝날 때까지 진행하며 기회비용이 같은 경우에는 임의로 배정한다.

기회비용 = 각 행과 열에 가장 작은 운송단가 − 그 다음으로 낮은 운송단가

118 ■■■

MBO

Management by objectives

목표에 의한 관리

사원이 상사와 작업 목표량을 결정하고 이에 대한 성과를 부하와 상사가 함께 측정 · 고과하는 것을 의미한다. 사원에게 성취욕을 표출하게 하고 상사와의 협의를 통해 목표를 수립할 수 있다. 사원은 상사의 지속적인 피드백으로 목표기반을 잡을 수 있는 경영관리기법 중에 하나이다.

119 ■■■

손익분기점

損益分岐點

매출액과 총비용이 일치하는 지점

소비된 총비용을 회수 할 수 있는 매출액을 나타낸다. 총수익이 손익분기점을 넘어서면 이익이 발생하고 넘어서지 못하면 손실이 발생한다. 손익분기점 분석에는 고경비와 변동비로 나누어 매출액과의 관계를 검토하여 기업이 손익분기점을 넘어설 수 있도록 분석한다.

120 ■■■

중심성 지수

中心性 指數

소매업에서의 공간적 분포를 설명하는 지수

한 지역의 소매 판매액을 1인당 평균구매액으로 나눈 값을 상업인구라 하고, 상업 인구를 해당 지역의 거주인구로 나눈 값을 중심성 지수라고 한다. 다른 말로 유출입 지수라고도 한다. 소매 판매액의 변화가 없더라도 해당 지역에서의 인구가 감소하게 되면 중심성 지수는 상승한다. 중심성 지수는 상업인구가 거주인구와 같을 때 1이 되며, 상업인구가 많으면 많아질수록 1보다 큰 값이 된다.

121 ■■■

가격존

價格Zone

최고가격과 최저가격의 범위

가격대라고도 한다. 가격의 범위는 시장 상황이나 특성, 점포 형태 등에 따라 다르게 결정되며 제조업체의 가격정책에 따라 가격존은 다양해진다.

122

소매포화지수

IRS :
Index of Retail Saturation

2019 | 농협계열사

지역시장의 수요와 공급 수준을 나타내는 척도

지역 내에서의 잠재수요를 측정할 수 있는 지표로서 일반적으로 이용된다. 시장포화여부를 판단하고 입지선정, 경쟁분석에 활용하는데, 소매포화지수가 클수록 공급에 비하여 수요가 많음을 의미하며 소매포화지수가 적어질수록 공급이 수요를 초과하여 업체끼리의 경쟁이 심화되고 있어 점포에 대한 시장 잠재력이 저하됨을 의미한다. 소매포화지수를 계산함에 있어 중요 자료는 특정 상권의 가구 수 및 특정 상권에서의 가구당 소매지출액이며 수요를 측정하기 위해서는 인구 수 및 가처분 소득 등을 통한 소매구매력의 조사, 수요 측정 지표로 가구 구성원의 연령, 구성원의 수 인구밀도, 유동성 등이 있다. 소매포화지수는 미래의 신규수요를 반영하지 못하는 단점이 있으며 지역시장 밖에서의 소비 정도 및 수요를 측정 · 파악하기 어렵다.

상식PLUS⁺ IRS 공식

$$\text{소매포화지수} = \frac{\text{지역시장의 총가구수} \times \text{가구당 특정 업태에 대한 지출비}}{\text{특정 업태의 총 매장 면적}}$$

☑ 시험에서는 이렇게 물어본다!
소매토화지수 활용방법은?

123

수출입안전관리 우수공인업체

AEO :
Authorized Economic Operator

무역과 관련된 업체들 중 관세당국이 법규 준수, 안전관리 수준 등에 대한 심사를 실시하고 공인한 업체

우리나라의 경우 2008년 도입 및 시범 운영을 거쳐 2009년부터 정착화 · 확산 및 운영되고 있다. AEO 업체에 대해서는 신속통관, 세관검사 면제 등 통관절차상의 다양한 혜택을 부여하는 대신 사회안전, 국민건강을 위협하는 물품의 반입 차단을 목표로 하고 있다. 적용 대상은 수출업체와 수입업체를 포함하여 관세사, 보세구역운영인, 보세운송업자, 화물운송주선업자, 하역업자, 선박회사, 항공사 등이 있다. AEO는 공인 기업은 각종 관세조사 원칙적 면제, 담보 생략으로 자금부담이 완화되어 경영 안전을 도모할 수 있으며 물품 검사 비율이 축소되고 서류 제출을 생략할 수 있어, 물류의 흐름이 원활하다. AEO제도 시행국가들과의 상호인정약정(MRA)를 통항 상대국 수입통관 시 검사를 생략하고 우선검사 등의 혜택이 부여된다.

상식PLUS⁺ 한국AEO진흥협회

AEO 공인을 위한 예비 · 서류심사 및 AEO제도에 대한 연구 · 조사 · 교육, 중소기업 공인획득 지원사업을 통하여 국내 기업의 대외경쟁력을 제고하고 국민경제 발전에 기여할 목적으로 2010년에 설립되었다.

124 ■■■
글로벌 로지스틱스
Global Logistics

2021 | 농협계열사

원료 조달에서부터 생산이나 가공, 판매 활동이 2개국 이상에서 일어나는 일

세계적으로 분산된 거점들을 효과적으로 네트워크화하여 원재료 · 부품 · 완제품의 물자 흐름을 효율화하고 지속적으로 관리하는 것을 말한다. 적절한 물품을 적절한 품질과 적절한 양으로 적절한 시기에 적절한 장소로 신속하게 이동시키는 것을 목적으로 한다.

상식PLUS⁺ 글로벌 로지스틱스 특징
㉠ 장거리 시스템
㉡ 로지스틱스 환경과 활동의 다양성
㉢ 서류처리의 양과 복잡성 증가
㉣ 문화의 중요성

상식PLUS⁺ 글로벌 로지스틱스 주요 과제
㉠ 국가별 관세 및 무역 장벽 대응
㉡ 물류 네트워크 최적화
㉢ 실시간 물류 관리
㉣ 친환경 물류 시스템 구축

☑ 시험에서는 이렇게 물어본다!
글로벌 로지스틱스 관점에서 농협이 국내 농산물의 해외 수출을 확대하기 위해 고려해야 할 주요 전략을 약술하시오.

125 ■■■
국제 물류
國際物流

소비단계에 이르기까지 2개국 이상에 걸쳐 이루어지는 경우

시간적 · 공간적 차이를 초월하기 위한 유형(有形) · 무형(無形)의 재화에 대한 물리적인 국제활동이다. 생산에서 소비단계에 이르는 일련의 과정이 원활하게 흐름으로써 경제효용의 극대화를 이룰 수 있다.

126 ■■■
허브항
Hub Port

중심축 항만

항만시설이나 운항노선이 바큇살과 같은 형태를 이루고 있는 중개지 항만을 말한다. 특정 항구를 중심으로 화물을 집결시키고 분산시키는 방식으로 운송구조를 형성할 때에 중심축 역할을 한다.

127 ■■■
벌크선
Bulk Carrier

곡물이나 광석 등을 포장하지 않고 수송하는 화물선

싣는 화물에 따라 석탄전용선, 광석전용선, 곡물전용선 등으로 나누어진다.

128

본선 수취증

Mate's Receipt

기재된 상태로 화물을 수령하였음을 인정하는 증서

본선에 적재한 화물을 수취했다는 증거로 일등항해사가 화주에게 발급하는 서류이다. 화주가 선하증권을 발급받아 선적을 완료하기 위해 배서된 신고필증과 함께 선박회사에 제출하여야 한다.

129

채선료

Demurrage

CY에 반입된 컨테이너를 무료장치 기간 내에 반출하지 않을 경우 화주에게 부과하는 위약금

소정일수보다 장기간 정박할 경우 발생하는 비용과 손실에 대해 화주가 지급하는 위약금을 말한다.

> **상식PLUS+** CY(Container Yard)
> 컨테이너를 보관하거나 인도하는 장소를 지칭한다.

130

항공자유화협정

OSA : Open Skies Agreement

두 개 이상의 국가가 운항 회수 및 노선구조의 제약을 없애는 항공협정

항공노선에 대한 진입 개방 및 운항 편수 무제한 허용, 안전에 관한 규정 준수 등을 주요 내용으로 삼고 있으며 항공자유화 수준은 각 국가의 시장 개방 정도에 따라 달라질 수 있다.

131

운임보험료 포함 가격

CIF : Cost Insurance Freight

수출입 지급 조건 중 하나

판매자가 도착항까지 모든 운임과 보험료를 부담하는 방법이다. 국제 거래에서 많이 이용되며 국내 수출입화물 가격의 기준은 수출 시 FOB, 수입 시 CIF로 한다.

> **상식PLUS+** FOB(Free On Board)
> 지정한 선박에 화물의 인도를 마칠 때 까지 모든 비용을 부담하는 것을 말한다.

132

신용장

LC : Letter of Credit

무역 거래 시 은행의 신용과 책임 하에 신용을 보증하는 증서

수입업자의 신용을 보증하는 신용장은 수입신용장이라고 하며 수출국에서 받을 때에는 수출신용장이라고 한다. 수출업자는 신용장 조건에 의하여 물품을 지정된 장소에 인도한 후에 필요한 서류를 받아 매입은행에 제시하고 물품대금을 회수한다.

유통·물류 예상문제

정답 문항수 | 풀이시간 분

1 다음 〈보기〉에서 설명하는 것으로 옳은 것은?

보기

오랜 관습이나 공식적 계약에 근거하여 규정된 행동을 준수하도록 정당하게 주장할 수 있는 능력

① 보상력
② 강권력
③ 합법력
④ 준거력
⑤ 전문력

2 다음 농산물 운송 수단별 특징이 바르게 연결된 것은?

① 철도 : 기동성이 좋고 도로망이 발달해 융통성이 있다.
② 선박 : 장거리 수송에 이용하는 것이 경제적이다.
③ 자동차 : 신속 · 정확하며 일부 수출농산물 수송에 이용되고 있다.
④ 자동차 : 운송비가 저렴하며 대량 수송이 가능하다.
⑤ 비행기 : 소량운송이 가능하며 농산물 수송수단에 큰 비중을 차지한다.

3 다음 중 수직적 마케팅 시스템의 도입배경으로 옳지 않은 것은?

① 목표이익의 확보
② 소량생산에 의한 소량판매의 요청
③ 기업의 상품이미지 제고
④ 경쟁자에 대한 효과적인 대응
⑤ 유통비용의 절감

4 상품의 소비자 수요에 기초하여 유통 소매점이 공급하는 Pull 방식에 의한 상품 보충 방법의 효과로 옳지 않은 것은?

① 운영비를 절감할 수 있다.
② 상품의 보충주기가 단축되어 배송 빈도가 늘어난다.
③ Supply Chain에서의 상품의 흐름을 향상 및 통합시킨다.
④ 공급자 공급에 대한 반응이 증대한다.
⑤ 거래업체 간 업무적 협조관계가 구축된다.

5 다음 중 농산물 유통정보의 요건으로 옳지 않은 것은?

① 정확성
② 계속성
③ 객관성
④ 비교가능성
⑤ 거래 촉진성

빠른답CHECK 1.③ 2.② 3.② 4.④ 5.⑤

6 유통 마케팅 조사 절차로 옳은 것은?

① 문제 정의 – 조사 설계 – 자료수집방법의 결정 – 표본설계 – 시행과 분석 및 활용
② 문제 정의 – 조사 설계 – 표본 설계 – 자료수집방법의 결정 – 시행과 분석 및 활용
② 조사 설계 – 표본 설계 – 문제 정의 – 자료수집방법의 결정 – 시행과 분석 및 활용
③ 조사 설계 – 표본 설계 – 자료수집방법의 결정 – 시행과 분석 및 활용 – 문제 정의
④ 표본 설계 – 조사 설계 – 자료수집방법의 결정 – 시행과 분석 및 활용 – 문제 정의

7 다음 중 전속적 유통에 대한 설명으로 적절하지 않은 것은?

① 전문품에 적절한 전략이다.
② 제한된 유통으로 인해 판매기회가 상실될 우려가 있다.
③ 중간상의 판매가격 및 신용정책 등에 대한 강한 통제가 가능하다.
④ 자격을 갖춘 소수의 중간상들에게 판매를 허가하는 전략이다.
⑤ 자사의 제품 이미지에 적합한 중간상들을 선택함으로써 브랜드 이미지 강화를 제고할 수 있다.

8 다음 〈보기〉에서 설명하는 것은?

보기

두 개의 상자에 부품을 보관하여 필요시 하나의 상자에서 부품을 꺼내어 사용하다 소진되고 나면 발주하는 방법

① ABC 재고 관리 ② Two – Bin법
③ 프랜차이즈 시스템 ④ 수직적 마케팅
⑤ 수평적 마케팅

9 다음 중 포터의 5 Force Model로 옳지 않은 것은?

① 대체재의 협상력
② 구매자의 협상력
③ 공급자의 협상력
④ 기존 경쟁자 간의 경쟁정도
⑤ 잠재적 경쟁업자의 진입 가능성

10 다음 중 재고 관리의 목적으로 옳은 것을 모두 고르면?

보기

㉠ 업무의 효율화
㉡ 생산 및 판매의 안정화
㉢ 수요의 예측
㉣ 상품투하자금
㉤ 원자재 비용의 절감

① ㉠㉡㉢ ② ㉠㉡㉤
③ ㉡㉢㉣ ④ ㉡㉢㉤
⑤ ㉢㉣㉤

빠른답CHECK 6.① 7.④ 8.② 9.① 10.②

11 **다음 중 SCM에 대한 설명으로 옳지 않은 것은?**

① 필요한 정보가 원활하게 흐를 수 있도록 지원하는 통합관리 시스템이라고 할 수 있다.
② 소비자 요구에 대응하기 위해 생산에서 소비까지 모든 과정을 효과적으로 할 수 있다.
③ 체인 구성원들의 통합적 관리를 통해 전체 수급 불균형을 조절하기 어렵다는 단점이 있다.
④ 공급자 – 생산자 – 판매자 – 고객에 이르는 물류의 전체 흐름을 하나의 체인 관점에서 파악한다.
⑤ 공급체인관리의 요건으로는 기업의 정보화, 공동책임 인식, 교환정보의 표준화, 공동참여 업체 간 신뢰성 유지 등이 있다.

12 **다음이 설명하는 유통경로 구조의 결정 이론으로 옳은 것은?**

> 보기
>
> 조직을 해당 구성원인 근로자 및 소유자가 계약에 의해 하나로 묶어진 결합체로 인지하고 조직의 현상을 연구하는 이론

① 연기 – 투기이론
② 기능위양이론
③ 거래비용이론
④ 게임이론
⑤ 대리이론

13 **농수산물 종합 유통센터의 특징으로 옳은 것은?**

① 사업방식은 상장 경매이다.
② 취급품목은 농 · 임 · 축 · 수산식품이다.
③ 집하는 생산자가 자유롭게 출하한다.
④ 분산은 직판장을 통하여 일반 소비자에게 판매한다.
⑤ 가격결정은 현물 확인 후 가격을 결정한다.

14 **다음 중 기업물류의 역할에 해당하지 않는 것은?**

① 제2이윤으로서의 물류 인식
② 적정 재고량 유지에 기여
③ 고객욕구의 다양화
④ 물류판매의 기능 촉진
⑤ 재고량의 삭감

15 **다음 중 EOQ의 가정으로 옳지 않은 것은?**

① 계획기간 중 해당 품목의 수요량은 언제나 균등하며 알려져 있지 않다.
② 단위구입비용이 주문수량에 상관없이 일정하다.
③ 주문량이 일시에 입고된다.
④ 조달기간이 없거나 일정하다.
⑤ 1회 주문비용이 수량에 상관없이 일정하다.

빠른답CHECK 11.③ 12.⑤ 13.④ 14.③ 15.①

16 다음 중 소화물 일괄운송 등장배경에 해당하는 것을 모두 고르면?

보기

㉠ 전자상거래의 감소
㉡ 다품종 소량생산
㉢ 물류의 합리화
㉣ 물류환경의 변화
㉤ 다빈도 대량주문

① ㉠㉡㉢
② ㉠㉣㉤
③ ㉡㉢㉣
④ ㉡㉣㉤
⑤ ㉢㉣㉤

17 다음 중 물류 표준화에 대한 설명으로 거리가 먼 것은?

① 공동화의 기본 조건이 된다.
② 일관된 물류체제를 구축할 수 있다.
③ 소품종 대량시대로 고객들의 요구가 단순해지므로 표준화를 추구하면서도 다양성에 대응할 수 있어야 한다.
④ 한 기업 혹은 업계에서만 실시할 수 있 것이 아니기 때문에 제조업자부터 소비자까지 모든 관계자들의 긴밀한 상호협조가 필요하다.
⑤ 국가적으로 일관성을 가지고 물류 표준화를 추진하기 위해서는 체계를 확립하는 것이 우선이다.

18 다음 소화물 일괄운송의 장점 설명 중 ㉠, ㉡, ㉢에 들어갈 말로 옳은 것은?

보기

(㉠)은/는 운송의 전체 과정을 특정한 업체가 처리함으로써 물품의 분실 및 훼손 등의 위험을 최소화 할 수 있으며, (㉡)은/는 교통비, 잡화비, 인건비, 출장비 등의 제반비용을 최소화 할 수 있고, (㉢)은/는 발송된 물품이 배송되는 즉시 송장에 배달시간, 인수인 등이 기재되고 별도로 관리되므로 언제라도 확인이 가능하다

	㉠	㉡	㉢
①	안전성	편리성	경제성
②	안전성	경제성	확실성
③	경제성	신속성	확실성
④	경제성	안전성	신속성
⑤	확실성	안전성	편리성

19 다음 중 물류의 7R로 옳은 것을 모두 고르면?

보기

㉠ 적절한 상품
㉡ 적절한 시간
㉢ 적절한 인상
㉣ 적절한 가격
㉤ 적절한 양

① ㉠㉡㉢ ② ㉠㉣㉤
③ ㉡㉢㉣ ④ ㉡㉣㉤
⑤ ㉠㉡㉢㉣㉤

빠른답CHECK 16.③ 17.③ 18.② 19.⑤ 20.② 21.⑤

20 다음 ( ) 안에 들어갈 말로 옳은 것은?

보기

(   )이란 거래업체 간 상호 합의된 전자문서표준을 활용해서 인간의 작업을 최소화한 컴퓨터와 컴퓨터 간 구조화된 데이터의 전송을 의미한다.

① Global Positioning System
② Electronic Data Interchange
③ Value Added Network
④ Local Area Network
⑤ Integrated Services Digital Network

21 다음 중 RFID에 대한 내용으로 가장 옳지 않은 것은?

① 완제품의 상태로 공장 문 밖을 나가 슈퍼마켓 진열장에 전시되는 전 과정의 추적이 가능하다.
② 소비자가 물건을 고르면 대금이 자동 결제가 되고 재고 및 소비자 취향관리까지도 포괄적으로 이뤄진다.
③ 대형 할인점에서는 계산대를 통과하자마자 물건가격이 집계되어 시간을 대폭 절약할 수 있다.
④ RFID에서 RF판독기는 1초에 수백 개까지 RF태그가 부착된 제품의 데이터를 읽을 수 있다.
⑤ 자체 안테나를 통해 리더로 하여금 정보를 읽거나 인공위성이나 이동통신망과 연계하여 정보를 활용하지는 못한다.

22 다음 ㉠과 ㉡에 들어갈 말로 순서대로 나열한 것은?

구분	제3자 물류	물류 아웃소싱
화주와의 관계	전략적 제휴, 계약기반	수 · 발주 관계, 거래기반
관계의 특징	(㉠)	(㉡)
서비스의 범위	종합 물류 서비스 지향	수송, 보관 등 기능별 서비스 지향
정보 공유	필수적	불필요
도입결정 권한	최고 경영자	중간 관리자
도입방법	경쟁계약	수의 계약
관리형태	통합관리형	분산관리형
운영기간	중 · 장기	단기, 일시
자산특성	무자산형 가능	자산소유 필수

	㉠	㉡
①	협력적 관계	일시적 관계
②	일시적 관계	협력적 관계
③	경쟁적 관계	한정적 관계
④	한정적 관계	일시적 관계
⑤	협력적 관계	경쟁적 관계

빠른답CHECK 20.② 21.⑤ 22.①

23 다음 중 물류비 산정 지침 특징으로 보기 어려운 것은?

① 정부차원에서의 물류회계기준의 표준화
② 기업회계 정보의 폐쇄성 확대
③ 기업실무를 중시한 계산 기준의 탄력성 부여
④ 긍정적으로 물류비 절감에 기여할 수 있는 포괄적인 목적 설정
⑤ 기존 계산 기준과의 연관성 및 독자성 고려

24 허프의 확률모델모형에 대한 설명으로 거리가 먼 것은?

① 허프 모델은 소비자의 점포선택행동을 확률적 현상으로 해석한다.
② 소매상권이 비연속적이면서도 비중복적인 구역이라는 관점에서 분석한다.
③ 소비자로부터 점포까지의 이동거리는 소요시간으로 대체해서 계산하기도 한다.
④ 점포크기에 대한 민감도계수는 상권마다 소비자의 실제구매행동 자료를 통해 추정한다.
⑤ 특정 점포의 효용이 타 선택 대안 점포들의 효용보다 크면 해당 점포의 선택가능성이 높다.

25 SCOR의 다섯 가지 관리 프로세스로 옳지 않은 것은?

① 계획(Plan) ② 조달(Source)
③ 제조(Make) ④ 충족(Satisfy)
⑤ 배송(Deliver)

26 IRS에 대한 설명으로 옳지 않은 것은?

① 해당 지역시장의 수요 잠재력을 총체적으로 측정할 수 있는 지표라 할 수 있다.
② 소비자들이 거주 지역 밖에서 소비하는 상황을 고려하지 못한다.
③ 미래의 신규 수요를 반영하지 못한다.
④ 경쟁의 질적인 측면만 고려되고, 양적인 측면에 대한 고려가 되어있지 않다.
⑤ 주로 신규 점포에 관한 시장 잠재력을 측정하는 데 유용하다.

27 넬슨의 입지선정을 위한 원칙과 설명으로 옳은 것은?

① 상권의 잠재력 : 어떠한 장애요소가 고객들의 접근을 방해하는지 검토하는 일
② 성장가능성 : 기존 점포나 상권 지역이 고객과 중간에 위치하여 경쟁 점포나 기존 상권으로 접근하는 고객을 중간에 차단할 가능성
③ 용지 경제성 : 상권의 입지 가격 및 비용으로 인한 수익성과 생산성의 정도를 검토하는 일
④ 누적적 흡인력 : 상호 보완관계에 있는 점포가 서로 인접함으로써 고객의 흡인력을 높일 가능성 검토
⑤ 양립성 : 인구 증가와 소득 증가로 인해 시장 규모나 유통 상권의 매출액이 성장가능성을 평가하는 일

빠른답CHECK 23.② 24. ② 25. ④ 26.④ 27.③

28 유통정보시스템의 구성시스템 중 출하 및 재고 관리시스템에 대한 정보로 옳은 것은?

① 원자재의 구매정보뿐만 아니라 구매선에 관련한 정보
② 확정된 주문을 거래선별, 제품별로 분류하여 출하 지시서를 발급하고, 출하작업을 관리하는 정보
③ 수송루트, 수송시간, 차량적재율 등과 같은 주문품이 물류창고를 출발하여 고객에게 이르기까지의 수 · 배송계획과 관련한 핵심정보
④ 제품별, 고객별, 지역별, 사원(영업소)별 판매실적과 광고 및 판촉실적 등과 같은 영업전략의 핵심정보
⑤ 마케팅의 기획, 관리 및 거래 처리와 관련한 자료를 처리하며, 또한 마케팅과 관련한 의사 결정에 필요한 정보를 제공

29 AEO에 대한 설명으로 옳은 것은?

① 수출입안전관리우수업체를 의미한다.
② A등급, AA등급, AAA등급으로 책정한다.
③ AEO 공인은 각종 관세조사 원칙적 면제 및 담보가 축소된다.
④ AEO 공인은 AEO제도 시행국가 외에도 상대국 수입통관 시 검사를 생략할 수 있다.
⑤ AEO 공인은 서류제출이 축소되고 물품의 검사가 생략되어 물류 흐름이 원활해진다.

30 다음 중 바코드에 대한 설명으로 옳지 않은 것은?

① 우리나라는 UPC 체계를 사용하고 있다.
② 바코드 체계는 표준형과 단축형이 있다.
③ 우리나라의 국가식별코드는 880이다.
④ 상품목록코드는 제조업체가 자유롭게 지정하고 관리한다.
⑤ 체크디지트(검사문자)가 존재한다.

31 다음 중에서 생산자 측면에서의 공동계산제 장점을 모두 고른 것은?

보기

㉠ 유통비용의 감축
㉡ 농산물 품질저하의 최소화
㉢ 개별 농가의 위험부담 분산
㉣ 소요물량에 따른 구매 안정화
㉤ 대량거래의 이점 실형

① ㉠㉡ ② ㉡㉣
③ ㉢㉤ ④ ㉣㉤
⑤ ㉠㉣

빠른답CHECK 28.② 29.② 30.① 31.③

32 **농산물 공동계산제에 대한 설명으로 옳은 것은?**

① 규모화로 수확 후 처리비용의 단위당 비용을 절감할 수 있다.
② 농산물 출하 시 개별농가의 위험을 분산하고, 철저한 품질관리로 개별농가의 브랜드가 증가한다.
③ 공동계산제는 판매 대금과 비용을 공동으로 계산하여 생산자의 개별성을 부각시킨다.
④ 공동계산제가 확대되면 판매독점 구조로 전환되어 구매자의 입장에서 안정적 구매가 어렵다.
⑤ 유통비용이 절감되어 품질저하 및 유통성 저하가 우려된다.

33 **다음의 특징을 가지고 있는 시스템은?**

보기
• 냉온, 습기, 먼지, 열 등의 열악한 환경에서도 판독률이 높다. • 태그의 데이터 변경 및 추가가 자유롭다. • 일시에 다량의 태그를 판독할 수 있다.

① POS시스템
② RFID시스템
③ 물류정보시스템
④ 인사정보시스템
⑤ 바코드시스템

34 **다음 중 KAN의 활용분야가 아닌 것은?**

① 판매시점정보관리제도(POS)
② 매입관리시스템(POR)
③ 전자문서교환(EDI)
④ 연속적 보충서비스(CRS)
⑤ 주문관리시스템(POM)

35 **POS 시스템으로부터 수집된 각종 데이터는 분석을 통해 활용된다. 다음 중 분석의 부문과 내용이 적합하지 않은 것은?**

① 상관관계분석 : 상품요인분석, 영업요인분석
② 시계열분석 : 전년동기 대비, 전월 대비, 목표 대비
③ 고객정보분석 : 객수, 객 단가
④ 매출분석 : 시간대별, 단품별
⑤ 실적분석 : 경쟁사 대비 매출실적, 자사 타점포 대비 매출실적

빠른답CHECK 32.① 33.② 34.④ 35.⑤

36 다음은 정량발주방식와 정기발주방식의 비교표이다. ㉠과 ㉡에 들어갈 말로 옳은 것은?

항목	정량발주방식	정기발주방식
소비금액	(㉠)	(㉡)
재고유지 수준	일정량 재고 유지	더 많은 안전재고 유지
수요 예측	과거의 실적이 있으면 수요의 기준이 된다.	특히 필요하다.
발주시기	변동	일정하다.
수주량	고정되어야 한다.	변경가능
품목 수	많아도 된다.	적을수록 좋다.
표준성	표준인 편이 좋다.	표준보다 전용부품이 좋다.

	㉠	㉡
①	저가의 물품	고가의 물품
②	고가의 물품	저가의 물품
③	중가의 물품	저가의 물품
④	저가의 물품	중가의 물품
⑤	고가의 물품	중가의 물품

37 VMI의 효용성과 거리가 먼 것은?

① 유통업체는 재고 관리에 소모되는 인력, 시간 등 비용절감 효과를 기대할 수 있다.
② 제조업체는 적정생산 및 납품을 통해 경쟁력을 유지할 수 있다.
③ 소매업 점포에서 상품의 품절이 감소되어 제품의 매출을 증가시킨다.
④ 과잉생산, 과잉재고가 발생할 수 있다.
⑤ 컴퓨터의 발주처리비용이 불필요하고, 상품의 리드타임이 단축되어 재고비가 절감된다.

38 농산물유통정책의 목적으로 볼 수 없는 것은?

① 농산물 가격의 안정화
② 물적 유통의 효율화
③ 농산물 공급 대량화
④ 농산물 수요 조절
⑤ 거래의 공정화

39 MRP에 대한 설명으로 옳지 않은 것은?

① 자재관리 및 재고통제기법으로 종속수요품목의 소요량 및 소요시기 결정기법이다.
② 부품의 생산과 공급이 사용자 필요에 의하여 결정되므로 고객 주문에서 시작되는 Pull 시스템의 성격을 가진다.
③ MRP 시스템의 입력요소는 주생산일정계획, 자재명세서, 재고기록철 등이다.
④ 상위품목의 생산계획이 변경되면 부품의 수요량과 재고보충시기를 쉽게 갱신할 수 있다.
⑤ 주생산일정계획에 따라 부품을 조달하며, 불확실성에 대비한 안전재고가 필요하다.

40 물류단지시설에 대한 설명으로 옳지 않은 것은?

① 물류 센터는 운송비와 생산비의 절충점을 찾아 총비용을 절감할 수 있다.
② 물류단계의 축소를 위해 물류터미널의 소형화 및 분산화가 이루어지고 있다.
③ 공동집배송단지는 참여업체들의 공동구매 및 보관을 가능하게 한다.
④ 복합물류터미널은 소규모 화물의 로트화를 통해 혼재기능을 수행한다.
⑤ 중계센터는 제품의 보관보다는 단순중계가 주요 기능이므로 Cross Docking 등의 기능을 수행할 수 있다.

빠른답CHECK 36.① 37.④ 38.③ 39.② 40.②

41 화물자동차운송의 분류에 대한 설명으로 옳은 것은?

① 자가운송 : 운송대가를 받기 위해 운송업자가 화물자동차를 확보하고, 타인의 화물용역을 수탁 받아 행하는 운송
② 트럭단위운송 : 하나의 화물자동차에 다양한 화주의 화물을 함께 적재하여 행하는 운송
③ 집배운송 : 화물자동차를 통해 여러 화주를 순회하면서 화물을 집하 및 배송하는 운송
④ 영업운송 : 주로 대형차량을 이용하여 대량으로 자기화물을 터미널과 터미널 간에 행하는 운송
⑤ 혼재운송 : 단일화주의 화물을 하나의 화물자동차에 적재하여 행하는 운송

42 배송 방법에 대한 설명으로 옳지 않은 것은?

① 단일배송 : 하나의 배송처에 1대의 차량을 배차하여 배송하는 방법
② 적합배송 : 사전에 설정된 경로에 배송할 물량을 기준으로 적합한 크기의 차량을 배차하여 배송하는 방법
③ 라우터배송 : 일정한 배송경로를 정하여 반복적으로 배송하되, 경로상의 모든 거래처에 대하여 배송하는 방법
④ 다이어그램배송 : 배송처에 대한 도착 및 출발시간을 고정시키지 않고 매일 동일한 경로와 시간에 배송하는 방법
⑤ 변동다이어그램배송 : 배송처 및 배송물량의 변화가 심할 경우 매일 방문하는 배송처와 방문순서, 방문시간 등이 변동되는 방법

43 제시된 표는 ABC 분석을 이용한 진열 관리를 나타내고 있다. ㉠, ㉡, ㉢에 적합한 진열관리 의사 결정이 모두 맞는 것을 고르면?

매출액/총이익		총이익에 대한 기여		
		A	B	C
총매출액에 대한 기여	A	㉠	하단 대량 진열	㉡
	B		중하단	
	C	㉢	상단, 타 상품과 관련 진열	
	Z		취급중단	

① ㉠ 눈높이 하단
㉡ 황금매대 외에 진열
㉢ 상단, 충동구매 유발
② ㉠ 눈높이 하단
㉡ 상단, 충동구매 유발
㉢ 황금매대 외에 진열
③ ㉠ 상단, 충동구매 유발
㉡ 눈높이 하단
㉢ 황금매대 외에 진열
④ ㉠ 상단, 충동구매 유발
㉡ 황금매대 외에 진열
㉢ 눈높이 하단
⑤ ㉠ 눈높이 하단
㉡ 하단, 충동구매 유발
㉢ 황금매대 외에 진열

빠른답CHECK 41.③ 42.④ 43.①

44 국내 여행을 계획하고 있는 A는 아래 그림과 같은 운송 수단을 이용하여 여행을 하려고 한다. 다음 중 이에 관련한 설명으로 가장 거리가 먼 것을 고르면?

① 타 운송 수단에 비해 화물중량에 있어 영향을 받지 않는다.

② 대량화물의 중장거리 운송에 적합한 수단으로 활용되고 있다.

③ 주로 대량화물의 장거리 간선운송 수단으로 활용된다.

④ 운송의 탄력성 및 완결성 등의 측면에서는 비교우위가 다소 떨어지는 경향이 있다.

⑤ 운송이 필요하거나 고가품 및 부피가 상대적으로 작은 화물에 이용하는 것이 가장 적절하다.

45 JIT시스템에 대한 특징으로 옳은 것은?

① Pull 방식의 시스템이다.

② 비반복적인 생산에서 효과가 높다.

③ 계획을 수행하는 것이 목표이다.

④ 조달기간 중의 안전재고를 유지한다.

⑤ 품질에 있어 약간의 불량은 인정한다.

46 다음 TQM의 특징에 대한 설명으로 옳지 않은 것은?

① 품질전략 수립

② 고객지향의 기업문화

③ 구매자 위주

④ 시스템 중심

⑤ 공정관리 개선

47 다음 재고 관리에 대한 설명으로 옳지 않은 것은?

① 품절비는 재고보다도 수요가 많아 마이너스 재고에 발생하는 비용이다.

② 발주비는 제품에 대한 주문행위에 필요로 하는 비용으로 통신 · 사무 · 수송 · 수입검사 등으로 인한 작업준비의 비용을 포함한다.

③ 컴퓨터를 활용해서 최종제품의 생산계획에 맞춰 필요한 부품 및 자재 소요량의 흐름을 종합적으로 관리하는 시스템을 MRP라고 한다.

④ Two－Bin 시스템은 주로 저가품에 적용하는 방식이다.

⑤ ABC 재고 관리에서 C품목은 품목구성 비율이 낮은 반면에 금액 구성 비율은 높은 품목이다.

빠른답CHECK 44.⑤ 46.⑤ 47.⑤

48 물류보안과 관련하여 다음 설명에 해당하는 것은?

보기

- 테러에 사용되는 물품이 선박의 컨테이너에 숨겨져 미국에 몰래 반입되는 것을 근본적으로 차단하기 위해 도입
- 미국 관세청 직원을 해외항구에 파견하여 위험성이 높은 화물을 미리 검사함으로써 미국행 화물의 안전도를 높이기 위한 조치
- 우리나라의 경우 2003년부터 대미 컨테이너 수출 화물에 대해 선적 전 보안검색 실시

① Container Security Initiative
② ISPS code
③ C − TPAT
④ AEO
⑤ 10+2 Rule

49 다음 크로스도킹에 대한 내용으로 옳은 것을 모두 고르면?

보기

㉠ 수요가 일정하고 안정적이며, 재고 품절 비용이 낮을 경우 효율적으로 운영될 수 있다.
㉡ 대량고객화 전략과 연계하여 서비스 차별화를 도모한다.
㉢ 물류 센터로 입고되는 상품을 즉시 배송할 준비를 목적으로 하는 시스템이다.
㉣ POS 시스템 등 다양한 정보시스템, 대규모 물류 센터, 자체 트럭수송단을 운영한다.
㉤ 물류 센터의 회전율 감소, 재고 수준 증대, 리드 타임 감소 등의 효과가 있다.

① ㉠㉡㉢　　② ㉠㉡㉤
③ ㉠㉢㉣　　④ ㉡㉢㉤
⑤ ㉡㉣㉤

50 다음 랙(Rack)에 대한 설명이 바르게 연결된 것은?

① 적층 랙(Mezzanine Rack) : 소품종 대량 입출고가 될 수 있는 물품 보관에 적합하고 적재 공간을 지게차 통로로 활용하여 적재 효율은 높으나 선입후출(先入後出)해야 하는 단점이 있다.
② 모빌 랙(Mobile Rack) : 레일을 이용하여 직선적으로 수평 이동되는 랙으로 통로를 대폭 절약할 수 있어 다품종 소량의 보관에 적합하다.
③ 플로 랙(Flow Rack) : 피킹 시 피커를 고정하고 랙 자체가 회전하는 형태로 다품종 소량 물품과 가벼운 물품에 많이 이용된다.
④ 회전 랙(Carousel Rack) : 외팔지주걸이 구조로 기본 프레임에 암(Arm)을 결착하여 물품을 보관하는 랙으로, 파이프나 가구, 목재 등의 장착물 보관에 적합하다.
⑤ 드라이브 인 랙(Drive in Rack) : 천정이 높은 창고에서 복층구조로 겹쳐 쌓는 방식으로 물품의 보관 효율과 공간 효용도가 높다.

빠른답CHECK 48.① 49.③ 50.②

PART

04

정답 및 해설

01. 기출복원문제
02. 농업 · 농촌 예상문제
03. 디지털 · IT 예상문제
04. 금융 · 경제 · 보험 예상문제
05. 유통 · 물류 예상문제

기출복원문제

2024.01.14. 기출복원문제	1	⑤	2	⑤	3	②	4	④	5	⑤	6	⑤	7	④	8	①	9	④	10	②
	11	④	12	③	13	④	14	③	15	④	16	②	17	②	18	①	19	①	20	②
	21	④	22	⑤	23	②	24	④	25	④	26	③	27	⑤	28	⑤	29	①	30	③

1 농협의 인재상은 행복의 파트너, 정직과 도덕성을 갖춘 인재, 진취적 도전가, 최고의 전문가, 시너지 창출가가 있다.

2 「미래 경영」과 「조직문화 혁신」을 통해 새로운 농협으로 도약

3 2009년 2월 1일 산지유통혁신 112운동을 전개하였다.

4 ① 조합원은 정관으로 정하는 바에 따라 1좌 이상을 출자하여야 한다〈협동조합 기본법 제22조(출자 및 책임) 제1항〉.
② 조합원 1인의 출자좌수는 총 출자좌수의 100분의 30을 넘어서는 아니 된다〈협동조합 기본법 제22조(출자 및 책임) 제2항〉.
③ 조합원이 납입한 출자금은 질권의 목적이 될 수 없다〈협동조합 기본법 제22조(출자 및 책임) 제3항〉.
⑤ 조합원의 책임은 납입한 출자액을 한도로 한다〈협동조합 기본법 제22조(출자 및 책임) 제5항〉.

5 협동조합 등 및 협동조합연합회 등은 투기를 목적으로 하는 행위와 일부 조합원 등의 이익만을 목적으로 하는 업무와 사업을 하여서는 아니 된다〈협동조합 기본법 제6조(기본 원칙)〉.

6 우루과이 라운드는 주로 농산물, 서비스, 지적 재산권 등의 무역 자유화를 중심으로 협상을 했다. 환경 보호 규제 강화는 우루과이 라운드의 주요 목표가 아니다.

7 도덕적 해이를 예방하기 위해서는 책임감과 윤리 의식을 강화하고, 성과에 따라 차등 보상을 제공하는 것이 효과적이다. 모든 직원에게 동일한 보상을 제공하면 개별 성과와 책임감이 줄어들어 도덕적 해이가 발생할 가능성이 높다.

8 경제활동인구는 취업자와 구직 활동을 하고 있는 실업자를 포함한다. 정년퇴직 후 연금을 받으며 생활하는 사람은 경제활동에 참여하지 않는 것으로 경제활동인구에 해당하지 않는다.

9 정치적 불안정이나 경제 전반의 변화는 체계적 위험의 예이다. 비체계적 위험은 특정 기업이나 산업에만 영향을 미친다.

10 보통주는 우선주와 달리 배당금 지급이 우선권이 없다. 우선주는 배당금 지급 시 보통주보다 우선적으로 배당을 받을 권리가 있다. 보통주는 의결권이 있고, 배당금이 회사의 이익에 따라 변동되며, 청산 시 잔여 자산 배분에서 후순위를 갖는다.

11 이표채(Coupon Bond)는 정해진 기간마다 이자를 지급하는 채권이다. 만기까지 여러 번 이자를 지급한다. 이자를 한 번만 지급하고 만기 시 원금과 함께 상환하는 채권은 할인채에 해당한다.

12 J커브는 환율 상승(자국 통화 가치 하락) 후 무역수지가 초기에는 악화되다가 시간이 지나면서 개선된다. 무역수지는 환율 변동에 즉각 반응하여 개선되는 것이 아니라, 시간이 걸리면서 수출 증가와 수입 감소의 영향을 받아 점차 개선된다.

13 립진스키 정리는 두 상품을 생산하는 개방 경제에서 한 요소가 증가할 때, 해당 요소를 많이 사용하는 상품의 생산량은 증가하고 다른 상품의 생산량은 감소하는 현상이다. 노동이 증가할 경우, 노동을 많이 사용하는 상품의 생산량은 증가하는 반면, 다른 상품의 생산량은 줄어든다.

14 CDS는 채무 불이행에 대비하기 위한 파생상품이지만 신용 위험을 회피하는 유일한 방법은 아니다.

15 먼델-플레밍 모델은 개방 경제에서의 거시 경제 정책을 분석하는 모델로 자본 이동이 자유로운 상황을 가정한다. 고정 환율 제도하에서는 통화정책이 비효과적이지만, 재정정책은 자본 이동을 유도해 실질 경제에 영향을 준다. 유동환율제도에서는 통화정책이 효과적이며, 재정정책은 자본 이동에 의해 상쇄되는 경향이 있다.

16 콜옵션은 자산을 매수할 수 있는 권리를 제공하는 옵션이다. 자산을 매도할 수 있는 권리는 풋옵션의 특징에 해당한다. 콜옵션 보유자는 기초 자산을 사는 선택권을 갖지만 매도할 권리는 없다.

17 독점 기업은 상품이나 서비스의 가격을 자유롭게 결정할 수 있다. 소비자는 독점자가 제공하는 가격을 수용하거나, 소비를 포기하는 선택만 할 수 있다.

18 공공재는 비배제성과 비경합성의 특성을 지닌다. 많은 사람들이 동시에 사용해도 추가 비용 없이 누구나 이용할 수 있는 재화이다. 공원은 일반적으로 무료로 개방되며, 이용자 수가 늘어나더라도 다른 사람이 이용할 수 있는 가능성이 줄어들지 않으므로 공공재에 해당한다. 반면, 영화관, 공영 주차장, 유료 도로, 콘서트 티켓은 사용자가 비용을 지불해야 하거나, 인원이 증가함에 따라 이용에 제한이 생길 수 있다.

19 HTML은 웹 페이지의 구조와 콘텐츠를 정의하는 언어이다. 스타일링과 레이아웃 제어 기능은 없다. 웹 페이지의 스타일링과 레이아웃은 CSS에 의해 정의된다.

20 PNG는 손실 압축이 아닌 무손실 압축 방식을 사용한다. 이미지 품질을 손상시키지 않고 압축하여 저장할 수 있다. PNG는 투명한 배경을 지원하는 대표적인 파일 형식이다.

21 지니계수는 소득의 분포를 나타내는 수치일 뿐, 평균 소득을 알려주는 지표는 아니다. 따라서 지니계수가 동일하다고 같은 수준의 소득을 가지고 있다고 볼 수는 없다.

22 ⑤ 지도학습은 데이터와 레이블을 제공하여 학습시키는 방법이다.
① 예측 성능이 높다.
② 정답이 주어지기 때문에 문제 해결 방식이 명확하다.
③ 데이터 레이블링에 많은 시간과 비용이 소요된다.
④ 레이블된 데이터가 부족하면 성능 저하가 발생한다.

23 헥셔-올린 정리에 의한 전통적 무역이론의 예상을 벗어난 정반대의 결과라는 점에서 역설이다.

24 ④ 록업(Lock-up)은 인수대상 회사가 우호적인 제3자에게 회사의 주식이나 자산을 적대적 인수합병을 시도하는 회사보다 유리하거나 최소한 같은 가격에 우선적으로 매수하게 하거나 매수할 수 있는 권리를 부여하는 방법으로 사후적 방어행위이다.
①②③⑤ 예방적 방어행위에 해당한다.

25 데이터 처리 속도가 빨라져 신속한 판단을 내려야 하는 상황에서 유리하다. 중앙으로 데이터를 전송하는 과정이 생략되기 때문에 데이터를 전송하고 저장하는 비용 역시 절감할 수 있다.

상식PLUS 에지 컴퓨팅
중앙의 클라우드 서버가 아닌, 정보가 생성되는 단말기 혹은 근처 서버에서 데이터를 처리하는 기술이다.

26 트랜잭션의 4가지 성질
㉠ **원자성**(Atomicity) : 전부 수행되거나 수행되지 않아야 함
㉡ **일관성**(Consistency) : 수행 전이나 수행 후 항상 일관된 상태 유지
㉢ **고립성**(Isolation) : 수행 중에 다른 트랜잭션이 끼어들어 변경 중인 데이터 값을 훼손하는 일이 없어야 함
㉣ **지속성**(Durability) : 성공적으로 완료한 데이터는 영구히 저장

27 5V
㉠ **용량**(Volume) : 데이터의 양이 매우 방대하다.
㉡ **속도**(Velocity) : 데이터가 생성되고 수집되는 속도가 매우 빠르다.
㉢ **다양성**(Variety) : 텍스트, 이미지, 비디오, 로그 파일 등 그 형태와 소스가 다양하다.
㉣ **정확성**(Veracity) : 데이터의 정확성을 보장하는 것이 중요하다.
㉤ **가치**(Value) : 데이터 자체보다는 그 데이터에서 얻을 수 있는 유용한 정보나 지식의 가치가 요구된다.

28 ㉡ 생활협동조합에 대한 설명이다. 사회적협동조합은 정부 지원만으로 사회복지를 수행하는 데 한계를 느낀 비영리 단체들이 시장에서 경제활동을 병행하는 협동조합으로 사회적기업에 해당한다.

29 ② 이름 정의
③ 창 닫기
④ 이전 크기 창 사이즈
⑤ 다음 통합문서로

30 차등의결권은 적대적 M&A로부터 경영권을 방어하는 수단으로 이용된다.

2023.01.08. 기출복원문제	1	③	2	⑤	3	①	4	⑤	5	③	6	④	7	②	8	④	9	②	10	①
	11	⑤	12	①	13	⑤	14	②	15	④	16	④	17	⑤	18	②	19	④	20	②
	21	⑤	22	⑤	23	③	24	④	25	①	26	①	27	②	28	①	29	⑤	30	①

1 지원부서가 홍보팀이고 경제학과를 졸업한 지원자의 점수합계를 구하는 것으로, 두 개의 조건에 맞는 점수를 찾는 배열수식 함수를 사용해야 한다.

2 OFFSET(기준위치, 행의 이동 값, 열의 이동 값)을 의미한다. 행의 이동 값이 양수이면 하단으로 이동하고, 열의 이동 값이 양수인 경우에는 오른쪽으로 이동한다. 행의 이동 값이 2이므로 하단으로 2칸 이동하고, 열의 이동 값이 1이므로 왼쪽으로 한 칸 이동하여 '부장'에 해당한다.

3 ② 갑, 을, 병, 정.. 등의 순서로 B1과 다른 데이터가 나온다.
③ 월, 화, 수, 목.. 등의 순서로 C1과 다른 데이터가 나온다.
④ 자, 축, 인, 묘.. 등의 순서로 D1과 다른 데이터가 나온다.
⑤ 1, 2, 3, 4, 5... 등의 순서로 E1과 다른 데이터가 나온다.

4 C2의 1번째 문자가 M이라면 '남'이고 M이 아니라면 '여'라는 의미의 수식이다.

5 식이나 식 자체의 값이 오류인 경우에 value_if_error를 반환한다.

6 $는 위치를 고정하는 것으로 =C$3*$B4으로 작성해야 모든 셀에 자동 채우기로 입력이 된다.

7 [B2] 셀의 값이 [B2:B8]의 평균값보다 이상이 되는지를 구하는 필터 값에 해당한다.

8 ④ 수식이 자체 계산을 시도하거나 자체에 대한 참조를 포함할 때 순환 참조에 대한 오류 메시지가 표시된다.
① 수식이 유효하지 않은 셀을 참조하는 경우 나타나는 오류이다.
② 수식이나 함수에 잘못된 숫자 값이 포함된 경우 나타나는 오류이다.
③ 유출된 배열 수식의 유출 범위가 비어 있지 않은 경우 나타나는 오류이다.
⑤ A1+B1의 합계를 나타낸 것으로 옳지 않다.

9 VLOOKUP(조회하려는 항목, 찾고자 하는 위치, 반환할 값이 포함된 범위의 열 번호, 대략적 또는 정확히 일치 반환 – 1/TRUE 또는 0/FALSE로 표시)이다. HLOOKUP은 표의 첫 행에 있는 값 또는 값의 배열을 검색한 다음 표나 배열에서 지정한 행으로부터 같은 열에 있는 값을 반환한다. 비교값이 데이터 표의 위쪽에 있을 때 지정한 행 수를 위에서 아래로 조사하려면 HLOOKUP을 사용, 비교값이 찾으려는 데이터의 왼쪽 열에 있으면 VLOOKUP을 사용한다.

10 조건부 서식의 규칙으로 넣어야 하는 것은 열의 번호를 나타내는 COLUMN(A$1)를 사용하고, 짝수 열에 색이 들어가야 하는 것으로 MOD(COLUMN(A$1),2)=0이 되어야 한다.

11 ① 결과값이 3이다. ② 결과값이 4이다.
③ 결과값이 1000이다. ④ 결과값이 200이다.

12 EOMONTH 함수는 지정된 달의 수 이전이나 이후 달의 일련번호를 반환한다. 새우과자 공장 출고일 [C2] 셀을 첫 번째에 넣고, 이후에는 시작날짜의 전이나 후의 개월 수를 나타낸다.

13 ⑤ =IF(E3>75,"합격","불합격")으로 75점이 넘으면 합격, 아닌 경우 불합격으로 나오게 한 수식이다.
① 평균 값을 구하는 수식이다.
② 데이터가 원하는 조건에 부합하는 지 조건의 개수를 세어주는 수식이다.
③ 소수점을 삭제하기 위한 수식이다.
④ 주어진 조건에 의해 지정된 셀의 합을 구하는 수식이다.

14 REPLACE 함수를 사용하여 변경하고자 하는 셀을 선택하고, 바꿀 데이터가 몇 번째에 위치하고 있는지 시작 위치로 '2'를 작성한다. 세 번째에서부터 두 개의 문자를 바꿀 것이므로 '2'를 등록하고 대신할 문자 **를 작성한다.

15 ④ 셀에 한글과 특수기호가 작성되어 있기 때문에 결과로 0이 나온다.
① 수식의 오타가 있기 때문에 나타난다.
② 일반적으로 수식이 검색하도록 요청받은 항목을 찾을 수 없음을 나타낸다.
③ 숫자 0으로 숫자를 나누면 표시된다.
⑤ 필요한 리소스에 액세스할 수 없는 경우 나타난다.

16 농협의 인재상
㉠ **시너지 창출가** : 항상 열린 마음으로 계통 간, 구성원 간에 존경과 협력을 다하여 조직 전체의 성과가 극대화될 수 있도록 시너지 제고를 위해 노력하는 인재
㉡ **행복의 파트너** : 프로다운 서비스 정신을 바탕으로 농업인과 고객을 가족처럼 여기고 최상의 행복 가치를 위해 최선을 다하는 인재
㉢ **최고의 전문가** : 꾸준히 자기계발을 통해 자아를 성장시키고, 유통 · 금융 등 맡은 분야에서 최고의 전문가가 되기 위해 지속적으로 노력하는 인재
㉣ **정직과 도덕성을 갖춘 인재** : 매사에 혁신적인 자세로 모든 업무를 투명하고 정직하게 처리하여 농업인과 고객, 임직원 등 모든 이해관계자로부터 믿음과 신뢰를 받는 인재
㉤ **진취적 도전가** : 미래지향적 도전의식과 창의성을 바탕으로 새로운 사업과 성장동력을 찾기 위해 끊임없이 변화와 혁신을 추구하는 역동적이고 열정적인 인재

17 농협 비전2030
㉠ **비전** : 변화와 혁신을 통한 새로운 대한민국 농협
㉡ **슬로건** : 희망농업, 행복농촌 농협이 만들어 갑니다.
㉢ **핵심가치**
- 국민에게 사랑받는 농협
- 농업인을 위한 농협
- 지역 농축협과 함께하는 농협
- 경쟁력 있는 글로벌 농협

18 윤리경영이 필요한 이유는 사회적 책임 수행 요구, 가치를 추구하는 주주 고객 등장, 국제적인 윤리경영 노력 강화, 기업신뢰도 및 국가신인도 향상 등을 이유로 들 수 있으나 궁극적으로 기업가치를 향상시켜 지속적으로 기업경영을 영위하기 위함이다.

19 기획재정부장관은 협동조합 등 및 협동조합연합회 등의 설립 · 운영에 필요한 경영 · 기술 · 세무 · 노무 · 회계 등의 분야에 대한 전문적인 자문 및 정보 제공 등의 지원을 할 수 있다〈협동조합 기본법 제10조의2(경영 지원)〉.

20 이 법은 농업인의 자주적인 협동조직을 바탕으로 농업인의 경제적 · 사회적 · 문화적 지위를 향상시키고, 농업의 경쟁력 강화를 통하여 농업인의 삶의 질을 높이며, 국민경제의 균형 있는 발전에 이바지함을 목적으로 한다〈농업협동조합법 제1조(목적)〉.

21 농협은 1963년 준회원 자격으로 ICA에 가입한 이후 1972년 정회원 자격을 획득하였다.

22 보호한도금액은 1인당 보호금융상품의 원금과 이자를 합한다.

상식PLUS 예금자보호한도

2024년 12월 27일 「예금자보호법」 개정안이 국회 본회의를 통과함에 따라 2025년부터 예금자보호한도가 5천만 원에서 1억 원으로 상향 조정되었다.

23 ① 경제 전반적으로 상품과 서비스의 가격이 지속적으로 하락하는 현상을 말한다.
② 물가수준이 하락하는 상황으로 인플레이션율이 0% 이하(마이너스 인플레이션)이면 디플레이션이다.
④ 돈의 구매력을 올려준다. 즉, 돈의 가치가 올라간 것이다.
⑤ 인플레이션이 떨어지는 현상인 디스인플레이션(disinflation)이나 경기가 불황인 디프레션(depression)과는 구분되는 다른 개념이다.

24 국내 시장지수뿐만 아니라 산업별 지수, 각종 테마지수 등과 해외 주요 국가의 시장지수 및 섹터지수, 그리고 상품가격지수 등이 연계되어 다양한 ETF 상품이 상장되어 거래되고 있다.

25 ① 무역 개시 전 甲국은 숙련노동자가 풍부하므로 乙국에 비해 숙련노동자의 임금 수준이 낮을 것이다. 하지만 무역 개시 후 숙련노동집약적인 재화를 수출함에 따라 숙련노동자에 대한 수요가 커지고, 결과적으로 숙련노동자의 임금이 상승한다. 반면 甲국의 비숙련노동자는 이와 정반대의 상황이 된다. 따라서 甲국의 숙련노동자와 비숙련노동자의 임금격차가 커진다.
② 乙국의 숙련노동자와 비숙련노동자의 임금격차는 작아진다.
③ 甲국의 경우 비숙련노동자는 무역 개시 후 임금이 하락하고, 숙련노동자는 임금이 상승하므로, 숙련노동자로의 전환인센티브가 증가한다.
④ 乙국의 경우 비숙련노동자는 무역 개시 후 임금이 상승하고, 숙련노동자는 임금이 하락하므로 상대적으로 전환인센티브가 감소한다.

26 실물적 경기 변동은 기술 수준의 발전 등 실물적 요인에 의해 총공급이 증가하면 고용이 늘어나고 이것이 소득 증가와 경제 성장으로 이어진다는 경제 실물 차원에서 경기 변동을 이론화한 것이다.

27 이전 소득 수지에 대한 설명이다.

상식PLUS 경상 수지의 구성

㉠ **상품 수지** : 상품 수지는 외국과 상품을 거래한 결과 발생한 외환의 수취와 지급의 차이
㉡ **서비스 수지** : 서비스 수지는 여행, 운송, 통신, 교육, 보험 등 외국과의 서비스 거래 결과 발생한 외환의 수취와 지급의 차이
㉢ **본원 소득 수지** : 본원 소득 수지는 임금, 투자 소득(이자, 배당금) 등 외국과 노동이나 자본을 거래한 결과 발생한 외환의 수취와 지급의 차이
㉣ **이전 소득 수지** : 이전 소득 수지는 송금, 기부금, 정부 간 무상 원조 등 외국과 대가 없이 주고받은 거래의 차이

28 필요할 때 필요한 만큼 확장할 수 있는 유연성을 가진다.

29 채권자의 투자금액은 정부로부터 보호받지는 못하는 경우가 일반적이다.

상식PLUS P2P(Peer to Peer) 대출

인터넷상에서 온라인 플랫폼을 통해 개인 투자자가 대출신청자에게 직접 대출을 할 수 있게 연결해 주는 서비스이다.

30 채권은 상환기한이 정해져 있는 기한부 증권이며, 이자가 확정되어 있는 확정이자부 증권이라는 성질을 가진다.

2022.10.30. 기출복원문제	1	①	2	③	3	③	4	③	5	④	6	②	7	④	8	⑤	9	②	10	②
	11	⑤	12	④	13	②	14	⑤	15	④	16	①	17	⑤	18	③	19	②	20	②
	21	②	22	③	23	①	24	①	25	③	26	①	27	①	28	②	29	④	30	①

1 ② Tapering(테이퍼링) : 양적완화 정책의 규모를 축소해나가는 것이다.
③ IPO(Initioal Public Offering) : 상장을 목적으로 자사의 주식과 경영내용을 공개하는 것이다.
④ PMI(Post Merger Integration) : 합병 후 통합을 통한 기업인수 완료로 M&A 방법 중 하나이다.
⑤ LOI(Letter Of Intent) : 최종 계약이 이뤄지기 전 협약의 대략적인 사항을 문서화 한 것이다.

2 ③ IoB(Internet Of Behaviors) : 사람의 행동 패턴을 분석하므로 온라인 또는 일상에서 어떤 상품을 사고 어떤 영상을 자주 시청하였는가에 대한 수집한 데이터를 기반으로 하여 사용자에 알맞은 물건 또는 영상을 추천한다.
① ICT(Information and Communications Technologies) : 정보 전달 및 개발 · 저장 · 관리 등의 정보통신기술이다.
② IoT(Internet Of Things) : 사물인터넷으로 세상에 존재하는 모든 사물들이 연결되어 구성된 인터넷이다.
④ OTA(Over The Air) : 소프트웨어의 실시간 업데이트가 가능한 무선통신 기술이다.
⑤ KLUE(Korean Language Understanding Evaluation Benchmark) : 한국어 기반 인공지능 평가체계이다.

3 사물인터넷은 사물이 개별적으로 제공하지 못한 기능을 두 가지 이상의 사물이 연결되며 새로운 기능을 제공하는 것을 말한다. 예를 들면, 화장실에서 나가서 침실로 이동할 경우 자동으로 화장실 불이 꺼지며 실내등이 켜지는 기능이다.

4 ③ 딥러닝 : 컴퓨터가 사람처럼 생각하며 스스로 학습하는 기술이다.
① 머신러닝 : 데이터 처리의 경험을 이용한 정보 처리 능력 기술이다.
② 메타버스 : 현실과 같은 3차원 가상세계이다.
④ API : 운영체제와 프로그램 간의 통신을 처리하기 위해 호출할 수 있는 명령어이다.
⑤ 챗봇 : 문자 또는 음성으로 대화하는 기능이 있는 인공지능 컴퓨터 프로그램이다.

5 ① 퍼블릭 블록체인 : 모두에게 개방에 있어서 누구나 참여할 수 있는 형태의 공개된 시스템이다. 예를 들면, 비트코인과 이더리움 등의 가상통화가 대표적이다.
② 프라이빗 블록체인 : 개방형처럼 누구나 사용할 수 있는 권한을 가진 것이 아니다. 기관 또는 기업이 운영하며 사전에 허가를 받은 사람만 사용할 수 있기 때문에 상대적으로 속도가 빠르다.
③ 허가형 블록체인 : 블록체인 시스템 또는 블록체인 노드로 참여할 경우 허가가 필요한 시스템이다.
⑤ 서비스형 블록체인 : 특정 블록체인 플랫폼 개발 환경을 자동으로 설정 및 생성을 해주며, 편리한 스마트계약 코드 개발과 시험 환경을 지원하면서 문제를 해결한다.

6 ① 알고리즘 : 어떤 문제를 해결하기 위한 절차와 방법, 명령어
③ 모델링 : 데이터를 활용하여 그에 알맞은 모델을 만드는 것
④ 클러스터링 : 비슷한 데이터를 한데 묶어 그룹화 한 알고리즘
⑤ 프로파일링 : 고객에 대한 특징과 특성을 알아내는 것, 모델링 방법 중 하나

7 ④ IRP(Individual Retirement Pension) : 개인형 퇴직연금
① DB(Defined Benefit) : 확정급여형 퇴직연금
② DC(Defined Contribution) : 확정기여형 퇴직연금
③ CB(Convertible Bond) : 전환사채
⑤ MFN(Most Favored Nation Treatment) : 최혜국 대우

8 교육지원사업
㉠ 농 · 축협 육성 · 발전지도, 영농 및 회원 육성 · 지도
㉡ 농업인 복지증진
㉢ 농촌사랑, 또 하나의 마을 만들기 운동
㉣ 농정활동 및 교육사업 · 사회공헌 및 국제협력활동 등
② 농협의 금융부문 사업
①③④는 농협의 경제부문 사업

9 한국의 농업 · 농촌운동의 흐름
㉡ 새농민운동(1964 ~ 1978)
㉣ 신토불이운동(1989 ~ 1994)
㉢ 농도불이운동(1996 ~ 2002)
㉦ 농촌사랑운동(2003 ~ 2004)
㉠ 식사랑농사랑운동(2012 ~ 2015)
㉤ 함께 하는 마을 만들기(2016 ~ 2018)
㉥ 국민과 함께하는 도농상생 활성화(2020 ~ 현재)

10 ㉠㉡ 스마트팜에 대한 설명이다. 스마트팜의 기술로, 온 · 습도 조절, CO2 수준 관리 등이 있다. 또한 온 · 습도, 일사량, CO2, 생육환경 등의 정보 수집을 할 수 있다. 또한 자동 · 원격으로 환경관리가 가능하다.
㉢ 냉 · 난방기 구동, 창문 개폐, 사료 공급 등을 원격 또는 자동으로 관리할 수 있다.
㉣ 대체육인 배양육을 만들어내는 기술은 스마트팜의 기술과는 거리가 먼 푸드테크이다.
㉤ O2가 아닌 CO2의 수준을 유지 · 관리한다.

11 UAM은 도심항공교통을 의미한다. 수소 전기차 다음의 차세대 교통수단을 의미한다.

12 보험증권을 멸실 또는 현저하게 훼손한 때에는 보험계약자는 보험자에 대하여 증권의 재교부를 청구할 수 있다.

13 신탁행위로 정한 방법이 없으면, 국채나 지방채 등 안전자산을 매입하는 방법으로 관리하여야 한다.

상식PLUS+ 수탁자의 의무사항
① 수탁자의 선관의무
② 수탁자의 충실의무
③ 이익에 반하는 행위의 금지
④ 공평의무
⑤ 수탁자의 이익향수 금지
⑥ 수탁자의 분별관리의무
⑦ 신탁사무에 대한 법원의 감독
⑧ 장부 등 서류를 작성 · 보존 및 비치의 의무
⑨ 신탁행위로 정한 방법이 없으면, 국채나 지방채 등 안전자산을 매입하는 방법으로 관리
⑩ 신탁에서 정하는 의무위반에 대한 책임을 부담
⑪ 신탁사무를 타인에게 위임할 수 있고, 신탁사무 처리자도 수탁자와 동일한 책임
⑫ 신탁행위로 발생한 채무에 대해 신탁재산만으로 책임을 지는 유한책임신탁을 설정이 가능

14 ⑤ 선불 · 직불 결제는 금융상품에 해당한다고 보기 어렵기 때문에 금융상품에 해당하지 않는다.

① 시공사는 금융소비자보호 감독규정에 따라 연대보증이 허용되는 프로젝트 금융 사업에 따른 이익을 차주와 공유하는 법인으로 보아 연대보증을 할 수 있다.

② 법 시행일 이후에 체결된 계약부터 금소법을 적용한다.

③ 자동차보험의 경우 통상 매년 보험사가 계약 갱신여부를 확인한 후 계약이 새로 체결되므로 해당 갱신여부 확인절차를 권유로 볼 수 있다.

④ 불특정 다수로 볼 수 있을 정도로 연령이나 특정 소득계층을 기준으로 포괄 분류된 소비자군에 대해 동일한 정보를 알리는 행위는 광고에 해당된다.

15 칼슘은 토양 중화제 역할로 큰 비중이 있다. 또한 산성토양에서 발생하기 쉬운 망간의 활성화를 방지한다.

16 ① 용역의 구매 · 생산 · 판매 · 제공 등을 협동으로 영위함으로써 조합원의 권익을 향상하고 지역 사회에 공헌하고자 하는 사업조직은 협동조합이다.

②③④ 「협동조합 기본법」 제6조(기본원칙)에 해당한다.

⑤ 「협동조합 기본법」 제7조(협동조합 등의 책무)에 해당한다.

17 ⑤ 1989년 8월 11일에 우리 농산물 애용운동(신토불이 운동)을 전개했다.

① 2004년 9월 14일에 새농촌 새농협운동을 전개했다.

② 쌀수입 개방 반대 서명운동은 1991년 11월 11일에 전개한다. 새농민운동은 1965년 8월 15일에 전개 선언을 했다.

③ 국제협동조합연맹(ICA) 서울총회를 개회는 2001년 10월 12일에 했다.

④ 1996년 11월 7일에 우수농산물 생산을 위한 흙 살리기 운동을 선포했다.

18 ① 가청주파수 이외의 부분을 삭제하여 남은 정보를 재합성한 오디오 데이터 압축기술은 MP3이다.

② 표현색상이 적고 압축률이 떨어지지만 빠르게 이미지를 압축하여 전송하는 목적으로 개발된 것은 GIF이다.

④ FLAC는 오디오 파일을 압축하는 기술로 MP3와 다르게 원 음원을 지우지 않고 압축을 하여 음원 손실이 적다.

⑤ EPS는 이미지를 기록하는 파일형식 중에 하나이다.

19 HTML 태그의 종류는 유한하다.

20 금융기관을 상대로 예금을 받고 대출을 한다.

상식PLUS+ 한국은행의 역할

㉠ 우리나라의 화폐를 발행

㉡ 통화신용정책을 수립하고 집행

㉢ 우리나라 금융시스템의 안정을 위한 업무를 수행

㉣ 금융기관을 상대로 예금을 받고 대출

㉤ 국고금 수납 및 지급

㉥ 자금의 지급결제가 편리하고 안전하게 이루어지도록 함

㉦ 외환 건전성 제고를 통해 금융안정에 기여하며, 외화자산을 보유 · 운용

㉧ 경제에 관한 조사연구 및 통계 업무를 수행

21 ① 매월 약정납입일(신규가입일 또는 전환신규 해당일)에 2만 원 이상 50만 원 이하의 금액을 10원 단위로 자유롭게 납입이 가능하다.

③ 본인이 무주택인 세대주이어야 한다. 이때 연속하여 3개월 이상 세대주이어야 한다.

④ 본인이 무주택인 자로서, 저축 해지 전까지 가입일로부터 3년 이내에 세대주(연속하여 3개월 이상 세대주)가 되었음을 입증하여야 한다.

⑤ 납입잔액이 1,500만 원에 도달할 때까지는 회차당 50만 원을 초과하여 납입 가능하다.

22 럼피스킨병은 침파리, 모기 등 흡혈곤충(감염축)에 옮기는 바이러스성 질병으로 제1종 가축전염병이다. 이 전염병에 감염된 소에게 나타나는 증상은 피부 · 점막에 수많은 작은 결절(~5cm), 우유생산 급감, 가죽 손상, 유산, 수소 불임 등이 있다.

23 ① 지정기준 설정 방향은 진흥구역의 지정기준은 생산성이 높은 농지로서 영농기계화로 노동력과 비용을 절감할 수 있고 경지정리 · 용수개발 등 생산기반투자의 효율이 높은 농지집단지역이 지정될 수 있도록 하는 데 그 목표를 두고 설정한다.
②③④⑤ 「농업진흥지역관리규정」 별표2 농업진흥구역 지정기준에 따른 것이다.

24 ① 5인 이내의 손해평가반이 손해평가를 실시한다. 손해평가에는 농어업재해보험법에 따라 자격을 갖춘 손해평가사, 손해평가인, 손해사정사가 담당을 한다.
② 시 · 군별 기본요율을 바탕으로 방재시설 설치여부, 과거 보험실적에 따라 할인 · 할증을 적용한다.
③④ 농작물 특성상 특별한 재해가 없어도 변동되는 수확량에 따라 자기부담비율이 적용된다.
⑤ 피해 발생시점부터 보험금 지급까지 기일이 소요된다.

25 재산적 가치를 사권으로 표시하는 유가증권은 주식, 국채권, 지방채권, 사채권, 선하증권, 어음 · 수표 · 은행권, 상품권 등이 있다.

26 ② **치유농업** : 건강의 회복 및 치유를 목적으로 하는 농업이다.
③ **도시농업** : 도시에서 농업활동을 하는 것이다. 주말농장, 옥상텃밭 등의 활용이 있다.
④ **사회적 농업** : 사회적 불리한 상황에 있는 사람들에게 자립을 도와주는 농업 활동에 해당한다.
⑤ **유기농업** : 화학비료, 제초제, 농약 등의 합성화학물질을 사용하지 않고 친환경 요소만을 사용하는 농업이다.

27 국제결제은행(Bank for International Settlements)는 세계 중앙은행 간에 협력기구로 국제금융기구 중에 가장 오래되었다. 은행의 건전성을 확보하고 국제감독기준 마련이 목적으로 BIS 기준에 따라 자기자본비율을 발표현다. BIS자기자본비율은 위험가중자산에 대한 자기자본비율이다.

28 ② 금융위기가 발생하기 전에 예방적인 정책에 해당한다.
①③④⑤ 금융위기 발생 후 금융위기 관리 및 치유정책에 해당한다.

29 오픈뱅킹은 은행의 표준화된 송금 · 결제망을 통해서 하나의 애플리케이션으로 모든 은행의 계좌를 조회하고 결제 및 송금까지 사용할 수 있는 것이다.

30 경쟁력 있는 농업, 잘사는 농업인을 위해 추진하고 있는 주요 혁신과제에 해당한다.

2021.11.28. 기출복원문제	1	②	2	⑤	3	③	4	①	5	④	6	②	7	④	8	④	9	③	10	①
	11	④	12	⑤	13	②	14	①	15	④	16	②	17	④	18	⑤	19	⑤	20	①
	21	④	22	④	23	④	24	④	25	⑤	26	⑤	27	③	28	③	29	②	30	①

1 ③ 미래 농업 · 농촌을 이끌 영농인력 육성을 교육지원 부문에 해당한다.
①②④ 경제 부문 사업 중 농업경제사업에 해당한다.
⑤ 경제 부문 사업 중 축산경제사업에 해당한다.

2 ③ 1963년 1월20일 ICA 집행위원회에 준회원 자격으로 가입이 결정되었다.

상식PLUS⁺ 농협의 ICA 연혁

1963년 1월20일 ICA 집행위원회에 준회원 자격으로 가입이 결정되었다. 1972년 12월 15일 ICA 제25차 바르샤바 회의에서 정회원으로 승격되었다.

3 ③ 협동조합 기본법 제10조 2항에 따라 국가 및 공공단체는 협동조합 및 사회적협동조합의 사업에 대하여 적극적으로 협조하여야 하고, 사업에 필요한 자금을 지원할 수 있다.
① 협동조합 기본법 제2조에 따라 협동조합의 정의이다.
② 협동조합 기본법 제2조에 따라 사회적협동조합에 대한 정의이다.
④ 협동조합 기본법 제5조에 따라 협동조합의 설립 목적이다.
⑤ 협동조합 기본법 제7조 협동조합의 책무와 관련된다.

4 협동조합 기본법 제9조에 따라 협동조합은 공직선거에 관여할 수 없다.

상식PLUS⁺ 협동조합 기본법 제6조(기본원칙)

㉠ 협동조합은 업무 수행 시 조합원을 위하여 최대한 봉사하여야 한다.
㉡ 협동조합은 자발적으로 결성하여 공동으로 소유하고 민주적으로 운영되어야 한다.
㉢ 협동조합은 투기를 목적으로 하는 행위와 일부 조합원등의 이익만을 목적으로 하는 업무와 사업을 하여서는 아니 된다.

5 ④ 협동조합 기본법 제23조(의결권 및 선거권)에 따라 조합원은 출자좌수와 관계없이 1개의 의결권과 선거권을 가진다.
① 협동조합 기본법 제22조(출자 및 책임)에 따라 출자금은 협동조합에 납입할 출자금은 협동조합에 대한 채권과 상계하지 못한다.
② 협동조합 기본법 제26조(지분환급청구권과 환급정지)에 따라서 청구권은 2년간 행사하지 아니하면 시효로 인하여 소멸된다.
③ 협동조합 기본법 제22조(출자 및 책임)에 따라 조합원 1인의 출자좌수는 총 출자좌수의 100분의 30을 넘어서는 아니 된다.
⑤ 협동조합 기본법 제22조(출자 및 책임)에 따라 출자금은 질권의 목적이 될 수 없다.

6 ② 신토불이운동에 대한 설명이다. 식사랑 농사랑 운동은 급속히 확대되어가는 시장개방에 국민의 식생활을 통해 우리 농산물의 중요성을 인식하기 위해 전개되었다.
① 신토불이운동(1989), 농도불이운동(1995), 농촌사랑운동(2003) 순서로 전개되었다.
③ 신풍운동의 목표이다. 농협운영의 기본방침을 자력배영, 종합개발, 책임경영으로 설정하고 목표달성을 위해 임직원 실천강령을 제시했다.
④ 지도이념은 새마을운동 이전에는 '자조 · 자립 · 협동'이었다가 새마을운동을 전개하면서 '근면 · 자조 · 협동'으로 정했다.
⑤ 농업과 농촌을 활성화하고 도시민과 농업인이 함께 실익을 창출하기 위해 전개되었다.

7 ① 육지행선(陸地行船) : 육지에서 배를 타고 간다는 의미로 불가능한 일을 하려는 것을 의미한다.
② 계무소출(計無所出) : 계획이 통하지 않는 상황을 의미한다.
③ 신토불이(身土不二) : 사람의 몸과 땅은 나눌 수 없다는 것을 의미한다.
⑤ 양금택목(良禽擇木) : 어진 새는 나무를 가려서 둥지를 만든다는 것을 의미한다.

8 ① 인슈어테크(InsureTech) : 보험(Insurance)과 기술(Technology)의 합성어로, 데이터 분석을 통해 다양한 보험서비스를 제공하는 것이다.
② 핀테크 : 금융(Financial)과 기술(Technology)의 합성어로, 금융 서비스와 관련된 소프트웨어 서비스를 제공 것이다.
③ 섭테크(Suptech) : 감독(Supervision)과 기술(Technology)의 합성어로, 최신 기술로 금융감독 업무를 수행하기 위한 것이다. 금융감독이나 검사 등의 금융상담 서비스이다.
⑤ 블랙테크(Black Tech) : 잘 알려지지 않은 첨단 기술을 의미한다.

9 ① NFC(Near Field Communication) : 근거리에 있는 사람과 무선 데이터를 주고받는 통신 기술이다.
② 페어링 : 블루투스 기기를 서로 연결하는 것을 의미한다.
④ 지그비(Zigbee) : 무선 네트워킹 기술로 근거리 통신을 지원하는 유비쿼터스 컴퓨팅의 핵심 기술이다.
⑤ 블루투스 : 휴대폰이나 이어폰 등을 연결하여 사용하는 근거리 무선 통신 기술을 의미한다.

10 ② 웹 어셈블리 : 웹을 네이티브 애플리케이션처럼 빠르게 실행할 수 있도록 만들어지고 있는 차세대 바이너리 포맷 표준이다.
③ 양자암호통신 : 송수신자만 해독이 가능한 일회성 암호키로 도청을 차단하는 통신 기술이다.
④ DNS(Domain Name System) : 인터넷에 연결된 특정컴퓨터의 도메인 네임을 IP Address로 바꾸어 주거나 또는 반대의 작업을 처리해주는 시스템이다.
⑤ MIME(Multipurpose Internet Mail Extensions) : 인터넷 전자메일을 통하여 여러 다른 종류의 파일들을 전송이 가능하게 하기 위해 개발된 것이다.

11 도로교통법 제85조 시행규칙 제77조에 따라 실물 운전면허증과 동일한 효력을 가진다.

12 ① 아마존 웹서비스 : 클라우드 서비스를 주력으로 판매하는 아마존의 자회사이다.
② 아마존 레코그니션 : 기계 학습 전문 지식을 사용하지 않고 딥러닝 기술을 사용하여 이미지나 비디오에서 객체, 사람, 텍스트 등을 식별하고 부적절한 콘텐츠를 탐지하는 기술이다.
③ AI 머신비전 : 알고리즘으로 CCTV 모니터링을 하거나 공장에서 불량품을 판단하는 시스템을 의미한다.
④ 사물인터넷 : 인터넷으로 연결된 기기가 사람의 개입 없이 서로 정보를 주고받아 가전제품, 전자기기 등을 언제 어디서나 제어할 수 있는 인터넷이다.

13 ① 네이티브 앱 : 모바일 운영체제에 최적화된 언어에 맞춰 개발된 것이다.
③ 하이브리드 앱 : 기본기능은 HTML, 자바 등의 표준기술로 제작하고, 배포할 때는 모바일 운영체제 환경에 패키징 처리를 한 것이다.
④ 웹 앱 : 웹 페이지를 스마트폰 화면의 크기에 맞춰서 줄인 것으로 모든 기기에서 동일하게 사용할 수 있다.
⑤ 반응형 웹 : 디바이스 종류와 화면의 크기에 따라 웹 페이지가 반응하여 화면 구성을 하는 것이다.

14 ① XR(확장현실) : 가상현실(VR), 증강현실(AR), 혼합현실(MR) 등의 다양한 기술로 구현되는 현실과 비슷한 공간으로 실감기술이라고도 부른다.
② MR(혼합현실) : 가상현실과 증강현실을 혼합한 기술로 현실 배경에 현실과 가상의 정보를 혼합시켜 공간을 만드는 기술이다.
③ AR(증강현실) : 기술이 컴퓨터 그래픽이 만든 가상환경에 사용자를 몰입하도록 함으로써 실제 환경은 볼 수 없다. HDM 기기를 머리에 쓰고 사용자가 가상공간을 볼 수 있다.
④ VR(가상현실) : 현실 세계에 3차원 가상물체를 겹쳐 보여주는 기술이다.
⑤ 홀로그램(Hologram) : 영상 입체 사진으로 홀로그래피를 원리로 만들어진다.

15 ④ 신용카드 지불 정보를 처리하기 위한 프로토콜에 사용되는 기술은 아니다.
① 카드 사용자의 정보를 공개키로 암호화하기 위해서 사용된다.
② 카드 사용자가 제공한 비밀키를 공개키 방식으로 암호화해서 사용된다.
③ 정보의 위 · 변조를 방지하기 위해 사용된다.
⑤ 전자문서를 일정한 코드 값으로 만들기 위해 사용된다.

16 ㉡㉢ 경기불황을 극복하는 정책이 될 수 있다.
㉠ 기업의 투자를 감소시킨다.
㉣ 통화량 감소로 경기가 위축된다.

17 ① **공개매수** : 주식을 특별관계자가 공개적으로 대량 매수하는 것을 의미한다.
② **랩어카운트** : 종합자산관리 중에 하나로 고객의 투자 성향에 맞춰서 종목을 추천하는 서비스를 제공하고 수수료를 받는 상품을 의미한다.
③ **공매도** : 주가 하락이 예상되는 기업의 주식을 대량으로 빌려서 매도하고 주가가 떨어지면 싼값에 갚아서 차익을 보는 것이다.
⑤ **매수옵션** : 매수 위협을 받는 경우 회사의 가치 있는 자산을 우선적으로 매수하도록 하는 선택권을 의미한다.

18 ① **유상증자** : 신주를 발행해서 주주에게 판매하는 것으로 기업에서 자금을 확보하기 위한 수단이다.
② **오버행** : 대기물량의 양이 많은 것을 의미하는 것으로 대량으로 보유한 주식을 일괄적으로 매도하면서 발생하는 현상이다.
③ **데이트레이딩** : 매수한 주식을 당일에 매도하는 당일 매매를 의미한다.
④ **데드크로스** : 단기이동평균선이 하향세가 되는 것을 의미한다.

19 기업의 재무 건전성을 알 수 있는 대표적 지표는 이자보상비율로 기업의 지급 불능 상태를 파악하는 가장 중요한 지표이다. 이자보상비율은 영업이익을 이자비용으로 나눈 값으로 보통 2배 이상이면 양호한 것으로, 1배 미만이면 불량한 것으로 판단된다. E기업의 이자보상비율은 100/250 = 0.4배로 영업이익으로 이자비용의 40% 밖에 상환할 수 없는 상황임을 보여준다.

20 선물은 현재 외환, 채권, 주식 등을 기초자산으로 하는 금융선물뿐만 아니라 곡물, 원유 등을 기초자산으로 하는 상품선물도 존재한다.

21 환율의 하락 시에는 외국 재화의 가격이 낮아지기 때문에 수입품의 소비가 증가한다.

22 불경기로 우동의 판매량은 줄었지만 라면의 판매량은 증가하였으므로 우동은 정상재, 라면은 열등재에 해당한다.

상식PLUS+ 기펜재
불경기로 열등재의 상품 중 대체효과보다 소득효과의 절대적 크기가 더 커서, 가격하락 시 수요량의 감소가 나타나는 상품을 말한다.

23 **관세철폐 후 경제적 후생변화**
㉠ **소비자잉여** : (B + C + D + E)만큼 증가
㉡ **생산자잉여** : B만큼 감소
㉢ **정부관세수입** : D만큼 감소
㉣ **총잉여** : (C + E)만큼 증가

24 수입물가의 상승은 경상수지 적자요인으로 작용한다. 금융자산보다 실물자산을 보유한 사람이 인플레이션 상황에서 유리하다. 인플레이션에 따른 시장이자율의 상승은 변동금리 대출이자율에 전가되므로 변동금리로 대출한 사람에게 불리하다.

25 다수의 투자자가 존재하는 것은 완전시장 요건에 해당하지 않는다.

26 〈요인 1〉은 수요 증가, 〈요인 2〉는 공급 증가의 요인이므로 변동 후 균형점은 C, D, E 중 하나이다. 그런데 전자로 인한 변동 폭이 후자로 인한 변동 폭보다 작으므로 환율이 하락한 E가 변동 후 균형점이 된다.

27 ㉡ 이자율 6%, 현재가치 8천9백만 원, 기간 2년이므로 미래가치를 계산하면, 8,900만 원$\times(1+0.06)^2=$1억 원이 된다.

㉣ 이자율 5%, 현재가치 100만 원인 경우, 10년 후의 미래가치는 100만 원$\times(1+0.05)^{10}=$약 163만 원이 되므로 현재의 100만 원은 10년 후의 200만 원보다 가치가 적다.

㉤ 반기 복리 이자율 3%, 현재가치 8,900만 원, 복리횟수가 4가 되므로 미래가치는 8,900만 원$\times(1+0.03)^4=$1억17만 원이 된다.

㉠㉢은 옳은 이론이다.

28 알프리드 마셜(Alfred Marshall)은 고전파 경제학을 발전시켜 신고전학파의 토대를 마련하였다. 마셜을 비롯한 신고전학파는 수요이론에서는 한계효용학설, 공급이론에서는 생산비설의 관점을 취하고 있다. 마셜은 사용가치(수요)와 생산비용(공급)이 모두 가격결정의 중요한 요소임을 역설하였다.

29 소비자잉여는 수요곡선과 가격선 사이의 삼각형 면적으로 구해진다.

30 단기의 총공급곡선이 좌측으로 이동하므로 물가수준은 상승하고 실질 GDP는 감소한다.

2021.03.21. 기출복원문제	1	④	2	①	3	③	4	②	5	③	6	③	7	②	8	④	9	①	10	⑤
	11	①	12	⑤	13	③	14	⑤	15	④	16	③	17	②	18	③	19	③	20	④
	21	②	22	②	23	③	24	④	25	①	26	④	27	③	28	②	29	⑤	30	②

1 미나리는 부산 기장군의 특산물이며 경북 상주의 특산물은 곶감이다.

2 ② 스페인의 최초 협동조합으로 1950년대 후반 몬드라곤에 설립된 울고(Ulgor)가 첫 시작이었다.
③ 최초로 등록되었을 당시에 협동조합의 토지구입 · 비조합거래 · 투자 등을 금지하여 사업에 규제가 많았다.
④ 1895년 영국 런던에서 제1회 국제대회가 개최되었다.
⑤ 독일에서는 신용조합이 먼저 발생하였다.

3 협동조합 7대원칙
㉠ **자발적이고 개방적인 조합원 제도** : 협동조합은 자발적이며, 성(性)적 · 사회적 · 인종적 · 정치적 · 종교적 차별 없이 열려있는 조직이다.
㉡ **조합원에 의한 민주적 관리** : 조합원마다 동등한 투표권(1인 1표)을 가지며, 민주적인 방식으로 조직 · 운영한다.
㉢ **조합원의 경제적 참여** : 협동조합의 자본은 공정하게 조성되고 민주적으로 통제되며 자본금의 일부는 조합의 공동재산이다. 출자배당이 있는 경우에 조합원은 출자액에 따라 제한된 배당금을 수령한다.
㉣ **자율과 독립** : 협동조합이 다른 조직과 약정을 맺거나 외부에서 자본을 조달할 때 조합원에 의한 민주적 관리가 보장되고, 협동조합의 자율성이 유지되어야 한다.
㉤ **교육 · 훈련 및 정보 제공** : 조합원, 선출된 임원, 경영자, 직원들에게 교육과 훈련을 제공한다. 젊은 세대와의 여론 지도층에게 협동의 본질과 장점에 대한 정보를 제공한다.
㉥ **협동조합 간의 협동** : 국내 · 국외에서 공동으로 협력 사업을 전개함으로써, 협동조합 운동의 힘을 강화하고 조합원에게 효과적으로 봉사한다.
㉦ **지역사회에 대한 기여** : 조합원의 동의를 토대로 조합이 속한 지역사회의 지속 가능한 발전을 위해 노력한다.

4 ② **T – Bill** : 미연방정부에서 발행하는 단기재무부채권으로 할인채이다.
① **T – Note** : 미연방정부에서 발행하는 중기재무부채권으로 6개월마다 이자를 지급하는 이표채이다.
③ **T – Bond** : 미연방정부에서 발행하는 장기재무부채권으로 6개월마다 이자를 지급하는 이표채이다.
④ **변동금리채** : 시장 지표금리와 이자율이 연동되어 금리가 변하는 채권으로 이자 수준이 변하는 이표채 중 하나이다.
⑤ **물가연동채권** : 투자원금이 물가상승률을 반영하여 이자를 지급하는 채권으로 이표채이다.

상식PLUS+ 이표채(利票債, Coupon Bond)
채권을 이자지급방식으로 구분한 것으로 채권의 권면에 부착된 이표로 이자를 지급받는다. 액면가로 채권을 발행하고 나서, 이자지급일이 되면 표면이율에 따라서 연간 지급해야 하는 이자를 일정 기간에 나누어 지급하는 채권이다. 이자 지급 주기는 1개월 · 3개월 · 6개월이 있다.

5 ① **개인종합자산관리계좌(ISA)** : 투자자가 투자종목 · 수량을 지정하여 상품을 운용하는 계좌로 예금자보험법에 의해 보호받는다.
② **개인형 퇴직연금(IRP)** : 노후를 준비하기 위해 여유자금을 적립하여 퇴직 · 이직 시 수령받을 수 있는 퇴직연금제도로 예금자보호법에 의해 보호받는다.
④ **표지어음** : 몇 가지 어음으로 대표적인 표지를 만드는 것으로 예금자보험법에 의해 보호받는다.
⑤ **외화통지예금** : 자금인출 시기가 불확실할 때 이용할 수 있는 예금으로 예금자보호법에 의해 보호받는다.

6 ㉠㉡㉢㉥ 유량
㉣㉤ 저량

상식PLUS⁺ 저량(Stock) 및 유량(Flow)

㉠ **저량(Stock)** : 특정 시점을 기준으로 파악하는 측정지표로 재화의 전체 존재량을 의미한다. 통화량, 자산, 자본, 국부, 인구, 부동산 가격, 주택공급량 등은 저량변수에 해당한다.

㉡ **유량(Flow)** : 일정기간을 기준으로 측정되는 지표로 경제조직에서 흐르는 것을 의미한다. 근로자 임금, 임대료 수입, 투자, 소비, 수입, 당기순이익, 거래량, 이자비용 등은 유량변수에 해당한다.

7 ② **소기업 효과(Small Firm Effect)** : 회사의 규모가 작을수록 높은 수익률이 나타나는 현상이다. PER가 낮은 작은 기업이 PER가 높은 큰 기업보다 수익률이 높게 나타나는 현상이다.

① 1월 효과(January Effect)
③ 서머랠리(Summer Rally)
④ 소외기업효과(疏外企業效果)
⑤ 월중효과(Monthly Effect)

8 ④ **신용부도스와프(CDS)** : 기업이 파산하여 채권이나 대출 원리금을 회수하지 못할 위험에 대비한 신용파생상품으로 부채담보부증권(CDO)이다.

① **채권담보부증권(CBO)** : 고수입 – 고위험 채권을 담보로 발행하는 증권으로 화사채 담보부증권이다.
② **대출채권담보부 증권(CLO)** : 은행에서 대출채권을 담보로 발행하는 증권으로 채권 담보부증권이다.
③ **주택저당증권(MBS)** : 주택을 담보로 장기대출을 하는 것으로 주택저당채권 담보부증권이다.
⑤ **상업용부동산 저당증권(CMBS)** : 금융기관이 상업용 부동산인 업무용 빌딩 · 상가 · 호텔 등을 담보로 대출채권을 발행하는 증권이다.

상식PLUS⁺ 자산유동화증권(ABS)

기업이나 은행이 보유하고 있는 자산을 담보로 발행하는 증권이다.

9 ① **공개매수(TOB)** : 특정 기업의 주식을 공개적으로 매수하는 적대적 M&A 공격수단이다.

② **황금낙하산(Golden Parachute)** : 기업 인수로 인해 CEO가 임기 이전에 사임될 경우, 퇴직금을 높게 책정하거나 스톡옵션이나 잔여임기 상여금 지급 등을 전제하여 기업 인수비용을 높이는 것을 말한다.
③ **포괄적 주식교환** : 주식교환계약이다. 비상장기업 주주가 상장기업에 지분을 주고 대가로 상장기업의 신주를 받는 것으로 인수회사가 신주인수권이나 유상증자 대금전달을 곤란하게 만들어 경영권을 방어하는 수단이다.
④ **자사주 취득** : 회사에 여유자금이 있으나 대주주가 자금난으로 주식취득이 어려울 경우 활용되는 수단이다. 인수회사에 자금 부담을 주면서 경영권을 방어하는 수단이다.
⑤ **포이즌 필(Poison Pill)** : 경영권 침해가 발생하면 기존 주주보다 저렴한 가격으로 지분을 매입하는 권리를 미리 부여하는 제도이다.

10 기축통화는 교환성 통화로 자유 사용 가능성이 포함된다.

상식PLUS⁺ 기축통화(Key Currency)

1960년대 미국 트리핀 교수가 처음 주장한 용어로, 국제무역에서 결제나 금융거래를 진행할 때 기본으로 사용되는 통화이다. 전 세계에서 원활하게 유통되기 위해 풍부한 유동성과 신뢰성이 있어야 하고 국제사회에서 다방면으로 인정받는 국가의 통화여야 한다. 제2차 세계대전 이전에는 영국 파운드화가 주로 기축통화로 이용되었고 이후에는 미국 달러화가 기축통화로 인정받고 있다.

11 ① 소비자물가지수에는 가계에서 지출하는 재화와 서비스를 소비자가 구매하는 것으로 부동산은 포함되지 않는다.
② 수입품은 GDP디플레이터에는 나타나지 않지만 소비자물가지수에는 포함된다.
③ 파셰지수는 거래된 상품 가격이나 가중치의 평균으로 구하는 물가지수로 GDP디플레이터 성질과 같다.
④ 라스파이레스 방식으로 계산한 값을 소비자물가지수로 선택하고 있다.
⑤ GDP디플레이터에는 모든 재화와 서비스, 주택임대료도 포함된다.

12

보로노이 다이어그램	트리 다이어그램	벤 다이어그램	블록 다이어그램
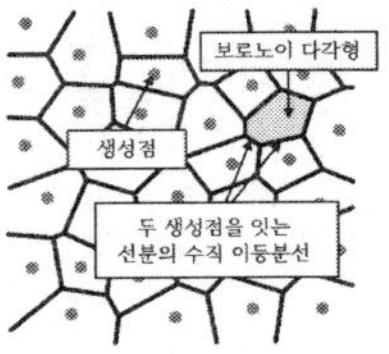 보로노이 다각형 생성점 두 생성점을 잇는 선분의 수직 이등분선	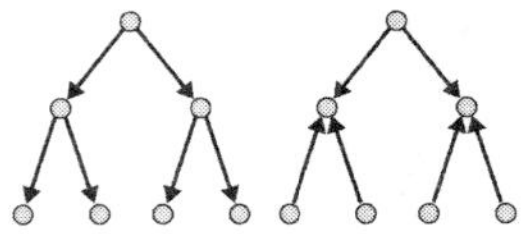	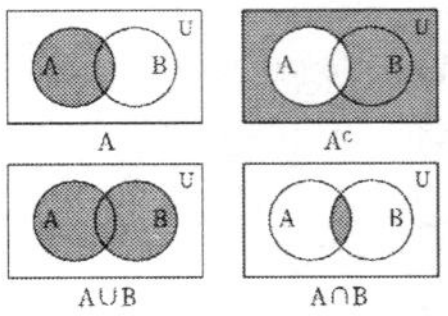 U A B A A^C $A \cup B$ $A \cap B$	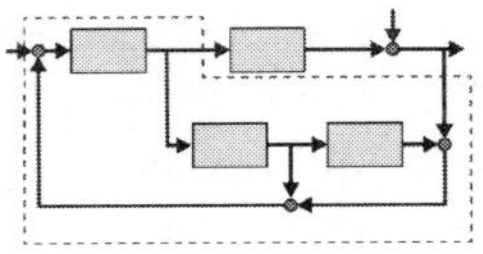

① **보로노이 다이어그램(Voronoi Diagram)** : 다양한 형태의 다각형이 채워진 다이어그램으로 수학적인 원리로 평면을 분할하는 과정을 보여주는 그림을 말한다.
② **트리 다이어그램(Tree Diagram)** : 논리적 구조를 트리 형태로 표시한 프로그램의 그림을 말한다.
③ **벤 다이어그램(Venn Diagram)** : 전체 집합에서 부분집합, 합집합, 교집합의 관계를 나타낸 그림을 말한다.
④ **블록 다이어그램(Block Diagram)** : 시스템의 구성을 나타내는 그림으로 각 기능을 블록으로 표시하여 접속을 명확하게 보여주는 회로도를 말한다.

13 ③ **딥페이크(Deepfake)** : 인공지능 기술을 활용하여 영상을 제작하는 프로세스를 의미한다. 딥 러닝과 속이다의 'Fake'의 합성어이다.
① **VR(Virtual Reality)** : 가상의 세계에서 실제와 비슷하게 체험을 하는 기술이다.
② **딥 러닝(Deep Learning)** : 다량의 데이터를 분류해서 비슷한 그룹으로 분류하고 관계를 파악하는 기술로 데이터의 특성을 찾아 모방하거나 결론을 낼 수 있는 기술을 말한다.
④ **머신러닝(Machine Learning)** : 컴퓨터가 데이터를 분석하고 학습하는 과정으로 패턴을 인식하고 정보를 판단·결정하여 앞으로의 행동을 예측할 수 있는 기술을 말한다.
⑤ **빅데이터(Big Data)** : 디지털에서 생성되는 대규모 데이터를 의미한다.

14 ⑤ 초고속(eMBB)는 UHD급 영상, VR, AR 등의 서비스를 제공한다. 고신뢰 초저지연(URLLC)는 자율자동차, 드론, 로봇제어 등의 서비스를 제공한다. 초연결(mMTC)는 IoT 디바이스 운용을 위한 플랫폼을 제공한다.
① IMT – 2020으로 칭한다.
② 4G 최고 속도이다. 5G의 최고속도는 20Gbps이고 최저속도는 100Mbps이다.
③ 안테나를 활용하는 빔포밍 기술은 5G 표준 기술로 도입되었다.
④ 2016년 12월 비엔나에서 개최된 3GPP 제74차 기술 총회(TSG)에서 단말기와 기지국 사이에 사용되는 무선접속 기술인 5G NR(New Radio) 이동통신기술을 채택하였다.

15 공동인증서 발급은 금융인증서 여부와 무관하다.

16 ③ 사물인터넷(IoT) 기기들이 폭발적으로 사용하는 데이터양을 처리하기 위해서 엣지 컴퓨팅 기술이 개발되었다.
① 분산된 소형 서버에서 실시간으로 데이터를 처리한다. 네트워크 끝자리에서 데이터를 처리해서 엣지 컴퓨팅이라 한다.
② 엣지 컴퓨팅은 안개처럼 퍼져 있어 발생 지점 근처에서 데이터에 쉽게 접근이 가능한 포그 컴퓨팅으로도 부른다.
④ 모든 데이터가 중앙 클라우드에서만 움직이는 클라우드 컴퓨팅보다 분산 서버로 데이터 부하량이 대폭 감소한다.
⑤ 클라우드렛에서 임시처방 서비스를 받기 때문에 보안 수준이 높은 편이다.

17 ② 안정성 확보를 위해 인증 프로토콜과 인증수단이 분리되면서 보안과 편리성이 높아졌다.

① Fast Identity Online의 약자로 생체인식을 통해 신속하게 온라인 인증을 하는 것이다.

③ U2F(Universal 2nd Factor) 프로토콜은 아이디와 비밀번호로 로그인한 온라인 서비스에서 인증하는 방법이다. UAF (Universal Authentication Framework) 프로토콜은 사용자 기기에 저장된 인증방법이 온라인과 연동되어 생체정보로 인증이 가능하다.

④ FIDO 생체인식을 기반으로 금융 분야에서 본인인증 서비스를 제공하고 있다.

⑤ FIDO 1.0은 모바일 환경에서만 생체인식이 가능하지만 FIDO 2.0은 PC환경에서도 생체인증이 가능하도록 한 것이다.

18 사업주보다는 프로젝트 그 자체에 수익성을 보고 투자하는 금융기법이다.

상식PLUS+ 프로젝트 파이낸싱(Project Financing)

금융기관이 프로젝트의 미래 현금흐름을 기준으로 자금을 지원하는 기법이다. 석유, 탄광, 부동산개발 등 대규모 자금이 들어가는 프로젝트에 자주 사용된다. 사업주나 기업의 신용이 아닌 프로젝트의 가치를 담보로 대출을 해주는 것이다.

19 ① 소셜펀딩(Social Funding) : 사업 개요를 인터넷에 공개해 투자를 받는 펀딩 방식이다.

② 뉴스펀딩(News Funding) : 구독자가 감명 깊게 본 기사를 후원하는 뉴스 서비스이다.

④ 퀀텀펀드(Quantum Fund) : 짐 로저스가 조즈 소르스와 설립한 헤지펀드 중에 하나이다.

⑤ 퍼네이션(Funation) : 재미를 의미하는 FUN과 기부를 의미하는 Donation의 합성어로 기부를 쉽고 흥미가 생기는 방법으로 하는 기부문화이다.

20 클라우드 서비스(Cloud Service)는 인터넷으로 연결된 초대형 고성능 컴퓨터(데이터센터)에 소프트웨어와 콘텐츠를 저장해 두고 필요할 때마다 꺼내 쓸 수 있는 서비스를 말한다.

상식PLUS+ 클라우드 서비스의 전통적 분류와 추가적 분류

구분		내용
전통적 분류	IaaS	응용서버, 웹 서버 등을 운영하기 위해 하드웨어 서버, 네트워크, 저장장치, 전력 등 여러 가지 인프라가 필요한 가상의 환경에서 쉽고 편하게 이용할 수 있도록 제공하는 서비스
	PaaS	개발자가 개발환경을 위한 별도의 하드웨어, 소프트웨어 등의 구축비용 없이 개발하고 실행하는 데 필요한 환경을 제공하는 서비스
	SaaS	제공자가 소유하고 운영하는 소프트웨어를 웹 브라우저 등을 통하여 사용하는 서비스
추가적 분류	BPass	IBM에서 제시한 클라우드 컴퓨팅 참조모델에서는 상기 이외에 비즈니스 프로세스를 제공하는 서비스
	DaaS	고객의 데스크탑이 클라우드 인프라 상에서 가상머신 형태로 실행되며, 사용자는 다양한 경량 클라이언트 또는 제로 클라이언트를 이용하여 데스크탑에 접근하는 서비스
	SecassS	클라우드 컴퓨팅 안에서 보안 보장을 제공하기 위한 방법
	CaaS	실시간 통신과 협력 서비스를 위해 제공하는 클라우드 서비스
	NaaS	트랜스포트 연결 서비스와 인터클라우드 네트워크 연결 서비스를 위해 제공하는 클라우드 서비스

21 요소 간 대체성이 높을수록(대체탄력도가 클수록) 등량곡선은 우하향의 직선에 가까워지고, 대체성이 낮을수록(대체탄력도가 작을수록) 등량곡선이 L자에 가까워진다.

상식PLUS⁺ 등량곡선(Isoquant)

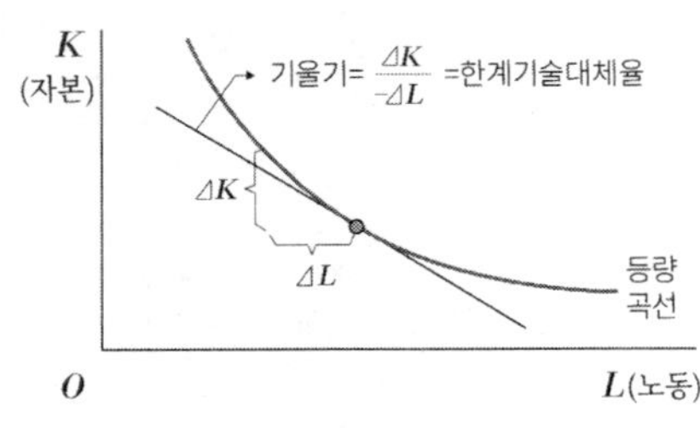

- 동일한 양의 재화를 생산할 수 있는 L(노동)과 K(자본)의 조합을 연결한 곡선을 의미한다.
- 등량곡선은 모든 생산요소가 가변요소일 때의 생산함수인 장기생산함수를 그림으로 나타낸 것이다.
- 등량곡선은 우하향의 기울기를 가지며 원점에서 멀리 떨어져 있을수록 높은 산출량을 나타낸다.
- 등량곡선은 서로 교차할 수 없고 원점에 대해 볼록한 형태(한계기술체감의 법칙)이다.
- 무차별곡선은 원점에서 멀어질수록 높은 효용수준을 나타낸다. 이때, 효용의 크기는 서수로 표시한다. 반면에, 등량곡선은 요소투입량과 산출량 간의 기술적인 관계를 나타내는 생산함수에서도 도출된다. 이때, 산출량의 크기는 기수적으로 표시한다.

22 외부불경제의 비용은 이를 발생시키는 개인공급자가 부담하는 것이 아니라 사회 전체가 부담한다. 따라서 가격은 개인의 한계비용과 같고(P = PMC) 사회적 한계비용(SMC)은 이보다 높다.

23 지대는 전통적으로 토지같이 그 공급이 완전히 고정된 생산요소에 대해 지불되는 보수를 의미한다. 그러므로 지대의 의미를 우리가 생활에서 일상적으로 사용하는 의미, 즉 토지사용에 대한 대가에 국한할 필요는 없고 공급이 고정된 것이라면 어떤 것이든 그것에 대한 보수를 지대라고 부를 수 있다. 어떤 생산요소의 공급이 고정되었다 함은 공급곡선이 수직선이라는 것을 의미한다. 이와 같이 가격이 변화해도 그 공급량이 변하지 않는 생산요소라면 그것의 소유자가 벌어들이는 수입, 즉 지대수입에 무거운 세금을 물리더라도 경제에 별다른 파급효과를 미치지 않을 것이다. 그리고 일반적으로 생산요소가 받는 소득은 전용수입과 지대로 구성되는데, 상대적인 크기는 요소공급곡선의 기울기에 달려 있다. 즉요소공급곡선이 탄력적일수록 전용수입이 커진다.

24 ④ 실제 인플레이션이 기대 인플레이션보다 높은 경우이므로 채무자 또는 고정된 임금을 지급하는 기업주에게 유리한 상황이 된다. 일반적으로 정부는 채무자이고 가계는 채권자에 해당하므로 정부가 인플레이션으로 인한 이득을 얻는 경제주체라고 할 수 있다.

①②⑤ 고정된 금액을 지급받는 봉급생활자 및 연금생활자는 불리해진다.

③ 실제실질이자율은 감소하므로 채권자보다 채무자에게 유리하다.

25 ㉢ 유류세 인하는 수요자에게는 가격 혜택을, 공급자에게는 사용량 증가로 인한 혜택을 제공한다.

㉣ 유류세 인하는 수요곡선에는 영향을 미치지 않고 공급곡선에만 영향을 미친다.

㉤ A국의 석유 공급곡선은 X축에 대하여 수직이다.

상식PLUS⁺ 공급의 가격탄력성과 공급곡선

가격이 변화할 경우 공급량이 얼마나 변하는지를 나타내는 지표를 공급의 가격탄력성이라고 한다. 재화의 공급량이 가격변화에 대해 민감하게 변하면 그 재화의 공급은 탄력적이라 하며, 가격이 변할 때 공급량이 조금만 변하면 공급은 비탄력적이라 한다. 공급곡선은 가격과 공급량과의 관계를 나타내는 곡선을 말하며, 다른 변수들이 동일할 경우 가격이 높을수록 공급량은 증가하기 때문에 공급곡선은 우상향의 형태를 띠게 된다.

26 코즈 정리에 의하면 외부비경제가 발생할 경우 정부는 민간에게 공유지의 소유권을 부여하고 당사자들의 협상을 통해 해결하는 것이 사회적 후생수준을 증가시킬 수 있다고 본다.

27 재화의 사용 용도가 다양할수록 탄력적이다.

상식PLUS⁺ 수요의 가격탄력성 결정 요인

㉠ 대체재의 수가 많을수록 그 재화는 일반적으로 탄력적이다.
㉡ 사치품은 탄력적이고 생활필수품은 비탄력적인 것이 일반적이다.
㉢ 수요의 탄력성을 측정하는 기간이 길수록 탄력적이다.

28 ② 독재성의 원칙에 위배된다. 지도자의 독재적인 선택에 영향을 받지 않아야 한다.
① 이행성의 원칙이다.
③ 독립성의 원칙이다.
④ 파레토의 원칙이다.
⑤ 보편성의 원칙이다.

상식PLUS⁺ 애로우의 불가능성 정리 조건

개인의 선호도를 통해 유효한 사회적 선호를 규정할 때 모든 조건을 만족하는 것이 불가능하다는 것을 보여주는 수학적인 결과이다.

구분	내용
만장일치 원칙	파레토의 원칙으로, 사회구성원이 A를 B보다 더 선호한다면 사회적으로 A를 더 선호한다.
이행성 원칙	A 〈 B이고 B 〈 C라면, A 〈 C가 되어야 한다.
독립성 원칙	선택지와 무관한 대상의 존재에 영향을 받지 않는다.
비독재성 원칙	사회적 선호도가 비독재적으로 되어야 한다.
보편성 원칙	선호에 대한 제한이 없어야 하고 선택의 자유가 있어야 한다.

29 각 나라마다 성장률에는 차이가 있다.

상식PLUS⁺ 칼도어의 정형화된 사실

㉠ 노동생산성은 일정하게 증가한다.
㉡ 자본과 노동의 소득비율은 일정하게 증가한다.
㉢ 실질이자율은 일정한 수준을 지닌다.
㉣ 자본 – 산출량계수는 대체로 일정하다.
㉤ 총소득에서 노동과 자본의 상대적 소득분배율이 일정하다.

30 ② **신용창조(Credit Creation)** : 예금과 대출이 꼬리에 꼬리를 물면서 당초 100만 원이었던 통화량은 100만 원을 훌쩍 넘는 큰 액수로 증대된다. 이와 같이 시중의 통화량이 한국은행이 발행한 통화량 이상으로 증가하는 현상을 예금창조 또는 신용창조라고 부른다.
① **그렉시트(Grexit)** : 그리스의 유로존 이탈을 일컫는다.
③ **시뇨리지(Seigniorage)** : 중앙은행이 발행한 화폐의 실질가치에서 발행비용을 제한 화폐주조차익을 말한다.
④ **사모발행(Private Placement)** : 채권을 상장하지 않고 특정 소수에게만 발행하는 것을 말한다.
⑤ **최종대부자(Lender of Last Resort)** : 금융위기가 발생하여 개별 금융기관 혹은 금융시장 전체에 자금 부족사태가 발생할 때 위기 극복을 위해 마지막으로 자금을 공급해 주는 역할의 금융기관을 말한다.

농업·농촌 예상문제

1	①	2	③	3	⑤	4	④	5	⑤	6	①	7	④	8	⑤	9	②	10	②
11	④	12	②	13	⑤	14	①	15	②	16	④	17	②	18	①	19	①	20	④
21	③	22	③	23	⑤	24	②	25	④	26	③	27	⑤	28	②	29	④	30	④
31	①	32	③	33	①	34	④	35	⑤	36	④	37	⑤	38	②	39	①	40	③
41	④	42	⑤	43	③	44	④	45	③	46	⑤	47	①	48	①	49	③	50	⑤

1 ② **암종병** : 상처침입균으로 엽흔에 침입하여 표면에 불규칙한 혹이나 궤양이 발생한다.
③ **더뎅이병** : 비나 곤충에 의해 과실이나 식물의 줄기 또는 잎 등에 둥근 모양으로 병반이 생기는 것을 말한다.
④ **흰가루병** : 곰팡이 질병의 하나로 식물의 잎과 줄기에 흰가루 형태의 반점이 생긴다.
⑤ **모자이크병** : 식물 병해 중 하나로 주로 잎에 나타나는데, 모자이크 모양으로 얼룩이 생겨 결국 전체가 시드는 병이다.

2 '새마을운동 → 신토불이운동 → 농도불이운동 → 농촌사랑운동 → 식사랑농사랑운동 → 또 하나의 마을 만들기' 순서로 진행된다.

3 식물체에서 줄기세포의 신장생장 및 여러 가지 생리작용을 촉진하는 호르몬인 옥신의 작용이다.

4 엽근채소 종류로 배추, 무, 양배추, 당근 등이 있으며 대파는 양념채소이다.

5 ① **고정직불금** : 생산량과 가격의 변동과 관계없이 논농업 종사자에게 지급하는 보조금이다.
② **이중곡가제** : 정부가 주곡을 고가에 사들여 저가로 파는 제도로 1960년대에 시행되었다가 1980년대에 폐지하였다.
③ **농민공익수당** : 농업인을 위한 정책이라는 점에서 공익직불금과 동일하지만 농민공익수당은 지자체에서 지급하는 지원금이다.
④ **추곡수매제도** : 곡가 안정과 수급조절을 위해 일정량의 쌀을 정부가 사들이는 제도로 2005년에 폐지되었다.

6 ② **슬로푸드** : 천천히 조리하여 먹는 식문화 중 하나이다.
③ **할랄푸드** : 이슬람 율법에 따라 무슬림이 먹을 수 있는 음식을 말한다.
④ **메디푸드** : 소비자 개인의 필요와 니즈를 충족할 수 있도록 개발된 맞춤형 특수 식품 중 하나로 건강관리 목적을 가진 식품이다.
⑤ **로커보어** : 지역을 의미하는 Local과 음식을 의미하는 Vore의 합성어로 로컬푸드를 즐기는 사람을 일컫는다.

7 PLS 제도를 시행하기 전에는 기준이 설정되지 않은 농약은 당해의 농산물 국제 기준인 CODEX 기준, 유사농산물 최저기준, 해당 농약의 최저기준을 적용했다. PLS 제도를 시행하고 나서는 일률 기준을 적용하여 0.01ppm 이상 검출되면 부적합 판정을 받는다.

상식PLUS⁺ 잔류 허용기준(MRL : Maximum Residue Limits)

사람이 일생 동안 섭취해도 건강에 문제가 없는 허용량을 의미한다. 최대 무작용량(NOEL)은 일정량의 농약을 실험동물에 장기간 지속적으로 섭취시킬 경우 어떤 피해증상도 일어나지 않는 최대의 섭취량을 말하며 평가 기준이 된다.

8 「농수산물 품질관리법 시행규칙」 제7조에 따라, 표준규격품을 출하하는 자가 표준규격품 임을 표시하기 위해서 해당 물품의 포장 겉면에 "표준규격품"이라는 문구와 품목 · 산지 · 품종 · 생산연도(곡류만 해당) · 등급 · 무게 · 생산자 정보를 기입한다.

9 ② 팜 스테이(Farm Stay) : 농장을 의미하는 'Farm'과 머문다는 의미의 'Stay'의 합성어로 농가를 찾아 숙식하며 농사나 생활, 문화체험 및 관광, 마을 축제 등을 즐길 수 있는 농촌체험 관광 상품이다.
① 플랜테이션(Plantation) : 열대 · 아열대기후지역에서 대규모로 단일 경작하는 농업방식을 말한다.
③ 팜 파티플래너(Farm Party Planner) : 농산물을 활용하는 행사를 기획하고 연출하는 직업을 말한다.
④ 애그플레이션(Agflation) : 곡물 가격이 상승하면서 물가가 덩달아 상승하는 현상을 말한다.
⑤ 에어로 팜(Aero Farm) : 스마트 팜에서 진화된 시스템을 말한다.

10 지역 대표 특산물

지역		특산물
특별시/광역시	부산 기장군	미나리
	대구 동구	사과
경기도	경기 여주군	밤고구마
	경기 이천시	쌀
	경기 가평군	청정 느타리버섯
강원도	강원 횡성군	한우
	강원 정선군	황기
	강원 속초시	오징어
충청도	충남 홍성군	배추, 감
	충남 태안군	태양초 고춧가루
전라도	전남 여수시	갓김치
	전남 나주시	배
	전남 해남군	햇고구마
경상도	경북 안동시	마
	경북 상주시	곶감
	경북 고령군	딸기
제주	제주 제주시	브로콜리, 갈치
	제주 서귀포시	한라봉

11 「농수산물품질관리법」 제6조 제3항에 따르면 우수관리인증이 취소된 후 1년이 지나지 아니한 자, 벌금 이상의 형이 확정된 후 1년이 지나지 아니한 자는 우수관리인증을 신청할 수 없다.

12 푸드체인(Food Chain)은 농산물이 생산되고 유통 · 판매 · 소비되는 과정의 이력 정보를 표준화해서 통합 관리하는 시스템이다. 누구나 원산지 추적이나 위치 및 상태, 유통기한 등의 정보를 몇 초 이내로 확인할 수 있다. 이는 블록체인 기술을 유통 시스템에 적용한 것으로 적은 비용으로 시스템을 관리 할 수 있다. 또한 거래에 참여하는 모든 사람이 같은 내용의 데이터를 보관하고 있으며 변동 상황이 발생할 경우 동시에 업데이트되기 때문에 조작이 불가능하다는 것이 특징이다.

13 ① **피해보전직불** : FTA 이행으로 수입량이 급격히 증가하여 일정 기준 이하로 가격이 하락한 품목의 생산자에게 가격 하락분의 일부를 보전하는 것이다.
② **농지은행사업** : 영농규모 적정화, 농지의 효율적 이용, 농업구조개선, 농지시장안정 및 농업인의 소득안정을 위해 농지와 관련된 다양한 정책사업을 추진하여 농업 · 농촌의 경제 · 사회적 발전 도모를 위해 시행하는 것이다.
③ **스마트농업** : 스마트팜 혁신밸리를 중심으로 창업보육센터, 실증단지 등 인프라 집적화를 하는 정책이다.
④ **농식품 모태펀드** : 민 · 관 합작투자 형태의 새로운 정책금융을 확대하여 농식품 산업에 대한 투자를 촉진하고, 농식품경영체의 건전한 성장기반 조성을 위한 펀드이다.

14 ② **양곡관리제도** : 양곡 관리를 통해 수급조정 및 적정가격을 유지하기 위한 제도이다.
③ **우수농산물관리제도** : 우수 농산물에 대해 체계적으로 관리하고 안정성을 인증하는 제도이다.
④ **위해요소중점관리제도** : 식품의 원료나 제조, 가공 및 유통 과정에서 위해 물질이 혼입 · 오염되는 것을 사전에 방지하기 위한 식품관리 제도이다.
⑤ **축산물 등급제도** : 축산물의 품질을 기준에 따라 구분하고 차별화하는 제도이다.

상식PLUS⁺ 농산물이력추적제

먹을거리 안전에 대한 국민들의 관심이 높아짐에 따라 각종 농산물로부터 국민의 안전을 보호 할 목적으로 도입하였다. 농산물을 생산하는 데 사용한 종자와 재배방법, 원산지, 농약 사용량, 유통 과정 등이 제품의 바코드에 기록되기 때문에 소비자들도 농산물의 생산에서 유통에 이르기까지 모든 이력을 쉽게 알 수 있다. 농산물 이력에 관한 정보는 별도의 정보 시스템을 통해 인터넷으로 소비자에게 무료로 제공된다.

15 제시된 내용은 패리티가격에 대한 설명이다. 패리티 가격은 농민, 즉 생산자를 보호하려는 데 그 목적이 있다.

16 농어촌 지역의 단기적 인력 부족 문제를 해결하기 위해 일정 기간 외국인을 고용할 수 있도록 하는 제도이다.

17 농지연금제도는 만 65세 이상 고령 농업인이 소유한 농지를 담보로 노후생활 안정자금을 매월 연금형식으로 지급받는 제도로, 농지자산을 유동화하여 노후생활자금이 부족한 고령농업인의 노후 생활안정 지원하여 농촌사회의 사회 안정망 확충 및 유지를 목적으로 한다.

18 ㈎는 '농촌 관광', ㈏는 '푸드플랜'에 대한 내용이다. 농촌 관광의 일환으로 농협에서는 '팜스테이 마을'을 선정하여 운영하고 있다. 이를 활성화하기 위하여 먹거리 운영에 지역주민이 참여하도록 하고 있다. 먹거리 제공 운영 인력의 전문성을 강화하기 위해 교육을 지원하고, 먹거리 제조에 참여하는 지역 주민들에 대해서도 전문가 강의 등 정기적인 교육을 실시할 방침이다.

19 ㉢ 지난 대회에서 수상한 품종은 출품대상에서 제외되지만 장관상 수상품종은 수상일로부터 3년 이내의 품종은 출품할 수 있다.
㉣ 최근 10년간(과수 · 임목류는 15년) 국내에서 육성된 모든 작물 품종으로 품종보호등록 또는 국가품종목록에 등재된 품종이 출품할 수 있다.

상식PLUS⁺ 대한민국 우수 품종상 대회

국내 우수 품종을 선발 · 시상하는 대회로, 육종가의 신품종 육성 의욕 고취 및 수출 활성화에 기여하고자 국립종자원이 주도하는 사업이다.

20 ① **소해면상뇌증** : 제2종 가축전염병에 해당하며, 소의 중추신경계 손상으로 폐사하는 질병이다.
② **부저병** : 제3종 가축전염병에 해당하며, 꿀벌유청에 병원균으로 유충벌이 썩는 질병이다.
③ **브루셀라병** : 제2종 가축전염병이며 인축공통전염병이다. 소, 산양, 돼지의 생식기관에 염증이 발생하는 것이다.
⑤ **광견병** : 제2종 가축전염병에 해당하며 광견병 바이러스를 보유한 동물에게 물리면서 발생하는 급성 뇌척수염에 해당한다.

21 자신의 주소지 외의 자방자치단체에 기부할 수 있다.

22 ① **세이프가드** : 수입물품으로 국내 업체가 피해를 보는 경우 수입품을 규제하는 무역장벽 중에 하나이다.
② **최소시장접근** : MMA(Minimum Market Access)로 일정 기간 동안에만 최소한으로 수입이 금지한 상품을 최소한으로 시장개방을 하는 것이다.
④ **국제농업협력사업**(ODA) : 개도국에 우리 농업분야 성공경험을 전수하고, 농촌 개발 및 빈곤 퇴치를 지원하는 사업이다.
⑤ **반덤핑관세** : 지나치게 낮은 가격으로 수출된 상품으로 수입국이 피해를 보는 경우 수입국에서 부과하는 관세를 의미한다.

23 ① 2012년에 논의를 시작하여 2015년에 시범사업으로 도입되었으며 2025년부터 본사업으로 전환되었다.
② 태풍 등 자연재해에 따른 수확량 감소를 보장하는 농작물 재해보험과 달리, 수확량 감소뿐만 아니라 시장가격 하락에 따른 손해까지 보장한다.
③ 2025년 기준 본사업 품목 대상은 콩 · 가을감자 · 고구마 · 옥수수 · 보리 · 마늘 · 양파 · 양배추 · 포도이며, 벼 · 가을배추 · 가을무 · 감귤(만감류) · 복숭아 · 단감 등 6개 품목은 시범사업 대상이다.
④ 농가가 보험에 가입한 해의 품목별 수입이 기준수입(과거 5개년 평균 수입)보다 감소하면 상품에 따라 기준수입의 60 ~ 85%까지 보상한다.

24 ①③⑤ 농업진흥구역은 농지조성 사업 또는 농업 기반정비 사업이 시행되었거나 시행 중인 지역으로, 농지가 집단화되어 있는 지역이다. 원칙적으로 농업 생산을 유지하고 보호하기 위한 목적이 있기 때문에 비농업적 시설을 자유롭게 건설할 수 없다.
④ 농업활동을 장려한다.

25 ④ 한식에 비가 오면(봄비가 충분하면) 개불알에 이밥(쌀밥)이 붙을 정도로 쌀이 충분하다는 말로 풍년이 든다는 뜻이다.
① 8월 상 · 중순 때는 은어가 산란을 위해 강을 거슬러 올라오는 시기로 벼의 출수 개화기에 해당하므로 물을 충분히 관수하여 벼꽃이 떠내려 갈 정도로 충분한 물이 있어야 등숙이 양호하여 풍년이 든다는 의미이다.
② 보리농사에서 깜부기병이 발생하면 피해가 크게 나타나는데 보리깜부기 병균은 고온(55°)에서 사멸되므로 한여름 뙤약볕에 함석위에 말리면 고온으로 종자소독 효과가 있다.
③ 북부지역의 뻐꾸기 우는 소리는 6월 중순부터이므로 이때에 참깨를 파종하면 파종시기가 늦어서 생육기간이 단축되어 수량이 크게 감소된다.
⑤ 들깨는 내한성이 강하기 때문에 여름에 가뭄이 심해도 생육에 크게 지장이 없이 자란다.

26 이앙법(移秧法)은 못자리에서 키운 모를 본답(本畓)으로 옮겨 심는 재배방법으로 고려시대 말부터 시행되었으나 임진왜란 이후 전국적으로 보급되었다.

27 ① 강원도의 정선 · 평창 · 홍천 · 횡성군 등지에서 주로 이루어진다.
② 여름철 비교적 선선하고 강우량이 많으며 일조시간도 짧은 산간 기후를 이용한다.
③④ 표고 400m로부터 1,000m 정도의 높은 지대에서 채소 · 감자 · 화훼류 등을 재배하거나 가축을 사육한다.

28 ② **유기농업**(Organic Farming) : 화학비료나 유기합성 농약 등의 합성화학 물질을 일체 사용하지 않거나 아주 소량만을 사용하고 동물분뇨나 짚 등을 이용하여 만든 퇴비, 녹비, 천적곤충 등을 활용하는 농업이다.
① **유축농업** : 작물 재배와 가축 사육을 결합한 농업이다.
③ **관개농업** : 인공적으로 물을 공급하는 농업이다.
④ **도시농업** : 도시 소규모 농지에서 행하는 농업이다.
⑤ **근교농업** : 대도시 근교에서 행하는 농업이다.

29 ① **아플라톡신** : 오염된 밀, 호두, 옥수수 등의 음식을 섭취하거나 피부를 통과하여 감염된다.
② **배추 검은썩음병** : 배추의 잎 가장자리가 황색으로 변하며 엽맥이 점차 흑색으로 변한다. 병이 든 잎을 보관하면 10년 이상 잎에서 생존이 가능하다.
③ **사과나무고접병** : 사과나무에 바이러스가 감염되어 발생하며, 나무가 쇠약해져 갈변현상과 목질천공 현상이 나타난다.
⑤ **마이코플라스마** : 원시세포 1속으로 대추나무 빗자루병, 복숭아 오갈병 등의 병원에 해당한다.

30 치유농업(治癒農業)은 농업과 농촌자원 혹은 관련된 활동 및 산출물을 활용하여 심리 · 사회 · 인지 · 신체적 건강을 도모하는 사업 및 활동을 의미한다. 치유농업의 범위는 식물뿐만 아니라 가축 기르기, 산림과 농촌문화자원을 이용하는 경우까지 모두 포함하며 목적은 보다 건강하고 행복한 삶을 추구하는 사람들과 의료 · 사회적으로 치료가 필요한 사람들을 치유하는 것이다.

31 정부가 생산 · 공급하고 있는 종자인 정부보급종은 벼, 콩, 팥, 보리, 밀, 호밀 작물이다.

32 ① GHI : 독일 세계기아원조(Welthungerhilfe)와 미국 세계식량연구소(IFPRI)가 협력하여 2006년부터 전 세계 기아 현황을 파악 · 발표하는 세계 기아지수를 말한다.
② WFP : 기아 인구가 없는 제로 헝거(Zero Hunger) 달성을 목표로 하는 유엔 세계식량계획을 말한다.
④ ODA : 국제농업협력사업은 개발도상국을 위한 우리나라 농업기술 개발 · 보급 협력 사업이다.
⑤ GAFSP : 세계농업식량안보기금은 빈곤 국가 농업생산성 제고를 위해 만들어진 국제기금이다.

33 거점취락(據點聚落)은 중심마을이라고도 한다. 마을 규모가 작은 농촌지역은 규모 및 집적의 경제효과를 거둘 수 없으므로, 중심성을 갖는 거점마을에 투자와 개발을 집중시켜 투자효과를 높이고 배후마을과의 접근도를 개선하여 중심마을에 대한 서비스 이용편의를 제공하고자 한다.

34 ④ **정밀농업(Precision Agriculture)** : 4차 산업의 핵심 기술을 통해 전통적인 투입자원인 노동력 및 투입재를 최소화하면서 생산량을 최대화하는 농업 방식이다. 즉, ICT 기술을 통해 정보화 · 기계화된 농업 분야를 의미한다. 정밀농업을 통해 적절한 수확량과 품질을 유지하면서 환경적으로 안전한 생산체계를 만들 수 있으며 정보화 및 기계화가 가능할 것으로 전망된다.
① **계약재배(Contract Cultivation)** : 생산물을 일정한 조건으로 인수하는 계약을 맺고 행하는 재배방식이다. 주로 담배 재배, 식품회사나 소비자 단체 등과 제휴하여 행해지고 있다.
② **겸업농가(Part Time Farm Household)** : 농업에 종사하면서 농업 외의 다른 직업을 겸하는 것으로 농업을 주업으로 하는 경우에는 제1종 겸업농가라고 하며 농업 외의 다른 직업이 주업이 되면 제2종 겸업농가로 구별한다.
③ **녹색혁명(Green Revolution)** : 20세기 후반 개발도상국의 식량증산을 이루어낸 농업정책으로 품종개량, 화학비료, 수자원 공급시설 개발 등의 새로운 기술을 적용하여 농업생산량일 일궈낸 과정 및 결과를 의미한다.
⑤ **생력농업(Labor Saving Technique of Agriculture)** : 작업 공동화 혹은 기계화를 추진하여 투입 노동력 및 투입 시간을 줄이고자 하는 경영방법이다.

35 ① **관정(管井)** : 우물통이나 파이프를 지하에 연직방향으로 설치하여 지하수를 이용하기 위한 시설을 말한다.
② **양수장(揚水場)** : 하천수나 호수 등 수면이 관개지역보다 낮아 자연 관개를 할 수 없는 경우에 양수기를 설치하여 물을 퍼올려 농업용수로 사용하기 위해 설치하는 용수공급 시설을 말한다.
③ **취입보(取入洑)** : 하천에서 필요한 농촌용수를 용수로로 도입할 목적으로 설치하는 시설을 말한다.
④ **배수장(排水場)** : 일정지역에 우천이나 홍수 시 고인 물을 지역 밖으로 배제하기 위한 시설을 말한다

36 처서(處暑)는 24절기 중 14번째에 해당하는 절기로 입추(立秋)와 백로(白露) 사이에 들며, 태양이 황경 150도에 달한 시각으로 양력 8월 23일경이다.

37 지베렐린의 작용이다.

38 MA저장(Modified Atmosphere Storage)은 별도의 시설 없이 가스투과성을 지닌 폴리에틸렌이나 폴리프로필렌필름 등 적절한 포장재를 이용하여 CA저장의 효과를 얻는 방법으로 단감 저장을 할 때 실용화되어 있다.

39 ② **농어촌 빈집정비 사업** : 인구감소로 인해 방치되어 있는 빈집을 재사용할 수 있도록 정비하는 사업을 말한다.
③ **스마트 팜 혁신밸리 조성사업** : 청년농을 육성하고 기술혁신을 추구하는 목적의 혁신밸리 조성사업이다.
④ **농지집단화** : 각 농가가 소유하고 있는 분산 농지를 한 곳으로 모아 농지를 집단 · 규모화하는 것을 말한다.
⑤ **수리시설개보수** : 농업용 수리시설로서 노후화가 되거나 기능이 약화된 시설을 개량 또는 보수하여 재해위험을 방지하고 기능을 회복시키거나 개선하는 사업으로 시설의 유지관리를 위한 사업이다.

40 바이러스는 열에 약해 75℃ 이상에서 5분간 가열하면 사멸한다.

41 출자배당이 있는 경우 출자액에 따라서 제한된 금액을 배당받을 수 있다.

상식PLUS+ 협동조합의 7원칙

자발적이고 개방적인 조합원제도, 조합원의 민주적 통제, 조합원의 경제적 참여, 자율과 독립, 교육 · 훈련 및 정보제공, 협동조합간의 협동, 지역사회에 대한 기여

42 ① **N-Hub** : 농업 빅데이터 플랫폼으로, 농업에 필요한 데이터를 한 곳에서 볼 수 있다.
② **NH SEED** : 애그테크 및 농식품 분야로 취 · 창업을 희망하는 만 34세 이하 청년을 대상으로 하여 애그테크 및 농식품 분야의 청년 창업가를 발굴 · 육성하고 아이디어 사업성 검증 및 시장 출시를 지원하는 사업이다.
③ **NH ROOKIE** : 애그테크 및 농식품 분야에 관심이 있고 취 · 창업을 희망하는 만 34세 이하 청년을 대상으로 실무 중심의 프로젝트 수행 경험을 지원하는 사업이다.
④ **NH 오늘농사** : 병해충 예방법, 농촌 용어 등의 영농정보, 다양한 교육서비스, 조합원이 사용할 수 있는 커뮤니티 등을 제공하는 농협의 농업인을 위한 애플리케이션이다.

43 2세대 스마트팜은 통신기술, 빅데이터 · AI를 핵심 기술로 하며, 대표적인 예로 데이터 기반 생육관리 소프트웨어가 있다. 3세대 스마트팜은 통신기술, 빅데이터 · AI, 로봇을 핵심 기술로 하며 대표적인 예로 지능형 로봇농장이 있다.

44 귀농 · 귀촌 인구 중 대부분이 귀촌 인구이며, 귀농인구는 4.2%에 불과하다. 농업노동력 감소는 여전히 문제되고 있는 현실이다.

45 공익형 직불제도는 실제 농사짓는 사람만 신청 가능하며, 실제 관리하는 농지에 대해서 신청 가능하다. 또, 직불금 지급 제한 대상으로 '농업 외의 종합소득액이 3,700만 원 이상인 자', '논 · 밭 농업에 이용하는 농지면적이 1,000㎡(0.1ha) 미만인 자' 등을 규정하고 있다.

46 6차 산업은 농촌의 인구 감소와 고령화, 수입 농산물 개방으로 인한 국내 농산물 경쟁력 약화 등의 문제로 새롭게 등장하였으며 국내 공식 명칭은 농촌 융 · 복합 산업이다. 현재 농림축산식품부에서 6차 산업 사업자를 대상으로 성장 가능성을 고려하여 심사를 거친 뒤 사업자 인증서를 수여하고 있다.

47 ① **라이브 커머스** : 인터넷, 애플리케이션 등 다양한 플랫폼을 통한 실시간 스트리밍으로 상품을 판매하는 온라인 채널을 말한다.
② **랜선 농촌관광** : 컴퓨터나 스마트폰 등 랜선으로 직접 농가를 방문한 것처럼 농촌체험을 제공하는 것을 말한다. 시청자들과 실시간 질의응답을 하며 소통을 통해 여러 체험을 선보이고 있다.
③ **푸드테크** : 식품산업과 ICT를 접목한 기술로, 식품의 생산성을 높이고 비용을 절감한다.
④ **사회적 농업** : 사회적으로 소외된 장애인이나 독거노인, 다문화 가정 등 취약계층에게 일자리를 제공하는 단체이다.
⑤ **농대 실습장 지원 사업** : 재정여건 악화로 농업관련 시설 지원이 열악했던 농업계대학에 실습장을 구축하는 사업이다.

48 산지촌은 산간지역에 이루어진 마을로 교통이 불편한 편이다.

49 ① 대규모 상업 농업의 형태로 시장 판매를 목적으로 한다.
② 특정 단일 작물을 대규모로 재배하여 수출을 목적으로 한다.
③ 주로 열대 및 아열대 지역에서 발달했다.
④ 현대 플랜테이션 농업은 기계화가 도입되고 있으며 생산성을 높이기 위한 기술 발전이 이루어지고 있다.

상식PLUS⁺ 플랜테이션 농업 발달 지역

㉠ **브라질** : 커피, 사탕수수, 콩 등
㉡ **인도네시아** : 팜유, 고무, 커피 등
㉢ **케냐** : 차(茶), 커피 등
㉣ **필리핀** : 바나나, 코코넛, 사탕수수 등

50 농업협동조합은 ICA에 1963년 1월 20일에 준회원 자격으로 가입하였다.

디지털·IT 예상문제

1	④	2	①	3	③	4	①	5	④	6	①	7	①	8	②	9	②	10	②
11	④	12	③	13	②	14	②	15	②	16	④	17	①	18	④	19	③	20	③
21	①	22	①	23	④	24	②	25	④	26	②	27	②	28	②	29	②	30	②
31	③	32	①	33	②	34	④	35	③	36	④	37	④	38	②	39	④	40	①
41	⑤	42	③	43	④	44	②	45	③	46	④	47	③	48	②	49	③	50	①
51	②	52	①	53	④	54	⑤	55	④	56	③	57	②	58	②	59	⑤	60	①

1 컴퓨터 시스템은 크게 하드웨어와 소프트웨어로 구성된다. 컴퓨터 정보시스템은 하드웨어, 소프트웨어와 사람, 데이터의 4가지를 구성요소로 한다.

2 ② 인터프리터(Interpreter) : 대화형 프로그램에 많이 사용하며 프로그램의 실행속도가 느리다.
③ 코볼(COBOL : Common Business Oriented Language) : 상업자료 처리문제를 풀기 위한 도구로 설계되었다.
④ LISP(List Processing) : 함수 및 함수 적용이라는 수학적 개념을 기본으로 한다.
⑤ 트랜잭션(Transaction) : 정보교환이나 데이터베이스 갱신 등 일련의 작업 연속처리단위이다.

3 디코더(Decoder) : 코드화된 2진 정보를 다른 코드형식으로 변환하는 해독회로이다.

4 ② 펌웨어(Firmware) : 하드웨어와 소프트웨어의 중간에 해당하는 장치이다.
③ 제어장치(Control Unit) : 인출, 간접, 실행, 인터럽트 단계를 반복한다.
④ 기억장치(Storage Device) : 컴퓨터의 정보를 보관하기 위한 아주 중요한 장치이다.
⑤ 연상장치(Associative Processor) : 주기억장치에 기억된 데이터를 제어장치에서 지시하는 명령에 따라 연산하는 장치이다.

5 프로그램 검증이 용이해야 한다.

상식PLUS⁺ 프로그래밍 언어의 설계원칙
㉠ 프로그래밍 언어의 개념이 분명하고 단순하며 신택스가 분명해야 한다.
㉡ 효율적이어야 한다.
㉢ 자연스럽게 응용할 수 있어야 한다.
㉣ 프로그램 검증이 용이하다.
㉤ 적절한 프로그램 작성환경이 갖추어져 있어야 한다.
㉥ 프로그램이 호환성이 있어야 한다.

6 ② Smalltalk : Simmula와 LISP의 영향을 받은 Smalltalk는 객체지향 언어 중 가장 객체지향 전형에 충실하고, 수와 문자 등의 상수를 포함한 거의 모든 언어 실체가 객체이므로 순수객체지향 언어라고 말할 수 있다.
③ Eiffel : 파스칼형 신택스이지만 앞선 언어에 기초하여 만들어진 것은 아니며 파스칼형 객체지향 언어 중 가장 일관성 있게 설계된 언어이다.
④ C언어 : 시스템 프로그램 작성용으로 개발되었다.
⑤ Java : Netscape사에서 개발한 일종의 웹 페이지용 프로그래밍 언어이다. Sun사의 Java언어를 웹 페이지의 필요성에 맞게 단순화하여, 사용하기 편리한 프로그래밍 언어이다.

7 ② 큐(Queue) : 한쪽 끝에서 삭제가 일어나고 한쪽 끝에서 삽입이 되는 선입선출 알고리즘을 가지는 선형 리스트를 말한다.
③ 데크(Deck, Double Ended Queue) : 리스트의 양쪽 끝에서 삽입과 삭제가 이루어진다.
④ 트리(Tree) : 비선형 구조로서 기억장소 할당, 정렬, 검색에 응용된다.
⑤ 카운터(Counter) : 입력펄스에 따라 레지스터의 상태가 미리 정해진 순서대로 변화하는 레지스터이다.

8 LISP는 함수기반 언어이다.

9 데이터 중복의 문제점 … 일관성 문제, 보안성 문제, 경제성 문제, 무결성 문제

10 ① Prolog : 인공지능 분야에서 사용하는 논리형 고급 프로그래밍 언어이다.
③ Java : Netscape사에서 개발한 일종의 웹 페이지용 프로그래밍 언어이다. Sun사의 Java언어를 웹 페이지의 필요성에 맞게 단순화하여, 사용하기 편리한 프로그래밍 언어이다.
④ C언어 : UNIX 오퍼레이팅 시스템의 기술에 사용할 것을 목적으로 설계한 언어로 컴퓨터의 구조에 밀착한 기초기술이 가능한 것과 간결한 표기가 될 수 있는 것 등을 특징으로 하는 언어이다.
⑤ APL : 수학원리에 기반을 둔 언어이다. 함수프로그래밍 방식의 언어(배열)이다.

11 DBMS를 구성할 시 일관성, 경제성, 보안성, 종속성, 중복성을 고려해야 한다.

12 속성(Attribute)에 대한 설명이다. 관계는 어떤 의미를 나타내는 정보의 대상이므로 개체와 같이 데이터베이스에 표현해야 한다.

13 운영체제는 '일괄처리 시스템 – 실시간처리 시스템 – 다중프로그래밍 시스템 – 다중처리 시스템 – 시분할처리 시스템 – 분산처리 시스템'의 발달과정을 거친다.

14 ① 1초당 100만 개 단위의 명령어 연산이란 뜻으로 컴퓨터의 연산속도를 나타내는 단위이다.
③ 1초당 처리하는 문자의 수이다.
④ 1분당 처리하는 페이지 수이다.
⑤ 1초당 1백만비트를 전송하는 속도이다.

15 RARP는 호스트의 물리주소를 이용하여 논리 주소인 IP주소를 얻어 오기 위해 사용되는 프로토콜이다.

16 ④ DNS(Domain Name System) : 계층적 이름 구조를 갖는 분산형 데이터베이스로 구성된다. https://www.goseowon.com일 경우 뒷부분 com의 주소, goseowon의 주소, www의 주소 순서로 해석한다.
① 라우터(Router) : 둘 혹은 그 이상의 네트워크를 연결해 한 통신망에서 다른 통신망으로 통신할 수 있도록 도와주는 장치이다.
② 모블로그(Moblog) : 휴대전화를 이용하여 컴퓨터상의 블로그에 글 · 사진 등의 콘텐츠를 올릴 수 있는 서비스이다.
③ CGI(Common Gateway Interface) : 웹 서버가 외부프로그램과 데이터를 주고받을 수 있도록 정의한 표준안이다.
⑤ FTP(File Transfer Protocol) : 인터넷상에서 한 컴퓨터에서 다른 컴퓨터로 파일전송을 지원하는 통신규약이다.

17 ② 프로토콜(Protocol) : 네트워크에서 어떠한 형식으로 데이터를 주고받을 것인가에 대해서 약속된 규약이다.
③ 라우터(Router) : 대규모 네트워크에 사용되는 초지능형 브리지이다.
④ 플러그 인(Plug In) : 웹브라우저 도움 프로그램으로 넷스케이프 네비게이터 Helper Application은 다른 응용프로그램을 새로 실행시켜야 한다는 단점을 가지고 있어 이를 보완하기 위해 만든 것이다.
⑤ 파이프라인(Pipe Line) : 하나의 프로세서를 서로 다른 기능을 가진 여러 개의 서브 프로세서로 나누어 각 프로세서가 동시에 서로 다른 데이터를 처리하도록 하는 기법이다.

18 ① **컴파일러(Compiler)** : 고급언어로 쓰인 프로그램은 그와 의미적으로 동등하여 컴퓨터에서 즉시 실행될 수 있는 형태의 목적 프로그램으로 바꾸어 주는 번역 프로그램이다.

② **인터프리터(Interpreter)** : 고급언어로 작성된 원시코드 명령문들을 한 줄씩 읽어들여서 실행하는 프로그램이다.

③ **서비스 프로그램(Service Program)** : 사용자들이 필요할 때 편리하게 이용할 수 있도록 한 프로그램이다.

⑤ **LAN(Local Area Network)** : 근거리 네트워크망이다.

19 병렬전송은 버스 내의 선의 개수가 레지스터를 구성하는 플립플롭의 개수와 일치한다. 플립플롭에는 RS, JK, D, T 플립플롭이 있다.

20 ① **EDSAC(Electronic Delay Storage Automatic Computer)** : 프로그램을 내장한 최초의 컴퓨터이다.

② **PCS(Personal Communication Services)** : 디지털 휴대폰이다.

④ **IBM 701** : IBM이 최초로 상업적 판매를 위해 개발한 컴퓨터이다.

⑤ **UNIVAC - 1** : 유니시스사의 세계 최초의 상업용 컴퓨터이다.

21 UL은 순서가 없다.

상식PLUS+ HTML 용어

㉠ UL : 순서가 없는 목록의 시작과 종료를 알려주는 태그이다.

㉡ OL : 순서가 있는 목록의 시작과 종료를 알려주는 태그이다.

22 **정보통신망 형태의 종류** … 성형(스타형), 망형(메쉬형), 링형(루프형), 버스형, 트리형

23 종합 서비스 디지털망(ISDN : Integrated Service Digital Network)은 전화망에서 모뎀 없이 데이터 전송이 가능하게 변화시킨 것으로 하나의 전화회선을 통해 음성, 데이터, 화상 등의 정보를 동시에 주고받을 수 있는 미래의 종합 서비스 디지털망이다.

상식PLUS+ ISDN 사용자 서비스

㉠ **베어러서비스(Bearer Service)** : 가입자 간의 정보의 전달기능을 제공한다.

㉡ **텔레서비스(Tele Service)** : 상위계층(OSI 계층 4, 5, 6, 7)의 기능을 포함하는 모든 계층의 표준화된 서비스를 제공한다.

㉢ **부가서비스(Supplementary Service)** : 음성, 영상 등의 기본 서비스에 추가된 새로운 서비스를 제공한다.

24 ① **WAN(Wide Area Network)** : 이해관계가 깊은 연구소, 다국적 기업, 상호 유대가 깊은 동호기관을 LAN으로 상호 연결시킨 망이다.

③ **MAN(Metropolitan Area Network)** : LAN의 서비스영역 협소와 WAN의 능률저하 및 일정 지역에 대한 비경제성을 극소화한 망이다.

④ **VAN(Value Added Network)** : 회선을 직접 보유하거나 통신사업자의 회선을 임차 또는 이용하여 단순한 전송기능 이상의 정보의 축적이나 가공, 변환 등의 부가가치를 부여한 음성, 데이터 정보를 제공해 주는 매우 광범위하고 복합적인 서비스의 집합이다.

⑤ **ISDN(Integrated Services Digital Network)** : 전화망에서 모뎀 없이 데이터 전송이 가능하게 변화시킨 것으로 하나의 전화회선을 통해 음성, 데이터, 영상 등의 정보를 동시에 주고받을 수 있는 미래의 종합 서비스 디지털망이다.

25 정보산업이 아닌 정보사회에 대한 설명이다. 정보사회는 컴퓨터와 정보통신이 결합하여 정보의 수집 · 가공 · 유통능력이 획기적으로 증대되면서, 정보의 가치가 산업사회에서의 물질이나 에너지 못지않게 중요시되는 사회이다. 정보산업은 정보의 생산 · 가공 · 축적 · 유통 · 판매 등 활동을 위한 산업과 그에 필요한 여러 장치를 제조하는 산업이다.

26 BETWEEN은 " ~ 부터 ~ 까지"라는 의미로 AND와 함께 사용한다.
UPDATE [table name]
SET [col1=new_data1], [col2=new_data2], ...
WHERE [target_col]=[value]: BETWEEN value1 AND value2:

상식PLUS⁺ 데이터 조작어(DML : Data Manipulation Language)

㉠ **데이터 검색** : SELECT[col1], [col2], ... FROM [table name] [option1] [option2], ...:
㉡ **데이터 수정** : UPDATE[table name] SET [col1 = new_data1], [col2=new_data2], ...
WHERE [target_col]=[value]:
㉢ **데이터 삭제** : DELETE FROM[table name] WHERE [target_col]=[value]:
㉣ **데이터 삽입** : INSERT INTO[table name] ([col1], [col2], ...) VALUES ([data1], [data2], ...):

27 ① **버스(Bus)**
㉠ **번지버스(Address Bus)** : 중앙처리장치와 기억장치 사이에서 기억장치의 번지를 공급하는 신호선이다.
㉡ **데이터버스(Data Bus)** : 데이터를 전송하는 신호선이다.
③ **스풀링(Spooling)**
㉠ 입출력 효율을 높이기 위해 내용을 디스크 등에 모았다가 처리하는 방식이다.
㉡ 디스크 일부를 매우 큰 버퍼처럼 사용하며 위치는 보조기억장치이다.
④ **DMA(Direct Memory Access)**
㉠ 주변 장치가 직접 메모리 버스를 관리하여 CPU를 거치지 않고 메모리 간에 입·출력 데이터를 전송하여 전송 속도를 향상시킨 방식이다.
㉡ DMA제어기가 CPU에 데이터 채널 요청을 하면 다음 사이클을 DMA인터페이스가 사용할 수 있게 하는 방식의 사이클 스틸(Cycle Steal)을 이용한 안정적이며 효율적인 기능이다.
⑤ **벡터 처리기(Vector Processor)** : 벡터 처리기는 다중 파이프라인 기능장치의 특성을 이용하여 벡터나 스칼라 등의 산술연산 및 논리연산을 고속으로 수행한다.

28 **대칭형 암호방식(Symmetric Cryptography)**
㉠ 대칭키 암호방식(Symmetric Key Cryptography) 또는 비밀키 암호방식(Secret Key Cryptography)
㉡ 암호화 키(Encryption Key)와 복호화 키(Decryption Key)는 동일

상식PLUS⁺ 암호방식(Asymmetric Cryptography)

㉠ 공개키 암호방식(Public Key Cryptography)이다.
㉡ 암호화 키와 복호화 키는 동일하지 않다.
㉢ 암호화 키와 복호화 키는 반드시 키짝(Key Pair)을 이룬다. 즉 공개키 암호방식에서 두 개의 키 즉 공개키(Public Key)와 개인키(Private Key)를 사용한다.
- 개인키는 외부로 유출되면 안 됨
- 공개키는 누구나 보관하고 사용가능

㉣ 공개키 암호방식에서 사용하는 두 개의 키 중 어느 하나의 키로 암호화하면, 반드시 나머지 다른 하나의 키만으로 복호화가 가능하다.
㉤ 공개키 암호화 → 개인키 복호화
개인키 암호화 → 공개키 복호화

29 • (a>>2) 오른쪽으로 2비트 쉬프트

• int a = 101 : $101 \times \frac{1}{2^2} = 101 \times \frac{1}{4} = 25$

• ((a>>2)<< 3) → (a>>2)의 결과를 <<3 왼쪽으로 3비트씩 쉬프트

$25 \times 2^3 = 25 \times 8 = 200$

• System.out.println((a>>2) << 3); → 200 출력

상식PLUS+ 쉬프트 연산자

비트를 몇 칸씩 옆으로 이동하는 연산

㉠ << : 이진법의 왼쪽 시프트 연산자로 왼쪽 피연산자를 오른쪽 피연산자의 비트 숫자만큼 왼쪽으로 이동한다.

㉡ >> : 이진법의 오른쪽 시프트 연산자로 왼쪽 피연산자를 오른쪽 피연산자의 비트 숫자만큼 오른쪽으로 이동한다.

30 〈stdio.h〉, main( ) 시작

int i, sum=0 : 선언, 둘 다 정수형태이며 sum의 값은 초기치 0이 있다.

for i=1; → for문(반복)

i〈=10; → 조건

i+=2 → 증가치

continue; → 1이 떨어져 나가면 블록 끝으로 이동했다가 다시 For문으로 이동하는 것이다.

% → 나머지 연산자

&& → AND 연산자(양쪽 모두 참일 경우 결과 값이 참)

• 실행순서 초기치 → 조건판단하며 만족하면 → 실행 → 증가 순으로 끝나면 다시 처음인 초기치로 가서 판단하면서 반복한다.
• i=1, i%2 && i%3 → 값이 참이면 continue;를 실행 시켜서 빠져나가고 거짓이면 sum 값에 누적시킨다.
• sum + = i; → sum=sum+i
• i=1, i%2 → 1 나누기 2를 하면 몫은 0이 되고 나머지는 1이 된다.
• i%3 → 1 나누기 3을 하면 몫은 0이 되고 나머지는 1이 된다.
• i%2 && i%3 → 1과 1의 AND는 결과가 참이기 때문에 그대로 빠져나간다.
• 증가 → i+=2 → i=i+2며 i 값이 1이 들어가서 2를 더하니 값은 3이 된다.
• i=3로 판단, i%2 && i%3 → 3%2 && 3%3 이 되어 3 나누기 2는 몫이 1이고 나머지는 1이 되며 3 나누기 3은 몫은 1이 되고 나머지는 0이 되므로 결과는 거짓이 되어 sum에 i를 누적시킨다. sum=0, i=3으로 sum 값은 3이 된다.
• 다시 반복하여 i+=2 → 3+2=5가 된다.
• i=5로 판단, i%2 && i%3 → 5%2 && 5%3이 되어 5 나누기 2를 하면 몫은 2, 나머지는 1이 되고 5 나누기 3을 하면 몫은 1, 나머지는 2가 된다. 0을 제외한 모든 숫자는 참으로 판단하기 때문에 그대로 빠져 나간다.
• 다시 반복하여 2가 증가하여 i=7로 판단, i%2 && i%3 → 7%2 && 7%3이 되어 7 나누기 2를 하면 몫은 3, 나머지는 1, 7 나누기 3은 몫은 2, 나머지는 1이 되어 참이 되어 그대로 빠져 나간다.
• 다시 반복하여 2가 증가하여 i=9로 판단, i%2 && i%3 → 9%2 && 9%3이 되어 9 나누기 2는 몫은 4, 나머지는 1이 되고 9 나누기 3은 몫은 3, 나머지는 0으로 거짓이 되어 sum에 i 값을 누적시킨다. 현재 sum 값은 3이며 i값 9가 들어와 12가 된다. sum=sum+i → 12=3+9
• 다시 반복하여 2가 증가하여 i=11로 판단, 조건을 판단하니 만족하지 않아 그대로 빠져 나온다.
• printf("%d \ n", sum) : > 정수형태로 줄바꿈하여 sum을 출력하는데 현재 sum에 기억된 입력값은 12이므로 결과는 12가 된다.

31 ③ **퍼셉트론(Perceptron)** : 프랑크 로젠블라트가 1957년에 고안한 알고리즘으로 인간의 신경 조직을 수학적으로 모델링하여 컴퓨터가 인간처럼 기억, 학습, 판단할 수 있도록 구현한 인공 신경망 기술이다.

① **빠른 정렬(Quick Sort)** : 주어진 입력 리스트를 피봇(Pivot) 또는 제어키(Control Key)이라 불리는 특정 키 값보다 작은 값을 가지는 레코드들의 리스트와 큰 값을 가지는 레코드들의 리스트로 분리한 다음, 두 개의 서브 리스트들을 재귀적으로 각각 재배열하는 과정을 수행하는 방식이다.

② **맵리듀스(MapReduce)** : 대용량 데이터 처리를 분산 병렬 컴퓨팅에서 처리하기 위한 소프트웨어 프레임워크이다.

④ **디지털 포렌식(Digital Forensics)** : 법정 제출용 디지털 증거를 수집하여 분석하는 기술이다.

⑤ **하둡(Hadoop)** : 대량의 자료처리가 가능한 오픈 자바 소프트웨어 프레임워크로 빅데이터를 처리하는 분산파일 시스템이다.

32 암호키와 암호를 해독하는 복호키 중 암호화 키를 외부에 공개하여, 상대방은 공개된 암호화 키를 이용하여 정보를 보내고, 자신은 자신만이 가진 복호화 키를 이용하여 수신된 정보를 해독할 수 있도록 한 정보 암호화 방식이다. 대표적인 공개키 암호 방식에는 RSA 알고리즘이 있다. 위 문제에서는 공개키 암호 방식을 전자서명에 적용한다고 하였는데 일반적으로 전자서명의 인증 과정은 RSA 알고리즘과는 반대 원리이며 비공개키 알고리즘과 공개키 알고리즘의 조합을 사용한다. 전자서명은 자신을 다수의 타인에게 증명하는 기능이므로, 암호화 과정에서 자신만 아는 비밀키(전자서명)를 사용한다. 암호화한 전자서명은 다수의 타인이 확인하므로 해독 과정에서는 공개키를 사용한다. 전자서명 과정에서 복잡하게 두 단계로 암호화하는 이유는 다음과 같다. 먼저 RSA 알고리즘을 사용해 암호화하는 과정은 전송 과정에서의 보안 문제를 해결하기 위함이다. 그런데 이렇게 전송 보안 문제를 해결하면 전자서명의 기본 목적인 인증 문제를 해결해야 하므로 비공개키인 전자서명을 사용해 암호화하는 과정도 필요하다.

33 파이썬(Python)은 1991년 프로그래머인 귀도 반 로섬이 발표한 고급 프로그래밍 언어이다. 플랫폼이 독립적이며 인터프리터식, 객체지향적, 동적 타이핑(Dynamically Typed) 대화형 언어이다.

34 게이트웨이(Gateway)는 전송 ~ 응용계층까지의 영역에서 망을 연결한다. 두 노드가 서로 통신하려면 동일한 프로토콜(통신규약)에서 행해져야 하는데 게이트웨이는 서로의 프로토콜을 적절히 변환시켜 통신을 가능하게 한다.

35 코드는 사용자가 편리하게 다룰 수 있어야 하며 컴퓨터 처리가 용이하여야 한다. 또 코드가 단순명료해야 하고 일관성이 있어야 한다.

36 ④ 마이데이터 산업이 도입되기 전에 사용한 데이터 수집방식이다.

② 인증 · 암호화 · 무결성을 위한 표준 프로토콜을 안전하게 통신하기 위해 TLS 기반의 상호인증을 사용한다.

⑤ JWS(JSON Web Signature)는 토큰을 생성하기 위한 JSON 기반의 공개 표준이다.

37 금융회사의 앱(App)상 인증서 등 접근매체 발급 · 갱신, 금융서비스 로그인과 같은 절차에서부터, 금융거래 지시 · 무결성을 위한 표준 프로토콜을 안전하게 통신하기 위해 TLS 기반의 상호인증을 사용한다.

38 은행에서 신용평가를 받지 않아도 된다.

상식PLUS⁺ P2P(Peer to Peer)

인터넷에서 개인과 개인이 직접 파일을 공유하는 것을 말한다. 모든 참여자가 공급자인 동시에 수요자가 되는 형태이며, 이용자의 저장장치를 공유시켜 주기만 하면 되기 때문에 중앙에서 별도의 저장 및 관리가 필요하지 않다.

39 WAN에 대한 특징이다. LAN은 빌딩 또는 캠퍼스 범위 안에서 사용이 가능하다.

40 ① NFC 기술이 무선 데이터 공유가 가능하지만 근거리에 한하여 가능하다. 중거리에 있는 무선 데이터 공유는 불가능하다.
②③④⑤ 근거리에 있는 경우라면 접촉을 하지 않고 카드결제가 가능하며, 핸드폰 화면을 TV에서 미러링 기능을 통해 볼 수 있다. 또한 케이블을 연결하지 않고 프린터를 연결할 수 있다. 또한 태그에 저장된 개인정보를 통해 교통카드 기능으로 활용이 가능하다.

41 ① **IPO(Initial Public Offering)** : 기업이 주식을 최초로 외부 투자자에게 공개 매도하는 것을 의미한다.
② **FDS(Fraud Detection System)** : 이상금융거래를 탐지하는 시스템으로 수집된 패턴을 통해 이상 결제를 잡아내는 시스템이다.
③ **POW(Proof of Work)** : 가상자산을 채굴하는 방식 중에 하나이다. 참여자가 나눠가진 블록에 암호를 채굴하면 가상자산으로 보상을 하는 방식을 의미한다.
④ **증권형토큰공개(Security Token Offering)** : 회사 자산을 주식처럼 가상화폐로 발행하여 소유자가 배당, 이자, 지분 등을 주식처럼 취득이 가능하도록 설계한 것이다.

42 온라인에서 개인정보보호와 관련된 규제 및 감독의 주체는 모두 개인정보보호위원회에서 한다.

43 ① **5G(5th Generation Mobile Telecommunication)** : 5세대 이동통신으로 최대속도가 20Gbps인 이동통신기술이다.
② **데이터 마이닝(Data Mining)** : 다양한 데이터 가운데 유용한 정보를 추출하여 선택에 이용하는 과정이다.
③ **OLAP(Online Analytical Processing)** : 사용자가 대용량 데이터를 편리하게 추출·분석하도록 도와주는 비즈니스 인텔리전스(Business Intelligence) 기술이다.
⑤ **머신러닝(Machine Learning)** : 인공지능의 한 분야로 컴퓨터를 통해 인간의 능력을 실현하기 위한 기술이다. 컴퓨터가 다양한 데이터를 통해 패턴을 찾아내는 방법이다.

44 ② **어뷰징(Abusing)** : '오용, 남용, 폐해'라는 의미로 클릭수를 조작하는 것이다. 검색으로 클릭수를 늘려 중복적으로 내용을 보여주어 인기 탭에 콘텐츠를 올리기 위한 행위이다. 언론사에서 동일한 제목의 기사를 끊임없이 보내어 의도적으로 클릭수를 늘리는 것이다.
① **파밍(Pharming)** : 인터넷 사기수법 중에 하나이다. 웹사이트를 금융기관이나 공공기관 사이트의 도메인을 탈취하여 사용자가 속게 만드는 것이다.
③ **바이럴마케팅(Viral Marketing)** : 마케팅기법 중에 하나로 소비자가 직접 기업이나 상품을 홍보하는 형태의 입소문 마케팅을 하는 것을 말한다.
④ **그레셤의 법칙(Gresham's Law)** : 악화(惡貨)는 양화(良貨)를 구축한다는 의미로 소재가 좋지 않은 화폐라 좋은 화폐를 몰아낸다는 의미이다.
⑤ **스파이웨어(Spyware)** : 팝업 광고나 특정 웹 사이트로 유도하여 컴퓨터에서 중요 정보를 빼가는 프로그램을 의미한다.

45 ① **화이트 해커** : 인터넷 시스템과 개인 컴퓨터 시스템을 파괴하는 블랙 해커와 대비되는 개념이다. 보안 시스템의 취약점을 발견하고 관리자에게 제보하여 블랙 해커의 공격을 해방하기도 한다.
② **엘리트 해커** : 화이트 해커 중 설계를 분석하고 취약점을 찾아내 공격 시나리오를 짤 수 있는 최고 수준의 인력을 말한다.
④ **해커톤** : 마라톤처럼 일정한 시간과 장소에서 프로그램을 해킹하거나 개발하는 행사를 말한다.
⑤ **컴파일러** : 고급 언어로 쓰인 프로그램을 즉시 실행될 수 있는 형태의 프로그램으로 바꾸어 주는 번역 프로그램을 말한다.

46 모바일 플랫폼 기업이 자국에 납부하는 디지털 매출 세금과 별개의 세금이다. 일명 구글세라고 불린다.

상식PLUS⁺ 디지털세

구분	내용
대상	• 글로벌 매출 200억 유로(한화 약 27조 원)·이익률 10% 이상의 다국적 기업 • 규제되는 금융업이나 채굴업 제외, 우리나라는 삼성전자와 SK하이닉스가 디지털세 대상이다.
부과 방식	통상이익(매출의 10%)을 초과하는 이익 중 25%의 과세권을 국가별 매출 비중에 따라 배분

47 빅데이터가 다양한 가치를 만들어내기 시작하면서 사람들은 빅데이터를 '원유'에 비유하기 시작했다. 기름이 없으면 기기가 돌아가지 않듯, 빅데이터 없이 정보시대를 보낼 수 없다는 의미에서다. 미국의 시장조사기관 가트너는 "데이터는 미래 경쟁력을 좌우하는 21세기 원유"라며 "기업들은 다가오는 데이터 경제시대를 이해하고 이에 대비해야 한다."라고 강조했다. 21세기 기업에게 가장 중요한 자산은 '데이터'이며 이를 관리하고 여기서 가치를 이끌어내지 못하면 경쟁에서 살아남을 수 없다는 뜻이다. 빅데이터는 '빅(Big)+데이터(Data)'식의 단순 합성어가 아니다. 빅데이터를 '어마어마하게 많은 데이터'라는 식으로 받아들이면 본질적인 의미와 가치를 놓치게 된다. 기존의 기업 환경에서 사용되는 '정형화된 데이터'는 물론 메타정보와 센서 데이터, 공정 제어 데이터 등 미처 활용하지 못하고 있는 '반정형화된 데이터', 여기에 사진, 이미지처럼 지금까지 기업에서 활용하기 어려웠던 멀티미디어 데이터인 '비정형 데이터'를 모두 포함하는 것이 빅데이터이다.

48 애자일(Agile)은 문서작업 및 설계에 집중하던 개발 방식에서 벗어나 좀 더 프로그래밍에 집중하는 개발방법론이다. 애자일(Agile)이란 단어는 '날렵한', '민첩한'이란 뜻을 가진 형용사이다. 애자일 개발방식은 정해진 계획만 따르기보다 개발 주기 혹은 소프트웨어 개발 환경에 따라 유연하게 대처하는 방식을 의미한다.

49 시장의 수요와 공급에 따라 교환가치가 달라지는 것은 민간 발행 암호화폐의 특징이다. 중앙은행 디지털화폐는 액면가가 고정되어 있으며 법정화폐 단위로서 법정통화와 일대일로 교환이 보장된다.

50 블록체인(Block Chain)은 블록에 데이터를 담아 체인 형태로 연결하여 동시에 수많은 컴퓨터에 복제하여 저장하는 분산형 저장기술을 말하며, 공공 거래 장부라고도 불린다. 참여자들은 원장을 공유함으로써 모든 정보에 접근이 가능하며, 합의 과정을 통해 신뢰성이 보장된다.

51 블록체인 기술을 활용한 사례이다. 정보가 거래 참여자들에게 분산 · 저장되어 위 · 변조가 어려우므로 신뢰성이 높다는 장점을 이용한 것이라 할 수 있다.

52 ① VDI(Virtual Desktop Infrastructure) : 데스크톱 가상화를 의미한다. 실제 존재하지 않는 컴퓨터가 가상공간 안에 존재하면서 사용자가 자유롭게 컴퓨터를 사용하고 접근할 수 있는 기술이다.
② VM(Virtual Machine) : 애플리케이션을 실행하는 모바일 운영체제를 의미한다.
③ VPN : 침입을 탐지하는 보안 시스템 중에 하나이다.
④ PaaS : 소프트웨어 개발할 때 사용되는 플랫폼이다.
⑤ JDBC : 자바 프로그램에서 SQL을 실행하기 위한 응용프로그램을 의미한다.

53 이중지불(Double Spending)은 만일 악의를 가진 사람이 동시에 각각 다른 유저에게 암호화폐(비트코인, 이더리움 등)를 사용할 경우 이를 '이중지불'이라 한다. 이중지불의 문제를 해결하는 것이 암호화폐의 핵심 기능이라 할 수 있다. 비트코인 채굴과 블록체인은 이중지불을 방지하는 데 그 목적이 있으며, 이로써 네트워크가 어떤 비트코인 거래들이 유효한 것인지를 확인하고 합의할 수 있다.

54 제로 UI(Zero UI)는 기존의 그래픽 유저 인터페이스(GUI)로 인식되던 개념에서 벗어난 것으로, 햅틱 피드백, 상황 인식, 제스처, 음성 인식 등 자연스러운 상호작용을 사용하는 새로운 디바이스 사용방식을 말한다.

55 DAO는 특정한 목표를 성취하기 위해 모인 사람들이 협업대상을 찾아 투자금을 모으는 펀딩 방식으로 상향식 투자이다.

56 ① V2V(Vehicle to Vehicle) : 차량과 차량 간의 통신
② V2I(Vehicle to Infrastructure) : 차량과 인프라 간의 통신
⑤ V2N(Vehicle to Nomadic Device) : 차량과 모바일 기기 간의 통신
④ V2P(Vehicle to Pedestrian) : 차량과 보행자 간의 통신

57 ① **인공 신경망(Artificial Neural Network)** : 인간의 신경처리 과정을 모방하여 만든 알고리즘을 말한다.
③ **가상현실(Virtual Reality)** : 컴퓨터에서 만들어진 가상현실을 말한다.
④ **생성적 대립 신경망(Generative Adversarial Network)** : 딥러닝 알고리즘으로 진짜와 똑같은 가짜를 생성하여 이를 판별하여 학습하고 진짜와 같은 가짜를 만드는 기술이다.
⑤ **뇌 – 컴퓨터 인터페이스(Brain – Computer Interface)** : 뇌 – 컴퓨터 인터페이스로 뇌파를 이용하여 컴퓨터에서 해석할 수 있는 인터페이스를 말한다.

58 분산 식별자(Decentralized Identifiers)는 블록체인 기술로 구축한 전자신분증으로 개인정보를 암호화한 뒤 블록 단위로 구성한 뒤에 개인 전자기기에 저장하는 것이 특징이다.

59 ⑤ 4G에서는 음성서비스에만 별도의 QoS를 제공하였지만 5G에서는 네트워크 슬라이싱을 통해 다수의 가상 네트워크로 분리하여 맞춤형 서비스를 제공한다.
① Massive MIMO는 다수의 사람들이 안테나 배열을 활용한 무선 자원을 동시에 사용하는 기술이다.
② 주파수 대역폭이 크고 더 많은 데이터를 사용하여 빠른 전송속도를 제공한다.
③ 초고주파의 물리적 특성의 한계를 극복하기 위해 5G표준기술로 사용한다. 빔포밍 기술은 다량의 안테나의 신호를 특정방향으로 집중 · 조절이 가능한 기술이다.
④ 3GPP(3rd Generation Partnership Project)는 이동통신 표준화 기술협력기구로 2018년 6월 5G망 통신표준규격 SA를 발표했다.

60 ② **Argos** : 아르고스는 국회도서관이 보유한 입법, 정치 등의 다양한 데이터를 유합 분석하는 시스템이다.
③ **Random Stow** : 랜덤스토는 물류 소프트웨어가 알고리즘을 통해 제품별로 배치 및 설계하여 한정된 공간을 최대한 활용하도록 하는 시스템이다.
④ **Cross Ply** : 크로스 플레이는 다양한 기기에서 똑같은 게임을 즐길 수 있는 시스템으로, 모바일 게임을 PC에서도 구동하는 시스템이다.
⑤ **RPA** : 로보틱 처리 자동화로, 로봇 소프트웨어를 통해 반복업무를 자동화하여 처리하는 기술이다.

04 금융·경제·보험 예상문제

1	①	2	③	3	②	4	④	5	①	6	④	7	①	8	①	9	④	10	③
11	③	12	③	13	④	14	③	15	①	16	②	17	③	18	④	19	②	20	①
21	②	22	①	23	⑤	24	②	25	②	26	②	27	⑤	28	③	29	④	30	④
31	③	32	①	33	①	34	②	35	②	36	④	37	③	38	③	39	②	40	①
41	①	42	②	43	②	44	③	45	⑤	46	②	47	④	48	④	49	①	50	①
51	①	52	③	53	②	54	①	55	④	56	①	57	①	58	④	59	①	60	④

1 ① **디폴트(Default)** : 채무자가 민간 기업인 경우에는 경영 부진이나 도산이 원인이 될 수 있으며, 채무자가 국가인 경우에는 전쟁, 내란, 외화 준비의 고갈에 의한 지급 불능 등이 원인이 된다.
② **환형유치(換刑留置)** : 벌금이나 과료를 내지 못하는 범죄자에게 교도소에서 노역으로 대신하도록 하는 제도이다.
③ **엠바고(Embargo)** : 일정 시점까지 한시적으로 보도를 중지하는 것을 말한다.
④ **워크아웃(Workout)** : 기업의 재무구조 개선 작업을 말한다.
⑤ **법정관리(法定管理)** : 파산위기의 기업이 회생가능성이 보이면 기업의 활동과 관련된 전반적인 것을 대신 관리해주는 제도이다.

2 ① **종합소득세** : 이자 · 배당 · 사업(부동산임대) · 근로 · 연금 · 기타소득 등의 종합소득에 부과하는 세금이다.
② **부가가치세** : 상품(재화)의 거래나 서비스(용역)의 제공과정에서 얻어지는 부가가치(이윤)에 대하여 과세하는 세금이다.
④ **양도소득세** : 개인이 토지, 건물 등 부동산이나 주식 등과 파생상품의 양도 또는 분양권과 같은 부동산에 관한 권리를 양도함으로 인하여 발생하는 이익(소득)을 과세대상으로 하여 부과하는 세금이다.
⑤ **상속세** : 사망으로 그 재산이 가족이나 친족 등에게 무상으로 이전되는 경우에 당해 상속재산에 대하여 부과하는 세금이다.

3 ② **리카도 효과(Ricardo Effect)** : 호경기에 소비재 수요증가와 더불어 상품의 가격상승이 노동자의 화폐임금보다 급격히 상승하게 되면서 노동자의 임금이 상대적으로 저렴해지는 경우 기업은 기계를 대신 사용하려는 경향이 발생한다.
① **전시 효과(Demonstration Effect)** : 미디어 등 사회의 소비 영향을 받아 타인의 소비를 모방하려는 성향을 말한다.
③ **톱니 효과(Ratchet Effect)** : 생산 또는 수준이 일정 수준에 도달하면 이전의 소비 성향으로 돌아가기 힘든 현상을 말한다.
④ **베블런 효과(Veblen Effect)** : 가격상승에도 과시욕이나 허영심 등으로 수요가 줄지 않는 현상을 말한다.
⑤ **피구 효과(Pigou Effect)** : 물가하락에 따른 자산의 실질가치 상승이 소비를 증가시키는 현상을 말한다.

4 ④ **모라토리엄(Moratorium)** : 대외 채무에 대한 지불유예(支拂猶豫)를 말한다. 신용의 붕괴로 인하여 채무의 추심이 강행되면 기업의 도산이 격증하여 수습할 수 없게 될 우려가 있으므로, 일시적으로 안정을 도모하기 위한 응급조치로 발동된다.
① **모블로그(Moblog)** : 모바일과 블로그를 합친 신조어로 때와 장소에 구애받지 않고 블로그를 관리할 수 있어 인기를 끌고 있다.
② **모라토리엄 신드롬(Moratorium Syndrome)** : 1960년대에 들어 지적, 육체적, 성적인 면에서 한 사람의 몫을 할 수 있으면서도 사회인으로서의 책임과 의무를 짊어지지 않는 것을 의미한다.
③ **서브프라임 모기지론(Subprime Mortgage Loan)** : 신용등급이 낮은 저소득층을 대상으로 주택자금을 빌려주는 미국의 주택담보대출 상품이다.
⑤ **디플레이션(Deflation)** : 물가가 하락하고 경제활동이 침체되는 현상을 말한다.

5 ① 블랙 스완(Black Swan) : 극단적 예외사항이라 발생 가능성이 없어 보이지만 발생하면 엄청난 충격과 파급효과를 가져오는 것을 말한다.
② 그레이 스완(Gray Swan) : 이미 알고 있는 사항이지만 대처 방법이 모호하여 위험 요인이 계속 존재하는 상태를 말한다.
③ 어닝 쇼크(Earning Shock) : 기업이 예상보다 저조한 실적을 발표하여 주가에 영향을 미치는 현상을 말한다.
④ 더블 딥(Double Dip) : 경기침체 후 잠시 회복기를 보이다가 다시 침체에 빠지는 이중침체 현상을 말한다.
⑤ 유동성 함정(Liquidity Trap) : 시장에 현금이 흘러 넘쳐 구하기 쉬우나 기업의 생산 및 투자와 가계의 소비가 늘지 않아 경기가 나아지지 않고 마치 함정에 빠진 것처럼 보이는 상태를 말한다.

6 ④ 크림 스키밍(Cream Skimming) : 원유에서 맛있는 크림만을 골라 먹는데서 유래한 단어로 기업이 이익을 창출할 것으로 보이는 시장에만 상품과 서비스를 제공하는 현상을 뜻한다. 1997년 세계무역기구(WTO) 통신협상 타결 뒤 1998년 한국 통신시장이 개방하면 자본과 기술력을 갖춘 다국적 통신사가 국내 통신사업을 장악한다는 우려와 함께 '크림 스키밍'이 사용되었다.
① OSJD(Organization for the Cooperation of Railways) : 1956년 사회주의 국가 및 동유럽 국가를 중심으로 구성된 국제철도협력기구로 철도 교통 신호, 표준 기술, 통행료, 운행 방식 등에서 통일된 규약을 마련한다.
② 스마일 커브(Smile Curve) : 제품의 연구개발 단계부터 생산 및 마케팅에 이르기까지의 부가가치를 곡선으로 나타낸 것이다.
③ 코드커팅(Cord Cutting) : 유로 방송 시청자가 가입을 해지하고 새로운 플랫폼으로 이동하는 것을 말한다.
⑤ 스놉 효과(Snob Effect) : 특정 상품에 대한 소비가 증가하면 오히려 수요가 줄어드는 현상을 말한다.

7 환율이 상승하면 수출이 증가하고, 수입은 줄어들게 된다. 환율이 하락할 시 물가 안정 및 외채 부담 감소 등의 긍정적인 효과가 있는 반면에 수출과 해외 투자가 줄어들고 핫머니 유입 등 부정적인 효과를 가져 올 수 있다.

8 ②③④⑤ 소득을 평등하게 만드는 요인이다.

상식PLUS⁺ 지니계수(Gini's Coefficient)

계층 간 소득분포의 불균형과 빈부격차를 보여주는 수치이다. 0에서 1까지의 값을 가지는 것으로 이 값이 클수록 소득분배가 불균등하다.

9 영기준예산제도(Zero Base Budgeting System) … 모든 예산 항목에 대해 전년도 예산에 기초하지 않고 '0'을 기준으로 재검토하여 예산을 편성하는 방법이다. 장점으로는 '사업의 전면적인 재평가와 자원배분의 합리화', '국가재정과 예산 운영의 신축성, 강력성 제고', '하의상달과 관리자의 참여 촉진', '국민의 조세부담 완화와 감축관리를 통한 자원난 극복'이 있다.

10 마찰적 실업(Frictionai Unemployment) … 노동자가 자신에게 더 나은 조건의 직장을 찾기 위해 갖는 일시적 실업상태를 말한다. 마찰적 실업은 노동시장에 대한 정보부족 내지는 노동의 이동성 부족이 원인이므로 취업에 대한 정보를 적절한 시기에, 효율적으로 제공하는 것이 중요하다.

11 사채는 일정 기간 내에 일정 금액으로 상환된다.

상식PLUS⁺ 주식

주식회사가 발행한 출자증권이다. 사채(社債)는 주식회사가 일반 대중에게 자금을 모집하기 위해 발행하는 채권을 말한다.

12 ③ SRI지수(Socially Responsible Investment Index) : 사회책임투자 또는 지속가능책임투자의 준말로 사회적이거나 환경적인 책임을 다하고 있는 기업들을 묶어서 만든 주가지수이다.
① 엥겔지수(Engel Coefficient) : 경제학에서 총지출에서 식료품비 지출이 차지하는 비율을 계산한 값을 엥겔지수(엥겔계수)라고 한다. 엥겔지수가 저소득 가계에서 높고 고소득 가계에서 낮다는 통계적 법칙을 엥겔의 법칙이라고 한다.
② 거래량지수(去來量指數) : 재화(財貨)의 거래량을 일정한 단계에서 종합적으로 파악하여 경제활동 규모의 변동을 측정하기 위한 종합지수를 말한다.
④ 가격지수(價格指數) : 어느 일정한 시기를 기준으로 하여 개별상품의 시기에 따른 가격변동을 지수로 나타낸 수치이다.
⑤ 슈바베지수(Schwabe Index) : 가계 소득 대비 주거비용이 차지하는 비율을 나타낸다. 고소득층일수록 슈바베지수는 낮다.

13 ④ **Gray Fund(하이일드펀드, 그레이펀드)** : 수익률은 매우 높지만 신용도가 낮아 정크본드라고 불리는 고수익 · 고위험 채권을 편입하는 펀드를 말한다. 채권의 신용등급이 투자 부적격(BB+ 이하)인 채권을 주로 편입해 운용하는 펀드이므로 발행자의 채무불이행위험이 정상채권보다 상당히 높다.

① **Mutual Fund(뮤추얼펀드)** : 투자자들이 맡긴 돈을 굴려 수익을 돌려주는 간접 투자상품으로 각각의 펀드가 하나의 독립된 회사로 만들어지고 투자자는 여기에 출자하는 방식이어서 회사형으로 분류된다.

② **Off Shore Fund(역외펀드)** : 외국의 자산운용 회사가 국내에서 자금을 모아 외국에 투자하는 펀드로, 해외에서 만들어 운용하므로 국내법의 적용을 받지 않는다.

③ **Spot Fund(스폿펀드)** : 투자신탁들이 일정한 수익률을 올려주겠다고 고객들에게 약속한 후 목표수익률을 달성하면 만기 이전이라도 환매수수료 없이 투자자에게 원금과 이자를 돌려주는 초단기 상품이다.

⑤ **Private Placement Fund(사모펀드)** : 특정 소수에게 투자기회를 주는 펀드로 고액자산가를 대상으로 모집한다.

14 ③ **Lf(금융기관유동성)** : 전체 금융기관의 자금상황을 나타내는 지표로, 과거 M3라 하였으나 Lf로 변경하였다.

① **M1** : 민간부문이 보유하는 현금과 예금은행 요구불예금의 합계를 일컫는다.

② **M2** : M1보다 넓은 의미의 통화지표로 현금, 요구불예금뿐만 아니라 저축성예금과 거주자 외화예금까지 포함한다.

④ **현금통화** : 지급수단으로 사용되는 기본적인 통화를 일컫는다.

⑤ **결제성 예금** : 예금 취급 기관의 요구불예금, 저축 예금, 단기 금융 펀드 등의 예금을 총칭하여 일컫는다.

15 ① **프로젝트 파이낸싱** : 은행은 부동산 담보나 지급보증이 있어야 대출이 가능하지만 프로젝트 파이낸싱은 담보 없이 미래의 대규모 투자사업의 수익성을 보고 거액을 대출해준다.

② **액면병합** : 액면분할의 상대적 개념으로 액면가가 적은 주식을 합쳐 액면가를 높이는 것을 말한다.

③ **파생금융상품** : 외환 · 예금 · 채권 · 주식 등과 같은 기초자산으로부터 파생된 금융상품이다.

④ **온디맨드** : 모바일 기술 및 IT 인프라를 통해 소비자의 수요에 즉각적으로 서비스나 제품을 제공하는 것이다.

⑤ **선도거래** : 매매 당사자 간 합의에 따라 이루어지는 거래를 말한다.

16 국내에서 이뤄지는 활동을 통한 비용만 GDP에 영향을 준다. 우리나리에 위치하는 농림어업, 제조업, 광공업, 전기가스 수도업, 건설업, 서비스업, 세금 등은 GDP에 영향을 준다.

17 ③ **희소성의 원칙** : 자원은 한정되어 있으나 더 많이 생산하고 더 많이 소비하려는 인간의 욕망은 자원의 희소성으로 인하여 제한되므로, 경제활동은 항상 선택의 문제에 직면하게 되다.

① **이윤극대화의 원칙** : 기업이 수입과 비용의 차액인 이윤을 극대화하는 행동원리를 말한다.

② **한계효용의 체감의 법칙** : 재화나 서비스 소비량이 증가할수록 재화와 서비스의 한계효용이 감소하는 현상을 말한다.

④ **3면 등가의 원칙** : 국민소득을 측정할 때 생산국민소득과 분배국민소득, 지출국민소득의 세 가지 값이 동일하다는 원칙을 말한다.

⑤ **조세평등의 원칙** : 조세의 부담이 수직적으로나 수평적으로나 공평하게 국민들 사이에 배분되도록 세법을 제정해야 한다는 원칙을 말한다.

18 ④ **관성 효과(Ratchet Effect)** : 소득이 높았을 때 굳어진 소비 성향은 소득이 낮아져도 변하지 않는 현상으로 톱니 효과라고도 한다. 관성 효과가 작용하면 소득이 감소하여 경기가 후퇴할 때 소비 성향이 일시에 상승한다.

① **가격 효과(Price Effect)** : 재화의 가격변화가 수요(소비)량에 미치는 현상을 말한다.

② **잠재가격(Shadow Price)** : 상품의 기회비용을 반영한 가격을 말한다.

③ **의존 효과(Dependence Effect)** : 소비자의 수요가 소비자 자신의 욕망에 의존하는 것이 아니라 광고 등에 의존하여 이루어지는 현상을 말한다.

⑤ **구축 효과(Crowdout Effect)** : 정부가 경기부양을 위하여 재정지출을 늘려도 그만큼 민간소비가 줄어들어 경기에는 아무런 효과를 불러오지 못 하는 현상을 말한다.

19 ② Odd Pricing : 단수가격전략을 의미하며 소비자의 심리를 고려한 가격 결정 방법 중 하나이다.
① Price Lining : 가격라인을 결정하는 방법이다.
③ Prestige Pricing : 가격 결정 시 해당 제품의 주 소비자 층이 지불할 수 있는 가장 높은 가격을 설정하는 전략을 말한다.
④ Loss Leader : 원가보다 싸게 팔거나 일반 판매가보다 싼 가격으로 판매하는 상품을 말한다.
⑤ Unit Pricing : 표준단위당 가격을 표시하는 정책을 말한다.

20 지니계수(Gini's Coefficient)는 이탈리아의 통계학자 지니의 법칙에 따라 나온 계수로, 소득분배의 불평등을 나타내는 수치이다. 분포의 불균형을 의미하며 소득이 어느 정도 균등하게 분배되어 있는가를 나타내는데, 0이면 완전 평등한 상태이고 1이면 완전 불평등한 상태를 의미한다.

21 ② 콤비나트(Combinat) : 생산 공정이 연속되는 다수의 공장을 유기적으로 결합시킴으로써 원자재의 확보, 원가의 절감, 부산물이나 폐기물의 효율적 이용 등의 합리화를 꾀하는 기업결합체이다.
① 트러스트(Trust) : 몇몇의 기업이 시장독점을 위해 공동지배 하에 결합하여 통일체를 형성하는 기업의 형태로, 이들 기업은 법률상 · 경제상의 독립성이 없는 점에서 카르텔과 다르다.
③ 신디케이트(Syndicate) : 가장 강력한 카르텔 형태로서, 시장통제를 목적으로 가맹기업들이 협정에 의하여 공동판매 기관을 설치하고 기업의 생산물을 일괄 공동판매 하여 그 수익을 공동분배 하는 카르텔을 말한다.
④ 카르텔(Cartel) : 동종사업에 종사하는 기업 간에 서로의 독립을 인정하면서 제조 · 판매 · 가격 등을 협정하여 무모한 경쟁을 없애고, 비가맹자의 침투를 막아 시장을 독점함으로써 이윤을 증대시키는 기업의 결합형태이다.
⑤ 조인트벤처(Joint Venture) : 2인 이상의 업자 간에 단일특정의 일을 행하게 하는 출자계약 또는 공동계약을 말한다.

22 ② 보완재(Complement Goods) : 한 재화씩 따로 소비하는 것보다 두 재화를 함께 소비하는 것이 더 큰 만족을 주는 재화의 관계를 말한다.
③ 독립재(Independent Goods) : 한 재화의 가격이 다른 재화의 수요에 아무런 영향을 주지 않는 재화의 관계를 말한다.
④ 정상재(Normal Goods) : 우등재 또는 상급재라고도 하며 소득이 증가(감소)하면 수요가 증가(감소)하여 수요곡선 자체가 우상향(좌상향)으로 이동한다
⑤ 열등재(Inferior Goods) : 소득이 증가(감소)하면 수요가 감소(증가)하며, 수요곡선 자체가 좌하향(우상향)으로 이동한다.

23 가계가 소비하는 서비스의 가격수준 및 변동 파악은 소비자 물가지수의 목적이다.

상식PLUS+ 생산자 물가지수(PPI : Producer Price Index)

국내시장의 제1차 거래단계에서 기업 상호 간에 거래되는 상품과 서비스의 평균적인 가격변동을 측정하기 위하여 작성되는 물가지수이다.

24 레온티에프 역설(Leontief Paradox)은 미국의 무역 데이터를 분석한 결과, 자본이 풍부한 미국이 노동집약적인 제품을 더 많이 수출하고, 자본집약적인 제품을 수입한다는 점을 발견한 것이다. 이는 자본이 풍부한 국가는 자본집약적 재화를 수출하고 노동집약적 재화를 수입한다는 헥셔-올린 이론을 반박하는 사례로 자주 언급된다.

25 2차 가격차별 형태이다.

상식PLUS⁺ 가격차별의 형태

㉠ 1차 가격차별

- 동일한 상품일지라도 소비자 개개인이 얻는 효용은 모두 다르다. 따라서 각각의 소비자는 상품에 대한 가격지불의사 또한 다르다. 1차 가격차별은 이러한 개별 소비자의 지불의사에 가격을 부과하는 것으로 상품을 지불할 수 있는 금액을 모두 부과하므로 소비자 편익은 남지 않으며 모두 기업이윤으로 귀속되는 가격정책이다.
- 기업이 개별 소비자가 얻는 효용을 완전하게 알고 있을 때에 가능하므로 현실에서 예를 찾아보기 힘들다.

㉡ 2차 가격차별

- 재화의 구입량에 따라 가격을 다르게 설정하는 것을 말한다.
- 2차 가격차별은 1차 가격차별보다 현실적이며 현실에서 그 예를 찾기 쉽다.
- 전화의 사용량에 따라 그 요금의 차이가 나는 것은 2차 가격차별의 예이다.

㉢ 3차 가격차별

- 소비자의 특징에 따라 시장을 분할하여 각 시장마다 서로 다른 가격을 설정한다.
- 극장에서 심야시간대와 일반시간대의 입장료가 다른 것을 말한다.
- 각 시장마다 소비자들의 수요에 대한 가격탄력성이 다르므로 이윤극대화를 달성하기 위해서는 수요의 가격탄력성이 작은 시장에 높은 가격, 수요의 가격탄력성이 큰 시장에 낮은 가격을 설정한다.

26 ① 극장 관람과 비디오 시청은 서로 '대체재'의 성격을 갖고 있다.

③⑤ 조조할인 제도는 극장이 동일한 영화에 대한 관람객의 특성(수요의 가격탄력성)에 따라 다른 가격을 책정하여 이윤을 높이는 가격차별 전략이다.

④ 외부 음식물 반입을 금지하면서 시중보다 높은 가격을 받고 있는 극장 내의 매점은 '진입장벽'을 통해 독점의 이익을 누리고 있다.

상식PLUS⁺ 외부 효과(External Effect)

경제활동과 관련하여 타인에게 의도치 않은 효과를 발생시키는 현상이다. 시장 가격과 별개로 다른 소비자에게 의도하지 않은 혜택이나 손해를 입히는 경우를 말한다. 이익을 주는 긍정적 외부 효과를 외부경제라고 하며 손해를 끼치는 부정적 외부 효과를 외부불경제라고 한다.

27 경쟁 관계에 있는 제품이란 소비자가 잠재적으로 대체하여 선택할 수 있는 재화이다. 소비자가 다른 회사의 휴대폰을 쓸 것인지, 과거의 제품을 그대로 사용할 것인지, 또는 새로운 제품의 발매를 기다릴지를 고려해야 한다.

28 예금자보호법은 뱅크 런 사태를 막고자 예금보험공사가 해당 금융기관을 대신하여 예금자에게 원리금의 전부 또는 일부를 지급하는 제도이다. 은행의 예금은 보호되나 투자는 보호되지 않는다. 은행의 주택청약종합저축은 국민주택기금조성 재원으로 정부가 대신 관리하며, 은행의 후순위채권 및 양도성예금증서, 보험회사의 보증보험계약은 보호되지 않는다.

29 ㉠ 리보 금리(LIBOR) : 국제금융거래에서 기준이 되는 런던은행 간 금리를 말하며, 국제금융에 커다란 역할을 하고 있어 이 금리는 세계 각국의 금리결정에 주요 기준이 되고 있다.

㉡ 콜금리(Call Rate) : 금융기관 간에 남거나 모자라는 자금을 30일 이내의 초단기로 빌려주고 받는 것을 '콜'이라 하며, 이때 은행 · 보험 · 증권업자 간에 이루어지는 초단기 대차(貸借)에 적용되는 금리이다.

30 ④ **저축의 역설(Paradox of Thrift)** : 개인이 소비를 줄이고 저축을 늘리면 그 개인은 부유해질 수 있지만 모든 사람이 저축을 하게 되면 총수요가 감소해 사회 전체의 부는 감소하는 것을 말한다. 사회 전체의 수요 · 기업의 생산 활동을 위축시키며 국민 소득은 줄어들게 된다. 이때 저축은 악덕이고 소비는 미덕이라는 역설이 성립하게 된다.

① **승자의 저주(Winner's Curse)** : 치열한 경쟁 끝에 승리를 얻었지만 승리를 얻기 위해 과도한 비용과 희생으로 오히려 커다란 후유증을 겪는 상황이다.

② **구축효과(Crowd Out Effect)** : 정부의 재정지출 확대가 기업의 투자 위축을 발생시키는 현상이다.

③ **절대우위론(Theory of Absolute Advantage)** : 다른 생산자에 비해 적은 비용으로 생산하는 것을 절대우위에 있다고 한다.

⑤ **유동성 함정(Liquidity Trap)** : 시중에 화폐의 공급을 크게 늘려도 기업의 생산, 투자 및 가계 소비가 늘지 않아 경기가 나아지지 않는 현상이다.

31 디플레이션(Deflation)은 인플레이션의 반대 개념으로 물가가 지속적으로 하락하는 것을 말한다. 소비가 위축되면서 재화의 가격치 하락하고 화폐가치가 상승하게 된다. 기업도 생산과 고용을 줄여 실업률이 증가하고 이로 인해 경기침체가 가속되어 채무자는 부채 상환의 어려움을 느끼고 결국 악순환이 반복된다.

32 ㉠ 실직 뒤에 구직 노력을 포기하면 비경제활동인구에 속한다.

㉢ 가족이 경영하는 가게에서 무보수로 일하는 사람도 취업자에 속한다.

33 72 법칙(The Rule of 72)은 일반적으로 복리의 마술을 잘 설명해주는 법칙으로 복리수익률로 원금의 두 배를 벌 수 있는 기간을 쉽게 계산할 수 있다. 원금이 두 배가 되는 시간은 이자율을 72로 나누면 알 수 있는데 예를 들면 연 9%의 복리상품에 가입하였을 때 72 ÷ 9 = 8 즉, 원금의 두 배가 되는데 8년이 걸림을 쉽게 계산할 수 있다. 한편 72 법칙은 다양하게 응용할 수 있으며 투자기간이 정해져 있는 경우 원금이 두 배가 되기 위해 얻어야 하는 수익은 72를 투자기간으로 나누어서 쉽게 구할 수 있다.

34 ㉠ 실질임금이 상승하면 생산비용이 증가하기 때문에 총공급곡선은 왼쪽으로 이동을 한다.

㉣ 정부지출증가는 총공급곡선이 아닌 총수요곡선을 이동시키는 요인이다.

상식PLUS⁺ 공급곡선의 이동

공급의 변화는 가격 이외의 요인이 변화하여 발생하는 공급량의 변화로 공급의 변화는 공급곡선 자체의 이동을 말한다. 생산요소의 가격이 올라간다면 공급자의 채산성은 낮아지게 된다. 따라서 공급자는 생산량을 감소시키므로 공급곡선은 좌측으로 이동을 하게 되고 반대로 생산요소의 가격이 하락한다면 공급곡선은 우측으로 이동한다. 기술의 발달은 상품의 생산비용을 낮아지게 하므로 공급이 증가하고 공급곡선은 우측으로 이동한다. 기업목표의 변화, 판매자 수, 미래에 대한 기대에 의해서도 공급곡선은 이동을 한다.

35 화폐는 시대에 따라 여러 가지 재료와 모양으로 사용되어 왔으며, 시대의 흐름에 따라 '상품화폐 – 금속화폐 – 지폐 – 신용화폐 – 전자화폐'로 발전해 왔다.

상식PLUS⁺ 화폐의 종류

㉠ **상품화폐** : 실물화폐로도 불리며 원시사회에서 물물교환 시 발생하는 불편을 줄이기 위해 조개, 곡물, 무기, 소금 등 사람들이면 누구나 수용 가능한 물품을 이용하였다.

㉡ **금속화폐** : 금 · 은으로 주조된 화폐로 상품화폐보다 휴대성과 보관이 용이하나 만들 수 있는 금과 은의 양이 부족하기 때문에 지폐가 출현하게 되었다.

㉢ **지폐** : 금속화폐의 단점인 휴대성과 마모성을 보완한 화폐이다. 지폐는 국가가 신용을 보장한다.

㉣ **신용화폐** : 은행에서 돈을 대신하여 쓸 수 있도록 발행한 수표, 어음, 예금화폐 등으로 은행화폐로도 불린다.

㉤ **전자화폐** : 정보통신사업의 발달로 등장한 것으로 기존의 현금의 성질을 전자적인 정보로 변형시킨 새로운 형태의 화폐이다.

36 가계부실위험지수(HDRI)은 가구의 DSR과 DTA가 각각 40%, 100%일 때 100의 값을 갖도록 설정되어 있으며, 동 지수가 100을 초과하는 가구를 '위험가구'로 분류한다. 위험가구는 소득 및 자산 측면에서 모두 취약한 '고위험가구', 자산 측면에서 취약한 '고DTA가구', 소득 측면에서 취약한 '고DSR가구'로 구분할 수 있다.

37 고정환율제도(Fixed Exchange Rate System)는 외환의 시세 변동을 반영하지 않고 환율을 일정 수준으로 유지하는 환율 제도를 의미한다. 이 제도는 경제의 기초여건이 악화되거나 대외 불균형이 지속되면 환투기공격에 쉽게 노출되는 단점이 있다.

38 ① **일점호화소비** : 특정 상품에 대해서만 호화로움을 추구하는 소비이다.
② **일물일가의 법칙** : 시장에서 같은 종류의 상품은 하나의 가격만 성립한다는 이론이다.
④ **일대일로** : 중앙아시아와 유럽을 잇는 육상 실크로드와 동남아시아와 유럽, 아프리카를 연결하는 해상 실크로드이다.
⑤ **일비** : 영업활동을 수행하는 직원에게 지급되는 일종의 활동비이다.

39 경제후생지표(Measure of Economic Welfare)는 국민총소득에 후생요소를 추가하면서 비후생요소를 제외함으로써 복지수준을 정확히 반영하려는 취지로 제안되었지만, 통계작성에 있어 후생 및 비후생요소의 수량화가 쉽지 않아 널리 사용되지는 못하고 있는 실정이다.

40 ② **채찍 효과(Bullwhip Effect)** : 수요정보가 전달될 때마다 왜곡되는 현상이다.
③ **캘린더 효과(Calendar Effect)** : 일정 시기에 증시가 등락하는 현상이다.
④ **쿠퍼 효과(Cooper Effect)** : 금융정책 효과의 시기가 다르게 나타나는 현상이다.
⑤ **톱니 효과(Ratchet Effect)** : 생산이나 소비가 일정 수준에 도달하면 이전의 수준으로 감소하지 않는 현상이다.

41 비교우위론(Theory of Comparative Advantage)은 영국의 경제학자 데이비드 리카도가 주장한 이론으로, 다른 나라에 비해 더 작은 기회비용으로 재화를 생산할 수 있는 능력을 뜻한다. 한 나라에서 어떤 재화를 생산하기 위해 포기하는 재화의 양이 다른 나라보다 적다면 비교 우위가 있는 것이다. 비교 우위는 경제적 능력이 서로 다른 국가 간에 무역이 이루어질 수 있게 해 주는 원리이다. 각 나라의 경제 여건의 차이는 비교 우위를 결정하는 요인이 된다. 애덤 스미스의 절대 우위론에 미루어 본다면 양국은 모두 재화를 특화하기 어렵다. 반면, 데이비드 리카도의 비교 우위론에 따르면 한 나라가 상대적으로 어떤 재화를 다른 나라보다 더 유리하게 생산할 수 있을 때 비교 우위를 가진다고 할 수 있으며, 각 나라가 자국에 비교 우위가 있는 재화를 특화 생산하여 무역을 하면 서로 이득을 얻을 수 있다.

42 ㉠ 현금인출이 증가하면 화폐수요의 증가로 통화량이 감소한다.
㉡ 개인의 현금보유가 늘어나면 현금예금비율이 증가하면 통화량이 감소한다.
㉢ 국공채 매입으로 본원통화가 증가하면서 통화량이 증가한다.
㉣ 자기자본비율 증가로 대출이 가능한 금액이 감소하게 되면서 통화량도 감소한다.

43 최고가격제(Maximum Price System)는 물가안정과 소비자보호를 위하여 정부가 최고가격을 설정하고, 설정된 최고가격 이상을 받지 못하도록 하는 제도이다. 최고가격제의 사례로는 이자율 규제, 아파트 분양가 규제, 임대료 규제 등을 들 수 있다. 최고가격제를 실시하게 되면 가격이 낮아지므로 공급량은 감소하고 수요량은 증가하여 초과수요가 발생하게 된다. 그리고 초과수요가 발생하게 되면 암시장이 출현할 가능성이 있으며, 생산자들은 제품의 질을 떨어뜨릴 가능성이 높다.

44 한계효용 체감의 법칙(Law of Diminishing Marginal Utility)은 재화나 서비스의 소비에서 느끼는 주관적 만족도를 효용이라 하며, 한계효용은 재화나 서비스의 소비량이 한 단위 증가할 때 변화하는 총효용의 증가분을 말한다. 한계효용 체감의 법칙은 재화나 소비가 증가할수록 그 재화의 한계효용은 감소하는 것을 말하는데, 사용가치가 큰 물은 교환가치가 작고, 사용가치가 작은 다이아몬드는 교환가치가 크다는 역설적인 현상을 말한다. 한계효용학파는 가격은 총효용이 아닌 한계효용에서 결정되는 것으로 다이아몬드는 총효용이 매우 작지만 수량이 작아 높은 한계효용을 가지므로 높은 가격이 형성되고, 물은 총효용은 크지만 수량이 풍부해 낮은 한계효용을 갖기 때문에 낮은 가격이 형성된다.

45 ① 시장실패(Market Failure) : 시장이 효율적인 자원 분배를 제대로 하지 못하는 상태이다.

② 깨진 유리창의 법칙(Broken Window Theory) : 프랑스 경제학자 프레데릭 바스티아의 에세이 「보이는 것과 보이지 않는 것」에서 기회비용을 우회적으로 다룬 법칙이다.

③ 죄수의 딜레마(Prisoner's Dilemma) : 자신의 이익만을 고려하다가 다른 사람까지 불리한 결과를 유발하는 상황이다.

④ 트롤리 딜레마(Trolley Dilemma) : 다수를 위한 소수의 희생이 도덕적으로 허용되는 것인지에 관한 질문이다.

46 내생적 성장이론(Endogenous Growth Theory)은 기술진보를 모형 내에 내생화시키려는 노력을 하고 있는데, 내생적 성장이론에 의하면 자본축적의 차이, 교육수준의 차이 및 정부의 조세정책 등이 국가 간의 경제성장률 격차를 발생시키는 원인으로 작용한다. 그리고 내생적 성장이론에 따르면 정부가 교육산업에 대하여 투자를 효율적으로 할 경우 인적자본 축적이 가능하고 인적자본축적이 이루어지면 경제성장이 가속화될 수 있다.

47 구매력평가설(Theory of Purchasing Power Parity)은 환율이 양국 통화의 구매력에 의하여 결정된다는 이론으로, 균형환율 수준 혹은 변화율은 각국의 물가수준을 반영하여야 한다고 주장한다. 절대적 구매력평가설은 일물일가의 법칙을 국제시장에 적용한 이론이다. 무역거래에 있어서 관세부과나 운송비로 인해 구매력평가설의 기본가정인 일물일가의 법칙이 현실적으로 성립하기 힘들다. 또한 비교역재가 존재하므로 교역재 간의 교환비율인 환율을 비교역재까지 포함하는 구매력평가로써 설명하는 데는 한계가 있으며, 무역이 자유롭고 운송비용이 저렴하다는 점을 가정한다.

48 매파는 물가안정(인플레이션 억제)을 위해 긴축정책과 금리인상을 주장하는 세력이다. 긴축정책을 통해 금리를 올려 시중의 통화량을 줄이고 지출보다 저축의 비중을 높여 화폐 가치를 올리자는 주장이다. 반면 비둘기파는 경제성장을 위해 양적완화와 금리인하를 주장하는 세력이다. 금리를 인하하면 대출 및 투자와 소비가 증가하여 시장경제가 활성화시켜야 한다는 주장이다.

49 최저임금의 하락은 기업들이 신규고용을 확대하여 실업률이 낮아질 수 있으며 정보통신 산업의 발달로 구인 현황에 대한 정보가 쉽게 알려진다면 인력 수급 매칭이 쉬워져 실업률이 낮아진다.

50 경영권을 가지고 있는 대주주의 주식에 대해 보통주보다 많은 의결권을 주는 제도이다.

51 인플레이션의 발생원인

㉠ 통화량의 과다증가로 화폐가치가 하락한다.

㉡ 과소비 등으로 생산물수요가 늘어나서 수요초과가 발생한다.

㉢ 임금, 이자율 등 요소가격과 에너지 비용 등의 상승으로 생산비용이 오른다.

52 금리의 기능

㉠ 자금배분기능

㉡ 경기조절기능

㉢ 물가조정기능

53 엥겔의 법칙(Engel's Law)은 독일의 통계학자 엥겔이 1875년 근로자의 가계조사에서 발견한 법칙이다. 이 법칙은 저소득가정일수록 전체의 생계비에 대한 식료품비가 차지하는 비중이 높아지는 현상을 말한다. 그러므로 소득이 증가함에 따라 전체의 생계비 중에서 음식비가 차지하는 비중이 감소하는 현상으로 소득분배와는 무관하다.

54 피구 효과(Pigou Effect)는 금융자산의 실질가치 증가가 실질 부의 증가로 연결되어 그 결과 소비지출이 증가하는 효과를 말한다. 따라서 물가가 완전 신축적인 경우에는 물가하락이 소비자들의 실질 부를 증가시켜 완전고용국민소득을 달성할 수 있게 되는데, 이를 피구 효과(실질잔고 효과)라고 한다. 이 피구 효과는 유동성 함정구간에서는 반드시 확대재정정책을 실시해야 한다는 케인즈의 주장에 대한 고전학파의 반론이다.

55 로렌츠 곡선에 대한 설명이다.

상식PLUS⁺ 래퍼곡선(Laffer Curve)

미국의 경제학자 래퍼 교수가 주장한 세수와 세율 사이의 역설적 관계를 나타낸 곡선으로 그의 이름으로 명명되었다. 일반적으로는 세율이 높아질수록 세수가 늘어나는 게 보통인데, 래퍼 교수에 따르면 세율이 일정 수준(최적조세율)을 넘으면 반대로 세수가 줄어드는 현상이 나타난다고 한다. 세율이 지나치게 올라가면 근로의욕의 감소 등으로 세원 자체가 줄어들기 때문이다. 그러므로 이때는 세율을 낮춤으로써 세수를 증가시킬 수 있다는 것이다. 1980년대 미국 레이건 행정부의 조세 인하정책의 이론적 근거가 되었으며, 이로 인해 미국 정부의 거대한 재정 적자 증가를 초래하는 결과를 가져왔다. 위의 래퍼곡선에서 t_0의 세율을 제외하고는 동일한 세수를 거둘 수 있는 세율은 두 가지가 존재한다. 즉, R_1의 세수를 확보하는 방법은 t_1의 세율을 책정하거나 t_2의 세율을 설정하면 된다. 그러나 R_0의 조세수입을 가져오는 세율은 t_0 한 가지밖에 존재하지 않는다.

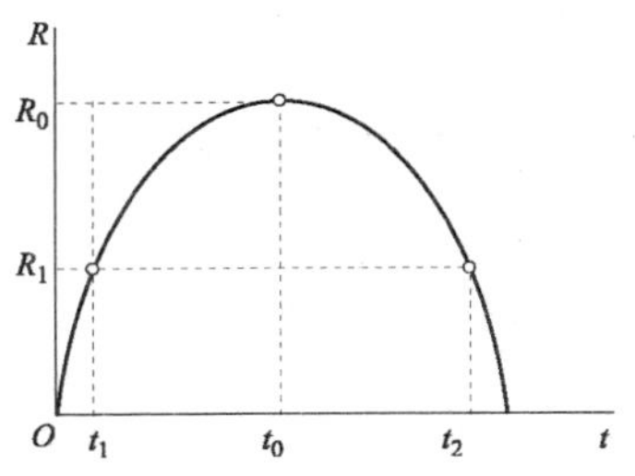

56 달러가 유입되면 외환 공급이 증가하면서 원/달러 환율이 하락하게 된다. 원/달러 환율이 하락하면서 수출기업의 가격경쟁력이 떨어지면서 수출이 감소하게 된다.

57 손해보험계약의 보험자는 보험사고로 인하여 생길 피보험자의 재산상의 손해를 보상할 책임이 있다〈상법 제665조(손해보험자의 책임)〉.

58 화재진압을 목적으로 방수한 결과 보험의 목적이 물에 젖거나 침수를 입는 경우, 문·창·칸막이 등이 파손, 오손되는 경우, 건물의 집단지역 등에서 화재의 연소 확대를 방지하거나 진압하기 위하여 보험의 목적인 건물이나 일부 구조물 등을 파괴 또는 도괴함으로 생긴 손해를 소방손해라 하는데 이는 화재보험에서 보상하는 손해에 해당한다.

59 제3보험은 보험업법상 생명보험이나 손해보험이 아니라 독립적인 보험으로 분류되고 있으며 독립된 제3보험회사를 설립하여 운영하거나, 생명보험회사나 손해보험회사가 해당 보험업의 모든 보험종목에 대하여 허가를 받으면 제3보험업을 할 수 있다.

60 방카슈랑스는 프랑스어로 은행을 뜻하는 'Banque'와 보험을 뜻하는 'Assurance'의 합성어로 보험 상품을 보험회사가 아닌 금융회사가 보험회사의 대리점 또는 중개사 자격으로 보험 상품을 판매하는 활동을 말한다. 은행이 보험상품을 판매하는 것이지, 보험금 지급을 하는 것이 아니다. 즉 은행에서는 보험모집 등의 상품판매를 하고, 가입 이후 증권 송부나 보험금의 지급 등은 보험회사에서 담당한다. 우리나라에서는 2003년 8월부터 시작되어 지금은 저축성 보험(연금, 교육 보험 등), 순수 보장성 보험(질병·상해 등), 만기 환급형 상품 등으로 확대되어 시행 중이다. 보험료는 고객에게 지급할 재원이 되는 순보험료와 보험계약을 모집 및 유지관리하기 위한 보험회사의 사업비로 구성되어 있는데, 은행은 이미 구축되어 있는 점포망 및 판매조직을 활용하여 보험상품을 판매하기 때문에 보험료가 저렴한 장점이 있다. 또한 은행에서 은행상품과 보험상품의 장점만을 갖고 있는 복합상품을 접할 수 있으며, 안정적인 점포망을 갖고 있는 은행을 이용함으로 새로운 판매망을 구축할 수 있으며 은행의 새로운 수입원이 된다.

05 유통·물류 예상문제

1	③	2	②	3	②	4	④	5	⑤	6	①	7	④	8	②	9	①	10	②
11	③	12	⑤	13	④	14	③	15	①	16	③	17	③	18	②	19	⑤	20	②
21	⑤	22	①	23	②	24	②	25	④	26	④	27	③	28	②	29	②	30	①
31	③	32	①	33	②	34	④	35	⑤	36	①	37	④	38	③	39	②	40	②
41	③	42	④	43	①	44	⑤	45	①	46	⑤	47	⑤	48	①	49	③	50	②

1 ① **보상력** : 영향력 행사에 순응할 경우 물질적, 경제적 보상을 제공할 수 있는 능력이다.
② **강권력** : 영향력 행사에 따르지 않을 때 처벌 및 제재를 가할 수 있는 능력이다.
④ **준거력** : 매력이나 일체감 및 안전욕구에 의해 거래 관계를 계속 유지하고 싶게 하는 능력이다.
⑤ **전문력** : 상대방이 중요하게 인식하는 우수한 지식이나 경험, 혹은 정보능력을 말한다.

2 농산물 운송수단별 특징

㉠ 철도
- 안정성 · 신속성 · 정확성이 있다.
- 융통성이 적어 제한된 경로로만 운송이 가능하다.
- 중장거리 운송에 이용하는 것이 경제적이다.

㉡ 자동차
- 기동성이 좋고 도로망이 발달해 융통성이 있다.
- 소량운송이 가능하며, 농산물 수송수단에 큰 비중을 차지한다.
- 단거리 수송에 이용하는 것이 경제적이다.

㉢ 선박
- 운송비가 저렴하며 대량 수송이 가능하다.
- 융통성이 적으며 제한된 통로로만 수송이 가능하다.
- 장거리 수송에 이용하는 것이 경제적이다.

㉣ 비행기
- 신속 · 정확하며 일부 수출농산물 수송에 이용되고 있다.
- 비용이 많이 들고 항로와 공항의 제한성에 구애 받는다.

3 수직적 마케팅 시스템의 도입배경

㉠ 대량생산에 의한 대량판매의 요청
㉡ 가격 안정(또는 유지)의 필요성
㉢ 유통비용의 절감 및 유통경로 내에서의 지배력 획득
㉣ 경쟁자에 대한 효과적인 대응
㉤ 기업의 상품 이미지 제고
㉥ 목표이익의 확보

4 지속적 재고 보충(CRP : Continuous Replenishment Planning)은 재고량이나 유통채널 잔존 주문량, 예측 판매량, 재고 수준 등 공급업자와 소매업자의 정보공유로서 상품의 흐름을 통제하고 관리한다. CRP의 효과로는 재고 수준 및 운영비의 감소, 상품의 보통주기 단축을 통한 다빈도 배송, Supply Chain에서의 상품의 흐름을 향상 및 통합, 소비자 수요에 Supply Chain에서의 상품의 흐름을 향상 및 통합, 소비자 수요에 대한 반응 증대, 거래업체 간에 보다 나은 업무적 협조관계 구축을 기대할 수 있다.

5 농산물 유통정보의 요건

㉠ **정확성** : 사실은 변경 없이 그대로 반영해야 한다.

㉡ **신속성 · 적시성** : 최근의 가장 빠른 정보를 적절한 시기에 이용해야 이용가치가 높다.

㉢ **유용성 · 간편성** : 정보는 이용자가 손쉽게 이용할 수 있어야 한다.

㉣ **계속성** : 정보의 조사는 일관성을 가지고 지속적으로 해야 한다.

㉤ **비교가능성** : 정보는 다른 시기와 장소의 상호 비교가 가능해야 한다.

㉥ **객관성** : 조사 · 분석 시 주관이 개입되지 않은 객관적인 정보여야 한다.

6 유통과정에서 소비자 및 시장 동향을 밝히기 위한 정보 등을 수집하기 위해서는 '문제 정의 – 조사 설계 – 자료수집방법의 결정 – 표본설계 – 시행과 분석 및 활용' 의 절차로 시행해야 한다.

7 전속적 유통은 각 판매지역별로 하나 또는 극소수의 중간상들에게 자사제품 유통에 대한 독점권을 부여하는 전략을 의미한다.

8 Two – Bin법은 통상적으로 조달기간 동안에는 두 개의 상자 중 부품을 꺼내지 않은 나머지 상자에서 충당한다. 또한 발주점법의 변형인 투 빈 시스템은 주로 저가품에 적용한다.

9 포터의 5 Force Model

㉠ 기존 경쟁자 간의 경쟁정도

㉡ 대체재의 위협성

㉢ 잠재적 경쟁업자의 진입 가능성

㉣ 구매자의 협상력

㉤ 판매자의 협상력

10 재고관리의 목적으로는 업무의 효율화, 생산 및 판매의 안정화, 원자재 비용절감 등이 있다.

11 체인 구성원들의 통합적 관리를 통해 전체 수급 불균형을 조절할 수 있다.

12 유통경로 구조의 결정이론

㉠ **연기 – 투기이론** : 경로구성원들 중에서 어느 누가 재고보유에 따른 위험을 감수하느냐에 의해 경로구조가 결정된다는 이론이다.

㉡ **기능위양이론** : 각 유통기관은 비용 우위론을 지니는 마케팅 기능들을 수행하고 기타 마케팅 기능들은 이를 보다 저렴하게 수행할 수 있는 경로 구성원에게 위양한다는 이론이다.

㉢ **거래비용이론** : 기업조직의 생성과 관리는 거래비용을 최소화하기 위해 이루어지고 있다는 이론이다.

㉣ **게임이론** : 조직을 해당 구성원인 근로자 및 소유자가 계약에 의해 하나로 묶어진 결합체로 인지하고 조직의 현상을 연구하는 이론이다.

㉤ **대리이론** : 경쟁의 주체가 상대방의 대처행동을 고려하면서 자신의 이익을 효율적으로 달성하기 위해 수단을 합리적으로 선택하는 행동을 수학적으로 분석하는 이론이다.

13 도매시장과 농산물 종합 유통센터 비교

구분	도매시장	농수산물종합유통센터
사업방식	상장경매	예약수의거래
취급품목	농·임·축·수산식품	농·임·축·수산식품, 가공식품 및 기타 생필품
가격결정	현물을 확인 후 가격결정(비규격품 거래 가능)	• 생산자 및 소비자의 합의 결정 • 현물을 직접 보지 않고도 거래 (규격품 위주의 거래) • 가격 안정성 유지(홍수 출하 방지)
집하	생산자가 자유롭게 출하가능(무조건 수탁조건으로 수집)	예약수의거래 물량을 기준으로 수집(저장 및 판매능력에 따라 가변적)
분산	• 중도매인을 통하여 불특정 다수의 소매상에게 분산 • 매매 참가인을 통해 대량 수요자에게 분산	• 예약수의거래에 의거, 주문처에 분산(가맹점, 직영점, 유통업체, 소매점 및 등록회원) • 직판장을 통하여 일반 소비자에게 판매

14 고객욕구의 다양화는 기업물류의 중요성에 해당한다.

상식PLUS⁺ 기업물류의 역할

㉠ 물류판매의 기능 촉진
㉡ 제3이윤으로서의 물류 인식
㉢ 재고량의 삭감
㉣ 적정재고량 유지에 기여

15 계획기간 중 해당 품목의 수요량은 언제나 균등하며 알려져 있다.

16 **소화물 일괄운송 등장 배경** … 다품종 소량생산, 물류환경의 변화, 다빈도 소량주문, 물류의 합리화, 전자상거래의 확산 등

17 물류표준화는 화물역, 공항, 항만, 배송센터와 같이 운송수단 간의 연결거점에서의 신속한 화물처리를 위하여 운송, 보관, 하역 등 각 단계에서 자동화·기계화를 추진하며, 포장의 규격, 컨테이너, 지게차 등 물류기기 및 운송수단의 재질, 강도, 구조 등을 국가적인 차원에서 통일화·규격화하는 것을 의미한다. 다품종 소량시대로 고객들의 요구가 다양해지므로 표준화를 추구하면서도 다양성에 대응할 수 있어야 한다.

18 ㉠ **안전성** : 운송의 전체 과정을 특정한 업체가 처리함으로써 물품의 분실 및 훼손 등의 위험을 최소화할 수 있다.
㉡ **경제성** : 교통비, 잡화비, 인건비, 출장비 등의 제반비용을 최소화할 수 있다.
㉢ **확실성** : 발송된 물품이 배송되는 즉시 송장에 배달시간, 인수인 등이 기재되고 별도로 관리되므로 언제라도 확인이 가능하다.

19 **물류의 7R** … 적절한 상품(Right goods), 적절한 품질(Right quality), 적절한 시간(Right time), 적절한 장소(Right place), 적절한 양(Right Quantity), 적절한 인상(Right Impression), 적절한 가격(Right Price)

20 전자문서교환(EDI : Electronic Data Interchange)은 소요시간이 단축되고, 정확하며 노동력을 최소화할 수 있어서 기업 조직의 업무효율을 높일 수 있다는 장점이 있다.

21 무선주파수 식별법 시스템(RFID : Radio Frequency Identification)은 물품에 붙이는 전자태그에 생산, 수·배송, 보관, 판매, 소비의 전 과정에 관한 정보를 담고 있으며, 자체 안테나를 통해 리더로 하여금 정보를 읽고, 인공위성이나 이동통신망과 연계하여 정보를 활용하는 기술이다.

22 제3자 물류와 물류 아웃소싱의 차이

구분	제3자 물류	물류 아웃소싱
화주와의 관계	전략적 제휴, 계약기반	수발주 관계, 거래기반
관계의 특징	협력적 관계	일시적 관계
서비스의 범위	종합 물류 서비스 지향	수송, 보관 등 기능별 서비스 지향
정보 공유	필수적	불필요
도입결정 권한	최고 경영자	중간 관리자
도입방법	경쟁계약	수의 계약
관리형태	통합관리형	분산관리형
운영기간	중 · 장기	단기, 일시
자산특성	무자산형 가능	자산소유 필수

23 물류비 산정지침의 특징
㉠ 정부차원에서의 물류회계기준의 표준화
㉡ 긍정적으로 물류비 절감에 기여할 수 있는 포괄적인 목적 설정
㉢ 기업실무를 중시한 계산기준의 탄력성 부여
㉣ 기업회계 정보의 공유성 확대
㉤ 기업회계시스템에 준거한 물류비 인식기준의 제시
㉥ 기존 계산 기준과의 연관성 및 독자성 고려

24 허프 모델은 소비자의 점포선택행동을 확률적 현상으로 해석하며 소매상권이 연속적이면서도 중복적인 구역이라는 관점에서 분석한다.

25 SCOR의 다섯 가지 관리 프로세스 … 계획(Plan), 조달(Source), 제조(Make), 배송(Deliver), 반품(Return)

26 소매포화지수는 경쟁의 양적인 측면만 고려되고, 질적인 측면에 대한 고려가 되어있지 않다.

27 넬슨의 입지선정을 위한 8원칙
㉠ **상권의 잠재력** : 현재 관할 상권 내에서 취급하는 상품, 점포의 수익성 확보가 가능한지에 대한 검토
㉡ **접근가능성** : 어떠한 장애요소가 고객들의 접근을 방해하는지 검토
㉢ **성장가능성** : 인구증가와 소득증가로 인하여 시장규모나 선택한 사업장, 유통 상권의 매출액이 성장할 가능성 평가
㉣ **중간 저지성** : 기존점포나 상권 지역이 고객과 중간에 위치하여 경쟁점포나 기존 상권으로 접근하는 고객을 중간에 차단할 가능성
㉤ **누적적 흡인력** : 영업 형태가 비슷하고 동일한 점포가 몰려 있어 고객의 흡수력의 극대화 가능성
㉥ **양립성** : 상호 보완관계에 있는 점포가 서로 인접함으로써 고객의 흡인력을 높일 가능성 검토
㉦ **경쟁의 회피** : 장래 경쟁점이 신규 입점함으로써 기존 점포와의 경쟁에서 우위를 확보할 수 있는 가능성 및 차후 새로운 경쟁점이 입점함에 따른 사업장에 미칠 영향력의 평가
㉧ **용지 경제성** : 상권의 입지 가격 및 비용 등으로 인한 수익성과 생산성의 정도를 검토

28 ① 구매관리시스템
③ 수배송관리시스템
④ 실적관리시스템
⑤ 마케팅정보시스템

29 ① 2008년에 국내 도입 및 시범 운영되고 수출입안전관리우수업체를 의미한다.
③ AEO 공인은 각종 관세조사 원칙적 면제 및 담보 생략으로 자금부담을 완화할 수 있다.
④ AEO제도 시행국가들과 상호인정약정(MRA)를 통한 상대국 수입통관 시 검사 생략, 우선검사 등의 혜택이 부여된다.
⑤ AEO 공인은 물품의 검사비율이 축소되고 서류제출이 생략되어 물류 흐름이 원활해진다.

상식PLUS+ AEO 공인 등급

AEO 공인기준 중 재무건전성 및 안전관리 기준을 충족하고 내부통제시스템에 관한 평가점수가 80점 이상인 업체 가운데 법규준수도를 평가하여 A등급, AA등급, AAA등급으로 책정한다.

30 우리나라는 KAN 체계를 사용하고 있다.

상식PLUS+ KAN 체계

구성요소	내용
국가식별코드(3자리)	• EAN에서 부여받은 국가코드이다. • 우리나라의 국가코드는 880이다.
제조업체코드(4자리)	• 제조업체나 판매원에 부여하는 코드로, 각 업체를 식별한다. • 한국유통정보센터에서 국내 제조업체에 부여한다. • 공통 상품코드를 관장하는 코드지정기관이 일정한 기준에 의해 제조업체나 수입업자들에게 부여한다.
상품목록코드(5자리)	각 상품의 제조업체가 개별상품에 자유롭게 부여하여 관리하는 코드이다.
체크디지트(1자리)	• 하단에 표시된 숫자가 막대모양의 바코드로 올바르게 변환되었는지를 검증하는 숫자이다. • 스캐너에 의한 판독 시의 잘못을 검사하기 위한 것이다.

31 공동계산제 장점
㉠ **생산자 측면** : 대량거래의 이점 실현, 개별 농가의 위험 부담 분산
㉡ **수요처 측면** : 유통비용 및 구매위험의 감소, 소요물량에 대한 구매 안정화
㉢ **유통효율성 측면** : 유통비용 감축, 농산물 품질저하 최소화

32 ②③ 공동계산제는 개별농가의 위험을 분산할 수 있지만 개별농가의 개성이 상실되는 단점이 있다.
④ 구매자 입장에서는 소요물량에 대하여 구매안정화가 이루어진다.
⑤ 유통비용이 감축되면 농산물 품질저하를 최소화할 수 있으나 유통성이 저하될 수 있다.

33 무선주파수식별법 시스템(RFID : Radio Frequency Identification)은 바코드, 전파식별유선판독기 등의 인쇄상태나 결점 등을 보완하기 위해 개발되었다. 기존의 바코드만으로 작업이 이루어지지 않는 환경에 유용하며 냉온, 습기, 먼지, 열 등의 열악한 환경에서도 판독률이 높다. 태그의 데이터 변경, 추가가 자유롭고 일시에 다량의 태그를 판독할 수 있다.

34 연속적 보충서비스(CRS)는 데이터량은 많지만 그 내용 자체가 비교적 단순한 정보를 관리하기 위해 IBM이 미국과 일본에 제공하고 있는 서비스이다.

35 POS 데이터 정보의 분석
㉠ **매출분석** : 부문별, 단품별, 시간대별, 계산원별 등이 있다.
㉡ **고객정보분석** : 부문별 고객 수, 부문별 고객단가, 시간대별 고객 수, 시간대별 고객단가 등이 있다.
㉢ **시계열분석** : 전년동기 대비, 전월 대비, 목표 대비 등이 있다.
㉣ **상관성분석** : 상품요인 분석, 관리요인 분석, 영업요인 분석 등이 있다.

36 정량발주방식과 정기발주방식의 비교

항목	정량발주방식	정기발주방식
소비금액	저가의 물품	고가의 물품
재고유지 수준	일정량 재고 유지	더 많은 안전재고 유지
수요예측	과거의 실적이 있으면 수요의 기준이 된다.	특히 필요하다.
발주시기	변동	일정
수주량	고정되어야 한다.	변경이 가능하다.
품목 수	많아도 된다.	적을수록 좋다.
표준성	표준인 편이 좋다.	표준보다 전용부품이 좋다.

37 공급자 주도형 재고관리(VMI : Vendor Managed Inventory)는 소매업에 의한 발주체제를 없애고 제조업과 도매업에서 소매업의 재고를 관리하는 것이다. 소매업으로부터 제품 파이프라인을 거슬러 전송되는 단품별 매상정보를 조업과 도매업측에서 시장분석, 상품기획, 단품별 매상예측 등에 이용함으로써 과잉생산, 과잉재고를 막을 수 있다.

38 농산물유통정책의 목적

㉠ 가격의 안정화
㉡ 유통의 효율화
㉢ 거래의 공정화
㉣ 농산물 수요와 공급의 조절

39 Pull 시스템(Pull System)은 고객의 주문에 의해 생산이 시작되는 것으로 공정의 반복성이 높고 자재흐름이 명확히 결정된 기업에서 사용하며, 이는 주로 JIT 시스템에 활용한다.

40 물류단계의 축소를 위하여 물류터미널은 「물류시설법」에 근거하여 설치된다. 화물의 집하, 하역, 분류, 포장, 보관 및 통관에 필요한 시설을 갖춘 화물유통의 중심장소로 두 종류 이상의 운송구단 간 연계수송을 할 수 있는 규모와 시설을 갖춘 복합물류터미널로서의 대형화와 집중화가 이루어진다.

41 ① **자가운송** : 화주가 직접 차량을 구입하고 그 차량을 이용하여 자신의 화물을 운송하는 것이다.
② **트럭운송** : 국내운송의 하나로서 주로 근거리운송을 담당하며 취급품목이 다양하다.
④ **영업운송** : 화물수송에 의하여 운임수수가 발생하는 경우로 「도로운송법」에 의하여 규정된 사업이다.
⑤ **혼재운송** : 소량 화물을 모아 대량으로 적재하여 운송하는 것이다.

42 다이어그램배송(Delivery Diagram은 배송 범위가 좁고 빈도가 높은 경우 적용하는 공동수배송의 유형으로 도착시간을 정시화하여 순회서비스를 제공한다. 보통 '주행루트 – 배송순서 – 타임 스케줄 – 계획배송'의 순서에 따라 배송이 이루어진다.

43 ㉠ 이익 및 매출액 모두에 대한 기여가 가장 높은 A품목이므로 눈에 잘 띄는 눈높이 하단(골든 존)에 진열한다.
㉡ 매출액 기여도는 높지만 이익 기여도는 낮으므로 황금매대(골든 존) 외에 진열한다.
㉢ 매출액 기여도는 낮지만 이익기여도가 높은 고가의 품목이므로 상단에 진열하여 충동구매를 유발하도록 한다.

상식PLUS⁺ ABC 분석기법

파레토 법칙, 또는 20 – 80 법칙 등을 기반으로 하여 제품관리 및 진열 관리를 하는 방법이다. 이는 각 품목이 기업의 이익에 미치는 영향을 고려하여 품목의 가치 및 중요도 등을 분석하고, 품목을 세 그룹으로 구분한 후 각기 다른 수준의 관리방법을 적용하게 되는 방식이다.

44 ⑤ 항공운송에 관한 설명이다.
①②③④ 철도 수송은 전천후 운송수단이지만, 운송의 탄력성에 있어서는 비교우위가 떨어진다는 문제가 있다.

45 ① JIT시스템의 근본 목적은 필요한 부품을, 필요한 때에, 필요한 양만큼 생산 또는 구매하여 공급함으로써 생산 활동에 있을 수 있는 재고를 낮게 유지하는 것을 의미한다.
②③④⑤는 MRP에 대한 특징이다.

46 종합적품질경영(TQM : Total Quality Management)은 고객지향의 기업문화, 구매자 위주, 시스템 중심, 품질전략 수립 등이 있다. 구성원들이 창의적으로 신속 · 유연하게 활동을 할 수 있기 위해서는 권한 위임도 필요하다. 또한 종업원들이 참여해서 목표를 세우고 함께 나아가야 한다. 그리고 품질은 고객의 욕구에 합치된 것이어야 하며, 문제해결을 위해 지속적인 개선을 해야 한다.

47 ABC 재고관리기법 … 기업이 관리하고자 하는 제품의 수가 많아 이를 효율적으로 관리하고자 하는 기법으로 기준에 의해 품목을 그룹화하고 그러한 그룹에 집중관리를 하는 방식을 의미한다. C품목의 경우 품목구성 비율이 높은 반면에 금액 구성 비율은 낮은 품목에 적합한 방식이다.

48 컨테이너안전협정(Container Security Initiative)은 미국 세관 직원을 주요 항만에 파견하여 미국행 컨테이너에 대한 보안 검색을 수행한다. 검사대상 컨테이너 선별은 우리나라가 선사가 미국 관세청으로 선적 24시간 전에 전자적으로 제출하는 선적정보를 토대로 하여 미국의 ATS를 이용한 분석을 통해 우범 컨테이너를 선별하고 검사하는 시스템이다.

49 크로스도킹(Cross Docking)은 창고에 입고되는 상품을 보관하는 것이 아니라 곧바로 소매점포에 배송하는 물류시스템을 말한다. 보관 및 상하역 작업 등을 제거함으로써 물류비용을 절감할 수 있다. 크로스도킹은 입고 및 출고를 위한 모든 작업의 긴밀한 동기화를 필요로 한다.

50 ① **적층 랙(Mezzanine Rack)** : 선반을 다층식으로 겹쳐 쌓은 랙으로 보관효율을 높일 수 있는 장점이 있다.
③ **플로 랙(Flow Rack)** : 랙의 바닥면에 경사진 로울러를 설치하여 선입선출에 용이하고 다품종 소량에 적합하다.
④ **회전 랙(Carousel Rack)** : 사람은 고정되어 있고 물품이 피커의 장소로 이동하여 피킹을 하는 형태의 랙이다.
⑤ **드라이브 인 랙(Drive in Rack)** : 파렛트에 쌓아올린 물품의 보관에 이용하고 한쪽에 출입구를 두어 포크 리프트 트럭을 이용하여 파렛트 화물을 실어 나르는 데 사용하는 랙이다.

가볍게! 빠르게! 확인하는 용어사전 시리즈
가볍게! 빠르게! 한눈에 보는
시사용어 사전 1228
가볍게! 빠르게! 한눈에 보는
경제용어 사전 1050
가볍게! 빠르게! 한눈에 보는
부동산용어 사전 1310
시사용어사전 | 경제용어사전 | 부동산용어사전
시사용어사전 1228
매일 접하는 각종 기사와 정보! 공기업/언론사/기업체/공무원 채용을 준비하는 수험생과
현대인이 꼭 알아야 할 최신 시사상식을 쏙쏙 뽑아 이해하기 쉽도록 영역별로 정리
경제용어사전 1050
주요 경제용어는 거의 다 실었다! 금융권/공기업/언론사/기업체/공무원 채용을 준비하기 전에,
경제 공부를 시작하기 전에 읽어보면 경제가 쉬워지도록 사전식으로 구성
부동산용어사전 1310
부동산에 대한 이해를 높이고 부동산의 개발과 활용, 투자 및 부동산 용어 학습에도
적극적으로 이용할 수 있는 교재, 공인중개사 출제용어도 수록